**Adobe After Effects CC 2017
– Das praktische Handbuch**

Georg Frömelt

Adobe After Effects CC 2017

Das praktische Handbuch

Bibliografische Information der Deutschen Nationalbibliothek
Die Deutsche Nationalbibliothek verzeichnet diese Publikation in der Deutschen Nationalbibliografie; detaillierte bibliografische Daten sind im Internet über <http://dnb.d-nb.de> abrufbar.

Bei der Herstellung des Werkes haben wir uns zukunftsbewusst für umweltverträgliche und wiederverwertbare Materialien entschieden.

Der Inhalt ist auf elementar chlorfreiem Papier gedruckt.

ISBN 978-3-95845-501-6
1. Auflage 2017

www.mitp.de
E-Mail: mitp-verlag@sigloch.de
Telefon: +49 7953 / 7189 - 079
Telefax: +49 7953 / 7189 - 082

© 2017 mitp-Verlags GmbH & Co. KG, Frechen

Dieses Werk, einschließlich aller seiner Teile, ist urheberrechtlich geschützt. Jede Verwertung außerhalb der engen Grenzen des Urheberrechtsgesetzes ist ohne Zustimmung des Verlages unzulässig und strafbar. Dies gilt insbesondere für Vervielfältigungen, Übersetzungen, Mikroverfilmungen und die Einspeicherung und Verarbeitung in elektronischen Systemen.

Die Wiedergabe von Gebrauchsnamen, Handelsnamen, Warenbezeichnungen usw. in diesem Werk berechtigt auch ohne besondere Kennzeichnung nicht zu der Annahme, dass solche Namen im Sinne der Warenzeichen- und Markenschutz-Gesetzgebung als frei zu betrachten wären und daher von jedermann benutzt werden dürften.

Lektorat: Katja Völpel
Sprachkorrektorat: Petra Heubach-Erdmann
Covergestaltung: Christian Kalkert
Satz: III-satz, Husby, www.drei-satz.de
Druck: Medienhaus Plump GmbH, Rheinbreitbach

Inhalt

VORWORT 13

Kapitel 1 EINSTIEG 15

1.1 Animation und bewegte Bilder................ 15
1.2 Grundlagen 19
    Auflösungen 20
    Framerate 21
    Fernsehnormen.............................. 23
    Halbbild 24
    Bildseitenverhältnis 25
    Pixelseitenverhältnis 27
    RGB-Modell 27
    YUV-Modell 29
    Bittiefe 31
    Farbprofile 32
    Transparenzen und Alphakanal............... 34
    Formate 34
    Codecs 35

Kapitel 2 PROGRAMMOBERFLÄCHE 37

2.1 Obere Menüleiste 38
2.2 Programmoberfläche.......................... 39
    Projektfenster 39
    Kompositionsfenster 40
    Zeitleiste 41
    Werkzeugleiste.............................. 41
    Weitere Paletten 42
    Arbeitsbereiche ändern und eigene definieren 45
2.3 Ein Projekt erstellen 46
    Projektvorlage.............................. 47
    Automatisches Speichern 48
    Projekteinstellungen 49

INHALT

Kapitel 3 ROHMATERIAL **51**

3.1 Rohmaterial-Arten.. 51
      Bild-Dateien 51
      Vektor-Dateien 52
      Video-Dateien.. 53
      Audio-Dateien.. 55
      3D-Dateien 55
      After-Effects-Projekte................................. 56
      Premiere-Pro-Projekte 57
      Projektdateien aus anderer Schnittsoftware 58

3.2 Arbeiten mit Rohmaterial................................. 58
      Rohmatierial importieren 58
      Rohmaterial verwalten............................... 60
      Rohmaterial interpretieren 61
      Rohmaterial ersetzen................................. 63
      Stellvertreter... 64
      Ordnungsstruktur.................................... 66

3.3 Workshop... 68
      Das erste Projekt 68

Kapitel 4 KOMPOSITION **73**

4.1 Grundlagen zur Komposition 73
      Kompositionseinstellungen 74
      Erweiterte Kompositionseinstellungen 75

4.2 Kompositionsfenster.. 77
      Anzeigeoptionen des Kompositionsfensters ... 77
      Nesting und das Flussdiagramm 81

4.3 Zeitleiste 82
      Ansicht und Steuerung der Zeitleiste........... 83
      Arbeitsbereich 84
      Ebenenübersicht 84

4.4 Ebenen... 87
      Objektrahmen... 88
      Ebeneneigenschaften 88
      Ebenen in der Zeitleiste............................ 92
      Video- und Bildsequenz-Ebenen................ 93

		Ebenen anordnen & organisieren	96
		Ebenenstile	98
		Ebenenelemente	99
	4.5	Workshop	102
		Countdown	102

Kapitel 5 — KEYFRAMES UND PFADE 107

5.1	Keyframes setzen	107
5.2	Arbeiten mit Keyframes	110
	Keyframe-Dimensionen	112
	Keyframe-Werte bestimmen	113
	Keyframe-Interpolation	115
	Zeitliche Interpolation	116
	Easy Ease	121
	Exponentielle Keyframes	123
	Keyframe-Reihenfolge	124
	Keyframes für die Wiedergabe	124
5.3	Pfade	126
	Pfad-Interpolation	126
	Roving-Keyframes	128
	Dimensionen trennen	129
	Automatische Bewegungen	130
	Automatische Ausrichtung	132
	Ankerpunkt	133
	Bewegungsunschärfe	136
5.4	Workshops	137
	Workshop: Metronom	137
	Workshop: Take A Ride	140

Kapitel 6 — VORSCHAU 145

6.1	Rendern	145
6.2	Vorschau	146
6.3	Cache	148
6.4	Praktische Tipps zur Verbesserung der Performance	149
	Ebenenschalter	150
	Im Kompositionsfenster	150
	Voreinstellungen	152
	Proxys einsetzen	153

INHALT

Kapitel 7 COMPOSITING **155**

7.1 Transparenz 156
7.2 Alphakanal 156
7.3 Masken 157
      Masken erstellen 158
      Masken bearbeiten 162
      Masken kombinieren 165
      Rotoscoping 166
      Roto-Pinsel-Werkzeug 167
7.4 Matten 171
      Bewegte Masken 172
7.5 Keying 175
      Chroma-Key 176
      Keylight 177
      Luminanz-Key 180
      Differenz-Matte 181
7.6 Füllmethoden 183
7.7 Workshops 190
      Fließender Text 190
      Doppelbelichtung 194

Kapitel 8 TEXT **201**

8.1 Text-Werkzeug 202
      Text-Formatierung 204
      Pfadtext 206
8.2 Textanimation 207
      Einfache Ebeneneigenschaften 208
      Quelltext animieren 209
      Text-Animator 209
      Textanimationsvorlagen 212
      Dreidimensionaler Text 214
8.3 Maskentext und Textformen 216
8.4 Workshops 219
      Untertitel 219
      Filmtitel 222
      Bauchbinde 225

Kapitel 9 FORMEBENEN **231**

9.1 Formen erstellen 231

9.2	Formebene	233
9.3	Mehrere Formen	235
9.4	Pfadeffekte	236
9.5	Workshop	238
	Zahnrad	238
	Fieberthermometer	240

Kapitel 10 EFFEKTE ... 247

10.1	Umgang mit Effekten	247
	Effekte anwenden	247
	Vorgaben anwenden und speichern	247
	Effekte verwalten	249
10.2	Effekt-Kategorien	250
	Generieren	250
	Kanäle	255
	Perspektive	256
	Rauschen	257
	Workshop: Nebel mit fraktalem Rauschen	258
	Simulation	261
	Workshop: Partikel Welt	263
	Stilisieren	267
	Verzerren	269
	Weich- und Scharfzeichner	271
	Zeit	273
	Übergänge	275
10.3	Malwerkzeuge	277

Kapitel 11 FARBKORREKTUR ... 283

11.1	Grundlegende Bemerkungen zur Farbkorrektur	283
	Kalibrieren des Monitors	283
	Ihre Arbeitsumgebung	284
	Projektfarbtiefe	284
	Farbmanagement und Farbräume	286
11.2	Farbkorrektur	287
	Primäre Farbkorrektur	289
	Tonwertkorrektur	290
	Kurven	291
	Helligkeit und Kontrast	293
	Belichtung	293

INHALT

	Weißabgleich und Lichttemperatur	293
	Korrektur eines Farbstichs	295
	Farbbalance	296
	Sättigung und Dynamik	297
	Sekundäre Farbkorrektur	298
11.3	Color-Finesse	300
	Waveformmonitor	301
	Vectorscope	302
11.4	Farbgebung	303
	Lookup Tables	303
	Rauschen	304
	Vignette	307
	Schärfe	308
	Weitere Farbeffekte	309
11.5	Lumetri Color	311
11.6	Adobe-Color-Themen	313
11.7	Workshops	314
	Farbkorrektur mit Color Finesse	314
	Selektive Farbentsättigung	317

Kapitel 12 TRACKING UND STABILISIERUNG 321

12.1	Bewegung verfolgen	322
	Ein-Punkt-Tracking-Methode	322
	Zwei-Punkt-Tracking-Methode	327
	Vier-Punkt-Tracking-Methode	329
12.2	Bewegung stabilisieren	331
12.3	Verkrümmungsstabilisierung VFX	333
12.4	Kamera verfolgen	336
12.5	Workshops	341
	Himmel ersetzen	341
	Smartphone-Bildschirm	344

Kapitel 13 3D 347

13.1	3D in After Effects	348
	Umwandeln in 3D	348
	Kamera	355
	Tiefenschärfe	360
	Licht	363
	Materialoptionen	365

INHALT

13.2	Ray-traced 3D-Renderer	367
	Geometrieoptionen	367
13.3	Cinema 4D Lite	370
	Oberfläche	370
	Orientierung im Programm	372
	Modelling	373
	Texturierung	376
	Beleuchtung	377
	Kamera	378
	Cineware-Plug-in	380
13.4	Workshops	381
	2½D	381
	Rubik's Cube	386
	Set-Extension	391

Kapitel 14 CREATIVE CLOUD 401

14.1	Premiere Pro	401
	Premiere-Pro-Projekte in After Effects importieren	401
	Dynamic Link	403
	Textvorlagen aus After Effects in Premiere Pro	407
14.2	Photoshop	408
	Photoshop-Import	409
	VPE-Fluchtpunkt	412
14.3	Illustrator	416
	Illustrator-Pfad als Maske	418
	Illustrator-Pfad als Formebene	419

Kapitel 15 EXPRESSIONS 421

15.1	Expressions anwenden	421
	Werte verknüpfen	423
	Werte ansprechen	424
	Eigenschaften und Werte	425
	Funktionen	426
	Controller	428
15.2	Workshop	430
	Countdown mit Expressions	430

INHALT

Kapitel 16 SKRIPTE **431**

Kapitel 17 EXPORT **435**

   17.1   Render-Basics 435
               Dateikompression 436
   17.2   Renderliste................................... 438
               Rendereinstellungen 439
               Zeit-Sampling 440
               Ausgabemodul........................... 441
               Rendern mit mehreren Items.............. 444
               Während der Rendervorgang läuft 444
   17.3   Rendern mit dem Media Encoder 445

INDEX **449**

Vorwort

Herzlich willkommen zu Ihrem Exemplar *Adobe After Effects CC 2017 – Das praktische Handbuch*. Auf den nächsten 400 Seiten möchte ich mit Ihnen in die bunte Welt der Animation eintauchen und Sie dabei mit Adobe After Effects CC 2017 vertraut machen.

Bereits seit 1993 auf dem Markt wurde die Software recht schnell vom aufstrebenden Software-Hersteller Adobe aufgekauft und ist seitdem Version um Version stetig weiterentwickelt und durch neue Features bereichert worden. Heute ist After Effects eines der vielseitigsten Tools der Kreativbranche. Ob nun simple 2D-Animation, VFX-Arbeiten oder Farbkorrektur, der Tausendsassa ist nicht mehr wegzudenken und für ernsthafte Arbeiten im Bewegtbildbereich unverzichtbar. Trotz starker Konkurrenzprodukte sind vor allem die Vielseitigkeit und die einfache Kombination mit weiteren Adobe-Creative-Cloud-Produkten ein Grund für den hohen Stellenwert des Produkts.

After Effects eignet sich nicht nur zur Erstellung von soliden und fotorealistischen VFX-Projekten, auch Motion Designer greifen beispielsweise für animierte Infographics oder TV-Spots auf das Tool zurück. On-Air-Designer entwerfen und realisieren damit Intros und Bumper zu vielen TV-Formaten. Namhafte Produktionshäuser erstellen mit After Effects komplexe Kinofilm- oder Serientitelanimationen. Und nicht selten werden die Fähigkeiten des Programms zur Gestaltung im dreidimensionalen Raum genutzt.

After Effects ist also ein sehr umfangreiches Programm, das mit vielen Werkzeugen, Paletten und Arbeitsabläufen vor allem für den Einsteiger etwas einschüchternd oder überfordernd wirkt. Und auch wenn Sie dieses Buch bis zu seinem Ende gelesen haben, werden Sie mit großer Sicherheit auch danach immer wieder auf einen bisher unbekannten Shortcut oder einen neuen Arbeitsablauf stoßen.

Doch mit diesem Buch haben Sie einen Leitfaden, der Ihnen ein solides Verständnis von der Arbeit und dem Lernen mit der Software gibt. Und hier gibt es immer etwas zu lernen, durch neue Formate, Plug-ins und Anforderungen ist der Bewegtbildbereich einer der kurzweiligsten überhaupt. Video-Trends und virale Videos setzen ständig neue Impulse. Neben dem Wegweiser durch das Programm werden auch Grundlagen und verschiedene Teilbereiche der Postproduktion und der Videotechnik erläutert. Gewisse Dinge bleiben von solchen Entwicklungen eben unbeeindruckt und behalten ihre Gültigkeit.

Im ersten Teil werden Sie daher die Grundlagen des Programms und die elementaren Arbeitsabläufe kennenlernen. Ich empfehle Ihnen, die Kapitel 1 bis 6 der Reihe nach durchzugehen, denn diese bauen konsequent aufeinander auf.

Der zweite Teil beschäftigt sich mit unterschiedlichen Disziplinen vom Compositing über Farbkorrektur bis hin zur 3D-Animation. Jedes Kapitel ist eine weitestgehend eigenständige Einheit zum jeweiligen Thema, doch auch hier ergeben sich immer wieder Querverbindungen. Für gute Ergebnisse im Compositing sind beispielsweise gewisse Grundlagen der Farbkorrektur von Vorteil, und Erfahrung in dreidimensionaler Arbeit bereichert die Gestaltung von Schriftelementen.

Alle Informationen werden von Abbildungen und detaillierten Beschreibungen nähergebracht, das A und O beim Erlernen aller Programme ist dennoch der Hands-on-Ansatz. Um dem gerecht zu werden, befinden sich im Download-Material, das Sie unter *mitp.de/501* herunterladen können, eine Vielzahl von After-Effects-Projekt-Dateien, die Sie parallel zur Lektüre öffnen und zusammen mit dem Buch nachvollziehen können. Prinzipiell ist jedes Kapitel unter einem gleichnamigen Projekt zusammengefasst, Themen innerhalb eines Kapitels werden anhand von programminternen Kompositionen und Unterkompositionen aus Übersichtsgründen feiner aufgegliedert (Sie erfahren bald, was es mit Kompositionen auf sich hat).

Am Ende vieler Kapitel werden Sie anhand von Workshops die Möglichkeit haben, das eben Gelesene und Erlernte zur Anwendung zu bringen. Auf ein Tutorial, wie Sie After Effects installieren oder die Creative Cloud benutzen, wurde in diesem Buch verzichtet, denn der Ablauf wird auf der Adobe-Website leicht verständlich erklärt.

In Kapitel 14 wird die Interaktion von After Effects mit weiteren Adobe-Produkten erläutert. Falls Sie lediglich im Besitz eines Einzelabonnements sind, können Sie dennoch mit den Workshop-Dateien aus diesen Programmen arbeiten. Es lohnt sich jedoch, auch die Testversionen aller anderen Adobe-Programme auf Herz und Nieren zu prüfen, und deren Zusammenarbeit mit After Effects rufen neue Gestaltungsmöglichkeiten auf den Plan.

Bei der Verwendung des Workshop-Materials möchte ich Sie darauf hinweisen, dass es sich um kostenlos zur Verfügung gestelltes Material handelt, das Sie gerne zu Übungszwecken verwenden können. Ich bitte Sie jedoch, von einer Veröffentlichung des Rohmaterials abzusehen genauso wie auf eine Weitergabe der Dateien zu verzichten. Ziel aller Workshops ist es, Ihnen die Möglichkeit zu geben, anhand des Buches zu lernen. Im nächsten Schritt ermutige ich Sie dazu, Ihr eigenes Bild- und Video-Material zu erstellen und so individuelle, kreative Projekte zu verwirklichen.

Jetzt wünsche ich Ihnen viel Spaß bei der Lektüre dieses Buches und nach dessen Beendigung viel Erfolg bei der Umsetzung Ihrer ersten eigenen Projekte!

Kapitel 1

Einstieg

In diesem Kapitel beschäftigen wir uns mit den Basics. Es ist also ebenso eine Einführung als auch ein Einblick in das Arbeiten mit After Effects beziehungsweise Bewegtbildmaterial im Allgemeinen. Daher geht es anfangs um generelle und hilfreiche Hintergründe, während spezifische Fachbegriffe und grundlegende Techniken die zweite Hälfte des Kapitels füllen.

Es ist kein Muss, mit aller Theorie vertraut zu sein und jedweden Terminus sofort zuordnen zu können. Die hier beschriebenen Vorgänge helfen Ihnen jedoch, die Arbeitsweise des Programms zu verstehen und gewisse Abläufe mit zugegebenermaßen etwas trockenem Fachwissen zu unterfüttern. So können Sie also auch getrost an späterer Stelle zu diesem Kapitel zurückkehren und einen Überblick über diese spezielle Technologie oder jenen Standard erhalten. Auch hier sei Ihnen ans Herz gelegt, dass es allenfalls ein Abriss über das Nötigste zum Grundverständnis ist und Sie einen Anknüpfungspunkt für weiterreichende Recherchen haben.

1.1 Animation und bewegte Bilder

Nun ja, ohne jetzt den zugehörigen Wikipedia-Artikel zu zitieren und mit der lateinischen Übersetzung daherzukommen, lässt sich wohl schnell herleiten, was man im Allgemeinen unter Animation versteht:

Eine Animation haucht starren Bildern Leben ein.

Es wird dabei die Illusion einer selbstmotivierten Bewegung, Veränderung oder Variation geschaffen. Die Objekte im Bild treten in eine Interaktion miteinander, der Bildinhalt erwacht zu etwas Lebendigem und erschafft ein Schauspiel in einem Schaukasten, dem Bildschirm oder der Leinwand. Daher sind im Prinzip alle bewegten Bilder, also auch Film- oder Videoaufnahmen Animationen, denn es handelt sich um nichts Weiteres als einzelne Momentaufnahmen, die einen Zustand in einem Bild einfrieren. Anschließend werden diese Bilder dann schnell aneinandergereiht und ergeben über die fortlaufende Zeit der Wiedergabe eine bewegte Fotografie. Ein solches Einzelbild wird jeher auch als **Frame** bezeichnet, denn es wurde auf den Filmrollen nicht nur zeitlich, sondern auch räumlich »eingerahmt«.

Seit den Anfangstagen des Films ist die Animation also ein wesentlicher Bestandteil des Verständnisses von Film, aber auch in seiner Produktion. Die Animation befand und befindet sich ständig im Wandel, sowohl was Stile als auch was Arbeitsmethoden angeht. Was sich jetzt in Anbetracht dessen, dass Sie eigentlich eine Lektüre zu einem Animationsprogramm aus dem Jahre 2017 lesen, wie eine kleine Geschichtsstunde zu fast schon historischen Herangehensweisen liest, soll aber darauf verweisen, dass sich immer noch einige Produktionen dieser alten Methoden bedienen und deren unbeeinträchtigte Aktualität beweisen. Kommen wir also kurz zur Entwicklung der Animation vom festgehaltenen zum künstlichen Bild.

Abbildung 1.1
Titelgestaltung mit After Effects

Wie bereits erwähnt waren die ersten Sequenzen, die nicht gefilmt wurden, künstlich erzeugte **Bild-für-Bild**-Animationen. So wurde zunächst mit Freihandzeichnungen oder Ritzungen auf Filmrollen experimentiert.

Die Filmschaffenden ersetzten die ersten einfachen Methoden schnell durch kompliziertere Verfahren. Eine der populärsten ist die **Cel-Animation**. Bei dieser Form des Zeichentricks werden Bildelemente auf transparente Folien gebracht und in mehreren Schichten auf den sogenannten Lichttischen angeordnet und anschließend fotografiert. Danach werden die Folien neu geordnet und bei Bedarf neu gemalt, sodass Bild für Bild eine flüssige und plausible Animation entsteht.

Abbildung 1.2
Zeichentrick

1.1 Animation und bewegte Bilder

Genauso alt und ungebrochen populär ist der **Stopp-Trick**. Hier wird mittels Puppen und kleinerer Szenerien ebenfalls in mühsamer Detailarbeit Einzelbild nach Einzelbild abfotografiert und zu ganzen Filmen zusammengesetzt. Suchen Sie auf YouTube nach **Brickfilm** oder **Stop Motion**, werden Sie sehen, dass diese Optik auch immer noch viele Anhänger hat. Und auch größere Kinoproduktionen zeigen, dass diese Techniken up to date sind, wenn sie auch mittlerweile vielerorts computergestützt weiterentwickelt worden sind.

Abbildung 1.3
Stopp-Trick

Mit dem Vormarsch der Computer in der (Post-)Produktionsindustrie ergaben sich neue Möglichkeiten in der Kreation von bewegten Bildern. Alles konnte nun (theoretisch) in Nullen und Einsen verwandelt, verrechnet und wieder ausgegeben werden. Eine der größten Neuerungen war die Verwendung der **Keyframes**. Hatte man zuvor noch schrittweise jedes Einzelbild mühsam auf Filmstreifen ablichten müssen, so sollte sich diese zeitintensive Arbeit mit den Schlüsselbildern ändern.

Das Prinzip ist vergleichsweise einfach. Statt eine Bewegung nun bildweise mitverfolgen zu müssen, genügt es, durch die Verwendung von Keyframes lediglich zu wissen, wo eine Bewegung anfängt (Keyframe A), wo sie endet (Keyframe B) und wie viel Zeit, genauer ausgedrückt, wie viele Bilder dazwischen liegen sollen. Der Computer füllt diese dann mit akkurat berechneten Zwischenbildern und erstellt so anhand dieser wenigen Informationen die gesamte Animation. Natürlich sollte es nicht nur bei der Neupositionierung von Bildelementen bleiben, sodass bald auch Verformungen, Kolorierungen und andere Methoden mithilfe des Computers möglich waren.

Abbildung 1.4
Musste vorher noch per Hand jeder Frame gezeichnet werden, übernimmt diese Arbeit jetzt (meist) der Computer.

Kapitel 1 — EINSTIEG

Abbildung 1.5
3D-Design in After Effects

Ein völlig neuer Zweig der Animation entwickelte sich durch die Verwendung von **3D-Animation**. Abgeleitet aus den CAD-Konstruktionsprogrammen der produzierenden Industrie wurden diese Programme bald um die Möglichkeit der Animation ergänzt, wodurch komplett eigenständige Welten innerhalb des Computers entworfen werden konnten. Animationsstudios konnten von da an fiktive Charaktere erzeugen und zum Leben erwecken, während sie sich durch die 3D-Szenerie bewegen. Dabei ist es nicht mehr nötig, auf vorhandene Elemente oder Bilder zurückzugreifen. Viele 3D-Programme arbeiten mit geometrischen Grundkörpern und Figuren in Vektorform, die innerhalb des Programms erstellt werden. Durch computergenerierte Texturen und virtuelle Lichtquellen wird die 3D-Szenerie aus konstruierten Drahtgitter-Modellen zu einer schillernd bunten oder täuschend fotorealistischen virtuellen Realität geformt.

Abbildung 1.6
Motion Design beschäftigt sich mit grafischen Animationen.

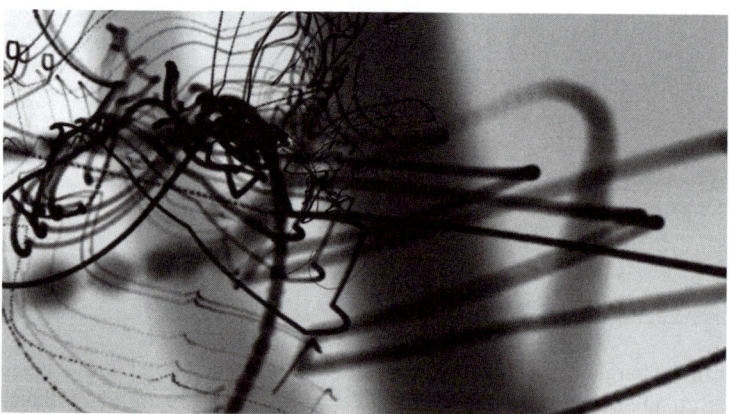

Und auch zurück in der Welt des »Realfilms« profitieren Filmemacher ebenfalls von der Integration des Computers in ihre Arbeit. Im **Compositing** lassen sich durch die geschickte Integration und Manipulation einzelner Bild- und Videoelemente in bestehendes Filmmaterial dramatische Szenen realisieren. Diese Zusatzelemente können wiederum ebenfalls filmische Erzeugnisse sein, aber auch aus 3D-Programmen stammen. Die **CGI**-Elemente (Computer Generated Imagery) und

Visual Effects ermöglichen Explosionen, ohne Häuserblocks in Schutt und Asche zu legen. Der Zuschauer begibt sich auf Reisen in vergangene Zeiten zu historischen Schauplätzen. Und Filmemacher verschreiben sich der Erschaffung fantastischer Welten, in die sich Schauspieler so natürlich einfügen, dass Illusion und Realität nur schwer zu trennen sind.

Abbildung 1.7
VFX

Sie haben jetzt einen Überblick über die vielseitige Welt der bewegten Bilder erhalten. After Effects ermöglicht Ihnen, alle erwähnten Techniken und Stile zu erkunden und viele Projekte eben jener Macharten umzusetzen.

1.2 Grundlagen

Auf den folgenden Seiten werden Sie jetzt mit den Basics der Film- und Videowelt vertraut gemacht, die Sie für jedwedes Projekt brauchen oder brauchen könnten. Wundern Sie sich nicht, wenn Sie nicht gleich jeden Begriff verinnerlichen oder das Wissen sofort allumfassend anwenden können.

Kapitel 1 — EINSTIEG

Auflösungen

Beginnen wir mit einer der ersten wichtigen Nenngrößen bei Ihrer Arbeit mit Animationen: der **Auflösung**. Aus der Fotografie entlehnt beschreibt die Auflösung die räumliche Größe Ihrer Bildfläche.

Vor dem Digitalzeitalter, und damit meine ich nicht die Zeit, in der jeder Haushalt Serienware von Apple oder IBM im Haushalt stehen hat, war der Genuss von Bewegtbildern dem Besucher der Lichtspielhäuser vorbehalten. Filme, in Form von Filmrollen, wurden mithilfe von Projektoren auf die Leinwände geworfen und liefen Bild für Bild ab.

Das zugrunde liegende physikalische Prinzip lässt sich vereinfacht erklären. Licht dringt von einer Leuchtquelle durch das (Farb-)Positiv und wird durch den Raum auf eine Leinwand geworfen. Die Größe des Bildes stand also im direkten Zusammenhang mit dem Abstand zwischen Projektor und Leinwand und somit letzten Endes mit den räumlichen Gegebenheiten des Kinosaals.

Mit der Erfindung der Bildröhre sollte eine neue Art der Bilderzeugung ihren Vormarsch antreten. Das Fernsehen sollte es nun ermöglichen, die bewegten (und bald auch bunten) Bilder auch ohne Kino in den eigenen vier Wänden sehen zu können. Anstelle von Filmstreifen und Leinwänden traten nun Geräte mit Antennen und Bildschirme. Diese wurden mithilfe von Elektronenröhren zum Leuchten angeregt. Damit dies gezielt geschehen konnte, wurde der Bildschirm anhand von Loch- oder Streifenmasken unterteilt und unterschiedlich angeregt. Fortan wurden TV-Bilder in **Bildzeilen** unterteilt. Es wurde also für die formatgebundene Dimensionierung von Fernsehbildern gesorgt, die in den neu entstehenden TV-Normen Berücksichtigung finden soll.

Obwohl diese Unterteilung des Bildschirms eigentlich auch schon Bildpunkte erzeugt, ist durch die physikalisch bedingte Ungenauigkeit der Röhrenstrahlung die gezielte Ansteuerung erst im Laufe der 70er Jahre gegeben. Es sollte noch ein wenig dauern, bis das Pixel schlussendlich die gängige Maßeinheit für Bildpunkte auf einem Bildschirm werden sollte.

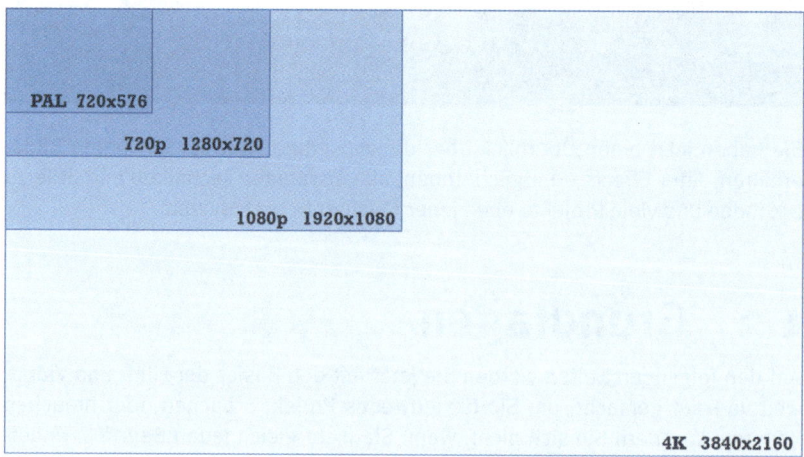

Abbildung 1.8
Die »gängigen« Auflösungen für den europäischen Raum

Heutzutage versteht man unter der Auflösung (im digitalen Videobereich) die Abmessung eines (Bewegt-)Bildes in seiner Höhe und Breite. Die Maßeinheit dabei sind Pixel (hergeleitet von **pic**ture **el**ement). Als Überbleibsel einer Nomenklatur der analogen TV-Epoche wird oftmals nur die Höhe angegeben, da die mittlerweile einheitlich definierten TV-Standards dafür sorgen, dass entsprechende Bildbreiten als gegeben betrachtet werden können. So wird das Full HD hinreichend als 1080p oder 1080i bezeichnet, ein Produkt dieser Norm besitzt also 1080 Pixel in der Höhe.

Framerate

Jede Bewegung, ob nun in der Natur oder der Technik lässt sich in unendlich kleine Teilschritte herunterbrechen. Eines der berühmtesten Beispiele dazu ist gleichzeitig auch eine der ersten Serienbildaufnahmen überhaupt, das Rennpferd von Muybridge.

Abbildung 1.9
Die Serienfotografie von Muybridge

Sie zeigt, dass Bewegungen durch eben jenes Herunterbrechen in Einzelbildern aufgezeichnet und dadurch auch gleichermaßen wieder abgespielt werden können. Muybridge trug somit maßgeblich zur großen Revolution der Fotografie bei und legte einen Grundstein für den Siegeszug des bewegten Bildes. Nicht ganz so aufwendig, aber leichter nachzuempfinden ist dieses Prinzip beim Klassiker im Schulzimmer, dem Daumenkino. Ein hüpfender Ball, der springende Punkt. Jedes Bild auf jeder Seite zeigt den Punkt, allerdings jedes Mal an einer anderen Stelle, an einem späteren Platz in seiner Bewegung.

Blättern wir die Seiten durch unsere Finger, setzt unser Verstand die einzelnen Bilder zusammen, registriert die (örtliche) Veränderung des Punktes und vollzieht die Bewegung nach. Doch damit das menschliche Auge beziehungsweise der Verstand beginnt, eine Bewegung als flüssig wahrzunehmen, muss eine gewisse Mindestanzahl von etwa 15 bis 20 Bildern pro Sekunde erreicht werden. Alles, was darüber hinausgeht, wird von uns als flüssige Bewegung registriert.

Die sogenannte Bildwiederholungsrate, Zeitbasis oder eben auch **Framerate** legt also fest, wie viele Bilder pro Sekunde gezeigt werden. Sie wird numerisch in Einzelbildern pro Sekunde angegeben, in der Fachsprache spricht man auch von fps (engl. = frames per second = fps).

Oftmals wird bei den bereits erwähnten Standards wie beispielsweise 1080p25 anhand der letzten Ziffer bereits angesprochen, mit welcher Framerate aufgenommen oder abgespielt wird. Recht früh etablierte sich im Kinofilm der 24-fps-Standard, sodass jedwede Filmrolle und jeder Projektor mit dieser festen Wiedergabegeschwindigkeit arbeiten konnte. TV-Standards sollten von dieser Bildwiederholrate abweichen, sodass der hierzulande übliche PAL-Standard, den Sie gleich kennenlernen werden, 25 Einzelbilder in der Sekunde verwendet. Stopp- oder Zeichentrick wiederum verwenden hingegen oft lediglich 12 Bilder pro Sekunde. Und durch technologische Weiterentwicklungen kamen mit der Zeit neben größeren Auflösungen auch schnellere Abspielraten hinzu. YouTube bietet beispielsweise bereits seit geraumer Zeit einen 50/60-fps-Modus an.

Abbildung 1.10
Action Cams ermöglichen interessante Effekte durch hohe Aufnahmegeschwindigkeiten.

Der Vorteil: Je mehr Bilder pro Sekunde über den Bildschirm laufen, desto klarer und ruckelfreier ist die Bewegung. Allerdings zeigt sich auch der menschliche Verstand hier etwas träge. Denn diese neuen Formate werden natürlich anders wahrgenommen, da die Sehgewohnheiten ebenfalls eine nicht zu vernachlässigende Rolle spielen. Und nicht wenige Filmemacher im Hobby- und auch Profibereich greifen immer noch auf die altvertrauten Standards zurück. Auch bei der Aufnahme, was uns zu einer »gesonderten« Art der Framerate bringt, der Aufnahmeframerate. Diese trägt maßgeblich zum »Feeling« einer Aufnahme bei, denn oftmals bestimmt das vorhandene Licht, wie lange der Kamerasensor belichtet werden muss.

Was sich zunächst nur für Kamerafrau oder -mann relevant anhört, ist spätestens beim nachträglichen Bearbeiten auch für Sie entscheidend, sei es nun beim Nachverfolgen einer Bewegung, beim Maskieren und der Anwendung weiterer Effekte. Später werden Sie beispielsweise auch erfahren, wie das nachträgliche Hinzufügen von Unschärfe bei schnellen Bewegungen in Ihren Animationen hilft, diesen wieder etwas »Realismus« zuzufügen und die nüchterne Genauigkeit eines CGI-Bildes zu reduzieren.

Eine weitere Verwendung von Hochgeschwindigkeitsaufnahmen erfreut sich auch im Hobbybereich immer größerer Beliebtheit. Und dank günstiger Action Cams und Konsorten ist er mittlerweile auch ein Leichtes, SlowMotion-Videos selbst zu produzieren.

Fernsehnormen

Was wäre die (digitale) Welt ohne Normen? Schon mit der Einführung der Lichtspielhäuser sorgten Gremien für diverse grundsätzliche Absprachen bei der Produktion und Wiedergabe von Filmen. Schließlich musste man sichergehen, dass die Filmrollen überall und uneingeschränkt abgespielt werden konnten. Und umso wichtiger war es, bei der (über-)regionalen Fernsehübertragung auf Normen zurückgreifen zu können, die eine einwandfreie Umwandlung der Funksignale auf jedweden Empfangsgeräten zu ermöglichen, auf die sich auch sämtliche Hersteller verlässlich beziehen konnten.

So entwickelten sich in der Mitte des letzten Jahrhunderts verschiedene analoge Bildübertragungssysteme, von denen letzten Endes drei den TV-Markt dominierten. Die Rede ist von NTSC, PAL und SECAM.

Abbildung 1.11
SD-Bildübertragungssysteme

Während Letzterem kaum Bedeutung zukam, lassen sich die Grundlagen und Weiterentwicklungen von NTSC und PAL auch noch in aktuellen TV-Standards wiederfinden. Die drei Systeme standen in direkter Konkurrenz und teilten die Fernsehwelt »unter sich auf«.

Die amerikanische Vereinigung National Television Systems Committee führte Anfang der 1950er Jahre ein einheitliches Farbfernseh-Übertragungssystem ein, das seitdem die Norm im amerikanischen und begrenzt auch im asiatischen Raum ist. Wenige Jahre später wurde in Europa das PAL-System entwickelt (Phase Alternating Line), vor allem mit der Absicht, die technischen Probleme des NTSC-Systems zu verbessern. Der PAL-Standard verbreitete sich alsbald in Europa, Afrika und Australien. Der SECAM-Standard war zunächst im französischsprachigen Raum verbreitet, verlor aber über die Jahre immer mehr an Bedeutung. Seitdem mussten sich alle Anwender, Video- und Fernsehmacher an der jeweiligen verwendeten Technologie ihres Einzugsgebiets orientieren. Die Unterschiede waren dabei nicht unerheblich. NTSC benutzte eine Bildwiederholrate von 29,97 und übertrug dabei 525 Zeilen, von denen lediglich 480 nutzbar waren. PAL und SECAM, beide wiederum als Verbesserung des amerikanischen

Systems gedacht, verwendeten ihrerseits 25 Einzelbilder in der Sekunde bei einer Übertragung von 625 (575 nutzbaren) Bildzeilen. Beide unterschieden sich wiederum in der Farbwiedergabe.

Heute werden diese Normen weithin als **SD**(Small Definition)-Formate beschrieben und verschwinden allmählich vom Markt. Deutlich zum Vorteil der Nutzer und Kreativen, denn jahrelang waren diese Formate mit all ihren Eigenheiten, unterschiedlichen Darstellungsmethoden und Bildwiederholraten oftmals eine Pein. Unschöne Verzerrungen oder falsche Halbbildeinstellungen waren keine Seltenheit. Falls Sie dennoch solche Videodateien verwenden möchten, ist das natürlich dennoch kein Problem und mit nur ein paar wenigen Einstellungen fügt sich auch solches Material nahtlos in Ihr Projekt ein.

Um die Jahrtausendwende hatten Neuentwicklungen sowohl in der Aufnahme- als auch in der Wiedergabetechnik für die Einführung neuer Standards gesorgt. Durch die höhere Auflösung von Flachbildschirmen sowie dem allmählichen Wechsel von analogen Aufnahmebändern hin zu digitalen Speichermedien wurde die Einführung der neuen High-Definition-Standards begünstigt. Auch wenn dennoch teilweise mit Zeilensprungverfahren und anamorphotischen Pixeln gearbeitet wurde. Zunächst war HDV der Standard, umgangssprachlich oft auch HD Ready genannt, mit 1280 x 720 Pixeln kleinen Zwischenschritten, bevor das mittlerweile geläufige Full HD dem derzeitigen Produktionsstandard **HDTV** (High Definition Television) von 1920 x 1080 Pixel entspricht. Dabei werden seitdem in den ehemaligen PAL-Regionen auf 25 beziehungsweise 50 fps gesetzt; der Nachfolger des analogen NTSC, das ATSC-System setzt auf 24, 30 oder 60 Vollbilder in der Sekunde. Sie sehen also, dass der TV-Markt trotz einiger übergreifender Einigungen immer noch gewisse Fallstricke in sich birgt.

Seit geraumer Zeit sind die Begriffe **UHDTV** (Ultra High Definition Television) oder **4K** omnipräsent. Dabei wird es noch eine gute Weile dauern, bis die Standards mit vierfacher Full-HD-Auflösung denselbigen abgelöst haben. Nichtsdestotrotz kommen immer mehr Aufnahme- und Wiedergabegeräte mit diesen Siegeln auf den Markt und wollen bereits für diesen Standard gewappnet sein. 4K ist dabei das etwas fälschlich verwendete Synonym für den UHDTV-Standard von 3840 x 2160 Pixeln.

Halbbild

Die analoge Fernsehübertragung brachte das bewegte Bild in die Wohnzimmer. Dazu mussten jedoch einige technische Hindernisse überwunden werden, wie zum Beispiel die Störanfälligkeit der Signalübermittlung oder das Flimmern der TV-Geräte.

Daher wurde das Halbbild- oder auch Zeilensprungverfahren entwickelt. Das zugrunde liegende Vollbild wurde in zwei Halbbilder aufgeteilt und übertragen. Im Empfangsgerät projizierte die Elektronenröhre dann im Wechsel das Halbbild mit den geraden Zeilen, dann das mit den ungeraden Halbbildern. Um keine Einbußen bei der Bildwiederholrate aufzuweisen, mussten die Fernseher 50 Mal (PAL) beziehungsweise 60 (genauer 59,94 Hz bei NTSC) Mal in der Sekunde das Halbbild wechseln, um auf 25 beziehungsweise 29,97 Vollbilder in der Sekunde zu kommen. Auch heute noch liefern Standardmonitore Bildfrequenzen von 50 und 60 Hz, wenn auch mittlerweile in Vollbildern.

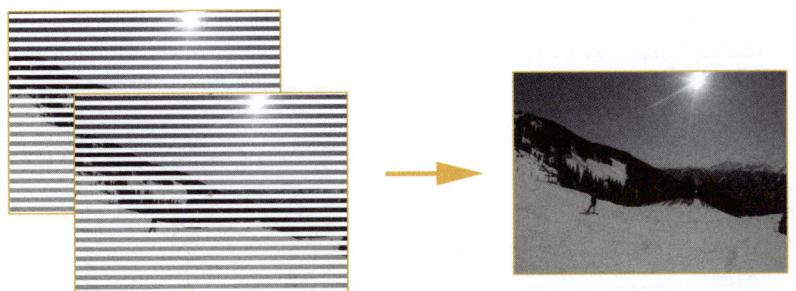

Abbildung 1.12
Das Halbbildverfahren

Obwohl sich die Ära der analogen Übertragungstechnik langsam, aber sicher dem Ende zuneigt, wird dieses Prinzip zum Zweck der Kompatibilität auch in neuen Geräten und bei HD-Standards verwendet. Bei aktuellen TV- und Video-Normen wird das verwendete Zeilensprung-Verfahren anhand eines kleinen Buchstabens nach der Auflösungshöhe abgelesen. Das kleine **p** steht dabei für die Verwendung von Vollbildern und wird deswegen auch als **Progressive Scan** bezeichnet. Werden die Bilder in Halbbilder zerlegt, steht dagegen ein kleines **i** für **Interlaced Scan**. Das Halbbildverfahren findet heute auch noch vereinzelt im HDV-Standard Anwendung, bei dem 1080 Bildzeilen immer noch im Halbbildwechsel aufgebaut werden.

Bildseitenverhältnis

Noch bis in die 2000er Jahre wurde ein großer Teil der TV-Produktionen im bis dato üblichen 4:3-Format produziert, das auch als Normal-Format bekannt ist und schon seit den 1930ern offiziell als **Standard**-Bildformat definiert wurde. Doch daneben ließen es sich viele Filmemacher nicht nehmen, mit dem neuen Medium zu experimentieren und auch die Verhältnisse der Bildseiten zu variieren.

Abbildung 1.13
Starkes Widescreen-Bildseitenverhältnis von 2,4:1

Vor allem Kinoproduktionen entdeckten in der zweiten Hälfte des letzten Jahrhunderts die breiten Formate für sich, hatte man doch schon in den 20er Jahren epische Produktionen im 4:1-Format gedreht. Durch neue technische Entwicklungen wie anamorphotische Linsen war es nun möglich, auf gewöhnlichen Film mehr Bildinhalt zu »stauchen«. Bei der Wiedergabe wurden die Bilder dann wieder entzerrt und weitläufige Breitbilder auf die Kinoleinwände projiziert.

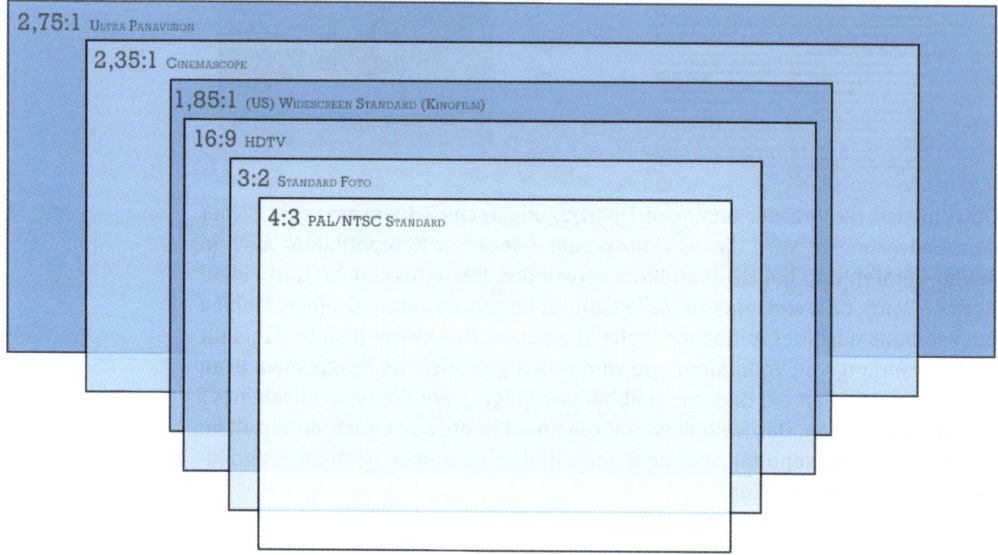

Abbildung 1.14
Ein paar gängige Bildseitenverhältnisse

Mittlerweile ist das Seitenverhältnis 16:9 der Geräte-Standard, sowohl bei TV-Monitoren als auch bei einigen Smartphones oder Tablets. Mancherorts wird es auch (nach Definition irrtümlicherweise) als **Widescreen**-Format bezeichnet, es änderte jedenfalls im Handumdrehen unsere heutigen Sehgewohnheiten.

Heutzutage findet sich auf Vimeo und YouTube, aber auch in diversen Werbungen die künstliche Verwendung der ultraweiten Haptik. Allerdings werden in diesen Fällen die Bildhöhen beschnitten, sodass die Ränder des HD-Bildes schwarz bleiben.

Abbildung 1.15
Fingierte Widescreen-Optik

Pixelseitenverhältnis

Das **Pixelseitenverhältnis** oder auch Pixel Aspect Ratio, kurz **PAR**, rührt noch aus den Zeiten der analogen Fernsehtechnik: Zugunsten einer maximalen Nutzung der analogen Aufnahmebänder wurde schon sehr schnell versucht, aus den begrenzten Kapazitäten das Maximum herauszuholen, indem Bildpunkte bereits im Aufnahmemedium gestaucht beziehungsweise gedehnt wurden. Das hatte natürlich zur Folge, dass alle nachfolgenden Stationen in der (Post-)Produktion auf eine korrekte Interpretation dieses Materials angewiesen waren.

Falsch eingestelltes Material sorgt auch in After Effects für Probleme, denn bei unkorrigierten Quellen ist die Auflösung nicht gleichbedeutend mit der Bildpunktanzahl. Das Resultat einer solchen Fehlinterpretation sind Verzerrungen, die sich vor allem in verschobenen Körper- und Gesichtsproportionen bemerkbar machen.

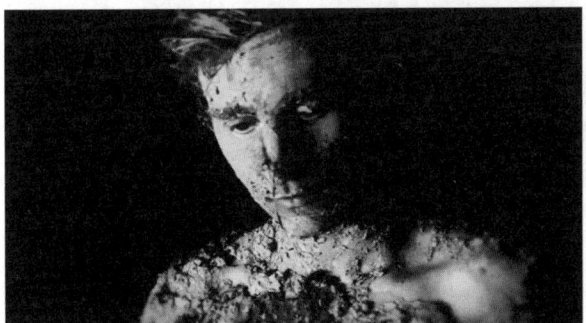
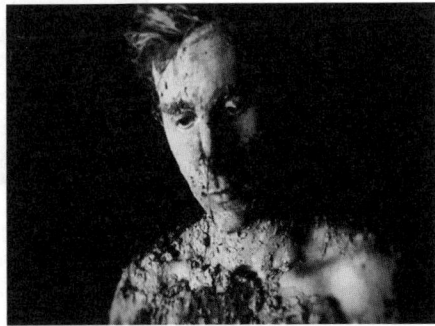

Das Pixelseitenverhältnis spielt auch heute noch eine nicht zu unterschätzende Rolle, denn noch immer arbeiten auch hochauflösende Aufnahmestandards mit rechteckigen Seitenverhältnissen.

Abbildung 1.16
Achten Sie auf korrekte Pixelseitenverhältnisse.

RGB-Modell

Das bekannteste Modell zur Darstellung von Farben ist das **RGB**-Modell. Dieses beschreibt, dass jeder Farbton nach dem Prinzip der **additiven Farbmischung** aus den drei Grundfarben Rot, Grün und Blau gebildet werden kann. Angelehnt an das menschliche Sehverhalten beschreibt es die Farbwahrnehmung durch drei Zapfentypen der Netzhaut.

Auch in der modernen Bildschirm- und Computertechnik kommt dieses Modell sowohl in Sensorchips der digitalen Kamerasysteme als auch in Monitoren, Projektoren und LED-Panelen zum Einsatz.

Abbildung 1.17
Das (additive) RGB-Modell

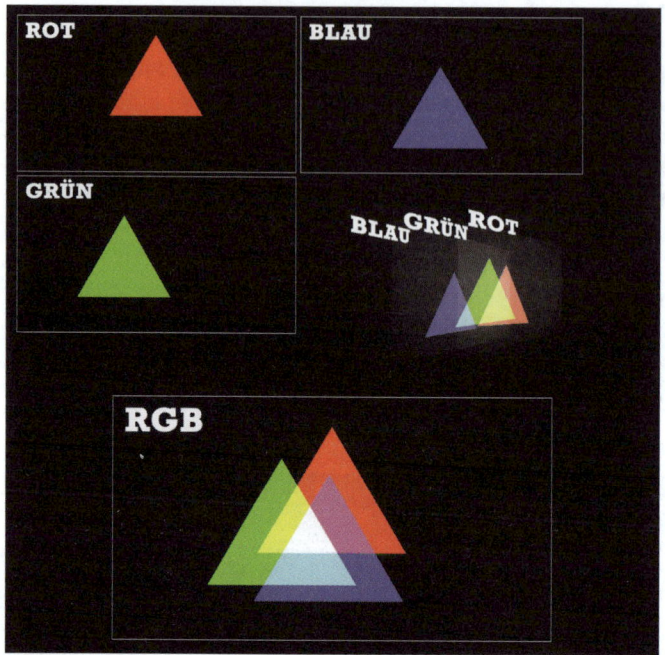

Dabei wird für jeden Bildpunkt die Helligkeitsinformation der jeweiligen Primärfarbe, also deren Anteil im dazu gehörigen Farbkanal gespeichert. Betrachten Sie einen Farbkanal isoliert, so wird dieser als Schwarz-Weiß-Bild dargestellt werden und illustriert dabei die Helligkeitsinformation im jeweiligen Farbkanal. Werden die drei Kanäle übereinandergelegt, ergänzen sich die Helligkeitsstufen der Einzelkanäle im RGB-Modus zu einem Farbbild.

Abbildung 1.18
RGB-Farben als Würfelmodell

Vielerorts hat sich durch die Verwendung von drei Kanälen auch eine dreidimensionale Darstellung des RGB-Farbraums ergeben, die Ihnen spätestens dann begegnen wird, wenn Sie sich intensiver mit Farben und ihrer Darstellungsweise im Bereich der Farbkorrektur beschäftigen.

Neben den eben genannten Modellen gibt es noch weitere Farbmodelle, beispielsweise den CMYK-Bereich, der allerdings kaum eine Rolle spielt, da er primär im Print-Bereich zur Anwendung kommt und höchstens bei der Integration von Druck-Erzeugnissen oder Adobe-Illustrator- Dateien beachtet werden muss.

Ein weiteres Modell beschreibt das HSB- oder HSL-Modell. Es handelt sich ebenfalls um ein dreidimensionales Modell, bei dem sich eine Farbe (**h**ue) an einer Position auf einem Farbkreis definiert. Je weiter sich die Farbe von dessen Zentrum entfernt, desto kräftiger, genauer ausgedrückt, desto mehr Sättigung (**s**aturation) hat der Farbton. Zusätzlich wird auf einer weiteren Achse dieses Farbkreismodells die Helligkeit (**b**rightness oder **l**ightness) aufgetragen. Viele Farbkorrektur-Werkzeuge greifen auf dieses Modell zurück, da durch seine anschauliche Arbeitsweise einige Farbwerkzeuge leichter anzuwenden sind.

YUV-Modell

Nachdem mit der terrestrischen Übertragung von Schwarz-Weiß-Fernsehen gewisse technische Grundlagen bereits bestanden, mussten Ingenieure für die Weiterentwicklung zum Farbfernsehen das Rad nicht neu erfinden, sondern »lediglich« dem bisherigen Helligkeitswert für die Schwarz-Weiß-Übertragung weitere Informationen für die Farbe hinzufügen.

Schnell stellte man jedoch fest, dass das RGB-Modell mit seinen drei separaten Kanälen für zu große Datenströme bei der TV-Übertragung sorgen würde. Als Alternative wurde das YUV-Farbmodell herangezogen und weiterentwickelt. Hier verteilen sich die Farbinformationen entlang zweier Achsen und werden durch die Helligkeitskomponente zu einem dreidimensionalen Farbmodell aufgespannt. Nach diesem Prinzip sollten alsbald viele TV-Sendeanstalten ihr buntes Programm über den Äther schicken.

Nun wurden in den Empfangsgeräten bald Farbröhren nach dem RGB-Modell integriert, weshalb diese mittels des sogenannten **Farbdifferenzmodells** angesteuert wurden. Alle drei Farbkanäle erhielten den gleichen Helligkeitswert, zusätzlich jedoch um das Signal aus den Farbdifferenzkanälen reduziert. Das Resultat war ein Farbbild, das bei Übertragungsfehlern immer noch ein passables Schwarz-Weiß-Bild ergeben konnte und gleichzeitig eine klein verbleibende Datenübertragungsrate ermöglichte.

Abbildung 1.19
YUV-Modell: Lumawert (Y)
1 mit U und V

Auch heute noch arbeiten viele Aufnahmegeräte und Video-Standards auf der Basis dieser Trennung von Helligkeits- und Farbigwert. Nicht zuletzt aufgrund der Tatsache, dass das menschliche Auge Helligkeitsinformationen feinfühliger wahrnimmt als vergleichsweise Farbe. Dieses Phänomen wird in der sogenannten **Farbunterabtastung** ausgenutzt. Das Resultat sind schmalere Datenströme, als es beispielsweise unter Verwendung des RGB-Modells der Fall wäre. Die Farbabtastung oder auch **Farbsampling** wird in einem numerischen Verhältnis angegeben, hier zur Veranschaulichung:

Y (Luminanz) : C (Chroma 1) : C (Chroma 2)

Als Grundlage wird häufig eine Modellvorstellung herangezogen, bei der auf vier abgetastete Helligkeitsinformationen die Anzahl der Farbinformationen in der ersten Zeile beziehungsweise zweiten Zeile folgen.

Abbildung 1.20
Das 4:1:1-Sampling gewinnt bei Speicherplatz, verliert aber in der Qualität.

4:1:1 Farbsampling

Die 4:1:1- und die 4:2:0-Abtastung werden bei den DV-NTSC- und DV-PAL-Standards genutzt und finden wegen der starken Qualitätseinbußen nur noch wenig Anwendung im (semi-)professionellen Bereich. Dennoch arbeiten beispielsweise die Kompressoren der Dateitypen `JPEG`, `AVI` oder `MPEG` mit Derivaten des 4:2:0-Prinzips.

Abbildung 1.21
Einige `MPEG`-Standards arbeiten mit einer Version des 4:2:0-Samplings.

4:2:0 Farbsampling

Das 4:2:2-Farbsampling ist nach heutigem Stand die gängigste Form des Farb-Helligkeits-Verhältnisses und bietet einen soliden Kompromiss zwischen Qualität und Speichergröße. Mittlerweile finden sich auf dem Markt auch bezahlbare

Aufnahmegeräte, die nicht nur dem Profi-Bereich vorbehalten sind, Videomaterial mit ausreichenden Bildpunktinformationen zu erzeugen. Auch diverse Weitergabe-Formate wie beispielsweise das weitläufig verwendete Apple ProRes greifen auf diese Sampling-Methode zurück. Und nicht zuletzt schwören viele Filmemacher darauf, ihre Aufnahmen vor dem Schnitt oder der Farbbearbeitung in Formate auf Basis dieser Farbunterabtastung zu codieren, um großen Spielraum in der Postproduktion zu haben.

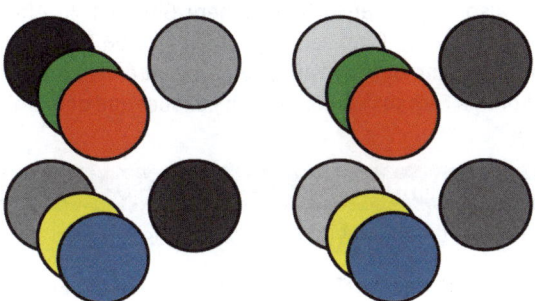

Abbildung 1.22
Hochwertiger Kompromiss zwischen Qualität und Speicherplatz

4:2:2 Farbsampling

Beim 4:4:4-Farbsampling wird jedem Pixel auch ein Farbwert zugeordnet, was zu einem großen Datenstrom führt, also in vergleichsweise großem Speicherplatzbedarf resultiert. Die Vorteile dieses Samplings, bei dem man auch nicht mehr von Farbunterabtastung reden muss, sind natürlich die unkomprimierte Farbtreue eines jeden Bildpunkts und die Entlastung des Prozessors, da keine Farbwerte interpretiert werden müssen. Diese Farbabtastung kommt allerdings nur bei wenigen High-End-Kameras zum Einsatz.

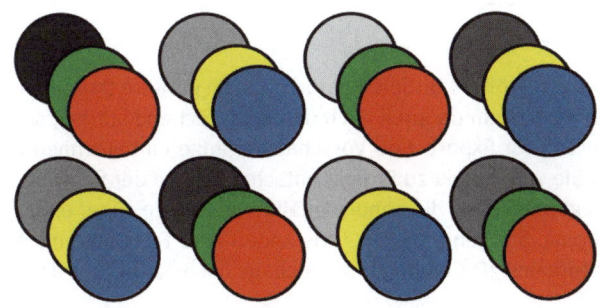

Abbildung 1.23
High-Definition-Sampling

4:4:4 Farbsampling

Bittiefe

Nachdem Sie jetzt wissen, dass sich die Farbinformation eines Pixels aus der Mischung der RGB-Kanäle zusammensetzt, kommen wir zu einem weiteren wichtigen Aspekt. Die Bittiefe regelt, wie viele Informationseinheiten Ihnen pro Kanal zur Verfügung stehen.

Das heute meistverwendete Modell im Anwenderbereich ist die 8-bit-Tiefe. Hier werden jedem Kanal 8 bit, also 256 Abstufungen zugeteilt. Das ergibt in der Summe 16,7 Millionen Farbabstufungen. Zur Veranschaulichung, reines Schwarz hat also in jedem der RGB-Kanäle die Information 0, Weiß den Wert 255. Rot hat den Wert von 255 im Rot-Kanal, die beiden anderen Kanäle 0.

Mehr Spielraum ergibt sich also folglich auch über höhere Bittiefen. In After Effects wäre das die Bittiefe von 16 Bit. Diese erzeugt einen stolzen Farbraum von über 281 Billionen. Der Spielraum bei der Farbgestaltung wird also um ein Vielfaches höher, denn Sie können Farbabstufungen noch genauer und detailreicher anpassen.

> **Achtung**
> Nicht alle Effekte oder Plug-ins sind im 16-/32-bit-Modus verfügbar.

Etwas anders ist das Arbeiten mit der 32-Bit-Tiefe, da sich diese auf die Errechnung der Farbinformationen anhand des sogenannten Gleitkomma-Verfahrens bezieht. Ohne dabei zu weit ins Technische abzudriften, ermöglicht dieser Modus einen noch größeren Umfang der Tonwerte, die auch über den real darstellbaren, ja sogar für das Auge wahrnehmbaren Raum hinausgehen.

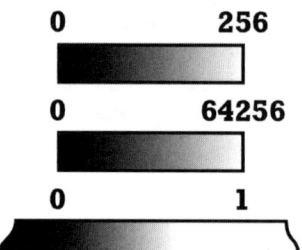

Abbildung 1.24
Bittiefe eines Kanals in 8-bit, 16-bit sowie dem 32-bit-Gleitkomma

Wohl gemerkt erzeugen größere Bittiefen natürlich auch größere Datenmengen und beanspruchen Ihr System dadurch auch dementsprechend stärker, sodass Sie natürlich mehr Zeit für Export- und Vorschauvorgänge einberechnen müssen. Daher sollten Sie von Projekt zu Projekt entscheiden, wo der Schwerpunkt Ihres Vorhabens liegt und ob Sie die höhere Qualität benötigen. Einer einfachen 2D-Animaton im Comic-Stil genügt unter Umständen eine Farbtiefe von 8 Bit, wohingegen ein fotoreales 3D-Compositing durchaus nach 32 Bit pro Farbkanal verlangt.

Farbprofile

Im Laufe der Jahre wurde die Technik der Video- und Bildschirmsysteme immer wieder revolutioniert und bereichert. Doch neben all den Fortschritten gelang es nicht, einige wichtige Fehler zu beheben: Durch die Vielfalt der verwendeten Systeme, Technologien und Farbmodelle entstanden immer wieder Transformations-

1.2 Grundlagen

und Übersetzungsprobleme, die unweigerlich zu Verlusten in der Farbtreue führen. Die Funktionsweise von Bildschirmen, bezogen auf das Wiedergabeverhalten und die Farbdarstellung, musste also noch mal überarbeitet werden. Die Lösung ergab sich im Laufe der Zeit durch die sogenannten **Farbprofile**, die den technologischen Bedingungen entsprechend festgelegt wurden und eine genormte Farbwiedergabe anstreben.

Abbildung 1.25
Farbprofile

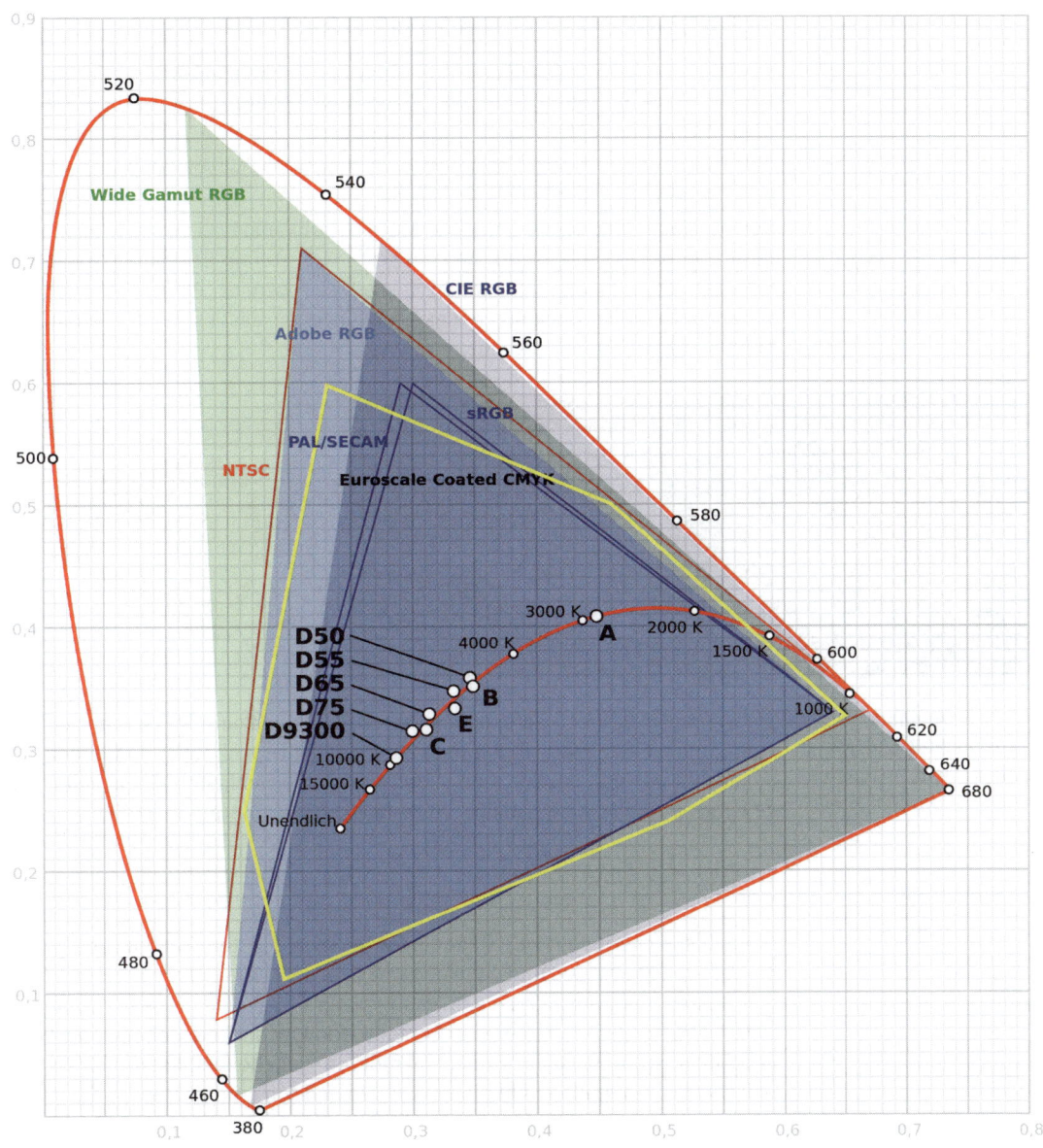

Ab da konnten Anwender mithilfe dieser Farbprofile sicherstellen, dass zwischen Erstellung, Weiterverarbeitung und Endausgabe alle Farbinformationen erhalten blieben. Farbprofile, auch Geräte- oder ICC-Profile, bedienen sich bei den Gegebenheiten und Darstellungsmöglichkeiten eines Geräts im zugehörigen Farbraum. Die Verwendung solcher Farbprofile bezeichnet man im Allgemeinen auch als das Farbmanagement.

Transparenzen und Alphakanal

Etwas weiter oben haben Sie die Aufteilung der Farbkanäle kennengelernt. Beim Kombinieren und Interagieren von Video- und Bildinhalten werden Sie neben deren Farbinformationen auch immer wieder mit einer weiteren Eigenschaft in Berührung kommen, der Transparenz. Diese wird im Alphakanal festgelegt und legt die Durchlässigkeit eines Bildpunkts fest.

Der Alphakanal funktioniert, ganz wie die Farbkanäle auch, nach einem Bit-basierten Wertigkeitsprinzip. Anhand eines Graustufen- beziehungsweise Helligkeitsbilds kann die Transparenz ausgelesen werden. Reines Schwarz entspricht dabei voller Deckung, reines Weiß hingegen lässt komplett alle darunter befindlichen Informationen durch.

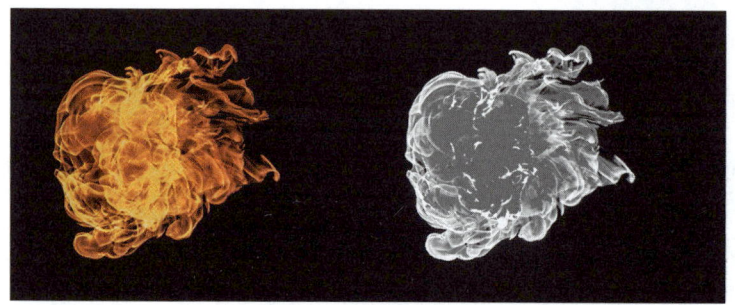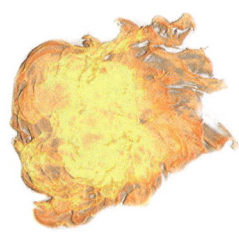

Abbildung 1.26
Links RGB-Bild, Mitte Alphakanal, rechts freigestelltes Bild

Sie werden in Kapitel 7 tiefer in das Thema Alphakanal und Transparenz einsteigen. Dann werden Sie sich mit dem Compositing beschäftigen und lernen, wie Sie auch ohne Alphakanäle (und leider werden die wenigsten Videos mit einem geliefert) Bildteile voneinander mittels Masken oder Matten freistellen.

Formate

Dateien speichern digitale Inhalte in den verschiedensten Formen. Und gerade bei der Arbeit mit Video und Animation müssen wir etwas tiefer einsteigen. Denn hier laufen mehrere verschiedene sogenannte Streams nebeneinander ab. Dateiformate oder etwas genauer Containerformate sind die Behälter, die Video und Audio zu einem Ganzen zusammenführen (gegebenenfalls noch Untertitel) und somit das simultane Abspielen von Bild und Ton ermöglichen.

1.2 Grundlagen

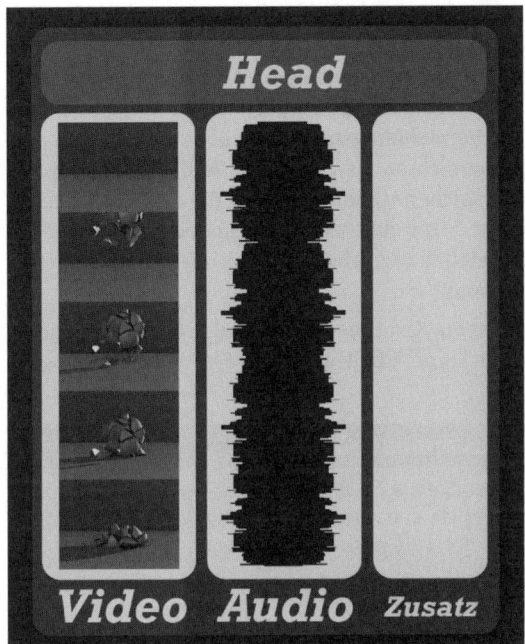

Abbildung 1.27
Inhalte einer Videodatei

- Aufnahmeformate: Obwohl vor allem viele DSLR-Kameras mit den weitverbreiteten Formaten MOV oder MP4 aufnehmen, gibt es eine große Zahl relevanter weiterer Systeme und Speicherformate (mehr dazu in Kapitel 3).
- Ausgabeformate: Sind Videos und Animationen einmal finalisiert worden, gilt es, eine größtmögliche Verbreitung zu erreichen. Daher sind an Ausgabeformate häufig andere Anforderungen als an jene der Aufnahme gestellt (mehr dazu in Kapitel 17).

Codecs

Der Postproduktionsbereich ist zu Beginn in etwa wie ein Dschungel, der voller wilder, unbekannter Dateiendungen und anderer Fachbegriffe wimmelt. Hier werden Begrifflichkeiten schnell verwechselt, und so möchte ich beim Thema Codec einhaken, das hier und da gerne mit dem Dateiformat-Begriff vermischt wird. Letzteres legt wie oben erwähnt mit der Datei-Endung die Verwendung oder Verwertbarkeit in System und Player fest und bündelt Video- und Audio-Strom zu einem Ganzen.

Ein Codec hingegen gestaltet die Art und Weise, wie der einzelne Strom abgespeichert und später auch wiedergegeben wird.

Wozu wird dieser Vorgang eigentlich benötigt? In der Theorie wäre es ja nun das Beste, sowohl den Video- als auch den Audiostream unverfälscht wiederzugeben, um dem Zuschauer so hochwertiges Material wie nur möglich zu präsentieren. So weit, so gut, gäbe es da nicht diese lästigen Probleme mit dem Speicherplatz oder der Stream-Geschwindigkeit im Netz. Denn vor allem sind diese beiden begrenzt, entweder durch das Medium (DVD) oder die Bandbreite Ihres Providers. Schon früh wurden also in findigen Laboren Algorithmen entwickelt, die es ermöglichen sollten, so viel Qualität wie möglich mit so wenig Speicherplatz wie nötig zu liefern. Diese Verrechnungsmethoden übernehmen die sogenannten Kompressoren. Diese verdichten Ihr Video- und Audiomaterial, wo es nur geht. Prominente Beispiele solcher Algorithmen sind die JPG-Kompression oder das MP3-Format (dieses ist auch gleichzeitig ein Codec). Beide sind für platzsparende Informationsbereitstellung, aber auch für die damit einhergehende Qualitätsminderung bekannt.

In Kapitel 17 werden Sie dem Thema Kompressor und Codec erneut begegnen, wenn es um das finale Rendern Ihrer Arbeit geht und Sie diese bestmöglich exportieren möchten.

Verlustfreies Arbeiten

Bis zu Ihrer finalen Ausgabe sollten Sie bei Zwischenschritten generell der Qualität den Vorzug vor der Kompression geben und verlustfrei beziehungsweise unkomprimiert arbeiten. Gesetzt natürlich den Fall, dass Sie über genügend Speicherplatz verfügen.

Kapitel 2

Programmoberfläche

Haben Sie sich durch den Theorie-Teil gekämpft und fühlen sich gewappnet, endlich Hand anzulegen? Auf den nächsten Seiten gibt es einen Überblick über die Programmoberfläche. Als Neuling kann die Oberfläche durchaus erst einmal abschreckend wirken. Leser mit Vorkenntnissen aus anderen Adobe-Applikationen werden vielleicht schon mit der einen oder anderen Palette etwas anfangen können. Und selbst Fortgeschrittene werden immer wieder überrascht, was sich hinter so manchem Fenster versteckt. Und das mitunter trotz jahrelanger Arbeit.

Abbildung 2.1
Richten Sie Ihre Programmoberfläche so ein, dass Sie nur notwendige Fenster in Ihrem Arbeitsbereich haben.

Tipp
Um nicht gleich mit allen Werkzeugen überfordert zu werden, setzen Sie doch den Arbeitsbereich auf MINIMAL, zu finden unter FENSTER in der oberen Menüleiste. Alle weiteren Paletten werden dann nach und nach erklärt. Mehr zum Thema Arbeitsbereich finden Sie weiter unten in diesem Kapitel.

2.1 Obere Menüleiste

Starten wir zuerst einmal mit der programmübergreifend bekannten Menüleiste. So können Sie grob einen Überblick über die Arbeitsweise von Adobe After Effects erhalten. Viele Einträge, die Sie hier vorfinden, lassen sich ebenfalls über diverse Shortcuts oder in weiteren Paletten finden. Im Laufe dieses Buches werde ich daher nicht zu jedem Arbeitsschritt gesondert dessen Ansteuerung über die Menüleiste erwähnen. Für den Moment soll sie aber als einführender Anlaufpunkt herhalten.

Abbildung 2.2
Die obere Menüleiste

Datei   Bearbeiten   Komposition   Ebene   Effekte   Animation   Ansicht   Fenster   Hilfe

Unter dem Programmfenster DATEI finden Sie alles, was Sie zum Erstellen und Verwalten von Projekten brauchen. Hier erstellen und speichern Sie Projekte, importieren und verwalten (Roh-)Dateien und geben fertige Animationen aus.

Unter BEARBEITEN verbergen sich die üblichen Befehle zum Kopieren, Einfügen, aber auch Templates-Präferenzen und weitere Optionen.

KOMPOSITION legt alles zum Herzstück Ihrer Arbeit fest, denn die Komposition ist gewissermaßen die Leinwand, auf der sich später alles abspielt. Unter diesem Menüpunkt können Sie also neue Kompositionen erstellen, bestehende verändern und auch Preview- und Ausgabevorgänge anweisen.

Der Menüpunkt EBENE fällt sehr üppig aus, da After Effects ein Ebenen-basiertes Programm ist. Zunächst können Sie hier neue Ebenenelemente erstellen, wie beispielsweise Text, Farbflächen oder Formebenen. Dadurch haben Sie eine Vielzahl von weiteren Gestaltungsmöglichkeiten an der Hand. Auch finden Sie im Kontextmenü Einstellungen für die Transformation, Masken, Füllmethoden und Ebenstile. In Kapitel 4 werden wir uns detaillierter mit Ebenen beschäftigen.

EFFEKTE beherbergt alle hauseigenen und Third-Party-Plug-ins (also Fremdanbieter). In Kapitel 10 finden Sie detailliertere Informationen zum Thema Effekte, da After Effects über einen großen Katalog der kleinen Helferlein verfügt.

Unter ANIMATION finden Sie die Optionen zur Erstellung und Steuerung von Keyframes. Beispielsweise können Sie Animationsvorgaben nutzen oder erstellen. Des Weiteren finden Sie hier Tracking und können Bildstabilisierungen vornehmen.

Ist bereits eine Komposition erstellt, haben Sie unter ANSICHT Zugriff auf diverse Optionen, beispielsweise um Hilfslinien zu ziehen, die Zoom-Stufe zu variieren oder die Darstellungsweise zu kontrollieren.

FENSTER hilft Ihnen, die Übersicht über Ihren Arbeitsplatz zu behalten. Hier lassen sich einzelne Paletten aufrufen und wieder abwählen. Das ist vor allem dann hilfreich, wenn im Eifer des Gefechts ein Fenster »abhanden« kommt. Ebenso lassen sich hier maßgeschneiderte Arbeitsbereiche je nach Aufgabe erstellen sowie ganze eigene, individuelle Anordnungen abspeichern. Dazu kommen wir gleich.

Unter HILFE finden Sie hauptsächlich themenbezogene Erklärungen und Referenzen, aber auch die Synchronisation mit Ihrem Cloud-Konto.

2.2 Programmoberfläche

Die Programmoberfläche von After Effects arbeitet mit Paletten oder auch Bedienfeldern. Da sich diese flexibel auswählen und anordnen lassen, können Sie Ihre Arbeitsoberfläche ganz leicht dem jeweiligen Workflow anpassen.

Abbildung 2.3
Die Arbeitsoberfläche von After Effects

Im Prinzip sind die wichtigsten Fenster, die Sie wirklich bei jedweder Arbeit brauchen werden, die folgenden:

- das Projektfenster
- das Kompositionsfenster
- und die Zeitleiste.

Projektfenster

Das Projektfenster ist der Sammelort all Ihrer Mediendaten, die Sie in Ihrem Projekt miteinander kombinieren und in Szene setzen wollen. Das sogenannte **Rohmaterial** oder auch **Footage** muss am Anfang, beziehungsweise während des Projekts in dieses Fenster importiert werden. After Effects speichert nun eine Verknüpfung zu den Rohdaten ab, ohne das Material direkt in das Projekt zu bringen. Später kann es dann neu verknüpft, neu interpretiert oder ersetzt werden. Ebenso lassen sich hier grundlegende Informationen zu den Media-Daten abrufen, wie beispielsweise die Framerate oder die Clip-Länge. Und schließlich kann hier der Datenwust mithilfe von Ordern und Labels übersichtlich gestaltet werden.

Abbildung 2.4
Im Projektfenster versammeln sich alle Kompositionen und Quelldateien.

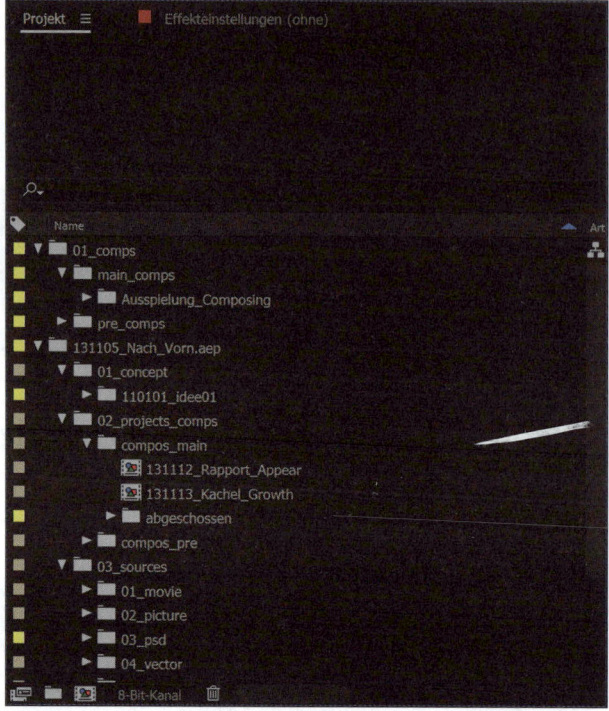

Kompositionsfenster

Im Kompositionsfenster sehen Sie die Bildebene Ihrer Komposition. Dieses Fenster ist die Leinwand, auf der sich die gesamte visuelle Handlung abspielt. Es ist die Vorschau der räumlichen Anordnung Ihrer Ebenen, Ihrer Effekte und Animationen.

Abbildung 2.5
Das Kompositionsfenster – Ihre Leinwand

Bevor Sie jedoch etwas sehen, muss das vorher importierte Footage in die Komposition geladen werden. Per Schichten-Prinzip werden die Rohmaterialien als Ebenen in Ihr Kompositionsfenster **und** in Ihre Zeitleiste eingefügt, da eine Animation in After Effects sowohl in der räumlichen als auch in der zeitlichen Ebene stattfindet.

Zeitleiste

Die Zeitleiste ist der Antrieb Ihrer Animation. Denn hier passiert der größte Teil Ihrer Arbeit beim Animieren. Parameter werden in diesem Bedienfeld nicht nur numerisch vergeben, sondern auch über die Zeit variiert. So lässt sich nicht nur das Erscheinen von Ebenen mithilfe der Zeitleiste bestimmen. Die Zeitleiste hat ebenso Auswirkungen auf die räumliche Darstellung Ihrer Komposition. Adobe After Effects arbeitet **opak,** also verständlicher ausgedrückt anhand eines hierarchischen Schichtmodells. Liegt eine Ebene oben in der Ebenenübersicht der Zeitleiste, überdeckt sie darunter liegende Ebenen.

Abbildung 2.6
Hier sorgen Sie für den reibungslosen Ablauf Ihrer Animation.

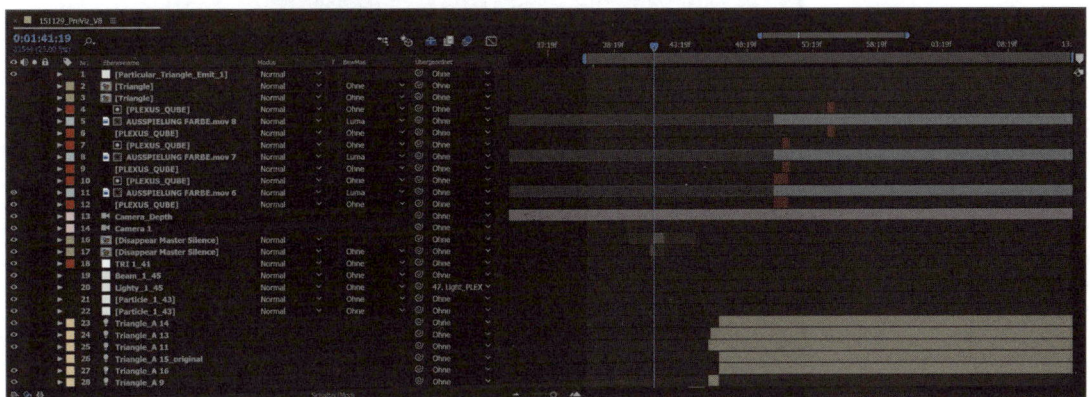

Werkzeugleiste

Abbildung 2.7
Die Werkzeugleiste

Die Werkzeugleiste ist überaus nützlich und sollte immer eingeblendet bleiben. Darin finden sich Werkzeuge zur Steuerung:

- der Ansicht
- der Ebenen-Transformation
- von 3D-Kameras
- von Formen und Pfaden
- von Text
- von Pinsel und Stempel
- des Freistellpinsels

Weitere Paletten

Natürlich gesellen sich noch weitere Paletten dazu, von denen viele genauer auf konkrete Anwendungsbereiche zugeschnitten sind. Es folgt ein grober Überblick:

EFFEKTEINSTELLUNGEN. Dank eines eigenen Fensters ist die Arbeit mit Effekten sehr übersichtlich. Viele haben ein grafisches Interface. Das erleichtert die Bedienung und ist viel angenehmer als das Einstellen der Effekte über die Zeitleiste.

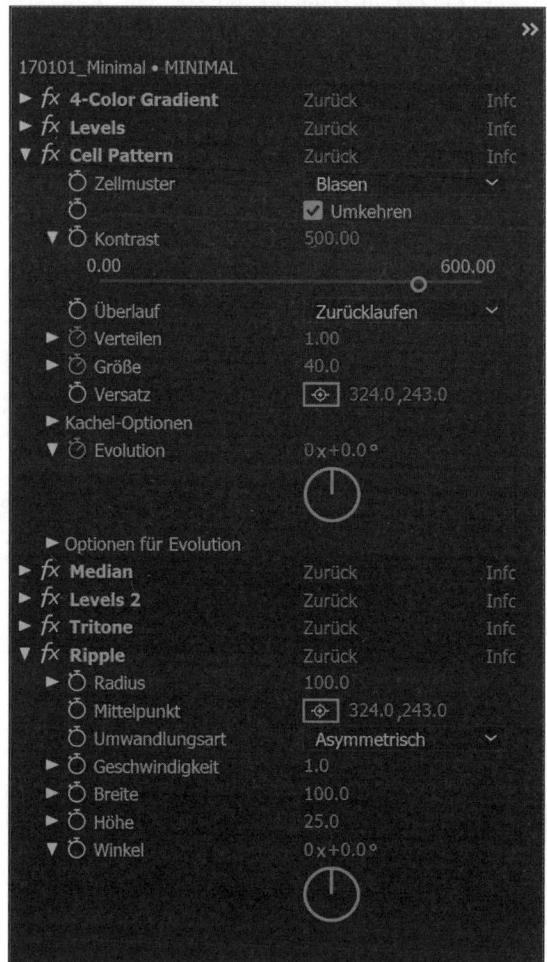

Abbildung 2.8
Die Effekteinstellungen listen alle angewendeten Effekte auf.

Zugehörig, aber ein eigenes Panel ist die EFFEKTE UND VORGABEN-Palette. Hier finden Sie (mitunter schneller als über die Menüleiste) Effekte per Tastatur-Eingabe und die Animationsvorlagen, bei denen die Keyframes automatisch gleich mitvergeben werden.

Sowohl das FOOTAGE- als auch das Ebenenfenster ähnelt dem Kompositionsfenster, sie haben jedoch andere Funktionen. Im FOOTAGE-Fenster sehen Sie isoliert Ihr Rohmaterial und bestimmen Start und Endpunkt des Materials. Das Ebenenfenster funktioniert analog dazu.

Abbildung 2.9
Das FOOTAGE- und das EBENE-Fenster

Die ZEICHEN-Palette kommt dann zum Einsatz, wenn Sie mit Text zu tun haben. Schriftart, -größe und -farbe werden hier gewählt. Damit verbunden ist auch das Fenster ABSATZ. Hier werden weitere Einstellungen von Text wie beispielsweise Blocksatz oder Linkszentrierung eingestellt. Um die Arbeit mit Text kümmern wir uns in Kapitel 8.

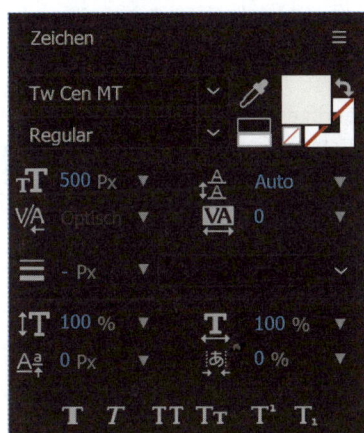 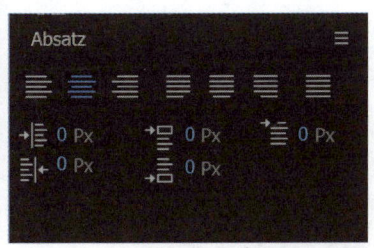

Abbildung 2.10
Die ZEICHEN- und die ABSATZ-Palette helfen bei der Erstellung von Text.

Die PINSEL-Palette öffnet sich, sobald Sie ein Pinsel-basiertes Werkzeug aufrufen, so zum Beispiel den Kopierstempel oder den RotoBrush. Größe und Kantenhärte werden an dieser Stelle eingestellt. Zugehörig ist meist die MALEN-Palette.

Abbildung 2.11
Die PINSEL- und MALEN-Paletten

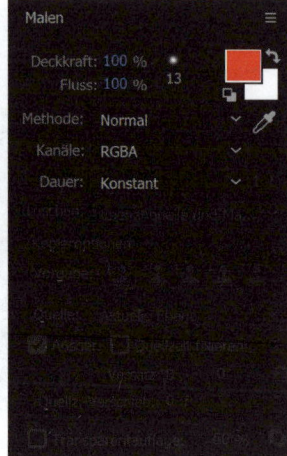

Mit der TRACKER-Palette lassen sich Bildelemente in Position, Rotation und Skalierung verfolgen. Ebenso können Sie Kamerabewegungen anhand des vorliegenden Videomaterials analysieren sowie verwackelte Aufnahmen stabilisieren. Mehr dazu finden Sie in Kapitel 12.

Mit der AUSRICHTEN-Palette können Sie einzelne Objekte sowohl untereinander als auch im Verhältnis zur Komposition anordnen.

Zu guter Letzt bleibt noch das VORSCHAU-Fenster. After Effects hat hier kräftig nachgeholfen, denn Animieren erfordert ständiges Anpassen und Beurteilen aller Änderungen. Unter der gleichnamigen Palette werden alle nötigen Optionen für die Echtzeit-Vorschau eingestellt. Mehr dazu in Kapitel 6.

Abbildung 2.12
Die VORSCHAU-Palette

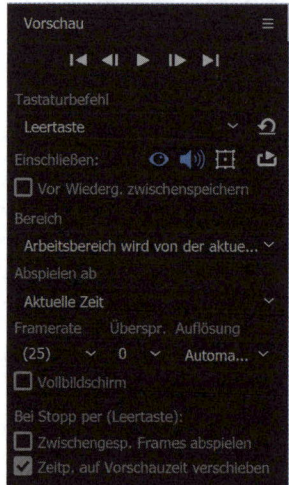

Arbeitsbereiche ändern und eigene definieren

Im Verlauf der Zeit werden Sie feststellen, dass Sie manche Paletten und Fenster häufiger benutzen als andere. Adobe After Effects hat für Sie bereits verschieden vorkonfigurierte Arbeitsbereiche mit an Bord, entsprechend dem Anwendungsbereich angepasst.

Auf der rechten Seite der Werkzeugleiste haben Sie dazu eine Schnell-Auswahl aus favorisierten Top-Arbeitsbereichen, deren Reihenfolge Sie im Kontextmenü daneben auch anpassen können.

Abbildung 2.13
Eine Schnellauswahl ändert den Arbeitsbereich mit einem Klick.

Paletten lassen sich in ihrer Größe variieren, verschieben oder gruppieren, denn mitunter kann es vorkommen, dass Sie sich Platz verschaffen und die (räumliche) Ausdehnung der Fenster verändern müssen. So zum Beispiel bei der Arbeit mit vielen Paletten auf kleinen Bildschirmen. Dazu bewegen Sie den Cursor über den Rand einer Bedienfeldgruppe und ziehen sich dann die Größe mit gedrückter Maustaste zurecht.

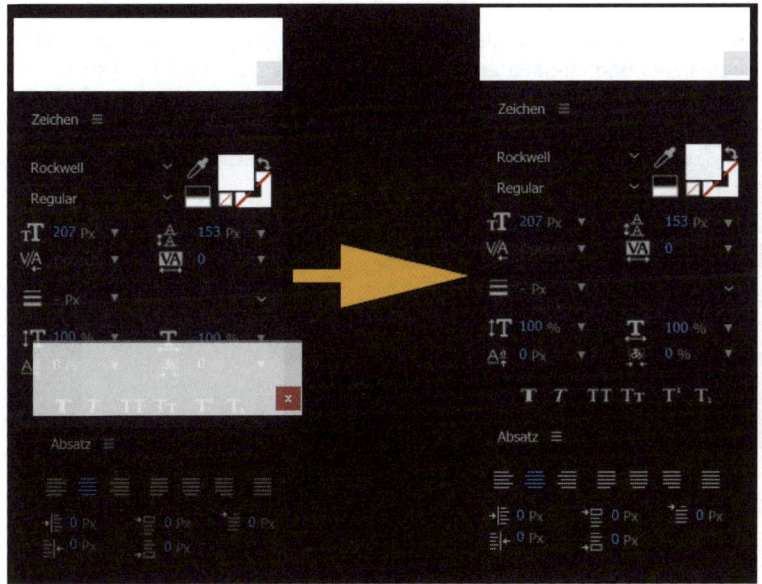

Abbildung 2.14
Bedienfelder aneinanderdocken …

Möchten Sie nicht die Größe, sondern die Anordnung ändern, klicken Sie dazu einfach in den Kopfbereich der Palette und halten Sie die linke Maustaste gedrückt. Die Palette löst sich aus dem bisherigen Bereich und kann nun in eine neue Bedienfeldgruppe geschoben werden.

Kapitel 2 — PROGRAMMOBERFLÄCHE

Abbildung 2.15
... oder zu Bedienfeldgruppen zusammenfassen

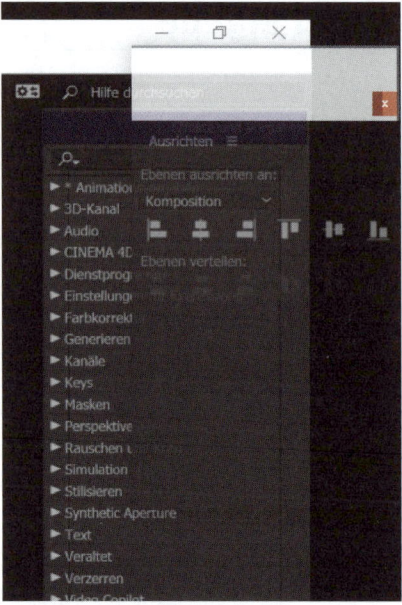

Je nach Workflow kommen Sie in Adobe After Effects mit sehr vielen Arbeitspaletten in Berührung, oft auch gleichzeitig. Wohl denjenigen, die einen zweiten Monitor besitzen und ihren Paletten etwas Freiraum verschaffen können.

Abbildung 2.16
Zwei Monitore bieten mehr Übersicht.

Arbeitsbereiche lassen sich unter ANSICHT|ARBEITSBEREICH auch auf die Werkseinstellungen zurücksetzen. Dort können Sie übrigens individuelle Arbeitsumgebungen erstellen, indem Sie Änderungen ALS NEUEN ARBEITSBEREICH SPEICHERN.

2.3 Ein Projekt erstellen

Nachdem Sie Ihre Arbeitsumgebung kennengelernt haben, eine grobe Ahnung haben, wo sich welches Werkzeug versteckt hält und wie Sie sich Platz zum Arbeiten verschaffen, beginnt jetzt die Arbeit.

2.3 Ein Projekt erstellen

Grundlage jeder Arbeit in Adobe After Effects ist das Projekt. Hier sammeln Sie unter anderem wichtige projektbezogene Einstellungen, Ihr Rohmaterial (und deren Verknüpfung auf Ihrem Computer), Ihre Kompositionen, Ihre Animationen und Effekte sowie Ihre Renderliste.

Abbildung 2.17
Der Weg vom Rohmaterial durch die Kompositionen zum finalen Film – alles in einer Projektdatei

Beim Start von Adobe After Effects wird bereits ein Default-Projekt geladen. Es lässt sich aber ebenso über DATEI|NEU|PROJEKT oder über [Strg]+[⇧]+[N] (Mac: [⌘]+[⌥]+[N]) erstellen. Per Default wird ein leeres Projekt geöffnet, in dem sich keine Elemente oder Ordner befinden.

Drücken Sie nun [Strg]+[S] (Mac: [⌘]+[S]), wird das aktuelle Projekt gespeichert, beim ersten Speichervorgang legen Sie zusätzlich den Speicherort und den Projektnamen fest. Jedes weitere Speichern bezieht sich dann auf den festgelegten Pfad. Übrigens werden After-Effects-Projekte unter der Dateiendung .AEP gesichert.

Möchten Sie Ihr Projekt woanders sichern, halten Sie bei [Strg]+[S] (Mac: [⌘]+[S]) noch zusätzlich die [⇧]-Taste gedrückt, dadurch wird der SPEICHERN UNTER-Dialog aufgerufen und Sie haben erneut die Möglichkeit, Pfad und Dateinamen zu vergeben.

INKREMENTIEREN UND SPEICHERN ([Strg]+[⇧]+[Alt]+[S], Mac: [⌘]+[⌥]+[⇧]+[S]) erzeugt basierend auf dem vergebenen Dateinamen einen neuen Speicherstand mit zusätzlicher Versionsnummer hinter dem Originaldateinamen.

Bestehende Projekte öffnen Sie unter [Strg]+[O] (Mac: [⌘]+[O]), indem Sie im anschließend erscheinenden Pfad-Dialog die gewünschte Projektdatei suchen und auswählen. Unter LETZTE PROJEKTE speichert After Effects eine Liste Ihrer aktuellsten Arbeiten ab und verkürzt den Zugriff darauf.

Projektvorlage

Standardmäßig starten Sie mit einem Blanko-Projekt. Mit der Zeit werden Sie aber feststellen, dass Sie gewisse Elemente oder Ordnerstrukturen immer wieder erstellen. Diese Arbeitsschritte können Sie umgehen, indem Sie Projektvorlagen erstellen. Richten Sie die gewünschte Struktur ein und laden Sie die benötigten Elemente in Ihr Projektfenster. Wenn Sie jetzt speichern, stellen Sie unter Dateityp AFTER EFFEKTS PROJEKTVORLAGE ein.

Kapitel 2 — PROGRAMMOBERFLÄCHE

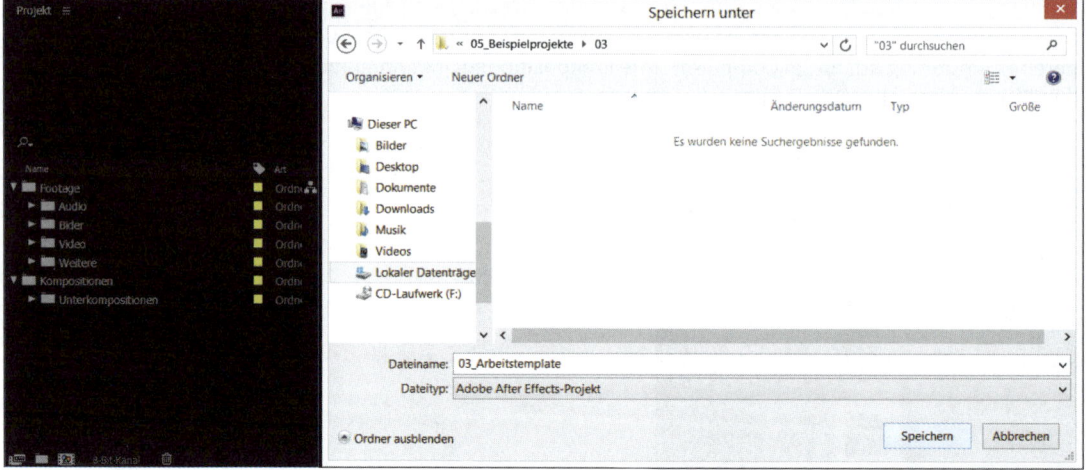

Abbildung 2.18
Projektvorlagen ersparen Ihnen einige Schritte beim Einrichten Ihrer After-Effects-Projekte.

Im Anschluss können Sie unter BEARBEITEN|VOREINSTELLUNGEN|NEUES PROJEKT eine Vorlage auswählen, die bei jedem Start von After Effects automatisch geladen wird.

Automatisches Speichern

Obwohl Sie es sich angewöhnen sollten, nach wichtigen Schritten abzuspeichern, hat Adobe für den Fall der Fälle eine Auto-Speichern-Funktion an Bord. Unter BEARBEITEN|VOREINSTELLUNGEN|AUTO-SPEICHERN lassen sich Zeitintervall und Anzahl der Speicherinstanzen festlegen. Standardmäßig werden die automatisch erstellten Dateien in einem Unterordner neben der Projektdatei abgelegt, was Sie ebenfalls ändern können.

Abbildung 2.19
Die automatische Speicherung passen Sie in den Voreinstellungen an.

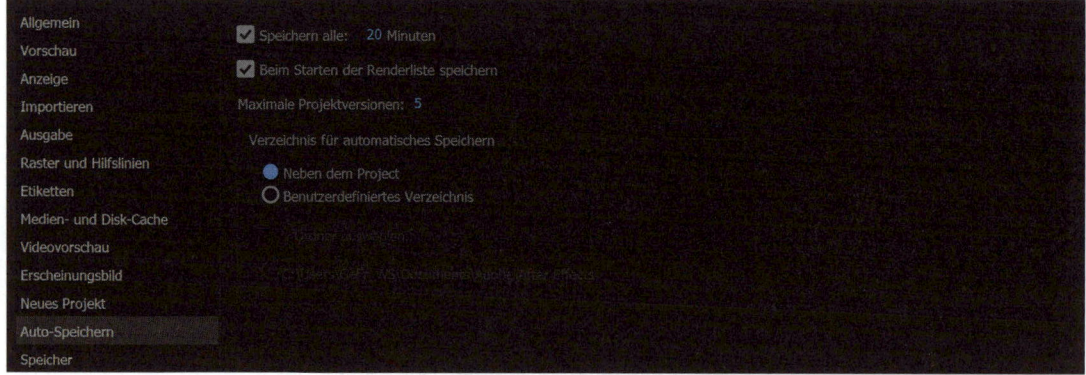

Projekteinstellungen

In den Projekteinstellungen ([Strg]+[Alt]+[⇧]+[K], Mac: [⌘]+[⌥]+[⇧]+[K]) oder über das DATEI-Menü finden Sie die grundlegenden Einstellungen zu Ihrem Projekt.

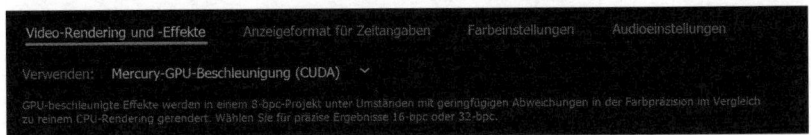

Abbildung 2.20
Besitzer von leistungsstarken NVIDIA-Grafikkarten können die GPU-Beschleunigung nutzen.

Der Reiter VIDEO-RENDERING UND -EFFEKTE legt die zugrunde liegende sogenannte Render Engine fest. Dies hat mitunter maßgeblichen Einfluss auf Ihren Workflow. Adobe After Effects unterstützt Grafikkarten, die mit der CUDA-Technologie ausgestattet sind. Die Render-Arbeit wird auf die Grafikkarte ausgelagert. Sind Sie also im Besitz einer leistungsstarken (NVIDIA-)GPU können Sie die Vorteile der MERCURY-GPU-BESCHLEUNIGUNG nutzen, also abhängig vom Projekt eine schnellere Render-Geschwindigkeit und höhere Bildqualität. MERCURY-NUR SOFTWARE verwendet hingegen ausschließlich die CPU zum Kalkulieren Ihrer Videos.

Unter dem ANZEIGEFORMAT FÜR ZEITANGABEN können Sie sich entscheiden, ob die Zeitanzeige Ihres Projekts in Timecode oder Frames angegeben werden soll. Die Startzeit Ihres importierten Footages wird hier ebenso definiert und hilft Ihnen bei der Orientierung im Material. Arbeiten Sie mit Frames, können Sie hier wählen, ob die Zählweise mit 0 oder 1 beginnt.

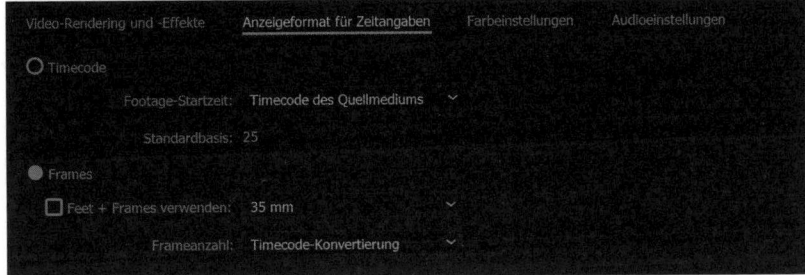

Abbildung 2.21
Zeitangaben sind wichtig zur Orientierung innerhalb der Zeitleiste.

Die Zeit-Anzeige lässt sich übrigens auch schnell in der Zeitleiste umstellen. Klicken Sie dazu mit gedrückter [Strg]-Taste (Mac: [⌘]) auf den Counter über der Zeitleiste und wechseln Sie die Anzeige zwischen Frames und Timecode.

Die FARBEINSTELLUNGEN legen den gewünschten Arbeitsfarbraum fest, auch als Farbprofil bekannt. Diese Profile dienen dazu, schon während des Imports und der Verarbeitung, aber vor allem in der finalen Ausgabe verbindliche Farbtöne zu simulieren. Sie sind auf das Zielausgabegerät abgestimmt, also beispielsweise TV-Gerät oder doch YouTube-Video, und sorgen für eine gewisse Farbtreue. Da es sich in Kapitel 11 gesondert um Farben und Farbkorrekturen dreht, werde ich an dieser Stelle noch einmal darauf zurückkommen.

Abbildung 2.22
Legen Sie den Zielfarbraum fest und sorgen Sie für optimale Farbtreue am Ausgabegerät.

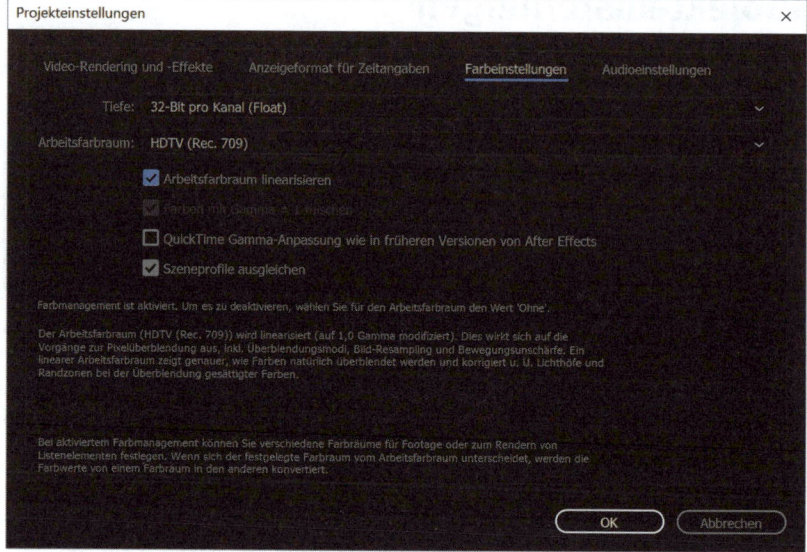

In den AUDIOEINSTELLUNGEN legen Sie lediglich die Samplerate fest. Diese sollte sich am gewünschten Ausgabe-Format orientieren. Bei Clips für die Ausgabe beispielsweise in PAL werden 48 kHz verwendet, der Online-Dienst Vimeo hingegen verwendet 44,1 kHz.

Abbildung 2.23
Die korrekte Samplerate ist wichtig für den Export.

Als Schlussbemerkung soll an dieser Stelle noch erwähnt werden, dass es in diesem Kapitel noch keinen Workshop zu den hier aufgezeigten Inhalten gibt. Es sind aber genau diese Grundlagen, die für alle weiteren Workshops essenziell sind, weshalb Sie sich nicht scheuen sollten, an anderer Stelle hierher zurückzukommen und Unsicherheiten zu beseitigen.

Kapitel 3

Rohmaterial

Um eine Animation zu erstellen, muss ein Adobe-After-Effects-Projekt zunächst mit Inhalten gefüttert werden. Das können einfache Bilder sein, die über den Bildschirm wandern sollen, Vektorillustrationen, die in grafischen Animationen ihre Formen ändern, oder Videodateien, die mit zusätzlichen Spezialeffekten versehen werden sollen.

Ausgangspunkt eines Projekts ist daher das **Rohmaterial** oder auch **Footage** genannt. Über einen Import-Vorgang werden diese Dateien in das Programm geladen, um dort weiter bearbeitet zu werden. Welche Dateien das sein können, wie Sie diese importieren und was es alles zu beachten gilt, erfahren Sie in diesem Kapitel.

After-Effects-Elemente

Etwas später im Buch werden Sie sehen, wie Sie auch innerhalb des Programms Inhalte erstellen können. Beispielsweise mit Farbflächen, Masken, Schrift und Text oder grafische Animationen mittels Formebenen.

3.1 Rohmaterial-Arten

After Effects unterstützt eine Vielzahl der unterschiedlichsten Medienarten und ermöglicht dabei eine große Spannweite an Anwendungsfällen. Dabei gibt es hier und da etwas zu beachten. Ein kleiner Überblick zeigt, welche Arten von Footage überhaupt interessant sind und in welcher Form sie Ihnen begegnen.

Bild-Dateien

Pixelbasierte Dateiformate speichern die Informationen für jeden einzelnen Bildpunkt über die volle Auflösung in Rasterform ab, weshalb man auch von gerasterten Grafiken spricht. Jedes einzelne Pixel hat einen eindeutigen Farb- und Helligkeitswert, wodurch sehr feine Unterschiede in den Texturen bei hoch aufgelösten Dateien erzielt werden können. Und hier zeigt sich auch schon der Nachteil der Rasterdateien, denn sobald die ursprüngliche Dimensionierung durch eine größere Skalierung überschritten wird, zeigt sich die Rasterstruktur der Bildpixel. Daher sollten Sie, wenn möglich, mit maximal aufgelöstem Bildmaterial arbeiten, um bei der Gestaltung Ihrer Arbeit frei zu bleiben.

Abbildung 3.1
Die Qualität von Rastergrafiken sinkt bei hohen Zoomstufen.

Rastergrafiken und ihre Beschränkungen
Achten Sie bei der Verwendung von Pixelbildern auf die maximale Auflösung. Diese sollten nicht größer als 100 % skaliert werden, sonst erhalten Sie unschöne Artefakte und unscharfe Bildkanten.

Einfache Bildformate, die After Effects verarbeiten kann, sind Dateien wie `JPEG`, `BMP` oder `PNG`, die eine moderate Bittiefe von 8 bis 16 Bit pro Kanal besitzen. `PNG`-Dateien haben den entscheidenden Vorteil, dass die Bilddaten unkomprimiert gespeichert werden können und auch Alphakanäle unterstützt werden.

Mehr Spielraum liefern Formate wie `OpenEXR`, `Radiance` oder `Targa`. Diese unterstützen Bittiefen bis zu 32 Bit, technisch bedingt ergeben sich dadurch im Gegenzug aber auch größere Datenmengen. Durch den hohen Dynamikumfang laufen diese Dateiformate unter dem Begriff der High Dynamic Range Images und eignen sich für besonders fotorealistische Ergebnisse oder hochqualitative 3D-Compositings.

Ebenfalls komplexe Formate, die auf Pixeln beruhen, sind `PSD`- oder `TIFF`-Files. Die Vorteile dieser Formate sind neben der Unterstützung großer Farbtiefen vor allem die Ebenenstruktur. Sie können dadurch Einzelbilder beliebig verschachteln oder Bildelemente gesondert freistellen. After Effects verwertet diese Informationen und so lassen sich gezielte Ebenen bei der Animation ansteuern.

After Effects und Photoshop
After Effects importiert eine Vielzahl von Zusatzinformationen einer `PSD`-Datei. So wird beispielsweise die Ebenenstruktur genauso berücksichtigt, wie Füllmethoden oder Schnittmasken. Mehr dazu in Kapitel 14.

Vektor-Dateien

Vektorgrafiken bedienen sich eines ganz anderen Prinzips. Bildinhalte werden, wie der Name schon sagt, anhand von Vektoren, also mathematischen Informationen festgelegt und besitzen dadurch den Vorteil, beliebig skalierbar zu sein. Die Kantenglätte wird immer neu errechnet und verliert gleichzeitig nicht an Schärfe, da hier das Prinzip der **kontinuierlichen Rasterung** angewendet wird. Vektorinformationen müssen zur Darstellung auf dem Bildschirm in Pixel umgewandelt werden, dabei sorgt das Programm für die optimale Darstellungsweise der Kanten. Unter dieses Prinzip fällt neben Vektordateien auch Text. Schriftarten, die Sie auf Ihrem Computer installiert haben, liegen hier auch in einer vektorbasierten Speicherform vor, sodass Sie jede Schriftart in beliebiger Größe ausgeben können.

3.1 Rohmaterial-Arten

Abbildung 3.2
Vektorgrafiken haben glatte Kanten – in jeder Zoomstufe.

Vektorbasierte Dateiformate bieten sich daher vor allem bei Logo-Elementen und klaren Grafiken an. Diese Vektoren bleiben auch beim Import in After Effects erhalten und können verlustfrei bearbeitet werden. Mit Adobe Illustrator haben Sie in der Creative Cloud gleich ein hervorragendes Werkzeug, um solche Vektordateien zu erstellen und zu bearbeiten. Diese AI-Dateien werden wie alle anderen Dateien auch über den Import-Dialog in das After-Effects-Projekt geholt.

After Effects und Illustrator

Ähnlich dem Prinzip von Photoshop lassen sich auch in Illustrator Ebenen anlegen, die importiert werden können. So haben Sie noch mehr Gestaltungsspielraum, um beispielsweise mehrere Ebenen ein und desselben Illustrator-Dokuments zu animieren.

Video-Dateien

After Effects verarbeitet natürlich eine Vielzahl von Videodateiformaten und Codices, allesamt mit unterschiedlichen Eigenheiten, Beschränkungen und Vorgehensweisen. In Kapitel 2 haben Sie bereits von Halbbild-Verfahren als auch vom Pixelseitenverhältnis erfahren. Und obwohl die Formate, die sich auf solche Techniken stützen, langsam, aber sicher an Bedeutung verlieren, kann es dennoch passieren, dass Ihnen die eine oder andere Videodatei unterkommt, bei der eine korrekte Interpretation überaus wichtig ist.

Beginnen wir zunächst mit einer Übersicht der gebräuchlichen Dateiformate, die After Effects verarbeiten kann. Dazu zählen zunächst herkömmliche AVI- und WMV-Dateien sowie die aktuelleren Containerformate wie MOV oder MP4, die Sie beispielsweise sowohl bei modernen DSLR-Kameras als auch bei der Verwendung von Internet-Quellen finden werden. Neben dem Datei-Format werden Sie hier auch mit den ersten Video-Codices in Berührung kommen. Zugegeben, ein Teil der wichtigsten Codecs ist ohnehin vorab auf dem System installiert, wie beispielsweise der H.261- oder H.264-Codec, einige weitere folgen durch die Installation der Creative Cloud und dem Media Encoder. Hin und wieder kann es aber nötig sein, gewisse Codec-Pakete nachträglich zu ergänzen. Doch dazu an späterer Stelle, wenn Sie sich mit der finalen Ausgabe Ihrer Arbeit befassen.

Über die eben erwähnten Standards aus dem Consumer-Bereich hinaus verträgt After Effects auch das schon eher im semi-professionellen Bereich zu findende MXF (Media Exchange Format)-Format wie auch das MTS-Format. Solche Containerformate werden meistens von ebenso semi- bis vollprofessionellen Fernsehkameras und -camcordern geliefert und beherbergen fortgeschrittene Standards, wie AVCHD oder XDCAM HD, die bereits durchaus hochwertigere Bildqualität liefern können.

Noch spezieller sind da `DPX/Cineon`-Dateien, die mit großem Kontrastumfang und 10-Bit-Farbabtastung zwar geladen werden können, aber Ihr System mit hohen Anforderungen konfrontieren. Ebenso anspruchsvoll gestaltet sich da das hauptsächlich im professionelleren Bereich befindliche Arri-Format `Arriraw` oder das `R3D`-Videomaterial, die Auflösungen von 4K aufwärts mit 10-Bit- beziehungsweise 12-Bit-Farbtiefe liefern können.

Abbildung 3.3
MTS-Dateien können ebenso geladen werden.

Wie Sie sehen, akzeptiert After Effects eine große Menge an Formaten und Codices. Schauen Sie in Kapitel 17 einmal unter den unterstützten Ausgabeformaten aus After Effects selbst beziehungsweise aus dem Media-Encoder, werden Sie feststellen, wie umfangreich der Format-Dschungel wirklich ist.

Zurück bei den Aufnahmeformaten ist jedoch ein unterstützter Datei-Container leider noch kein Garant für sorgenfreie Verwertbarkeit. Gerade wenn Sie auf bandgestütztes Material wie beispielsweise das von DV-Aufnahmen, auch von Betacam-, DVCAM- oder DVCPro-Quellen zurückgreifen, werden Sie sich mit der korrekten Interpretation der Pixelseitenverhältnisse konfrontiert sehen. Handelt es sich beispielsweise um den D1/DV-PAL-Standard, ist hier mit einem PAR von 1,094 zu rechnen. Dieser besagt, dass das Ausgangsmaterial gestreckt werden muss, um auf die für PAL erforderlichen 788 x 576 Pixel zu kommen. Auch die Weiterentwicklungen DVCPRO HD und HDV, die bereits Normen für die Anwendung im High-Definition-Bereich sind, arbeiten ebenfalls noch vereinzelt mit rechteckigen Pixeln. So sind Auflösungen von 1440 x 1080 Pixeln keine Seltenheit, die anschließend über die Pixelseiteninterpretation mit dem Faktor 1,33 auf HDTV-Geräten in 1920 x 1080 Pixeln dargestellt werden.

3.1 Rohmaterial-Arten

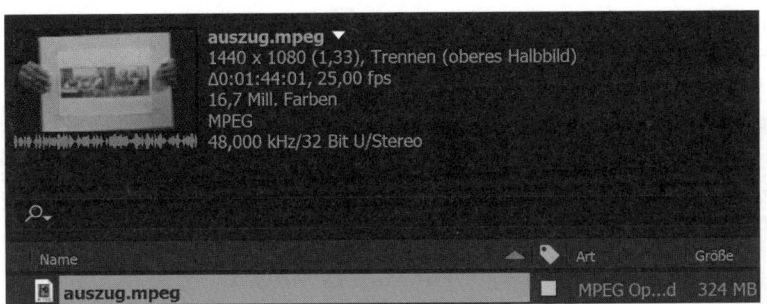

Abbildung 3.4
HDV-Material

Ebenso häufig finden sich noch Halbbild-gestützte Aufnahmeformate in aktuellen TV-Standards wieder, auch hier sei wieder das HDV-Format erwähnt, das zwar schon in der Lage ist, 50 Bilder in der Sekunde aufzunehmen, dabei aber immer noch auf Grundlage des Zeilensprungverfahrens arbeitet.

Die genannten Eigenschaften gilt es also, allesamt zu berücksichtigen, wenn Sie Video-Dateien in Ihre Projekte integrieren. In Abschnitt 3.2 lernen Sie mehr darüber, Ihr Rohmaterial korrekt zu interpretieren.

Audio-Dateien

Beim Import von Audio-Files verfahren Sie genauso wie mit allen anderen Rohmaterialien auch. After Effects unterstützt neben MP3- und WAV- auch AIFF- oder M4A-Dateien. After Effects behandelt Audio-Dateien wie Video-Dateien, die in Ihren Kompositionen nur in der Zeitleiste zu kontrollieren sind. Überhaupt ist After Effects nicht gerade für seine üppigen Optionen zur Audio-Bearbeitung bekannt, sodass die Bearbeitung von Audio-Dateien eher in anderen Programmen vorgenommen werden sollte.

Abbildung 3.5
After Effects und
Audio-Dateien

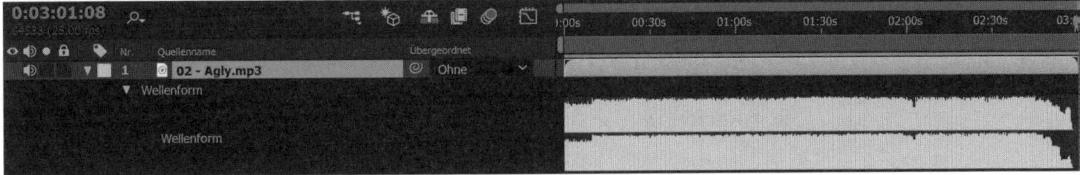

3D-Dateien

Ein starkes Feature ist die Integration und Interaktion von Maxons Cinema 4D in Adobe After Effects. Damit ist die Integration von 3D-Szenen und -Objekten so einfach wie noch nie zuvor. Mittels des Cineware-Plug-ins werden die C4D-Szenen direkt in After Effects geladen, parallel dazu wird Cinema 4D Lite geöffnet. Dort wird die 3D-Szene bearbeitet, also Modellierung, Texturierung und Beleuchtung festgelegt. Das Cineware-Plug-in sorgt dafür, dass Sie nicht mehr im 3D-Programm rendern müssen, sondern jegliche Änderung sofort in Adobe After Effects sehen.

Kapitel 13 beschäftigt sich noch genauer mit dem Workflow zur Integration von **Cinema 4D** und die Verarbeitung von 3D-Dateien.

Abbildung 3.6
Integration von 3D-Objekten – kein Problem dank Cineware-Plug-in

Arbeiten Sie stattdessen mit Autodesk Maya, können Sie auch diese Dateien mittlerweile ohne Umstände in After Effects einfügen. In diesem Fall müssen Sie jedoch noch den altbewährten, etwas mühsameren Weg gehen und das Projekt zunächst in Maya rendern und ein Scene-File erstellen, das Kamera-Daten und beispielsweise Nullobjekte enthält. Dieses laden Sie dann gemeinsam mit dem Renderer in das Programm und können weitere 2½D-Elemente in After Effects hinzufügen.

Ein weiteres starkes Feature ist die Weiterverarbeitung von Adobe-Photoshop-VPE-Projektdateien. Zugegeben, es handelt sich auch hier nicht um echte 3D-Arbeit, denn es werden zweidimensionale Ebenen in einem dreidimensionalen Raum angeordnet, weshalb man auch von 2½D spricht. Nichtsdestotrotz lassen sich beachtliche Ergebnisse damit erzielen, um aus einem statischen Foto die Illusion einer echten 3D-Kamerafahrt zu kreieren. Wie Sie dabei verfahren, lesen Sie in Kapitel 14.

After-Effects-Projekte

Andere After-Effects-Projekte lassen sich übrigens genauso importieren. Dabei handelt es sich bei einer AEP-Datei im eigentlichen Sinne nicht um Rohmaterial. Doch können alle darin befindlichen Verknüpfungen, Kompositionen und Einstellungen in ein neues Projekt integriert werden.

Vor allem für die Arbeit im Team beziehungsweise mit mehreren kleinen Teilprojekten eine Erleichterung. So können Sie und Ihre Kollegen an kleinen Teilabschnitten arbeiten, immer wieder aktualisierte Zwischenschritte erstellen und schlussendlich in einem großen Master-Projekt zusammenführen. Das erspart Ihnen große Mühen.

3.1 Rohmaterial-Arten

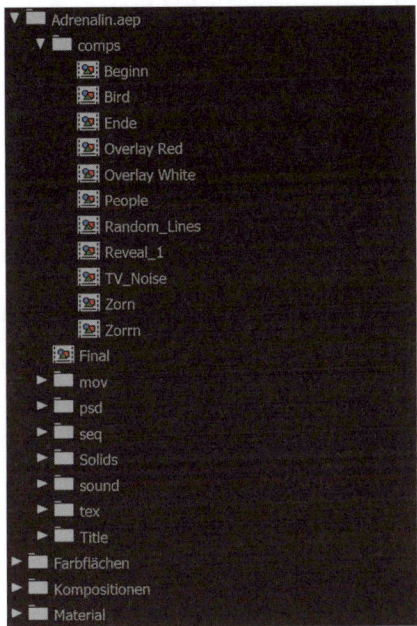

Abbildung 3.7
After-Effects-Projekte

Premiere-Pro-Projekte

Dank der internen Kommunikationsstruktur Dynamic Link ist es möglich, Premiere-Pro-Sequenzen in Adobe After Effects zu laden. Wählen Sie dafür beim Import eine oder mehrere Sequenzen aus. Die geschnittenen Clips liegen nun natürlich in Ebenenform vor. Grundlegende Übergänge, angewendete Effekte sowie weitere Informationen wie etwa Schnittmarken werden ebenfalls übernommen.

Abbildung 3.8
Premiere-Pro-Projekte sind in After Effects nicht mehr so übersichtlich.

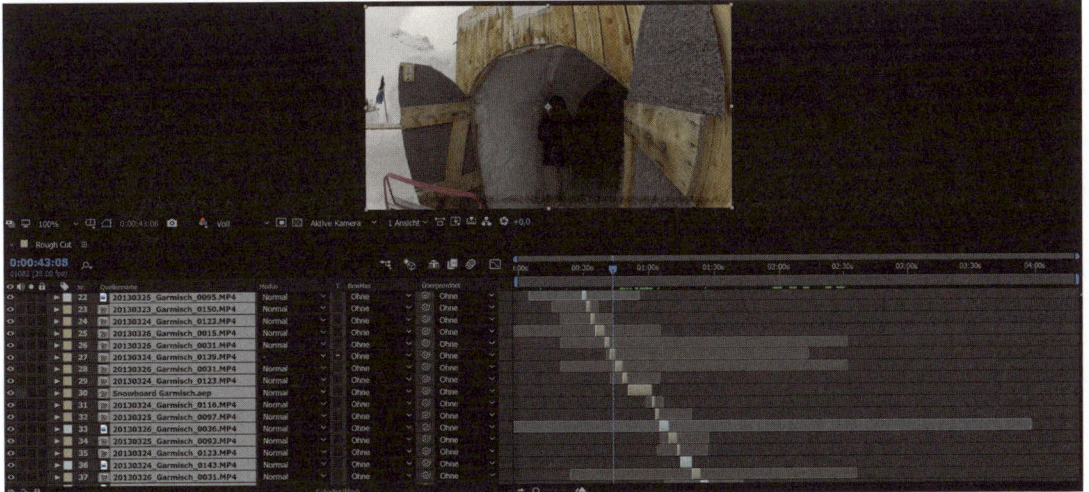

Mehr dazu finden Sie in Kapitel 14, wo Sie sich genauer mit dem Austausch zwischen Premiere Pro und After Effects beschäftigen.

Projektdateien aus anderer Schnittsoftware

Obwohl mit Premiere Pro ein vollwertiges Editing-Werkzeug in der Creative Cloud verfügbar ist und viele Anwender begeistern kann, tummeln sich noch weitere, hochkarätige Konkurrenzprodukte auf dem Videoschnittmarkt. Und nicht jeder Editor vertraut auf Adobe-Produkte.

Da kommt die Unterstützung des Adobe Pro Import gerade recht. Er ermöglicht das (nicht immer problemlose) Auslesen der Avid-Formate AAF und OMF, Apples Motion-MOTN-Dateien und XML-Exporte aus Final Cut Pro.

> **Importverluste**
> Beachten Sie jedoch, dass beim Import mitunter nicht alle Effekte und Optionen aus dem Schnittprogramm übernommen werden.

3.2 Arbeiten mit Rohmaterial

Rohmatierial importieren

Der Import-Dialog öffnet sich durch den Doppelklick in das Projektfenster oder den Shortcut [Strg]+[I] (Mac: [⌘]+[I]). Im erscheinenden Dialogfenster wählen Sie die gewünschte(n) Datei(en) aus und bestätigen. Sie können auch gleichzeitig mehrere Dateien auswählen.

Erkennt After Effects eine fortlaufende Nummerierung, so wird eine zusammenhängende Sequenz aus Einzelbildern erstellt.

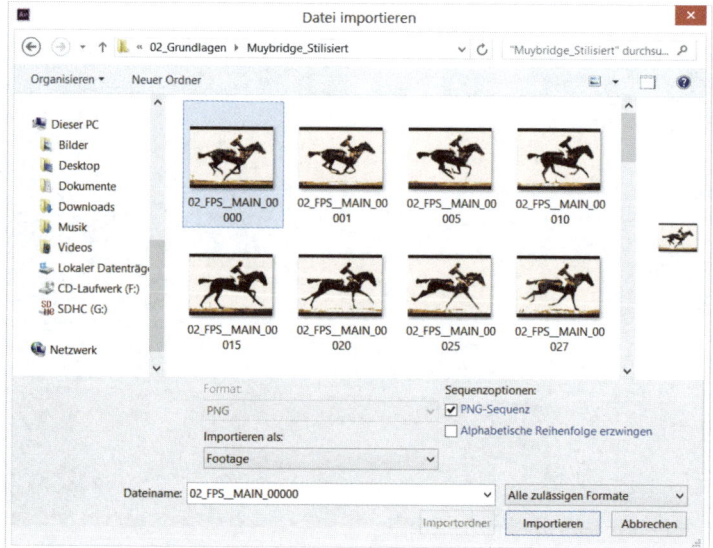

Abbildung 3.9
Adobe After Effects erkennt Bildsequenzen automatisch.

3.2 Arbeiten mit Rohmaterial

Haben Sie in der zu importierenden Datei Ebenen vorliegen, so hält der Import-Dialog noch weitere Optionen parat. Wählen Sie anstelle von FOOTAGE die Auswahl KOMPOSITION, wird das Dokument mitsamt der Ebenenstruktur als eigene Komposition importiert. Die einzelnen Layer liegen dann in einem Unterordner im Projektfenster.

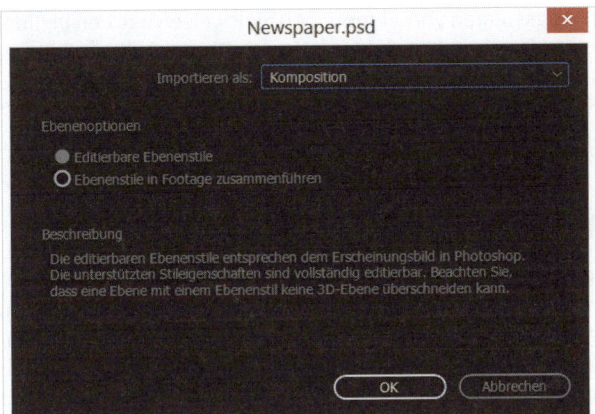

Abbildung 3.10
Kompositions-Import

Alternativ lassen sich Dateien und Ordner auch per Drag&Drop in das Projektfenster ziehen. Abhängig von der Footage-Art folgen weitere Dialoge, wie beispielsweise die Konsolidierungsoptionen bei Footage mit mehreren Ebenen oder der CameraRaw-Dialog bei DNG oder anderem RAW-Material.

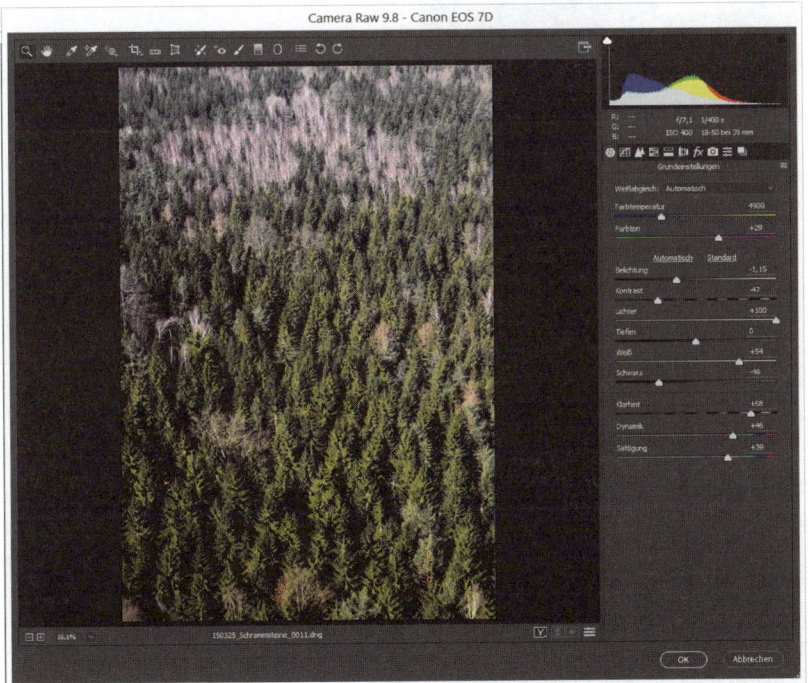

Abbildung 3.11
Um digitale Negative zu importieren, müssen diese zunächst »entwickelt« werden.

Ziehen Sie einen ganzen Ordner hinein, so interpretiert das Programm alle darin befindlichen Dateien als eine zusammenhängende Sequenz. Halten Sie während des Vorgangs jedoch [Alt] (Mac: [⌥]) gedrückt, wird ein separater Ordner angelegt, in dem alle einzelnen Dateien dann zu finden sind.

Ist Ihr Footage einmal in After Effects, können Sie es über [Strg]+[E] (Mac: [⌘]+[E]) in der Ursprungsapplikation bearbeiten. Diese wird dann geöffnet und Sie können simultan Anpassungen vornehmen, beispielsweise Vektoren in Illustrator oder 3D-Objekte in Cinema 4D ändern. Speichern Sie dann die Änderung, ist unter Umständen ein erneutes Laden des Footages vonnöten, damit Sie die Änderung in After Effects auch sehen können. Klicken Sie dazu auf das betreffende Objekt im Projektfenster und wählen Sie dort FOOTAGE NEU LADEN.

Rohmaterial verwalten

Im Projektfenster sehen Sie jetzt alle importierten Daten zusammengefasst. Im oberen Bereich sehen Sie ein Preview-Fenster, das je nach Item ein Thumbnail zeigt, beispielsweise ein Preview-Bild bei einem Video oder eine Wave-Form für Audiodateien. Rechts daneben sind die wichtigsten Informationen aufgelistet. Neben den wichtigen Nenngrößen wie Auflösung, PAR, Clip-Länge oder Framerate finden Sie hier auch die Häufigkeit der Verwendung in Ihren Kompositionen. Diese lassen sich über das kleine Dreieck neben dem Dateinamen aufrufen und anwählen.

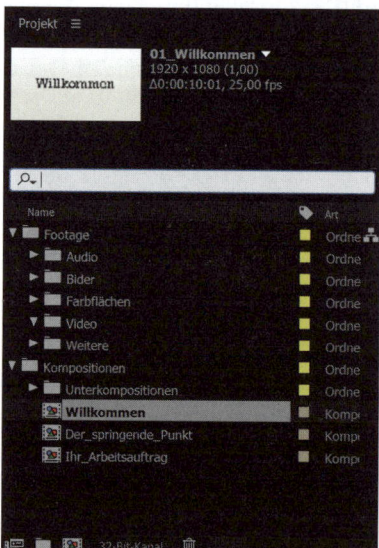

Abbildung 3.12
Das Projektfenster

Darunter befindet sich ein Suchfeld, in dem Sie gezielt nach verschiedenen Elementen suchen können. Kern des Projektfensters ist die tabellarische Übersicht aller Elemente, die anhand verschiedener Icons Rückschluss über die Art des Elements geben.

Am Fuß des Fensters befinden sich weitere Buttons zum FOOTAGE INTERPRETIEREN (dazu kommen wir gleich), Ordner und Komposition anlegen, den Projekteinstellungen und dem Mülleimer zum Entfernen von markierten Elementen.

Rohmaterial interpretieren

Oft tritt der Fall ein, dass Sie nach dem Import noch weitere Einstellungen am Footage vornehmen müssen. So zum Beispiel wenn After Effects einen Alphakanal der Bildsequenz oder des Video-Clips erkennt. Durch Rechtsklick auf das betreffende Item öffnen Sie das Kontextmenü und klicken auf FOOTAGE INTERPRETIEREN. Alternativ drücken Sie [Strg]+[Alt]+[G] (Mac: [⌘]+[⌥]+[G]). Im anschließenden Dialog können Sie einstellen, ob Sie den Alphakanal ignorieren oder den direkten oder den integrierten Alphakanal verwenden möchten. Mehr dazu finden Sie in Kapitel 7. Falls Sie nicht wissen, in welcher Form der Alphakanal vorliegt, klicken Sie auf ERMITTELN und After Effects kümmert sich um die korrekte Einstellung.

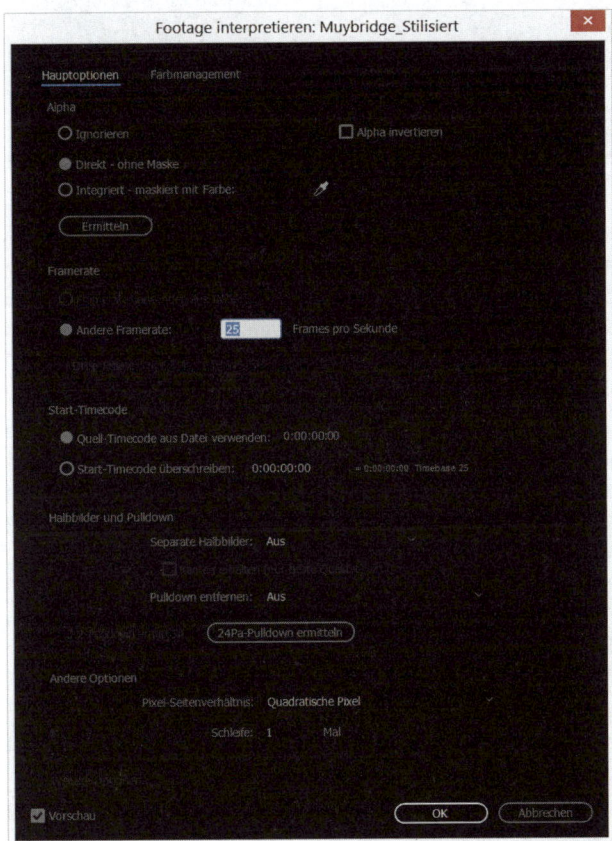

Abbildung 3.13
Rohmaterial kann im Nachgang abweichend interpretiert werden.

Des Weiteren lässt sich für Sequenzen und Video-Footage die zugrunde liegende Framerate einstellen. Da eine Reihe von Einzelbildern über keine Information über die Framerate verfügt, wird eine solche Bildsequenz mit einer voreingestellten Standardframerate geladen. Unter BEARBEITEN|VOREINSTELLUNGEN|IMPORTIEREN können Sie die Standard-Interpretationsregeln für Sequenz-Footage festlegen. Unter der Annahme, dass Sie für den europäischen Raum produzieren, stellen Sie die Zeitbasis auf 25 Frames pro Sekunde.

Kapitel 3

ROHMATERIAL

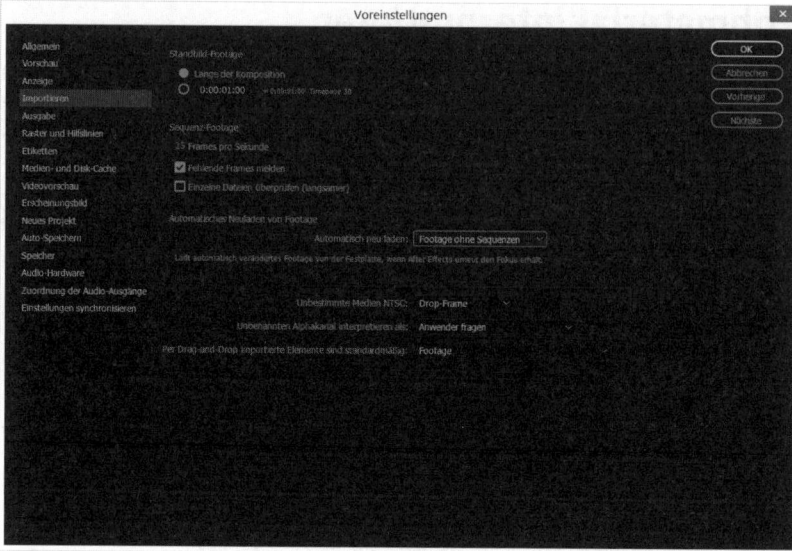

Abbildung 3.14
Der automatische Import lässt sich unter den Voreinstellungen konfigurieren.

Laden Sie eine Video-Datei in das Projektfenster, wird die Ausgangsframerate aus den mitgelieferten Datei-Informationen verwendet. Alternativ können Sie auch hier unter FOOTAGE INTERPRETIEREN eine andere Framerate einstellen, falls Sie beispielsweise mit einem Vielfachen der Ausgabeframerate aufgenommen haben und jetzt eine Slow-Motion-Wiedergabe erzielen möchten. Mitunter wird aber auch Bildmaterial bei fehlerhaften Containerdaten falsch interpretiert. Auch hier können Sie die Korrektur ganz einfach vornehmen.

Haben Sie mit Bandmaterial oder Halbbildmaterial gearbeitet, können Sie die Halbbild-Einstellung dahin gehend definieren, ob darauf verzichtet oder das obere beziehungsweise untere Halbbild zuerst abgespielt wird. Zusätzlich lässt sich die Interpretation des PULLDOWNS von NTSC-Material einstellen. Darunter versteht man kurz gefasst die Umwandlung von Kinobildmaterial mit 24 Vollbildern in der Sekunde zu 29,97 Bildern pro Sekunde unter Verwendung von Halbbildern in den amerikanischen TV-Standard. Es gibt mehrere Varianten des Pulldowns, das geläufigste ist jedoch das 3:2 Pulldown, bei welchem vereinfacht ausgedrückt jedes zweite Vollbild in drei, statt nur in zwei Halbbilder zerlegt wird.

Liegt DV-Material oder Ähnliches wie beispielsweise DVCPRO vor, haben Sie es nicht mit quadratischen, sondern rechteckigen Pixeln zu tun. Gegebenenfalls ist auch hier Justierbedarf und ein prüfender Blick sollte nicht schaden.

Diese Einstellungen lassen sich im Übrigen abspeichern und können bei Bedarf auf anderes Material übertragen werden. Dazu erstellen Sie eine Vorlage unter FOOTAGE INTERPRETIEREN|FOOTAGEEINSTELLUNG MERKEN oder Sie drücken [Strg]+[Alt]+[C] (Mac: [⌘]+[⌥]+[C]). Marken Sie nun das Material, das dieselben Einstellungen erhalten soll, und wählen Sie FOOTAGEEINSTELLUNG ANWENDEN ([Strg]+[Alt]+[V], Mac: [⌘]+[⌥]+[V]). So lassen sich umständliche Wiederholungen bei ein und derselben Footage-Art vermeiden und Sie sparen Zeit und Geduld.

Rohmaterial ersetzen

Eingangs haben Sie erfahren, dass After-Effects-Projekte alle benötigten Informationen zu Animation und auch Quellmaterial sammeln und speichern. Das Material wird dabei nicht im Projekt selbst gespeichert, sondern lediglich die Verknüpfungen zu den dazugehörigen Dateipfaden angelegt. Sollte sich der Speicherort, an dem das Rohmaterial liegt, nun einmal ändern, wird diese Verknüpfung gelöscht. Das passiert, wenn Sie beispielsweise Ihr Projekt verschieben oder sich das Material auf einem externen Speichermedium befindet, das vom Computer getrennt wurde. After Effects zeigt dann prompt die Warnung, dass diese Dateien nicht mehr vorhanden sind.

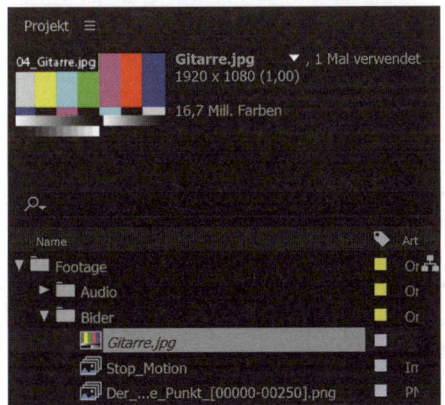

Abbildung 3.15
Eine fehlende Verknüpfung zeigt das Platzhalter-Symbol.

Für diesen Fall hat After Effects alle nötigen Informationen innerhalb des Projekts natürlich immer noch gespeichert. Ihre Arbeit ist also nicht verloren, Ihre Media-Files sind nur nicht mehr verbunden, sozusagen offline. Als Thumbnail erscheint im Projektfenster das Platzhaltersymbol.

Abbildung 3.16
Leider kein Effekt, sondern Platzhalter durch fehlendes Footage

Das Material muss nun lediglich neu verknüpft werden. Ein Doppelklick oder Strg+H (Mac: ⌘+H) genügt, und schon öffnet sich ein Dialog, ähnlich dem

Import-Fenster. Nachdem der neue Speicherpfad ausgewählt ist, kann die Datei »neu« importiert werden, mit dem Unterschied, dass alle bisherigen Effekte und Animationen erhalten bleiben. Befinden sich mehrere Dateien unter dem neuen Pfad, so erkennt After Effects das und verknüpft die restlichen Medien automatisch.

Sie sind im Übrigen nicht daran gebunden, das fehlende Footage nur durch identisches zu ersetzen. Seien Sie daher achtsam, dass Sie bei bestehenden Animationen auch korrekt verknüpfen.

Hinweis

In Adobe After Effects erstellte Farbflächen, Einstellungsebenen sowie Nullobjekte werden im Projektfenster gespeichert und mit dem Projekt exportiert. Mehr dazu im Kapitel 4.

Stellvertreter

Die Arbeit mit Stellvertretern, oft auch Proxys genannt, ist so alt wie das Arbeiten mit dem Programm selbst. Da Performance in der Postproduktion immer ein gewichtiger Faktor ist, entwickelte man diverse Möglichkeiten, um den Arbeitsfluss zu beschleunigen. Dabei greift man unter anderem auch auf Proxys zurück. Diese sind meist verkleinerte, qualitativ reduziertere Versionen der Originaldateien. Nachdem man Schnitt und Bearbeitung fertig hat, stellt man den Zugriff wieder von den Arbeitsdateien auf die Originaldateien um.

Auch in After Effects kann diese Herangehensweise von Vorteil sein, denn UHD-Material oder groß aufgelöste Bildsequenzen können bei nicht ganz so leistungsstarken Systemen das Tempo bemerkbar drosseln.

Dabei können diese Stellvertreter verschiedener Gestalt sein. Ein Rechtsklick auf das Original öffnet das Kontextmenü, wo Sie unter STELLVERTRETER|DATEI (Strg+Alt+P, Mac: ⌘+⌥+P) einen solchen ins Programm laden. Das kann ein einzelnes Preview-Bild oder eine vorher kleine gewandelte Version Ihrer Videosequenz sein.

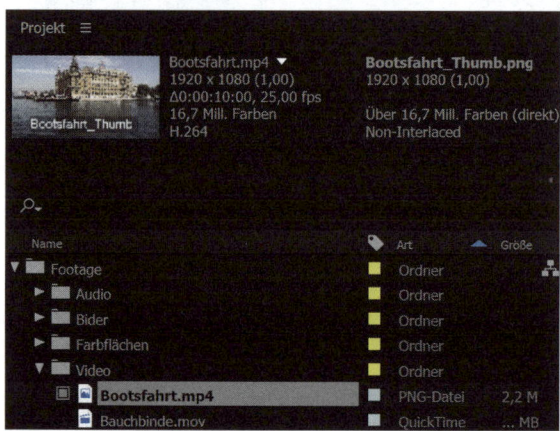

Abbildung 3.17 Ausgangsmaterial und Stellvertreter im Projektfenster

Ist das Proxy-File ausgewählt, erscheint im Projektfenster neben dem Original-Footage ein Kästchen. Ist es gefüllt, ist der Stellvertreter aktiv. Ebenso sehen Sie weiter oben neben dem Thumbnail, dass sich zur vorherigen Anzeige die Eigenschaften des Stellvertreters rechts daneben gesellt haben. Der Titel ist weiß und kräftig hinterlegt, um auch hier zu zeigen, dass der Stellvertreter verwendet wird. Ein erneuter Klick auf das Kästchen aktiviert wieder das Original.

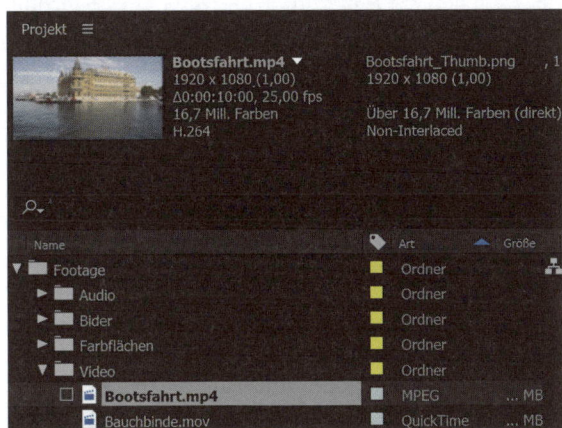

Abbildung 3.18
Deaktivierter Stellvertreter – Original-Footage wird verwendet.

Sie können Stellvertreter auch in After Effects selbst erstellen. Markieren Sie das gewünschte Footage, klicken Sie rechts und wählen Sie STELLVERTRETER ERSTELLEN. Wahlweise können Sie jetzt ein STANDBILD oder einen ganzen FILM erstellen. Anschließend landet der gewünschte Stellvertreter in der Renderliste. Zusätzlich wird eine Unterkomposition erstellt. Dazu später mehr.

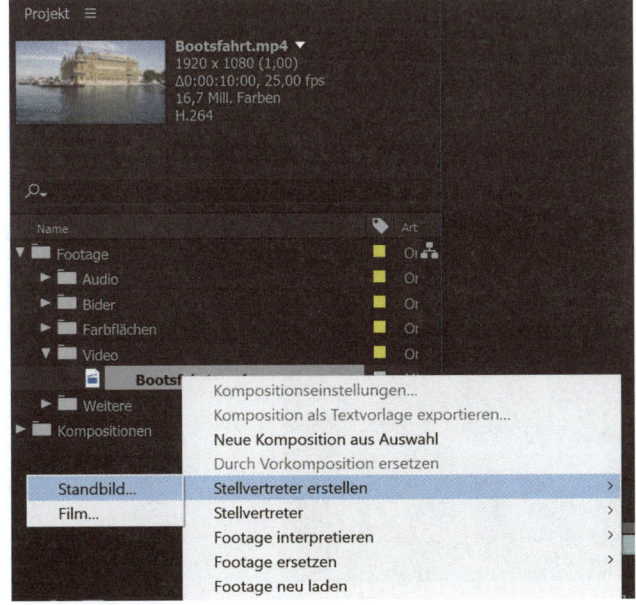

Abbildung 3.19
Stellvertreter erstellen

Möchten Sie STANDBILD, wird der erste Frame eines Clips oder einer Sequenz berücksichtigt. Bevorzugen Sie einen Vorschau-Clip, so wird dieser standardmäßig mit der Entwurfseinstellung der Renderliste ausgespielt, die Auflösung wird dabei auf die Hälfte reduziert.

Ausführlicheres zum Rendervorgang gibt es in Kapitel 17. Für jetzt soll es genügen, dass Sie wissen, wie Sie einen Stellvertreter selbst erstellen. Klicken Sie am rechten Rand der Renderliste auf den RENDERN-Button, und After Effects beginnt mit der Erstellung des Stellvertreters. Ist der Rendervorgang beendet, wird der Stellvertreter auf dem Computer gespeichert (auch dafür verweise ich auf Kapitel 17) und das Programm stellt die Verbindung zwischen Proxy- und Original-Footage im Projektfenster her.

Unter Rechtsklick STELLVERTRETER|OHNE verwerfen Sie die komplette Stellvertreter-Verknüpfung wieder, um beispielsweise sicherzugehen, dass auch wirklich keine potenziellen Fehlerquellen bei der finalen Ausgabe bestehen bleiben.

Ob Sie diese Herangehensweise für sich benutzen oder nicht, Adobe After Effects macht es Ihnen leicht, Ihr Material zu ersetzen oder neu zu verknüpfen. Ich rate Ihnen, diesen Workflow zumindest einmal auszuprobieren, denn er kann auch unter anderen Umständen von Nutzen sein, beispielsweise für den Fall, dass Sie in einem Projekt arbeiten, bei dem der Daten-Austausch größtenteils online abläuft. Hier können kleine Proxy-Dateien bereits einen schnellen Vorgeschmack liefern oder solide Bausteine für ein Work-in-Progress.

Ordnungsstruktur

Der Kluge hält Ordnung, das Genie beherrscht das Chaos! Sparen Sie sich den genialen Part für die Kreativ-Arbeit auf. Gerade in After Effects ist es sehr wichtig, den Durchblick zu behalten. Denn egal, ob Sie unter Zeitdruck ein professionelles Produkt erzeugen wollen oder immer wieder aus Spaß an einer bestimmten Animation sitzen, Projekte mit vielen verschiedenen Medien können (und werden auch) schnell unübersichtlich. Und auch wenn Sie im Moment den Überblick über Ihren Dateien-Wust haben, so sieht das ganz anders aus, wenn Sie nach ein paar Wochen erneut das Projekt öffnen. Ich versichere Ihnen, dass Sie um jede kleine Hilfe bei der Orientierung dankbar sind, wenn Sie an archivierten Arbeiten sitzen.

Legen Sie sich also eine kleine, klare Struktur zurecht. Das erleichtert ebenso Ihre Arbeit im Team, da auch andere davon profitieren können, sich anhand einer Struktur zu orientieren.

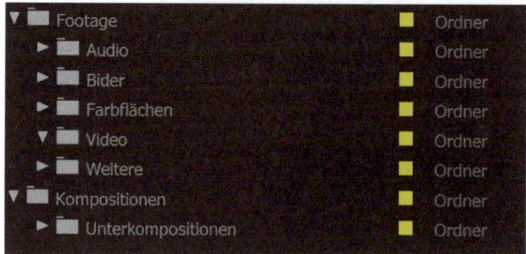

Abbildung 3.20
Beispiel für eine interne Ordnungsstruktur

3.2 Arbeiten mit Rohmaterial

Ein paar interessante Features finden Sie unter DATEI|ABHÄNGIGKEITEN. Vor allem beim Erstellen eines Backups, bei Projektabschluss oder im Datentausch mit anderen ist es von entscheidendem Vorteil, das Projekt auf alle nötigen Inhalte zu reduzieren und ein übersichtliches Verzeichnis zur Verfügung zu haben.

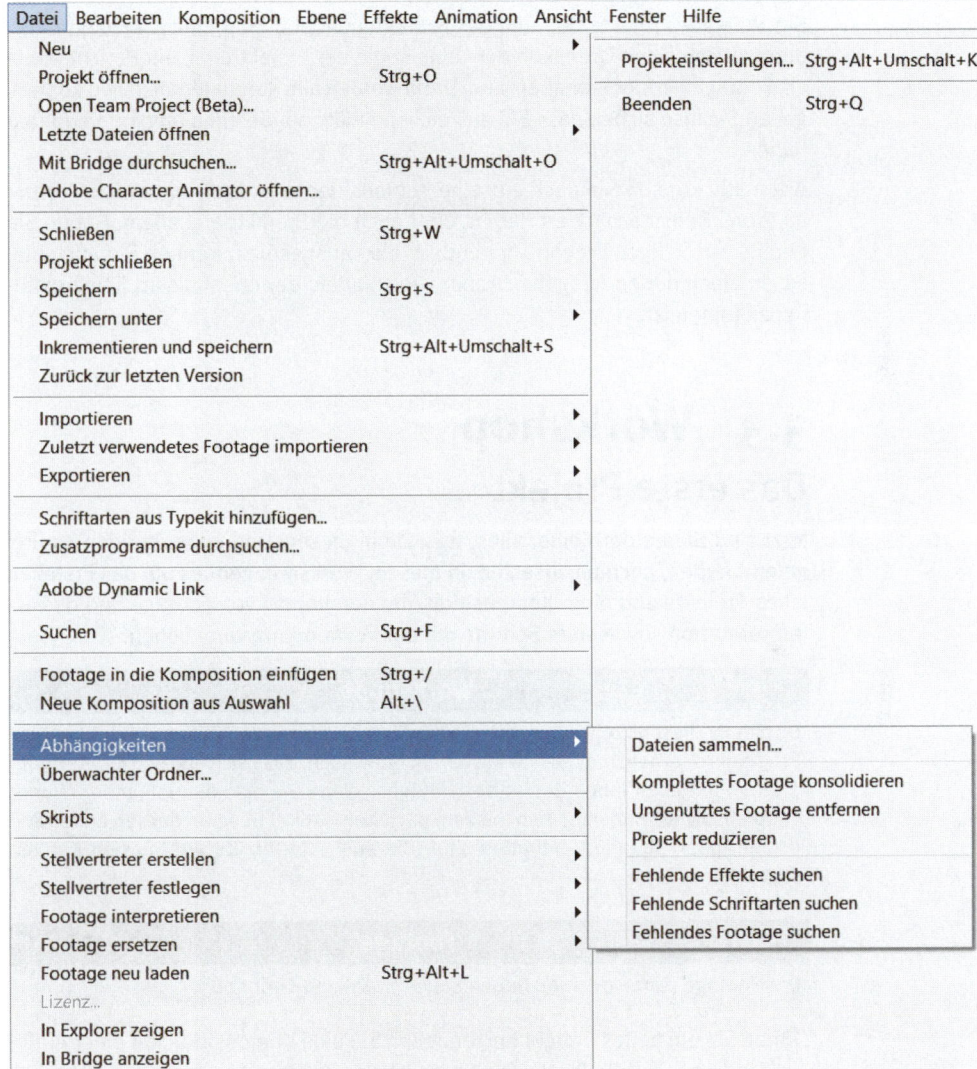

Abbildung 3.21
Abhängigkeiten vereinfachen das Handling von Footage und die Projektorganisation.

Unter KOMPLETTES FOOTAGE KONSOLIDIEREN werden im Projekt doppelt vorhandene Dateien aufgesucht und gelöscht.

Haben Sie weniger Material benötigt, als Sie importiert haben, können Sie es durch Klick auf UNGENUTZTES FOOTAGE ENTFERNEN.

PROJEKT REDUZIEREN entfernt ebenfalls überflüssige und ungenutzte Items in Ihrem Projektfenster. Markieren Sie hierfür alle wichtigen Kompositionen in Ihrem Projektfenster und reduzieren Sie dann das Projekt. Alle nicht markierten Kompositionen werden samt ungenutztem Footage aus dem Projekt gelöscht.

Haben Sie alle obigen Schritte erledigt, können Sie im Anschluss unter DATEIEN SAMMELN alle Projektdaten und das Footage bündeln. After Effects erzeugt dabei automatisch einen Ordner, in dem eine Kopie der Projektdatei, ein Bericht sowie ein Footage-Ordner enthalten sind. Darin werden alle Rohmaterialien neu kopiert, gehen Sie also sicher, dass Sie ausreichend Platz am Bestimmungsort verfügbar haben.

Alternativ können Sie auch einzelne Kompositionen ausspielen, die Sie vorher im Projektfenster markiert haben, oder auch die Projektdatei allein. Haben Sie bereits ein fertiges Ergebnis gerendert, also ausgespielt, können Sie auch dieses in einen neuen Ausgabe-Ordner verschieben, der ebenfalls im Sammelordner zu finden ist.

3.3 Workshop
Das erste Projekt

Jetzt sind Sie an der Reihe, alles, was Sie in diesem und im vorherigen Kapitel gelernt haben, auch umzusetzen. In diesem Workshop geht es um das Erstellen eines Projekts und einer Komposition, um den Import von Footage und dessen Interpretation sowie erste Schritte mit der Verwendung von Ebenen.

Workshops

Da Sie zu diesem Zeitpunkt erst einmal die grundlegenden Zusammenhänge des Programms lernen, möchte ich Sie darauf hinweisen, dass sich speziell Kapitel 3, 4, 5 und 6 mit eben jenen Basics beschäftigen. Wenn Sie also den folgenden Workshop absolviert haben, gehen Sie zum nächsten Kapitel über, an dessen Ende wieder ein paar Übungen enthalten sind, die auch auf Inhalte aus diesem Kapitel zugreifen.

Footage

Das Footage zum Workshop finden Sie im Download-Ordner 03.

Öffnen Sie ein neues Projekt und erstellen Sie eine Komposition mit einer Auflösung von 1920 x 1080 Pixeln. Die Framerate legen Sie auf 25 fps fest, wie bereits erwähnt, ein häufig verwendeter Standard im europäischen Raum. Jetzt passen Sie noch die Dauer auf 10 Sekunden an, alle weiteren Einstellungen bleiben wie voreingestellt.

3.3 Workshop

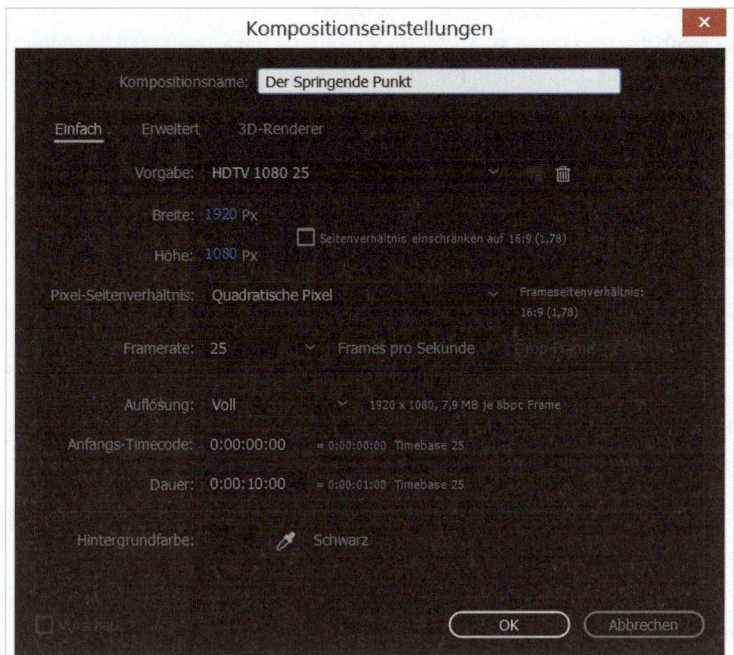

Abbildung 3.22
Ihre erste Komposition sollte so eingestellt sein.

Als Nächstes importieren Sie nacheinander Ihre Rohmaterialien. Zuerst laden Sie das Video `Der_Springende_Punkt.MOV` in Ihr Projektfenster. Ziehen Sie es gleich im Anschluss in die Zeitleiste beziehungsweise in die Ebenenübersicht. Das Footage wurde jetzt als Ebene angelegt und kann mit der Leertaste abgespielt werden.

Abbildung 3.23
Aus dem Rohmaterial wird eine Ebene.

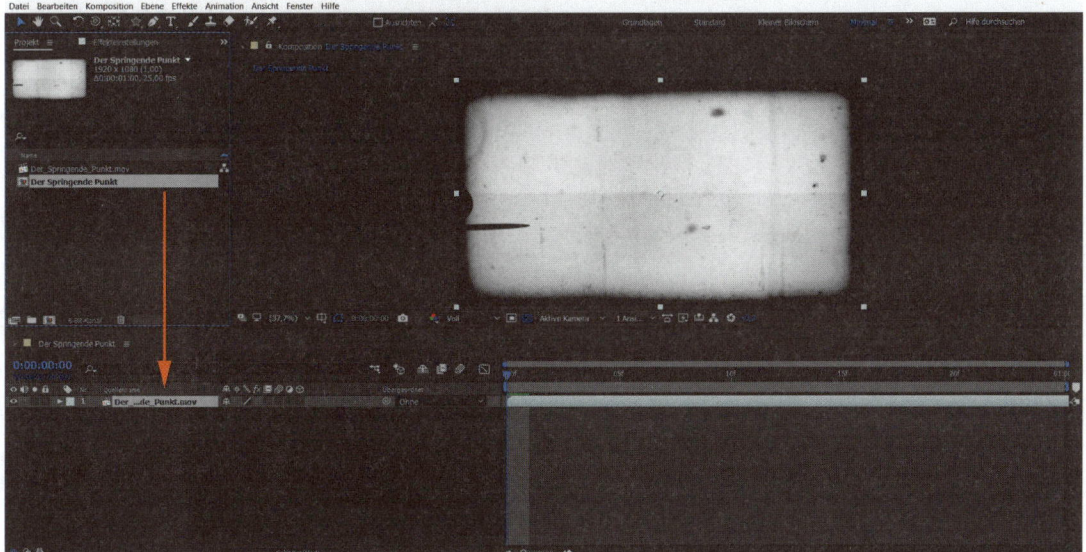

69

Ergänzend ziehen Sie jetzt noch die Audio-Datei `Der_Springende_Punkt.MP3` in das Projektfenster und legen sie unter die Bildebene. Im Prinzip bleibt es gleich, an welcher Stelle Sie Tonebenen ablegen, da sie keinerlei visuelles Feedback im Kompositionsfenster hinterlassen und unsichtbar bleiben. Spielen Sie die Komposition erneut ab, Bild und Ton sollten jetzt synchron ablaufen.

Abbildung 3.24
Video und Audio laufen simultan.

Da das Ganze jetzt ein wenig farbenfroher werden soll, ersetzen Sie das Schwarz-Weiß-Video durch eine farbige Bildsequenz. Dazu klicken Sie mit der rechten Maustaste auf den Clip in Ihrem Projektfenster und wählen FOOTAGE ERSETZEN|DATEI. Im auftauchenden Dialog suchen Sie aus dem gleichen Ordner wie vorher die Bildsequenz `Der_Farbige_Punkt`. Achten Sie beim Import darauf, dass der Haken neben PNG-SEQUENZ gesetzt ist.

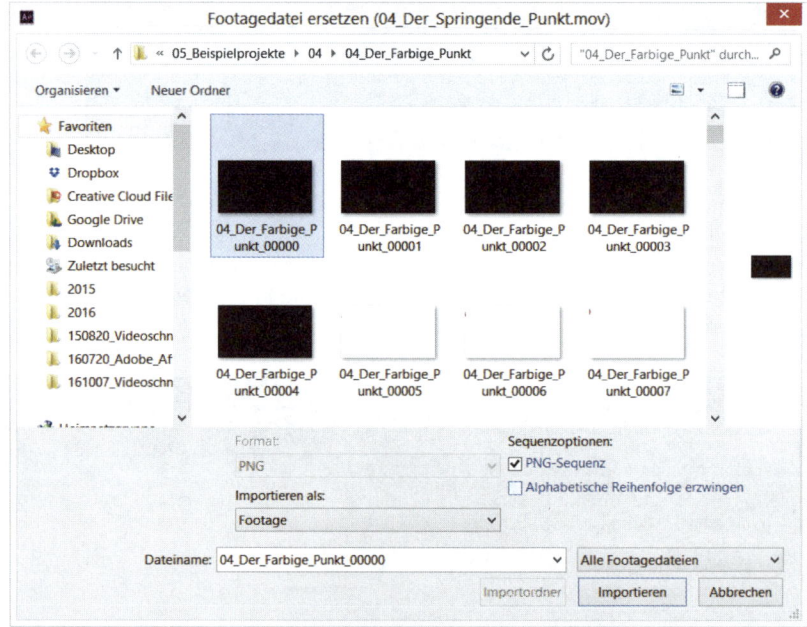

Abbildung 3.25
Bringen Sie die Bildsequenz anstelle des Videos in Ihr Projekt.

Da die Bildsequenz Ihr Videomaterial ersetzt, wird dessen Framerate beim Import übernommen. Somit passen alle Einstellungen. Das Bild ist jetzt noch etwas leer, daher laden Sie als Nächstes `Hintergrund.PNG` und `Bauchbinde.MOV` in das Projekt. Ziehen Sie zuerst den Hintergrund unter die Ball-Sequenz, dann die Bauchbinde darüber. Fertig.

3.3 Workshop

Abbildung 3.26
So sieht die Komposition am Ende aus.

Kapitel 4

Komposition

Nach all den Grundlagen, Formaten und Vorbereitungen kommen wir nun zum Wesentlichen zurück: zur Animation selbst. Die bewegten Bilder lassen sich grundsätzlich in zwei elementare Bestandteile separieren:

- Raum (Fläche)
- Zeit

> **Hinweis**
> Die Audio-Ebene wird an dieser Stelle vorerst herausgenommen. Ton ist per se zwar ebenfalls zeitbasiert, nimmt jedoch bei der Animation eine gesonderte Rolle ein, da er im Video nicht sichtbar ist.

In diesem Kapitel betrachten wir zunächst die beiden Komponenten getrennt voneinander und gehen dann anschließend zur Interaktion der beiden über, wenn Ihr Material in beiden, also eigentlich in allen vier Dimensionen bearbeitet wird.

4.1 Grundlagen zur Komposition

Nachdem Sie Ihr Rohmaterial in das After-Effects-Projekt importiert haben, müssen Sie es aus dem Projektfenster in Ihre Komposition bringen. Dabei bekommt jedes Element eine eigene Ebene zugewiesen und ist jetzt sowohl im Kompositionsfenster als auch in der Zeitleiste zu sehen. Hierbei bemerken Sie die erste Interaktion von Zeitleiste und Kompositionsfenster. Da die Funktion des Programms auf Ebenen basiert, ergibt sich eine Art Schichtsystem.

Ebenen werden hierarchisch mit einer ID versehen und liegen übereinander. In der Bildebene wird hier opak gearbeitet, das heißt, dass hierarchisch oben befindliche Ebenen die Ebenen darunter verdecken. Natürlich werden Sie im Laufe dieses Buches mehrere Funktionen und Anwendungsbeispiele kennenlernen, wie und wo Ebenen interagieren, sei es mittels Masken, Füllmethoden oder anderen Verfahren.

Kapitel 4 — KOMPOSITION

Abbildung 4.1
Die Ebenenhierarchie

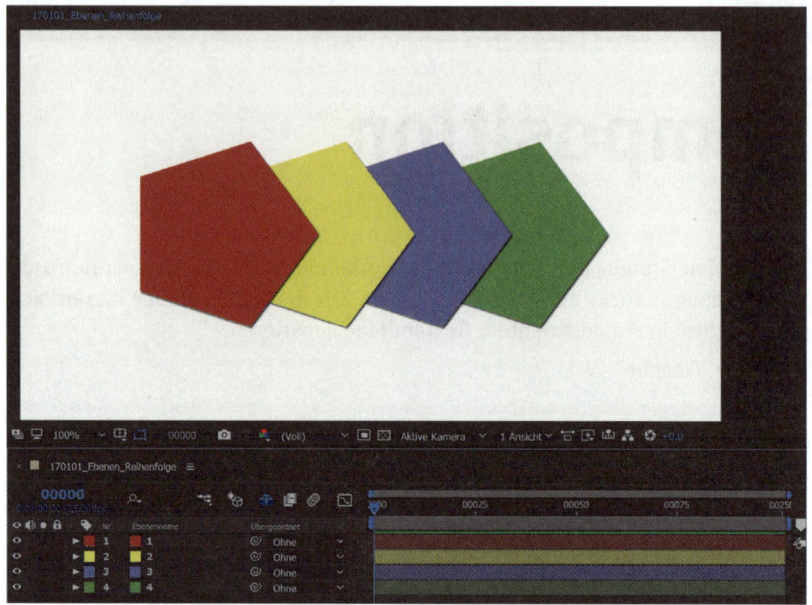

Kompositionseinstellungen

Sie erstellen eine neue Komposition, indem Sie ⌃Strg+N (Mac: ⌘+N) drücken, über die obere Menüleiste gehen oder mit dem kleinen Icon im Projektmanager.

Abbildung 4.2
Die einfachen Kompositionseinstellungen legen den Grundstein Ihrer Animation.

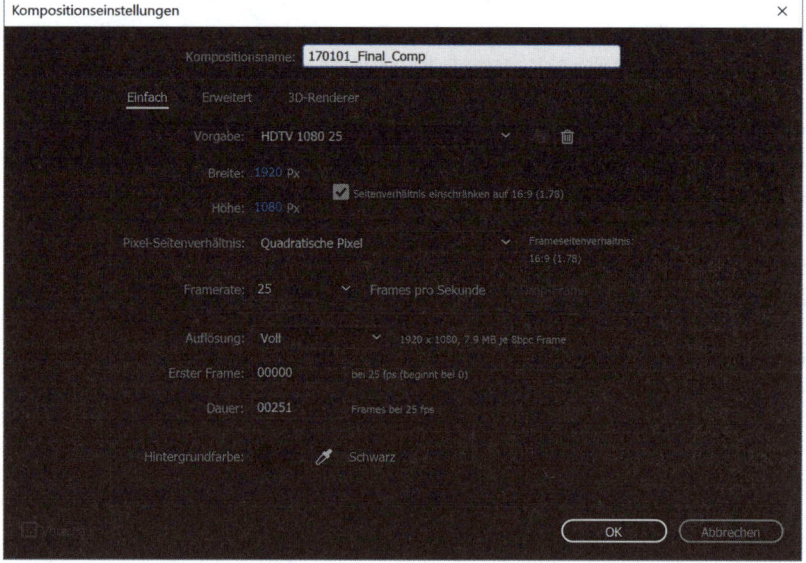

Zuerst legen Sie den KOMPOSITIONSNAMEN fest und vergeben ihn auch eindeutig. Denken Sie daran, ältere Projekte werden auch gerne wieder aus einem Archiv gekramt. Konkrete Hinweise wie das Datum oder der Projektinhalt helfen bei der Archivierung.

Weiter geht es mit den Basis-Einstellungen im Reiter EINFACH. Hier sollten Sie bereits wissen, in welcher Auflösung Sie arbeiten wollen. Vielleicht finden Sie bereits die gewünschten Settings in den VORGABEN. Wenn nicht, lassen sich darunter die Breite und Höhe numerisch eingeben. Ein Haken unter SEITENVERHÄLTNIS EINSCHRÄNKEN AUF sorgt dafür, dass sich das Seitenverhältnis automatisch anpasst, sobald Sie eine der beiden Dimensionen verändern.

Darunter geben Sie das PIXEL-SEITENVERHÄLTNIS (Pixel Aspekt Ratio oder PAR) ein. Checken Sie also vorher, vor allem bei der Arbeit für traditionelle Video- oder Fernsehsysteme, welche Einstellung Sie benötigen (siehe Kapitel 1 und 3).

Die FRAMERATE wird im gleichnamigen Bedienfeld festgelegt und reicht dabei von einem bis zu 99 Frames pro Sekunde. Behalten Sie bei der Auswahl den Standard, für den Sie produzieren, im Hinterkopf.

Ist das erledigt, legen Sie noch die Resolution fest, den Nullpunkt des Timecodes sowie die Länge der Komposition. Zu guter Letzt die Hintergrundfarbe, die auch bei der Ausgabe der Komposition ausgegeben wird, insofern sich keine weiteren Füllebenen darüber befinden oder Sie alles mit Alphakanal ausspielen (hier wird der Hintergrund komplett transparent).

Sind alle Einstellungen getätigt, reicht ein Klick auf OK, und die Komposition wird erstellt. Werden Sie öfter genau diese Anforderungen an eine Komposition stellen, lassen sich die getroffenen Einstellungen auch als eigene Vorgabe oben im Dialog abspeichern. Klicken Sie dazu einfach auf das Vorlage-Icon rechts und vergeben Sie für Ihr Preset einen eindeutigen Namen. Sie finden Ihre Vorlage jetzt als neuen Eintrag am unteren Ende der Vorlagenauswahl.

Abbildung 4.3
Erstellen Sie eigene Vorlagen nach Ihren Bedürfnissen.

Erweiterte Kompositionseinstellungen

Im zweiten Reiter ERWEITERT finden Sie die Optionen für fortgeschrittene Anwender. Werfen wir dennoch einen Blick in die dort befindlichen Optionen. Zunächst sehen Sie bei der Neuerstellung ein ausgegrautes Positionierungsschaltfeld. Dies sorgt bei nachträglicher Veränderung der räumlichen Dimension Ihrer Komposition für die Orientierung der Neuskalierung, sprich, ob bei einer Verkleinerung alle Objekte zentriert angeordnet und die Ränder beschnitten werden. Oder wird das Projekt beispielsweise größer skaliert, jedoch sollen alle Elemente weiterhin an der linken oberen Ecke der Komposition verbleiben.

Abbildung 4.4
Die Anker-Einstellungen helfen bei einer neuen Skalierung einer bestehenden Komposition.

Die nächsten zwei Optionen betreffen die Auflösung und die Framerate von verschachtelten Kompositionen. Beim Verschachteln, in der Fachsprache auch **Nesting** genannt, wird eine Komposition in eine andere Komposition eingebettet, wodurch Sie in mehreren verschiedenen Unterkompositionen arbeiten können, die dann in einer übergeordneten Komposition gesammelt zum Einsatz kommen. Doch dazu kommen wir an späterer Stelle.

Auch die Parameter zum Errechnen der programminternen BEWEGUNGSUNSCHÄRFE legen Sie hier fest. Mehr dazu erfahren Sie in Kapitel 5, da dieser künstliche Weichzeichner erst in Aktion tritt, sobald Sie ein Objekt mittels Keyframes animieren und eine schnelle Bewegung simulieren möchten.

Zu guter Letzt stellen Sie unter 3D-RENDERER die zugrunde liegende Render-Engine ein. Diese Optionen beschäftigen uns in Kapitel 13. Bis dahin arbeiten Sie am besten mit dem klassischen 3D-Renderer, da dieser alle Funktionen und Optionen in Ihren Kompositionen unterstützt, bis Sie auf die konkrete Arbeit im dreidimensionalen Raum stoßen.

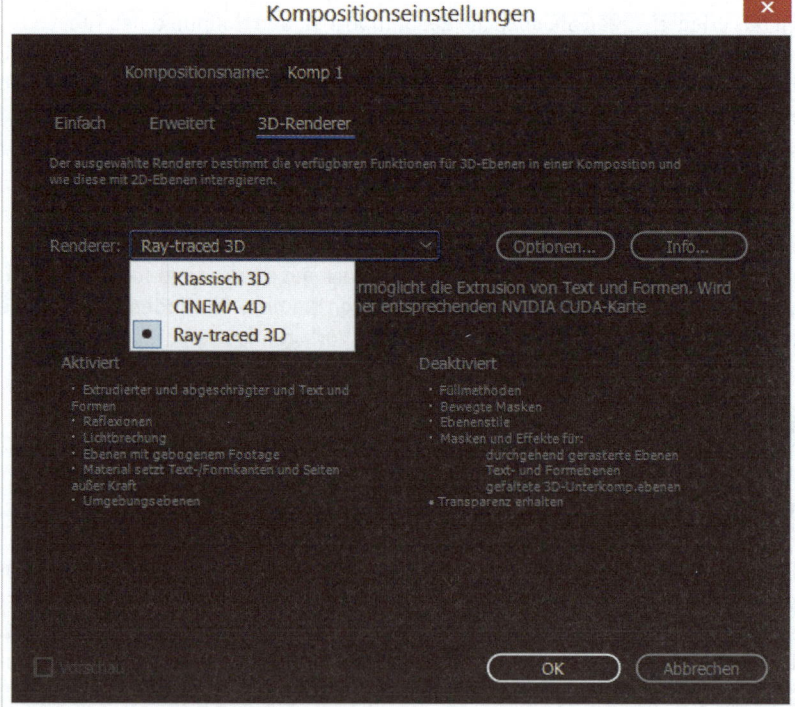

Abbildung 4.5
Die Settings des verwendeten Renderers haben nicht nur Auswirkungen auf dreidimensionale Objekte.

Möchten Sie an späterer Stelle die Kompositionseinstellungen ändern, drücken Sie einfach [Strg]+[K] (Mac: [⌘]+[K]). Es erscheint wieder der Anfangsdialog und alle Settings können jetzt erneut eingestellt werden. Dies kann unter anderem auftreten, wenn während eines laufenden Projekts die Ausgabeanforderungen geändert werden.

4.2 Kompositionsfenster

Das Kompositionsfenster ist Ihre Leinwand und dient der Vorschau bei der (räumlichen) Gestaltung Ihres Bildinhalts. Alle Ebenenelemente können Sie hier positionieren, skalieren und drehen. Adobe After Effects gibt Ihnen ein sofortiges Feedback und so können Sie Änderungen in Echtzeit vornehmen.

Aber auch alle weiteren Anpassungen, die Sie in anderen Paletten oder Fenstern erledigen, werden hier dargestellt, sodass auf dem Kompositionsfenster dauerhaft der Fokus liegt, sowohl während des Arbeitens in der statischen Vorschau als auch der »echten« Vorschau, also dem Abspielvorgang der gesamten Komposition.

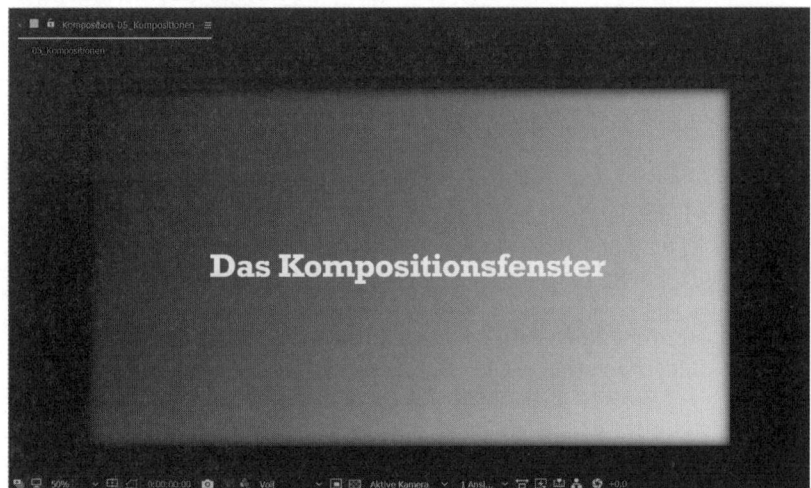

Abbildung 4.6
Ihre Leinwand – das Kompositionsfenster

Anzeigeoptionen des Kompositionsfensters

Das Kompositionsfenster dient zunächst einmal zur statischen Vorschau der Bildebene zu einem gegebenen, festen Zeitpunkt. In Kapitel 6 beschäftigen wir uns näher mit der Wiedergabe der Vorschau, in der dann Bildebene und Zeit zusammen bewertet werden.

Unter der Leinwand befinden sich die ANZEIGEOPTIONEN für das Kompositionsfenster, die großen Einfluss auf die Arbeitsgeschwindigkeit und Darstellungsqualität haben und sich jedem Workflow anpassen lassen.

In der ZOOM-Anzeige legen Sie die Verkleinerungs- oder Vergrößerungsstufe fest. Müssen Sie beispielsweise gewisse Arbeitsschritte fast pixelgenau ausführen, können Sie auf Zoomstufen bis zu 6400 % zurückgreifen. Oder brauchen Sie bei 4K-Material den Überblick über das große Ganze oder animieren Sie über den sichtbaren Bereich Ihrer Komposition hinaus, dann zoomen Sie auf einen Bruchteil der Originalauflösung. Besondere Einstellungen sind die beiden Presets FENSTERGRÖSSE (Skalierungen über 100 %) und AUF BIS ZU 100% VERGRÖSSERN.

Diese zwei passen die Zoomstufe auf die Dimension des Kompositionsfensters an und ermöglichen dynamische Skalierung, um den Arbeitsfluss zu beschleunigen.

Flexibler sind Sie mit dem Lupen-Werkzeug aus der Werkzeugleiste 🔍, das Sie auch über [Z] aufrufen können, mit dem Sie standardmäßig in das Vorschaubild reinzoomen. Halten Sie zusätzlich die [Alt]-Taste (Mac: [⌥]) gedrückt, wechselt die Lupe von Plus zu Minus und Sie zoomen heraus. Alternativ lässt sich die Zoom-Stufe auch mit dem Mausrad steuern oder über die Tastenkürzel [.] (Vergrößern) oder [,] (Verkleinern).

Möchten Sie im hochaufgelösten Bereich bleiben und dennoch den Bildausschnitt verschieben, halten Sie einfach die Leertaste gedrückt. Es erscheint das Handwerkzeug, das aktiviert bleibt, solange Sie die Taste halten. Alternativ drücken Sie die [H]-Taste, dann ist das Tool dauerhaft angewählt. Klicken Sie jetzt auf einen Bildbereich und halten ebenso die Maustaste gedrückt, kann der Bildausschnitt verschoben werden.

Neben der Zoom-Anzeige finden Sie Orientierungshilfen. Die Hilfsansicht SICHERER TITELBEREICH stammt noch aus den Zeiten der analogen Fernsehübertragung. Da Fernsehanstalten nicht sicher sein konnten, dass 100 % des gesendeten Bildes auf den Empfangsgeräten angezeigt werden konnten, gab man den Rändern sozusagen etwas Spiel und legte zwei Rahmen zur Orientierung fest, die als eine Art Richtlinie bei der Bildaufteilung halfen. Der Bereich Action-Safe (95 % des Bildschirms) sollte sicherstellen, dass die Handlung innerhalb der Markierungen stattfand und nicht durch den Rand beschnitten wurde. Der Title-Safe-Bereich (90 % des Bildschirms) sollte dafür Sorge tragen, dass Texte und Informationen auch noch auf Geräten lesbar waren, die große Teilbereiche des Randes technisch bedingt nicht darstellen konnten. Obwohl heutige Monitore kaum noch Gefahr laufen, ganze Bildteile zu verschlucken, sind diese Rahmen immer noch nützliche Orientierungshilfen, vor allem bei der Arbeit mit Text und Überlagerungsgrafiken.

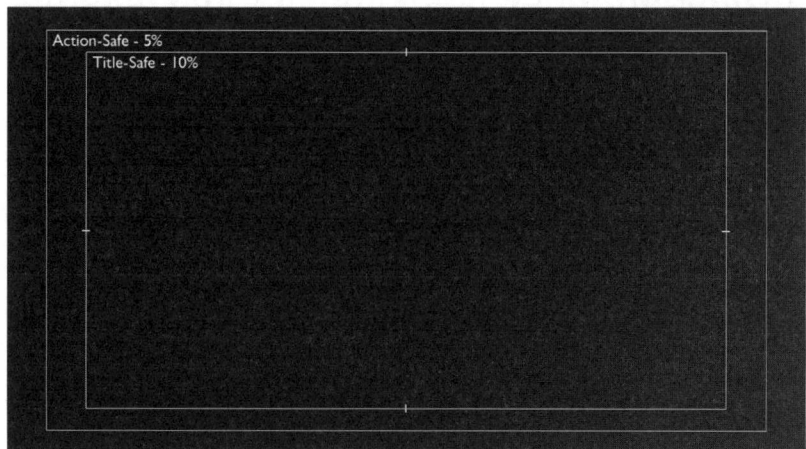

Abbildung 4.7
Action-/Title-Safe

Die Optionen PROPORTIONALES RASTER und RASTER blenden grafische Orientierungshilfen ein, die vor allem für symmetrische Anordnungen hilfreich sind.

LINEALE vermessen Ihr Kompositionsfenster auf Pixel-Basis. Haben Sie LINEALE aktiviert, können Sie auch eigene HILFSLINIEN zur Positionierung herausziehen. Für vertikale Hilfslinien müssen Sie mit der Maustaste in den vertikalen Messbereich wechseln, dort hineinklicken und nun mit der gedrückten Maustaste die Hilfslinie in Ihrer Komposition platzieren. Das Gleiche gilt natürlich auch für vertikale Linien. Diese lassen sich über das Ansichtsmenü auch wieder deaktivieren.

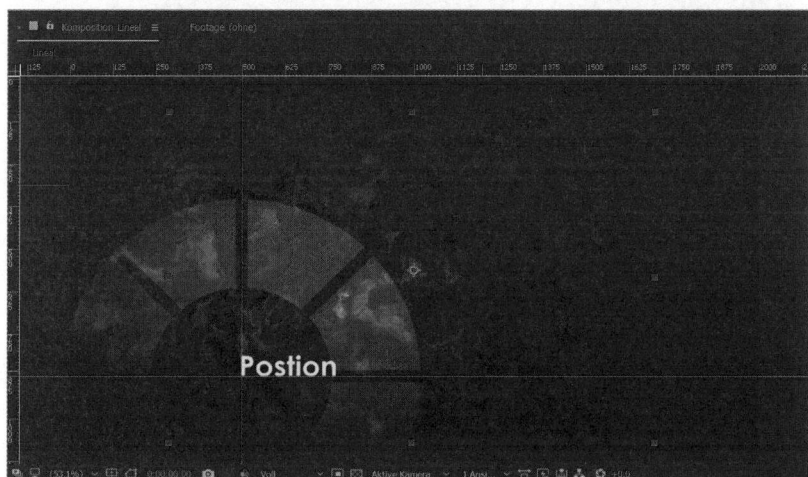

Abbildung 4.8
Ausrichten mit Hilfslinien

Bei einem Klick auf SCHNAPPSCHUSS wird der aktuelle Bearbeitungsstand als Bild gespeichert und kann später wieder aufgerufen werden, um einen Vorher-Nachher-Vergleich zu haben.

Wenn Sie sich die KANAL- UND FARBMANAGEMENT-EINSTELLUNGEN ANZEIGEN lassen, können Sie die Vorschau nach den einzelnen RGB-Kanälen getrennt beurteilen, was unter anderem beim Freistellen von Objekten (siehe Kapitel 7) sehr hilfreich sein kann. Des Weiteren haben Sie hier mit den Farbprofilen und Ausgabesimulationen weitere Tools an der Hand, die vor allem für das farbsichere Arbeiten sehr wichtig sind. Mehr zum Farbmanagement erfahren Sie in Kapitel 11.

Unter AUFLÖSUNG/EINBLENDUNGSFAKTOR können Sie die Qualität der dargestellten Vorschau beeinflussen. So sparen Sie bei komplexen Projekten mitunter lange Rechenzeiten, wenn Sie die höchste Stufe nicht wirklich brauchen. Mehr dazu lesen Sie in Kapitel 6, wenn es um die Vorschau-Steuerung und -Beschleunigung geht.

Benötigen Sie gerade nicht die gesamte Leinwand zum Arbeiten, so verschafft ein RELEVANTER BEREICH den nötigen Fokus. Klicken Sie auf das Icon und ziehen Sie den erscheinenden Rahmen nach Ihren Anforderungen auf, um die sogenannte **Region Of Interest** festzulegen. Der Leinwandinhalt, der sich außerhalb des Rahmens befindet, wird ausgeblendet, nicht aber verworfen.

Abbildung 4.9
Ein RELEVANTER BEREICH blendet unnötige Teile der Komposition aus.

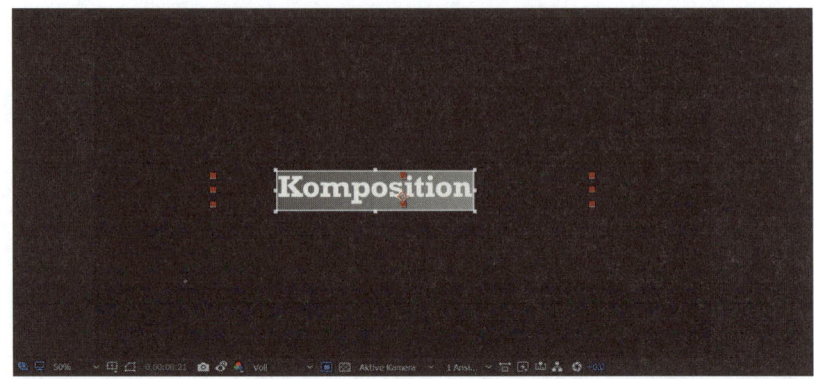

Das erreichen Sie, wenn Sie mittels KOMPOSITION|KOMPOSITION AUF RELEVANTEN BEREICH BESCHNEIDEN die Abmessungen der Auswahl auf die aktuelle Komposition übertragen.

Unter TRANSPARENZRASTER (DE-)AKTIVIEREN legen Sie fest, ob After Effects bei einer Komposition eine schwarze Hintergrundfläche oder das Transparenzraster verwendet, das manch eine oder einer bereits aus Adobe Photoshop kennt. Sie werden später noch mehr zum Thema Transparenz erfahren, fürs Erste wissen Sie jetzt, wo Sie die Hintergrundebene transparent schalten können, und arbeiten im weiteren Verlauf mit der schwarzen Voreinstellung.

Die nächsten beiden Fenster 3D-ANSICHTEN und ANSICHTENLAYOUT sind vorrangig für das Arbeiten mit 3D-Ebenen vorgesehen,

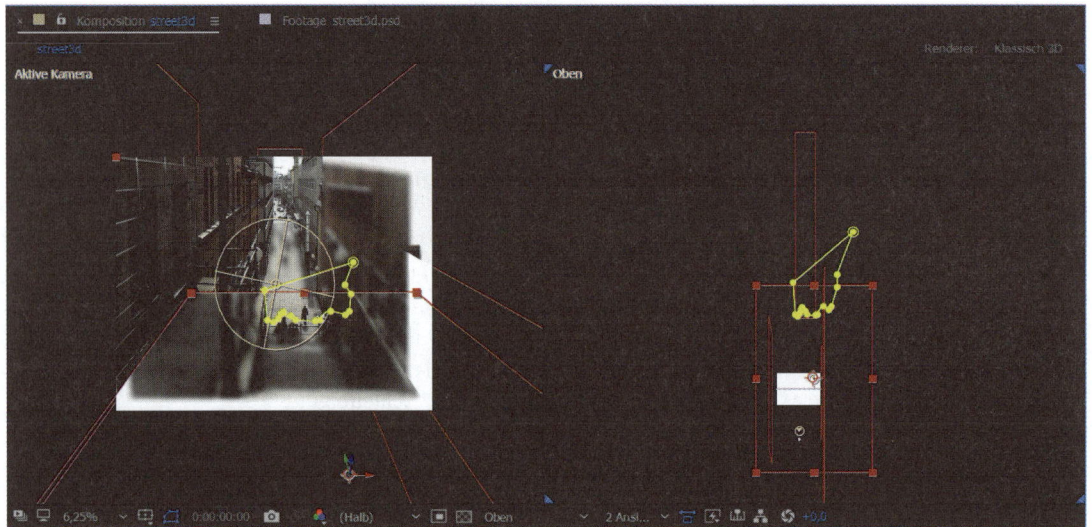

Abbildung 4.10
Das Ansichtenlayout zielt auf die Arbeit im dreidimensionalen Raum ab.

Haben Sie Rohmaterial beziehungsweise Projekte mit anamorphen PAR, stellen Sie mithilfe PIXEL-SEITENVERHÄLTNIS-KORREKTUR zwischen quadratischen und korrigierten Pixeln um.

Mit den Optionen für die SCHNELLE VORSCHAU bestimmen Sie ähnlich der Auflösungseinstellung, in welcher Qualität das Kompositionsfenster Ihr Material anzeigt. Wir befassen uns damit intensiver in Kapitel 6, wenn es gilt, Zeit und Ressourcen durch die Optimierung der Vorschauprozesse zu sparen.

Der ZEITLEISTE-Schalter holt mit einem Klick eine ausgeblendete Zeitleiste zurück, falls Sie sie vorher für mehr Platz auf dem Bildschirm geschlossen haben sollten. Um das FLUSSDIAGRAMM kümmern wir uns gleich im Anschluss. Zuletzt simuliert BELICHTUNG ANPASSEN eine Mehr- oder Unterbelichtung anhand von Blendenstufen, der Funktionsweise einer Fotokamera entlehnt. So können Sie schnell testweise die Helligkeit Ihres Bildmaterials variieren und nachjustieren. Unter dem Blenden-Icon setzen Sie die Einstellungen zurück.

Nesting und das Flussdiagramm

Das Nesting beschreibt eine Arbeitsweise, bei der eine oder mehrere Kompositionen in einer übergeordneten Komposition zusammengefasst werden. Durch solche Verschachtelungen ist es möglich, gewisse Teilbereiche oder gesonderte Abschnitte zu isolieren und dann gesammelt weiterzubearbeiten. Unterkompositionen werden in der Zeitleiste ähnlich wie eine Ebene behandelt, im Projektfenster wie andere Kompositionen. Somit ist das verschachtelte Arbeiten mittels Unterkompositionen sowohl Strukturierungsmaßnahme als auch notwendiger Zwischenschritt für effizientes Arbeiten mit Effekten.

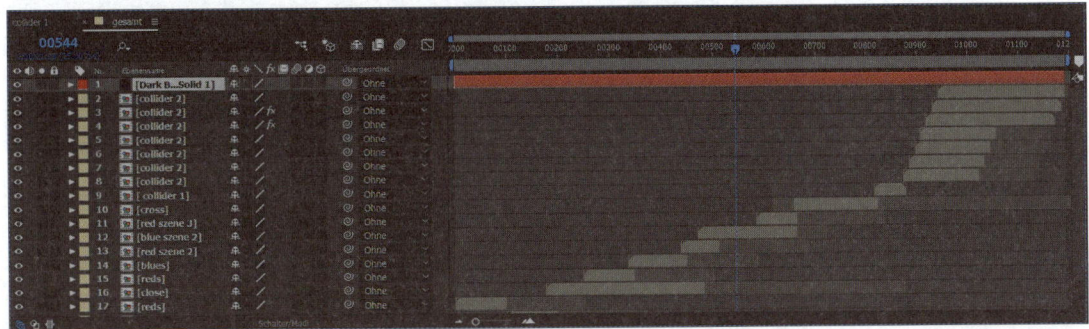

Abbildung 4.11
Unterkompositionen, gebündelt in einer Hauptkomposition

Verschachtelte Projekte werden mit zunehmender Zahl von (Unter-)Kompositionen immer schwerer zu überblicken und zu managen. Dafür hat Adobe After Effects das FLUSSDIAGRAMM-Fenster integriert. Darin lassen sich alle Abhängigkeiten, mehrfach verwendetes Footage, angewendete Effekte und vieles mehr in einer Art Baumdiagramm anzeigen. Ein Klick auf ein Element im Diagramm öffnet dann ganz einfach die entsprechende Ebene im EBENEN- oder FOOTAGE-Fenster oder wechselt in die betreffende Komposition.

Kapitel 4 — KOMPOSITION

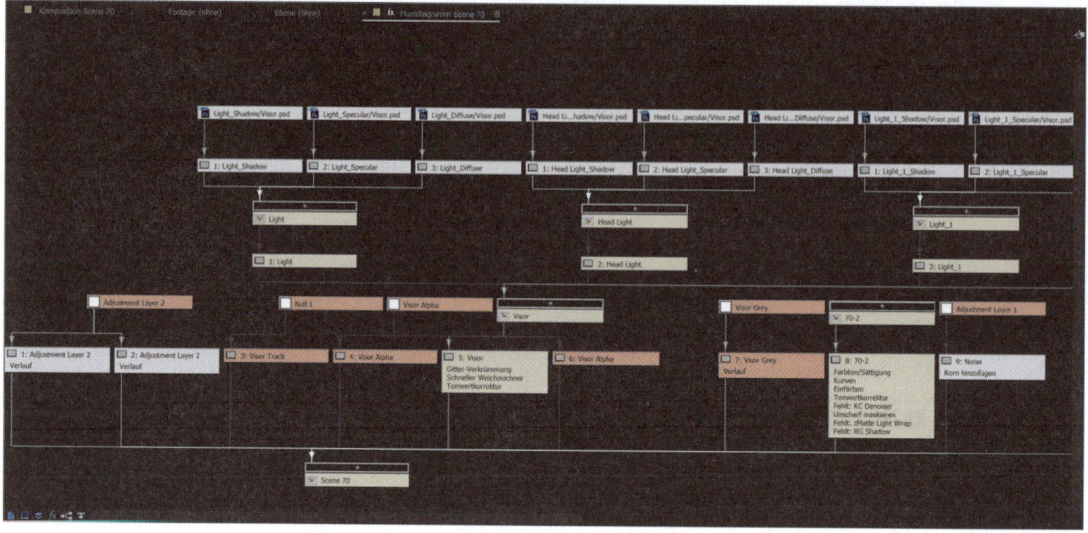

Abbildung 4.12 Umfangreiche Verschachtelungen überblicken Sie im Flussdiagramm.

Noch schneller arbeitet das sogenannte Kompositions-Mini-Flussdiagramm. Drücken Sie die ⇧-Taste, erscheint eine kleine Version des Flussdiagramms, damit Ihnen der Wechsel in verschachtelte Unterkompositionen noch schneller von der Hand geht.

Abbildung 4.13 Das Mini-Flussdiagramm beschleunigt die Navigation durch Unterkompositionen.

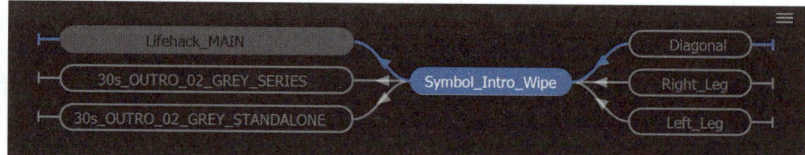

4.3 Zeitleiste

After Effects arbeitet ebenenbasiert und unterscheidet sich damit grundlegend von anderen Compositing- oder Videoprogrammen. Das Funktionsprinzip ist dabei relativ leicht verständlich. In einer Ebenenübersicht werden mittels einer Hierarchie alle Footage- und andere Elemente in eine Anordnungsreihenfolge gebracht. Im Kompositionsfenster sehen Sie eine Vorschau aller Arrangements, die Sie in der Zeitleiste vornehmen. Die Zeitleiste ist also sozusagen der Motor Ihrer Komposition. Sie regelt von der Ebenenreihenfolge, dem Verlauf Ihrer Animation, dem Erscheinen von Ebenen bis zu der Vergabe von Keyframes und Parameter-Änderungen Ihrer Effekte also einen großen Teil Ihres Projekts.

Ansicht und Steuerung der Zeitleiste

Jede Komposition hat eine eigene Zeitleiste. Auch hier wird der Name in der rechten oberen Ecke des Bedienfelds angezeigt. Darunter befindet sich linker Hand die Zeitanzeige, die Ihnen den aktuellen Zeitpunkt in Ihrer Komposition verrät. Daneben befinden sich noch Einstellungsbuttons zum gesammelten (De-)Aktivieren der Ebenenschalter.

Abbildung 4.14
Die Kompositionsschalter

Möchten Sie beispielsweise die Verstecken-Funktion oder die Bewegungsunschärfe-Option für eine Komposition freischalten, so müssen Sie dies zunächst unter den Master-Ebenenschaltern erledigen. Einen Button zum Einblenden des Flussdiagramms finden Sie hier ebenso wie den Diagrammeditor.

Abbildung 4.15
Die Zeitleiste

Darunter finden Sie die Ebenenübersicht mit diversen Optionen, Schaltern und Informationen. Um den Überblick zu behalten, können Sie die einzelnen Spalten ein- und ausblenden. Entweder per Rechtsklick in die Überschriften-Zeile der Ebenenübersicht oder mittels der drei Schalter am unteren Rand des Bedienfeldes. Auch dazu erfahren Sie mehr in Abschnitt 5.3.

Auf der rechten Seite sehen Sie die temporale Ausdehnung Ihrer Komposition im sogenannten Zeitlineal. Oberhalb des Zeitlineals legen Sie den Ausschnittbereich fest und erleichtern sich somit die Navigation innerhalb der Zeitleiste.

Mit gedrückter [Alt]-Taste (Mac: [⌥]) und dem Mausrad zoomen Sie schrittweise in die Zeitleiste, um bessere Übersicht zu haben oder Keyframes punktgenau zu setzen. Gleiches gilt für den Zoom-Slider unterhalb der Zeitleiste.

Auf dem Zeitlineal sehen Sie den blauen Zeitanzeiger. Dieser wird auch Zeitmarkierer oder CTI genannt (**C**urrent **T**ime **I**ndicator) und definiert, an welchem Zeitpunkt in der Komposition Sie sich gerade befinden.

Wichtige Shortcuts bei der Arbeit mit dem CTI sind die [Bild ↑]- und [Bild ↓]-Taste, um frameweise vorwärts- oder rückwärtszuspringen. Halten Sie dazu noch die [⇧]-Taste gedrückt, verschieben Sie den CTI in Zehnerschritten. [Pos1] bringt Sie an den Anfang Ihrer Komposition, [Ende] zum letzten Frame.

Kapitel 4 — KOMPOSITION

Arbeitsbereich

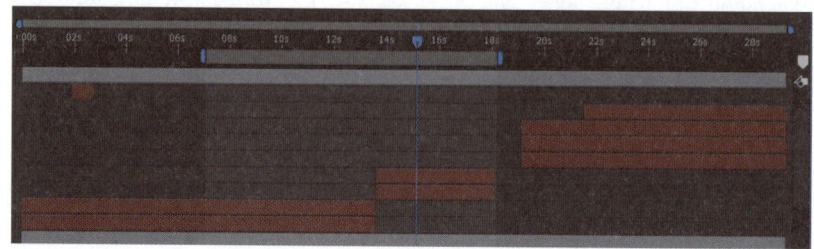

Abbildung 4.16
Der Arbeitsbereich definiert den Vorschau-Zeitabschnitt.

Unterhalb des Zeitlineals sehen Sie den Arbeitsbereich, ein wichtiges Mittel, gerade wenn es um das Erzeugen von Vorschauen geht. Dadurch können Sie gezielt (Zeit-)Bereiche, an denen Sie gerade arbeiten, auswählen, ohne die gesamte Komposition bei einer Vorschau berücksichtigen zu müssen. Den Anfang und das Ende verschieben Sie mit den blauen Handles an dem grauen Balken. Das Gleiche lässt sich ebenso per Tastatureingabe regeln. Bringen Sie den CTI an die jeweilige Stelle, [B] legt den Beginn, [N] das Ende fest. Der Balken lässt sich entlang der Zeitleiste verschieben, ein Doppelklick löst den Arbeitsbereich wieder auf, beziehungsweise er wird wieder auf die Gesamtlänge der Komposition ausgeweitet.

Eine Komposition lässt sich auch auf den Arbeitsbereich kürzen. Gehen Sie dazu auf KOMPOSITION|KOMPOSITION AUF ARBEITSBEREICH TRIMMEN oder drücken Sie [Strg]+[Alt]+[X] (Mac: [⌘]+[⌥]+[X]). Die gesamte Dauer wird nun auf den gewählten Arbeitsbereich zugeschnitten. Keyframes und weitere Ebenen, die jetzt nicht mehr im Arbeitsbereich liegen, bleiben aber weiterhin in Ihrer Ebenenübersicht gespeichert.

Haben Sie einmal eine Komposition getrimmt, können Sie diesen Schritt nicht einfach rückgängig machen, sondern müssen die Kompositionsdauer unter den Kompositionseinstellungen verlängern.

Ebenenübersicht

Abbildung 4.17
Die Ebenenübersicht – mitsamt allen Schaltern, Modi und Spalten

Neben dem Zeitpunkt, wann die Ebene bei der Darstellung berücksichtigt wird, gibt es in der Zeitleiste eine Menge weitere Settings. Sehen wir uns dazu die Ebenenübersicht an.

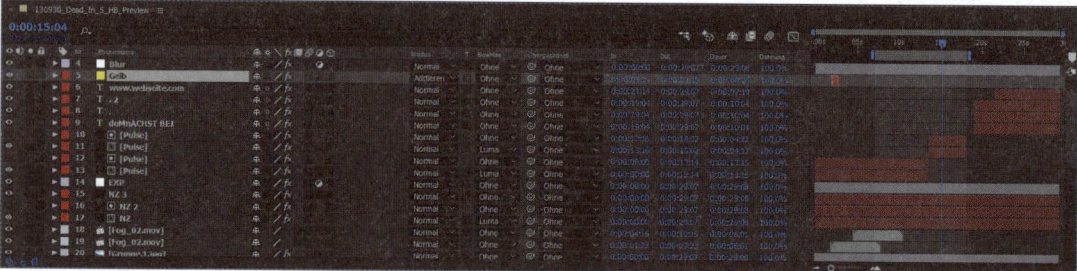

Per Default sind nicht alle Spalten sichtbar. Bis auf den Quellennamen können Sie durch einen Rechtsklick in die Übersichtszeile alle Spalten hinzufügen oder abwählen. Schneller geht es mittels der drei kleinen Icons unterhalb der Übersicht für die Ebenenschalter, die Ebenenmodifenster und die In/Out/Dauer/Dehnung-Spalten.

Beginnen wir mit den AV-Funktionen. Falls Sie aus Photoshop bereits die dortigen Ebenenschalter kennen, werden Sie bereits Parallelen erkennen. Sie erleichtern den Workflow und sollten daher auch dauerhaft eingeblendet bleiben.

Abbildung 4.18
Die AV-Funktionen

Das Augen-Icon ⦿ macht eine Ebene visuell sicht- oder unsichtbar. Der Lautsprecher schaltet den Ton dazu oder ab. Gleiches gilt für Videodateien, die Bild und Ton besitzen.

Der Solo-Schalter ⦿ isoliert die gewählte Ebene, auch für den Export. Es können mehrere Ebenen zusammen auf Solo geschaltet werden.

Der Schützen-Button 🔒 sorgt dafür, dass eine Ebene keine ungewollten Veränderungen erfährt; die Ebene wird durch das Vorhängeschloss gesperrt.

Die (Farb-)Etiketten helfen bei der Orientierung in größeren Projekten ungemein. After Effects vergibt standardmäßig Farben nach Art der Ebene, beispielsweise Rot für Text. Wählen Sie eine andere Farbe, so ändert diese Einstellung auch die Darstellungsweise des Blocks in der Zeitleiste.

Die Ebenennummer ist von großer Bedeutung, da sie für die Anordnung der Ebenen im Kompositionsfenster verantwortlich ist. Sie hilft aber auch bei der Adressierung von Effekten, da After Effects Steuerebenen, Referenzebenen oder sogenannte Expressions erzeugen kann, mit deren Hilfe Animationsvorgänge automatisiert werden. Mehr dazu gibt es in Kapitel 15.

Ebenso essenziell ist die Spalte EBENEN- und QUELLENNAME. Ebenen lassen sich individuell benennen, schalten Sie in der Spaltenkopfzeile auf QUELLENNAME um, wird Ihnen der Name des Materials aus dem Projektfenster angezeigt. Das ist hilfreich, falls Sie mehrere Instanzen einer Rohmaterial-Datei in Ihrer Komposition haben und eindeutige Namen zuordnen wollen. Ebenennamen lassen sich per Rechtsklick UMBENENNEN, ändern oder per ⏎-Taste.

Abbildung 4.19
Ebenenschalter steuern Funktionsweisen der Ebenen.

Kommen wir zu den Ebenenschaltern. Um in großen Projekten mal wieder für die Übersicht zu sorgen, haben Sie die Möglichkeit, Ebenen, an denen Sie nicht (mehr) arbeiten, zu VERBERGEN. Dazu müssen Sie sowohl den Verbergen-Button der Ebene anklicken als auch den großen Master-Verbergen-Schalter neben der Zeitanzeige. Wie Sie sehen, ist die Ebene aus der Übersicht verschwunden, wird allerdings weiterhin im Kompositionsfenster berücksichtigt. Möchten Sie alle versteckten Ebenen wieder zum Vorschein bringen, klicken Sie erneut auf den Master-Schalter und siehe da, alle Ebenen sind wieder in der Übersicht zu sehen.

Der FX-Schalter (de-)aktiviert die zugewiesenen Effekte. Das ist vor allem für Vorher-Nachher-Beurteilungen sowie zur Vorschau-Beschleunigung nützlich.

Falls eine Ihrer Ebenen in der Zeit gedehnt wird, dann ist die sogenannte FRAME-ÜBERBLENDUNG unter Umständen wichtig. Mehr dazu erfahren Sie weiter unten, wenn Sie sich mit Video- oder Bildsequenzen in der Zeitleiste beschäftigen.

Der nächste Schalter aktiviert die BEWEGUNGSUNSCHÄRFE. Diese wird verwendet, um schnellen Animationen eine gewisse Natürlichkeit zu verleihen. Mehr zur Bewegungsunschärfe erfahren Sie in Kapitel 6, wenn Sie lernen, wie sich einfache Bewegungen in After Effects realisieren lassen.

Der Button 3D-EBENE fügt der Ebene eine dritte Dimension hinzu. Um korrekt mit 3D-Ebenen zu arbeiten, benötigen Sie eine (aktive) Kamera-Ebene, daher werden Sie Auswirkungen von 3D-Effekten und -Einstellungen nicht ohne Weiteres erkennen. Mehr dazu erfahren Sie in Kapitel 13.

Als Nächstes sind die EBENENMODI dran.

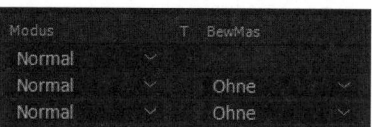

Abbildung 4.20
Füllmethoden und Maskierungen werden in den Ebenenmodi festgelegt.

Der MODUS, auch **Füllmethode** genannt, ist standardmäßig auf NORMAL eingestellt, was bedeutet, dass jeder Bildpunkt der Ebene genau so dargestellt wird, wie es das Rohmaterial vorgibt. Die Ebene überdeckt andere Ebenen zu 100 %, es sei denn, die Deckkraft der Ebene wurde reduziert oder es liegt ein zusätzlicher Alphakanal vor. Wird jedoch eine andere Füllmethode eingestellt, werden die Bildpunktinformationen mit den darunter liegenden Ebenen verrechnet. Auch an dieser Stelle soll vorerst die Standardeinstellung genügen, da sich Kapitel 7 näher mit den Alphakanälen und den Füllmethoden befasst.

Gleich daneben befinden die Ebenenmasken, die in der Ebenenübersicht unter dem Eintrag BEWEGTE MASKE zu finden sind. Wird eine solche Ebenenmaske angelegt, steuert sie die Transparenz für die darunter liegende Ebene. Auch dazu gibt es ebenfalls mehr in Kapitel 7.

Kommen wir zur ÜBERGEORDNET-Einstellung. Mit dem davor befindlichen Gummiband können Sie Ebenen anderen Ebenen »unterstellen«. Durch das sogenannte **Parenting** können Sie Abhängigkeiten erzeugen, die Ihnen bei geschicktem Einsatz Mehrarbeit abnehmen und Animationen stark erleichtern. Der Name leitet sich aus dem zugrunde liegenden Parent/Child-Modell ab. Ein Child-Objekt wird einem Parent-Objekt zugewiesen und erbt dessen Attribute mit. In After Effects erbt ein Child-Objekt dabei lediglich die Transformieren-Eigenschaften. Alle weiteren Effekte bleiben davon unberührt.

4.4 Ebenen

Abbildung 4.21
Das Parenting ist bei der Animation überaus wichtig, vor allem, wenn es um figürliche Animationen geht.

Die letzte Kategorie sind Einstellungsspalten. Diese können in fast allen Fällen ausgeblendet werden, außer Sie müssen dauerhaft die Zeitdehnung im Blick behalten.

Abbildung 4.22
Weitere Ebenenschalter

Sie können den IN- und OUT-Punkt in der Ebenenübersicht auch per Tastatureingabe vergeben, ebenso wie die (Abspiel-)DAUER der Ebenen. Die DEHNUNG legt fest, in welcher Geschwindigkeit (prozentual) die Ebene wiedergegeben wird. Was die Attribute bedeuten, sehen Sie gleich im Anschluss.

4.4 Ebenen

Die folgenden Seiten behandeln den Umgang mit Ebenen im Allgemeinen, denn gewisse Eigenschaften sind allen Bild- und Video-Ebenen gleich.

Objektrahmen

Ist eine Ebene im Kompositionsfenster sichtbar, verfügt sie über einen Objektrahmen, durch den Sie das Objekt auswählen, positionieren oder skalieren können. Bewegen Sie die Maus über ein Objekt, so wird der Rahmen eingeblendet. Wählen Sie das Objekt aus, ändert sich dieser Rahmen und zeigt nun vier Eck- und vier Kantenpunkte, die sogenannten **Anfasser**. Deren Funktion werden Sie gleich kennenlernen.

Dabei wird der Objektrahmen als Referenz genommen, der das Objekt umspannt. Sinngemäß umfasst dieser Rahmen natürlich auch Ellipsen, Dreiecke und andere geometrische Formen.

Abbildung 4.23
Links der angedeutete Objektrahmen, rechts bei angewählter Ebene

Ebeneneigenschaften

> **Download-Material**
>
> Begleitend zu dieser Sektion öffnen Sie die Komposition Transformieren aus der Datei Komposition.AEP im Download-Ordner 04.

Grundsätzlich hat jede Ebene grundlegende Basiseigenschaften, die Sie unter den TRANSFORMIEREN-Eigenschaften in der Ebenenübersicht finden: ANKERPUNKT, POSITION, SKALIERUNG, DREHUNG und DECKKRAFT.

Abbildung 4.24
Jede Ebene besitzt die Transformieren-Eigenschaften.

4.4 Ebenen

Der ANKERPUNKT legt eine Art geometrischen Schwerpunkt fest und bezieht sich dabei auf die Dimensionen innerhalb einer Ebene. Der erste Punkt beschreibt die Punktposition auf der X-Achse der Ebene, der zweite Punkt analog dazu auf der Y-Achse.

Er wird automatisch vergeben, sobald Sie eine Ebene anlegen, lässt sich aber anpassen. In Kapitel 5 werden Sie mehr über diesen Punkt erfahren, da er eine wichtige Rolle bei der Animation und bei der Verwendung von Keyframes spielt. An dieser Stelle genügt es vorerst, zu wissen, dass der Ankerpunkt als Referenzpunkt für gewisse Eigenschaften herhält. Möchten Sie nur die Ankerpunkt-Eigenschaft in der Ebenenübersicht aufrufen, so drücken Sie [A].

So zum Beispiel für die nächste Eigenschaft, die POSITION. Sie beschreibt die Verortung der Ebene innerhalb der Komposition. Die beiden Werte lesen sich ebenfalls zuerst in X-, dann in Y-Richtung. Sie werden vom oberen linken Eckpunkt der Komposition (Referenzpunkt 0,0) zum Ankerpunkt gemessen. Daher ergibt sich das gerade erwähnte Zusammenspiel zwischen Ankerpunkt und Position. Um direkt zur Position-Eigenschaft zu gelangen, genügt die [P]-Taste.

Im Zusammenhang mit der Positionierung und dem Ankerpunkt kommen wir noch zu einer relevanten Arbeitspalette, die Sie über den Menüpunkt ANSICHT anwählen können. Die Rede ist vom AUSRICHTEN-Fenster.

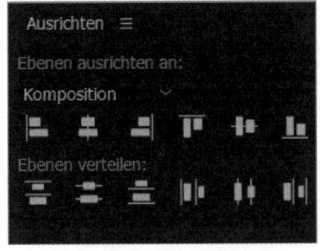

Abbildung 4.25
Das AUSRICHTEN-Fenster leistet als Positionsassistent gute Dienste.

Das AUSRICHTEN-Fenster ist eine große Arbeitserleichterung, wenn es um die punktgenaue Positionierung Ihrer Elemente auf dem Bildschirm geht. Zum einen lassen sich Objekte in der Komposition zentrieren oder bündig zum Bildschirmrand anordnen. Gleiches kann auch auf eine Objektauswahl angewendet werden, in der sich alle kleineren Objekte an einem großen orientieren.

Abbildung 4.26
Die Zentrieren-Funktion unterstützt Sie bei grafischen Arbeiten.

Ebenso können Sie mehrere Elemente symmetrisch auf der Bildschirmfläche verteilen. Dabei entscheiden die Koordinaten und die Reihenfolge der ausgewählten Elemente über die genauere Verteilung. Unter anderem ist es wichtig, die beiden äußeren Elemente zuerst beziehungsweise zuletzt zu markieren, die Elemente dazwischen werden entsprechend ausgerichtet.

Abbildung 4.27
Links das Ausgangsbild, rechts nach der vertikalen und horizontalen Verteilung

Standardmäßig wird eine Ebene ihrer Ausgangsgröße nach in eine bestehende Komposition gebracht, wodurch sich häufig ein Bedarf zur Nachjustierung ergibt. Wenn Sie also beispielsweise ein 4K-Video in eine Komposition von 720 Pixeln Bildhöhe bringen, wird nur ein Bruchteil Ihres Bildes gezeigt werden, es muss also kleiner skaliert werden.

Skalierungen über 100 %

Grundsätzlich sollten rasterbasierte Ebenen nicht größer gezogen werden, als es ihre Abmessungen ermöglichen. Wenn es sich nicht vermeiden lässt, so sind die Qualitätsverluste dank solider Interpolationsberechnungen bei Skalierung geringfügig und gegebenenfalls verschmerzbar. Wenn sich die sichtbaren Artefakte häufen und Sie schon die Pixel in den Kanten zählen können, sollten Sie eine andere Lösung suchen.

Die SKALIERUNG können Sie ebenso in der Ebenenübersicht unter den TRANSFORMIEREN-Einstellungen finden und dort mit der Maustaste verändern oder in das Zahlenfeld eingeben. Alternativ drücken Sie den Shortcut ⑤. Wie Sie sehen, ist die Skalierung per Voreinstellung mit zwei Werten angegeben. Der erste Wert gibt die Skalierung in x-, der zweite Wert in y-Ausdehnung an. Das kleine Ketten-Icon 🔗 dazwischen deutet an, dass die Werte miteinander verknüpft sind und somit symmetrisch skaliert wird. Ein Klick auf das Icon entfernt diese Verbindung und das Objekt kann nun auch asymmetrisch verzerrt werden.

Wer es eher haptisch mag, der kann eine Größenänderung auch im Kompositionsfenster vornehmen. Dazu genügt es, an einem der vier Eck- oder Kantenpunkte mit der gedrückten Maustaste zu ziehen. Das Objekt lässt sich jetzt frei skalieren, mit dem Ankerpunkt als Skalierungszentrum.

Abbildung 4.28
Skalierung

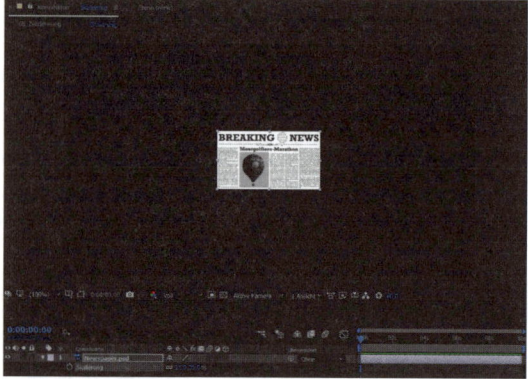

4.4 Ebenen

Da das in manchen Fällen, beispielsweise bei Videomaterial, zu unkorrekten Verzerrungen führt, müssen Sie manche Ebenen proportional skalieren. Halten Sie hierfür einfach die ⇧-Taste während der Größenänderung gedrückt und schon wird die Ebene proportional in x- und y-Ausrichtung skaliert.

Halten Sie dazu noch die Alt-Taste (Mac: ⌥) gedrückt, so wird die Ausgangsgröße sozusagen eingefroren, die Größenänderung sehen Sie stattdessen anhand einer Drahtgitter-Vorschau der neuen Ebenengröße. Diese beschleunigte Ansicht reduziert ein Objekt auf seinen Objektrahmen, ohne den Bildinhalt anzuzeigen. Dadurch können Sie besser und schneller abschätzen, in welchem Verhältnis die neue Skalierung zur alten steht.

Ein Objekt spiegeln

Möchten Sie ein Objekt schnell spiegeln, so können Sie das mit den Skalierungseinstellungen erledigen. Heben Sie einfach die Skalierungsverknüpfung auf und geben Sie für eine horizontale Spiegelung ein Minuszeichen vor dem x-Wert ein; ein Minuszeichen vor dem y-Wert ergibt eine vertikale Spiegelung.

Die DREHUNG beschreibt die Rotation des Inhalts um den Ankerpunkt im Vergleich zum Ausgangszustand. Doch auch hier sei an eine spätere Stelle verwiesen, probieren Sie sich an der Drehung mit dem automatisch erstellten Ankerpunkt. In After Effects wird die Drehung im Uhrzeigersinn mit positiven Gradzahlen, entgegengesetzt mit negativen angegeben.

Abbildung 4.29
Ebenen-Drehung

Auch hierfür gibt es ein spezielles DREHEN-WERKZEUG, das Sie in der Werkzeugleiste finden 🔲 oder mit dem Tastenkürzel W aufrufen. Das Tastenkürzel R ruft die Drehung-Eigenschaft in der Ebenenübersicht auf.

Abschließend bestimmt die DECKKRAFT die Transparenz einer Ebene. Das Tastenkürzel T ruft die entsprechende Zeile in den Transformieren-Eigenschaften auf.

Abbildung 4.30
Links volle, rechts halbe Deckkraft

Die Deckkraft spielt auch eine große Rolle, wenn Sie Ihren Ebenen unterschiedliche Füllmethoden zuweisen. Dazu erfahren Sie mehr in Kapitel 7, wenn wir uns mit der Modulation von Bildinformationen beschäftigen.

Ebenen in der Zeitleiste

Die Ebenen werden rechts tabellarisch in der Übersicht aufgeführt, rechts unter dem Zeitlineal als Blöcke dargestellt. Überschreitet der Zeitanzeiger einen Block, so wird diese Ebene dargestellt. Dabei wird der erste Frame als **In-Point**, der letzte Frame des Blocks als **Out-Point** der Ebene bezeichnet. Analog zum Arbeitsbereich lassen sich diese beiden Punkte verschieben. Gehen Sie dazu über die seitlichen Begrenzungen, ändert sich der Cursor und Sie können die Zeitpunkte anpassen.

Um Ihnen das Navigieren innerhalb der Zeitleiste etwas zu vereinfachen, können Sie per Tastenkürzel mit dem Zeitmarkierer zu diesen Punkten springen. Wenn Sie die gewünschte Ebene auswählen und [I] drücken, bewegt sich der Zeitanzeiger zum In-Point, wenn Sie [O] drücken, dementsprechend zum Out-Point der Ebene.

Abbildung 4.31
Die beiden Block-Enden markieren den In- und Out-Point einer Ebene.

Wird eine Ebene in das Kompositionsfenster oder die Ebenenübersicht in das Projekt gezogen, so wird der In-Point automatisch an den Kompositionsbeginn gelegt. Ziehen Sie die Ebene stattdessen in den Bereich unter dem Zeitlineal, erscheint ein weiterer Zeitmarkierer, der bestimmt, an welchem Zeitpunkt der In-Point der betreffenden Ebene gewählt wird. Lassen Sie die Maustaste jetzt los, werden Sie feststellen, dass Ihre Ebene am gewünschten Zeitpunkt beginnt.

4.4 Ebenen

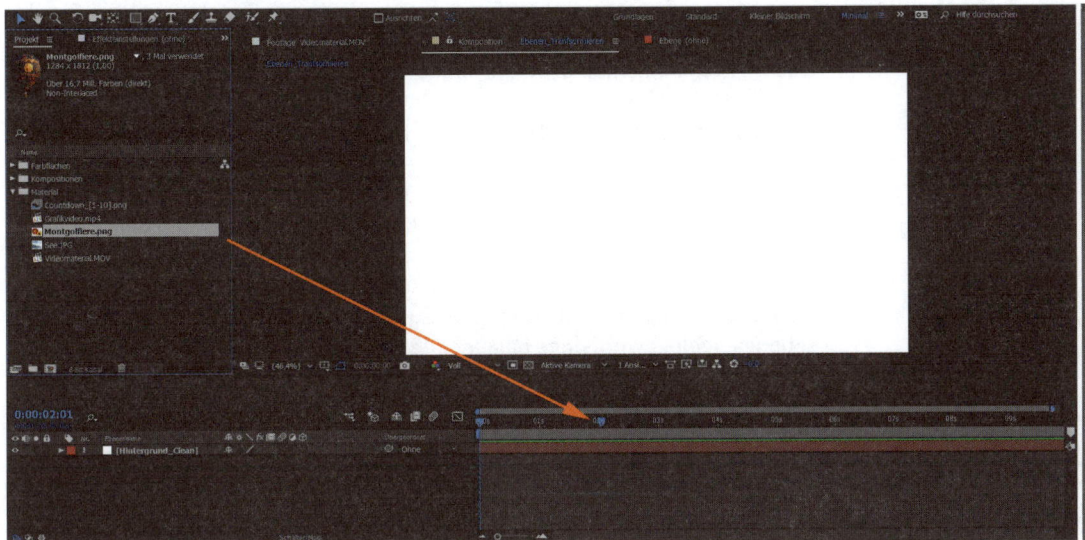

Alternativ können Sie die Ebenen natürlich mit der gedrückten Maustaste entlang der Zeitleiste verschieben. Dadurch wird der Abspielzeitpunkt ebenfalls verschoben.

Abbildung 4.32
Ziehen Sie eine Ebene in die Zeitleiste, startet die Ebene am Referenzpunkt.

Video- und Bildsequenz-Ebenen

Der Inhalt eines Einzelbilds ändert sich zwischen dem In- und dem Out-Point, es handelt sich ja nun einmal um statischen Inhalt. Anders dagegen sieht es bei Video- oder Bildsequenzen aus. Hier ändert sich der Bildinhalt über den Verlauf der Zeit und spielt eine maßgebliche Rolle. Wenn Sie schon einmal mit einer Videoschnitt-Software gearbeitet haben, dann kennen Sie vielleicht die Problematik, dass innerhalb einer Videoaufnahme nur ein kleiner Bereich der gesamten Abspieldauer von Relevanz ist. Um Bewegtbild-Dateien von unnötigen Teilen zu befreien, können und sollten diese gekürzt werden. In der Fachsprache redet man auch vom **Trimmen**.

Video-Ebenen lassen sich am einfachsten in der Zeitleiste trimmen. Der Vorgang ist dem oben gezeigten Weg zur Vergabe des In- und Out-Points nicht unähnlich. Allerdings sehen Sie nach der Vergabe der beiden Punkte, dass links und rechts nicht der Hintergrund der Zeitleiste, sondern halb transparent die ausgeblendeten Bereiche Ihres Videomaterials zu sehen sind.

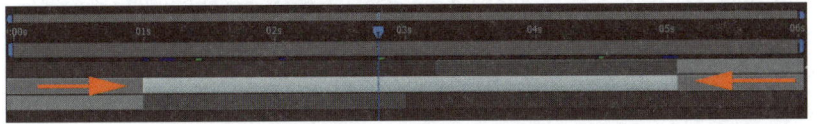

Abbildung 4.33
Eine getrimmte Video-Ebene

Daher möchte ich an dieser Stelle noch eine weitere Möglichkeit zum Festlegen von In- und Out-Points nennen, nämlich das Einfügen von Videomaterial über das FOOTAGE-Fenster. Gehen Sie zuerst in Ihr Projektfenster, wählen Sie den gewünschten Clip aus und klicken Sie doppelt darauf. Das Rohmaterial wird jetzt nicht gleich in die Komposition, sondern in ein FOOTAGE-Fenster geladen. In diesem Fall funktioniert dieses Fenster wie ein Preview-Monitor, in dem Sie bequem Ihren In- und Out-Point setzen können. Natürlich können Sie das gleichermaßen in der Zeitleiste machen, das FOOTAGE-Fenster gestaltet den ganzen Vorgang jedoch etwas übersichtlicher. Sind die beiden Punkte gewählt, bringen Sie noch den Zeitmarkierer an die gewünschte Stelle und fügen den Clip ein. Sie haben die Wahl, ob der Clip sich in der bestehenden Komposition zwischen die bisherigen Ebenenelemente drängt, was unter dem Befehl EINFÜGEN UND LÜCKE SCHLIESSEN zu finden ist, oder Sie wählen ÜBERLAGERN, sodass das Rohmaterial als neue Ebene angelegt wird, ohne bestehende Elemente zu verschieben.

Abbildung 4.34
In- und Out-Points können Sie auch im FOOTAGE-Fenster bestimmen.

Wenn Sie jetzt übrigens im Verlauf Ihrer Arbeit in der Zeitleiste erneut auf solches Clip-Material doppelt klicken, kehren Sie ebenfalls wieder in das FOOTAGE-Fenster zurück und können In- und Out-Point korrigieren.

In Adobe After Effects haben Sie aber auch Einfluss darauf, was sich zwischen dem ersten und dem letzten Frame Ihres Videomaterials abspielt. Zum einen lässt sich die (Abspiel-)Zeit stauchen beziehungsweise dehnen, beide Varianten sind gern genutzte Effekte in der Video-Welt:

Die **Zeitlupe** (Slow Motion), also das verlangsamte Abspielen wird oft während actionreicher Szenen verwendet und verleiht schnellen Bewegungsabläufen mehr Dramatik. Auch (Extrem-)Sport-Videos bedienen sich häufig dieser Technik.

Der **Zeitraffer** (Fast Motion oder Time-Lapse), also das beschleunigte Abspielen von Bildsequenzen oder Videos erlaubt die Komprimierung von großen Zeiträumen zu einer wesentlich kürzeren Videolänge.

Auch in After Effects lassen sich solche Konzepte umsetzen. Dazu aktivieren Sie unter EBENE|ZEIT die ZEITDEHNUNG. Wählen Sie im erscheinenden Dialog einen DEH-

NUNGSFAKTOR über 100 %, wird das Material langsamer abgespielt, unter 100 % schneller. Das Fenster darunter gibt Aufschluss über die NEUE DAUER. Ebenso können Sie hier die gewünschte neue Zieldauer eingeben und After Effects kalkuliert die entsprechende Dehnungszahl.

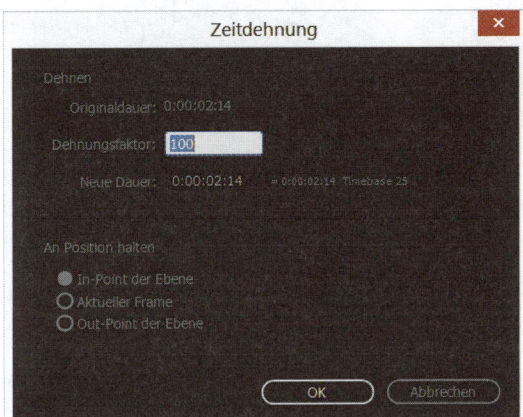

Abbildung 4.35
Die Abspieldauer einer Video-Ebene lässt sich dehnen oder stauchen.

Für die Zeitdehnung bei Video- oder Bildsequenzen ist auch die sogenannte FRAME-ÜBERBLENDUNG wichtig, die Sie über die Ebenenschalter zu- und abschalten können. Hintergrund dieser Funktion ist die Berechnung von Zwischenframes, um Änderungen in der Bildwiederholrate gerecht zu werden. After Effects vergleicht zwei ursprüngliche Frames miteinander und kreiert anhand der Abspielgeschwindigkeit adäquate Zwischenbilder, sowohl bei Zu- als auch Abnahme der Ausgangsframerate.

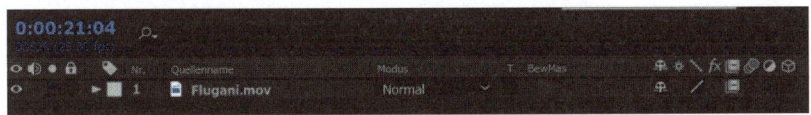

Abbildung 4.36
Frame-Überblendung muss in der Ebenenübersicht aktiviert werden.

Aktiviert wird die Option über die Ebenenübersicht, wo Sie die gewünschte Ebene auswählen und das kleine Icon anklicken. Danach muss die Funktion ebenfalls für die Komposition aktiviert werden.

Abbildung 4.37
Der »Master«-Schalter für die Zwischenframes

Für beschleunigte Clips liefert die Frame-Überblendung im Standbild betrachtet verschwommene Bilder, die allerdings beim Abspielen der Komposition einen flüssigen und realistischen Eindruck machen. Verlangsamen Sie hingegen die Geschwindigkeit des Videos oder der Bildsequenz, ist die Funktion nur bedingt brauchbar. Für diesen Fall sollten Sie lieber einen genaueren Blick in Kapitel 10 werfen, unter den Zeit-Effekten tummeln sich weitaus effizientere Tools zu diesem Thema.

Abbildung 4.38
Links die Ursprungsebene, rechts mit aktivierter Frame-Überblendung bei vierfacher Geschwindigkeit

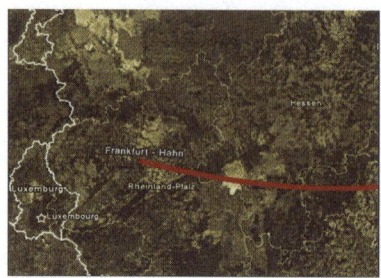
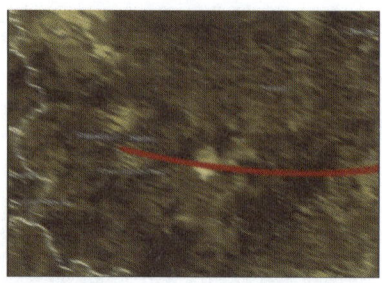

Ebenfalls ein interessanter Effekt für beispielsweise actionlastige Videos oder Extremsportclips ist das rückwärtige Abspielen eines Videos. Unter EBENE|ZEIT müssen Sie dazu auf ABSPIELRICHTUNG DER EBENE ÄNDERN klicken, und schon wird die Zeitumkehrung aktiviert. Diese berücksichtigt auch die Dehnungsfaktoren, Sie sehen in der Blockdarstellung Ihrer Footage-Ebene einen blau gezackten Balken. Dieser verdeutlicht, dass der Clip zeitlich invertiert abgespielt wird.

Abbildung 4.39
Rückwärtslaufende Clips werden deutlich gekennzeichnet.

Ebenen anordnen & organisieren

In der Ebenenübersicht versammeln sich alle Ebenen und werden anhand der Hierarchie mit einer Ebenennummer versehen, je kleiner die Nummer, desto höher liegt die Ebene in der Hierarchie und demnach auch weiter »vorn« in der Anordnung im Kompositionsfenster.

Für den Fall, dass eine Ebene mehrfach in einer Komposition verwendet werden soll, lässt sie sich über BEARBEITEN|DUPLIZIEREN oder [Strg]+[D] (Mac: [⌘]+[D]) sehr einfach duplizieren.

Abbildung 4.40
Ebenen lassen sich ganz simpel duplizieren.

Neben einer exakten Kopie können Sie auch eine EBENE TEILEN ([Strg]+[⇧]+[D], Mac: [⌘]+[⇧]+[D]) . Die Ursprungsebene wird an der Position des aktuellen Zeitmarkers dupliziert und gleichzeitig geteilt. Der In-Point der neuen Ebene befindet sich an der Stelle des Zeitmarkierers, die alte Ebene wurde zu diesem Zeitpunkt (genauer ausgedrückt dem Frame davor) getrimmt und ist nun nicht mehr aktiv. Die Ebenen werden nun getrennt behandelt, obwohl sie gleichen Ursprungs sind.

Abbildung 4.41
Trennen Sie eine Ebene, so werden zwei daraus.

4.4 Ebenen

Zu Beginn dieses Abschnitts fiel bereits der Begriff des Nestings, also das Verschachteln mehrerer Kompositionen ineinander. Sie können auch ausgewählte Ebenen und Ebenengruppen zu einer Unterkomposition zusammenfassen, indem Sie die betreffenden Ebenen markieren und dann unter EBENE auf UNTERKOMPOSITION ERSTELLEN klicken oder per Strg+⇧+C (Mac: ⌘+⇧+C). Im anschließenden Dialog legen Sie fest, ob die Effekte und Parameter in die neue Komposition verschoben werden oder als Effekte auf der neuen Unterkomposition verbleiben sollen.

Diese Entscheidung hängt von Ihren Vorhaben ab. Haben Sie beispielsweise ein paar Effekte auf die Ebene angewendet, die Sie im Nachhinein nicht mehr ändern müssen, so können diese getrost in die neue Unterkomposition wandern. Notfalls rufen Sie die untergeordnete Komposition wieder auf und ändern die Eigenschaften dementsprechend. Ebenso erleichtert die Verwendung von Unterkompositionen die Strukturierung Ihres Projekts in kleinere Einheiten.

Manche Effekte müssen zu einer weiteren Bearbeitung in eine Unterkomposition, da sich beispielsweise manche Ebenenstile und diverse Effekte nicht miteinander kombinieren lassen.

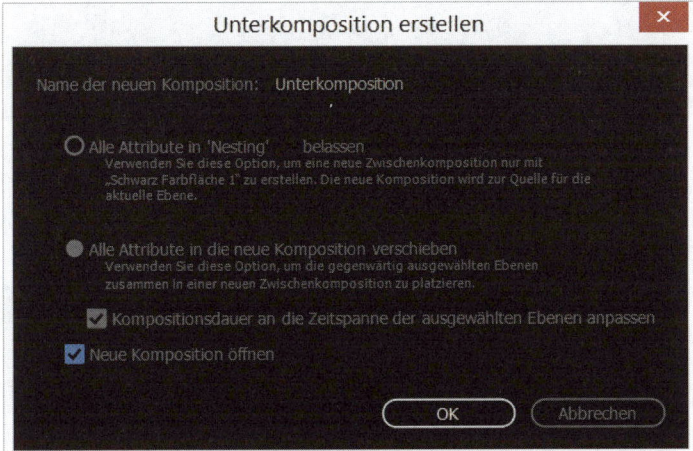

Abbildung 4.42
Wählen Sie aus, wohin die Attribute verschoben werden sollen.

Das kann hier und da auch dann notwendig sein, wenn bestimmte Effekte nicht miteinander arbeiten können, solange sie auf derselben Ebene angewendet werden, beispielsweise bei Verlaufseffekten oder auch mit verschiedenen Maskierungsverfahren. Doch dazu später.

Workaround für Effektfehler

Wenn es vorkommt, dass gewisse Effekteinstellungen einfach nicht funktionieren wollen, ist es oft einen Versuch wert, eine Unterkomposition zu verwenden. Wenden Sie Effekt A auf eine Ebene an, verpacken Sie diese in eine Unterkomposition und wenden Sie dann Effekt B auf die Unterkomposition an.

Ebenenstile

> **Download-Material**
>
> Begleitend zu dieser Sektion öffnen Sie die Komposition Ebenenstile aus der Datei Komposition.AEP im Download-Ordner 04.

Haben Sie bereits mit Photoshop gearbeitet, dürften Ihnen Ebenenstile geläufig sein. Manche Stile sind eher als grafische Effekte zu verstehen und eignen sich daher in wenigen Fällen für Foto- oder Videomaterial, wohl aber bei grafischen Arbeiten. Andere wiederum sind im Compositing durchaus auch nützlich.

Abbildung 4.43
Grobes Compositing mit Ebenenstilen

Ohne auf alle eingehen zu wollen, manche dieser Stile können in dem einen oder anderen Workflow eingebunden werden, zum Beispiel der Schlagschatten, Kontur oder die Verlaufsüberlagerung. Ein Blick oder ein paar Experimente damit lohnen sich allemal.

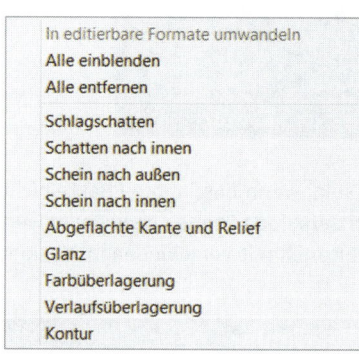

Abbildung 4.44
Alle Ebenenstile in der Übersicht und angewendet

Ebenenelemente

Adobe After Effects ermöglicht den Import vieler verschiedener Medienformate und sammelt diese zur Weiterverarbeitung gebündelt als Verknüpfungen in Ihrem Projekt. Neben Ihrem Rohmaterial haben Sie innerhalb von Adobe After Effects aber auch Zugriff auf weitere Arten von Ebenen, die Ihren gestalterischen Spielraum erweitern, durch geschickten Einsatz einiges an Zeit sparen und für manchen Workflow gar unverzichtbar sind.

Um sich einen Überblick zu verschaffen, gehen Sie über EBENE|NEU zur entsprechenden Auswahl oder Sie klicken mit der rechten Maustaste in einen leeren Bereich in der Ebenenübersicht Ihrer Komposition. Im auftauchenden Kontextmenü finden Sie alle Ebenentypen aufgeführt.

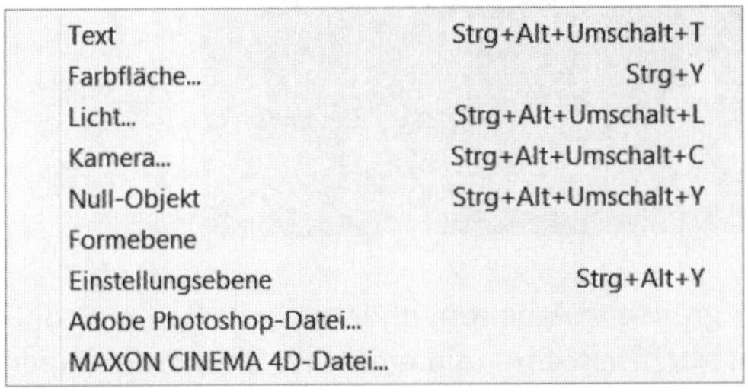

Text	Strg+Alt+Umschalt+T
Farbfläche...	Strg+Y
Licht...	Strg+Alt+Umschalt+L
Kamera...	Strg+Alt+Umschalt+C
Null-Objekt	Strg+Alt+Umschalt+Y
Formebene	
Einstellungsebene	Strg+Alt+Y
Adobe Photoshop-Datei...	
MAXON CINEMA 4D-Datei...	

Abbildung 4.45
Weitere Arten von Ebenen bereichern Ihren Workflow maßgeblich.

Sehen wir uns die verschiedenen Typen genauer an.

Textebenen nehmen wir in Kapitel 8 in Augenschein, an dieser Stelle reicht es, zu wissen, dass Sie zur Erstellung und Verwendung von Typografie und Schrift keine Umwege über beispielsweise Adobe Illustrator machen müssen, sondern diese ganz einfach in Adobe After Effects selbst erstellen können.

Ebenso einfach lässt sich eine FARBFLÄCHE generieren. Wie der Name es bereits vermuten lässt, können Sie so ganz schnell Flächen in den Dimensionen Ihrer Wahl mit einer Füllfarbe Ihrer Wahl erstellen. Sie können eine Farbfläche sowohl über das Ebenen-Menü oder noch schneller mit [Strg]+[Y] (Mac: [⌘]+[Y]) aufrufen. Im erscheinenden Dialog müssen Sie lediglich Größe und Farbe auswählen. Beachten Sie dabei die WIE KOMPOSITIONSGRÖSSE-Option, die dafür sorgt, dass Ihre Farbfläche die genauen Abmessungen Ihrer Komposition übernimmt. Sie können übrigens im Laufe Ihres Projekts alle Eigenschaften immer wieder ändern, indem Sie die Einstellungen für Farbflächen über die obere Menüleiste unter EBENEN aufrufen oder [Strg]+[⇧]+[Y] (Mac: [⌘]+[⇧]+[Y]) drücken. Voraussetzung ist natürlich, dass die gewünschte Ebene auch in der Ebenenübersicht angewählt ist.

Abbildung 4.46
Alle Einstellungen zur Farbfläche lassen sich im Nachhinein justieren.

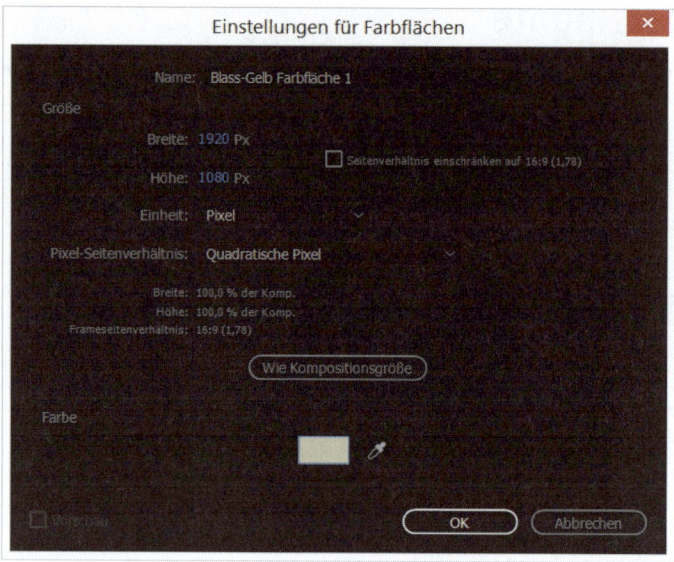

Farbflächen eignen sich also für grafische Arbeiten, aber auch als Sammelcontainer für generierte Effekte oder auch schlichte und einfache. Sie werden ihnen immer wieder auch in den unterschiedlichsten Workflows begegnen.

Ein NULL-OBJEKT ([Strg]+[Alt]+[⇧]+[Y], Mac: [⌘]+[⌥]+[⇧]+[Y]) ist eine Art Kontrollelement, das zur Steuerung und Positionierung von Effekten gedacht ist, ohne dabei in der finalen Ausgabe dargestellt zu werden. Sollen beispielsweise mehrere Eigenschaften auf gemeinsame Koordinaten zugreifen, so reicht ein Verweis auf das Null-Objekt, an dem sich jetzt alle Parameter orientieren. Fortan muss nur das Null-Objekt bewegt beziehungsweise animiert werden, die zugewiesenen Eigenschaften übernehmen die entsprechenden Positions- oder Eigenschaftsdaten. Null-Objekte erleichtern beispielsweise das Handling von Kamera- und 3D-Daten und werden Ihnen daher vor allem in Kapitel 13 wieder begegnen.

Abbildung 4.47
Das Null-Objekt kontrolliert hier den Blendenfleck, die Verlaufsfüllung und die Textposition.

4.4 Ebenen

Eine EINSTELLUNGSEBENE ([Strg]+[Alt]+[Y], Mac: [⌘]+[⌥]+[Y]), eignet sich vor allem dazu, einen oder gleich mehrere Effekte auf eine Vielzahl von Ebenen gleichzeitig anzuwenden. Dazu muss die Einstellungsebene in der Hierarchie über die gewünschten Ebenen gebracht werden. Schon werden alle Effekte der Einstellungsebene auf das gesamte darunter befindliche Material angewendet. Dadurch ersparen Sie sich das redundante Kopieren desselben Effekts für mehrere Ebenen.

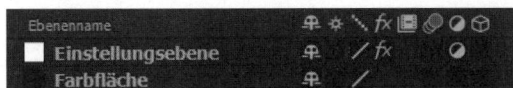

Abbildung 4.48
Der EINSTELLUNGSEBENE-Schalter

Ohne angewendeten Effekt haben Einstellungsebenen standardmäßig keinen Einfluss auf die Leinwand im Kompositionsfenster. Im Projektfenster wird jedoch eine Einstellungsebene als Farbfläche angelegt, die in der Ebenenübersicht aber mittels des Schalters EINSTELLUNGSEBENE umfunktioniert wurde. Sie können also problemlos zwischen Farbflächen und Einstellungsebenen wechseln.

Für geometrische und grafische Animationen bietet sich eine FORMEBENE an. In Kapitel 9 werfen wir einen genaueren Blick auf die Funktionsweise dieser speziellen Ebenen.

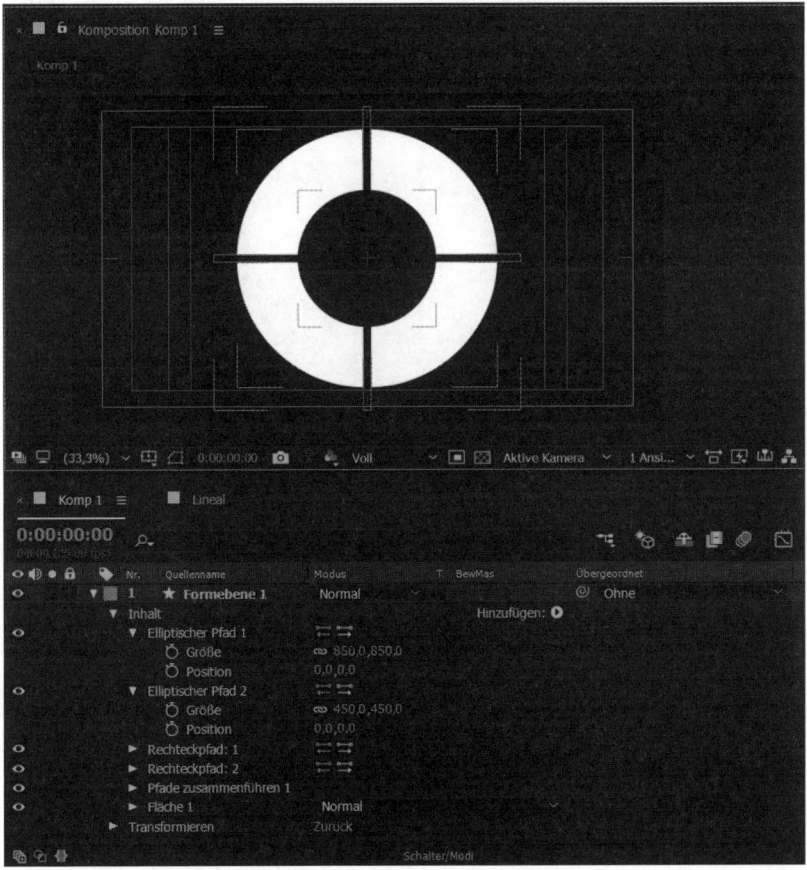

Abbildung 4.49
Formebenen ermöglichen geometrische Figuren innerhalb von After Effects.

LICHT und KAMERA sowie MAXON CINEMA 4D DATEI werden Sie in Kapitel 13 kennenlernen, wenn Sie in den dreidimensionalen Raum von Adobe After Effects abtauchen.

4.5 Workshop
Countdown

> **Footage**
>
> Das Footage zum Workshop finden Sie im Download-Ordner `04|Countdown_Sequenz`.

Ihre Aufgabe ist es, in diesem Workshop einen Countdown zu erstellen. Die bereits vorgefertigten Countdown-Ziffern werden Sie nun mit Farbflächen, weiteren Dateien dieses Download-Materials oder eigenem Footage kombinieren. Dabei werden Sie mit Unterkompositionen arbeiten, Ebenen anordnen, In- und Out-Points setzen und die Ebenenabspielrichtung umkehren.

Legen Sie zunächst eine neue Komposition an. Die Anforderungen sind Full HD (1920 x 1080 Pixel) und reguläre 25 fps. Der Countdown soll von 10 auf 1 herunterzählen, also wird die Dauer entsprechend eingestellt.

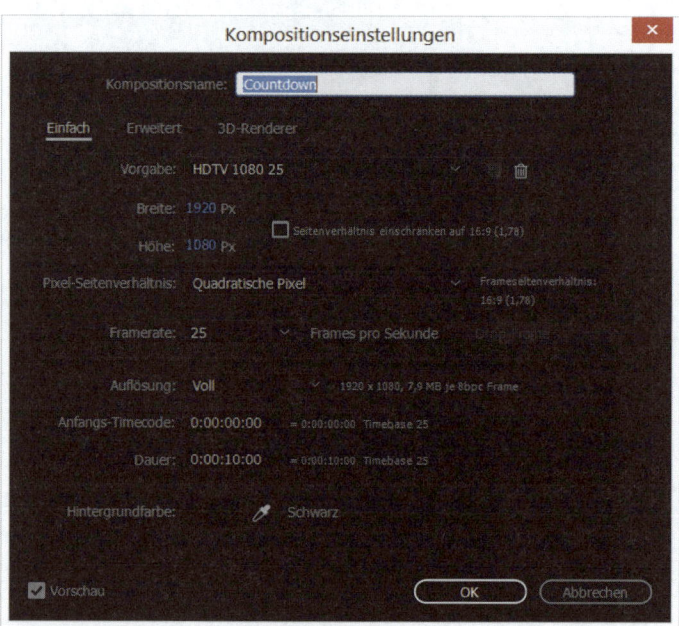

Abbildung 4.50
Erstellen Sie eine neue Komposition.

Importieren Sie als Nächstes die Countdown-Zahlen. Sie können die Dateien als Einzelbilder oder als Bildsequenz importieren. Letzteres erfordert etwas mehr Einstellungen, daher wählen Sie zu Lernzwecken die etwas umfangreichere Option.

4.5 Workshop

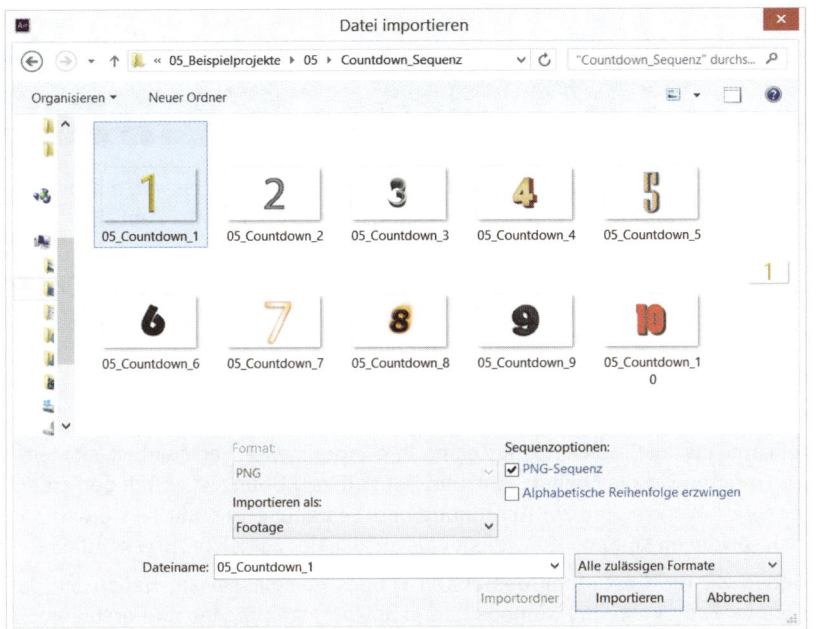

Abbildung 4.51
Wählen Sie die Bildsequenz aus.

Wenn Sie jetzt das Footage in die Komposition bringen, werden Sie feststellen, dass es nach nicht einmal einer halben Sekunde bereits komplett durchlaufen wurde. Nun, die Sequenz hat zehn Bilder und wird mit einer Framerate von 25 fps abgespielt. Das ist für unsere Zwecke nicht zielführend, daher müssen Sie das Footage richtig interpretieren. Die Framerate muss also so angepasst werden, dass ein Bild 25 Frames lang stehen bleibt, woraus sich eine Framerate von 1 fps ergibt.

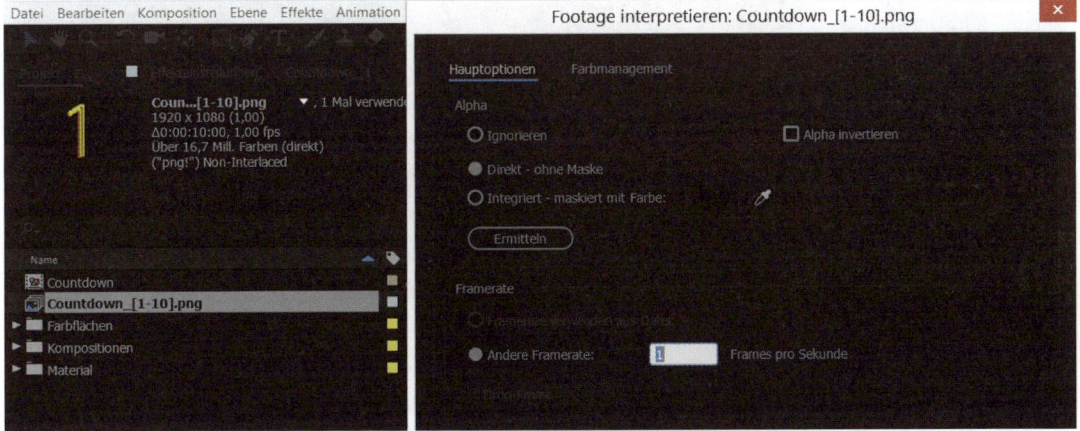

Wie Sie jetzt sehen, müssen Sie den Out-Point der neuen Abspieldauer noch anpassen. Der bisherige Countdown läuft von 1 bis 10. Das darf natürlich nicht so bleiben, daher müssen Sie noch die Abspielrichtung der Ebene ändern. Haben Sie das erledigt, ist der Zahlen-Teil des Countdowns erledigt.

Abbildung 4.52
Die Bildsequenz muss nachjustiert werden auf rasende 1 fps.

Kapitel 4

KOMPOSITION

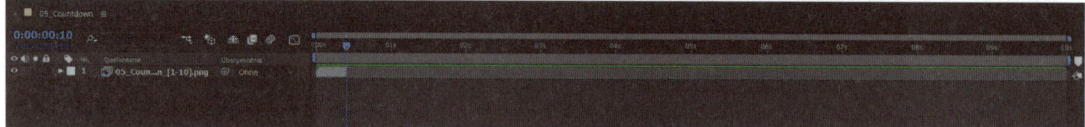

Abbildung 4.53
Nach der Neuinterpretation muss der Out-Point korrigiert werden.

Doch statt den Countdown jetzt einfach nur durchlaufen zu lassen, machen Sie die Sache etwas interessanter und kreieren für jede Countdown-Zahl einen eigenen Hintergrund. Sie haben die freie Wahl:

- Nehmen Sie eine oder mehrere Farbflächen und variieren Sie Farbton und Größe.
- Verwenden Sie das beigefügte oder eigenes Rohmaterial.
- Experimentieren Sie mit Formebenen.

Versuchen Sie, für jede Zahl einen möglichst individuellen Hintergrund zu basteln, und lassen Sie sich richtig Zeit für Ihre Experimente. Verschieben, skalieren und rotieren Sie alle Ebenen. Sinn und Zweck dieser Übung ist es, mit den grundlegenden Werkzeugen zur Anordnung und Gestaltung vertraut zu werden und sich sowohl im Kompositionsfenster als auch in der Zeitleiste zurechtzufinden.

Gehen wir die Gestaltung des ersten Frames gemeinsam an. Haben Sie das Counter-Footage in Ihre Komposition gebracht, legen Sie los und erstellen Sie eine erste Farbfläche. Anschließend setzen Sie den Zeitmarker an den letzten Frame, an dem noch eine 10 zu sehen ist. Hierhin ziehen Sie den Out-Point der Ebene. Jetzt ist die erste Farbfläche wie die Ziffer 10 genau 25 Frames lang zu sehen, danach wird sie inaktiv.

Abbildung 4.54
Fürs Erste arbeiten Sie mit Farbflächen und versuchen sich an Farbgebung und Transformationen.

Jetzt legen wir nach dem gleichen Prinzip eine zweite Farbfläche an. Diese soll allerdings nicht ganz so hoch wie die erste sein und nur einen Teil der vorherigen Ebene überdecken. Wiederholen Sie das Prinzip so oft Sie möchten, bis Ihnen das Ergebnis gefällt. Benutzen Sie das Drehen-Werkzeug und spielen Sie mit der Skalierung der Ebenen.

4.5 Workshop

Abbildung 4.55
Eine mögliche, grafische Lösung

Kümmern Sie sich jetzt um die weiteren Zahlen. Nehmen Sie nicht nur Farbflächen, sondern auch Videomaterial oder anderes zur Hand. Zu diesem Zeitpunkt darf es auch noch absurd aussehen, die einzelnen Tableaus sollen vor allem unterschiedlich sein.

Abbildung 4.56
Gestalten Sie jeden der zehn Countdown-Abschnitte so unterschiedlich wie möglich.

Haben Sie die Arbeitsschritte bereits für ein paar weitere Nummern wiederholt, werden Sie feststellen, dass die Zahl der Ebenen in der Ebenenübersicht rasch anwächst und es alsbald schwerer wird, zwischen den Ebenen zu navigieren.

Daher werden Sie jetzt Ihre Ebenen sinngemäß in Unterkompositionen verschachteln, um in der Hauptkomposition mehr Übersicht zu haben. Zunächst tei-

Abbildung 4.57
Die Zeitleiste füllt sich.

105

len Sie jedoch auch die Countdown-Sequenz nach allen 25 Frames per Ebene (Strg+⇧+D, Mac: ⌘+⇧+D). Jetzt können Sie alle zueinander gehörigen Ebenen markieren und mit Strg+⇧+C (Mac: ⌘+⇧+C) in eine eigene Unterkomposition bringen.

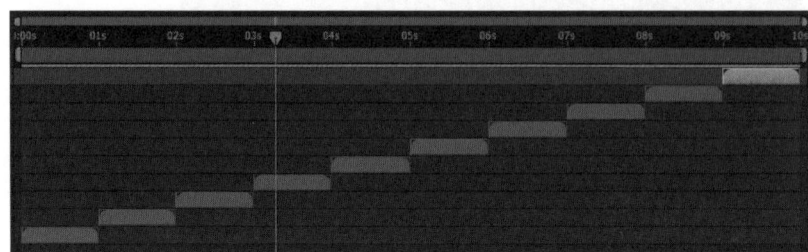

Abbildung 4.58
So sollte Ihre fertig verschachtelte Zeitleiste aussehen.

Anschließend trimmen Sie jede Unterkomposition auf genau 25 Frames. Am Ende sollte Ihre Zeitleiste in etwa so wie in Abbildung 4.58 aussehen.

Drücken Sie jetzt die Leertaste und begutachten Sie Ihr Projekt. Sie können auch an späterer Stelle, wenn Sie mehr über das Setzen von Keyframes gelernt haben und mehr über den Umgang mit Effekten oder Farbe wissen, hierher zurückkehren und neue Techniken in dieser Countdown-Collage testen.

Kapitel 5

Keyframes und Pfade

Im vorangegangenen Kapitel haben Sie sich mit allerhand Begriffen und verschiedenen Elementen auseinandergesetzt. Ein Projekt beinhaltet eine oder mehrere Kompositionen, eine Komposition beinhaltet eine oder mehrere Ebenen, wobei eine Ebene mehr sein kann als nur Video- oder Bildmaterial. Ebenfalls wissen Sie jetzt, dass sich alle Informationen und Eigenschaften jeder einzelnen Ebene in der Zeitleiste beziehungsweise der Ebenenübersicht befinden. Die grundlegenden Eigenschaften Position und Skalierung sind dabei die ersten Attribute, die Ihnen begegnet sind, doch dazu gesellen sich natürlich weitere, wie beispielsweise Effekte-Stärken, Abspieldauer und viele mehr.

Unterm Strich, nahezu jeder Parameter lässt sich über die Zeit verändern und steuern. Das Prinzip dahinter sind die eingangs erwähnten **Schlüsselbilder** oder auch **Keyframes**. Eine Eigenschaft hat einen Ausgangspunkt und einen Zielpunkt. Vereinfacht bestimmen Sie also das Vorher, vor der Animation, und das Nachher, nach Ablaufen der Animation. Dazwischen erledigt After Effects die ganze Arbeit, richtig?

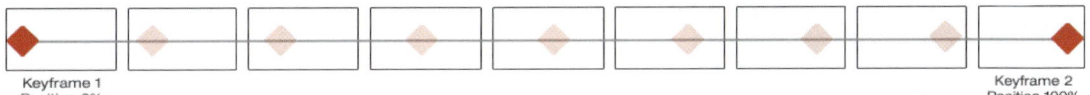

Nun, gewissermaßen ja. Allerdings ist es Ihre Aufgabe, den Ablauf der Animation so geschmeidig und reizvoll wie möglich zu gestalten.

Abbildung 5.1
After Effects interpoliert die Schritte zwischen zwei Keyframes.

5.1 Keyframes setzen

Jede Wertänderung erfolgt über die Vergabe von Keyframes. Das können numerische Werte, Prozent-Angaben, Gradzahlen, aber auch Text oder Farben sein. Zusätzlich dazu beinhaltet der Keyframe dann natürlich auch die genaue Zeitangabe, also zu welchem Zeitpunkt der Parameter den gespeicherten Wert hat. Ganz gleich, um welche Form es sich handelt, die Art und Weise, einen Keyframe zu setzen, bleibt davon unberührt und immer gleich. Alle Schlüsselbildinformationen einer Komposition werden in der Zeitleiste gesetzt, bearbeitet und gespeichert.

In Adobe After Effects sind nahezu alle Parameter animierbar. Ob Sie eine Eigenschaft animieren können, sehen Sie an dem kleinen Stoppuhr-Icon links neben dem Namen der Eigenschaft.

Kapitel 5

KEYFRAMES UND PFADE

Grundsätzlich werden alle Keyframe-Informationen in der Zeitleiste gebündelt. Auf der linken Seite in der Ebenenübersicht finden Sie die Ebenen, mit den dazugehörigen (animierbaren) Eigenschaften und der Stoppuhr. Im Bereich rechts daneben werden unterhalb des Zeitlineals die Keyframes gesetzt, bearbeitet und gespeichert. Darüber hinaus lassen sich Effekteinstellungen natürlich auch im Effektfenster vergeben, zum Bearbeiten oder Verschieben der Keyframes müssen Sie wieder in die Zeitleiste wechseln.

> **Download-Material**
> Begleitend zu dieser Sektion öffnen Sie die Komposition `Erste_Animation` aus der Datei `Keyframes.AEP` im Download-Ordner 05.

Starten wir mit einer einfachen Bewegung eines Objekts über die Leinwand. Diese simple Animation bedarf lediglich der Veränderung der Position und zeigt den grundlegenden Ablauf des Keyframings.

Abbildung 5.2
Noch läuft hier nichts – die Bewegung muss erst noch animiert werden.

Wählen Sie das Objekt in der Ebenenübersicht aus und klappen Sie die Transformieren-Eigenschaften auf. Dazu klicken Sie erst auf das kleine Dreieck neben dem Farbetikett der Ebene, dann auf das nächste Dreieck. Jetzt werden alle grundlegenden Eigenschaften in der Übersicht angezeigt.

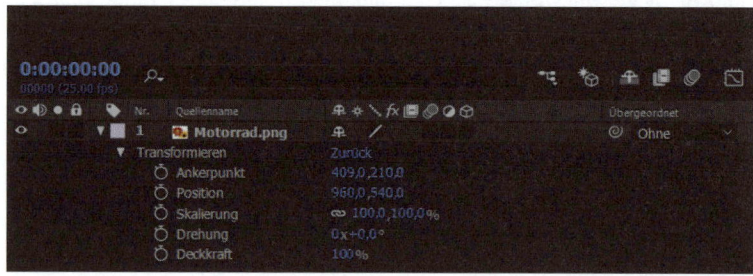

Abbildung 5.3
In der Ebenenübersicht sehen Sie die Transformationseigenschaften einer Ebene.

Das Objekt befindet sich immer noch in der Bildmitte. Das möchten wir ändern und das Motorrad in Fahrtrichtung von rechts nach links über die Leinwand bewegen. Es soll außerhalb des sichtbaren Bereichs starten und die Bewegung auch wieder dort beenden. Dazu positionieren Sie zunächst das Motorrad im Kompositionsfenster per gehaltener Maustaste knapp neben dem rechten Bildschirmrand und bringen es so in die Startposition.

Abbildung 5.4
Bei einer Neupositionierung sehen Sie simultan die neuen Koordinaten in den Eigenschaften.

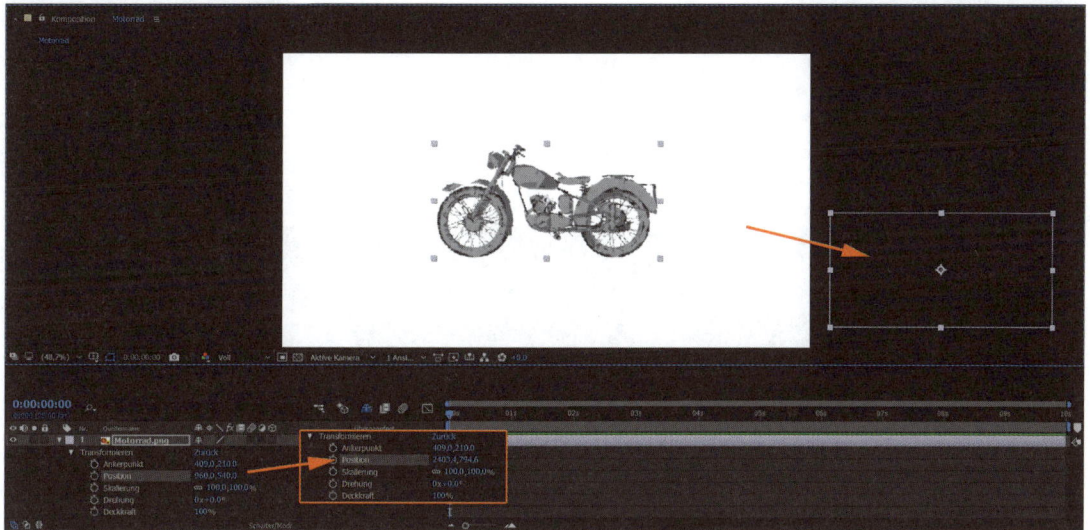

Während Sie das Objekt verschieben, können Sie in der Ebenenübersicht sehen, wie sich die Positionswerte verändern. Ist die Startposition gewählt und der Zeitmarkierer am Beginn Ihrer Komposition, klicken Sie jetzt auf das kleine Stoppuhr-Icon und der erste Keyframe der Bewegung wird gesetzt.

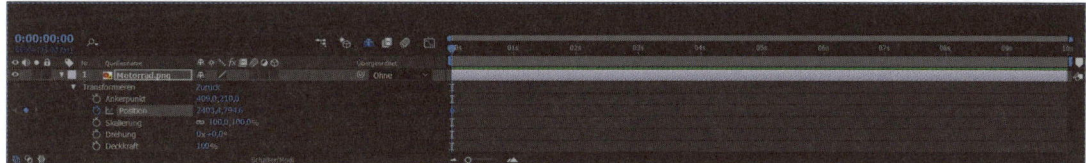

Im nächsten Schritt legen Sie die Zielposition fest, damit das Motorrad sich bewegen kann. Dafür muss vorher noch der Zeitpunkt festgelegt werden, an dem die Bewegung enden soll. In diesem Fall ist es das Ende der Komposition. Bewegen Sie den Zeitmarkierer entsprechend an den letzten Frame Ihres Projekts.

Um sicherzugehen, dass das Motorrad genau in der Vertikalen rollt, legen Sie diesmal den Wert über die POSITION-Eigenschaft in den Ebenentransformationen fest, da Sie hier die vertikale und die horizontale Verschiebung getrennt voneinander einstellen können.

Gehen Sie mit der Maus über den ersten Zahlenwert der Position. Dieser ist für die vertikale Positionierung, also entlang der x-Achse, zuständig. Die blaue Farbe

Abbildung 5.5
Zu Beginn der Komposition legt der erste Keyframe den Ausgangspunkt Ihrer Animation fest.

Kapitel 5 — KEYFRAMES UND PFADE

des numerischen Werts wechselt jetzt zu Weiß, was signalisiert, dass der Wert verändert werden kann.

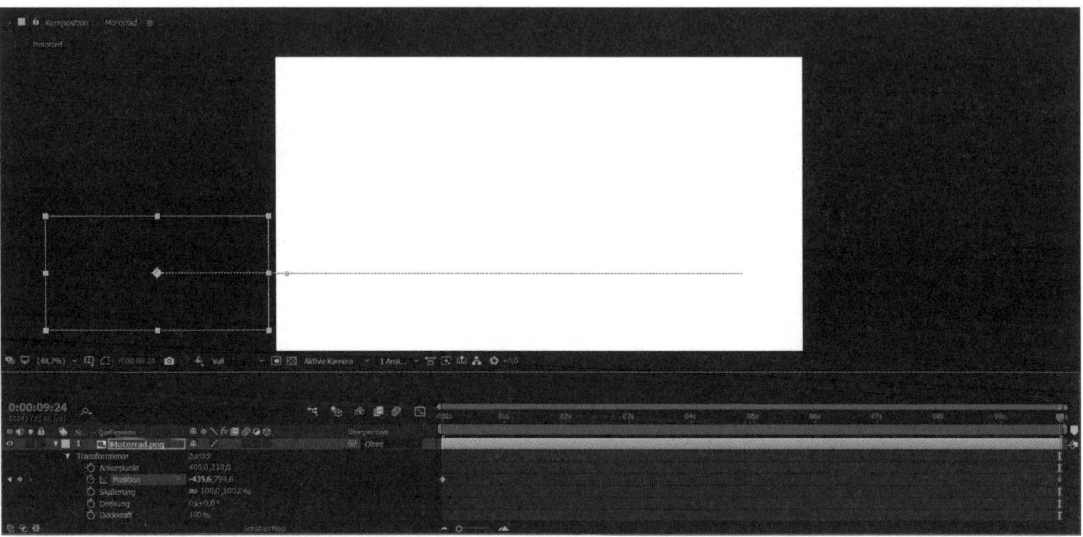

Abbildung 5.6
Am Ende der Komposition ist das Motorrad auch schon wieder verschwunden.

Bewegen Sie jetzt den Zeitmarker wieder an den Kompositionsanfang und drücken Sie die Leertaste. Das Motorrad bewegt sich jetzt wie gewünscht von rechts nach links. Fertig ist die Animation.

5.2 Arbeiten mit Keyframes

In den seltensten Fällen reichen zwei Keyframes aus, um eine gute Animation zu erstellen. Ebenso werden Sie höchstwahrscheinlich mehr als eine Eigenschaft verwenden wollen. Daher betrachten wir den Umgang mit den Keyframes etwas genauer.

Keyframes legen fest, welche Werte sich zu welchem Zeitpunkt ändern. After Effects kümmert sich um alles, was im Zeitraum zwischen Start- und End-Keyframe passiert. Da vom gewählten Timing sehr viel abhängt, werden Sie häufig nicht nur den Wert der Eigenschaft ändern, sondern auch den Zeitpunkt framegenau anpassen (müssen).

Zwischen Keyframes navigieren

Sie können schnell zwischen Keyframes navigieren, in dem Sie mit K zum nächsten Keyframe in der Zeitleiste vorwärts springen, beziehungsweise mit J zum vorherigen Keyframe zurück springen. Keyframes lassen sich entlang der Zeitleiste verschieben. Wählen Sie den betreffenden Keyframe aus, wird dieser blau markiert und kann mit der gedrückten Maustaste vertikal verschoben werden. Alternativ können Sie Keyframes auch über die Tastatur mit Alt+→ (Mac: ⌥+→) oder Alt+← (Mac: ⌥+←) verschieben. Setzen Sie zusätzlich die ⇧-Taste ein, verschieben sich die Keyframes um jeweils zehn Frames vor oder zurück in der Zeit.

5.2 Arbeiten mit Keyframes

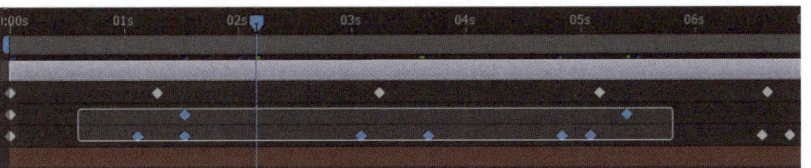

Abbildung 5.7
Ziehen Sie einen Rahmen um ganze Gruppen von Keyframes.

Möchten Sie mehrere Keyframes markieren, ziehen Sie mit der gedrückten Maustaste einen Rahmen über die Gruppe auf, wie Sie es aus anderen Programmen gewohnt sind. Ebenso können Sie mit gedrückter ⇧-Taste einzelne Keyframes zur Auswahlgruppe hinzufügen. Ebenso werden einzelne Keyframes aus der Gruppe entfernt, sobald Sie diese erneut mit ⇧-Taste und Mausklick abwählen.

Abbildung 5.8
Während des Flugs ändert der Schmetterling neben der Position auch die Orientierung und die Größe.

Natürlich lassen sich auch Auswahlgruppen in der Zeitleiste bewegen. Auch hier müssen Sie lediglich einen der Gruppen-Keyframes anfassen und verschieben. Alle weiteren Keyframes der Gruppe verrutschen mit.

Möchten Sie hingegen eine Gruppe von Keyframes schneller aufeinanderfolgen lassen oder zeitlich weiter auseinanderbringen, können Sie diese auch »stauchen«. Markieren Sie die gewünschte Gruppe und halten Sie die ⇧-Taste gedrückt. Ziehen Sie jetzt mit der Maus am letzten Keyframe der Gruppe, verschieben Sie nur diesen, während der erste Keyframe der Auswahl an Ort und Stelle bleibt und sozusagen einrastet.

Abbildung 5.9
Keyframe-Gruppen können gestaucht oder gedehnt werden – mit einer Mausbewegung.

111

Kapitel 5

KEYFRAMES UND PFADE

Alle dazwischen befindlichen Keyframes werden proportional verschoben, das Verhältnis im Timing bleibt sozusagen unberührt. Gleiches funktioniert auch auf der anderen Seite. Ziehen Sie also wieder mit der gedrückten ⌂-Taste den ersten Keyframe, so »rastet« die Gruppe während des Verschiebens beim letzten Gruppen-Keyframe ein.

Keyframes können Sie auch kopieren. Wie gewohnt treffen Sie die gewünschte Auswahl und drücken Strg+C (Mac: ⌘+C). Um den Keyframe einzufügen, bewegen Sie **vorher** den Zeitmarkierer an den gewünschten Zeitpunkt und drücken dann Strg+V (Mac: ⌘+V). Haben Sie mehrere Keyframes ausgewählt, wird wieder der erste Keyframe an der Stelle eingefügt, an der sich der Zeitmarkierer befindet, alle weiteren Keyframes werden im gleichen Abstand wie zum Kopiervorgang entsprechend dahinter platziert.

Abbildung 5.10
Keyframes werden an der Stelle des Zeitmarkierers eingefügt.

Wird ein Keyframe oder gleich mehrere nicht mehr benötigt, wird die Auswahl durch die Entf-Taste gelöscht. Möchten Sie alle Keyframes löschen beziehungsweise die komplette Animation einer gewünschten Eigenschaft verwerfen, können Sie erneut auf die kleine Stoppuhr in der Ebenenübersicht neben dem Eigenschaftsnamen klicken. Dadurch wird der aktuelle Eigenschaftswert übernommen und angewendet, sämtliche Keyframes werden entfernt.

> **Geänderte Eigenschaften**
>
> Haben Sie Keyframes auf eine Ebene angewendet und wollen diese, und nur diese sichtbar machen, so drücken Sie mit der angewählten Ebene die U-Taste. Jetzt werden nur Parameter mit Keyframes angezeigt. Haben Sie dagegen die Default-Einstellung verändert, drücken Sie U+U; dann werden nur Eigenschaften mit ihren benutzerdefinierten Werten in der Ebenenübersicht angezeigt.

Keyframe-Dimensionen

Keyframe ist nicht gleich Keyframe. Jegliche Eigenschaft in After Effects wird über einen konkreten Wertetyp angesprochen. Manche Parameter werden über eine Prozentzahl gesteuert, andere über zwei Prozentzahlen. Manche Effekte arbeiten mit negativen Zahlen. Gewisse Eigenschaften besitzen konkrete Koordinaten. Wieder andere Parameter werden durch eine Gradzahl angegeben. Und dann haben wir zum Beispiel noch Texteingaben.

Wie Sie sich jetzt also vorstellen können, sind nur Keyframe-Werte mit den gleichen Dimensionen miteinander kombinierbar. Sie können also auch Keyframes einer Eigenschaft auf eine andere kopieren, solange sie über den gleichen Wertetyp gesteuert werden. So lassen sich beispielsweise die Keyframes für die Deckkraft mit dem Verlauf einer linearen Blende kombinieren, nicht aber beispielsweise Keyframes für die Skalierung mit denen der Position.

5.2 Arbeiten mit Keyframes

> **Keyframe-Dimensionen**
> Achten Sie beim Kopieren von Keyframes darauf, dass Sie nur Werte mit den korrekten Dimensionen kopieren können.

Keyframe-Werte bestimmen

Sobald Sie die kleine Stoppuhr in der Ebenenübersicht aktivieren und sie durch die blaue Hinterlegung anzeigt, dass ab sofort Keyframes vergeben werden können, können Sie jede Ebenen- und Effekteigenschaft zeitgebunden anpassen.

Keyframes lassen sich auf unterschiedliche Weise erstellen. Im ersten Beispiel des Kapitels haben Sie Ihr Objekt im Kompositionsfenster verschoben und danach die Keyframe-Option aktiviert. Das Verschieben funktioniert natürlich ebenso nach der Aktivierung. Jedes Mal, wenn Sie also die Position auf Ihrer Leinwand ändern, wird der letzte Wert genommen und als Keyframe abgespeichert. Das heißt aber auch im Klartext, dass Sie jedes Mal darauf achten müssen, dass der neue Keyframe auch an einem neuen Zeitpunkt in der Zeitleiste gesetzt werden muss. Stellen Sie also sicher, dass der Zeitmarkierer auch an der richtigen gewünschten Stelle steht.

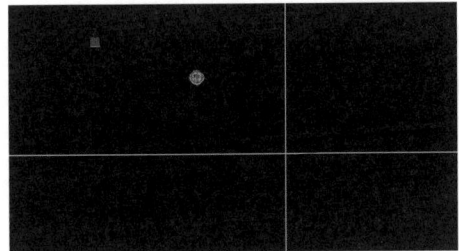

Abbildung 5.11
Koordinaten können Sie im Kompositionsfenster vergeben.

Das gleiche Prinzip greift auch, wenn Sie bei aktiviertem Keyframing in der Ebenenübersicht die Eigenschaften per Eingabe verändern. Sie können zum einen bestehende Werte mit den Pfeiltasten ändern, ⟦↑⟧ steigert den Wert, ⟦↓⟧ senkt ihn. Möchten Sie den Wert in größeren Schritten ändern, nehmen Sie zusätzlich noch die ⟦⇧⟧-Taste hinzu und die Änderungen werden um den Faktor zehn verstärkt.

Natürlich können Sie auch die gewünschten Werte direkt eingeben, was sehr nützlich ist, ob bei geometrischen Animationen oder Positionsangaben von Ebenen. Im Allgemeinen sollte überall da, wo akkurates Arbeiten erforderlich ist, mit der Zahleneingabe gearbeitet werden.

> **Mathematik und Eigenschaften**
> Überall dort, wo Sie numerische Werte eingeben können, lassen sich auch die Grundrechenarten, also beispielsweise per Eingabe über den Ziffernblock, verwenden.

Eine andere Möglichkeit ist es, den Wert mit der Maus zu ändern. Ziehen Sie den Mauszeiger über den gewünschten Parameter, so wird dieser weiß hervorgehoben und es erscheint ein neuer Mauszeiger, der Ihnen signalisiert, dass Sie mit gedrückter Maustaste nun den Wert größer oder kleiner ziehen können. Ziehen Sie also die Maus nach links, sinkt der Wert, nach rechts wird er hingegen größer. Auch hier ermöglicht die Zuhilfenahme der ⇧-Taste das Vergrößern und Verkleinern in Zehner-Schritten.

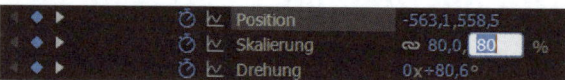

Abbildung 5.12
Bestimmung der Keyframe-Werte in den Eigenschaften über die Ebenenübersicht

Es gibt nur wenige Einstellungen, die über das Ebenenfenster erfolgen müssen, wie beispielsweise die Ebenentransformationen oder Optionen für 3D-Lichter und Materialien. Angewendete Effekte lassen sich einfacher, weil zumal übersichtlicher, in den Effekteinstellungen justieren. Sobald Sie es aber mit mehreren Keyframes zu tun haben oder diese gar anders timen möchten, müssen Sie auch hierzu in die Zeitleiste gehen.

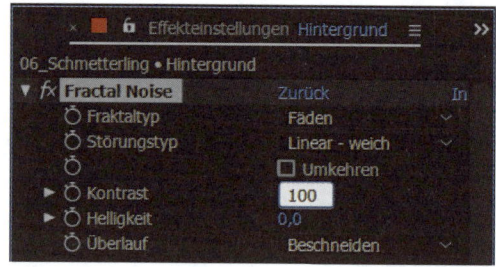

Abbildung 5.13
In den Effekteinstellungen lassen sich Parameter übersichtlich einstellen.

Sind Sie schon einmal da, können Sie auch in der Zeitleiste die Keyframe-Werte einstellen. Klicken Sie doppelt auf einen Keyframe, so öffnet sich ein Typ-spezifischer Eingabedialog und Sie können genauso per Zahleneingabe oder mit der Maus Anpassungen vornehmen.

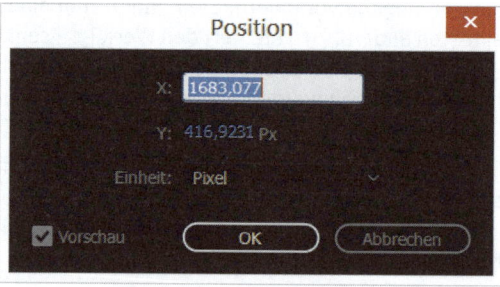

Abbildung 5.14
Keyframe-Werte können Sie auch in der Zeitleiste ändern.

Als eine sehr einfache Art zur Erstellung von Keyframes sei die Auto-Keyframe-Funktion erwähnt. Damit Sie dieses Werkzeug benutzen können, müssen Sie es erst unter den Ebenenoptionen in der Zeitleiste mit einem Haken vor der entsprechenden Option aktivieren. Danach wird jede Veränderung, die Sie händisch unter den Parametern eingeben oder auf der Leinwand neu positionieren, automatisch aufgezeichnet.

5.2 Arbeiten mit Keyframes

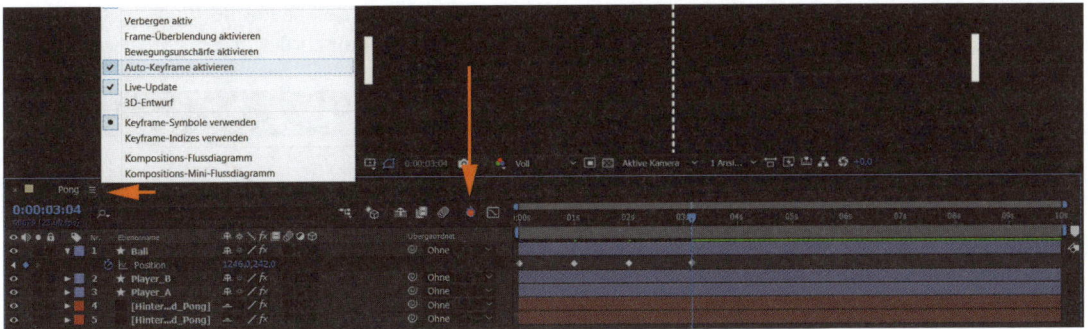

Abbildung 5.15
Auto-Keyframe muss erst aktiviert werden.

Keyframe-Interpolation

Zu Beginn des Kapitels haben Sie gelernt, dass es für eine Animation lediglich eines Ausgangs- und eines Zielwerts bedarf. Was sich zwischen diesen Punkten abspielt, wird vom Programm übernommen und automatisch berechnet. Keyframes geben Ihnen aber auch die Möglichkeit, zu bestimmen, wie diese automatische Verrechnung, auch **Interpolation** genannt, abläuft.

Zu diesem Zweck hat After Effects eine spezielle Ansicht in die Zeitleiste integriert. Die Rede ist vom **Diagrammeditor**, eine grafische Editierfunktion zum Finetunen von Keyframes und deren Interaktion miteinander. Sie können zwischen der Keyframe-Anzeige und dem Diagrammeditor über das kleine Diagramm-Icon neben den Ebenenschaltern hin- und herwechseln.

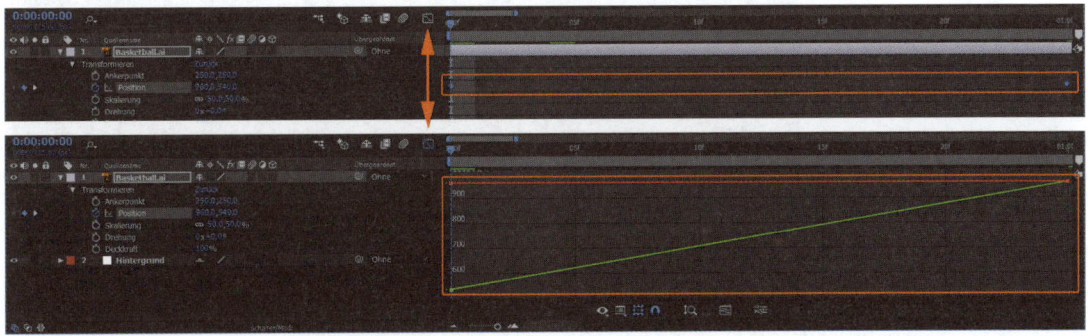

Standardmäßig zeigt der Diagrammeditor die Wertekurve an, also den interpolierten Weg zwischen Ausgangs- und Endwert. In den Diagrammoptionen unterhalb des Graphen können Sie unter Diagrammtyp und Optionen auch eine Geschwindigkeitskurve anzeigen lassen. Sie zeigt an, mit welcher Geschwindigkeit sich die betreffenden Werte verändern. Manch eine oder einer fühlt sich jetzt vielleicht bereits dunkel an Zusammenhänge von Geschwindigkeit und Beschleunigung aus dem Physik-Unterricht erinnert und liegt damit durchaus richtig. Mit dieser zweiten Anzeige können Sie kontrollieren, wie stark Körper beschleunigt oder abgebremst werden.

Abbildung 5.16
Der Diagrammeditor visualisiert die Keyframe-Interpolation.

Kapitel 5 — KEYFRAMES UND PFADE

Doch dazu gleich, wenn wir uns genauer mit den Keyframe-Typen beschäftigen. Kommen wir noch einmal zum Diagrammeditor zurück.

Abbildung 5.17 Das Diagrammeditor-Menü

Zeitliche Interpolation

Download-Material

Begleitend zu dieser Sektion öffnen Sie die Komposition `Keyframe_Interpolation` aus der Datei `Keyframes.AEP` im Download-Ordner 05.

Setzen Sie einen Keyframe in der Zeitleiste, wird standardmäßig ein linearer Keyframe vergeben. Setzen Sie einen zweiten Wert in Ihre Zeitleiste, kalkuliert After Effects die dazwischen befindlichen Werte einer geradlinigen Zu- oder Abnahme folgend. In diesem Fall sprechen wir von **linearer Interpolation**, das Tempo der Veränderung bleibt dabei durchweg konstant.

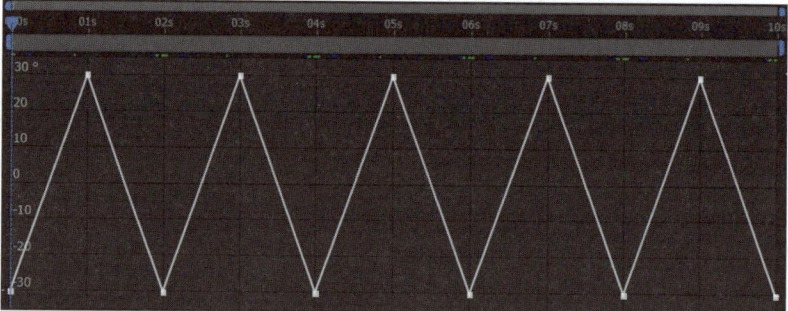
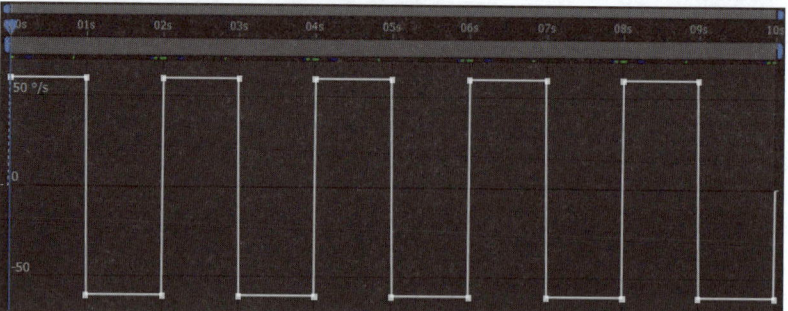

Abbildung 5.18 Lineare Keyframes in der Übersicht

Dabei sehen Sie aber auch, dass die Geschwindigkeitsänderungen abrupt einsetzen, was sehr zackig und kantig wirken kann.

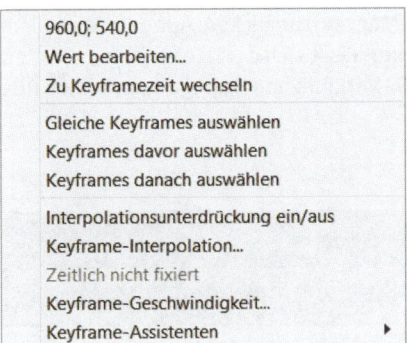

Abbildung 5.19
Das Keyframe-Kontextmenü

Oft ist das Ziel der Animation, eine Veränderung oder Bewegung so natürlich wie möglich zu gestalten, damit der Betrachter die Illusion als faktisch real wahrnimmt. Also ist es Ihre Aufgabe, die Künstlichkeit Ihrer Animation so geschickt wie möglich zu kaschieren. In der Natur sind allerdings die wenigsten Bewegungen linear. Körper beschleunigen, bremsen ab. Es gibt Trägheit, es gibt Reibung.

Und so lässt sich dieses Wissen auch auf Ihre Arbeit mit Keyframes übertragen. Klicken Sie auf einen Keyframe mit der rechten Maustaste, öffnet sich ein Keyframe-Kontextmenü. Neben der Wertbearbeitung können Sie hier auch die verwendeten Interpolationsarten festlegen. Rufen Sie dazu den Menüpunkt KEYFRAME-INTERPOLATION auf.

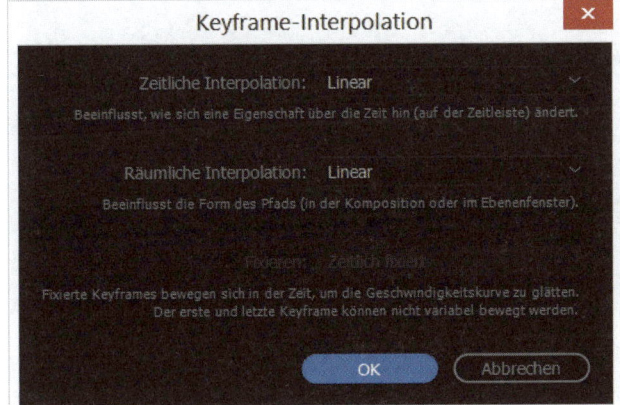

Abbildung 5.20
Im Interpolations-Dialog lässt sich dieselbe in der räumlichen und der zeitlichen Ebene getrennt einstellen.

Wir interessieren uns zunächst für die zeitliche Komponente und öffnen das zugehörige Dropdown-Menü. Neben LINEAR gibt es weitere Auswahlmöglichkeiten, nämlich die sogenannten **Bézier**-Methoden. Diese nehmen mittels Tangenten Einfluss auf die Kurvensteigung. Die Verwendung solcher Bézier-Interpolationen ermöglicht es Ihnen also, weiche Übergänge und nichtlineare Kurven zu erstellen. After Effects bietet drei verschiedene Varianten an.

Kapitel 5

KEYFRAMES UND PFADE

Automatische Bézier-Keyframes erzeugen sanfte Übergänge zwischen den Geschwindigkeitsveränderungen auf beiden Seiten eines Keyframes. Sie können übrigens einen linearen in einen automatischen Keyframe verwandeln, indem Sie diesen mit gedrückter Strg-Taste (Mac: ⌘) anklicken. Aus dem Raute-Icon wird nun ein Kreis-Icon. Im Diagrammeditor lässt sich der Unterschied gut erkennen, der Kurvenverlauf ist jetzt weich, die Verläufe und Bewegungen wirken flüssiger.

Abbildung 5.21
Geschmeidige Geschwindigkeitskurve dank automatischer Bézier-Keyframes

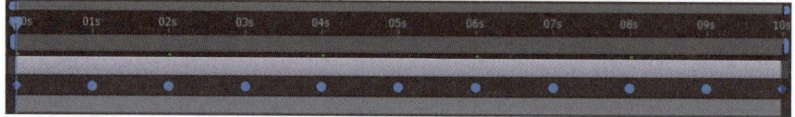

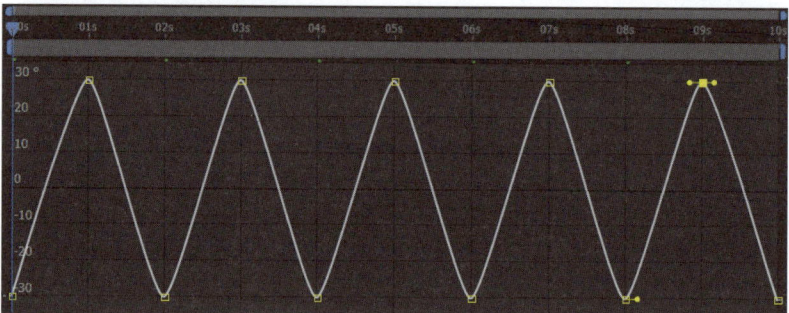

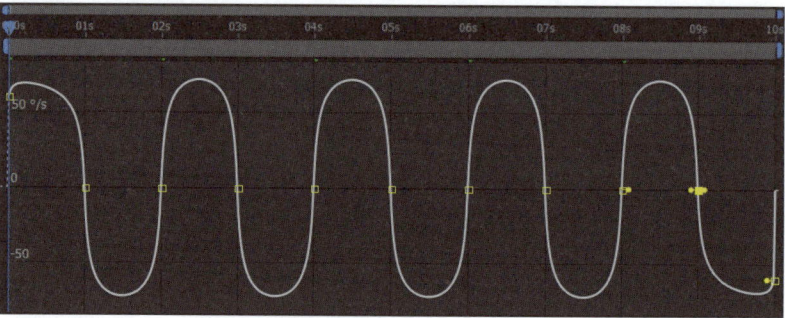

Klicken Sie auf einen automatischen Bézier-Keyframe, so wird dieser jetzt im Kurvendiagramm als gefülltes gelbes Quadrat angezeigt. Links und rechts daneben gesellen sich jedoch zwei gelbe Icons, die sogenannten Anfasser oder auch Handles dazu. Mit diesen Anfassern kontrollieren Sie die Steigung des Kurvenverlaufs sowohl in der Werte- als auch in der Geschwindigkeitskurve.

Verändern Sie die Steigung, werden aus den automatischen gleichmäßige Bézier-Keyframes. Die Geschwindigkeiten können jetzt manuell eingestellt werden; bewegen Sie die Anfasser nach oben, wird die Geschwindigkeit erhöht, gehen Sie nach unten, nimmt sie ab.

Abbildung 5.22
Die vier Haupt-Keyframe-Typen

Abbildung 5.23
Gleichmäßige Bézier-Keyframes passen die Interpolation noch feiner an.

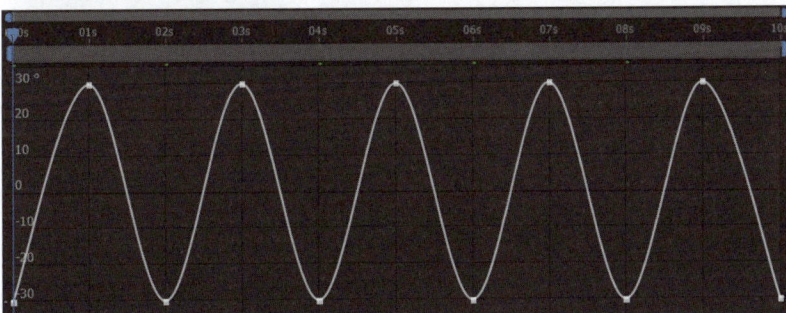

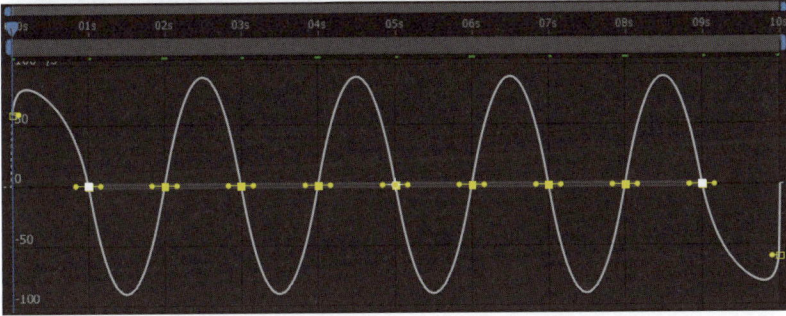

Gleichmäßige Keyframes sorgen dafür, dass Eingang- und Ausgangsgeschwindigkeit konstant bleiben, und nur der Einfluss, also die Auswirkung durch Verlängerung oder Verkürzung der Handles justiert werden kann. Im Keyframe-Kontextmenü können Sie dazu den KEYFRAME-GESCHWINDIGKEIT-Dialog aufrufen, beziehungsweise per [Alt]-Klick (Mac: [⌥]+Klick) auf den entsprechenden Keyframe.

Abbildung 5.24
Keyframe-Geschwindigkeiten geben Auskunft über die Dynamik einer Animation

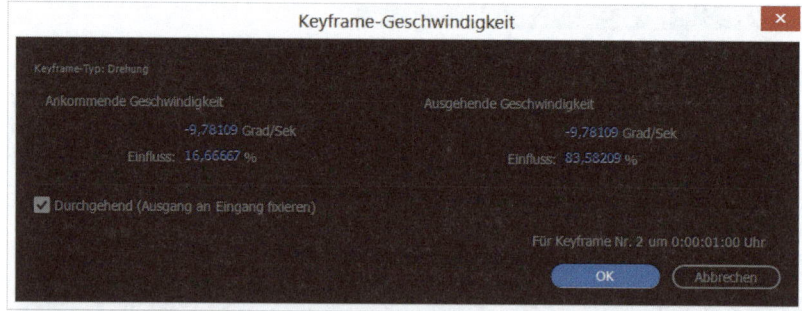

Von Fall zu Fall kann diese Verbindung der Ein- und Ausgangsgeschwindigkeiten ungewünscht sein. Darum müssen Sie die Interpolationsart auf Bézier umstellen. Jetzt lassen sich Ein- und Ausgangshandle separat verschieben.

Abbildung 5.25
Unterschiedliche Ein- und Ausgangsgeschwindigkeit

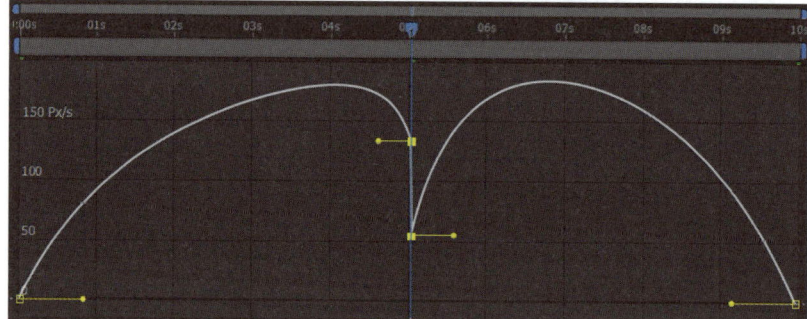

Sie können übrigens einen Keyframe mit linearer Interpolation direkt über das Diagrammfenster in einen reinen Bézier-Keyframe umwandeln. Dazu müssen Sie lediglich eines der beiden Handles des markierten linearen Keyframes verschieben.

Abbildung 5.26
Sind In und Out eines Keyframes unterschiedlich interpoliert, lässt sich das auch anhand der Icons ablesen.

Es gibt noch weitere Formen der Interpolation, nämlich die komplette Unterdrückung derselben. Das heißt im Klartext, wird ein Keyframe mit **unterdrückter Interpolation** gesetzt, so bleibt der Wert bestehen, bis der nächste Keyframe den vorherigen Wert ersetzt. Dazwischen findet keine Berechnung von Zwischenframes statt, das Resultat ist der »sprunghafte« Wechsel zwischen Ausgangs- und Zielwert. Animieren Sie beispielsweise den Quelltext einer Textebene, wird für jede bestätigte Eingabe oder Textänderung ein neuer Keyframe mit unterdrückter Interpolation erzeugt, da After Effects keine Berechnungsmethoden besitzt, um Text linear ineinander übergehen zu lassen. Keyframes mit der unterdrückten Interpolation werden auch oft als **Toggle/Hold**-Keyframes bezeichnet.

Abbildung 5.27
Toggle-Keyframes besitzen keine Interpolation.

reguläre Keyframe-Anzeige

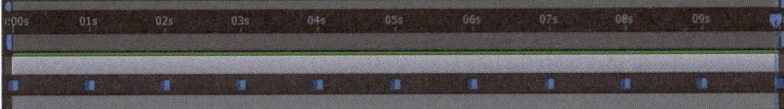

Wertekurve im Diagrammeditor

Geschwindigkeitskurve im Diagrammeditor

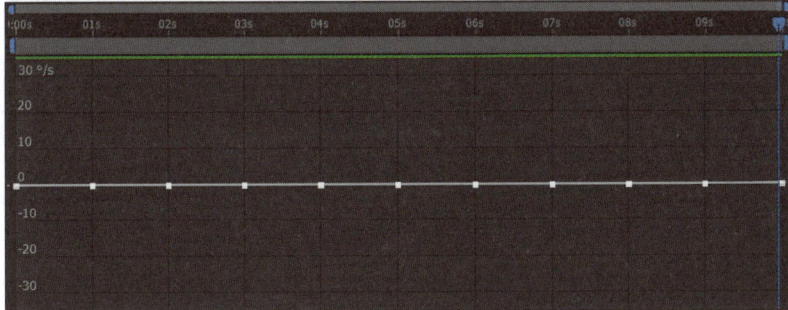

Easy Ease

> **Download-Material**
>
> Begleitend zu dieser Sektion öffnen Sie die Komposition `Easy Ease` aus der Datei `Keyframes.AEP` im Download-Ordner `05`.

Durch die Steuerung der Interpolation haben Sie einen großen Einfluss auf alle Wertänderungen und Anpassungen, daher lohnt sich die Einarbeitung in die Materie. Dabei ist es durchaus verständlich, wenn die Vielzahl der Möglichkeiten im ersten Moment etwas überfordernd wirkt.

Für all diejenigen, die weder die Geduld oder die Muße haben, gibt es einen kleinen Lichtblick. Adobe After Effects hat einen speziellen Keyframe-Assistenten integriert, unter dem auch die EASY EASE-Funktion zu finden ist. Wie der Name schon verrät, hier wird Keyframing leicht gemacht. Die Easy-Ease-Keyframes sind automatisch erstellte gleichmäßige Bézier-Keyframes, die ohne großen Aufwand erstellt werden und geschmeidige Animationen ermöglichen. Diese Helfer-Keyframes kommen in drei Varianten.

Ein Easy-Ease-Keyframe sorgt dafür, dass sowohl Eingangs- und Ausgangsgeschwindigkeit gegen 0 tendiert, also ist prinzipiell jede Wertänderung zu einem Keyframe hin als eine Art gedämpfte Bewegung, Rotation etc. anzusehen. Um einen Standard-Keyframe in einen Easy-Ease-Keyframe zu verwandeln, drücken Sie [F9].

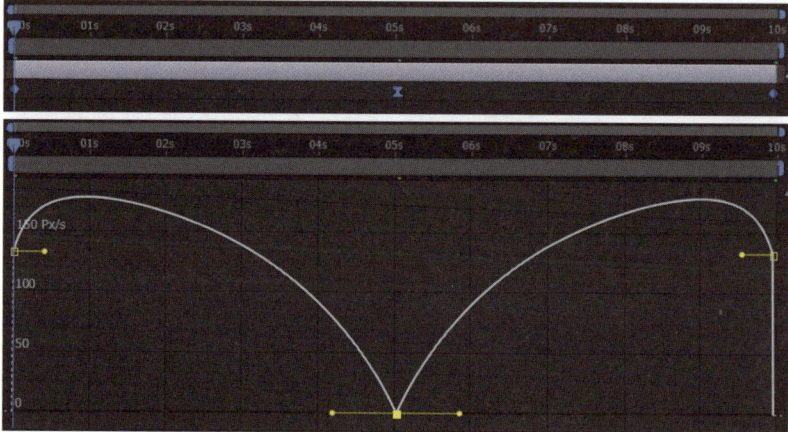

Abbildung 5.28
Easy Ease

Easy Ease-In sorgt für eine geschmeidige Angleichung zu einem Keyframe hin. Die Interpolation auf der Ausgangseite bleibt gleich. Ein solcher Keyframe wird mit [⇧]+[F9] erzeugt.

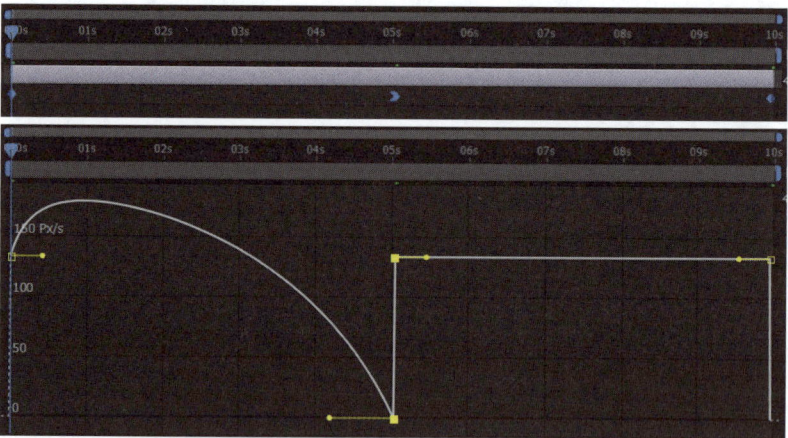

Abbildung 5.29
Geschwindigkeitsverteilung eines Easy Ease-In

Der Easy-Ease-Out-Keyframe ist das entsprechende Pendant dazu und passt die Ausgangsgeschwindigkeit eines Keyframes mittels einer langsam ansteigenden Geschwindigkeitskurve an. [Strg]+[⇧]+[F9] (Mac: [⌘]+[⇧]+[F9]) ist das Tastenkürzel für diese Keyframe-Art.

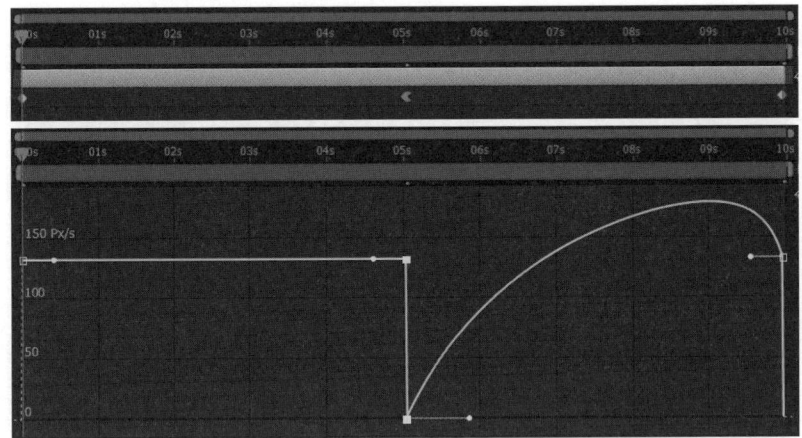

Abbildung 5.30
Easy Ease-Out

Easy-Ease-Keyframes lassen sich schnell anwenden und sollten daher in Ihrem Standard-Repertoire sein. Sie lassen sich aber auch genauso gut im Nachgang anpassen, wenn weder linear noch geschmeidig das Mittel der Wahl ist. Denn es ist genauso wichtig zu wissen, wann welche Art von Keyframe die richtige für Ihre Anforderungen ist.

Exponentielle Keyframes

Es gibt noch einige Fälle, in denen ein Anstieg oder ein Absinken nicht mittels eines linearen Wertverlaufs dargestellt werden kann. Die Skalierungseigenschaft ist ein hervorragendes Beispiel dieser Problematik. Lassen Sie ein Objekt direkt von 0 % auf 200 % ansteigen, so wächst die Größe im ersten Bereich der Animation schneller oder stärker an als gegen Ende der Animation. Obwohl es rechnerisch mit der Darstellung keinerlei Probleme gibt, ist es unsere Wahrnehmung, die uns in diesem Fall einen Strich durch die Rechnung macht. Unser Verstand interpretiert den Größenzuwachs relativ.

Download-Material
Begleitend zu dieser Sektion öffnen Sie die Komposition Keyframes_Exponentiell aus der Datei Keyframes.AEP im Download-Ordner 05.

Um diesem Phänomen entgegenzuwirken, können Sie in After Effects zwischen zwei Keyframes einen exponentiellen Verlauf erstellen. Markieren Sie dazu Start- und Endkeyframe, öffnen Sie das Keyframe-Kontextmenü und wählen Sie unter KEYFRAME-ASSISTENTEN|EXPONENTIELL SKALIEREN aus. Jetzt wird für jedes Einzelbild ein Keyframe generiert, der Kurvenverlauf weckt dunkle Erinnerungen an den Mathematik-Unterricht.

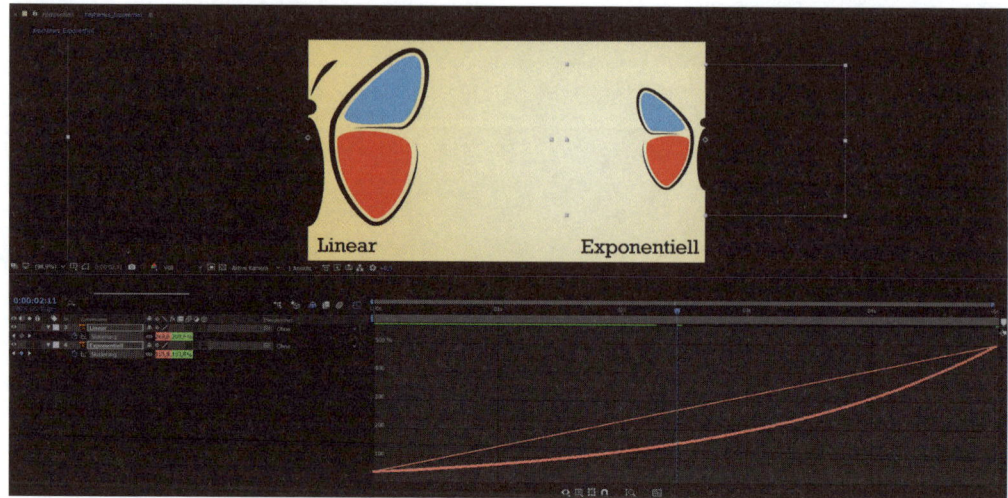

Abbildung 5.31
Linearer und exponentieller Verlauf im Vergleich

Keyframe-Reihenfolge

Manchmal ist es hilfreich oder gar nötig, eine gut getimte, lang erarbeitete Keyframe-Reihenfolge auch mit demselben Timing rückwärts abzuspielen. Sie können die KEYFRAME-REIHENFOLGE UMKEHREN, indem Sie mit der rechten Maustaste auf eine Keyframe-Auswahl klicken und im Kontextmenü den entsprechenden Punkt auswählen.

Abbildung 5.32
Stern 2 beschreitet den gleichen Pfad, nur in umgekehrter Reihenfolge.

Keyframes für die Wiedergabe

Keyframes speichern Positionswerte oder die Eigenschaften von Effekten zu einem gewissen Zeitpunkt der Komposition. Bildsequenzen und Videomaterial bestehen aus Einzelbildern, die ebenfalls an einem konkreten Zeitpunkt abgerufen werden. Und so lässt sich auch die Wiedergabe von Bewegtbild über Keyframes steuern.

5.2 Arbeiten mit Keyframes

> **Download-Material**
>
> Begleitend zu dieser Sektion öffnen Sie die Komposition Zeitverzerrung aus der Datei Keyframes.AEP im Download-Ordner 05.

Dazu muss in Adobe After Effects die sogenannte ZEITVERZERRUNG aktiviert werden. Sie finden die Option unter EBENE|ZEIT oder über einen Rechtsklick im Ebenen-Kontextmenü. Kürzer geht es mit dem Tastenkürzel [Strg]+[Alt]+[T] (Mac: [⌘]+[⌥]+[T]).

Abbildung 5.33
Die Zeitverzerrung an In- und Out-Point

Wie Sie jetzt sehen, wurden zwei Keyframes vergeben, einer zu Beginn, einer am Ende des Footages. Ein Doppelklick zeigt, dass der jeweilige Keyframe den Timecode beziehungsweise die Frame-Anzahl gespeichert hat. Schieben Sie jetzt beispielsweise den End-Keyframe näher an den ersten, so wird die Zeit gestaucht, das Material wird schneller abgespielt. Ziehen Sie dagegen die Punkte auseinander, wird die Zeit gedehnt.

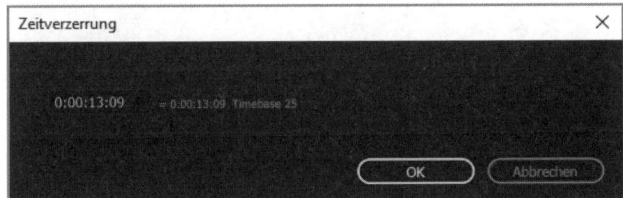

Abbildung 5.34
Der Keyframe-Wert zeigt den aktuellen Timecode an.

Sie können natürlich noch mehr Keyframes einsetzen und eine einzelne Ebene unterschiedlich schnell wiedergeben. Die Geschwindigkeit errechnet sich aus dem Abstand der zwei Keyframes und der ursprünglichen Framerate.

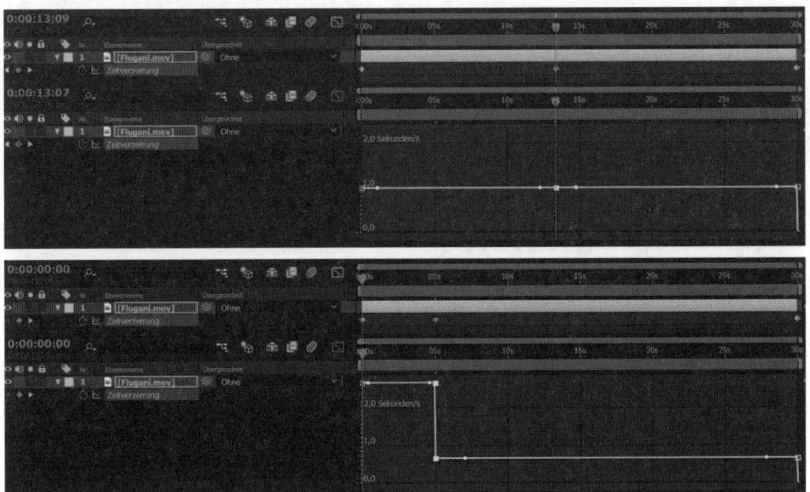

Abbildung 5.35
Zeitverzerrung und die Abspielgeschwindigkeit im Diagrammeditor

125

KEYFRAMES UND PFADE

> **Frame-Überblendung**
>
> Probieren Sie auch, ob sich die Verwendung der FRAME-ÜBERBLENDUNG-Funktion für Ihre gestauchte Bildsequenz lohnt. Schlagen Sie diesbezüglich noch mal in Abschnitt 4.4 nach.

Ebenfalls erwähnenswert ist die STANDBILD-Option, die aus bewegtem Bild einen Still-Frame macht. Sie wird über EBENE|ZEIT aufgerufen und verwendet ebenfalls die Zeitverzerrung, allerdings wird nun statt zwei linearer Keyframes ein Toggle-Hold-Keyframe vergeben.

5.3 Pfade

Schlüsselbilder legen zu Beginn einer Animation den Ist- und den Soll-Zustand fest. Und genau wie die zeitlichen Verläufe lassen sich im gleichen Maße die räumlichen Verhältnisse und Wege beeinflussen. Hier sprechen wir jedoch nicht von Kurven, sondern von **Pfaden**.

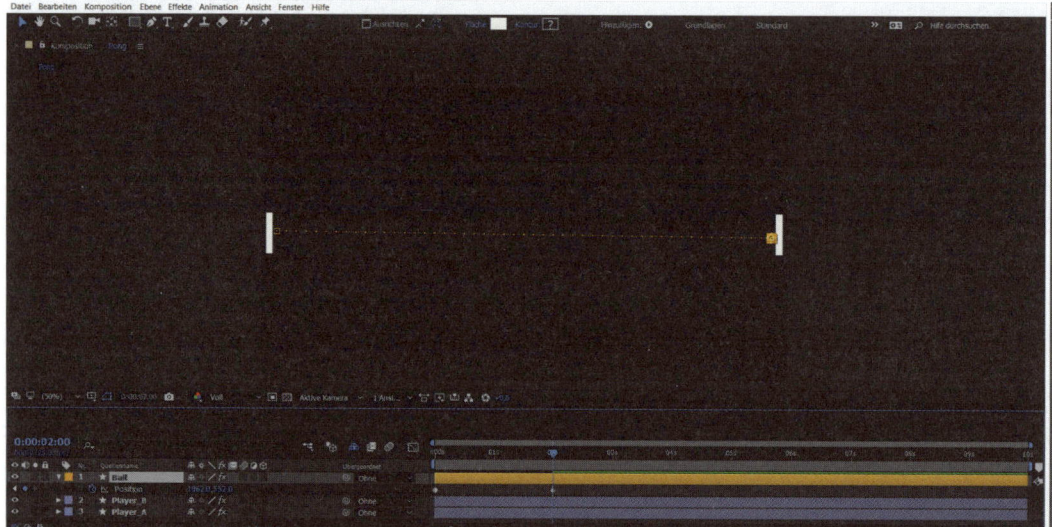

Abbildung 5.36
Bewegungspfade werden in After Effects angezeigt.

Pfad-Interpolation

> **Download-Material**
>
> Begleitend zu dieser Sektion öffnen Sie die Komposition Pfad_Interpolation aus der Datei Pfade.AEP im Download-Ordner 05.

Wird in Adobe After Effects ein Start- und ein Endpunkt festgelegt, erfolgt die Bewegung auf dem kürzesten Weg, also einer Geraden. Wird jedoch ein weiterer Punkt hinzugefügt, zeigt sich aber, dass die Wegpunkte nicht mehr Geraden beschreiben, sondern leichte Kurvenbahnen. Die zusätzlich eingeblendeten Anfasser deuten es an, die räumlichen Keyframes werden ebenfalls nach der Bézier-Methode interpoliert.

Abbildung 5.37
After Effects arbeitet standardmäßig mit Bézier-Punkten für Bewegungspfade.

So können Sie die Bewegungspfade ähnlich wie die Geschwindigkeitskurven mit den Handles beeinflussen. Klicken Sie in der Zeitleiste mit der rechten Maustaste auf einen Keyframe und öffnen Sie die Keyframe-Interpolation. Im zweiten Dropdown-Menü können Sie auswählen, wie der betreffende Keyframe interpoliert werden soll. Die Optionen sind mit denen der zeitlichen Interpolation identisch. Die LINEARE INTERPOLATION sorgt also für eine direkte Verbindung zweier oder mehrerer Pfadpunkte.

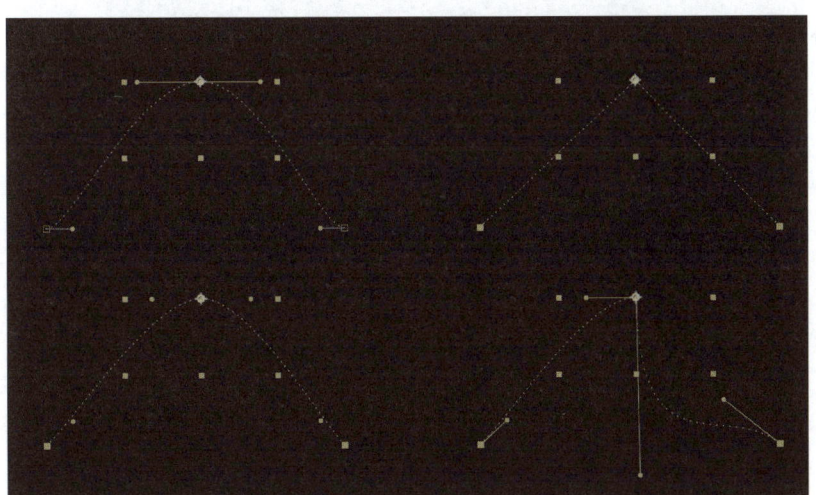

Abbildung 5.38
Pfad-Interpolation: gleichmäßiges Bézier, linear, automatisches Bézier und Bézier

AUTOMATISCHE BÉZIER-Punkte sorgen für weiche Übergänge. Sobald Sie an den Handles ziehen, wechselt die Interpolation zu GLEICHMÄSSIGEN BÉZIER-Punkten und Sie können selbst den Kurvenverlauf anpassen, wobei sich Eingangs- und Ausgangsanfasser dynamisch im Winkel angleichen, nicht aber in der Stärke der Rundung. Sollen beide Pfadkurven unabhängig voneinander verschoben werden, muss die Interpolation auf BÉZIER gestellt werden.

Roving-Keyframes

Kommen wir noch zu einer Interpolationsart, die nur für Bewegungen, genauer ausgedrückt für Positionstransformationen vorbehalten ist. Bisher haben wir Keyframes so verstanden, dass ihre Informationen neben dem Wert auch den konkreten Zeitpunkt enthalten, an dem sie abgespeichert wurden. Durch die Veränderungen in diesen Werten ergeben sich Geschwindigkeiten, die mittels der Kurvendiagramme beeinflusst werden können.

Haben Sie mehrere Wegpunkte angelegt, so wird es eine sehr knifflige Aufgabe, optisch für eine homogene Geschwindigkeit zu sorgen. Natürlich können Sie sich an den Punkten auf dem Bewegungspfad orientieren, je mehr Punkte sich auf einem Streckenabschnitt drängen, desto mehr Zwischenframes werden dort genutzt. Ergo ist die Bewegung langsamer.

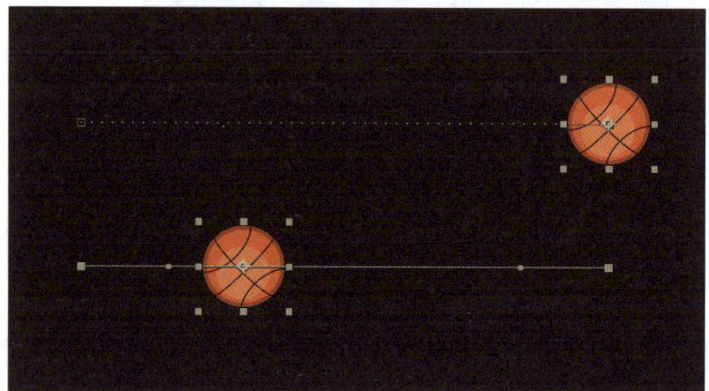

Abbildung 5.39
Gleiche Strecke, vierfache Zeit – Geschwindigkeiten lassen sich an den Pfadpunkten ablesen.

Um schnell zu einer gleichmäßigen Verteilung Ihrer Position-Keyframes zu kommen, gibt es die zeitlich nicht fixierten Keyframes. Diese sogenannten **Roving**-Keyframes berücksichtigen den Start- und den Endpunkt, alle dazwischen befindlichen Positionspunkte werden anhand eines Mittlungsverfahrens automatisch so angeordnet, dass die Geschwindigkeit durch alle Punkte hindurch konstant ist. Ziehen Sie jetzt an der Position des Anfangs- oder des Endpunkts, verschieben sich alle Roving-Keyframes dementsprechend.

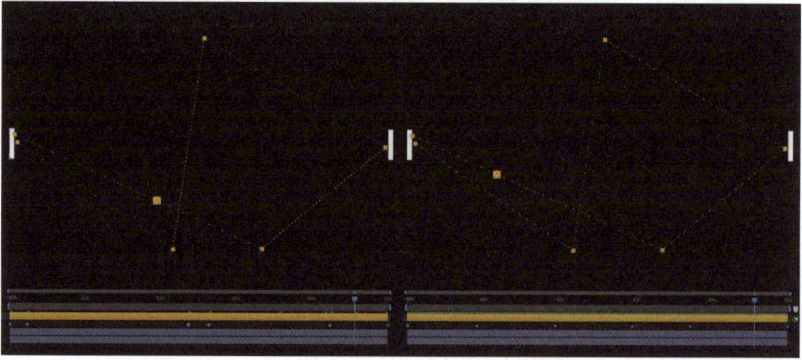

Abbildung 5.40
Roving-Keyframes sorgen für gleichmäßige Geschwindigkeit durch alle Keyframes hindurch.

Um die zeitlich nicht fixierten Keyframes anzuwenden, öffnen Sie für den oder die gewünschten Keyframes das Keyframe-Kontextmenü und setzen Sie dazu einen Haken bei der ZEITLICH NICHT FIXIERT-Option. Die zugehörigen Keyframe-Icons ändern nun ihre Erscheinung und zeigen die ideale Verteilung aller Keyframes zwischen Ausgangs- und Zielpunkt.

Verschieben Sie jetzt einen dieser Frames in der Zeitleiste, wird er erneut zu einem regulären Keyframe mit festem Zeitpunkt gemacht.

Dimensionen trennen

An dieser Stelle kommen wir noch mal zum Diagrammeditor zurück. Obwohl Sie ja bereits wissen, dass Sie mit diesem Werkzeug eigentlich die zeitliche Interpolation bestimmen und anpassen, kann es passieren, dass Sie individuelle Kurven für unterschiedliche Dimensionen verwenden möchten. So kann sich ein Objekt beispielsweise konstant in der Vertikalen über die Leinwand bewegen, während sich die Objekthöhe unabhängig kontrollieren lässt, so z.B. beim Paradebeispiel des springenden Balls. Obwohl sich der Ball mit einer konstanten Geschwindigkeit in der Horizontalen bewegen müsste, nimmt bei der Anwendung von Easy-Ease-Keyframes die Bewegung in x-Richtung ebenfalls eine gedämpfte Annäherung an.

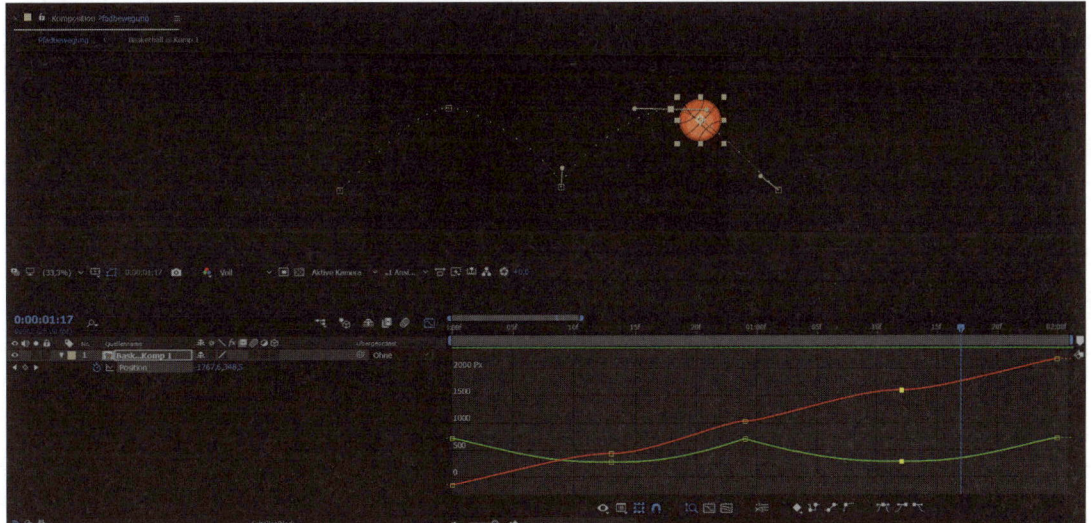

Daher lassen sich sowohl im Diagrammeditor als auch per Rechtsklick in der Ebenenübersicht die DIMENSIONEN TRENNEN. Dieses Prinzip funktioniert übrigens auch für dreidimensionale Werte der POSITION-Eigenschaft. Einmal angewendet sehen Sie jetzt, dass alle zwei beziehungsweise drei Werte jetzt nicht mehr in einer Zeile, sondern in separaten Zeilen in der Ebenenübersicht aufgeführt sind. Die Interpolationsarten können nun für jede Dimension getrennt vergeben werden.

Abbildung 5.41
Manchmal bedarf es unterschiedlicher Interpolationen für jede Dimension.

Kapitel 5 — KEYFRAMES UND PFADE

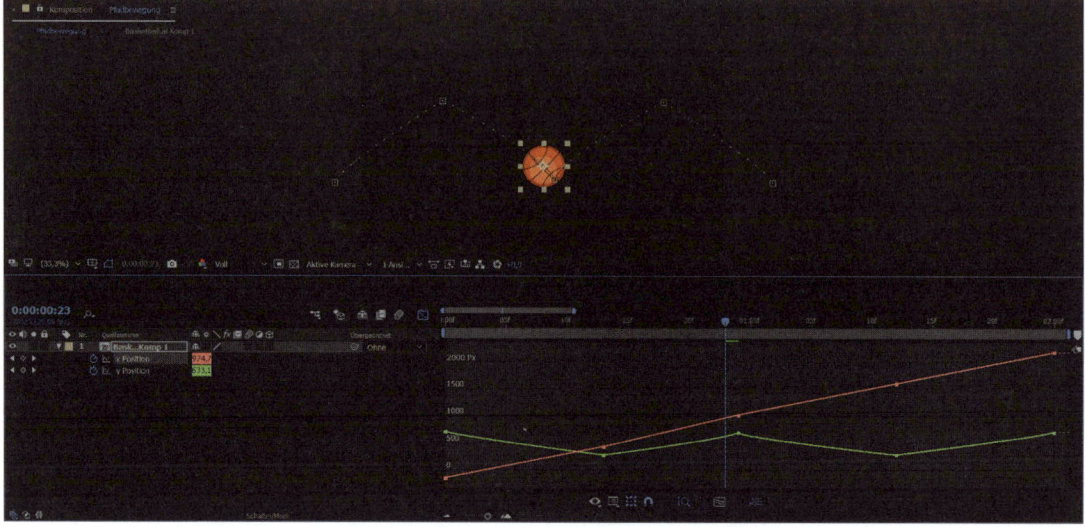

Abbildung 5.42
Das Easing erfolgt nur in der vertikalen Auslenkung.

Automatische Bewegungen

Es gibt auch noch eine weitere, sehr intuitive Art, Bewegungspfade in After Effects zu erzeugen. Ganz automatisch, ohne ein Übermaß an Keyframes selbst setzen zu müssen. Stattdessen fahren Sie ganz bequem den Pfad mit Ihrem Mauszeiger nach.

Dazu rufen Sie das Bewegung skizzieren-Fenster auf und stellen den Aufnahme-Dialog ein. Setzen Sie die Geschwindigkeit herab, um das Glätten können Sie sich im Nachgang kümmern, daher belassen Sie das so, wie es ist, und beginnen die Aufnahme.

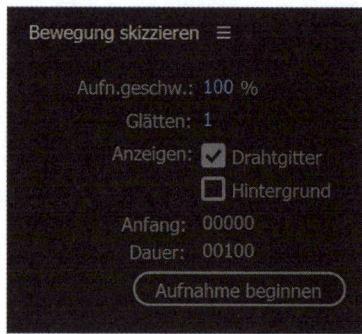

Abbildung 5.43
Bewegung skizzieren-Palette

Klicken Sie dazu auf das zu bewegende Objekt und ziehen Sie daran. Die Aufnahme beginnt, der Zeitmarkierer wird abgespielt und Sie sehen die bereits aufgenommenen Pfadpunkte. Nach der Aufnahme wird der komplette zurückgelegte Bewegungspfad skizziert.

5.3 Pfade

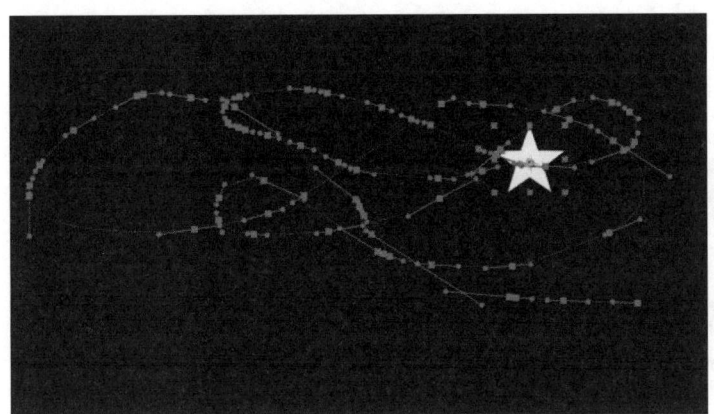

Abbildung 5.44
Der Bewegungspfad

Das Ergebnis ist natürlich noch anpassungswürdig, da oft eine große Anzahl an Keyframes erzeugt wird. Daher rufen Sie dazu die nächste Palette auf, das GLÄTTEN-Fenster. Mit dessen Hilfe lassen sich Pfade aufräumen, je höher die TOLERANZ eingestellt wird, desto mehr Keyframes werden verworfen.

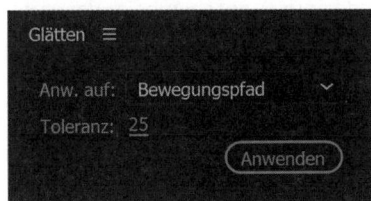

Abbildung 5.45
Bewegungspfade GLÄTTEN

Durch dieses Werkzeug können Sie also Pfade schnell auf ein Minimum reduzieren, allerdings werden Sie die Pfadpunkte wiederum ein wenig anpassen müssen, da dieses Werkzeug nicht Pfad-sensitiv arbeitet und gleichmäßige Pfadbewegungen erzeugt. Etwaige scharfe Kurven oder zackige Ecken werden infolge der Glättung verworfen.

Abbildung 5.46
Der geglättete Pfad mit deutlich weniger Punkten

Kapitel 5 — KEYFRAMES UND PFADE

Die dritte Palette im Bunde, das VERWACKELN-Fenster, sorgt für etwas mehr Turbulenz in Ihrer Animation. Falls ein Parameter auf die Schnelle etwas mehr Bewegung nötig hat und nicht jeder Keyframe einzeln per Hand nachgeregelt werden soll, dann findet sich hier Abhilfe.

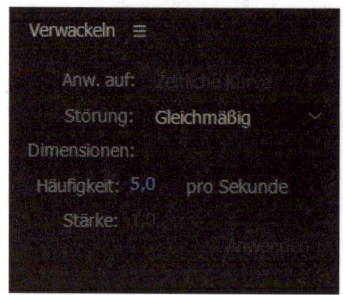

Abbildung 5.47
VERWACKELN bringt etwas mehr Bewegung ins Spiel.

Automatische Ausrichtung

Viele Objekte, die sich in eine konkrete Richtung bewegen, haben die Eigenschaft, sich in dieselbige zu orientieren, ob das nun Menschen beim Vorwärtslaufen oder Autos beim Fahren auf der Straße sind. Diese Blickrichtung müssen Sie nun unweigerlich auch bei Ihren Animationen berücksichtigen. Das bedeutet, dass Sie jedes Objekt, das seine Richtung ändert, nicht nur mit einem Keyframe für den neuen Zielpunkt versehen, sondern im gleichen Atemzug auch noch die Rotation verändern.

Diese Neuausrichtung mag für ein paar wenige Keyframes schnell von der Hand gehen; wandert das Objekt kreuz und quer über den Bildschirm, ist das nachträgliche Korrigieren sehr aufwendig. Für diesen Fall hat After Effects die AUTOMATISCHE AUSRICHTUNG entlang eines Bewegungspfads. Um diese zu aktivieren, gehen Sie im Ebenen-Kontextmenü (Rechtsklick auf die Ebene) unter TRANSFORMIEREN auf AUTOMATISCHE AUSRICHTUNG oder drücken Strg+Alt+O (Mac: ⌘+⌥+O).

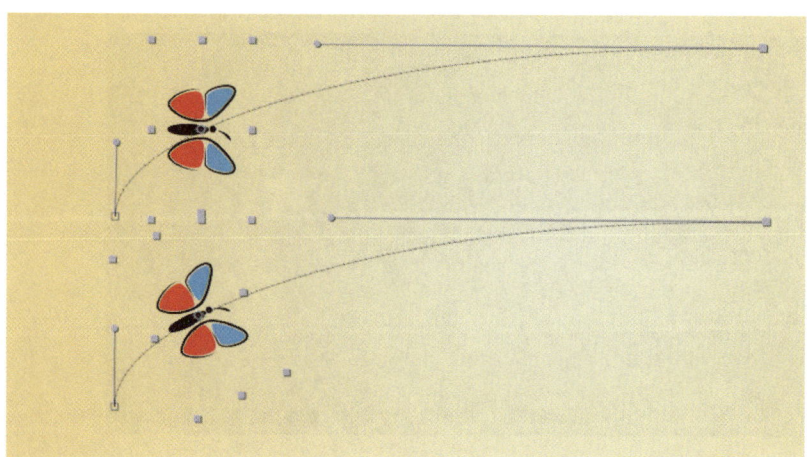

Abbildung 5.48
Automatische Ausrichtung

Automatische Rotation?

Das Werkzeug leistet gute Dienste, setzt aber voraus, dass das Objekt bereits vorher sinnstiftend über das Rotationswerkzeug orientiert wurde.

Im obigen Beispiel wurde der Schmetterling vor der Bewegung einmal um 90° gedreht. Sie müssen also vor der Nutzung der Automatik-Funktion die korrekte Blickrichtung einstellen. Einmal eingerichtet erfolgt der Rest der Bewegung ohne Ausrichtungskorrektur per Keyframe, also automatisch im Programm.

Ankerpunkt

Download-Material

Begleitend zu dieser Sektion öffnen Sie die Komposition Ankerpunkt_Animation aus der Datei Pfade.AEP im Download-Ordner 05.

Der Ankerpunkt einer Ebene spielt scheinbar eine unscheinbare und dennoch sehr große Rolle bei der Transformation von Ebenen. Doch was verbirgt sich hinter diesem Punkt? Der Ankerpunkt kann als der »Schwerpunkt« eines Objekts oder einer Ebene angesehen werden. Er wird dabei von After Effects standardmäßig als geometrischer Mittelpunkt des Objekt- oder Referenzrahmens bestimmt.

Abbildung 5.49
Der Ankerpunkt wird anhand des Objektrahmens festgelegt.

In den Transformationsoptionen legt er fest, an welchem Punkt der Ebene sich die Positionsinformation orientiert. Oder anders ausgedrückt, die zwei Werte der Position ergeben sich aus dem Abstand der linken oberen Ecke des Kompositionsfensters zum Ankerpunkt einer Ebene. In Abbildung 5.50 wird ersichtlich, wie sich eine Änderung des Ankerpunkts auf die Positionierung auswirkt. Im ersten Beispiel ist der Ankerpunkt zentriert, im zweiten befindet er sich hingegen in der linken oberen Ecke. Beachten Sie, dass bei beiden Beispielen der Positionswert nicht geändert wurde.

Abbildung 5.50
Links der Ursprungsankerpunkt, rechts am linken, oberen Ende der Grafik

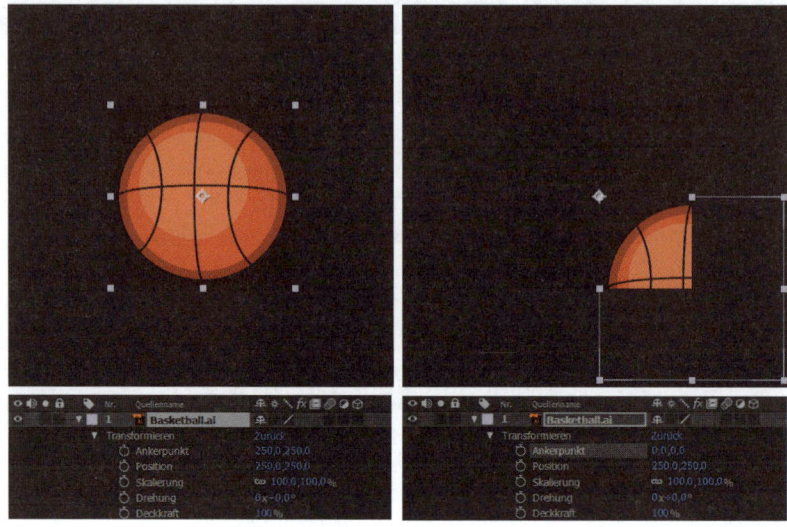

Sie können den Ankerpunkt in der Ebenenübersicht numerisch eingeben. Eine andere Variante ist die Verwendung des Ankerpunkt-Werkzeugs, das Sie in der Werkzeugleiste finden oder aber per [Y]-Taste aufrufen. Ist das Tool ausgewählt, können Sie den Ankerpunkt mit gedrückter Maustaste verschieben. Er lässt sich auch außerhalb des Objekts positionieren. Beachten Sie hierbei, dass die Positionsinformation simultan geändert wird und das Objekt im Kompositionsfenster an der gleichen Stelle bleibt.

Abbildung 5.51
Die Ankerpunkte entsprechen bei dieser Lampe den Scharnierpunkten.

Sie können den Ankerpunkt wieder zurücksetzen, per numerischer Eingabe bei einfachen Objekten oder über EBENE|TRANSFORMIEREN|ANKERPUNKTE IN DER MITTE IM EBENENINHALT, wenn es sich um eine komplexere Ebene handelt.

Doch der Ankerpunkt spielt noch eine weitere Rolle. Er bestimmt bei einer Rotation den Mittelpunkt der Drehung. Das ist natürlich ideal bei kreisrunden Objekten, doch oftmals werden Sie den Ankerpunkt anpassen müssen. Rollt sich Ihr Objekt über die Objektkanten ab oder möchten Sie das Öffnen einer Tür animieren, dann liegt der Ankerpunkt beispielsweise nicht mehr in der Objektmitte, sondern an den Objektkanten.

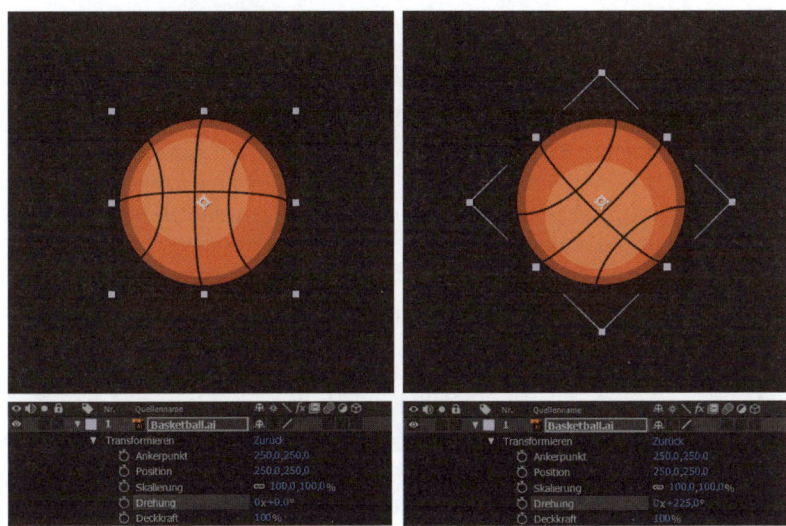

Abbildung 5.52
Der Ankerpunkt definiert maßgeblich die Rotation eines Objekts …

Zu guter Letzt ist er noch für Skalierungen von entscheidender Bedeutung, denn auch hier wird der Schwerpunkt der Ebene berücksichtigt.

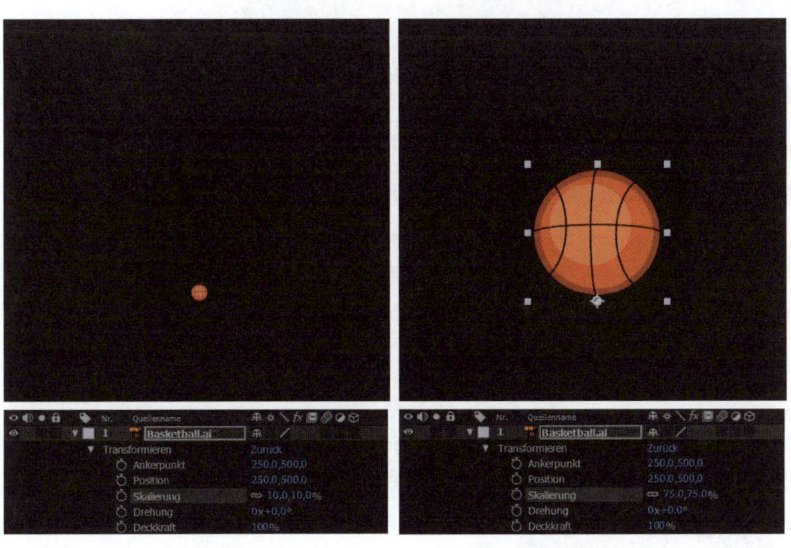

Abbildung 5.53
… ebenso wie die Skalierung.

Bewegungsunschärfe

In den Ebenenschaltern befindet sich ein weiteres Werkzeug, das Ihnen bei der Erstellung glaubwürdiger und guter Animationen helfen wird. Die Bewegungsunschärfe baut auf ein Phänomen, das Sie unter Umständen bereits aus der Fotografie kennen:

Schnell vorbeiziehende Fotomotive können nur mit sehr kurzen Belichtungszeiten scharf aufgenommen werden, da sie innerhalb von Sekundenbruchteilen ihre Position drastisch verändern. Ist das Licht ungünstig oder die Geschwindigkeit extrem hoch, reicht die Verschlusszeit der Kamera nicht aus, um die Bewegung »einzufrieren«. Es entsteht eine (Bewegungs-)Unschärfe.

Bei bewegten Bildern hat diese Erscheinung jedoch noch ganz andere Auswirkungen. Da das menschliche Auge ohnehin nur die Aufnahmefähigkeit von circa 20 bis 25 Bildern in der Sekunde hat, ist der Verstand gewohnt, schnellere Bewegung als flüssig wahrzunehmen. Es entspricht also der menschlichen Sehgewohnheit, gewisse Unschärfe nicht mehr als störend zu betrachten.

Im völligen Kontrast dazu stehen computergenerierte Bilder, denn egal, mit welcher Geschwindigkeit sich ein Objekt über den Bildschirm bewegt, dank Interpolation und anderen Verfahren wird die Position jedes Pixels akkurat und ohne Fehler berechnet. Das verleiht den Bildern jedoch einen mitunter sterilen Charakter und unser Auge stört sich teilweise an der künstlichen Perfektion der Bewegungsdarstellung.

Fügen Sie jedoch im Nachgang wieder etwas Bewegungsunschärfe hinzu, nutzen Sie die Sehgewohnheiten des menschlichen Auges aus und holen etwas »Natürlichkeit« in Ihre Animation zurück. Dazu müssen Sie zunächst den Schalter der betreffenden Ebene in der Ebenenübersicht aktivieren.

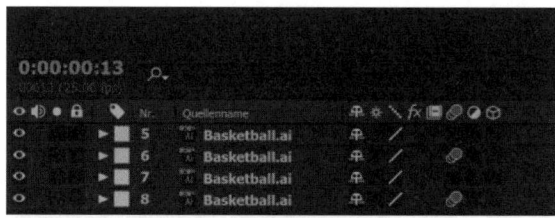

Abbildung 5.54
Die Ebenenschalter aktivieren unter anderem die Bewegungsunschärfe.

Download-Material

Begleitend zu dieser Sektion öffnen Sie die Komposition Bewegungsunschärfe aus der Datei Pfade.AEP im Download-Ordner 05.

Im Anschluss muss die Bewegungsunschärfe für die gesamte Komposition oberhalb der Ebenenübersicht aktiviert werden. Haben Sie mehrere Ebenen mit diesem rechenintensiven Verfahren in Ihrer Komposition, lässt sich die Unschärfe hier für alle Objekte gleichsam zu- und abschalten.

Abbildung 5.55
Bewegungsunschärfe der Komposition aktivieren

Jetzt kalkuliert After Effects automatisch anhand der Wertveränderung auf die Zeit gesehen eine richtungswirksame Unschärfe hinzu. Und das sowohl bei Skalierungen als auch bei Bewegungen oder Drehungen.

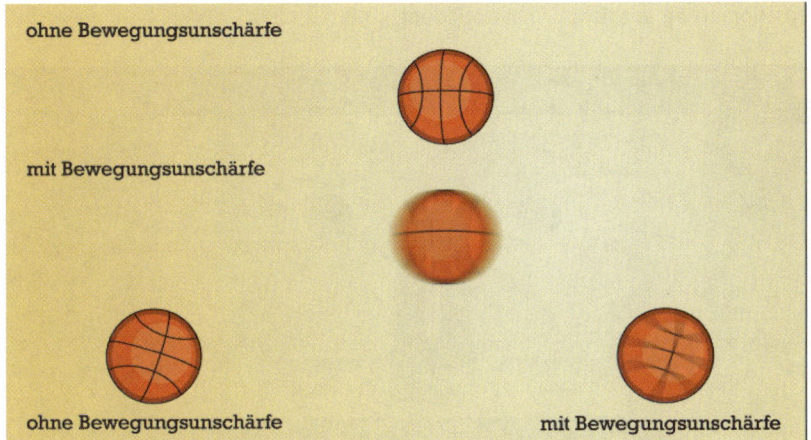

Abbildung 5.56
Unschärfe mit zwei Klicks

Die Bewegungsunschärfe wird in After Effects automatisch berechnet und kann daher nur anhand der Kompositionseinstellungen beeinflusst werden. Wechseln Sie mit [Strg]+[K] (Mac: [⌘]+[K]) in die Einstellungen und klicken Sie auf den Reiter ERWEITERT. Dort finden Sie im unteren Bereich die Parameter der Funktion und für den Fall, dass Sie mehr Unschärfe hinzufügen möchten, genügt eine Vergrößerung der VERSCHLUSSWINKEL-Eigenschaft, die von 180° bis auf 720° erhöht werden kann.

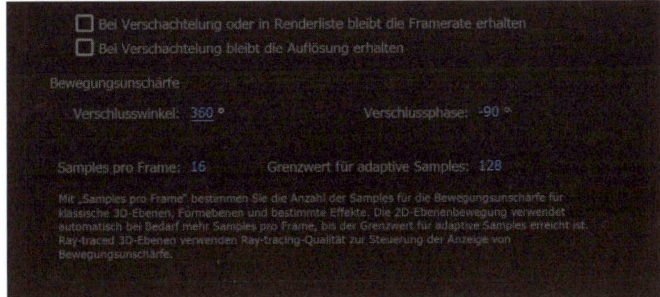

Abbildung 5.57
Einstellungen zur Bewegungsunschärfe

5.4 Workshops

Workshop: Metronom

Footage
Das Footage zum Workshop finden Sie im Download-Ordner 05	Metronom.

Im ersten Workshop versuchen Sie sich an einer grafischen Animation. Hier geht es um das Erstellen und Anpassen von Keyframes sowie den Umgang mit dem Ankerpunkt-Werkzeug. Erstellen Sie eine neue Komposition und bringen Sie das Footage hinein. Ordnen Sie die Ebenen so in der Ebenenübersicht an, dass die Positionierung aussieht wie in Abbildung 5.58.

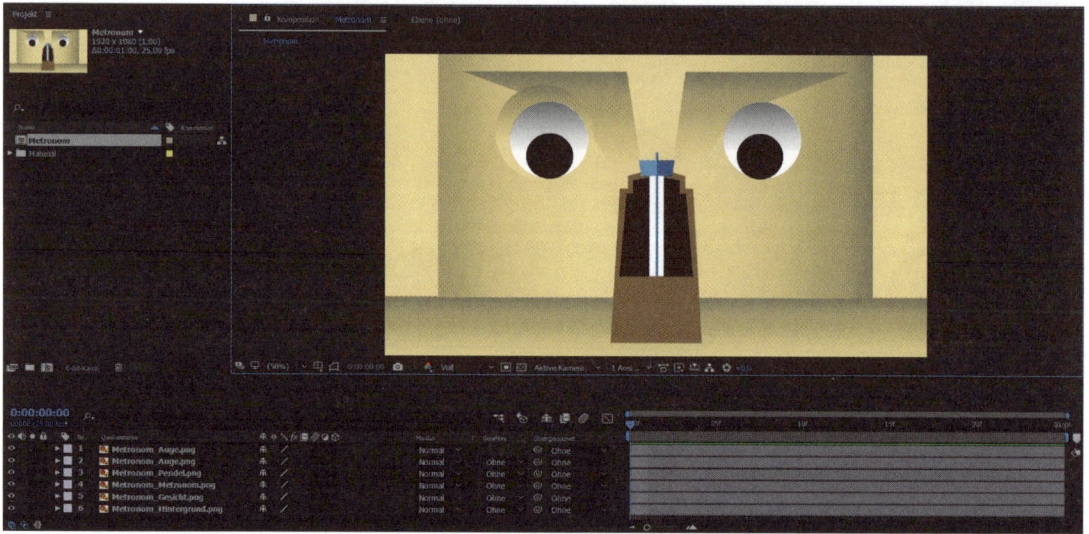

Abbildung 5.58
Komposition einrichten

Zuerst wird die Pendelbewegung animiert. Dazu rufen Sie über R die Rotationseigenschaft auf und drehen das Pendel. Ihnen wird auffallen, dass die Bewegung um den Ankerpunkt gedreht wird und so gar nicht den Anforderungen entspricht. Für die korrekte Animation des Pendels müssen Sie den Ankerpunkt des Metronoms neu positionieren, nämlich an den Fuß des Zeigers. Nehmen Sie dazu das Ankerpunkt-Werkzeug und verschieben Sie ihn entsprechend.

Abbildung 5.59
Der automatisch gemittelte Ankerpunkt passt nicht immer zu Ihrem Vorhaben.

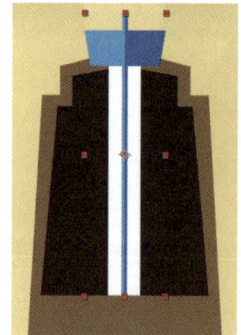 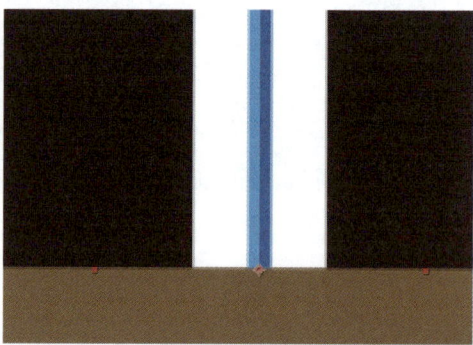

Alternativ können Sie auch über die numerische Eingabe vorgehen. Aus den Eigenschaften im Projektfenster entnehmen Sie dazu die Abmessungen und stellen den Ankerpunkt dementsprechend auf die volle Höhe des Pendels. Die geben Sie in den Transformieren-Eigenschaften ein. Drücken Sie die A-Taste und geben

Sie die Objekthöhe ein, den Ankerpunkt auf der halben Breite des Objekts lassen wir unberührt. Anschließend muss das Pendel wieder verschoben werden, sodass es wieder wie im oberen Layout beschrieben positioniert ist.

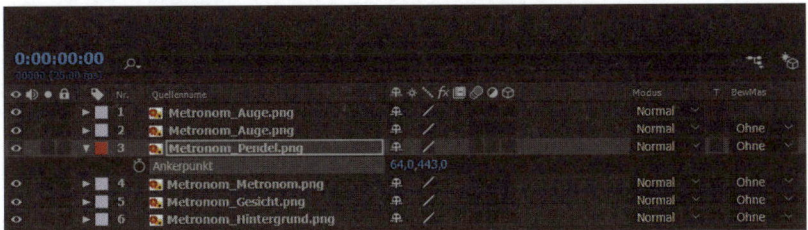

Abbildung 5.60
Die numerische Eingabe des Ankerpunkts in der Ebenenübersicht

Nun geht es an das Setzen der Keyframes, in diesem Fall wird die Rotation animiert. Das Pendel soll innerhalb einer Sekunde zwischen -30° und 30° pendeln. Setzen Sie die ersten zwei Keyframes und kopieren Sie sie anschließend. Jetzt verschieben Sie den Zeitmarkierer entlang der Zeitleiste, bis Sie zum Zeitpunkt für den nächsten Keyframe kommen, und setzen Sie die Kopien ein. Es reichen ein bis zwei vollständige Durchgänge zu Vorschau-Zwecken. Dafür legen Sie den Arbeitsbereich über der Zeitleiste so an, dass er diese zwei Ausschläge zeitlich begrenzt. Anschließend drücken Sie die Leertaste zum Start der Vorschau.

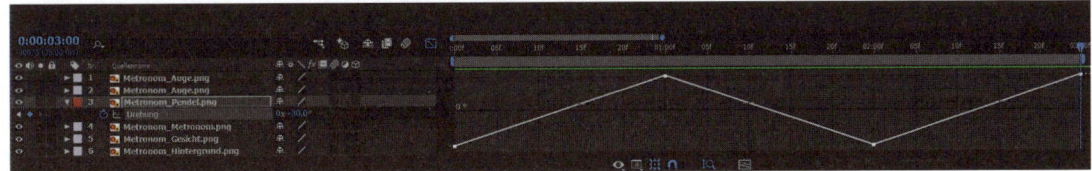

After Effects vergibt von vornherein lineare Keyframes. Wenn Sie den bisherigen Stand abspielen, sieht das Ergebnis noch nicht so recht nach einer geschmeidigen Bewegung aus. Es ist also an der Zeit, die Keyframe-Interpolation zu ändern. Markieren Sie dazu alle Schlüsselbilder und wenden Sie die Easy-Ease-Keyframes an. Drücken Sie dazu F9 . Zur Überprüfung wechseln Sie jetzt in den Diagrammeditor.

Abbildung 5.61
Lineare Keyframes sorgen für ruppige Richtungswechsel.

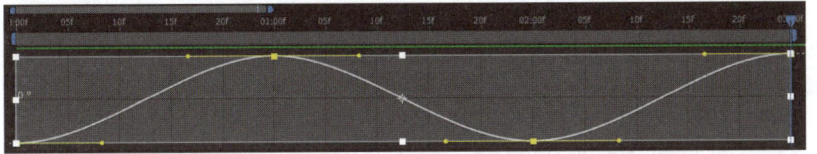

Abbildung 5.62
Nach der Anwendung von Easy-Ease-Keyframes wirkt die Animation geschmeidiger.

Ihre Geschwindigkeitskurve sollte jetzt eine weiche Kurvenform haben. Sind die Keyframes weitestgehend angepasst, markieren Sie sie wieder und kopieren sie so oft, bis die ganze Zeitleiste besetzt und das Pendel dauerhaft in Bewegung ist.

Kommen wir nun zu den Augen, die nervös dem Pendel folgen sollen. Auch hier genügt es, die Bewegung einmal zu animieren, mit weichen automatischen Bézier-Keyframes zu versehen und anschließend die Zeitleiste ausfüllend zu kopieren.

Abbildung 5.63
Die Augen werden mittels eines Bewegungspfads animiert.

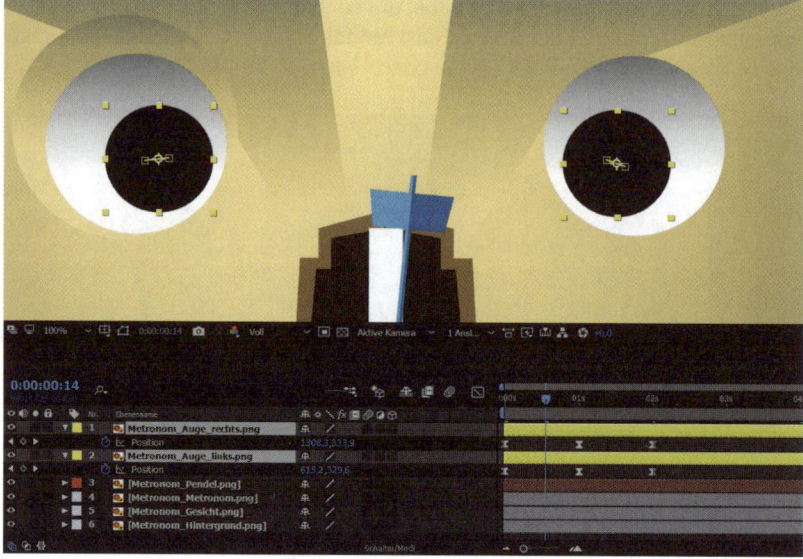

Sie können die Animation auch nach eigenem Belieben erweitern. Fügen Sie doch ein paar Augenbrauen hinzu. Erstellen Sie eine andere Augenfarbe mittels einer Farbebene oder anderer Mittel.

Workshop: Take A Ride

Footage
Das Footage zum Workshop finden Sie im Download-Ordner 05|Take_A_Ride.

In diesem Workshop geht es um die Kombination von Keyframes und Pfaden, deren Interpolation beziehungsweise um das Erstellen von Roving-Keyframes. Ebenso verwenden Sie das BEWEGUNG SKIZZIEREN- und GLÄTTEN-Fenster

Setzen wir zunächst die Ausgangsbedingungen fest. Ihre Aufgabe wird es sein, einen Motorradfahrer durch die Landschaft zu bewegen. Aus der Vogelperspektive werden Sie seinen Weg festlegen und für geschmeidige Bewegungen sorgen.

Der Hintergrund ist großzügig angelegt, erstellen Sie also eine Komposition, die genau wie das Footage, eine Abmessung von 2500 x 2500 Pixeln hat. Danach importieren Sie Rider.PNG und bringen ihn ebenfalls in die Komposition.

Als Erstes legen Sie die Route des Bikers fest. Dabei bleibt es Ihnen überlassen, welchen Weg Sie wählen. Wichtig ist nur, dass sich das Zweirad sowohl die Serpentinen des Berges entlangschlängelt als auch über die geraden Straßen brettert. Ebenso schadet es nichts, wenn der Motorradfahrer auch mal die Aussicht genießt und sein Bike stillsteht. Starten Sie erst einmal mit den Positionspunkten. Aktivieren Sie dazu das Keyframing für die Position. Ziehen Sie im Kompositionsfenster zunächst einmal das Motorrad zu den gewünschten Zeitpunkten an den Eckpunkten der Route.

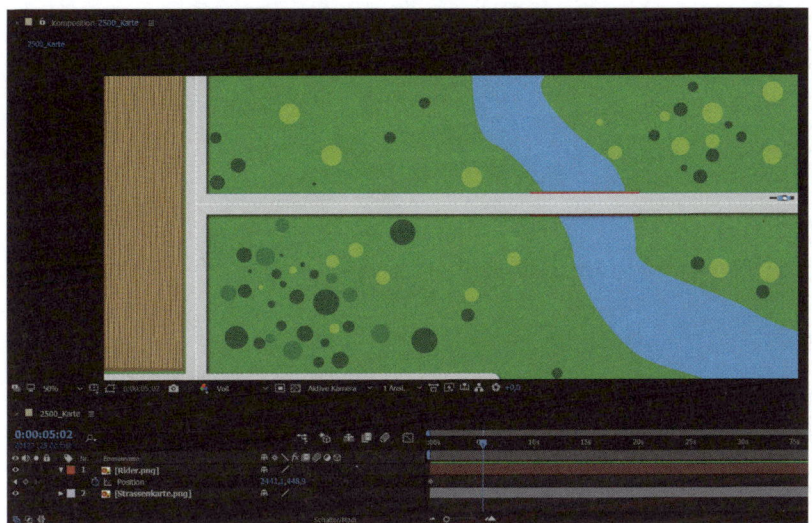

Abbildung 5.64
Bringen Sie den Motorradfahrer in die Landschaft.

Sie können jetzt natürlich jeden Keyframe der Strecke per Hand vergeben und sich so Abschnitt für Abschnitt an die Route herantasten. Da das dann nach sehr viel Arbeit klingt und Sie ja alle Werkzeuge und Funktionen von After Effects kennenlernen wollen, nutzen Sie doch an dieser Stelle die Bewegung skizzieren-Funktion. Öffnen Sie das zugehörige Fenster aus der oberen Menüleiste aus der Fenster-Kategorie und legen Sie gleich los. Stellen Sie die Option auf Hintergrund anzeigen, denn Sie wollen ja sehen, wo die Reise entlanggeht. Ein Klick auf Aufnahme beginnen genügt, und Sie ziehen das Motorrad mit der gedrückten Maustaste über die Karte. Lassen Sie die Maustaste los, stoppt der Vorgang und Sie sehen einen Bewegungspfad in Ihrer Komposition.

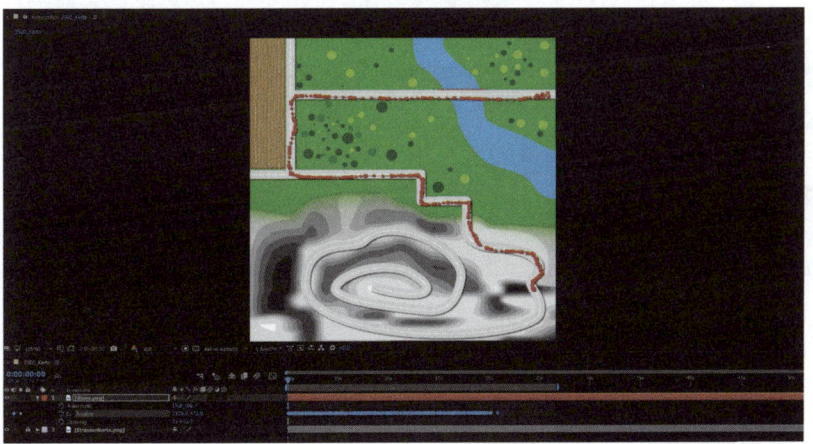

Abbildung 5.65
Das Ergebnis der Bewegungsskizze

Falls Sie, wie in diesem Fall, nicht alle Keyframes Ihres Bewegungspfads sehen, checken Sie unter den Voreinstellungen nochmals die Anzeigeoptionen für Bewegungspfade.

Abbildung 5.66
Jetzt sind alle Pfadpunkte zu sehen.

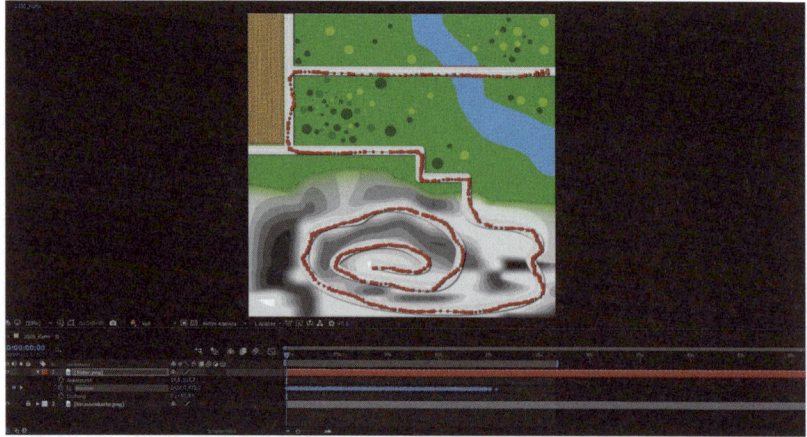

Zunächst werden Sie feststellen, dass die Automatik eine große Anzahl an Keyframes erzeugt hat und die Korrektur eines jeden einzelnen mehr als nur eine Zeitfrage ist. Ziehen Sie also das GLÄTTEN-Fenster zurate und bereinigen Sie den ausladenden Bewegungspfad.

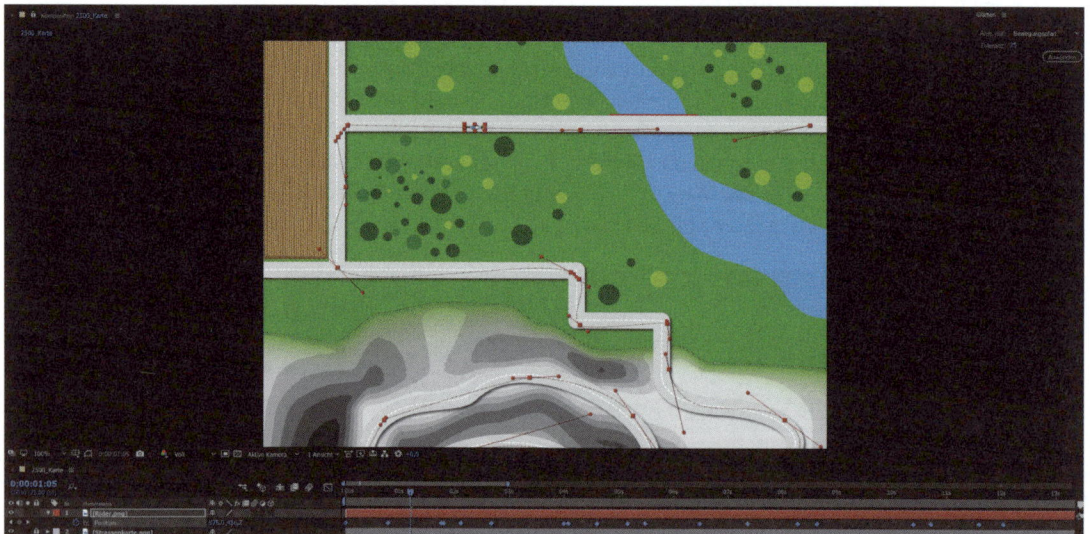

Abbildung 5.67
Pfad aufräumen

In diesem Fall hilft eine Glättungsstufe von 25, um eine überschaubare Anzahl an Keyframes zu erhalten. Nachträglich können Sie immer noch einzelne hinzufügen. Jetzt ist es an der Zeit für eine erste Vorschau.

Die Bewegung sieht gut aus, aber spätestens an der ersten Kurve werden Sie feststellen, dass Sie wohl zusätzlich zur Animation der Position auch noch ein paar Keyframes für die Rotation setzen werden. Nun, auch in diesem Fall nutzen Sie wieder ein kleines automatisiertes Hilfstool, diesmal ist es die AUTOMATISCHE AUSRICHTUNG, die Sie mit [Strg]+[Alt]+[O] (Mac: [⌘]+[⌥]+[O]) aufrufen und aktivieren.

5.4 Workshops

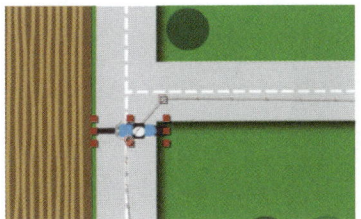 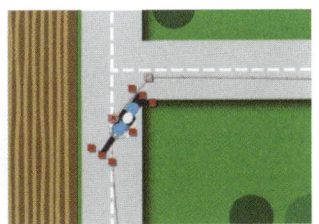

Abbildung 5.68
Links ohne, rechts mit aktivierter automatischer Orientierung

Nachdem dieses Problem behoben wurde, können Sie nun weiter die Geschwindigkeiten und den Bewegungspfad anpassen. Auch hier geht es darum, sich Kurve um Kurve oder Passage durch die Animation zu testen. Hier zählt das, was dem Auge gefällt. Daher kein Patentrezept, sondern Trial-and-Error. Vergleichen Sie aber ruhig das eigene Projekt mit der Workshop-Datei.

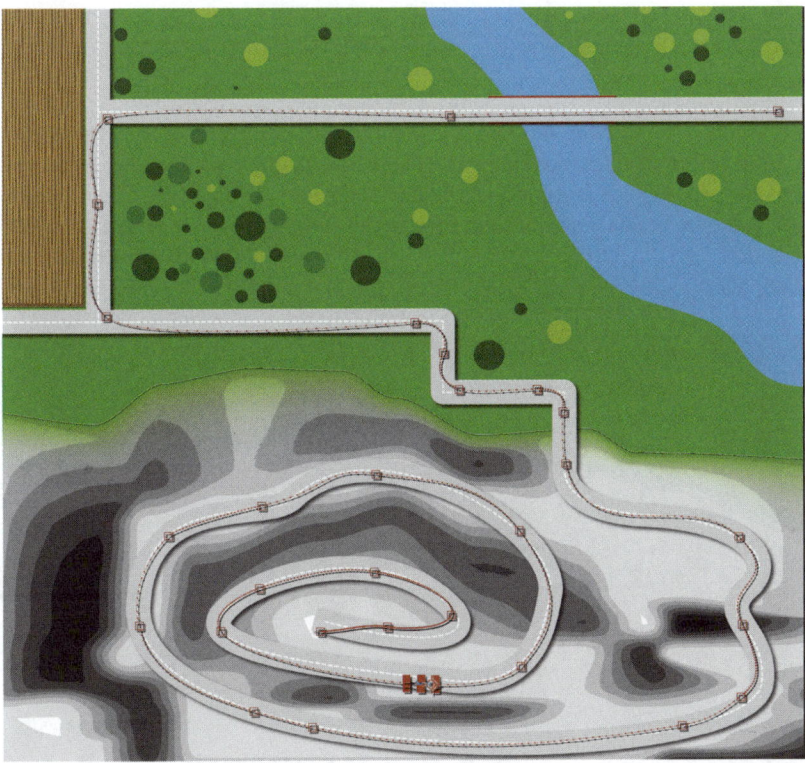

Abbildung 5.69
Der finale Bewegungspfad

Da die Auflösung wenig abspielfreundlich ist, folgt noch ein letzter Schritt. Schließlich möchten Sie keinem Player ein quadratisches 2500x2500-Pixel-Format zumuten. An dieser Stelle simulieren Sie eine Kamerafahrt, indem Karte und Motorrad in eine Unterkomposition gepackt werden und danach die Position der Unterkomposition verschoben wird.

Kapitel 5
KEYFRAMES UND PFADE

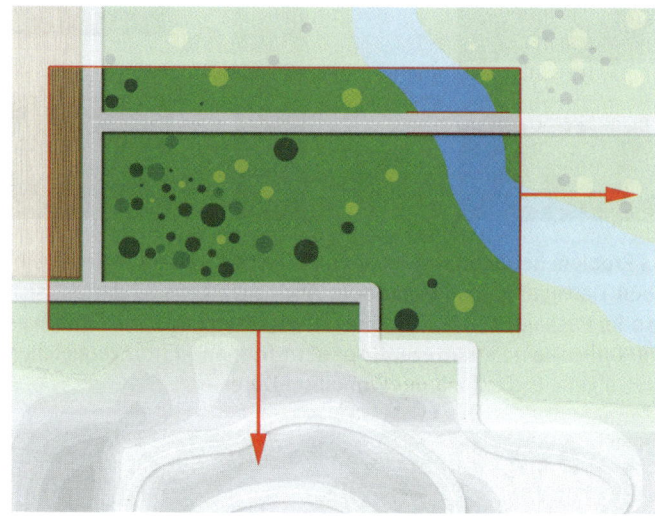

Abbildung 5.70
Kameraausschnitt wird durch die Position der Unterkomposition animiert.

Also erstellen Sie eine neue Komposition, diesmal mit 1280 x 720 Pixeln, und bringen die große Komposition darin unter. Verschieben Sie jetzt die Unterkomposition, bis Sie das Motorrad gefunden haben, und verfolgen Sie dessen Bewegung, indem Sie die Positionseigenschaft der Unterkomposition animieren. Verwenden Sie auch hier gleichmäßige Bézier-Keyframes, sowohl zeitlich als auch räumlich.

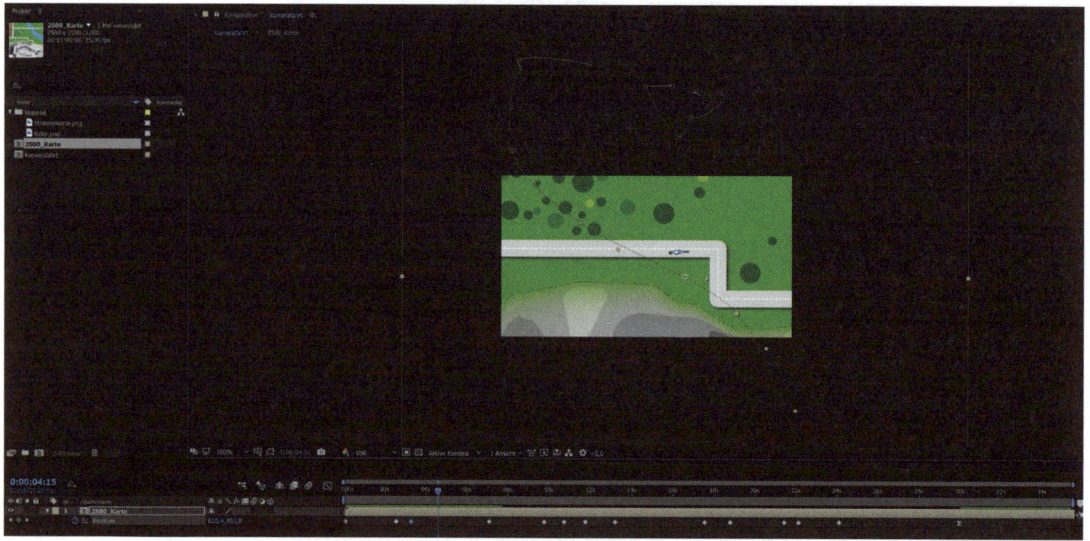

Abbildung 5.71
Die Kamerafahrt sollte ebenso weich animiert werden.

Auch in diesem Fall helfen der Diagrammeditor und ein paar automatische Bézier-Keyframes, sowohl für das Timing als auch den Bewegungspfad, um die Kamerafahrt so geschmeidig wie möglich zu gestalten.

… Kapitel **6**

Vorschau

Timing ist im Bereich der Animation von größter Wichtigkeit. Die Arbeit mit Keyframes erfordert ein ständiges Überprüfen und Anpassen der zeitlichen Interaktion von Bildmaterial und Effekten. Selbstverständlich unterscheidet sich der Vorschau-Prozess vom Betrachten eines Videoclips. Alle Einstellungen, Effekte und Materialien müssen zunächst berechnet werden, bevor After Effects eine Komposition in Echtzeit anzeigen kann.

In älteren After-Effects-Versionen war noch ein Vorrendern nötig. Währenddessen durften Sie keine Änderungen im Programm mehr vornehmen, sonst stoppte die Vorschauberechnung umgehend und der Rendervorgang musste erneut gestartet werden.

Mittlerweile haben die Entwickler bei Adobe dieses Verhalten geändert und sind dem Wunsch der Nutzer nach einem schnelleren und effektiven Workflow gefolgt. Nun ist eine flüssige Wiedergabe möglich, während der Sie Anpassungen vornehmen können, die dann in den Abspielprozess mit einfließen und durchweg kalkuliert werden, während die Vorschau läuft.

Nichtsdestotrotz steht und fällt die Performance der Vorschau mit der Leistungsstärke Ihres Systems. Auf den nächsten Seiten erfahren Sie, wie After Effects ein wenig unter die Arme gegriffen werden kann und Sie möglichst viel Zeit und Ressourcen bei Ihrer Arbeit sparen können.

6.1 Rendern

An dieser Stelle möchte ich noch einmal kurz auf den Begriff Rendern eingehen, da Sie sich an einigen Stellen vielleicht gefragt haben, was sich eigentlich dahinter versteckt. After Effects, genau wie andere Compositing- oder 3D-Programme auch, ist eine Software, die mithilfe von Mediendateien oder anderen Daten sowie vielen Algorithmen neue (bewegte) Bilder generiert. Daher nennt man diesen Vorgang auch **Bildsynthese**, das dabei entstehende Produkt wird oftmals auch als Rendering oder auch als Render bezeichnet.

Es ist unerheblich, ob Sie eine Vorschau erstellen oder ein Projekt ausgeben möchten, selbst Ihre statische Vorschau musste vorher gerendert werden. Das Programm muss Frame für Frame alle Anweisungen, Änderungen und Effekte mittels eines Rendervorgangs für jedes Einzelbild berechnen. Diese werden dann entweder temporär oder final gespeichert. After Effects geht dabei schichtweise vor, beginnt bei der untersten Ebene und fügt dann nach und nach alle weitere Bildinhalte und Effekte der Ebenen-Hierarchie folgend zu einem Gesamtbild, bevor das Programm beim nächsten Frame erneut beginnt.

Kapitel 6
VORSCHAU

Die Dauer eines Rendervorgangs hängt von der Komplexität Ihres Projekts ab und kann einige Zeit in Anspruch nehmen. Da Sie aber während der Arbeit nicht immer den vollen Umfang Ihres Projekts in der Vorschau benötigen, ist es wichtig zu wissen, wie Sie Ihre Vorschau-Zeiten klein halten.

6.2 Vorschau

Durch Drücken der Leertaste wird die einfache Vorschau gestartet. Bei einfachen Kompositionen und leistungsstarken Systemen sehen Sie neben dem Preview im Kompositionsfenster, dass der Zeitanzeiger (roter Fadenstrich) im Zeitfenster in Echtzeit durchläuft und abspielt. Währenddessen bildet sich zwischen dem Zeitlineal und den Ebenen ein grüner Ladebalken, der Ihnen zeigt, welche Frames bereits gerendert und im Arbeitsspeicher, und somit für die Echtzeitwiedergabe, verfügbar sind. Mitunter kann es jedoch sein, dass Ihre Komposition zu anspruchsvoll ist, als dass After Effects während der Wiedergabe ausreichend Zeit zum vorgezogenen Rendern hat. Die Wiedergabe stockt und wird deutlich langsamer.

Als Adobe die Möglichkeit zur Echtzeitwiedergabe der Vorschau integriert hat, wurde auch die Steuerung des Previews vielseitiger gestaltet. Es stehen mehrere Optionen zur Auswahl, die sich im VORSCHAU-Fenster verstecken. Drücken Sie [Strg]+[3] (Mac: [⌘]+[3]), wird es geladen beziehungsweise zur maximalen Größe aufgeklappt.

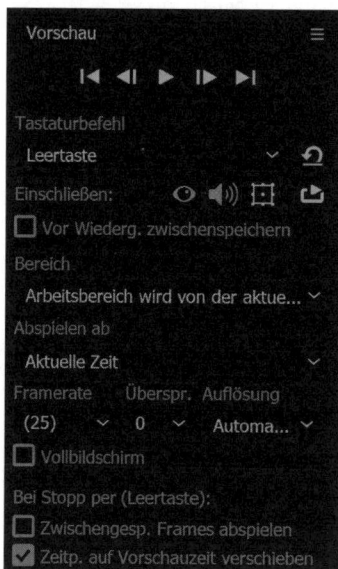

Abbildung 6.1
Die VORSCHAU-Palette

Hier sehen Sie zunächst die Wiedergabesteuerung, die Ihnen bereits aus anderen Programmen vertraut sein wird. Zwar können Sie die Buttons mit der Maus bedienen, aber ich empfehle Ihnen nochmals, die zugehörigen Tastenkürzel `Bild↑` und `Bild↓` für das frameweise Verschieben des Zeitanzeigers zu verwenden. `Pos1` und `Ende` bringt Sie an den In- beziehungsweise Out-Point des Arbeitsbereichs.

Darunter lassen sich jetzt die verschiedenen Vorschauoptionen konfigurieren sowie definierten Tastenkombinationen zuordnen. Im Dropdown-Menü unter TASTATURBEFEHL sehen Sie, dass Sie insgesamt sechs verschiedene Vorschau-Arten konfigurieren können.

Diese sind bereits standardmäßig vordefiniert, lassen sich aber individuell anpassen. Unter EINSCHLIESSEN legen Sie fest, ob Sie Bild, Ton sowie Hilfslinien oder Ähnliches bei der Vorschau berücksichtigen möchten oder nicht. Rechts daneben können Sie zwischen einmaliger und wiederholender Wiedergabe wechseln.

VOR WIEDERGABE ZWISCHENSPEICHERN legt fest, ob vor der Wiedergabe bereits Frames berechnet werden. Diese Option sollten Sie aktivieren, wenn Sie eine möglichst flüssige Vorschau sehen möchten und auf das Vorladen warten können.

Unter BEREICH legen Sie fest, ob Sie bei der Wiedergabe den Arbeitsbereich oder die gesamte Komposition berücksichtigen wollen. Da der Sinn hinter dem Arbeitsbereich aber genau diese zeitliche Eingrenzung der Wiedergabe ist, sollten Sie auch dieses Setting so belassen. ABSPIELEN AB legt den Start der Wiedergabe fest.

Haben Sie ein komplexes Projekt vor sich, kann es mitunter helfen, die Qualität Ihres Previews aus Zeitersparnis zu reduzieren und dadurch den Vorschauvorgang zu beschleunigen. Unter FRAMERATE können Sie die Anzahl der zu berechnenden Bilder reduzieren. Besser ist da die ÜBERSPRINGEN-Funktion, die konsequent einzelne oder gleich mehrere Frames bei der Vorschau überspringt. Schließlich darf die Reduzierung der AUFLÖSUNG ebenfalls zur kurzzeitigen Beschleunigung der Arbeitsgeschwindigkeit ihren Beitrag leisten.

Eine sehr nützliche Funktion ist der VOLLBILDSCHIRM. Hierbei wird während der Wiedergabe das Kompositionsfenster isoliert dargestellt. Haben Sie vorher die Anzeigegröße AUF BIS ZU 100% VERGRÖSSERN gewählt, so nutzt die Vollbildschirm-Funktion optimal den Platz. Jetzt lenken Sie keine anderen Paletten mehr ab und Sie können sich auf das Preview konzentrieren.

Tipp

Belegen Sie bei rechenintensiven Projekten eine der Vorschaufunktionen mit der Überspringen- und/oder geringerer Auflösung sowie eine Vorschau mit der Vollbildfunktion zur Präsentationszwecken.

Zuletzt können Sie BEI STOPP das Verhalten Ihres Previews beim erneuten Drücken des Tastenbefehls steuern. Setzen Sie einen Haken hinter ZEITP. AUF VORSCHAUZEIT VERSCHIEBEN, startet die nächste Vorschau an der Stelle, an der Sie die letzte unterbrochen haben.

6.3 Cache

Um die Leistung bei der Wiedergabe zu erhöhen, werden die berechneten Einzelframes in After Effects in den Zwischenspeicher, auch Cache genannt, geladen. Bei der Vorschau werden diese dann wieder aus diesem geholt und angezeigt.

Das läuft zunächst über den RAM-Speicher Ihres Systems. Beim Durchlaufen einer Vorschau werden die Frames in den temporären Speicher geladen und stehen dort zur Echtzeitwiedergabe zur Verfügung. Visuell wird das anhand des grünen Balkens in der Zeitleiste dargestellt.

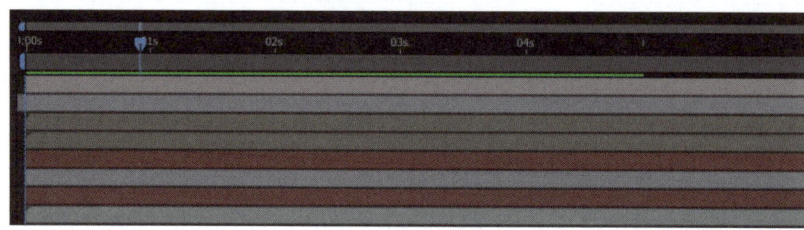

Abbildung 6.2
Frames im RAM sind zur Vorschau-Wiedergabe bereit.

Wird After Effects beendet, leert sich auch der RAM-Speicher und die gespeicherten Frames werden gelöscht. Öffnen Sie ein Projekt erneut, müssen auch die Frames zu Vorschauzwecken erneut berechnet und in den Arbeitsspeicher geladen werden.

Hier setzt das zweite Caching-Prinzip von After Effects ein, die Verwendung des Disk-Cache. Einmal gerenderte Einzelframes gehen dabei nicht verloren, sondern werden aus dem RAM-Speicher heraus auf der Festplatte abgelegt. Hier verbleiben sie auch, bis sie erneut abgerufen werden. Solche im Disk-Cache befindlichen Frames werden übrigens anhand eines blauen Balkens in der Zeitleiste dargestellt. Für die Echtzweitwiedergabe müssen jedoch auch diese Frames erst wieder in den RAM-Speicher geladen werden.

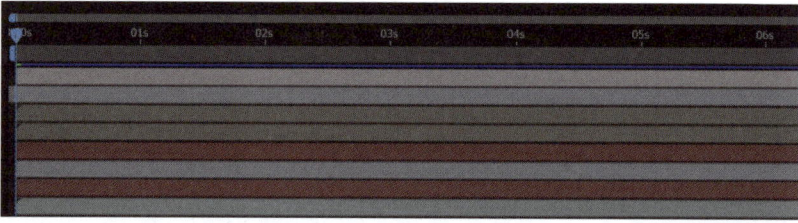

Abbildung 6.3
Frames aus dem Disk-Cache werden blau angezeigt.

Per Voreinstellung ist der Disk-Cache aktiviert und lässt sich unter BEARBEITEN|VOREINSTELLUNGEN|MEDIEN- UND DISK-CACHE kontrollieren und bei Bedarf (und entsprechendem Platz) erweitern.

> **Tipp**
> Der Disk-Cache sollte wenn möglich auf einem schnellen Laufwerk liegen, auf dem das Rohmaterial nicht gespeichert ist.

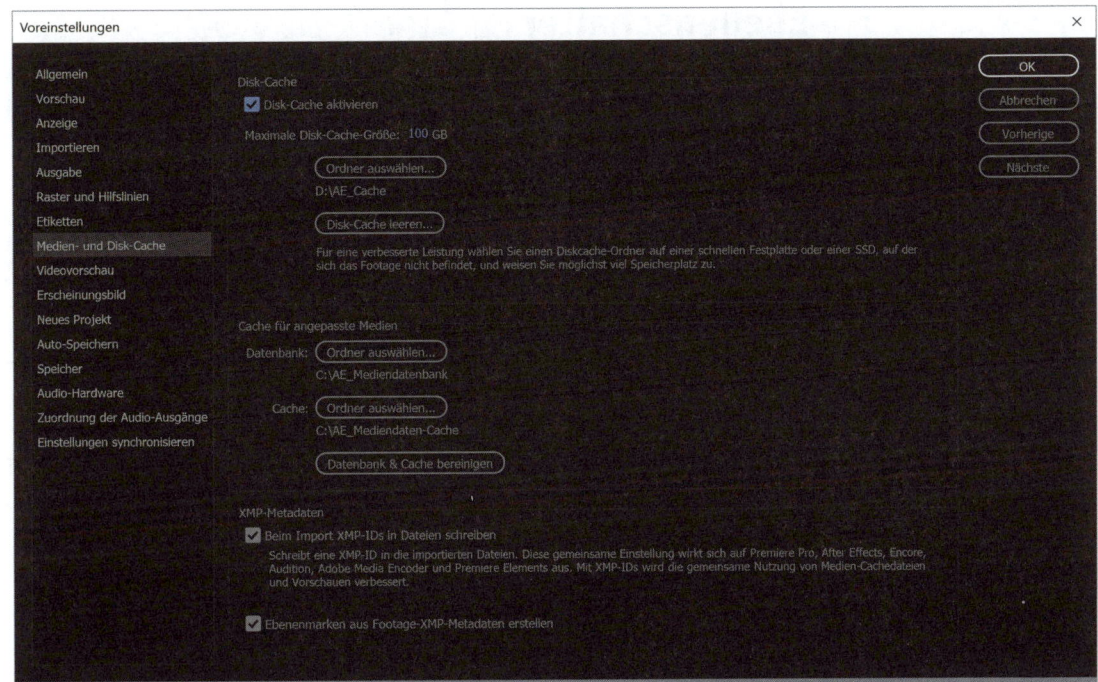

Der Medien-Cache ist ebenfalls dazu da, gewisse programminterne Arbeitsabläufe zu beschleunigen, indem einmal in After Effects importierte Medien auf Ihrem Computer in eine Art Datenbank-Cache geladen werden und daraus wieder abgerufen werden können.

Unter den Voreinstellungen lassen sich auch DATENBANK & CACHE BEREINIGEN. Schleichen sich Rendering-Fehler ein oder fehlt Ihnen Platz auf Ihrer Partition, ist das ein erster Schritt, um Ihr System wieder etwas »schlanker« zu machen.

Abbildung 6.4
Der Medien- und Disk-Cache trägt zur Beschleunigung Ihres Systems bei.

6.4 Praktische Tipps zur Verbesserung der Performance

Prinzipiell ist der beste Tipp zur Verbesserung der Performance ein leistungsstärkeres System. Animation und Postproduktion ist nun mal ein Arbeitsbereich, in dem Geschwindigkeit und Leistungsstärke hauptsächlich durch solide Hardware erzeugt werden.

Abbildung 6.5
Der beste Freund des Kreativen – der Ladebalken

Dennoch gibt es ein paar Tricks und Einstellungen, die Ihre Arbeit beschleunigen und Ihren Geldbeutel unberührt lassen.

Ebenenschalter

Nutzen Sie den Solo-Schalter für Ihre Vorschauen und blenden Sie Ebenen, die keinen oder kaum Einfluss haben, vorerst aus. Zur finalen Beurteilung in einer Test-Renderdatei schalten Sie sie wieder hinzu.

Abbildung 6.6
Ebenenschalter

Haben Sie die Frame-Überblendung oder die Bewegungsunschärfe aktiviert? Nun, diese Effekte sehen gut aus, benötigen aber wertvolle Rechenressourcen, die sich unter Umständen temporär an anderer Stelle sinnvoller nutzen lassen. Deaktivieren Sie also diese Optionen, entweder für alle Ebenen über die Master-Ebenenschalter oder zumindest für einzelne Ebenen in der Ebenenübersicht. Vor dem finalen Rendering müssen diese Schalter wieder aktiviert werden, daher sollten Sie davor unbedingt sicherheitshalber noch einmal diese Einstellungen checken.

Arbeiten Sie im dreidimensionalen Raum, können Sie ebenfalls mit dem 3D-Entwurf-Schalter die rechenintensiven Funktionen abschalten, wie beispielsweise Licht, Schatten und Tiefenunschärfe.

Im Kompositionsfenster

Sehr effizient ist die Steuerung des Ansichtsverhaltens im Kompositionsfenster. Das sogenannte Einblendmenü AUFLÖSUNG/VERKLEINERUNGSFAKTOR bietet die Option der Reduzierung der Vorschauqualität, analog zur Vorschau-Palette, nur eben für die statische Vorschau des Kompositionsfensters. Hier können Sie mal eben die Qualität auf ein Viertel senken, was sich schnell und deutlich bemerkbar macht.

Abbildung 6.7
Reduzieren Sie die Auflösung, um anspruchsvolle 3D-Effekte auch in der statischen Vorschau zu betrachten.

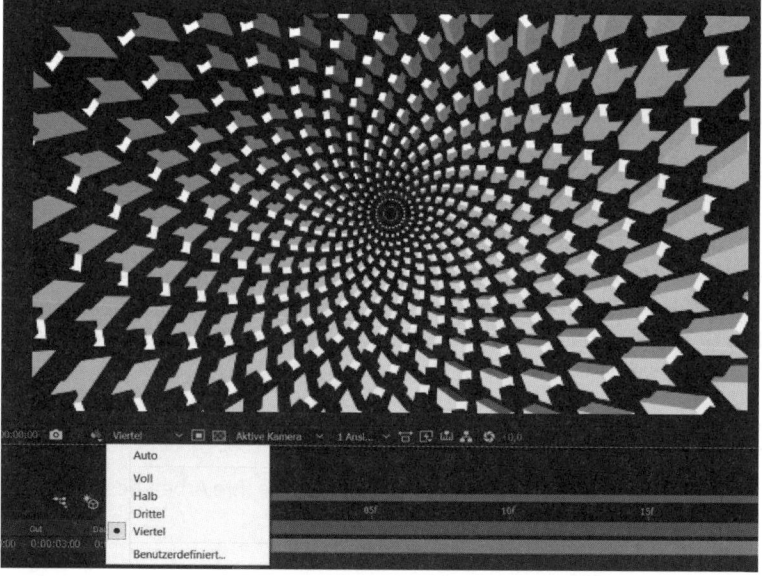

6.4 Praktische Tipps zur Verbesserung der Performance

Liegt das Hauptaugenmerk Ihrer Arbeit auf einem bestimmten Teilbereich Ihrer Komposition, können Sie durch einen Klick auf den Button RELEVANTER BEREICH ein Fenster über Ihrer Leinwand aufziehen und den interessanten Bereich temporär isolieren.

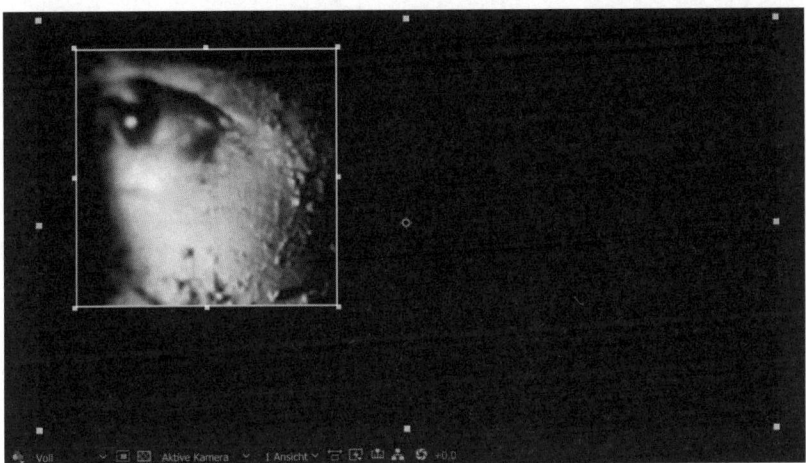

Abbildung 6.8
Relevanter Bereich

Und zu guter Letzt noch die SCHNELLE VORSCHAU. Diese beeinflusst die Darstellung in Ihrem Kompositionsfenster abermals. Ist die Einstellung auf AUS, wird Ihr Computer jeden Frame mit der vollen Qualität berechnen, auch wenn Sie in der Zeitleiste hin- und herscrubben. Die ADAPTIVE AUFLÖSUNG wird das Bild herunterrechnen, sobald der Zeitmarkierer bewegt wird. Kommt er zum Stehen, wird natürlich wieder die Qualität der statischen Anzeige gewählt. Die Optionen ENTWURF und SCHNELLER ENTWURF helfen vor allem bei der Verwendung des Ray-traced 3D-Renderers, die Vorschau zu beschleunigen, indem sie beispielsweise die Qualität des verwendeten Raytracings reduzieren.

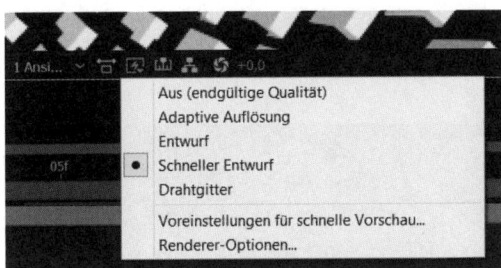

Abbildung 6.9
SCHNELLE VORSCHAU-Optionen

Das Drahtgitter ist denjenigen eine Hilfe, die es besonders eilig haben und eine gute Vorstellungskraft besitzen. Dieser Modus ist wenig geeignet, um sich ein Bild der Animation zu machen, und ist daher in den seltensten Fällen anwendbar.

Kapitel 6
VORSCHAU

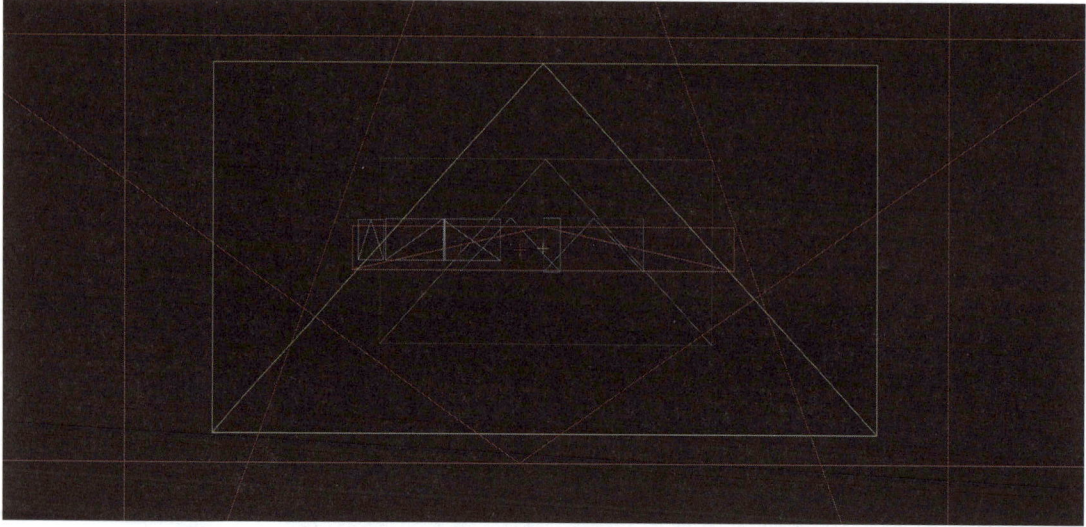

Abbildung 6.10
Zur ganz schnellen (und groben) Vorschau hilft die Drahtgitter-Darstellung.

Voreinstellungen

Unter den VOREINSTELLUNGEN können Sie ebenfalls den einen oder anderen Zugewinn in puncto Performance erzielen. Die Voreinstellungen finden Sie in der oberen Menüleiste unter BEARBEITEN oder mit Strg+Alt+; (Mac: ⌘+⌥+;).

Wechseln Sie zunächst in den Reiter VORSCHAU, finden Sie die Qualität der ADAPTIVEN AUFLÖSUNG. Diese reguliert die Rechensamples in der schnellen Vorschau, von 1/2 als beste bis zu 1/16 als verlustreichste, aber auch ressourcenschonendste Option. Ebenso hilfreich sind die Settings zur QUALITÄT DER ANZEIGE, wo Sie zwischen SCHNELLER und GENAUER für ZOOM und FARBMANAGEMENT-QUALITÄT wählen können. Um einzuschätzen, wie stark sich der Unterschied bemerkbar macht, sollten Sie ein paar Testläufe mit den unterschiedlichen Einstellungen vornehmen.

Abbildung 6.11
In den Voreinstellungen kitzeln Sie noch ein wenig aus der Vorschau heraus.

6.4 Praktische Tipps zur Verbesserung der Performance

Sollten Sie After Effects neu installiert haben, lohnt sich ebenso ein Blick in die SPEICHER-Kategorie unter den VOREINSTELLUNGEN. Hier weisen Sie die Arbeitsspeicherverteilung Ihres Computers an. Vergeben Sie den Adobe-Produkten so viel wie möglich, der minimale Speicher für die restlichen Systemanwendungen wird ohnehin auf 1,5 GB begrenzt.

Abbildung 6.12
After Effects sollte mit maximal möglichem RAM-Speicher laufen.

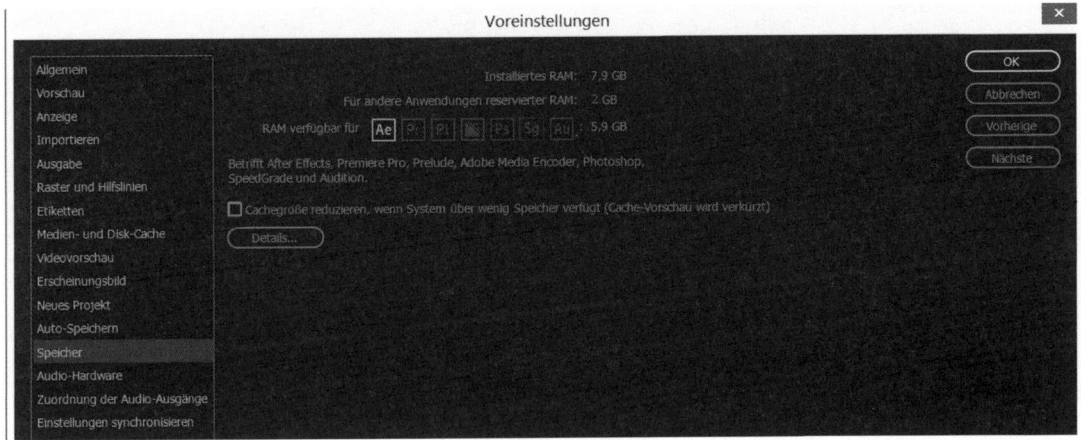

Proxys einsetzen

In Kapitel 3 haben Sie bereits von der Verwendung der Stellvertreter gelesen, die den Umgang vor allem mit rechenintensivem Footage erleichtern. Zumeist lohnt sich dieser Workaround bei hoch komprimiertem oder aufgelöstem Videomaterial.

Packen Sie die Ausgangsdateien in After Effects oder den Media Encoder und erstellen Sie verkleinerte Versionen. Bei 4K-Material darf es schon einmal ein Viertel der Qualität sein, immerhin ist das immer noch Full HD. Ersetzen Sie sogleich das Original-Footage in Ihrem Projekt mit den Stellvertretern, mit denen Sie jetzt reibungsloser zu Werke gehen können, vergessen Sie aber nicht, am Ende vor der Ausgabe die Originale zu aktivieren.

Kapitel 7

Compositing

Adobe After Effects ist ein vielseitiges Tool, die Wurzeln der Software liegen ganz klar im Bereich der **Visual Effects** (VFX) und des **Compositings**. Wobei Spezial- oder visuelle Effekte noch relativ greifbare Begriffe sind, doch was ist eigentlich Compositing? Nun, die Aufgabe eines Compositors ist es, aus verschiedenen Bild- und Videoelementen glaubhafte Spezialeffekte und Bildkompositionen zu kreieren und diese dazu auch noch so glaubwürdig wie möglich zu gestalten.

In diesem Kapitel beschäftigen wir uns mit den Grundlagen der Bildzusammensetzung, bevor wir uns der bunten Welt der Effekte zuwenden. Denn diese erzeugen meist bessere Ergebnisse, wenn Sie in der Lage sind, zu steuern, auf welchen Ebenen und in welchen Teilen des Bildes das Effektfeuerwerk stattfindet.

Daher werden Sie sich auf den folgenden Seiten auch mit einigen weniger liebsamen Disziplinen der Postproduktion beschäftigen müssen. Doch keine Sorge, was jetzt noch etwas langwierig und unspektakulär klingt, ist mit den richtigen Werkzeugen an der Hand eine Leichtigkeit.

Eine der Hauptaufgaben im Alltag eines Compositors ist das Kombinieren von Videomaterial, 3D-Elementen und weiteren Elementen. Dafür sind zunächst einige Voraussetzungen zu schaffen. Um (bewegte) Bilder miteinander zu kombinieren, müssen gewisse Teilbereiche freigestellt sein. Nicht immer liegen konkrete Transparenzinformationen vor, daher ist es in der alltäglichen Arbeit eines Postproduktionshauses gang und gäbe, aus gefilmtem Material als Allererstes die gewünschten Elemente für die Weiterverarbeitung freizustellen.

Abbildung 7.1
Gutes Compositing ist nur durch geschickten Einsatz mit Transparenzen möglich.

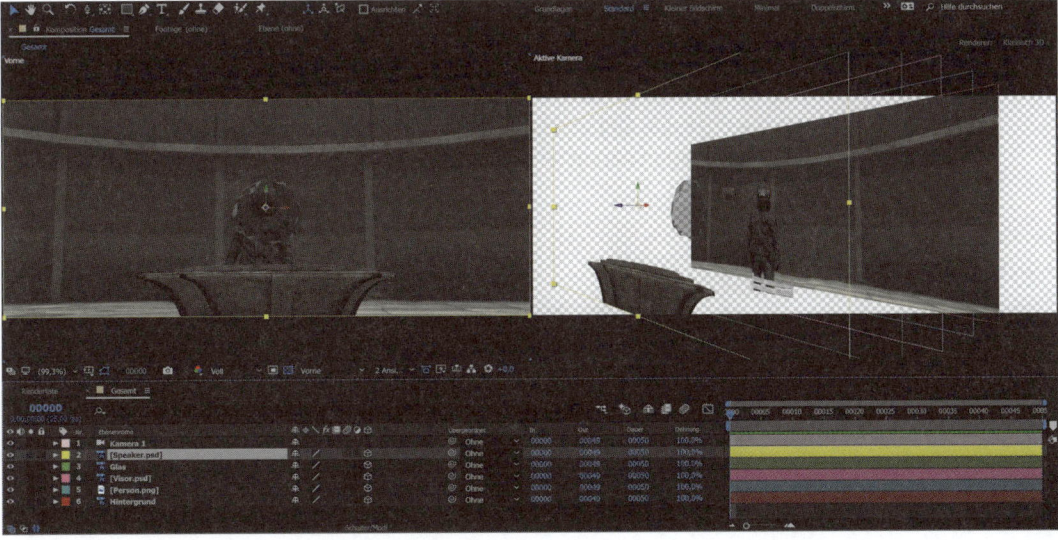

7.1 Transparenz

Gerasterte Dateien, genauer ausgedrückt gerasterte Bilddateien, wozu auch Videodateien gehören, besitzen immer eine vorgegebene Auflösung in Breite und Höhe. Innerhalb dieses Rasters haben alle Bildpunkte einen konkreten Farbwert in den Farbkanälen gespeichert, über die gesamte Ausdehnung hinweg. Damit Sie trotzdem nicht nur mit Rechtecken arbeiten müssen, kann ein Bildpunkt nicht nur in seiner Helligkeit und Farbigkeit beeinflusst werden, sondern auch in seiner Sicht- und vor allem Unsichtbarkeit. Transparenz wird auf unterschiedlichen Wegen erzeugt, wobei an dieser Stelle die wichtigsten aufgeführt sind:

- Alphakanal
- Matten
- Masken

Auf den folgenden Seiten werden Sie die einzelnen Varianten genauer kennenlernen.

7.2 Alphakanal

Download-Material

Begleitend zu dieser Sektion öffnen Sie die Komposition Alphakanal aus der Datei Alpha.AEP im Download-Ordner 07.

Der **Alphakanal** ist ein zusätzlicher in einer Bild- oder auch Videodatei gespeicherter Kanal, der die Transparenz oder Blickdurchlässigkeit der Bildpunkte festlegt. Er speichert die Werte, genau wie die Farbkanäle auch, entsprechend der Bittiefe der Datei ab. Also haben Sie in einem 8-Bit-Bild 256 Transparenzabstufungen, bei 16 Bit schon 65.536 Abstufungen. Zur Veranschaulichung kann der Alpha-Kanal in der Form eines Schwarz-Weiß-Bildes abgespeichert beziehungsweise dargestellt werden. Die weißen Bildbereiche sind durchlässig, das heißt, an diesen Stellen werden die restlichen drei RGB-Kanäle angezeigt. Je dunkler die Graustufen werden, desto weniger Deckkraft hat der Bildinhalt an diesen Stellen. Ist der Alphakanal rein schwarz, so wird an diesen Punkten keinerlei Bildinformation dargestellt.

Abbildung 7.2
Drei Farb- und ein Alphakanal – das freigestellte Objekt

Doch leider ist Alphakanal nicht gleich Alphakanal. Das hängt hauptsächlich mit der Arbeitsweise des Programms zusammen, mit dem der Alphakanal erzeugt wurde. Im Prinzip gibt es zwei Varianten, den direkten und den integrierten Alphakanal.

Abbildung 7.3
Alpha-Interpretation

Der große Unterschied liegt in der Speicherung der Alpha-Information im Rohmaterial selbst. Ist ein direkter Alphakanal gewählt, wird die Transparenz ausschließlich in eben jenem gespeichert.

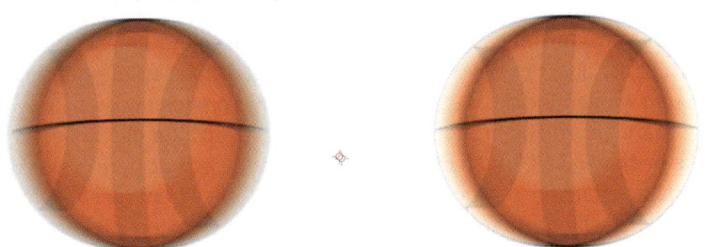

Abbildung 7.4
Links der direkte Alphakanal, rechts die integrierte Variante

Der integrierte Alphakanal speichert die Transparentinformationen sowohl im Alpha- als auch in den drei Farbkanälen, die durch eine Hintergrundfarbe maskiert werden. Durch eine falsche Interpretation dieses Alphas kann es zu Darstellungsfehlern in den halbtransparenten Bildkanten kommen. Sind Sie sich nicht sicher, um welche Art von Alphakanal es sich handelt, klicken Sie im FOOTAGE INTERPRETIEREN-Dialog auf ERMITTELN.

7.3 Masken

Die Arbeit mit Masken ist so alt wie das Compositing selbst. Ursprünglich waren Masken einfache Formen, die oftmals schon beim Filmdreh verwendet wurden und während der Aufnahme Teilbereiche des Bildes vor der Linse komplett verdeckten. Im anschließenden Compositing wurde der Filmstreifen wiederum mit weiteren Masken verdeckt, sodass an den freigestellten Bereichen weitere Film- oder Bildelemente hinzugefügt werden konnten. In den Lichtkammern wurden so Schicht für Schicht Spezial-Effekte umgesetzt. Heute ist die Anwendung von

Kapitel 7

COMPOSITING

Masken wesentlich einfacher, hat sich aber den Grundcharakter des ursprünglichen Werkzeugs behalten. In After Effects werden Masken anhand des Formen- beziehungsweise des Zeichenstift-Werkzeugs gebildet und liegen in Vektorform vor.

Masken erstellen

Abbildung 7.5
Eine grobe Garbage-Maske verdeckt unwichtige Bildteile.

Um eine Maske anzulegen müssen Sie die gewünschte, zu maskierende Ebene in der Ebenenübersicht anwählen. Beginnen Sie zunächst mit einer einfachen Form und wählen Sie das RECHTECK-WERKZEUG. Im Kompositionsfenster wechselt der Mauszeiger zu einem Fadenkreuz. Klicken Sie jetzt auf die Stelle, an der die Maske beginnen soll, und halten Sie die Maustaste gedrückt. Sogleich wird das Kompositionsfenster schwarz beziehungsweise transparent (je nach Voreinstellung des Transparenzraster-Modus im Kompositionsfenster) und der Ebeneninhalt wird ausgeblendet. Mit der gedrückten Maustaste ziehen Sie nun den Maskenrahmen auf, während Sie im Kompositionsfenster eine Live-Vorschau Ihrer Maske sehen können. Lassen Sie die Maustaste los, wird an der Position der Endpunkt des Rechtecks festgelegt und Sie sehen die angewendete Maske innerhalb des farbigen Rahmens, alle Bildausschnitte außerhalb werden nicht angezeigt.

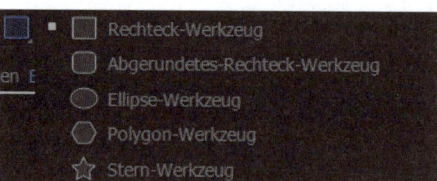

Abbildung 7.6
Maskenerstellung mit dem Formen-Werkzeug

Formatfüllende Maske

Möchten Sie eine Maske erstellen, die sich über die gesamte Auflösung der Ebene erstreckt, so legen Sie die gewünschte Form fest, markieren die Ebene und klicken anschließend auf das Formen-Werkzeug. Jetzt wird entsprechend der geometrischen Vorgabe eine ausfüllende Maske generiert.

Halten Sie während des Aufziehens der Maske die ⇧-Taste gedrückt, wird der Rahmen mit gleichen Seitenlängen aufgezogen. Das RECHTECK-WERKZEUG liefert dann quadratische, das ELLIPSE-WERKZEUG kreisrunde Formen. Vor allem das POLYGON- und das STERN-WERKZEUG werden erst durch eine symmetrische Skalierung geometrisch korrekte Formen liefern.

Abbildung 7.7
Eine quadratische Maske aufziehen

In einigen Fällen ist bereits von vornherein klar, dass eine einfache Formenmaske nicht ausreicht und Sie die Kanten der Maske sehr fein bearbeiten müssen. Das ZEICHENSTIFT-WERKZEUG ist dann eine willkommene Alternative. Wieder muss die Zielebene angewählt werden, dann können Sie auch mit dem »Zeichnen« beginnen. Anders als bei den Formen-Werkzeugen bleibt das Bild sichtbar, bis Sie eine komplette Maske erstellt haben.

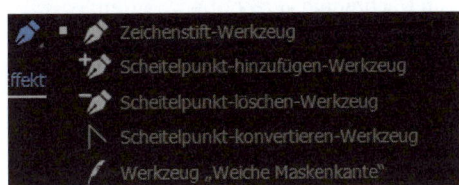

Abbildung 7.8
Genauere Masken ziehen Sie mit dem Zeichenstift.

Der Zeichenstift erzeugt bei jedem Klick einen linearen Maskenpunkt, der automatisch mit dem vorherigen verbunden wird, sobald ein neuer Maskenpunkt gesetzt wurde. So setzen Sie nach und nach die Punkte um das Objekt herum.

Abbildung 7.9
Lineare Maskenpunkte

Eine Maske wird allerdings erst angewendet, sobald ein Maskenpfad geschlossen wird. Dazu müssen Sie den letzten vergebenen Punkt mit dem Anfangspunkt verbinden. Der Mauszeiger verändert daraufhin seine Form und zeigt Ihnen an, an welchem Punkt der Pfad geschlossen wird. Nachdem Anfang und Ende verbunden wurden, wird die Maske angewendet und stellt den erstellten Pfad frei.

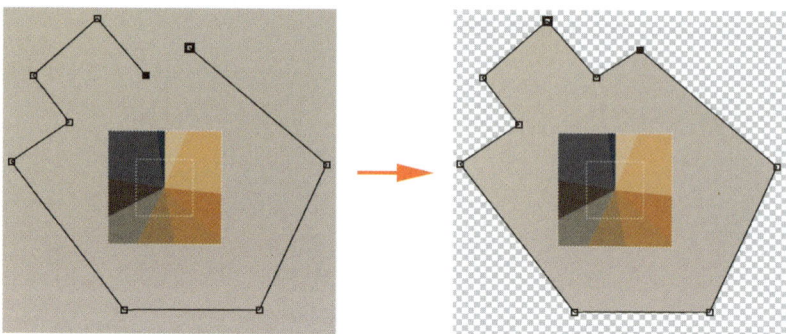

Abbildung 7.10
Maskenpfad schließen

Mit dem Auswahlwerkzeug ([V]) verschieben Sie die Punkte in Ihrer Maske kinderleicht, um im Nachhinein den Pfad zu korrigieren. Möchten Sie weitere Punkte zu einer Maske hinzufügen oder entfernen, gibt es dafür in der Werkzeugleiste weitere Unterformen des Zeichenstift-Werkzeugs. Halten Sie beim Klick auf das Zeichenstift-Werkzeug die Maustaste wieder lang gedrückt und rufen Sie das Kontextmenü auf. Dort finden Sie das Scheitelpunkt-hinzufügen- und das Scheitelpunkt-löschen-Werkzeug. Sie können allerdings nur auf dem bestehenden Pfad Punkte anlegen oder entfernen. Punkte außerhalb müssen erst auf dem Pfad erstellt und dann im Nachhinein verschoben werden.

Sie können mit den Scheitelpunkt-Werkzeugen auch auf bestehende Masken aus dem Formen-Werkzeug zugreifen. Diese werden wie gewöhnliche Pfadpunkte behandelt und können also konvertiert, hinzufügt oder gelöscht werden.

Um organische Formen freizustellen, eignen sich die linearen Pfadpunkte kaum. Sie können daher bereits beim Zeichnen runde Formen erzeugen, indem Sie einen neuen Punkt mit gedrückter Maustaste etwas »ziehen«. Sie erhalten wieder einen Bézier-Punkt mit den dazugehörigen Anfassern, den Sie bereits in Kapitel 5 im Zusammenhang mit Bewegungspfaden kennengelernt haben.

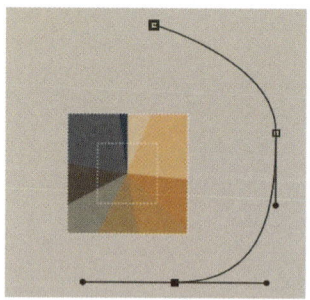

Abbildung 7.11
Bézier-Maskenpunkte

Diese Anfasser können Sie nun wieder nach Belieben ziehen, um die Kurven nach Ihren Wünschen zu gestalten. Die Pfadpunkte sind im Übrigen gleichmäßige Bézier-Punkte und sorgen wie gewohnt dafür, dass der Schwung des Pfades sowohl am Eingang als auch Ausgang des Punktes gleichmäßig verläuft.

Ein weiteres Hilfsmittel bei der Erstellung von Masken ist das SCHEITELPUNKT-KON-VERTIEREN-WERKZEUG , das Sie ebenfalls im Zeichenstift-Kontextmenü der oberen Menüleiste finden. Zum einen lassen sich damit lineare Punkte in Bézier-Punkte verwandeln. Ein einfacher Klick, schon erscheinen zwei Handles und der Pfad erhält eine Rundung. Halten Sie während des Umwandelns die Maustaste gedrückt und ziehen die Maus, können Sie gleichzeitig die Rundung des Bézier-Punkts verändern.

Darüber hinaus ermöglicht das Tool auch eine Umwandlung eines Pfadpunkts von einem gleichmäßigen zu einem echten Bézier-Punkt, bei dem beide Handles getrennt voneinander eingestellt werden können.

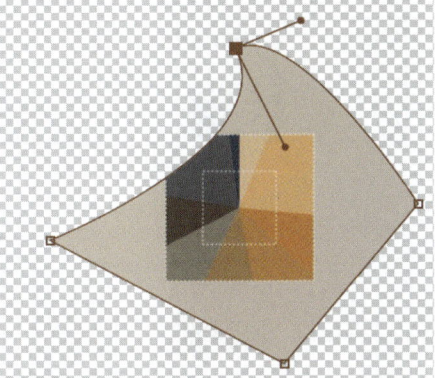

Abbildung 7.12
Echte Bézier-Punkte definieren Masken noch genauer.

Eine andere Möglichkeit ist die Benutzung der sogenannten ROTOBÉZIER-Funktion. Hier gibt es keine Handles, After Effects erstellt bei jedem Maskenpunkt automatisch die durchlaufende Steigung, sodass die Positionierung des vorherigen und folgenden Punktes die Pfadkurve bestimmt. Es erfordert also ein wenig Übung, durch Positionierung die gewünschte Linie zu erzeugen, dafür ist das Einstellen der Steigung im Nachgang überflüssig.

Abbildung 7.13
RotoBézier-Maske

RotoBézier-Punkte können leider nicht in das weiter oben beschriebene Linearer/Bézier-System geändert werden. Stattdessen haben Sie mit dem Scheitelpunkt-konvertieren-Werkzeug die Möglichkeit, die automatisch vergebene Steigung der Pfadpunkte ein wenig zu beeinflussen. Das Zeichenstift-Werkzeug ist zugegebenermaßen sehr umfangreich und erfordert ein wenig Übung, um effektiv angewendet zu werden.

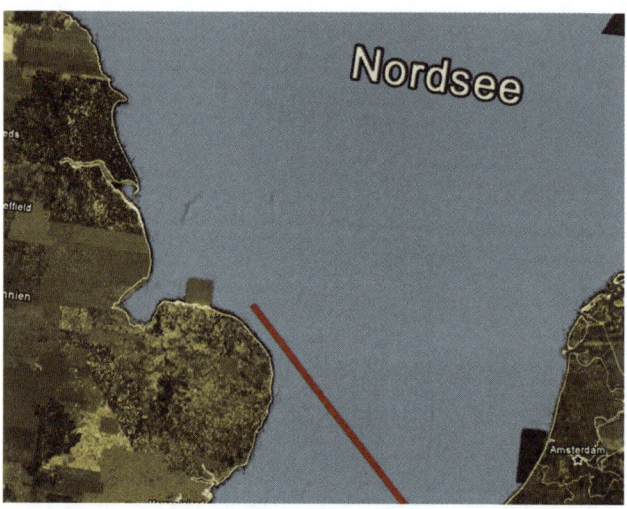

Abbildung 7.14
Strich-Animation mit Maskenpfad

Masken

Masken helfen Ihnen nicht nur beim Freistellen von Objekten, sondern auch bei der Verwendung von Effekten. Einige greifen auf die Maskenpfade und darin enthaltenen Vektorinformationen zurück, um beispielsweise festzulegen, wo ein Effekt einsetzt.

Masken bearbeiten

Download-Material

Begleitend zu dieser Sektion öffnen Sie die Komposition `Maskeneigenschaften` aus der Datei `Masken.AEP` im Download-Ordner 07.

Haben Sie auf eine Ihrer Ebenen eine Maske angewendet, können Sie diese mit der M-Taste in der Ebenenübersicht anzeigen lassen. Liegen auf der Ebene mehrere Masken, werden diese ebenfalls angezeigt.

Abbildung 7.15
Masken in der Ebenenübersicht

7.3 Masken

Ein schnelles M+M ruft die kompletten Maskeneigenschaften auf. Wie Sie sehen, können die Maskeneigenschaften mit Keyframes versehen werden und dynamisch über den Verlauf der Komposition an Ihre Bedürfnisse angepasst werden. Der MASKENPFAD lässt sich übrigens im Nachhinein anhand seines Begrenzungsrahmen definieren und proportional größer oder kleiner ziehen, bei einer freien Maske können Sie über den Pfad aber auch einzelne Pfadpunkte verschieben und animieren.

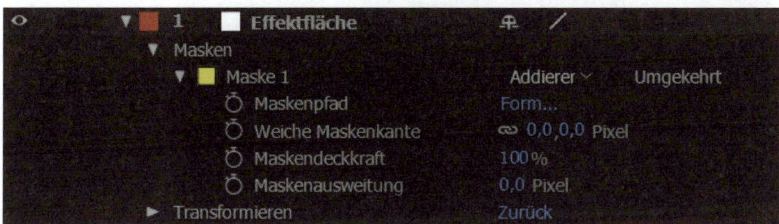

Abbildung 7.16
Die Maskeneigenschaften optimieren

In Adobe After Effects werden die Masken anhand von Vektoren gebildet. Entlang eines Vektors ergeben sich daher hier und da scharfe Kanten zwischen maskierten und unmaskierten Bildbereichen, sozusagen als Konflikt zwischen Rasterbildpunkt und Vektorpfad. Das Ergebnis sind mitunter deutlich sichtbare Treppen-Abstufungen.

 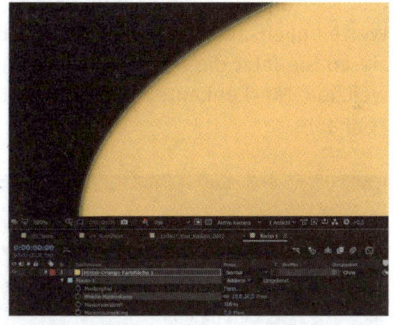

Abbildung 7.17
Rechts eine weiche Maskenkante bei 800 % Zoom

Eine WEICHE MASKENKANTE sorgt für einen seichten Übergang zwischen Maske und Bildbereich. Die Transparenz nimmt also entsprechend des eingegebenen Pixel-Werts von der Maskenkante hin zu beziehungsweise ab. Die Maskenkante ist also der Übergang von vollkommener Deckung und Transparenz, der Betrag der weichen Kante fügt entsprechend einen Verlauf dazwischen ein und erzeugt eine Alpha-Kante mit einer Deckung von 50 %.

Abbildung 7.18
Sanfteres Compositing dank weicher Maskenkante

Die nächste Option eignet sich zum graduellen Abmildern von Bildbereichen oder grafischen Animationen. Setzen Sie die MASKENDECKKRAFT herunter, wird ein Prozentsatz des maskierten Bildes wieder sichtbar gemacht, überlappende Masken addieren sich dann den Deckungswerten entsprechend.

Abbildung 7.19
Drei Masken mit jeweils 50 % Deckkraft auf einer einfachen Farbfläche

Zu guter Letzt vergrößern oder verkleinern Sie unter der MASKENAUSWEITUNG den Maskenbereich entlang des gesamten Maskenpfads. Haben Sie mit komplexen Formen gearbeitet und müssen nun lediglich die Dicke der Auswahl variieren, genügt es, die Maske zu duplizieren und ihre Ausweitung zu erhöhen. Ebenso häufig ist dieses Setting von Vorteil, wenn Sie mit weichen Maskenkanten arbeiten. Hier und da kann es vorkommen, dass durch das Überblenden der Alpha-Werte unliebsame Farb- oder Helligkeitssäume an den Kanten entstehen. Reduzieren Sie jetzt die Maskenausweitung um den gleichen Betrag wie unter der weichen Maskenkante. Jetzt beginnt der Alpha-Verlauf direkt an der Maskenkante.

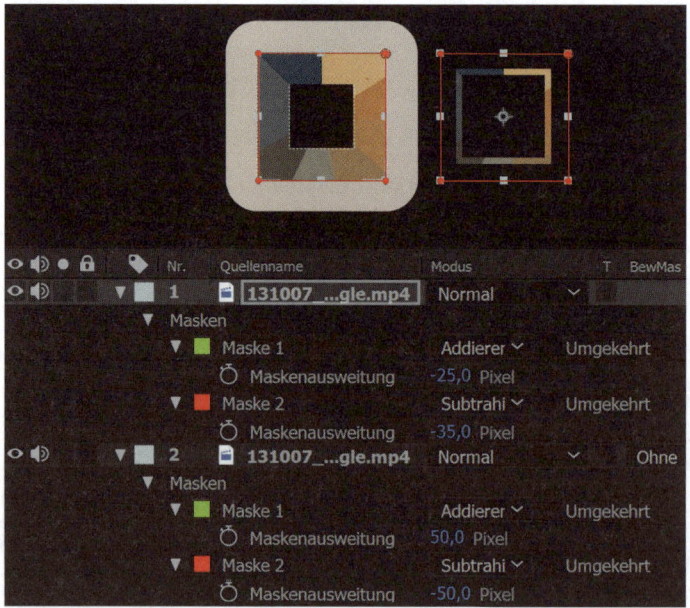

Abbildung 7.20
Eine Maske, nur in der Ausweitung variiert

Masken kombinieren

> **Download-Material**
> Begleitend zu dieser Sektion öffnen Sie die Komposition Maskenkombination aus der Datei Masken.AEP im Download-Ordner 07.

Sobald Sie eine Maske erstellen, wird der gesamte Bildinhalt, den sie umschließt, angezeigt, der Bereich außerhalb wird versteckt. Der Modus ADDIEREN ist dabei die standardmäßige Einstellung, wenn Sie eine Maske erstellen. Sie sehen den Maskenmodus neben dem Maskennamen in der Ebenenübersicht. Masken können nicht nur additiv arbeiten, sondern auch subtraktiv.

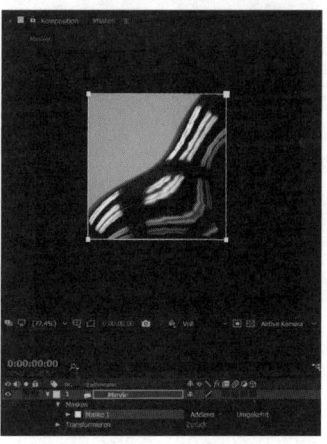
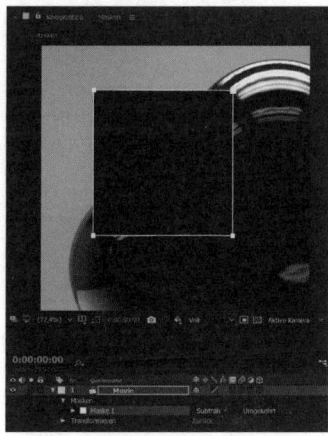

Abbildung 7.21
Links ADDIEREN, rechts SUBTRAHIEREN

Arbeiten Sie mit mehreren Masken, haben Sie noch die Optionen ÜBERSCHNEIDEN und DIFFERENZ. Daneben ist es auch noch wichtig, auf die Reihenfolge der Masken zu achten, da sich durch Vermischung der verschiedenen Modi durchaus unterschiedliche Ergebnisse ergeben können. Denken Sie beim Kombinieren von Masken also »mathematisch« in Form von Addition und Subtraktion.

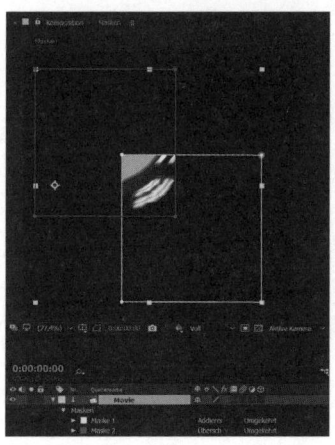
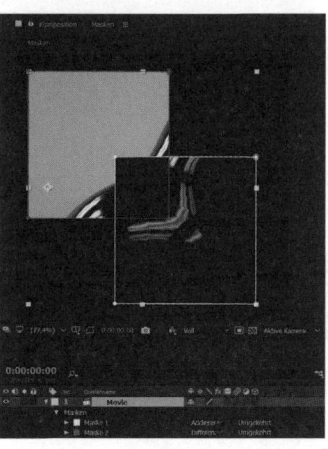

Abbildung 7.22
Links ÜBERSCHNEIDEN, rechts DIFFERENZ

Kapitel 7 — COMPOSITING

Rotoscoping

Eine besondere, weil sehr aufwendige Form der Arbeit mit Masken ist das sogenannte **Rotoscoping**. Ursprünglich wurde die Technik der Rotoskopie für den Zeichentrick entwickelt. Musste ein Animator gewisse Bewegungsabläufe besonders präzise umsetzen, wurde eine gefilmte Version der Bewegung als Abpausvorlage auf seinen Zeichentisch geworfen und nun konnte er die Bewegungen akkurat nachempfinden.

Abbildung 7.23
Dynamische Garbage-Masken

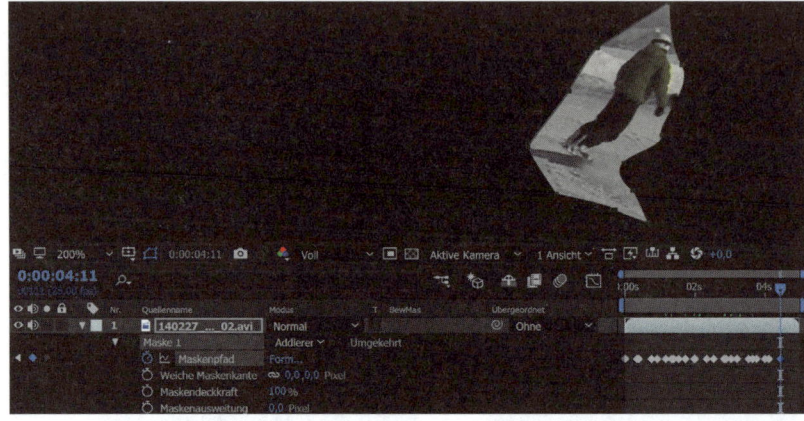

Mittlerweile wird der Begriff im Compositing-Bereich auch gerne etwas freizügiger verwendet und man spricht auch dann vom Rotoscoping, wenn für das Nachvollziehen von Objektkanten eine oder mehrere Vektormasken verwendet werden. Immerhin werden diese durch nachträgliches »Abpausen« der Maskenvektoren auf vorhandenem Material erzeugt. Lange Zeit musste Einzelbild für Einzelbild gearbeitet werden, damit die verwendeten Maskenpunkte auch wirklich sitzen. Das führt dazu, dass das Rotoscoping nicht gerade zu einem der beliebtesten Arbeitsschritte im Postproduktionsbereich gehört, denn das dynamische Anpassen der Bildinhalte über mehrere Frames ist eine mühselige Arbeit.

Abbildung 7.24
Rotoscoping mit mehreren Masken

Roto-Pinsel-Werkzeug

Das ROTO-PINSEL-WERKZEUG ist ein relativ neues Werkzeug, das es Ihnen im Handumdrehen ermöglicht, auch komplexe Objekte von ihrem Hintergrund zu trennen.

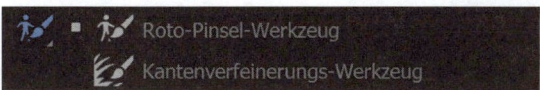

Abbildung 7.25
Das Roto-Pinsel-Werkzeug

Der Name suggeriert schon die grobe Vorgehensweise: Mittels des Pinsel-artigen Auswahlwerkzeugs markieren Sie die Bildbereiche, die Sie freistellen möchten. Gleichzeitig deklarieren Sie auch den Hintergrund, den es auszublenden gilt. Das Werkzeug greift dabei sowohl auf die Helligkeiten als auch die Farbwerte der Bildpunkte zu und erstellt zusammen mit den »bemalten« Bildbereichen die Auswahl. Der Roto-Pinsel arbeitet prinzipiell wie jedes andere Pinsel-Werkzeug auch, nur interaktiv im Ebenenfenster, im Kompositionsfenster sehen Sie lediglich das Resultat des Werkzeugs.

Im Ausgangszustand ist der Vordergrund-Hinzufügen-Modus aktiv. Dieser zeigt sich mit einer grünen Pinselspitze und einem Plus in der Pinselmitte. Mit diesem Werkzeug fahren Sie nun die Bereiche entlang, die Sie freistellen möchten, wobei der grüne Pinselstrich am besten so nah wie möglich an den Objekt-Kanten der Innenseite liegen sollte. Sie können den Pinsel-DURCHMESSER über das PINSEL-Fenster (Strg+9) (Mac: ⌘+9) festlegen.

Abbildung 7.26
Die grüne Pinselspitze malt den Vordergrund.

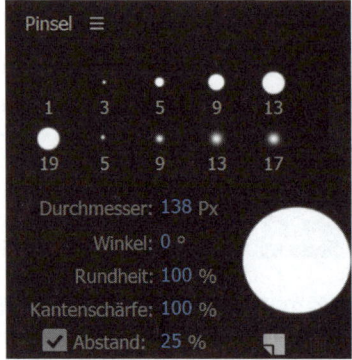

Abbildung 7.27
Die Pinsel-Palette steuert die Pinselgröße.

Schneller, aber auch ungenauer geht es, indem Sie die [Strg]-Taste (Mac: [⌘]) gedrückt halten und anschließend die Pinselspitze mit zusätzlich gedrückter Maustaste größer oder kleiner ziehen.

Abbildung 7.28
Grün markiert den Vordergrund, rot den Hintergrund.

Haben Sie eine Auswahl abgeschlossen, wird ein violetter Rahmen um das Objekt gelegt. Dies ist sozusagen Ihre Roto-Maske, die den Vordergrund markiert. In einigen Fällen kann es vorkommen, dass diese Maske schon sehr sauber gezogen wurde, in vielen Fällen muss dennoch nachgeholfen werden. Drücken Sie jetzt während der Nutzung des Roto-Pinsel-Werkzeugs die [⇧]-Taste, wird der Hintergrund-Abziehen-Modus aktiviert. Markieren Sie damit die Bildbereiche, die aus der Auswahl entfernt werden sollen. Verwenden Sie die Option auch, wenn es zunächst so aussieht, als sei es nicht nötig, den Hintergrund gesondert zu deklarieren.

Abbildung 7.29
Zeitlicher Fortschritt des Roto-Pinsels

Der große Vorteil des Roto-Pinsels ist die automatische Analyse, die der Deklaration des vorhergehenden Frames folgt. Das Werkzeug versucht anhand der getroffenen Auswahl, auch für den nächsten Frame eine adäquate Roto-Maske zu erstellen. Unter dem Footage-Bereich sehen Sie den zeitlichen Verlauf des Werkzeugs. Das blaue Rechteck-Icon markiert eine neu erstellte Auswahl von Vorder- und Hintergrund. Folgt diesem Icon ein grüner Balken, so wurde dieser Frame bereits anhand der Ausgangsauswahl analysiert, kann aber auch im Nachgang noch verfeinert werden, falls die automatische Auswahl nicht das gewünschte Ergebnis erzeugt.

Unterhalb des Bildes sehen Sie die drei Ansichtsmodi, die Ihnen beim Freistellen helfen. Der mittlere ALPHAUMRANDUNG-Modus ist per Default aktiviert, der das maskierte Objekt mit einem violetten Rahmen umschließt, ohne dabei den restlichen Bildhintergrund auszublenden. Der linke Modus ALPHA ist eine Freistellungsvorschau auf schwarzem Untergrund, die ALPHAÜBERLAGERUNG rechts ist eine Maskierungsvorschau, die Sie eventuell aus Photoshop kennen könnten. Hier werden maskierte Bildbereiche mit einem transparenten Rot überlegt, sodass Sie das Ausgangsbild immer noch im Blick behalten können.

Abbildung 7.30
Maskierungsansichtsmodi

Zurück im Kompositionsfenster sehen Sie das finale Resultat, in der Zeitleiste wurde für jeden Pinselstrich sowohl für Vorder- als auch Hintergrund ein eigener Eintrag erstellt. Über eine lange Sequenz kommt da schon einmal gerne eine unüberschaubare Menge zusammen, sodass eine gezielte Zuordnung schwer möglich ist.

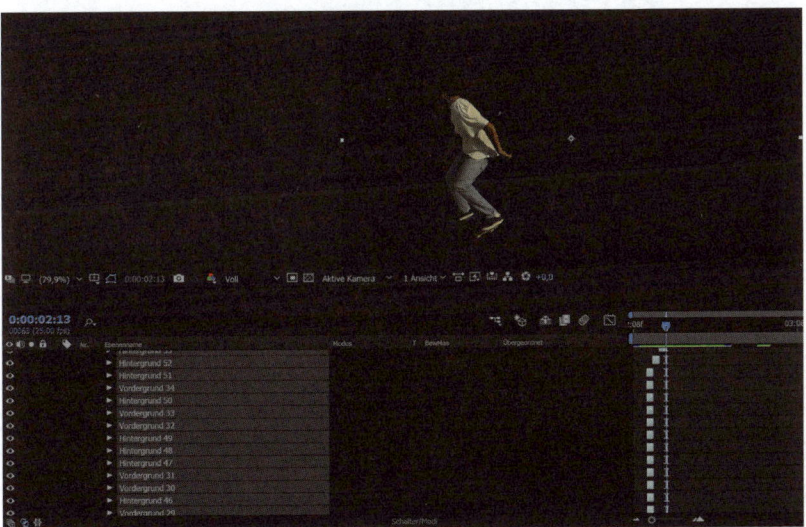

Abbildung 7.31
Freigestellter Vordergrund – samt zahlreicher Einträge in der Zeitleiste

Wie so oft beim Freistellen gestalten sich saubere Kanten als Knackpunkt der selektiven Trennung von Bildvorder- und -hintergrund. Der Roto-Pinsel erzeugt harte Kanten, sodass ein Pixel entweder vollkommen deckend oder vollkommen transparent wird. Das Resultat sind markante, treppenartige Übergänge, vor allem an Schrägen oder unruhigen Objektbereichen, die nur wenige Pixel groß sind.

Abbildung 7.32
Harte Objektkanten

Speziell für diese Problembereiche ist das KANTEN-VERFEINERUNGS-WERKZEUG die Ergänzung zum Roto-Pinsel. Dieses Pinsel-Werkzeug finden Sie in der Werkzeugleiste unter dem Roto-Pinsel-Werkzeug. Auch hier arbeiten Sie im Ebenenfenster, die blaue Pinselspitze lässt sich dabei genauso steuern. Der Pinselstrich sollte entlang der Alphakante führen, da sonst Teilbereiche innerhalb oder außerhalb des Objekts beeinträchtigt werden. Schließlich sollen ja nur die Kantenbereiche verbessert werden. Je feiner die Pinselspitze, desto kleiner fällt der weiche Übergang an der Maskenkante aus.

Abbildung 7.33
Kanten verfeinern

Nach erfolgreicher Anwendung werden die scharfen Kanten weichgezeichnet. Im Ebenenfenster sehen Sie in den Randbereichen der Auswahl nun zusätzlich eine schwarz-weiße Vorschau, die den Übergang der Alpha-Werte anzeigt. Auch hier können Sie mit der gedrückten ⇧-Taste wieder ungewünschte oder zu groß gewählte Partien von der Auswahl entfernen. Pinselspitze und Pinselstrich färben sich dabei in ein dunkleres Blau.

Haare freistellen

Das Werkzeug eignet sich auch hervorragend für das Freistellen von Haaren und anderen feingliedrigen Bildelementen, die durch ihre Größe oder ihren geringen Kontrast zum Hintergrund nur schwer zu trennen sind.

7.4 Matten

Abbildung 7.34
Weiche Alpha-Kante

Im EFFEKTEINSTELLUNGEN-Fenster können Sie noch feinere Einstellungen vornehmen, beispielsweise die Auswahl des Werkzeugs umkehren, die Auswahl per KANTE VERSCHIEBEN verkleinern oder vergrößern und die KANTENVERFEINERUNG (de-)aktivieren. Die Option WEICHE KANTE erzeugt übrigens keine Weichzeichnung entlang der Alpha-Kante, sondern glättet diese mit steigendem Wert ähnlich eines Bézier-Pfads. Sie können auch BEWEGUNGSUNSCHÄRFE VERWENDEN, bei der After Effects gezielt an den Kanten die Bewegung innerhalb des Footages berücksichtigt und die Kantenpixel weichzeichnet, wodurch sich die freigestellten Inhalte einfacher in das Compositing integrieren lassen.

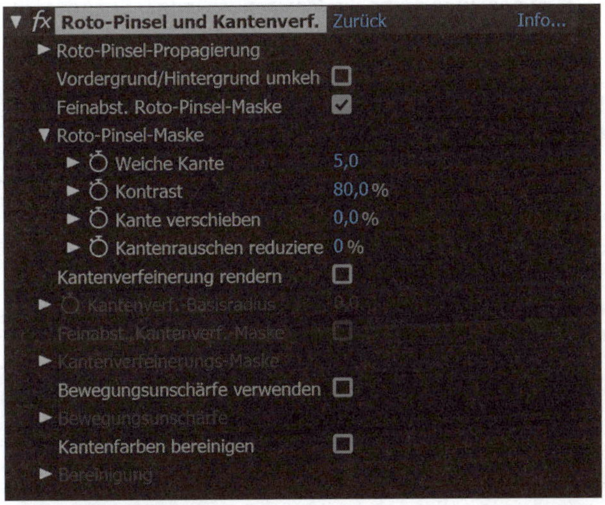

Abbildung 7.35
Effekteinstellungen des Roto-Pinsels

7.4 Matten

Die Verwendung von Matten erfolgt auf einem anderen Weg. Werden Masken direkt auf einer Bild- oder Video-Ebene angewendet, ist es mit Matten möglich, eine (Bild-)Ebene als Referenz für die Transparenz zu verwenden. Das heißt, Sie haben eine Füllebene, die den Inhalt liefert, und eine Transparenzebene (die Matte), die bestimmt, an welchen Stellen die Füllebene zu sehen sein soll. Dabei ist es völlig gleich, ob die Matte eine Bild- oder eine Videodatei ist.

Bewegte Masken

> **Download-Material**
>
> Begleitend zu dieser Sektion öffnen Sie die Komposition Bewegte_Masken aus der Datei Masken.AEP im Download-Ordner 07.

In After Effects können Sie solche Matten bequem im Handumdrehen in der Zeitleiste erstellen. Stellen Sie sicher, dass in der Ebenenübersicht die EBENENMODI-Spalte sichtbar ist.

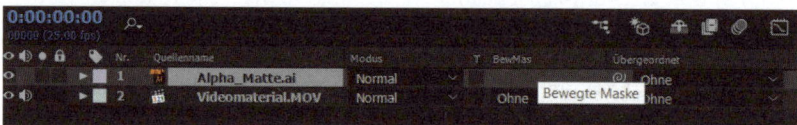

Abbildung 7.36
Die Einstellungen zu bewegten Masken finden Sie in der Ebenenübersicht.

Unter BEWEGTE MASKE finden Sie die Auswahlmöglichkeiten zur Verwendung von Matten. Leider ist die deutsche Übersetzung der »Travelling Mattes« etwas irreführend, da der Begriff Matte und Maske durcheinandergerät. Sie wissen jetzt, wo sich die Matten befinden, Bezeichnung hin oder her. Wichtig ist, die korrekte Reihenfolge der Ebenen zu beachten, denn die Matte muss immer über der Füllebene liegen.

Abbildung 7.37
Noch überlagert die Alpha-Matte die Video-Ebene.

7.4 Matten

Haben Sie das sichergestellt, können Sie in den Ebenenmodi der Füllebene unter BEWEGTE MASKE die Maskenart zuweisen, mit der die Matte verrechnet werden soll.

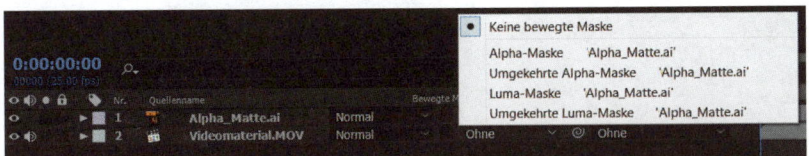

Abbildung 7.38
Die Optionen der bewegten Masken

Die Auswahl fällt auf eine ALPHA- oder eine LUMA-MASKE. Die Option ALPHA-MASKE übernimmt die Alpha-Informationen der Matten-Ebene und überträgt sie auf die Füllebene. Dabei ist es völlig unerheblich, ob die Informationen aus dem Alphakanal, einer Maske oder beispielsweise Effekten kommen.

Abbildung 7.39
Die Alpha-Information des Textes stellt den Hintergrund frei.

Dementsprechend invertiert die UMGEKEHRTE ALPHA-MASKE alle vorhanden Alpha-Informationen. Die Alpha-Maske schneidet die Stellen, die in der Matten-Ebene deckend sind, aus der Füllebene heraus.

Abbildung 7.40
Als UMGEKEHRTE ALPHA-MASKE invertiert der Inhalt.

Option Nummer zwei ist die LUMA-MASKE, die auf die Luminanz, also Helligkeit des Matten-Objekts zugreift. Sie können sowohl schwarz-weiße als auch farbige Bild- oder Video-Ebenen verwenden, eine Luminanzmaske arbeitet ausschließlich mit einem Schwarz-Weiß- beziehungsweise einem Graustufenbild, Farbwerte werden ignoriert.

Abbildung 7.41
Reines Schwarz-Weiß-Bild

Auch hier gilt es zunächst, die Reihenfolge zu beachten und unter der BEWEGTEN MASKE die LUMA-MASKE der darunter liegenden Ebene zuzuweisen. In dem weißen Bereich herrscht nun volle Deckung, in den grauen Bereichen nimmt die Deckkraft allmählich ab, je dunkler der Grauwert, desto durchsichtiger wird die Füllebene an jenen Stellen.

Abbildung 7.42
Die Luminanzmaske stellt nur helle Bereiche frei.

Analog dazu funktioniert die UMGEKEHRTE LUMA-MASKE, schwarze Bereiche sind nun deckend, helle Maskenbereiche erzeugen transparente Bildteile in der Füllebene.

Matten und Effekte

Matten werden Ihnen auch bei der Verwendung einiger Effekte wieder begegnen, so zum Beispiel beim Keying. Je nach Hersteller wird dabei auch ab und an der Begriff Maske anstelle von Matte verwendet.

7.5 Keying

Das Key-Verfahren ist ein wesentlicher Bestandteil in den Produktionsprozessen von Kinofilmen, aber auch TV-Formaten. Beim Key-Prozess wird das Videomaterial anhand seiner Helligkeits- oder Farbwerte analysiert, um im Anschluss mit den gewonnenen Informationen eine Matte zu generieren, mit deren Hilfe dann wiederum Vordergrund von Hintergrund getrennt werden kann. Es gibt unterschiedliche Key-Verfahren, jedes mit Vor- und Nachteilen.

Garbage-Masken

Key-Verfahren untersuchen oft den gesamten Bildinhalt anhand der Bildpunktinformationen, um den Inhalt freizustellen. Sie sollten daher, sofern möglich, auch hier im Voraus mit Garbage-Masken arbeiten, um den potenziellen Bildbereich so stark wie möglich einzugrenzen.

Chroma-Key

Der Chroma-Key dürfte der wohl bekannteste Vertreter sein, denn Blue- oder Greenscreen-Aufnahmen gehören mittlerweile nicht mehr nur in teuren Kinofilmproduktionen zum guten Ton. Diese zwei Verfahren haben sich aufgrund gewisser technischer und farb- beziehungsweise kontrastbezogener Vorteile als die effektivsten ihrer Art zum Industriestandard entwickelt und beide funktionieren gleich.

> **Download-Material**
>
> Begleitend zu dieser Sektion öffnen Sie die Komposition `Chroma_Key` aus der Datei `Keying.AEP` im Download-Ordner 07.

Die Aufnahmesituation gestaltet sich dabei wie folgt: Die Darsteller sowie weitere Objekte, die den späteren Vordergrund bilden, werden vor einem grünen oder blauen Hintergrund gefilmt. In der Nachbearbeitung werden dann alle Bildpunkte auf ihre Farbanteile entsprechend der vorherrschenden Key-Farbe untersucht. Anhand dieser Farbwerte wird eine Matte gebildet, die dann wiederum zum Freistellen des Vordergrunds vom Hintergrund genutzt werden kann.

> **Mehr zu Effekten**
>
> Die Key-Verfahren erfolgen in After Effects mittels einzelner Effekte, über die Sie in Kapitel 10 mehr erfahren. Sie werfen an dieser Stelle also bereits einen kleinen Blick voraus, da sich die Compositing-Effekte von anderen VFX-Effekten unterscheiden.

Viele Effekte haben diese Schritte mittlerweile in einer Oberfläche zusammengefasst. In After Effects finden Sie die meisten Werkzeuge hierzu unter der Effekte-Kategorie Keys. Der Vorgang ist bei der Verwendung aller Key-Verfahren gleich:

Der erste Schritt erfolgt meist per Farbpipette und legt den Key-Farbton fest. Oft wird der Zielfarbton durch weitere Pipetten ergänzt, denn selten hat eine Aufnahme einen homogenen Grün- oder anderen Farbton. Schatten durch mangelhafte Ausleuchtung oder Falten in den Stoffbahnen des Hintergrunds sorgen oftmals für Nachbesserungsbedarf, sodass die angestrebte Schlüsselfarbe etwas »gestreut« werden muss.

Abbildung 7.43
Der Lineare Color-Key-Effekt

Darauf folgt das Ausbessern der Maske. Einige Effekte haben eine Kantenglättung integriert, sodass keine harten Pixelkanten übrig bleiben. Andere müssen selektiv erst weichgezeichnet werden. Ein Werkzeug, das sich dazu hervorragend eignet, ist das MASKE-UNTERFÜLLEN-Werkzeug aus der Effekt-Kategorie MASKEN. Unter FAKTOR verschieben Sie die Auswahl-Kante in das Objekt, die ELASTIZITÄT regelt die Feinheit der weichen Maskenkante.

Abbildung 7.44
MASKE UNTERFÜLLEN (links oben) sorgt für weiche Objektkanten.

Haben Sie jetzt die Keyfarbe um den Vordergrund herum weitestgehend beseitigt, ist die Arbeit meist leider noch nicht getan. Ein Nachteil des Chroma-Keys ist die sogenannte **Spillage**. Durch die großen farbigen Hintergründe kommt es häufig zu einer Einfärbung von Objektkanten oder leicht reflektierenden Objektbereichen. Die ERWEITERTE KEYFARBENUNTERDRÜCKUNG verschafft da Abhilfe. Der Effekt erkennt die Keyfarbe automatisch, sollte allerdings in seiner Wirkungsweise UNTERDRÜCKUNG reduziert werden, wenn sich die Farbwerte zu stark verfärben.

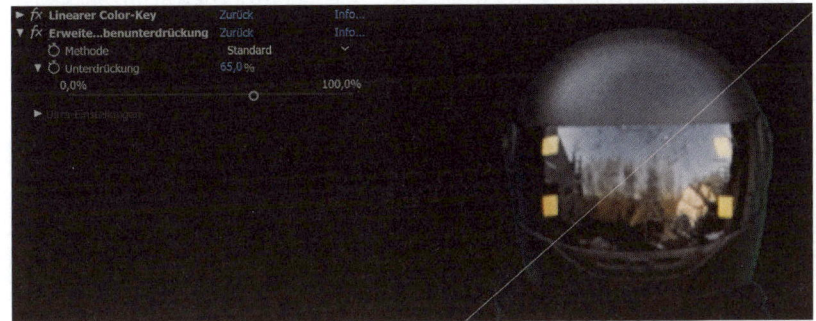

Abbildung 7.45
Spillage entfernen (links oben)

Keylight

> **Download-Material**
>
> Begleitend zu dieser Sektion öffnen Sie die Komposition `Keylight` aus der Datei `Keying.AEP` im Download-Ordner 07.

Besonders effektiv ist das Tool KEYLIGHT 1.2, denn hier werden viele Arbeitsschritte zusammengefasst. Sie finden es ebenfalls in der KEYS-Kategorie. Haben Sie es angewendet, beschäftigen wir uns mit der Benutzeroberfläche.

Abbildung 7.46
Der Darsteller soll vom blauen Studiohintergrund befreit werden.

Zunächst wird die Keyfarbe über die SCREEN-COLOUR-Pipette ausgewählt, wählen Sie dazu einfach das Werkzeug und klicken Sie auf einen beliebigen Punkt auf dem blauen Hintergrund. KEYLIGHT zeigt sofort das freigestellte Resultat an, sobald Sie einen Farbton gewählt haben. Wiederholen Sie gegebenenfalls diesen Schritt, bis Sie ein optimales Ergebnis haben. Obwohl Sie jetzt gleich noch erfahren werden, wie Sie Ihre Matte noch weiter verfeinern und optimieren können, sei Ihnen versichert, dass Sie immer wieder an diesen Punkt kommen werden, an dem Sie auch nach zahllosen Anpassungen alles über den Haufen werfen werden und mit einer neuen Keyfarbe beginnen, und wenn diese auch nur vermeintlich gering vom vorher gewählten Farbton abweicht.

Mit etwas Zeit und Übung werden Sie lernen, die Pipette an den richtigen Stellen anzusetzen. Vermeiden Sie beispielsweise zu dunkle oder zu helle Teilbereiche, sondern nehmen Sie satte Stellen heran, am besten auch in der Nähe des Vordergrunds.

Abbildung 7.47
Obwohl das finale Ergebnis gut aussieht, empfiehlt sich ein Kontrollblick in eine andere Ansicht.

Machen Sie sich jetzt daran, die Maske zu verbessern, denn obwohl es in der finalen Ansicht gut aussieht, können immer noch viele Fehler Ihre Key-Ergebnisse beeinträchtigen. Keylight besitzt verschiedene Ansichten, um Matten noch besser zu beurteilen. Klicken Sie auf VIEW und wählen Sie im erscheinenden Menü SCREEN MATTE aus.

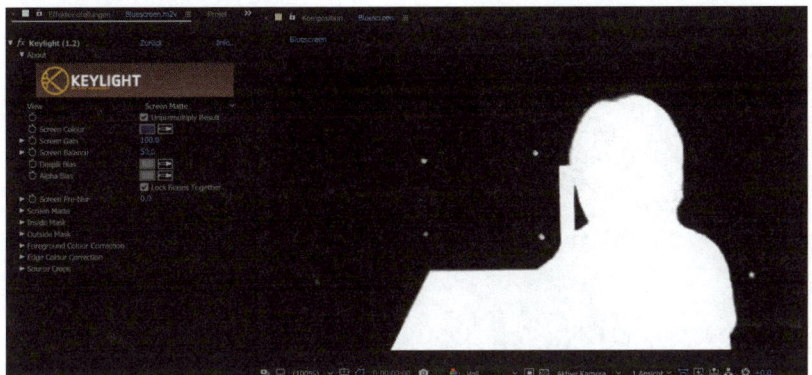

Abbildung 7.48
Die Schwarz-Weiß-Ansicht zeigt die Transparenzverteilung deutlich.

In dieser Ansicht lässt sich das Ergebnis schon viel besser beurteilen, dabei liest sich die Matte wieder wie der Alphakanal, schwarze Bildpunkte sind transparent, Weiß deutet volle Deckkraft an. Die Grautöne sind wieder für Teiltransparenzen zuständig. Der Idealfall ist natürlich eine klare Aufteilung, doch oft schleichen sich noch Grautöne in Hintergrund und Vordergrund ein. Um diese zu eliminieren, muss die Matte noch feiner definiert werden. Der zugehörige Reiter SCREEN MATTE offenbart noch weitere Parameter, mit denen das Schwarz-Weiß-Bild aufpoliert werden kann.

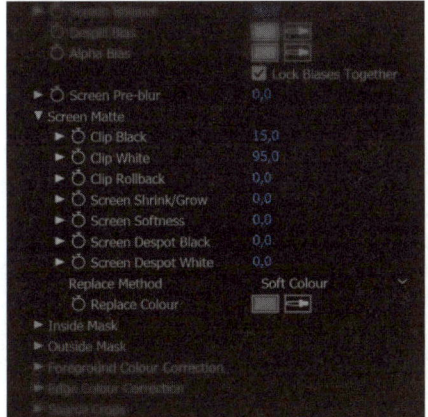

Abbildung 7.49
SCREEN MATTE definiert den Key noch feiner.

Erhöhen Sie den Wert unter CLIP BLACK, so werden die Schwarztöne näher »zusammengeschoben«, was zur Folge hat, dass noch verbleibende Farbreste aus dem Hintergrund allmählich verschwinden. Wird der Wert der Eigenschaft CLIP WHITE dagegen erhöht, werden etwaige Löcher und Transparenzen im Vordergrund ausgemerzt, indem die Weißbereiche der Matte kräftiger werden. Diese beiden Settings sollten jedoch nicht zu nahe aneinanderliegen, da sonst ein verpixeltes Bitmap-Bild entsteht und die Kanten ausfressen würden. Dagegen hilft zunächst der ROLLBACK, um vor allem feine Objekte wie beispielsweise

Haare beim Keying nicht zu verlieren. SCREEN SOFTNESS erzeugt weiche Übergänge an den Kanten, was ebenfalls helfen kann, gewisse Teilbereiche freizustellen, ohne zu viel Zeichnung zu verlieren, gleichzeitig aber auch verbleibende Farb- oder Helligkeitskontraste in den Übergangsbereichen zu senken.

Abbildung 7.50
DESPILL BIAS entfernt grünes Restlicht auf dem Vordergrundobjekt.

Zu guter Letzt kümmern Sie sich in Keylight noch darum, dass die Reste der blauen Screenfarbe weitestgehend verschwinden. Dazu klicken Sie die Pipette neben DESPILL BIAS an und wählen bevorzugt in einem Bereich des Bildes, bei dem ein besonders störender Farbschleier zu sehen ist, beispielsweise in Hauttönen.

Luminanz-Key

Download-Material

Begleitend zu dieser Sektion öffnen Sie die Komposition `Luminanz_Key` aus der Datei `Keying.AEP` im Download-Ordner 07.

Ein Luminanz-Key greift auf die Helligkeitswerte eines Ausgangsbilds, genauer ausgedrückt auf die Graustufenhelligkeit, zurück. Daher ist diese Vorgehensweise etwas schwerer kontrollierbar, da alle Bildpunkte zugleich angesprochen werden. Es empfiehlt sich also, vorher mit einer oder mehreren Garbage-Masken die Auswahl einzugrenzen, unter Umständen stellen Sie sonst unbeabsichtigt weite Bildbereiche (teilweise) frei, die nicht zum Hintergrund gehören.

Abbildung 7.51
Ausgefressene Bildbereiche können schnell mit einem Luma-Key freigestellt werden.

Der EXTRAHIEREN-Effekt, den Sie ebenfalls in der Kategorie KEYS finden, liefert gute Ergebnisse, sofern ausreichend Kontrast im Bild vorhanden ist. Die beiden Regler WEISS- und SCHWARZWERT legen die vollen Transparenz-Bereiche fest, die mittels TIEFEN oder LICHTER WEICHZEICHNEN graduell abgestuft werden können.

Abbildung 7.52
EXTRAHIEREN führt hier zur Entfernung des Himmels, aber auch des Vordergrunds.

Differenz-Matte

Download-Material

Begleitend zu dieser Sektion öffnen Sie die Komposition Differenz_Matte aus der Datei Keying.AEP im Download-Ordner 07.

Die Differenz-Matte verfolgt ein etwas anderes System und ermöglicht, dort auf Key-Verfahren zurückgreifen zu können, wo sowohl Chroma- als auch Luma-Key aufgrund von unruhigen Hintergründen ausscheiden. Die Differenz wird anhand eines Ausgangsbilds festgestellt. Sobald sich Bildpunkte ändern, wird die Abweichung angezeigt, und das Differenz-Verfahren erstellt einen opaken Bildpunkt in der Bildmatte.

Abbildung 7.53
Vier Szenen, eine Kameraeinstellung

Die Differenzmaske erfordert also einen festen Kamerastandpunkt und ein weitestgehend leeres Ausgangsbild, da sich minimale Änderungen bereits im Key bemerkbar machen, wie beispielsweise Grashalme, geänderte Schatten oder Belichtungssituationen.

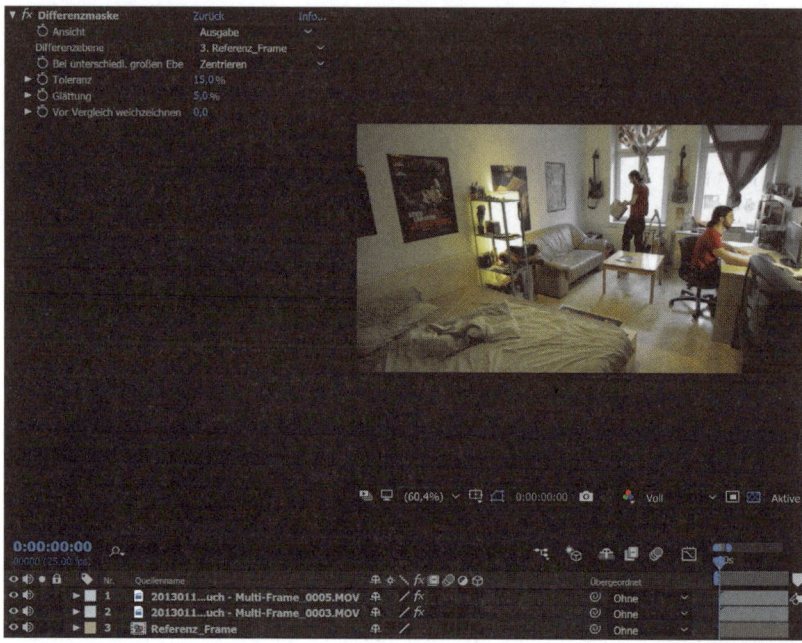

Abbildung 7.54
Zwei Video-Ebenen greifen auf einen Referenz-Frame zu.

Daher erleichtert eine Kombination aus Masken und der Differenz-Matte den genaueren Einsatz dieses Werkzeugs.

Abbildung 7.55
Das finale Ergebnis des Differenz-Effekts

7.6 Füllmethoden

Bisher haben Sie fast ausschließlich mit Ebenen gearbeitet, die sich aufgrund der Hierarchie in der Ebenenübersicht überdecken. Am Anfang dieses Kapitels haben Sie sich mit Transparenz und freigestellten Bildteilen beschäftigt. Kommen wir nun zu einer weiteren Methode, mehrere Bilder ineinander zu verarbeiten. **Füllmethoden**, auch bekannt als Transfermodi oder Überblendungsmodi, sind ein essenzieller Bestandteil im Compositing. Falls Sie bereits über Photoshop-Kenntnisse verfügen, wird Ihnen das Thema vielleicht vertraut sein.

Download-Material
Begleitend zu dieser Sektion öffnen Sie die Komposition Füllmethoden aus der Datei Füllmethoden.AEP im Download-Ordner 07.

Vereinfacht ausgedrückt verrechnen Füllmethoden mehrere Bilder anhand verschiedener Algorithmen miteinander. Die Modi betrachten dabei gewisse Pixelinformationen wie Helligkeit oder Farbwert und kombinieren sie mit den Bildpunkten der darunter liegenden Ebene. Die Endergebnisse reichen dabei von subtilen Veränderungen bis hin zur kompletten Unkenntlichkeit aller Bildinhalte. Daher ist es hilfreich, ein wenig mehr über die grundlegenden Vorgänge von Füllmethoden zu wissen, um deren Potenzial zu nutzen und nicht durch Zufall auf den richtigen Modus zu stoßen.

Abbildung 7.56
Die Füllmethoden

Wichtig ist zunächst, dass eine Füllmethode immer auf die Ebene wirkt, auf die sie angewendet wird. After Effects kalkuliert dann die Bildpunktinformationen mit denen der darunter liegenden. Wird eine neue Ebene darüber gelegt und ebenfalls einer Füllmethode zugewiesen, wird das vorherige Gesamtergebnis mit der neuen Ebene verrechnet. So arbeitet sich After Effects Schicht für Schicht nach oben. Transparenz oder Alpha-Informationen werden dabei nicht berücksichtigt, freigestellte Bildbereiche werden also in diese Kalkulationen nicht einbezogen. Ein Herabsetzen der Ebenendeckkraft reduziert jedoch auch die Auswirkung der angewendeten Füllmethode.

Füllmethoden animieren

Ein Füllmethoden-Wechsel kann nicht animiert werden, wohl aber die Deckkraft einer Füllmethoden-Ebene.

Falls Sie den Eintrag FÜLLMETHODE in der Ebenenübersicht nicht entdecken können, drücken Sie F4 und die entsprechende Ebenenspalte wird jetzt angezeigt.

Abbildung 7.57
MODUS zeigt die aktuelle Füllmethode einer Ebene an.

Wird eine neue Ebene angelegt, so liegt ihre Füllmethode auf NORMAL. Die Pixel sind vollkommen deckend und werden nur bei reduzierter Deckkraft mit darunter liegenden Bildpunkten verrechnet.

Abbildung 7.58
Text mit Füllmodus NORMAL (und Alpha-Maske)

Der Übersicht halber werden alle folgenden Beispiele für die Füllmethoden anhand von zwei Ebenen vollzogen, wobei immer der jeweils oberen Ebene der Modus zugeordnet wird.

7.6 Füllmethoden

Als Nächstes erscheinen in der Übersicht die abdunkelnden Modi. Der Modus ABDUNKELN vergleicht zwei Bildpunkte und wählt dabei pro Farbkanal den jeweils dunkleren Wert, wodurch sich häufig Farbverschiebungen ergeben.

Abbildung 7.59
ABDUNKELN

MULTIPLIZIEREN ist da schon nützlicher. Vereinfacht ausgedrückt werden hier die Farbwerte in den Mitten reduziert, helle Bereiche in beiden Ebenen bleiben unberührt. Lediglich dunkle Partien werden verstärkt und überlagern das Gesamtbild im Vordergrund.

Abbildung 7.60
MULTIPLIZIEREN mit Rauchschwaden

Dieser Modus eignet sich besonders, um Texturen hervorzuheben, Schatten zu betonen oder beispielsweise dunklen Nebel zu kreieren.

Die drei Methoden FARBIG NACHBELICHTEN, LINEAR NACHBELICHTEN und DUNKLE FARBE sorgen oftmals für ausgefressene Farbbereiche und starke Kontraste. Die Verrechnungsweisen sind der Nachbelichtung aus der Fotografie nachempfunden. Vereinfacht ausgedrückt sorgen dunkle Farbbereiche für stärkere Sättigungen in den Farbwerten. Generell sollten diese Modi also höchstens mit reduzierter Deckkraft angewendet werden.

Abbildung 7.61
FARBIG NACHBELICHTEN erzeugt ausgefressene Schatten.

Die nächste Kategorie wirkt entgegengesetzt und sorgt für insgesamt hellere Resultate. ADDIEREN sorgt dafür, dass die Helligkeitswerte zweier Bilder addiert werden, was es prädestiniert, um beispielsweise Feuer und Explosionen, die vor schwarzem Hintergrund gedreht wurden, in das Bild einzubinden.

Abbildung 7.62
Explosionen verlangen nach ADDIEREN ...

NEGATIV MULTIPLIZIEREN arbeitet ein wenig subtiler und eignet sich daher an den Stellen, an denen der Aufhellen-Modus für ausgefressene Bildflächen sorgen würde, also beispielsweise Blendenflecke (die sogenannten Lensflares) oder einfache Leucht-Effekte.

7.6 Füllmethoden

Abbildung 7.63
... oder subtiler mittels NEGATIV MULTIPLIZIEREN.

Abwedeln ist in der Fotografie das Gegenteil der Nachbelichtung und so sind auch die drei Pendants dazu die Modi FARBIG ABWEDELN, LINEAR ABWEDELN und HELLERE FARBE: Sie sorgen für insgesamt stärkere Sättigungen bei gleichzeitiger Aufhellung der Bildpartien.

Die nächsten Modi werden auch als Licht-Modi oder Transfer-Modi bezeichnet. Abhängig vom Grauwert werden die Bildpunkte unterschiedlich beeinflusst. Ist ein Bildpunkt also in absolut neutralem Grau, also 50%er Helligkeit, wird er nicht beeinflusst. ÜBERLAGERN sorgt beispielsweise bei dunklen Pixeln für eine Multiplikation der Werte, bei den helleren hingegen für eine negative Multiplikation. Vereinfacht ausgedrückt sorgt dieser Modus für eine Kontraststeigerung.

Abbildung 7.64
ÜBERLAGERN steigert Kontraste.

WEICHES LICHT ist eine etwas abgeschwächte Version der Überlagern-Füllmethode, da hier weder schwarze noch weiße Gesamtsättigungen erzielt werden. Dieser Modus ist sehr gut geeignet, um dezente Belichtungseffekte zu erzeugen.

Abbildung 7.65
HARTES LICHT

HARTES LICHT setzt beherzter ein und sorgt für noch kontrastreichere und sattere Resultate als der Überlagern-Modus, neigt dementsprechend auch zu ausgefressenen Farbflächen.

Die weiteren Licht-Modi LINEARES LICHT, STRAHLENDES LICHT, PUNKTUELLES LICHT sowie HARTE MISCHUNG bedienen sich wieder der Techniken der Nachbelichtung und der Abwedlung, abhängig vom Grauwert des Bildpunkts.

All diese Modi eignen sich insgesamt zur Kombination eines Bildes mit großen Helligkeitskontrasten mit einem weiteren Bild, das hauptsächlich auf Farbkontraste setzt.

In der Subtraktions-Kategorie AUSSCHLUSS, DIFFERENZ, SUBTRAHIEREN und DIVIDIEREN werden die Farbkanäle beider Bilder miteinander verglichen und im Anschluss die Farbwerte subtrahiert. Je nach Typ ergibt sich eine sehr ausgeprägte Farbverschiebung, wodurch diese Füllmethoden sich entweder für sehr spezielle Anwendungen gebrauchen lassen, ansonsten aber eher Farbbilder der psychedelischen Sorte erzeugen.

Abbildung 7.66
(Psychedelischer)
AUSSCHLUSS-Füllmodus

Die Berechnungen der Modi aus der Kategorie FARBE beruhen auf dem HSL-Farbmodell, sodass die Ebene nur aufgrund der verschiedenen Bestandteile FARBTON, SÄTTIGUNG, FARBE oder LUMINANZ verrechnet wird. Das hat zur Folge, dass ausschließlich die betrachteten Eigenschaften des Vordergrundbilds mit den beiden jeweils verbleibenden Kanälen des Hintergrundbilds zusammengeführt werden.

Den Schluss bilden die Schablonen und Silhouetten. Diese Modi sorgen dafür, dass Alpha- und Luminanz-Informationen der angewendeten Ebene als Transparenz für alle darunter befindlichen Ebenen angewendet werden. Die ALPHASCHABLONE überträgt die eigene Transparenz auf alle unter ihr befindlichen Ebenen zugleich, die ALPHASILHOUETTE kehrt die Bereiche lediglich um. Im Prinzip ist diese Zuweisung ähnlich der BEWEGTEN MASKEN, die Sie weiter vorne im Kapitel bereits kennengelernt haben. Der Unterschied ist jedoch, dass jetzt eine einzelne Ebene als Maske dient. Sie erinnern sich, dass jede BEWEGTE MASKE nur einer einzigen Ebene zugewiesen werden kann, was sich bei einer Vielzahl von Ebenen mit ein und derselben Transparenz als zeitaufwendig und arbeitsintensiv erweisen würde.

Abbildung 7.67
FARBE berücksichtigt nur Farbwerte (nicht Farbton).

Abbildung 7.68
ALPHASCHABLONE

Eine LUMINANZSCHABLONE und -SILHOUETTE verhält sich dementsprechend genauso, nur eben anhand der Helligkeitswerte der ausgewählten Ebene. Schwarze Bereiche blenden den unter der Schablone befindlichen Inhalt aus, weiße Bildpunkte zeigen die Inhalte der untergeordneten Ebenen.

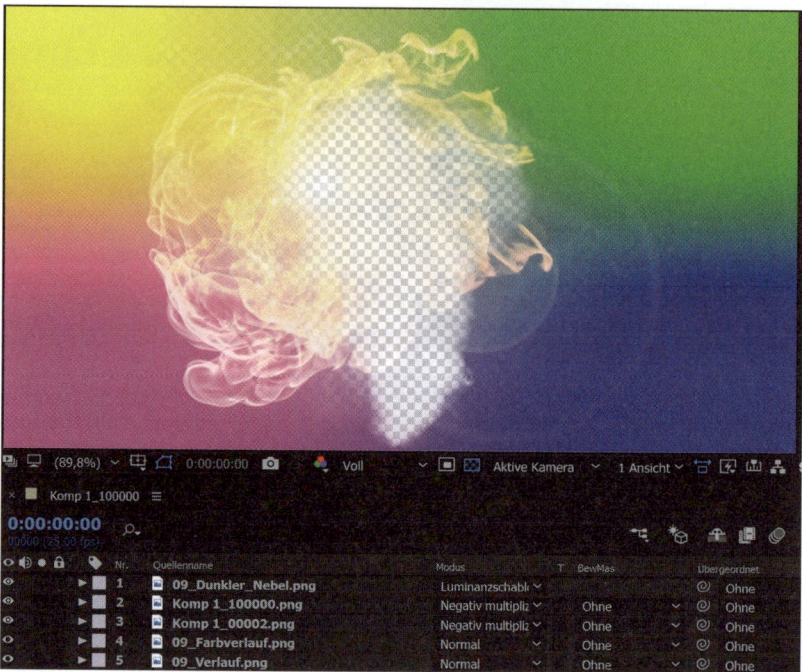

Abbildung 7.69
LUMINANZSCHABLONE

7.7 Workshops
Fließender Text

Footage

Das Footage zum Workshop finden Sie im Download-Ordner 07.

Der erste Workshop gilt der einfachen, aber kreativen Anwendung von Masken. Hier sollen Sie zunächst mit dem Zeichenstift-Werkzeug eine Ebenenmaske erstellen, die einen Text schichtweise sichtbar macht. Es geht also auch um die zeitliche Interaktion der Masken untereinander. Laden Sie das Footage `Textmaske.PSD` in ein neues Projekt. Stellen Sie dabei auf KOMPOSITION, sodass Sie Zugang zu allen PSD-Ebenen haben, und öffnen Sie im Anschluss die Komposition.

7.7 Workshops

Abbildung 7.70
Die PSD-Komposition

Deaktivieren Sie zunächst alle anderen Ebenen bis auf die unterste Ebene mit Text. Nehmen Sie das Formen-Werkzeug und ziehen Sie eine erste Maske unterhalb des Textes auf, sodass dieser zunächst maskiert wird.

Abbildung 7.71
Ausgangspunkt der Maske ist das Rechteck-Werkzeug.

Nehmen Sie dann das Scheitelpunkt-hinzufügen-Werkzeug zur Hand und fügen Sie auf der oberen Seite der Maske zusätzliche Maskenpunkte hinzu. Gestalten Sie die Punkte möglichst organisch, indem Sie die Scheitelpunkte zu Bézier-Punkten verwandeln.

Abbildung 7.72
Eine geschwungene Maske mit Scheitelpunkt-Werkzeugen

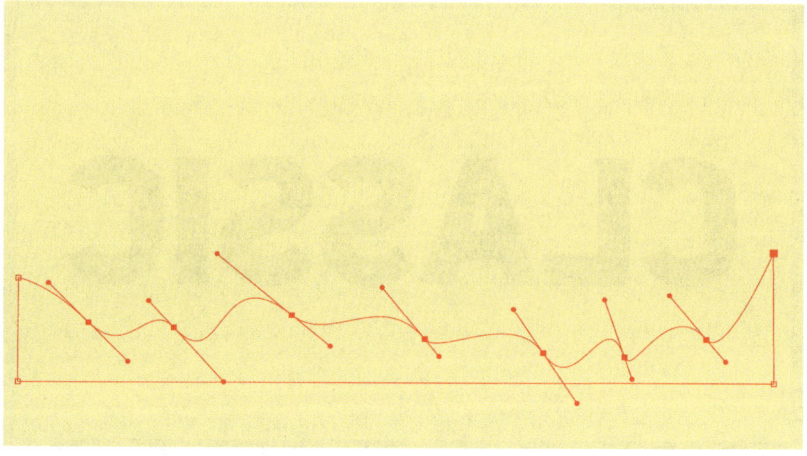

Setzen Sie einen Keyframe für den Maskenpfad zu Beginn der Animation und ziehen Sie die Maske so, dass die erste Schrift nicht mehr zu lesen ist. Springen Sie im Anschluss mittels ⇧+Bild↑ 50 Frames weiter und ziehen Sie die Maske so auf, dass sie nicht mehr den gesamten Schriftbereich verdeckt.

Abbildung 7.73
Am Ende der Maskenanimation ist der Text vollständig lesbar.

Markieren Sie den Maskenpfad der ersten Ebene, kopieren Sie ihn per Strg+C (Mac: ⌘+C) und fügen Sie ihn für alle weiteren Ebenen mit Strg+V (Mac: ⌘+V) ein. Wenn Sie alle Ebenen sichtbar schalten, wird Ihnen auffallen, dass sich alle Ebenen überdecken und nur die obere Ebene zu sehen ist.

7.7 Workshops

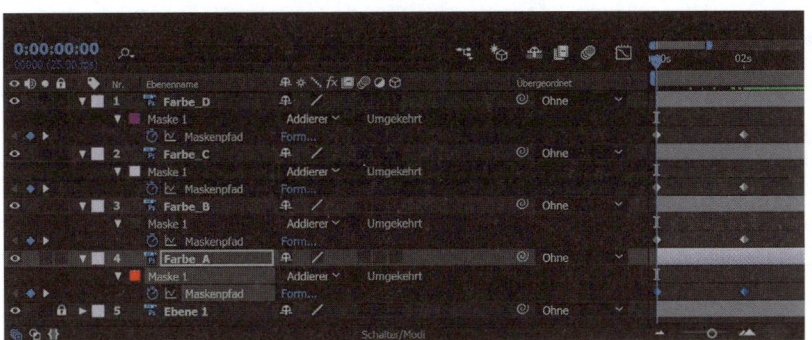

Abbildung 7.74
Maskenpfade können kopiert werden.

Daher versetzen Sie die Ebenen nun der Reihe nach um jeweils 25 Frames nach hinten. Jetzt werden die Masken durch den verzögerten Einsatz nach und nach die verschiedenen Kolorierungen des Textes freigeben.

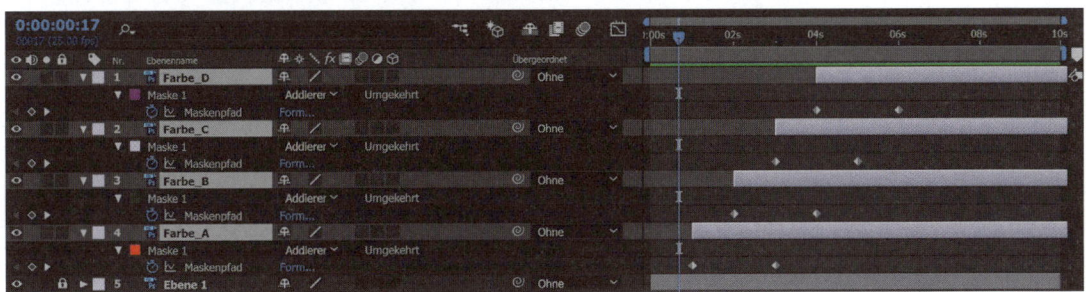

An dieser Stelle können Sie auch jede einzelne Animation des Maskenpfads anfassen, sodass jede Ebene mit einem anderen Schwung oder Tempo sichtbar gemacht wird.

Abbildung 7.75
Zeitlich gestaffelte Ebenen sorgen für Versatz der Textfarben.

Abbildung 7.76
Das finale Resultat zeigt mehrere Farben.

193

Kapitel 7 ——— COMPOSITING ———

Doppelbelichtung

Footage

Das Footage zum Workshop finden Sie im Download-Ordner 07|Doppelbelichtung.

In der Fotografie ist die Doppelbelichtung ein gern genutzter und interessanter Effekt, der mittlerweile auch im Bewegtbildkosmos gerne genutzt wird. Auf den nächsten Seiten lernen Sie, wie Sie mit bewegten Masken und Füllmethoden mehrere Bilder ineinander überblenden und einer solchen Doppelbelichtung Leben einhauchen. Es handelt sich um eine künstlerische Umsetzung und ist dazu gedacht, sich anhand einzelner Schritte dem Thema Compositing zu nähern.

Bringen Sie das gesamte Footage aus dem Ordner Doppelbelichtung in ein neues Projekt und erstellen Sie eine neue Komposition von 10 Sekunden Länge mit 1920 x 1080 Pixeln und 25 fps. Laden Sie das Video Visor.MOV als Erstes in die Komposition und zeichnen Sie mit dem Zeichenstift-Werkzeug eine grobe Maske um den Darsteller. Ziel ist es, aus dem Darsteller-Material eine Bildmaske zu generieren, die im Anschluss alle Bildinhalte der Doppelbelichtung begrenzt.

Abbildung 7.77
Garbage-Maske

Danach wenden Sie den KEYLIGHT-Effekt an. Mit der Farbpipette wählen Sie einen grünen Farbpunkt aus, um den Rest des Greenscreen-Hintergrunds zu entfernen. Kontrollieren Sie das Ergebnis in der SCREEN MATTE-Ansicht unter VIEW. Bei Bedarf erhöhen Sie sowohl CLIP BLACK und reduzieren CLIP WHITE, um Vorder- und Hintergrund noch stärker voneinander zu trennen. Ist der Darsteller im Vordergrund komplett weiß und ohne graue »Löcher«, der Hintergrund komplett schwarz, wechseln Sie wieder unter VIEW zu FINAL RESULT.

7.7 Workshops

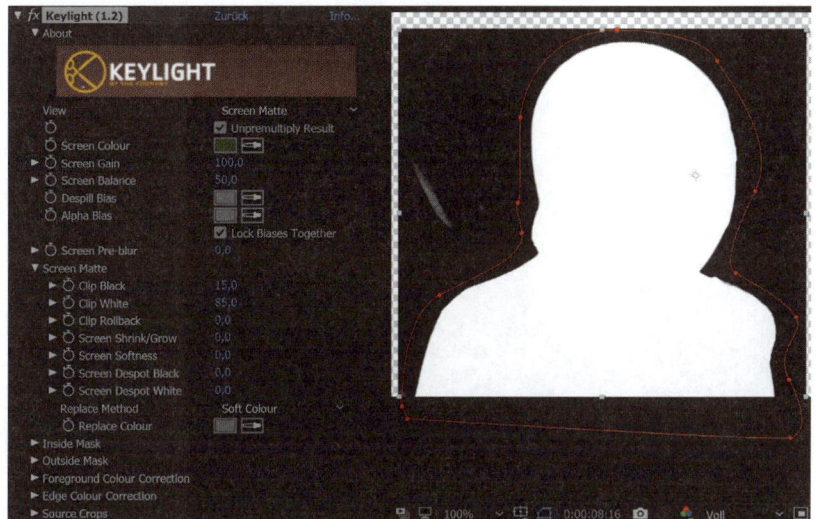

Abbildung 7.78
KEYLIGHT zum Entfernen des Greenscreens

Anschließend drücken Sie [Strg]+[⇧]+[C] (Mac: [⌘]+[⇧]+[C]), um aus dem Videomaterial eine UNTERKOMPOSITION zu erstellen. Verschieben Sie alle angewendeten Effekte mit in die Unterkomposition und benennen Sie sie in Visor_-Maske um.

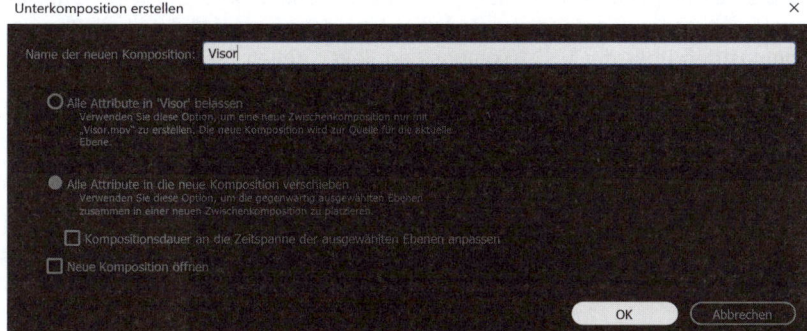

Abbildung 7.79
Bringen Sie den KEYLIGHT-Effekt mit in die neue Komposition.

Nun kommen die zwei Hintergrundvideos zum Einsatz. Setzen Sie Wald_Langsam.MOV in den Hintergrund, danach Wald_Schnell.MOV unter die Komposition Visor. Setzen Sie die Ebene Wald_Schnell auf den Füllmodus MULTIPLIZIEREN und reduzieren Sie die Skalierung auf 75 %. Dadurch werden jetzt nur dunkle Bildinhalte der oberen Ebene sichtbar, helle Bildbereiche werden ausgeblendet und lassen die untere Ebene durchblicken. Positionieren Sie jetzt beide Ebenen so, dass die obere Seite der VISOR-Ebene gerade noch so überlagert wird.

Abbildung 7.80
Die Hintergrundebenen werden an der Maske ausgerichtet.

Markieren Sie jetzt die beiden Hintergrundebenen und bringen Sie auch diese in eine Unterkomposition. Der Übersicht halber benennen Sie diese in Wald um. In der Hauptkomposition zurück achten Sie jetzt darauf, dass die Visor_Maske-Komposition über der Wald-Komposition liegt. Stellen Sie für Letztere in der Ebenenübersicht in der Spalte BEWEGTE MASKE auf ALPHAKANAL. Die Wald-Komposition übernimmt jetzt die Alpha-Information des Darstellers.

Abbildung 7.81
Der Hintergrund mit der Kontur des Darstellers

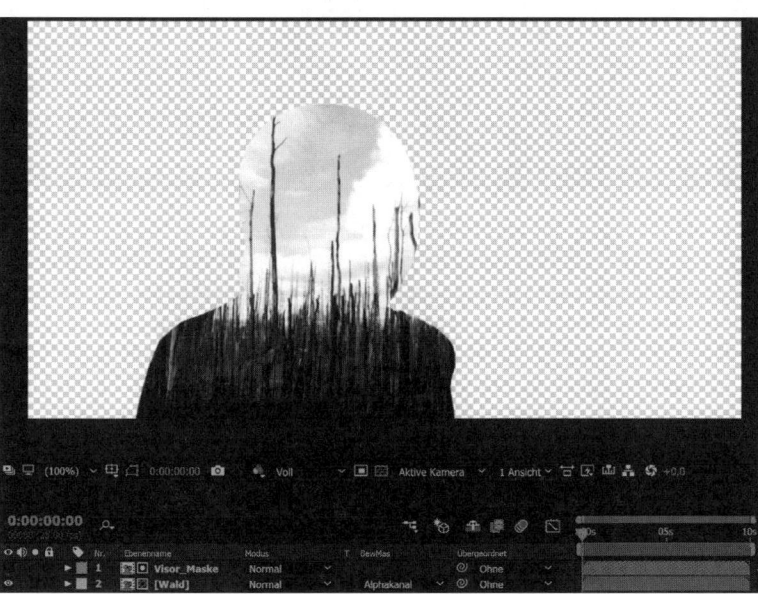

Im nächsten Schritt bringen Sie die Konturen des Darstellers zurück in die Komposition, um die Illusion der Doppelbelichtung zu verstärken. Ein sehr subtiler Effekt, aber dennoch wirksam, um dem Bildhintergrund nicht nur einen »Cutout«-Look zu verleihen. Erstellen Sie zunächst mit [Strg]+[D] (Mac: [⌘]+[D]) zwei weitere Duplikate der Visor_Maske-Komposition. Das erste Duplikat dient diesmal nicht als Alpha-Maske, sondern wird selbst als Bild-Element genutzt. Deswegen benennen Sie es in Visor_Bild um. Die zweite Kopie darüber dient wieder als Alpha-Maske. Würden Sie jetzt dem Visor-Bild seine Kopie Visor_Maske als Alpha-Maske zuordnen, würde nichts zu sehen sein, da beide identisch sind und sich so aufheben. Daher müssen Sie auf der oberen Ebene noch einen MASKE UNTERFÜLLEN-Effekt zuweisen. Gehen Sie dazu in der oberen Menü-Leiste auf EFFEKTE|MASKEN|MASKE UNTERFÜLLEN. Im EFFEKTEINSTELLUNGEN-Fenster übernehmen Sie jetzt die folgenden Einstellungen: ELASTIZITÄT auf 100 %, FAKTOR auf 0 und GRAUSTUFEN WEICHZEICHNEN auf 100 %.

Jetzt stellen Sie die BEWEGTE MASKE der Bildebene auf UMGEKEHRTE ALPHA-MASKE, denn in diesem Fall soll der Darsteller lediglich an den weichgezeichneten Kanten zu sehen sein.

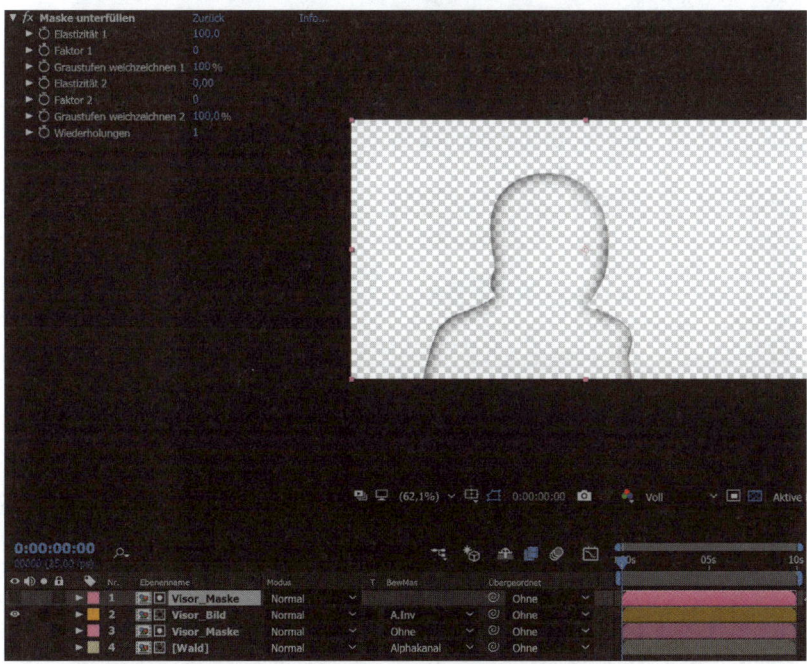

Abbildung 7.82
Dezente Maskenkonturen

Jetzt bringen Sie das Element Hintergrund.PNG in den Hintergrund des Projekts.

Abbildung 7.83
Vorder-/Hintergrund

Die beiden Bildkompositionen Wald und Visor heben sich noch zu stark vom Hintergrund ab. Setzen Sie die beiden zugehörigen FÜLLMETHODEN wieder auf MULTIPLIZIEREN, sodass nur die dunklen Bildbereiche zu sehen sind.

Abbildung 7.84
MULTIPLIZIEREN entfernt die weißen Bildbereiche.

Jetzt kommt noch etwas Farbe ins Spiel. Bringen Sie das Footage Farbe.PNG in die Komposition und weisen Sie ihm ebenfalls ein Duplikat der Visor-Komposition als Alpha-Maske zu. Stellen Sie die FÜLLMETHODE auf FARBE. Jetzt werden nur die Farbwerte der Ebene übernommen, Sättigung und Luminanz-Informationen finden keinerlei Berücksichtigung.

Abbildung 7.85
Einfärben der Silhouette

Duplizieren Sie die Visor-Komposition erneut und ziehen Sie einen Maskenrahmen darüber auf. Erhöhen Sie die WEICHE MASKENKANTE der Maske. Wie Sie sehen, wird der Darsteller jetzt mit einem Verlauf in das Bild eingeblendet.

Abbildung 7.86
Dezentes Einblenden der Video-Ebene

Zu guter Letzt bekommt die gesamte Komposition noch etwas Bewegtbild-Feeling verpasst. Erstellen Sie zunächst ein Nullobjekt und benennen es in Skalierung um. Setzen Sie am Anfang der Animation einen Keyframe für dessen Skalierung bei 90 % und springen Sie zum Ende der Animation, wo Sie einen weiteren Keyframe mit dem Wert 100 % setzen. Jetzt wählen Sie jede Visor-Komposition aus und benutzen das Gummiband aus der Spalte Übergeordnet, um alle Elemente dem Nullobjekt unterzuordnen. Jedes dieser Elemente übernimmt die Skalierung-Eigenschaft des Nullobjekts, wodurch alle Visor-Ebenen über den Verlauf der Animation dezent größer skaliert werden.

Abbildung 7.87
Umfangreiche Doppelbelichtung

Kapitel 8

Text

Text war und ist seit der Geburtsstunde des Films ein bedeutendes Gestaltungsmittel im bewegten Bild. So hatte er vor der Erfindung des Tonfilms die Aufgabe, die narrative Erzählerstimme zu ersetzen, und ist seither zu einem essenziellen Element von Kinofilmen bis hin zu Web-Videos geworden.

Das prominenteste Beispiel sind natürlich die Filmtitel. Mittlerweile gilt das Title Design als eigene Designdiziplin, viele Studios beschäftigen sich ausschließlich mit der Gestaltung von Blockbuster- und Serien-Openern. Die Variationen reichen dabei von schlichten, fast schon unspektakulär einfachen Schrifteinblendungen bis hin zu imposanten und trickreichen Kompositionen.

Abbildung 8.1
Titel-Design mit After Effects

Sie finden animierte Typografie des Weiteren in Werbeformaten und unzähligen weiteren Formen, sodass bewegte Texte zum Standardrepertoire eines jeden Motion Designers gehören.

Abbildung 8.2
Text und Pfade

Kapitel 8

TEXT

Daneben gibt es noch die unscheinbaren Formen von Schrift, die gestalterisch gar nicht so recht ins Auge fallen. Bauchbinden beispielsweise, die subtil und doch elegant zusätzliche Informationen zu Sprecher oder Bildinhalt präsentieren. Noch unaufdringlicher sind Untertitel, mit deren Hilfe Sprachbarrieren überwunden werden oder Menschen mit Gehörbeeinträchtigungen Zugang zum Inhalt verschafft wird.

Abbildung 8.3
Eine typische Bauchbinde

Schrift und Text finden vielerlei Anwendung, daher werden Sie in diesem Kapitel das Text-Werkzeug näher kennenlernen, Schrift formatieren und auch animieren.

8.1 Text-Werkzeug

Arbeitsbereich

Zum Umgang mit Text hat After Effects einen gleichnamigen Arbeitsbereich, den Sie aufrufen können.

Erstellen wir zunächst eine Textebene unter EBENE|NEU|TEXT, ⌜Strg⌝+⌜Alt⌝+⌜⇧⌝+⌜T⌝ (Mac: ⌘+⌥+⇧+⌜T⌝) oder per Doppelklick auf das (HORIZONTALE) TEXT-WERKZEUG . After Effects legt eine neue Textebene in die Zeitleiste, im Kompositionsfenster sehen Sie mittig eine rote Einfügemarke. Der Text kann jetzt eingefügt werden. Standardmäßig wird der Text in der Horizontalen ausgerichtet. Möchten Sie diese Orientierung ändern, wählen Sie mit gehaltener Maustaste das VERTIKALE TEXT-WERKZEUG aus der Werkzeugleiste.

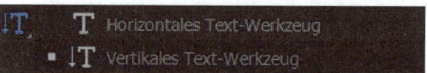

Abbildung 8.4
Text in der Horizontalen als auch in der Vertikalen

Diese Orientierung lässt sich im Nachhinein korrigieren. Wählen Sie die Ebene in der Ebenenübersicht an, klicken Sie per Rechtsklick in das Kompositionsfenster und wechseln Sie problemlos zwischen Horizontal und Vertikal.

Abbildung 8.5
Vertikales Text-Werkzeug

Wird der Text mehrzeilig, gibt es eine andere Option. Wählen Sie dazu wieder das Text-Werkzeug aus der Werkzeugleiste, gehen Sie aber diesmal mit der Maus in das Kompositionsfenster und ziehen Sie mit gedrückter Maustaste einen Textrahmen auf. After Effects unterscheidet nämlich zwischen dem sogenannten **Punkttext** für Einzeiler und Schlagworte, der **Absatztext** hingegen ist für größere Textinhalte gedacht.

Abbildung 8.6
Links der Punkt-, rechts der Absatztext

Füllen Sie Ihren Rahmen mit Text und sollte sich dabei ein kleines Pluszeichen am unteren rechten Rand bemerkbar machen, so haben Sie den Textrahmen überfüllt und müssen ihn größer ziehen. Fassen Sie dazu mit der Maus eines der Eck- oder Seitenhandles an. Der Mauszeiger ändert seine Form und zeigt an, dass der Rahmen jetzt transformiert werden kann. Wenn Sie dabei die [Strg]-Taste (Mac: [⌘]) gedrückt halten, wird der Rahmen symmetrisch entlang der Mittelachse vergrößert. Die gedrückte [⇧]-Taste hingegen vergrößert oder verkleinert den Rahmen proportional. Drücken Sie beides, wird der Rahmen proportional um den bisherigen Ebenen-Mittelpunkt vergrößert.

Genau wie die Orientierung lässt sich auch die Textart im Nachgang ändern, also Punkt- in Absatztext und umgekehrt. Klicken Sie dazu wieder (bei selektierter Textebene in der Ebenenübersicht) in das Kompositionsfenster und wählen Sie IN PUNKTTEXT UMWANDELN beziehungsweise IN ABSATZTEXT UMWANDELN.

> **Enter-Taste(n)**
> Die [↵]-Taste in der regulären Tastatur fügt eine neue Zeile ein, die [↵]-Taste im Nummernblock beendet die Bearbeitung des Textblocks.

Text-Formatierung

Haben Sie den Text getippt, können Sie die Formatierung der Schrift vornehmen. Möchten Sie die gesamte Textebene formatieren, reicht es, die Textebene dazu in der Zeitleiste anzuwählen. Möchten Sie einzelne Buchstaben formatieren, müssen Sie diese vorher selektieren. Dazu muss das Text-Werkzeug in der Werkzeugpalette oder mit [Strg]+[T] (Mac: [⌘]+[T]) angewählt werden. Bewegen Sie jetzt den Mauszeiger über den Text an die gewünschte Stelle und halten Sie während des Markierens die Maustaste gedrückt. Der ausgewählte Bereich wird farbig hinterlegt.

Abbildung 8.7
Eingefügter Text lässt sich einzeln und gesamt auswählen.

Textauswahl
Falls Sie die farbliche Hinterlegung des markierten Textes stört, wenn Sie beispielsweise die Textfarbe festlegen wollen, kann die Auswahlhilfe unter [Strg]+[⇧]+[H] (Mac: [⌘]+[⇧]+[H]) ausgeblendet werden.

Wie bei jeder anderen Textbearbeitung können Sie natürlich die Einfügemarke mittels der Pfeiltasten verschieben. Halten Sie während des Verschiebens die [⇧]-Taste gedrückt, wird der Bereich ausgewählt.

Download-Material
Begleitend zu dieser Sektion öffnen Sie die Komposition Textformatierung aus der Datei Text.AEP im Download-Ordner 08.

Kommen wir zur Formatierung. In der Zeichenpalette wird die Schriftgestaltung festgelegt. Die wichtigsten Eingabefelder SCHRIFTART, SCHRIFTSCHNITT und SCHRIFTGRÖSSE (in Pixel) kennen Sie aus jedem Textverarbeitungsprogramm und erklären sich daher von selbst. Zusätzlich lässt sich noch eine Konturfarbe und -stärke festlegen.

Abbildung 8.8
Die Kontur-Einstellungen

Bei Mehrzeilern ist der Zeilenabstand sehr wichtig, das AUTO-Setting bedarf des Öfteren einer Nachjustierung. Lassen Sie den Text auf sich wirken und achten Sie darauf, dass die Zeilen nicht zu weit auseinanderliegen. Im Gegenzug dürfen sie auch nicht aneinanderkleben. Gleiches gilt auch für die Einstellungen der Zeichenabstände und der Laufweite. Ersteres sorgt für eine ausgeglichene Darstellung der Zeichen innerhalb eines Wortes. Letzteres fügt einen Pauschal-Abstand zwischen

Ihre Letter und sollte vorrangig für einzelne Wörter und Titel verwendet werden. Fließtext wird bei zu großer Laufweite löchrig und deshalb schwerer lesbar.

> **Ausgleichen**
>
> Stellen Sie unter den ZEICHENABSTÄNDEN in der Zeichen-Palette von METRISCH auf OPTISCH um, damit das Programm bereits grob die Zeichenabstände anpassen und für ein ausgewogenes Schriftbild sorgen kann.

Über die SCHRIFTHÖHE und SCHRIFTBREITE werden die Zeichen prozentual gestreckt oder gestaucht. Diese Option sollte nur sparsam eingesetzt werden, da sich die Schrift schnell unschön verzerrt.

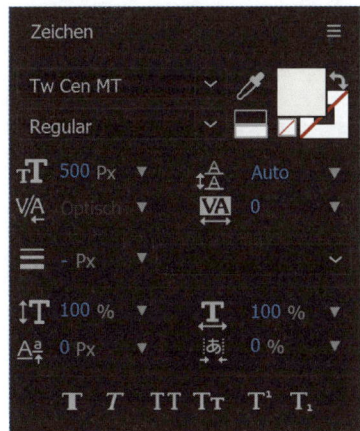

Abbildung 8.9
Textebenen werden mittels der ZEICHEN-Palette formatiert.

Zu guter Letzt noch weitere Formatierungsoptionen von links nach rechts: FAUX FETT und FAUX KURSIV erzeugen künstlich (daher Faux) fette beziehungsweise kursive Buchstaben und sollten vermieden werden. Geschulte Grafiker-Augen werden es Ihnen danken. Unter GROSSBUCHSTABEN werden kleingeschriebene Zeichen umgewandelt, bei KAPITÄLCHEN ebenso, mit dem Unterschied, dass die Schrifthöhe der vormaligen Kleinbuchstaben im Vergleich zu den Großbuchstaben reduziert ist. HOCH- und TIEFGESTELLT wirkt sinngemäß.

Möchten Sie zusätzlich einen üppigeren Text anpassen, wechseln Sie in die Absatz-Palette. Texte lassen sich links- oder rechtsbündig sowie zentriert oder im Blocksatz formatieren und mit Einzügen versehen. Die gewählten Einstellungen gelten für Punkt- und Absatztext gleichermaßen.

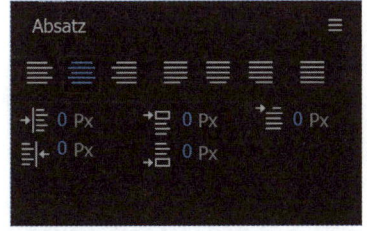

Abbildung 8.10
Die ABSATZ-Palette

Kapitel 8 — TEXT

Texte lassen sich übrigens auch formatieren, wenn die Textebene in der Ebenenübersicht angewählt ist. Dann gelten alle Änderungen für die gesamte Textebene.

Ist der Text inhaltlich fertig bearbeitet und formatiert, können Sie sich an die Positionierung machen. Das auch im Text-Werkzeug selbst, bei angewähltem Text, also solange Sie die Einfügemarke sehen. Dazu bewegen Sie den Mauszeiger etwas außerhalb des Textbereichs und der Cursor zeigt nun das Verschiebe-Werkzeug. Der Text kann jetzt mit gedrückter Maustaste neu positioniert werden. Möchten Sie das Text-Werkzeug wieder verlassen, drücken Sie beispielsweise ⏎ im Ziffernblock, Strg+⏎ (normale Tastatur) (Mac: ⌘+⏎) oder das Auswahlwerkzeug in der Werkzeugleiste. Sie können auch per Esc-Taste die Textbearbeitung verlassen, verwerfen dann jedoch alle Änderungen, die Sie getippt oder formatiert haben.

Pfadtext

> **Download-Material**
>
> Begleitend zu dieser Sektion öffnen Sie die Komposition Pfadtext aus der Datei Text.AEP im Download-Ordner 08.

Neben dem horizontalen und vertikalen Text-Werkzeug können Sie Ihren Text auch auf Pfaden frei positionieren, um Formen und Linien aus dem Bildinhalt darunter aufzunehmen. Dazu wird das Masken-Werkzeug zweckentfremdet, mit dessen Hilfe Sie eine neue Grundlinie für Ihren Text erzeugen können.

Wählen Sie zunächst die Textebene an und erstellen Sie mit dem Zeichenstift-Werkzeug oder dem Formen-Werkzeug eine Maske. Sollte die Maske jetzt auch Teile des Textes oder diesen gar ganz verdecken, kümmern Sie sich im Moment nicht darum. In diesem Schritt geht es lediglich um die Form der Grundlinie.

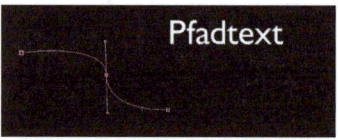

Abbildung 8.11
Textpfade erstellen Sie unter anderem mit dem Zeichenstift-Werkzeug.

Im nächsten Schritt öffnen Sie die TEXT-Eigenschaften in der Ebenenübersicht und wählen in den PFADOPTIONEN die Maske aus. Sollte eine Maske bisher Ihren Text verdeckt haben, so wird die Maskierung nun verworfen und Ihr Text ist wieder vollständig sichtbar.

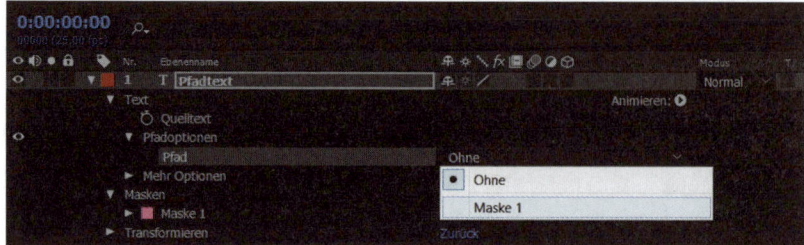

Abbildung 8.12
In den Pfadoptionen erscheint der gezeichnete Maskenpfad.

Der Text wird jetzt auf dem Pfad platziert und nimmt die Form als Grundlinie an. Der Maskenpfad bleibt weiterhin zur Bearbeitung frei, Sie können also ohne Weiteres Pfadpunkte hinzufügen, diese verschieben oder die Interpolation ändern. Alle Änderungen werden simultan auf die Textebene übertragen. Zusätzlich können Sie in der Ebenenübersicht den Text ausführlicher formatieren. Ein Klick auf PFAD UMKEHREN stellt die Schrift auf den Kopf, invertiert also die Orientierung des Textes. Bei offenen Pfaden lässt sich der Text mit der Option SENKRECHT ZU PFAD tangential zum Vektor ausrichten oder aber entsprechend der Vorformatierung horizontal beziehungsweise vertikal.

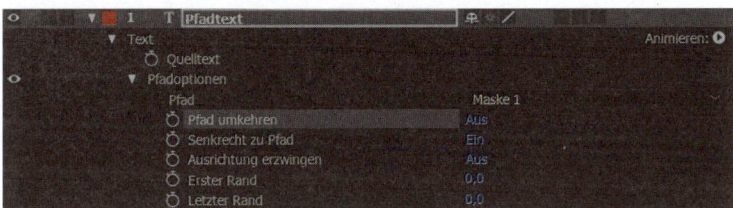

Abbildung 8.13
Ausrichtungsoptionen des Textpfads

Wichtig zu erwähnen, falls der Text noch nicht wie gewünscht auf dem Pfad verteilt ist, Sie können die AUSRICHTUNG ERZWINGEN. Wenn Sie diese Option aktivieren, verschieben Sie mit den beiden Rand-Optionen den Raum, auf dem der Text über den Pfad verteilt werden soll, also im Prinzip die Laufweite.

Abbildung 8.14
Einen Pfadtext mit einem Maskenpfad bearbeiten

8.2 Textanimation

Sie beherrschen jetzt die Grundfunktionen zur Texterstellung im Raum. Bringen wir nun auch Zeitleiste und Keyframes mit ins Spiel.

Kapitel 8 — TEXT

Einfache Ebeneneigenschaften

Text wird in After Effects als Ebene angelegt und verfügt damit über die gleichen Parameter, die Sie schon in Kapitel 5 bei der Arbeit mit Ebenen im Allgemeinen kennengelernt haben. Sie können also die Position, Skalierung, Drehung und Deckkraft bereits für einfache Einblendungen verwenden. Das simple »Einfaden« einer gesamten Textzeile ist zwar unspektakulär, erfüllt aber (s)einen Zweck. Denn hier und da lohnt auch der Mut zur Reduktion, da gerade aufwendige Textanimationen vom eigentlichen Inhalt, nämlich dem Text selbst ablenken.

Abbildung 8.15
Einfacher Fade-Effekt

Skalierung

Textebenen lassen sich, genau wie Vektoren auch, in After Effects auf Größen über 100 % skalieren, ohne dabei an Schärfe und Kantenglätte zu verlieren. Dank der kontinuierlichen Rasterung müssen Sie in diesem Fall nichts weiter beachten.

Und natürlich lassen sich auch Effekte auf die gesamte Textebene legen, vor allem Unschärfen-Effekte wirken gut in Kombination mit Textebenen.

Abbildung 8.16
Einfache Textanimation mittels Deckkraft und Weichzeichner

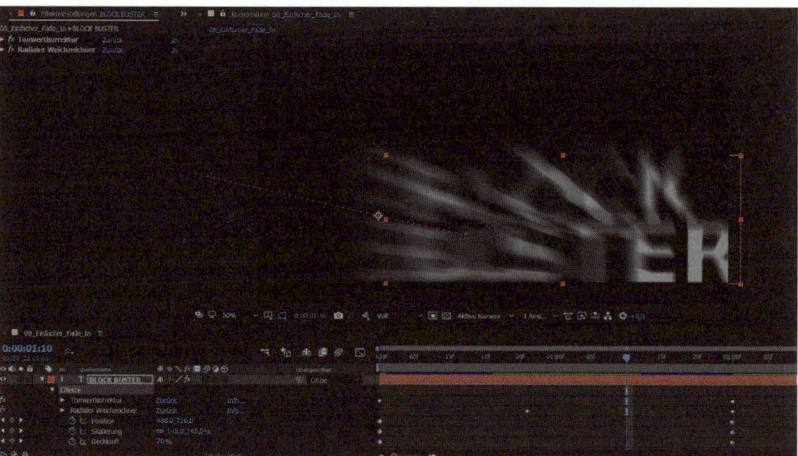

Quelltext animieren

Erzeugen Sie mit der Stoppuhr neben der Eigenschaft QUELLTEXT einen Keyframe, wird er ohne Interpolierung als ToggleHold-Keyframe eingefügt, da sich Text als Eigenschaft nicht ohne Weiteres interpolieren lässt. Zusätzlich zum Quelltext wird auch dessen Formatierung angefügt. So können Sie beispielsweise stufenweise den Textinhalt erst mit Schreibfehlern auszeichnen und dann als Animation korrigieren. Oder Sie geben demselben Text in schneller Reihenfolge völlig unterschiedliche Formatierungen, Farben und Konturen.

Diese Option ist vor allem in Kombination mit Expressions interessant, auf die Sie in Kapitel 16 stoßen werden. Aber auch, wenn es wichtig ist, dass eine Textebene dauerhaft in der Komposition bestehen bleibt und die Animation nicht anhand weiterer Ebenen realisiert werden kann.

Abbildung 8.17
Quelltext animieren

Text-Animator

> **Download-Material**
>
> Begleitend zu dieser Sektion öffnen Sie die Komposition Textanimator aus der Datei Text.AEP im Download-Ordner 08.

Der Text-Animator ist eine umfangreiche Ergänzung, wenn es speziell um die Gestaltung und Animation von Textebenen geht. Das Werkzeug greift auf den Inhalt der Textebene zu, unterteilt ihn anhand von Einzelbuchstaben oder Wörtern und ermöglicht dadurch eine viel feinere Steuerung der gewünschten Parameter, was Ihren Gestaltungsspielraum um ein Vielfaches erweitert.

Um den Text-Animator anzuwenden, gehen Sie in der Ebenenübersicht auf die gewünschte Textebene und öffnen den Text-Parameter. In der gleichen Zeile sehen Sie neben ANIMIEREN einen Menü-Button. Ein Klick darauf zeigt eine Übersicht der animierbaren Eigenschaften, wie beispielsweise Drehung oder Laufweite. Diese sind auch kombinierbar. Haben Sie eine Eigenschaft ausgewählt, wird eine Animator-Gruppe hinzugefügt, unter der Sie zunächst die Effektsettings einstellen. Diese Settings entsprechen denen aus den Transformieren-Eigenschaften und denen der Textformatierung.

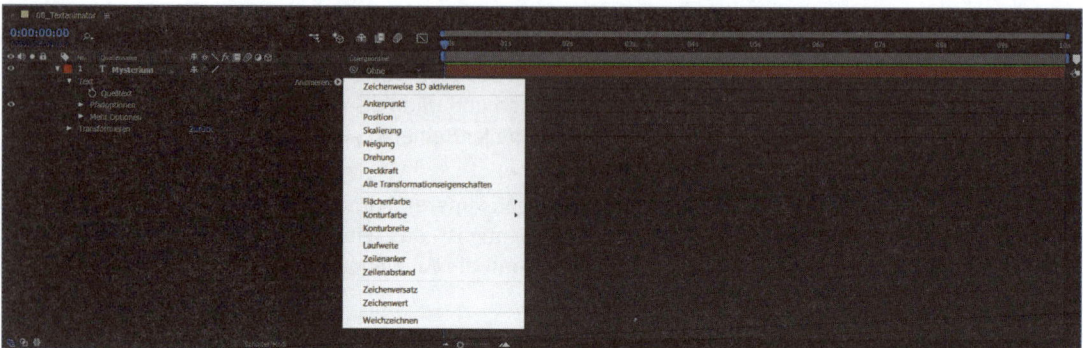

Abbildung 8.18
Alle animierbaren Eigenschaften des Text-Animators

Von vornherein greifen alle Effekte auch gleichmäßig auf alle Textbausteine zu. Das Besondere des Text-Animators ist jedoch das gezielte Eingreifen auf einzelne Buchstaben oder Wörter einer Textebene. Klappen Sie dazu das Menü BEREICHSAUSWAHL in der Ebenenübersicht auf. Dort finden Sie zunächst den ANFANG und das ENDE. Natürlich regeln diese beiden Parameter per Default, dass die gewählten Effekte bei 0 % (also ganz vorn) beginnen und bis zum Ende der Textebene (bei 100 %) in vollem Umfang angewendet werden.

Abbildung 8.19
Gleichmäßige Bereichsauswahl auf alle Buchstaben zugleich

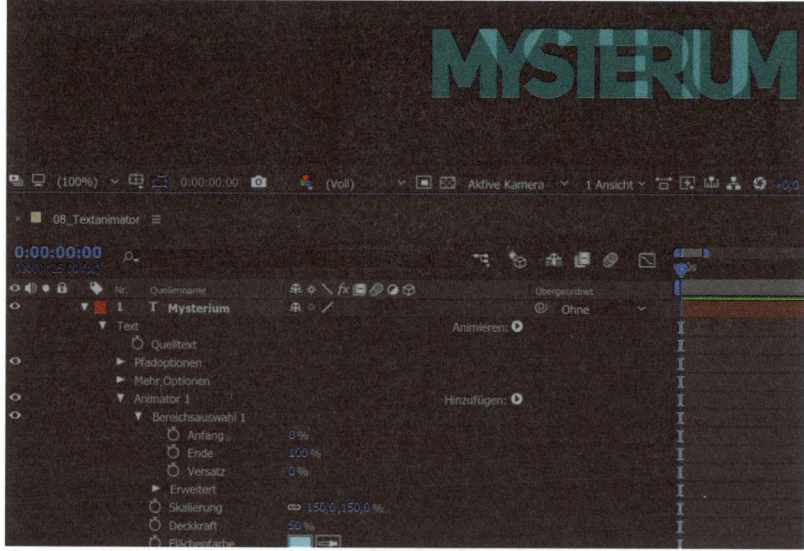

Regulieren Sie die Werte des Anfangs nach oben beziehungsweise das Ende nach unten, werden Sie sehen, wie der Text-Animator jetzt »später« einsetzt und auch »früher« wieder absetzt. Sie können natürlich auch lediglich einen der beiden Punkte animieren.

8.2 Textanimation

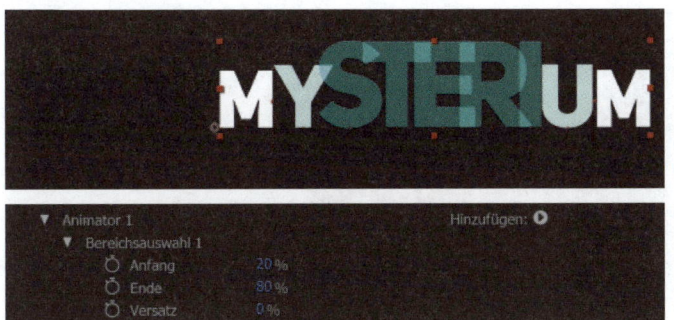

Abbildung 8.20
Engere Bereichsauswahl mit geändertem ANFANG und ENDE

Der VERSATZ verschiebt die Auswahl sowohl in die positive als auch die negative Richtung entlang der Grundlinie des Textes. Das wird sehr deutlich, wenn Sie Anfang und Ende des Auswahlbereichs sehr nah aneinanderbringen und den Versatz hin und her bewegen.

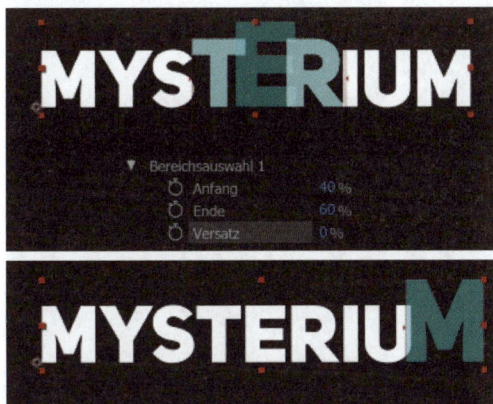

Abbildung 8.21
Der VERSATZ in der Anwendung

Wagen Sie einen Blick in das ERWEITERT-Menü darunter, werden noch weitere, sehr umfangreiche Optionen eingeblendet. An dieser Stelle nur die wichtigsten. Unter EINHEIT können Sie von PROZENT auf ZEICHEN umschalten, so lässt sich Anfang, Ende und Versatz zeichengenau bestimmen. Die Eigenschaft BASIEREND AUF ist für längere Texte geeignet, denn hier wechseln Sie die Bereichsauswahl von Einzelzeichen auf Wort oder gar ganze Zeilen. Die Einstellungen unter METHODE beziehen sich auf die Verrechnung der Bereichsauswahl, das Ausgangsmodell ist ADDIEREN; soll invers gearbeitet werden, stellen Sie hier auf SUBTRAHIEREN. Unter BETRAG lässt sich der Effekt graduell abschwächen.

Abbildung 8.22
Die erweiterte Bereichsauswahl

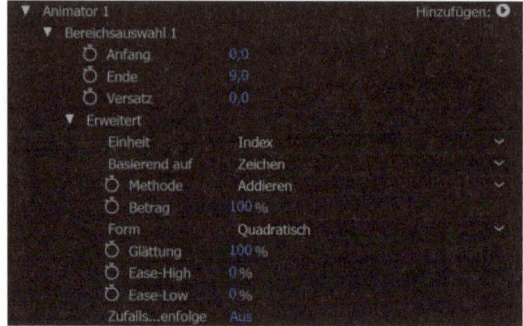

Besonders zu erwähnen sei noch FORM, die den Verlauf der Bereichsauswahl festlegt, sowie die ZUFALLSREIHENFOLGE. Letztere sorgt für ein wenig Unberechenbarkeit und durchbricht die kontinuierliche Buchstabenreihenfolge.

Abbildung 8.23
Form-Optionen ein und derselben Bereichsauswahl

Wie Sie sehen, der Text-Animator hat es durchaus in sich. Hier ist auch ein wenig Experimentierfreude gefragt, denn die vielen Attribute lassen sich am leichtesten durch spielerischen Umgang mit Textebenen erlernen und verstehen.

Textanimationsvorlagen

Schneller sind Sie natürlich, wenn Sie die Animationsvorlagen verwenden. After Effects hat davon eine ganze Menge bereits an Bord. Gehen Sie dazu in das EFFEKTE UND VORGABEN-Fenster und suchen Sie den Eintrag ANIMATIONSVORGABEN|TEXT. Wie Sie sehen, gibt es viele Kategorien, fast schon zu viele. Ebenfalls gibt es keine Möglichkeit, in After Effects ein Preview zu erhalten, und daher müssen Sie die Vorlagen anwenden. Haben Sie jedoch den Adobe-Medienbrowser Bridge installiert, können Sie die Presets in der Vorschau sehen. Leider hält sich der Pfad gut versteckt. Sie finden ihn in Ihrem Adobe-Verzeichnis unter Programme|ADOBE|ADOBE AFTER EFFECTS CC 2017|SUPPORT FILES|PRESETS|TEXT (Mac: Programme|ADOBE AFTER EFFECTS CC 2017|PRESETS|TEXT).

8.2 Textanimation

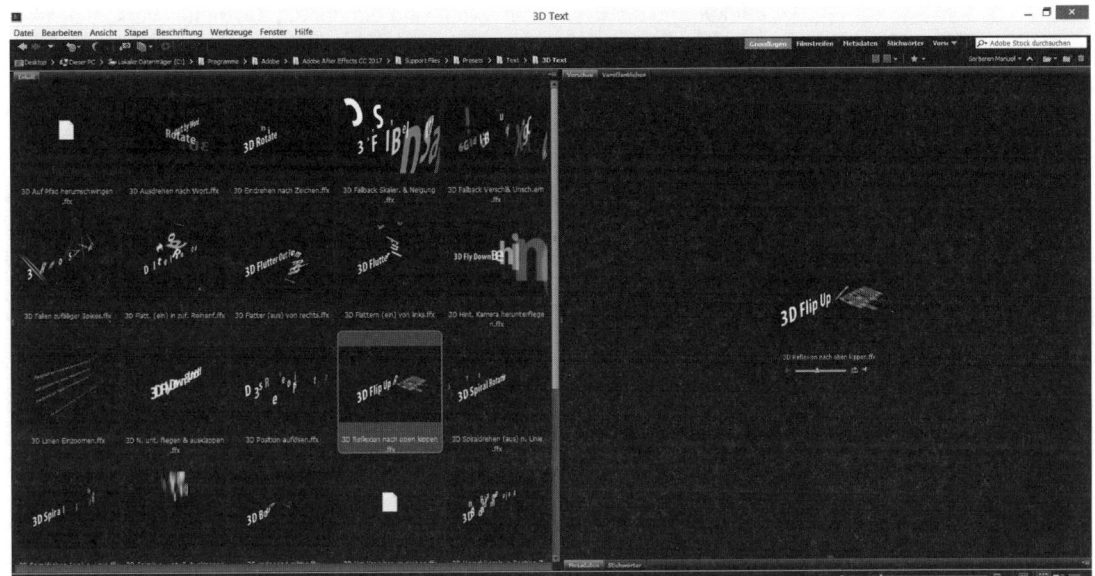

Inmitten der zahllosen Vorgaben gibt es durchaus ein paar brauchbare Effekte, die Sie natürlich je nach Zweck weiter anpassen sollten.

Abbildung 8.24
In der Adobe Bridge gibt es ein Preview der Textanimationsvorlagen.

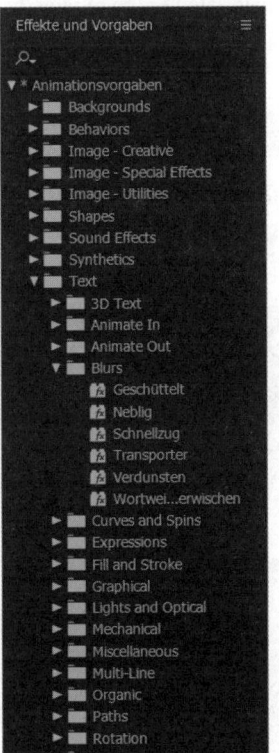

Abbildung 8.25
Animationsvorlagen gibt es reichlich.

213

Die Effekte und die Bereichsauswahl sind bereits mit Keyframes versehen. Wenden Sie eine Vorlage an, so wird die momentane Position des Zeitanzeigers als Start der Animation benutzt. Ein schönes Beispiel ist die SCHREIBMASCHINE-Vorlage, die Zeichen für Zeichen Ihren Text einfliegen lässt, genau wie bei einer echten Schreibmaschine. Die Vorlage kommt dabei mit zwei einfachen Keyframes aus.

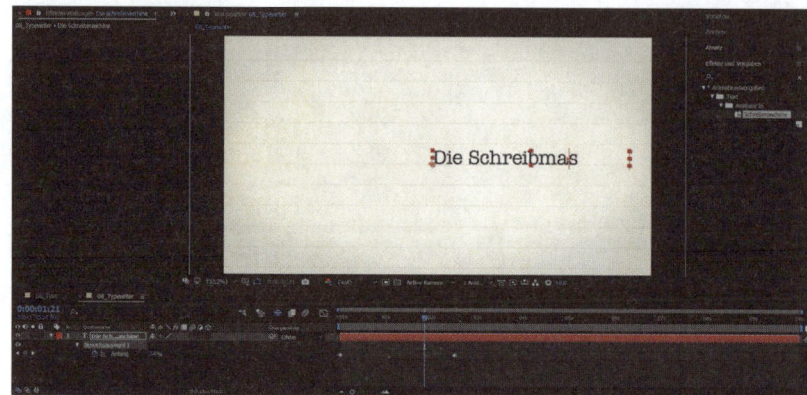

Abbildung 8.26
Imitieren Sie den Zeichen-für-Zeichen-Anschlag einer Schreibmaschine.

Dreidimensionaler Text

Textebenen dürfen in After Effects auch im dreidimensionalen Raum mitspielen. Eine Textebene lässt sich, wie jede andere Ebene auch, über den Ebenenschalter in der Ebenenübersicht aktivieren.

Abbildung 8.27
3D-Textebene

Jetzt können Sie in der räumlichen Tiefe arbeiten, den Text drehen oder Lichter auf ihn anwenden. Näheres erfahren Sie in Kapitel 13, wenn die Arbeit mit dreidimensionalen Ebenen, Kameras und Lichtern erläutert wird.

Abbildung 8.28
Dreidimensionaler Text mit Bewegungsunschärfe

8.2 Textanimation

Daneben hält der Text-Animator eine kleine Besonderheit parat. Klicken Sie im ANIMIEREN-Kontextmenü auf ZEICHENWEISE 3D AKTIVIEREN, schon können Sie auf jeden Buchstaben auch in der räumlichen Tiefe zurückgreifen. Wie im obigen Fall erzielen Sie dadurch viel feinere Texteffekte durch die kontrollierte Ansteuerung von Einzelzeichen.

> **Download-Material**
>
> Begleitend zu dieser Sektion öffnen Sie die Komposition Text_3D_Zeichen aus der Datei Text.AEP im Download-Ordner 08.

In der Ebenenübersicht sehen Sie jetzt in der Spalte des 3D-Ebenenschalters, dass die 3D-Funktionalität für Einzelbuchstaben aktiviert worden ist . Anders als bei regulären 3D-Ebenen benötigen Sie hierfür keine Kamera, um die Buchstaben durch den Raum und mit Keyframes dann auch durch die Zeit zu schicken.

Klicken Sie erneut auf das Icon, wird aus der Textebene eine reguläre 3D-Ebene und Sie haben im Text-Animator wieder nur die zweidimensionalen Bearbeitungsmöglichkeiten.

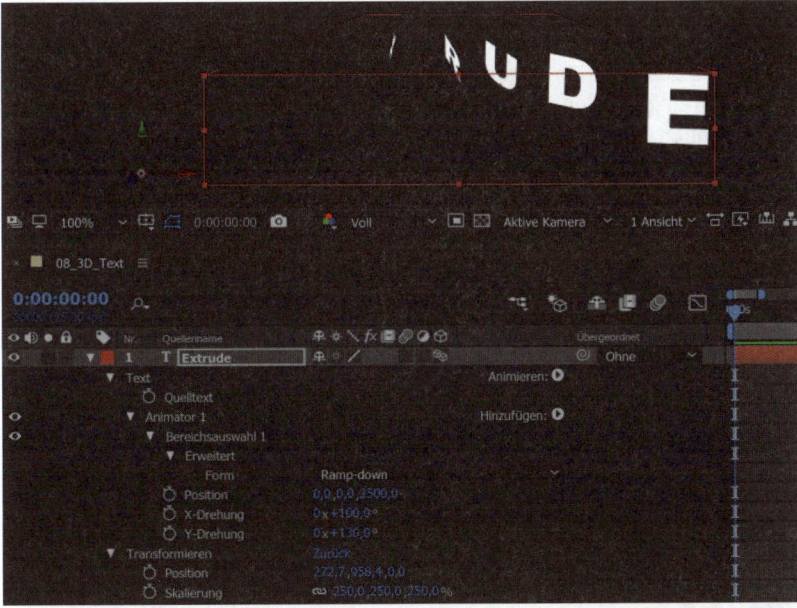

Abbildung 8.29
Dreidimensionale Effekte lassen sich auch auf einzelne Buchstaben anwenden.

Zum Schluss soll an dieser Stelle auch noch erwähnt werden, dass in den Textebenen auch die GEOMETRIEOPTIONEN zur Verfügung stehen, die seit der Integration des Ray-traced 3D-Renderers mit an Bord sind. Nun, das kommt daher, dass Text auch in After Effects in Vektorform vorliegt und das Raytracing unter anderem das Extrudieren ermöglicht. Blättern Sie dazu einfach ebenfalls in Kapitel 15 zum Anschnitt über den Ray-traced 3D-Renderer.

Kapitel 8 — TEXT

Abbildung 8.30
Der Ray-traced 3D-Renderer und die Textebene

8.3 Maskentext und Textformen

In diesem Kapitel geht es vorrangig um die Gestaltung von Text als eigenständigem Element, sowohl in seiner Funktion als Gestaltungsmittel als auch in der Rolle eines zusätzlichen Informationsträgers. Dennoch möchte ich an dieser Stelle noch ein paar weitere Möglichkeiten bei der Verwendung von Ebenen nennen und Ihnen zeigen, wie Sie Schrift anderweitig und dennoch kreativ zweckentfremden können.

Eingangs wurden verschiedene Anwendungsbereiche von Textebenen dargestellt. Natürlich wird dabei der Video- oder Bildinhalt von der Textebene überdeckt. In After Effects können Sie diese Trennung ignorieren und bei Ebenen miteinander interagieren lassen.

Text können Sie zum Beispiel zu Bildmasken umfunktionieren. In diesem Fall wird das Funktionsprinzip umgekehrt, die Textmaske stellt das Bild frei, anstelle es zu verdecken. Das lässt sich zunächst über die Ebenenübersicht in den BEWEGTE MASKE-Ebenenmodi einstellen.

Abbildung 8.31
Text als Bildmaske

8.3 Maskentext und Textformen

Legen Sie die Textebene dazu über die Bildebene. Dieser weisen Sie in der Ebenenübersicht über die Spalte BEWEGTE MASKE eine ALPHA-MASKE zu, um den Bildinhalt nur dort sehen zu können, wo sich der Text befindet. Es eignen sich daher vor allem große Schriftgrößen und breite Schriftschnitte für Textmasken.

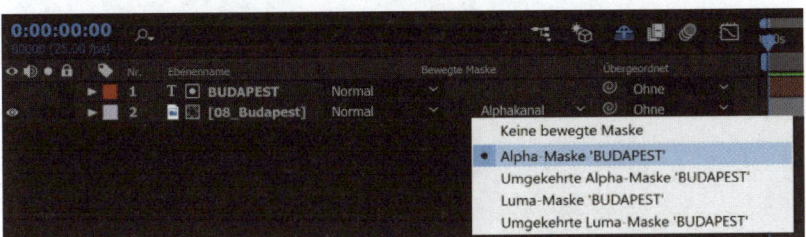

Abbildung 8.32
Text und BEWEGTE MASKE

Text liegt wie bereits erwähnt in Form von Vektoren vor. Diese lassen sich aus der Textebene herausziehen und mit weiteren vektorbasierten Arbeitsabläufen in Verbindung bringen, beispielsweise mit Masken oder Formebenen.

Um Text in einen Maskenpfad umzuwandeln, klicken Sie mit der rechten Maustaste im Kompositionsfenster auf Ihre Textebene und suchen im Kontextmenü den Eintrag MASKEN AUS TEXT ERSTELLEN. Sie finden diesen Eintrag auch in der oberen Menüleiste EBENEN. Einmal angewendet wird prompt eine weiße Farbfläche generiert, auf der jetzt jeder Buchstabe als Pfad angewendet ist. Ihre Textebene bleibt erhalten, wird allerdings unsichtbar geschaltet. Entscheiden Sie sich an späterer Stelle, die Masken anders zu formatieren, müssen Sie an diesen Punkt zurückkehren, denn die Formatierungsoptionen bleiben natürlich nur den Textebenen vorbehalten. Löschen Sie also die Ursprungstextebene nicht gleich.

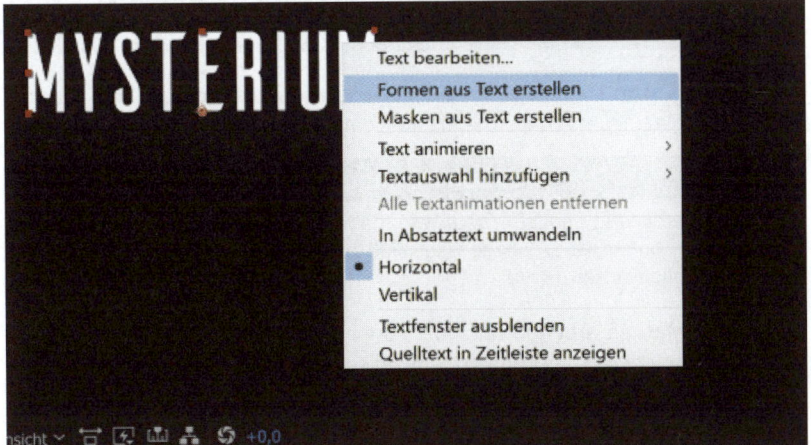

Abbildung 8.33
Das Text-Kontextmenü

Jetzt können Sie die Pfade von der Farbfläche wiederum auf andere Bild- oder Video-Ebenen übertragen. Markieren Sie dazu die Maskenpfade in der Ebenenübersicht und drücken Sie [Strg]+[X] (Mac: [⌘]+[X]) zum Ausschneiden.

Kapitel 8

TEXT

Abbildung 8.34
Diese Textmasken wurden auf ein Bild übertragen.

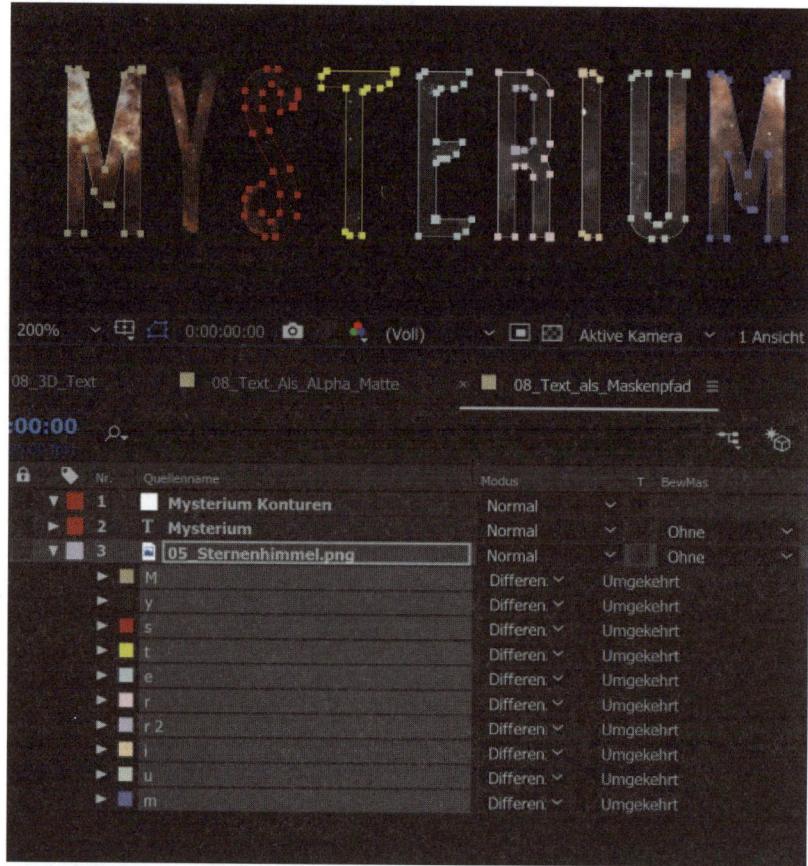

Im nächsten Schritt wählen Sie die gewünschte Zielebene an und drücken [Strg]+[V] (Mac: [⌘]+[V]), um die Masken einzufügen.

Text und Compositing

Schlagen Sie dazu in Kapitel 9 nach, wie Sie Maskenpfade noch verwenden und kombinieren können, was Alpha-Masken sind und wie sich weitere Matten aus Textebenen erstellen lassen.

Neben den Masken arbeiten auch die Formebenen mit Vektoren. Auch hierzu gehen Sie wieder über das Kontextmenü im Kompositionsfenster und klicken auf den Befehl FORMEN AUS TEXT ERSTELLEN. After Effects erstellt eine Formebene samt Formpfaden und auch hier ergibt sich eine Vielzahl von neuen Möglichkeiten. Mehr zur Anwendung von Formebenen lesen Sie bitte in Kapitel 11 nach.

Abbildung 8.35
Text als Formebene bietet völlig neue Gestaltungsmöglichkeiten.

8.4 Workshops

In den folgenden drei Workshops werden Sie drei der meistverwendeten Anwendungen von Schrift im bewegten Bild selbst ausprobieren können.

Untertitel

Footage
Das Footage zum Workshop finden Sie im Download-Ordner 08.

In diesem Workshop geht es darum, das Text-Werkzeug noch ein wenig besser kennenzulernen. In der praktischen Anwendung soll hier Text in Form von Untertiteln über ein Video-File gelegt werden. Dabei gilt es einige Grundregeln für die Verwendung von Schrift über Bildinhalten zu beachten sowie die Lesbarkeit einer Textebene durch einen Ebenenstil noch zu steigern.

Laden Sie das Video-File Dialog.MOV in ein neues Projekt und legen Sie anhand des Materials eine neue Komposition an. Aktivieren Sie noch im Kompositionsfenster unter den Ansichtsoptionen SICHTBARER TITELBEREICH.

Abbildung 8.36
Untertitel-Text erstellen

Legen Sie über dem Footage eine neue Punkttext-Ebene an und tippen Sie einen Beispieltext ein. Lesbarkeit ist bei Untertiteln das oberste Gebot. Nehmen Sie also Abstand von farbigen Schriften. Vermeiden Sie auch verschnörkelte Schrift, sondern greifen Sie zu einfachen, serifenlosen Dauerrennern wie beispielsweise Arial oder Calibri. Anders als bei Zeitungstexten, bei denen den Lesern durch die Verwendung von Serifen-Schriftarten das Verfolgen der Zeilen vereinfacht wird, stören diese auf dem Bildschirm. Ohnehin sollten Untertitel sowieso nicht mehr als zwei Zeilen füllen.

Achten Sie daher auch bei der Schriftgröße auf das richtige Maß. Zu groß dargestellte Schrift blockiert oft das Bild, und durch das kleine VORSCHAU-Fenster besteht die Gefahr, es mit der Lesbarkeit zu gut zu meinen. Zu klein sollte es selbstverständlich auch nicht sein. Bei einer Komposition in vollem HD eignen sich daher Schriftgrößen zwischen 40 und 80 Pixeln.

Kommen wir noch zur Positionierung. Als Orientierungshilfe eignet sich die untere Rahmenkante des sicheren Titelbereichs als Grundlinie für Ihren Text. Es liegt angenehm unterhalb des Bildzentrums, klebt aber auch nicht zu stark am Bildschirmrand. Dies ist allerdings als Richtwert zu verstehen.

8.4 Workshops

Abbildung 8.37
Position und Schriftgröße passen so weit ganz gut.

Machen Sie eine Testausgabe und prüfen Sie den Text im Vollbild in puncto Lesbarkeit. In diesem Beispiel, aber auch im Großteil aller Fälle, wird es Ihnen das darunter liegende Material selten so einfach machen, dass die Verwendung von weißer oder schwarzer Schriftfarbe auf dem unruhigen Videohintergrund dauerhaft lesbar ist. Abhilfe verschafft eine kleine subtile Unterlegung der Schrift, die das Weiß von hellem Untergrund abgrenzt, das Bild aber nicht allzu stark überlagert. Hierzu eignet sich ein Schlagschatten, der die Konturen des Textes aufnimmt und eine künstlich erzeugte Verdunkelung hinter dem Text auf die Ebene wirft.

Um ihn anzuwenden, öffnen Sie mit einem Rechtsklick auf die Textebene das Kontextmenü und suchen unter EBENENSTIL den Eintrag SCHLAGSCHATTEN. Wenden Sie den Stil an und wechseln Sie in die Zeitleiste, um die Ebenenstiloptionen aufzuklappen. Um besser damit arbeiten zu können, blenden Sie jetzt den Textrahmen aus, da er an dieser Stelle nur unnötig ablenkt. Wie Sie sehen, ist dank des Schattens auch über hellen Bildflächen der Text zu erkennen.

Abbildung 8.38
Ein Schlagschatten hebt die Schrift von hellen Hintergründen ab.

Sie können anschließend noch ein wenig variieren: Erhöhen oder verringern Sie den ABSTAND, doch nicht zu weit. Der Schatten sollte als solcher wahrgenommen werden und nicht als eigener Schriftblock erscheinen. Auch die GRÖSSE kann entscheidenden Einfluss nehmen, je größer sie eingestellt wird, desto flächiger wird der Schatten, verliert dabei jedoch zunehmend an Deckkraft. Das kann mit der ÜBERRAGEN-Einstellung gegengeregelt werden.

Abbildung 8.39
In der vollen Auflösung gut lesbar, Ihr Untertitel

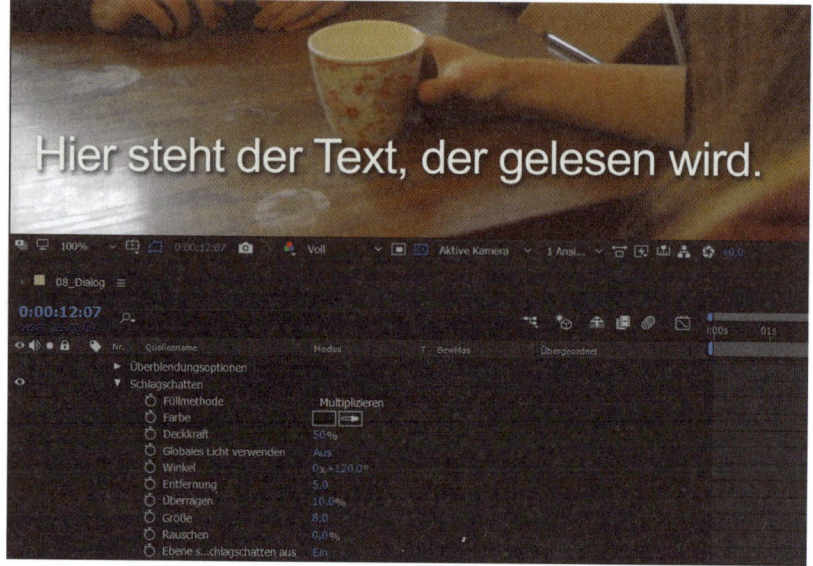

Filmtitel

Legen Sie eine neue Komposition mit der Dauer von zehn Sekunden an und erstellen Sie einen Punkttext. Sie können jetzt Text und Formatierungsvorschlag übernehmen oder einen eigenen Titel gestalten. Stellen Sie den Zeichenabstand von METRISCH auf OPTISCH, das sorgt wieder für ein ausgeglichenes Schriftbild. Bringen Sie die Textebene anschließend mittels der AUSRICHTEN-Palette in das Zentrum der Komposition.

Abbildung 8.40
Textformatierung

Als Nächstes wird der Text über die Dauer der Komposition zunächst in seiner LAUFWEITE animiert. Gehen Sie dazu in die Ebenenübersicht und fügen Sie der Ebene einen Text-Animator für diese Eigenschaft zu.

8.4 Workshops

Abbildung 8.41
Animation der LAUFWEITE

Setzen Sie am Anfang der Komposition einen Keyframe bei 0, dann gehen Sie ans Ende der Komposition und setzen Sie die Laufweite auf 150, sodass während der gesamten Komposition der Text in Bewegung bleibt. Eine erste Vorschau zeigt, dass die Sprünge zu Beginn der Animation zu groß sind, sodass der Wert der Laufweite auf 100 erhöht wird. Da es sich hier um einen Titel handelt, können Sie gestalterisch etwas freier zu Werke gehen und den Abstand zwischen den Buchstaben großzügiger anlegen. Der Titel ist als solcher ohnehin im Fokus des Betrachters.

Abbildung 8.42
Die animierte Laufweite

Nun folgt eine weitere Animation, bei der Buchstabe für Buchstabe nacheinander eingeblendet werden soll. Das wird mittels der DECKKRAFT- und WEICHZEICHEN-Eigenschaft umgesetzt. Diese müssen in eine neue Text-Animator-Gruppe gepackt werden, da die Laufweite davon unbehelligt und kontinuierlich auf alle Buchstaben zugleich zugreifen soll. Also benennen Sie die erste Gruppe in Animator_Laufweite um, damit Sie sie später nicht verwechseln, und erstellen eine zweite Gruppe, die Sie in Animator_Weichzeichnen&Deckkraft umbenennen.

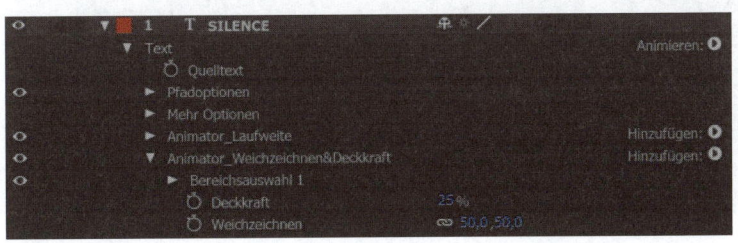

Abbildung 8.43
Zusätzliche Animator-Gruppe

223

Damit Sie in der Vorschau noch etwas sehen, setzen Sie die Deckkraft noch nicht ganz auf 0 herab, das können Sie am Ende Ihrer Arbeit korrigieren. Ebenfalls setzen Sie die WEICHZEICHNEN-Stärke auf 50.

Abbildung 8.44
Noch ist der Text verborgen.

Im Kompositionsfenster sehen Sie jetzt, dass alle Buchstaben gleichsam fast verschwunden sind. Daher öffnen Sie die Bereichsauswahl und werden die Auswahl so verändern, dass über die Dauer der Komposition der Text allmählich wieder sichtbar wird.

Die Auswirkungen der Animator-Gruppe beeinflussen Sie mit dem Wert unter ANFANG. Ein Keyframe zu Beginn der Animation bei 0 % bedeutet wieder, dass der Effekt die Textebene (noch) komplett beeinflusst. Zur Hälfte der Animation soll der Text komplett lesbar sein. Daher setzen Sie dort unter ANFANG einen Keyframe von 100 %. Anfang und Ende decken sich nun und heben sich de facto auf, der Effekt zeigt keine Wirkung mehr.

Abbildung 8.45
Alle Keyframes und Eigenschaften in der Übersicht

Nach einem weiteren Preview fügen Sie der ersten Gruppe noch eine SKALIERUNG von 80 % zu Beginn bis auf 100 % am Ende hinzu, um noch etwas mehr Action in die stetige Bewegung der Buchstaben zu bringen. Easy-Ease-Keyframes sorgen für eine weiche Annäherung zum Ende der Animation hin. Jetzt setzen Sie in der zweiten Gruppe noch die Deckkraft komplett auf 0 % und erhöhen den Weichzeichner auf 100, damit am Anfang der Animation auch wirklich kein Buchstabe zu sehen ist.

Bauchbinde

In diesem Workshop werden Sie eine sogenannte Bauchbinde kreieren. Dabei werden Sie sowohl für das Ein- als auch das Ausblenden zwei verschiedene Effekte nutzen. Ebenso werden Sie sich etwas ausführlicher mit der Bereichsauswahl beschäftigen.

Erstellen Sie zunächst in einer neuen Komposition eine Textebene und tippen Sie darin Bauchbinde oder einen anderen Wunschtext ein. Anschließend formatieren Sie die Schrift Ihren Vorstellungen entsprechend, unter Beherzigung der Gebote zur Lesbarkeit. Bauchbinden, genau wie Untertitel auch, finden sich im unteren Bilddrittel, daher auch der englische Name **Lower Third**. Positionieren Sie den Text an geeigneter Stelle und öffnen Sie dann die Texteigenschaften in der Ebenenübersicht.

Abbildung 8.46
Bauchbinden sitzen im unteren Drittel des Bildes.

Nun beginnen Sie mit dem Keyframing. Zunächst starten Sie mit einem weichen Einblenden über die Deckkraft. Dazu öffnen Sie in der Ebenenübersicht wieder den ANIMIEREN-Dialog und suchen den entsprechenden Parameter aus. Zu Beginn der Komposition setzen Sie die Deckkraft auf 0, bei Frame 25 auf die vollen 100 %. Benennen Sie die erstellte Animator-Gruppe am besten gleich um, denn es folgen noch ein paar weitere Settings.

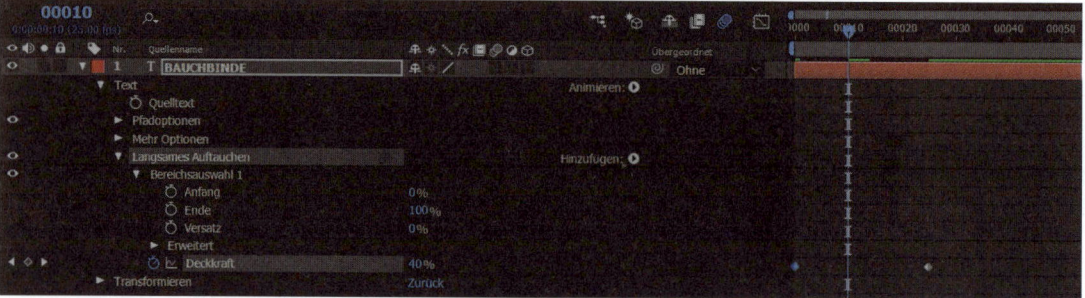

Abbildung 8.47
Ein einfaches Fade-in

In diesem Fall wollen Sie natürlich etwas mehr als nur ein einfaches Einblenden, weshalb jetzt zum Fade-in ein weiterer Effekt hinzukommen soll. Damit es nicht zu wild wird, wird der Deckkraft-Parameter erneut animiert. Diesmal soll allerdings eine Zufallsanordnung dafür sorgen, dass die Deckkraft zeichenweise in unterschiedlicher Stärke zunimmt.

Ziel ist es, am Ende der Einblendung den Text vollkommen lesbar im Bild zu sehen. Doch in diesem Fall werden Sie nicht die Eigenschaft animieren, sondern den Versatz der Bereichsauswahl. Oder anders, der Effekt wird in seiner Intensität voll erhalten und unvermindert zugreifen. Mittels der Bereichsauswahl werden Sie jedoch dafür sorgen, dass ihr Text vom Eingreifen des Effekts nicht mehr betroffen ist. Klicken Sie also erneut auf DECKKRAFT und benennen Sie als Erstes die Animator-Gruppe neu. Jetzt setzen Sie die Deckkraft auf 0, woraufhin die Schrift verschwindet. Wechseln Sie jetzt zur Bereichsauswahl und verschieben Sie den Versatz. Sie werden feststellen, dass die Schrift bei -100 oder 100 % Versatz wieder vollständig angezeigt wird. Daher animieren Sie jetzt von Frame 0 zu Frame 25 den Versatz von 0 auf 100 %.

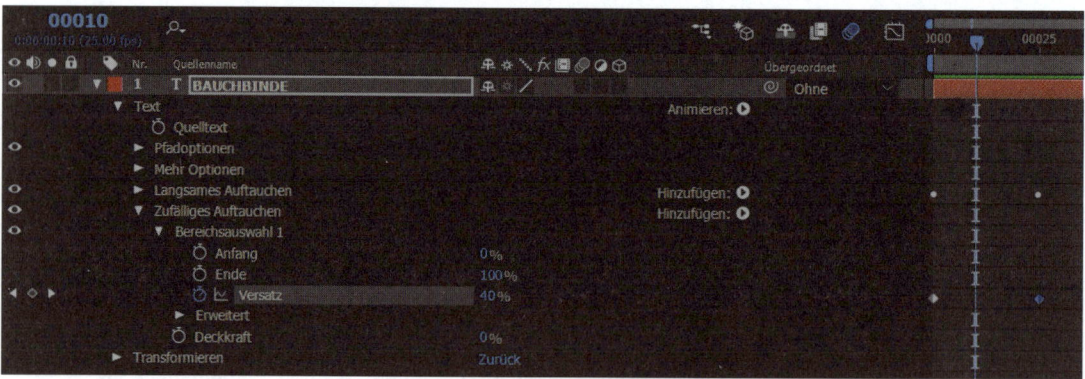

Abbildung 8.48
Das VERSATZ-Setting verhilft zur separaten Animation der Deckkraft.

Der Text sollte jetzt zeichenweise sehr weich eingeblendet werden. In diesem Fall soll aber noch etwas mutiger zu Werke gegangen werden und die Zeichen sollen nicht der Reihenfolge nach eingeblendet werden. Die Wahl fällt auf eine Zufallsreihenfolge. Gehen Sie in der Ebenenübersicht auf HINZUFÜGEN|AUSWÄH-

LEN|VERWACKELN. Diese Option sorgt für unregelmäßige Werte, in diesem Fall also Abstufungen in der Transparenz.

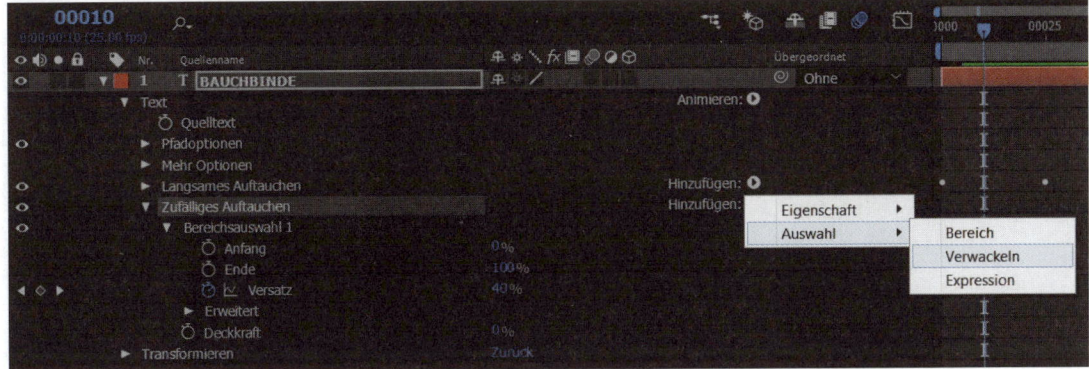

Abbildung 8.49
Zufallswerte per VERWACKELN

Damit der Effekt nicht ganz so stark wirkt und auch nicht die gesamte Animation hindurch den Text zum Flackern bringt, muss noch die Arbeitsweise der VERWACKELN-Eigenschaft angepasst werden. Wechseln Sie den Modus von ADDIEREN zu ÜBERSCHNEIDEN und setzen Sie die VERWACKLUNGEN/SEKUNDE auf 10.

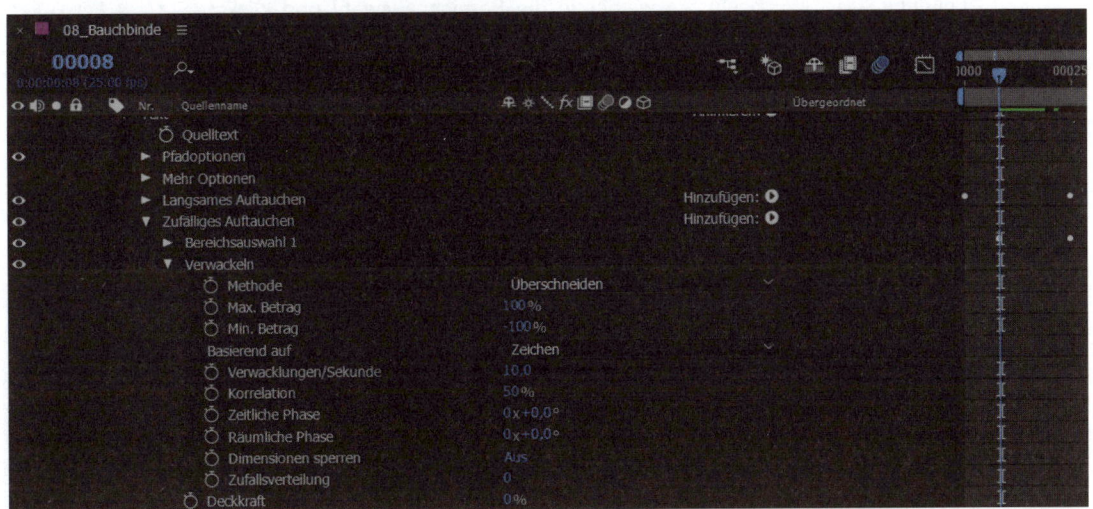

Abbildung 8.50
Der VERWACKELN-Effekt und seine Settings

Testen Sie die Einstellungen in einer Vorschau. Sind Sie zufrieden, kommt nun das Ausblenden an die Reihe. Dazu setzen Sie den Zeitmarkierer kurz vor das Ende der Komposition. Beim Ausblenden gesellen sich noch ein Weichzeichner und eine Skalierung hinzu, um ein wenig Abwechslung in das Projekt zu bringen.

Die Animation wird wieder über die Versatz-Eigenschaft in der Bereichsauswahl kontrolliert. Stellen Sie also wieder alle Parameter so ein, dass der Text am Ende groß skaliert und stark weichgezeichnet ist.

Kapitel 8 — TEXT

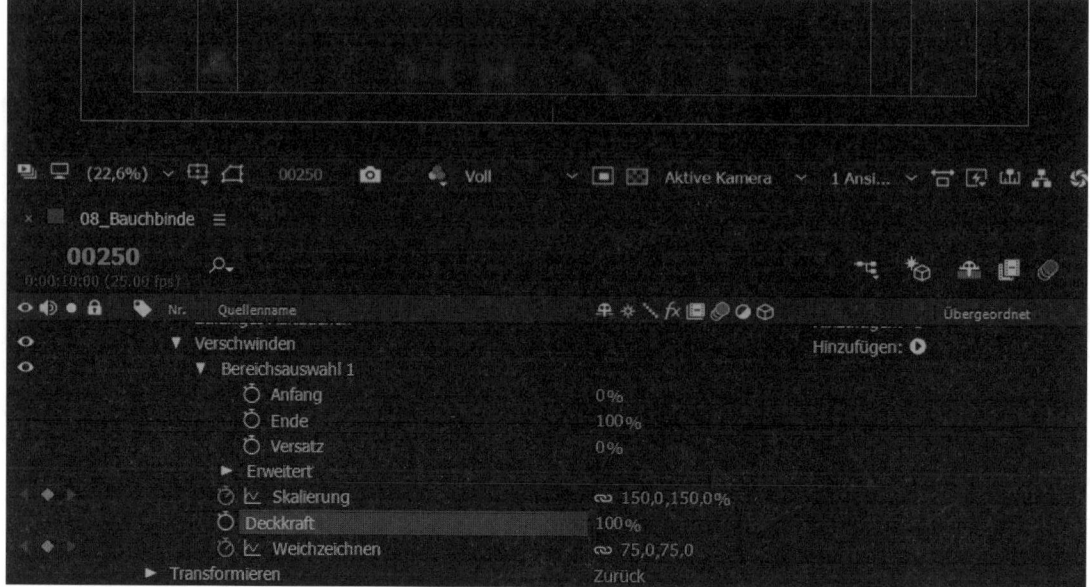

Abbildung 8.51
Beim Ausblenden wird der Text größer skaliert und unscharf.

Wechseln Sie wieder in die Bereichsauswahl und klicken Sie auf ERWEITERT. Anstelle einer prozentualen Änderung soll der Versatz diesmal über eine konkrete Zeichenanzahl geregelt werden. Das Wort hat zehn Zeichen, also wird der Wert entsprechend angepasst.

Jetzt machen Sie sich an die Animation des Versatzes. Zu Beginn des Ausblendens geben Sie -10 ein, am Ende der Animation 0. Um die Zeichen wieder nach zufälliger Reihenfolge zu beeinflussen, schalten Sie am unteren Ende die ZUFALLSREIHENFOLGE ebenfalls wieder ein.

Abbildung 8.52
Der Versatz regelt sich auch zeichenweise.

Da der Ausblenden-Vorgang nach einer kleinen Vorschau noch etwas zu linear daherkommt, wenden Sie auf das Ausblenden eine andere Form an, statt QUADRATISCH kommt nun RAMP-DOWN zum Einsatz. Das Ergebnis sieht gleich viel weicher aus, nur muss jetzt der Versatz noch einmal nachreguliert werden. Stellen Sie also den Keyframe am Ende der Animation von 0 auf 10. Anschließend senken Sie noch die Deckkraft auf 0, dann ist Ihre Animation auch vollständig.

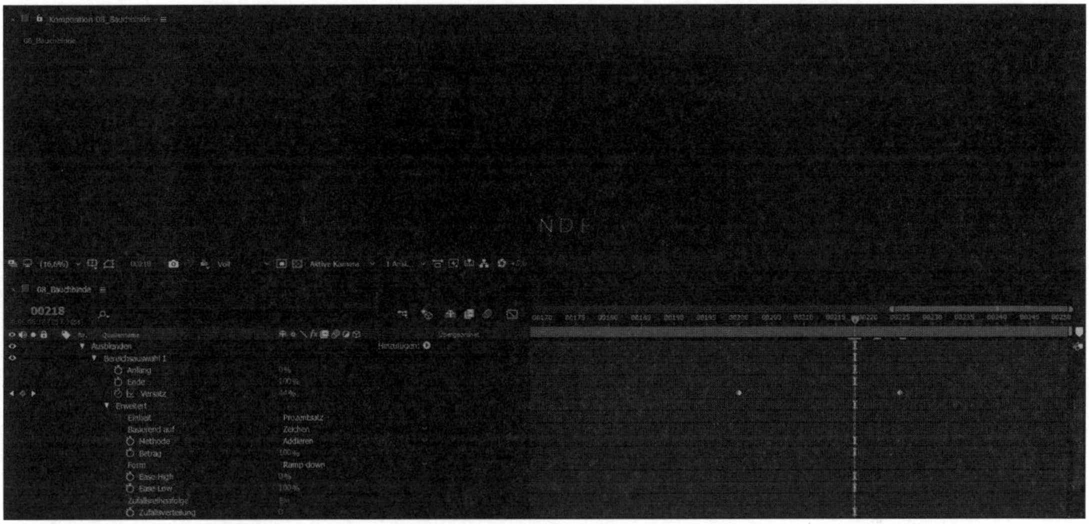

8.4 Workshops

Die Steuerung des Text-Animators erfordert ein wenig Übung, und gerade in diesem Beispiel haben Sie gesehen, wie verschiedene Effekte und Bereichsauswahlwerkzeuge ineinandergreifen. Experimentierfreude und Ausdauer werden hier belohnt.

Abbildung 8.53
Einzelne Buchstaben sind bereits sichtbar, dank ZUFALLSREIHENFOLGE.

Kapitel 9

Formebenen

Neben Textebenen sind Formebenen eine weitere Besonderheit in After Effects. Denn neben dem Gros der importierten Bildrasterdateien sind die programminternen Formebenen vektorbasiert.

Abbildung 9.1
Grafische Animationen mit Formebenen

Nicht nur dass sie beliebig skalierbar sind, die Inhalte einer Formebene lassen sich dabei (nahezu) genau wie in Adobes Illustrator oder anderen Grafikprogrammen variieren und animieren. Das macht sie prädestiniert für Motion Design, grafische Animationen oder einfachen 2D-Zeichentrick.

9.1 Formen erstellen

Sie haben in Kapitel 7 bereits das FORMEN-WERKZEUG beim Erstellen von Masken in Aktion erlebt. Dazu mussten Ebenen, die es zu maskieren galt, immer angewählt sein. Verwenden Sie das Formen-Werkzeug, ohne eine Ebene in der Ebenenübersicht markiert zu haben, wird anstelle einer Maske eine Formebene mit der gewünschten Form erstellt. Ähnlich verhält es sich mit dem ZEICHENSTIFT-WERKZEUG, nur dass dieses anstelle einer Form einen Pfad erzeugt. Die Funktionsweise der SCHEITELPUNKT-WERKZEUGE hat sich ebenso wenig geändert und Sie können wie gewohnt auf lineare oder Bézier-Pfadpunkte zurückgreifen.

Abbildung 9.2
Werkzeuge für Formebenen

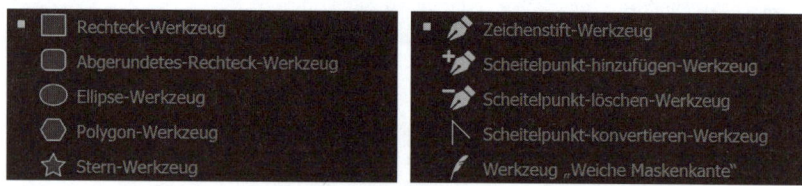

Daher ist der schnellste Weg zu einer Form über den jeweiligen Eintrag aus der Werkzeugleiste. Wählen Sie ein Werkzeug aus und ziehen Sie mit der gedrückten Maustaste die Größe und Position der Form zurecht. Ein Doppelklick auf das entsprechende Werkzeug erzeugt eine formatfüllende Form, je nach Auflösung der Komposition.

Sie können übrigens sehr leicht überprüfen, ob Sie sich im Formebenen- oder im Maskenmodus befinden. Ist das Stern-Icon in der Werkzeugleiste aktiv, wird eine Formebene erstellt, das Transparenz-Masken-Icon signalisiert den Maskierungsmodus.

Abbildung 9.3
Form-Optionen in der Werkzeugleiste

Rechts neben den Formen/Maskenmodus-Schalter sehen Sie Farbe (FLÄCHE) und KONTUR sowie die KONTURSTÄRKE der neuen Ebene. Ein Klick auf den jeweiligen Eintrag öffnet ein Untermenü, wo neben VOLLTONFARBEN auch weitere Verlaufsoptionen zur Verfügung stehen. Das Aussehen kann vor dem Erstellen der Formebene bestimmt werden, aber auch im Nachgang geändert werden, sofern die Formebene angewählt ist. Sie können sowohl Farbe als auch Kontur in der Deckkraft reduzieren oder den Füllmodus ändern. Dadurch können Sie Formebenen mit Bild- oder Videoebenen kombinieren, in einem Compositing oder in der Anwendung von Bauchbinden.

Abbildung 9.4
Unter FLÄCHE rufen Sie die FÜLLOPTIONEN auf.

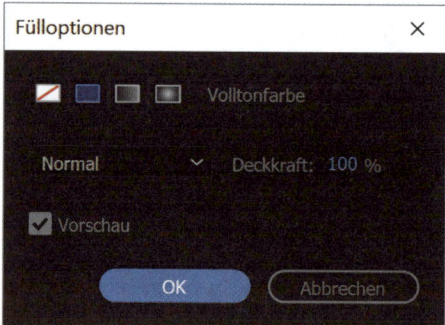

Während das Formen-Werkzeug grundsätzlich geschlossene Formen erzeugt, können mit dem Zeichenstift auch offene Pfade gezeichnet werden. Die Kontur wird dabei entlang des gezeichneten Pfades gezogen, die Farbfläche anhand des den Vektorpunkt umschließenden Raumes gezogen.

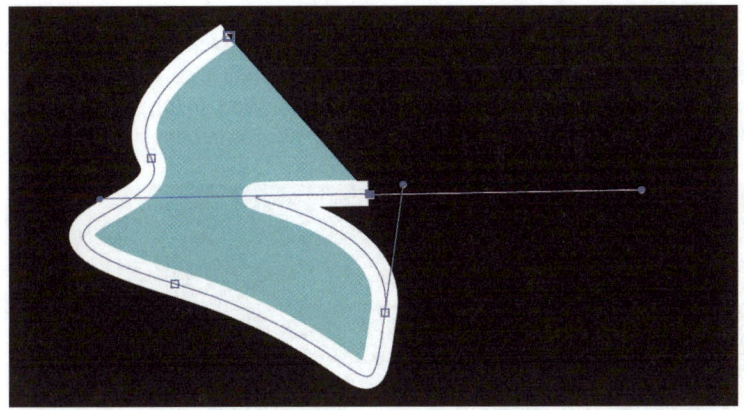

Abbildung 9.5
Zeichenpfade müssen nicht geschlossen werden.

9.2 Formebene

Wird eine Form oder ein Pfad über die grafischen Werkzeuge im Kompositionsfenster erzeugt, werden die Inhalte auch in der Ebenenübersicht angezeigt. Sie können also Formen auch über die Ebenenübersicht erstellen und so beispielsweise viel akkuratere Positions- oder Größenangaben für Formen eingeben. Um das auszuprobieren, gehen Sie dazu auf EBENE|NEU|FORMEBENE oder über das Ebenen-Kontextmenü in der Ebenenübersicht. Haben Sie eine Formebene erstellt, werden Sie zunächst jedoch feststellen, dass sich nicht sonderlich viel getan hat. Eine Formebene ist lediglich eine Art Container, dem erst noch angewiesen werden muss, was er beinhalten soll. In der Ebenenübersicht öffnen Sie die Eigenschaften der Formebene und sehen unter dem HINZUFÜGEN-Menü viele Optionen, die Ihnen zur Verfügung stehen. Die erste Gruppe gibt eine Übersicht über die möglichen Grundformen, die nächste Kategorie beschreibt wieder die Füllung der Fläche sowie der Kontur. In der letzten Gruppe finden Sie die Pfadeffekte.

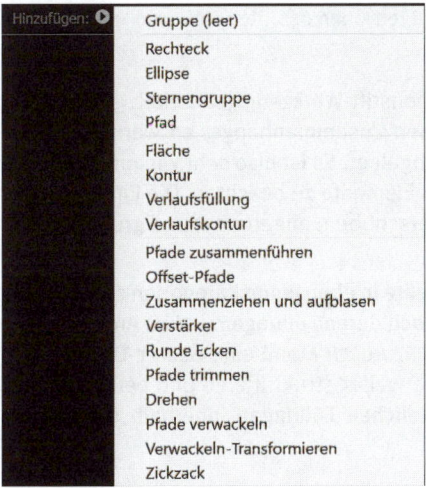

Abbildung 9.6
HINZUFÜGEN-Palette der Formebene

In der Ebenenübersicht sehen Sie die oben bereits gezeigten Eigenschaften zu FLÄCHE und KONTUR, um weitere Parameter wie beispielsweise die GRÖSSE der Form ergänzt. Die POSITION-Eigenschaft der Form bezieht sich auf den Mittelpunkt der zugehörigen Formebene und ist mit dem Wert (0/0) zentriert. Das bedeutet, dass sich alle Formen am Mittelpunkt einer Formebene ausrichten.

Abbildung 9.7
Viele Optionen für eine einfache Form

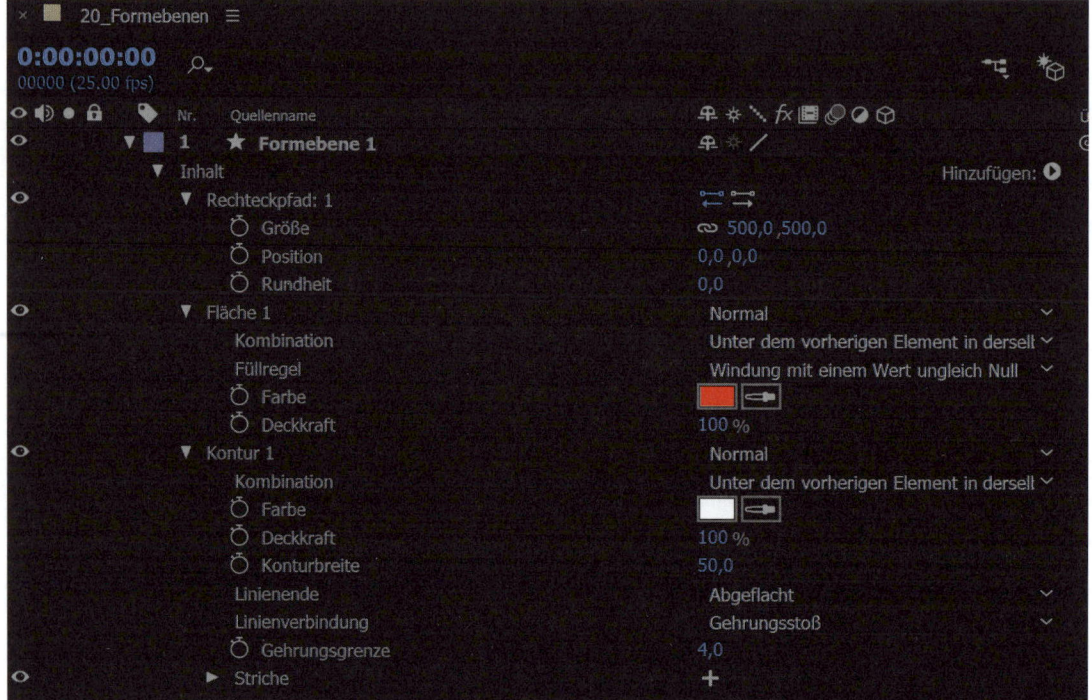

Grafische Animation

Viele Parameter der Formebenen verfügen über das Stoppuhr-Icon und können dadurch animierbar gemacht werden.

Haben Sie mit dem Formen- oder Zeichenstift-Werkzeug gearbeitet, gelten in der Ebenenübersicht natürlich die gleichen Zusammenhänge, so werden Formen und Pfade vor Farben und Konturen abgelegt. Es ist also sehr wichtig, bei Formebenen die korrekte Reihenfolge aller Elemente zu beachten. Die Einträge einer Formebene können per Drag&Drop verschoben, angeordnet und gruppiert werden.

Grundsätzlich ist es ratsam, alle Elemente in eben jenen Kategorien zu sortieren, also zuerst die Formen festlegen, danach deren Füllungen und im Anschluss die Formeffekte. Erstellen Sie aus dem HINZUFÜGEN-Menü eine GRUPPE-Option, können Sie dort per Drag&Drop Elemente weiter strukturieren und beispielsweise verschiedene Formen mit unterschiedlichen Füllungen innerhalb einer Formebene erstellen.

9.3 Mehrere Formen

Abbildung 9.8
Korrekte Reihenfolge der Formenelemente

9.3 Mehrere Formen

Eine Formebene kann nicht nur eine, sondern mehrere Formen und Pfade aufnehmen. Erstellen Sie ein neues Element über die Werkzeugleiste, wird für jede neue Form eine eigene Formgruppe mitsamt Füllung und Kontur erstellt. Wählen Sie hingegen den Weg über das HINZUFÜGEN-Menü aus der Ebenenübersicht, so werden die Elemente in die bestehende Gruppierung eingefügt.

Formebenen und 3D

In Kapitel 13 werden Sie sich ausführlicher mit der Dreidimensionalität in After Effects beschäftigen. Behalten Sie vor allem im Abschnitt zum Ray-traced 3D-Renderer die Formebenen im Hinterkopf, denn dieser Renderer erlaubt es Ihnen, zweidimensionale Formebenen in dreidimensionale Körper zu verwandeln.

Liegen Formen innerhalb einer Gruppe, geht After Effects davon aus, dass sie sich ergänzen. Alle Flächen, die diese Formen umschließen, werden als eine Form zusammengefasst und erhalten dann als einheitliche Fläche die zugewiesene Füllung.

Abbildung 9.9
Formen innerhalb einer Gruppe

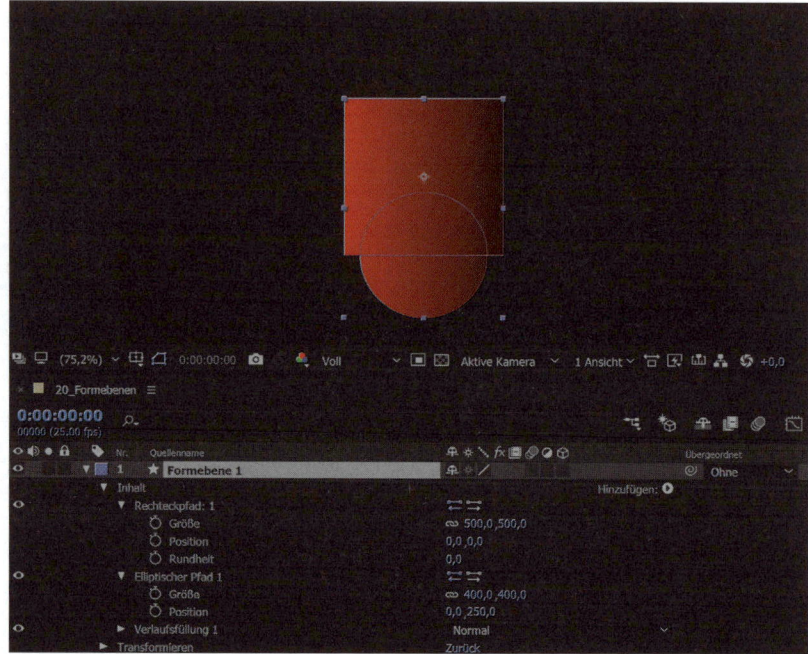

Um komplexe Gebilde zu erzielen, können Sie Formen miteinander verrechnen. Ergänzen Sie dazu die Formengruppe um den PFADE ZUSAMMENFÜHREN-Effekt aus dem HINZUFÜGEN-Menü in der Ebenenübersicht. Anschließend legen Sie die Kombination über den MODUS fest. Abbildung 9.10 zeigt die grundlegenden Möglichkeiten anhand zweier Formen, die natürlich durch das Einbeziehen von mehreren Elementen noch weitaus umfangreicher gestaltet werden können.

Abbildung 9.10
Formen kombinieren

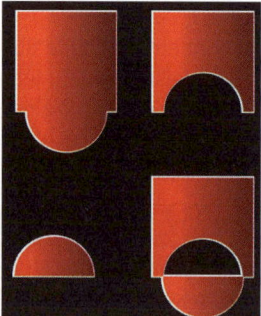

9.4 Pfadeffekte

Öffnen Sie erneut das HINZUFÜGEN-Menü in der Ebenenübersicht. Am unteren Ende finden Sie die Pfad- oder Formeneffekte. Die Option PFAD ZUSAMMENFÜHREN kennen Sie bereits, Zeit einen Blick auf die weiteren Optionen zu werfen:

9.4 Pfadeffekte

- OFFSET-PFADE nimmt einen bestehenden Pfadverlauf oder eine Formengruppe und versetzt die Vektoren parallel dazu. Dadurch erhalten und verschieben Sie die Konturen eines Objekts, ohne an die Eigenschaft KONTUR gebunden zu sein.
- Sie können RUNDE ECKEN verwenden, um einen Kreis aus einem Quadrat zu erzeugen oder sonstige Ecken rund zu »schleifen«. Zusammen mit ein paar wenigen Keyframes können Sie zwischen verschiedenen Formen hin- und herblenden.
- ZUSAMMENFÜHREN UND AUFBLASEN verschiebt die Pfad-Konturen in eine gedrängte Form oder zu einer gestauchten Rundung, wodurch Sie scharfkantige oder ballonartige Versionen des Ausgangspfades erzielen.

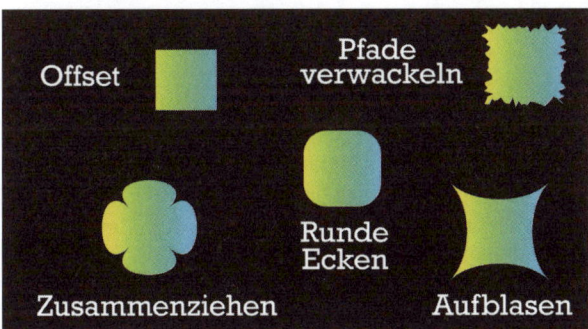

Abbildung 9.11
Pfad-Effekte

- Mit dem PFAD TRIMMEN-Parameter können Sie einen Pfad mit den Parametern ANFANG und ENDE beschneiden, ihn aber auch beispielsweise entstehen lassen, indem Sie das ENDE von 0% auf 100% per Keyframe anwachsen lassen.
- Unter PFAD VERWACKELN können Rechtecke oder andere »perfekte« Grundformen oder Geraden mit unruhigen Kanten versehen werden.

Abbildung 9.12
Form-Verstärker

- Der VERSTÄRKER-Effekt ist ein schlagkräftiges Werkzeug. Einmal angewendet erzeugt er Duplikate der übergeordneten Formen. Seine Einstellungen sind vielfältig, eine der wichtigsten ist jedoch die Anzahl der KOPIEN. Wenn das einmal festgelegt ist, bestimmen Sie in den TRANSFORMIEREN-Einstellungen des Effekts die gewünschten Anpassungen der Kopien, wodurch sich viele verschiedene Kombinations- und Gestaltungsmöglichkeiten ergeben.

Abbildung 9.13
Verstärker-Einstellungen

9.5 Workshop
Zahnrad

In diesem Workshop werden Sie lernen, wie Sie mit Formebenen umgehen und Formen kombinieren können, anhand eines einfachen Zahnrads. Starten Sie mit einer Sternengruppe und stellen Sie die gewünschte Anzahl der Zacken ein. Anschließend müssen innerer Radius und äußerer Radius vergrößert werden, sodass das Zahnrad einen »fülligen Körper« hat.

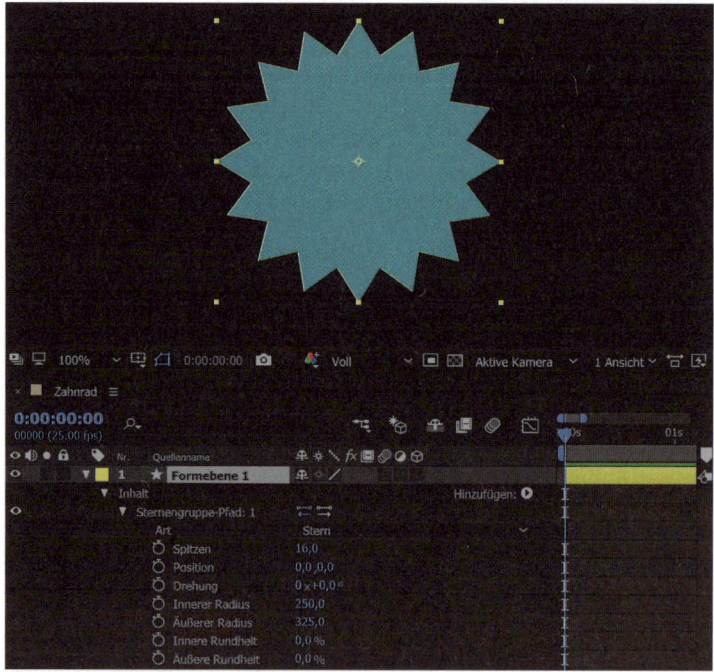

Abbildung 9.14
Ausgangspunkt für das Zahnrad – ein Stern

Jetzt stumpfen Sie die Spitzen ein wenig ab, indem Sie einen Kreis in der gleichen Position erstellen und seinen RADIUS so erhöhen, dass die Spitzen des Sterns gerade über den Kreis hinausschauen.

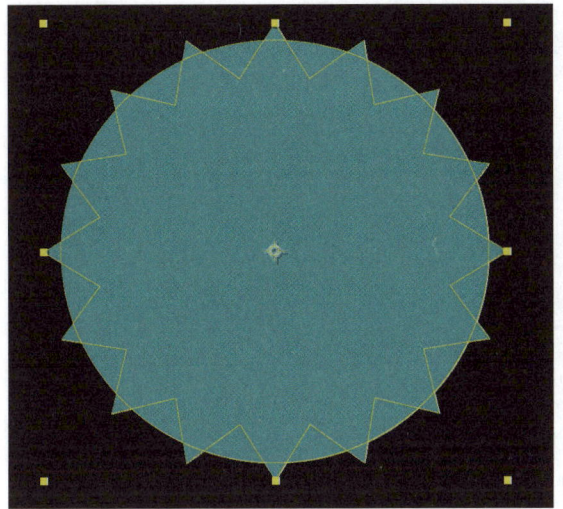

Abbildung 9.15
Abstumpfen der Zahnradecken

Jetzt fügen Sie den PFADE ZUSAMMENFÜHREN-Effekt hinzu und stellen den Modus auf SCHNITTMENGE BILDEN. Nun sehen Sie begradigte Sternspitzen.

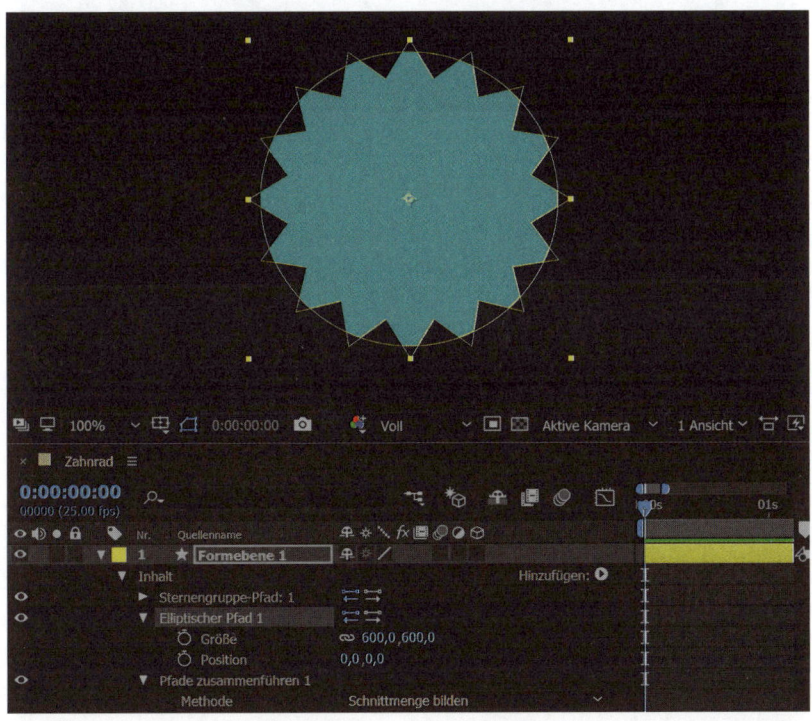

Abbildung 9.16
Die Außenseite des Zahnrads ist fertig.

Anschließend fügen Sie noch eine weitere Ellipse für die Aufnahme in der Mitte hinzu und wählen in einem weiteren PFADE ZUSAMMENFÜHREN-Effekt die Methode ÜBERSCHNEIDUNGEN AUSSCHLIESSEN.

Kapitel 9
FORMEBENEN

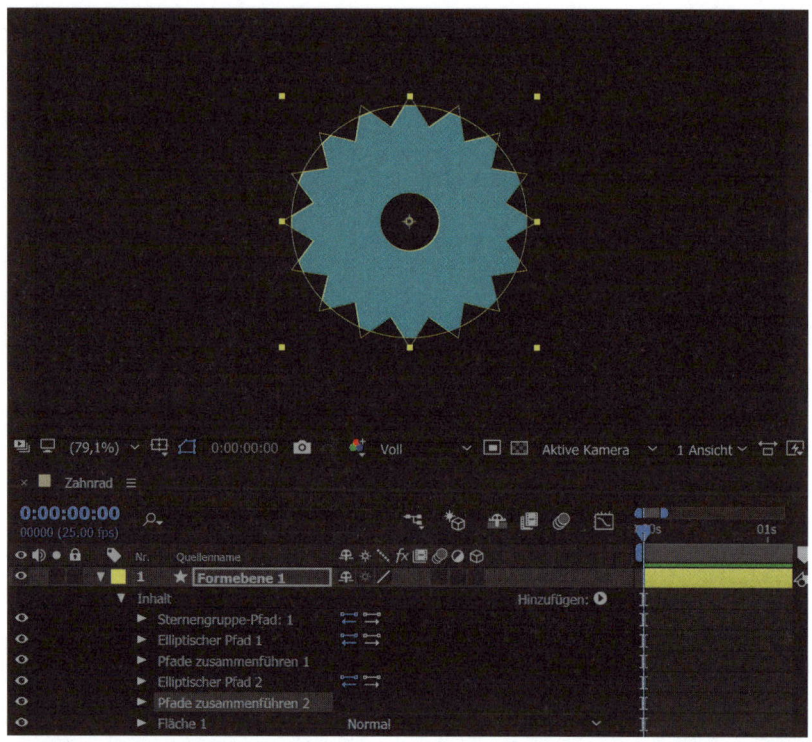

Abbildung 9.17
Das fertige Zahnrad

Fieberthermometer

Formebenen sind prädestiniert für grafische 2D-Animationen, daher werden Sie im folgenden Workshop ein paar grundlegende Arbeitsweisen mit den After-Effects-eigenen Vektoren und deren Animation verinnerlichen. Auf den folgenden Seiten animieren Sie ein einfaches Fieberthermometer. Zuerst bauen Sie die Glashülle aus einem Rechteck und einer Ellipse, die Sie mittels Ebenenübersicht am unteren Ende des Rechtecks positionieren.

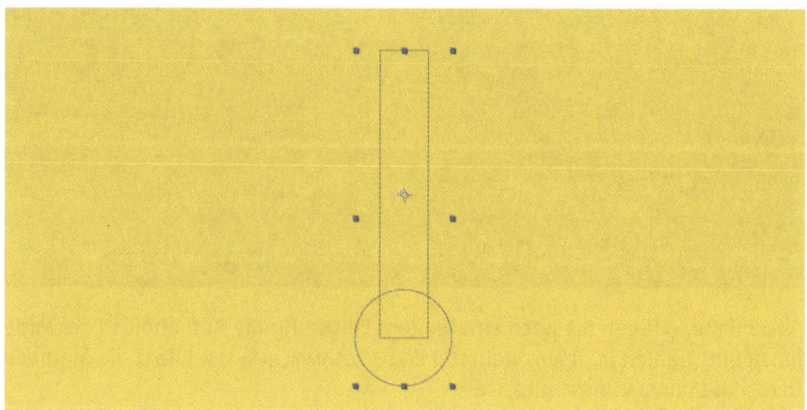

Abbildung 9.18
Die Grundformen bilden den Ausgangspunkt.

Wie bereits erwähnt, empfiehlt sich die Verwendung der Ebenenübersicht, um genaue Werte einzugeben, da sich vor allem bei großen Auflösungen die genaue Anordnung als etwas schwierig erweist.

Abbildung 9.19
Formen in der Ebenenübersicht

Als Nächstes kümmern Sie sich um die Füllung der Formebene. Um den Glaskörper zu imitieren, werden Sie auf einen hellblau-weißen Farbverlauf zurückgreifen, den Sie in der Ebenenübersicht unter Hinzufügen auswählen, woraufhin er dann unterhalb der zwei Formen landet. Klicken Sie auf Verlauf bearbeiten und fügen Sie am unteren Rand der Verlaufsübersicht die weißen und blauen Punkte hinzu.

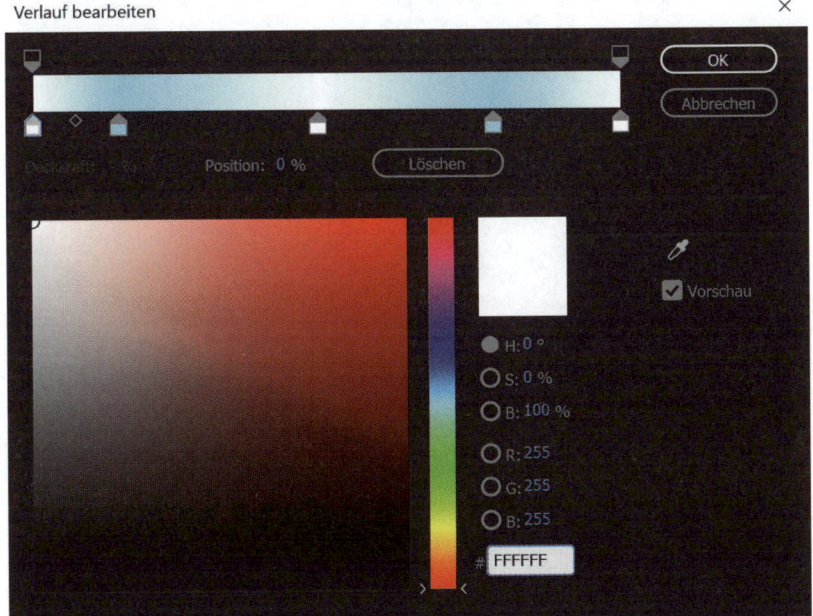

Abbildung 9.20
Mehrere Verlaufspunkte erzeugen komplexere Farbverläufe.

Jetzt gilt es, den Verlauf korrekt aufzuspannen, da er zunächst aus der Bildmitte entspringt. Daher setzen Sie die Werte so, dass er den ganzen Körper bedeckt.

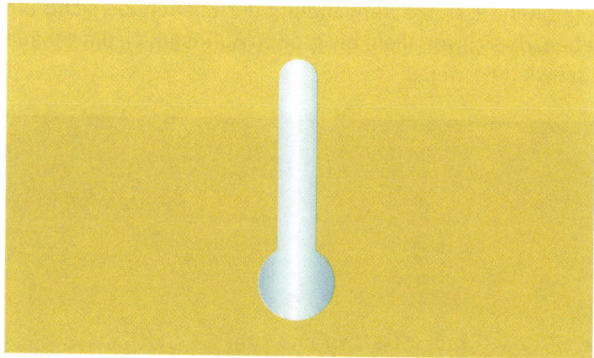

Abbildung 9.21
Der Glaskörper

Das Resultat entspricht noch nicht zu hundert Prozent den Vorstellungen, es fehlt noch ein wenig Räumlichkeit. Daher bedienen Sie sich in diesem Fall eines Ebenenstils. Die Wahl fällt auf den SCHEIN NACH INNEN, den Sie allerdings in diesem Fall zweckentfremden werden. Setzen Sie zunächst die FÜLLMETHODE auf MULTIPLIZIEREN und wählen Sie einen dunklen Farbton. Jetzt wird aus dem Schein ein Schatten. Der Vorteil ist, dass der Schein winkelunabhängig und gleichmäßig in die Ebene hineinwirkt. Reduzieren Sie noch die DECKKRAFT, setzen Sie die GRÖSSE auf 50 Pixel und den BEREICH auf 50 %.

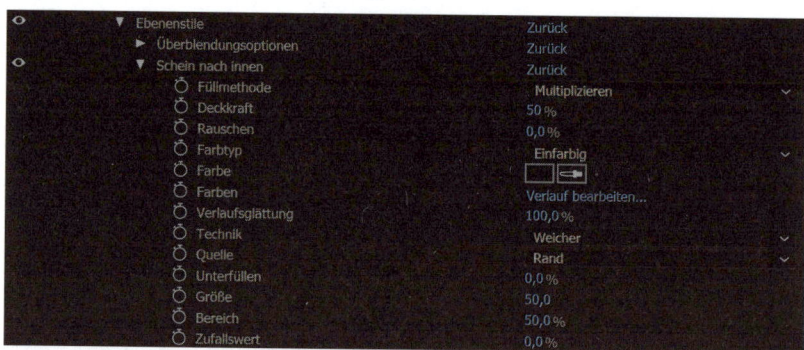

Abbildung 9.22
Plastizität durch Ebenenstil

Jetzt duplizieren Sie die Formebene und benennen die Kopie in Quecksilber um. Fügen Sie einen OFFSET-PFADE-Effekt hinzu und setzen Sie den Wert auf -10. Die neue Form übernimmt jetzt automatisch die Kontur des Originals, nur eben um 10 Pixel schmaler.

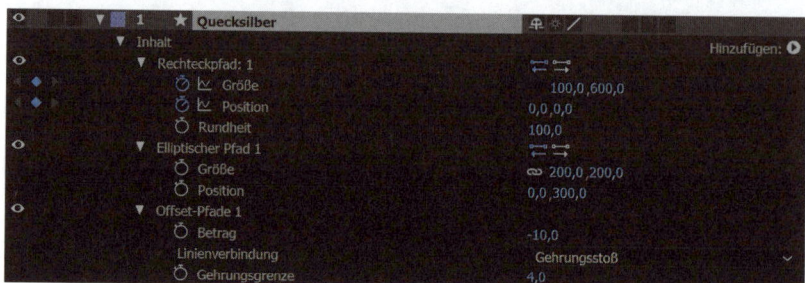

Abbildung 9.23
Bestehende Pfade können per Offset formgleich verschmälert werden.

Die Quecksilber-Säule bekommt einen eigenen Farbverlauf verpasst. Dieser stilisiert das Ansteigen der Temperatur mit einem Wechsel von Blau zu Rot.

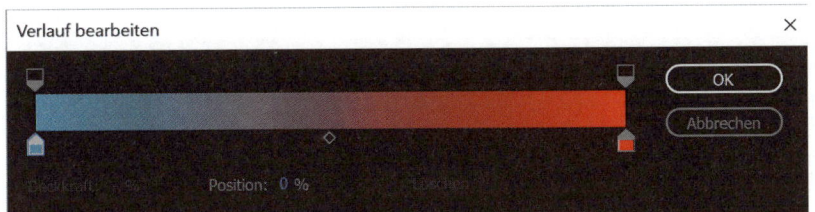

Abbildung 9.24
Einfacher Farbverlauf

Er muss noch vertikal angeordnet werden. Das Ergebnis macht bereits einen annehmbaren Eindruck. Dazu setzen Sie den ANFANGSPUNKT des Verlaufs auf einen y-Wert von 300, den des ENDPUNKTS auf -300. Nun geht es an die erste Animation.

Abbildung 9.25
Glaskörper und Quecksilber-Säule

Um die Säule anwachsen zu lassen, wird zunächst die GRÖSSE des Rechtecks animiert. Zu Beginn der Animation wird seine Höhe auf 0 reduziert und bis zum Ende der Animation wieder auf den Ursprungswert von 600 anwachsen. Lassen Sie jetzt die Vorschau laufen, sehen Sie, dass die Höhe des Rechtecks zwar anwächst, sich aber aus der Mitte der Formebene heraus aufbaut. Deswegen müssen Sie zusätzlich die POSITION keyframen, sodass die Quecksilber-Säule aus dem unteren Teil des Thermometers, also aus der Ellipse heraus ansteigt. Folglich setzen Sie wieder zu Beginn der Animation für die Rechteck-POSITION einen y-Wert von 300, der das Rechteck um 300 Pixel abwärts zur Position der Ellipse bringt. Anschließend gehen Sie wieder zum Ende der Größen-Animation und setzen dort einen Keyframe für die Höhe 0.

Abbildung 9.26
Animation von Position und Größe

Kapitel 9

FORMEBENEN

Mit dem Zeichenstift-Werkzeug erstellen Sie in einer neuen Formebene einen geraden Pfad neben das Thermometer. Setzen Sie die Konturbreite auf 100 Pixel. Sie werden gleich sehen, weshalb.

Abbildung 9.27
Thermometer-Skala ...

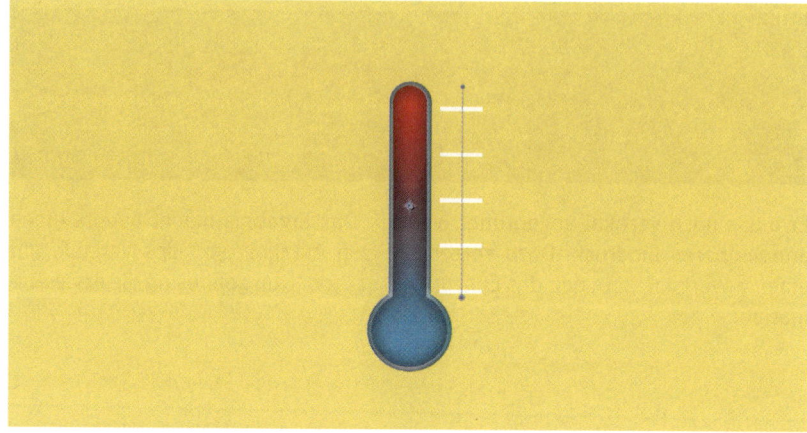

Unter den Kontur-Einstellungen setzen Sie in der STRICHE-Kategorie den Wert auf 10 und fügen per Klick auf das Plus-Symbol den ABSTAND zwischen den Strichen ein, den Sie auf 100 erhöhen. Reduzieren Sie den Versatz auf -8, was dafür sorgt, dass kein halber Strich bestehen bleibt.

Abbildung 9.28
... mit STRICHE-Option und ABSTAND

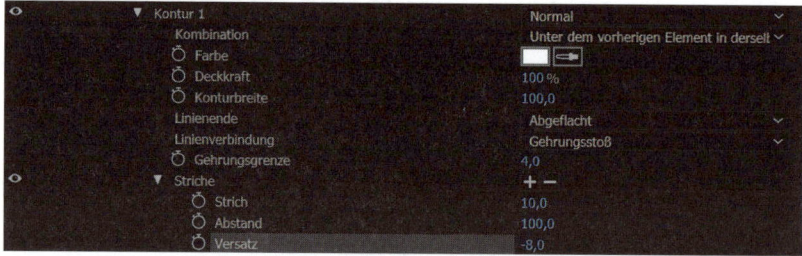

Fügen Sie dann die PFAD TRIMMEN-Option hinzu. An dieser Stelle werden Sie die Option ENDE keyframen, damit sich die Skala langsam von unten nach oben aufbaut. Setzen Sie also Keyframes von 0% bis 100% und timen Sie die Keyframes so, dass das Timing der ansteigenden Quecksilber-Säule entspricht.

Abbildung 9.29
Die Skala baut sich auf.

Zeit für die letzte Animation. Erreicht die Quecksilbersäule die obere Spitze des Thermometers, wird es warnend aufblinken. Wieder kommt der Zeichenstift in einer neuen Formebene zum Einsatz. Zeichnen Sie etwas versetzt zum Mittelpunkt der Ebene einen geraden Strich und setzen Sie eine weiße Konturlinie von einem Pixel Breite.

Abbildung 9.30
Blink-Effekt mit dem VERSTÄRKER-Effekt

Anschließend weisen Sie dem Pfad mit dem VERSTÄRKER-Effekt 6 KOPIEN hinzu und versetzen die einzelnen Kopien um jeweils 60°.

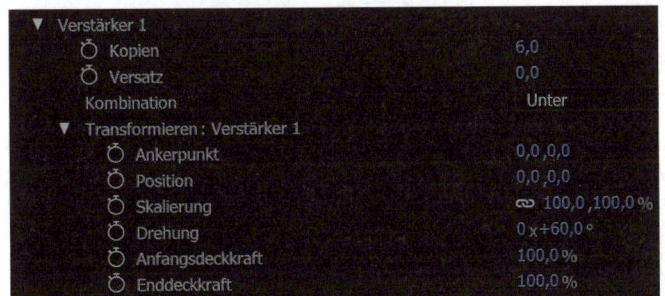

Abbildung 9.31
VERSTÄRKER-Einstellungen

Jetzt folgt die Animation des Blinksignals. Auch hier fügen Sie wieder die PFAD TRIMMEN-Optionen hinzu, nur dass dieses Mal zusätzlich zum ENDE auch der START per Keyframe animiert wird. Zuerst baut sich der Strich allmählich über den Parameter ENDE von 0 % bis 100 % auf. Die zweite Animation des Start-Parameters erfolgt ebenfalls von 0 % auf 100 %, allerdings um ein paar wenige Keyframes versetzt. Dieser Effekt hat ein verzögertes Aufbauen und dann auch wieder Verschwinden des Blink-Steifens zur Folge. Damit die Animation noch weicher wird, wenden Sie an dieser Stelle wieder Easy Ease-Keyframes [F9] an. Vergleichen Sie Ihre Animation im Diagrammeditor mit Abbildung 9.32.

Abbildung 9.32
Versatz von Ende (lila) und Anfang (orange) des Pfad-Trimmen-Effekts

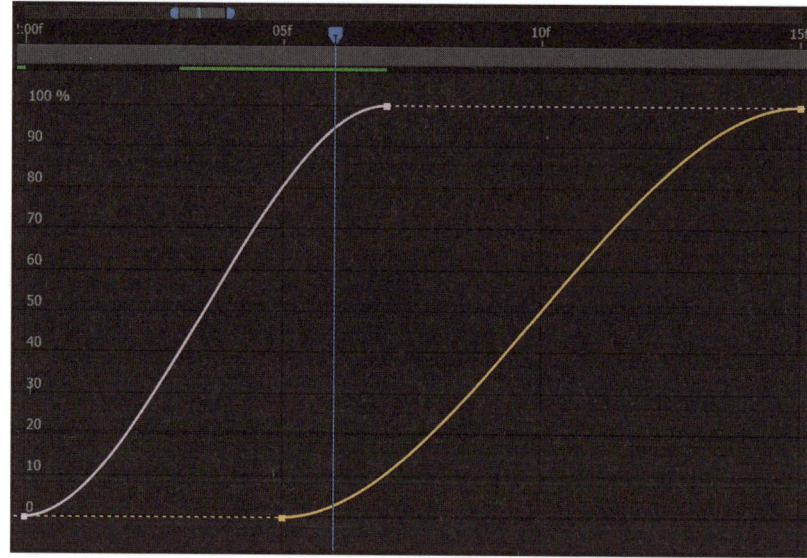

Durch den Verstärker-Effekt wird diese Animation für alle Kopien angewendet, das Resultat ist ein synchrones Aufblinken.

Abbildung 9.33
Eine Animation mit drei Keyframe-Paaren

Als kleine Zugabe können Sie noch die Konturbreite sowie die Farbe der Blink-Animation anpassen. In der Mitte der Animation, wenn der Blinkstreifen am längsten ist, wird die Dicke auf das Vierfache angehoben und die Farbe ändert sich kurzweilig auf Signalrot.

Abbildung 9.34
Thermometer mit Warnblinken

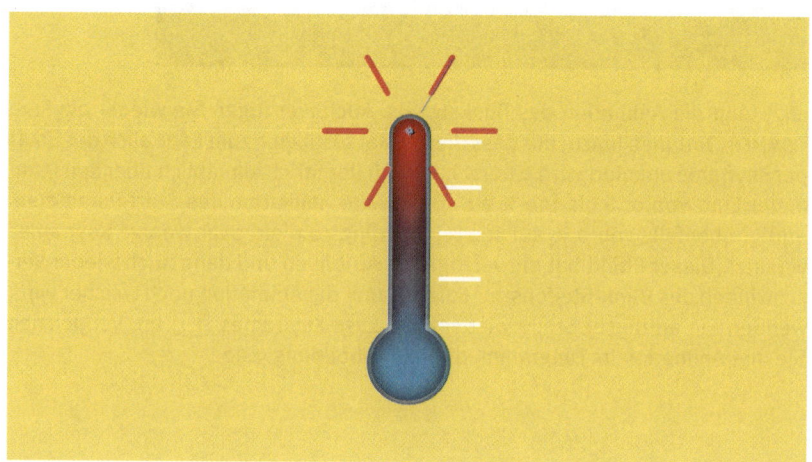

Kapitel 10

Effekte

Haben Sie bereits einen Blick in die Effektliste von After Effects riskiert? Nun ja, da tummelt sich eine Menge, die bereits in After Effects integriert ist. Es wäre ohne Weiteres möglich, dieses Buch allein mit Abhandlungen über die einzelnen Effekte zu füllen, daher führe ich Sie hier anhand der übergeordneten Kategorien durch den Effekte-Dschungel. Dabei werden Sie einige Effekte genauer kennenlernen, anhand eines Beispiels oder einer möglichen Anwendung kurz illustriert.

10.1 Umgang mit Effekten

Effekte anwenden

Die Anwendung von Effekten gestaltet sich spielerisch leicht. Sie können zum einen die Zielebene, auf die ein Effekt angewendet werden soll, in der Ebenenübersicht anwählen und dann über den Menüpunkt EFFEKTE den gewünschten Effekt auswählen. Ebenso genügt ein Rechtsklick auf die Ebene in der Ebenenübersicht, um das Ebenen-Kontextmenü auszuwählen und dort in die gleiche Übersicht zu gelangen.

Alternativ benutzen Sie das EFFEKTE UND VORGABEN-Fenster ([Strg]+[5], Mac: [⌘]+[5]), um in den Kategorien oder im Eingabefenster nach dem gewünschten Effekt zu suchen. Zur Erinnerung: Dieses Fenster ist um die Animationsvorgaben ergänzt. Hier können Sie die Effekte per Doppelklick anwenden und per Drag&Drop auf die betreffende Ebene anwenden.

Vorgaben anwenden und speichern

Eine Vorgabe besteht meist aus einem oder mehreren Effekten, die mit bereits angepassten Attributen und vordefinierten Keyframes auf Ebenenelemente angewendet werden können.

Keyframes in Vorgaben anwenden
Wenden Sie eine Animationsvorgabe an, so werden die zugehörigen Keyframes automatisch von der Position Ihres Zeitmarkierers an gesetzt.

Kapitel 10 — EFFEKTE

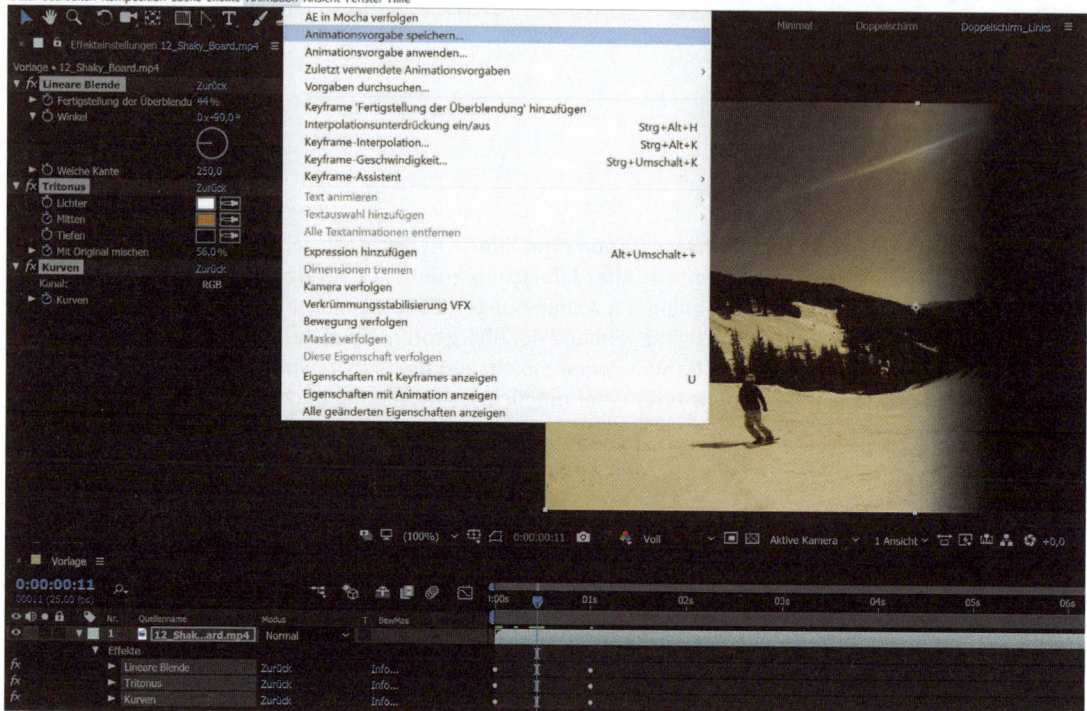

Abbildung 10.1
Animationsvorgabe erstellen

Nutzen Sie die Möglichkeit, eigene Vorgaben zu definieren, um häufig wiederkehrende Schritte und Anwendung zu automatisieren. Fügen Sie zunächst alle benötigten Effekte dem EFFEKTEINSTELLUNGEN-Fenster hinzu und geben Sie die Parameter den Ansprüchen entsprechend ein. Soll Ihre Animationsvorgabe auch Keyframes enthalten, müssen diese für die Berücksichtigung in der Vorgabe ebenfalls gesetzt werden.

Keyframes in Vorgaben definieren

Bringen Sie den Zeitmarkierer an den Anfang der Komposition und starten Sie das Timing der Keyframes am Kompositionsbeginn. Wird später eine Vorgabe abgewendet, dann stellen Sie dadurch sicher, dass die Keyframes auch im korrekten Timing zueinander positioniert werden.

Abbildung 10.2
Eigene Vorgabe in den ANIMATIONSVORGABEN

Anschließend markieren Sie alle Effekte und klicken unter dem Menüpunkt Animation auf Animationsvorgabe speichern. Vergeben Sie einen eindeutigen Namen und speichern Sie die Vorgabe ab. Sie können diese jetzt im Effekt und Vorgaben-Fenster unter Animationsvorgaben|User Presets abrufen.

Effekte verwalten

Nicht selten tritt der Fall ein, dass nach abermaligen Anpassungen der Effekt nicht so richtig eingreift, wie er sollte. Dann ist ein sauberer Neustart vonnöten, doch anstatt alle Parameter nun einzeln zurückzusetzen, genügt ein Klick auf Zurück, zu finden neben dem Effektnamen im Effekteinstellungen-Fenster. Nun sind alle Parameter wieder auf die Standardeinstellung gesetzt worden und Sie können sich erneut an die Arbeit machen.

Haben Sie nicht nur einen, sondern mehrere Effekte auf Ihre Ebene angewendet, so füllt sich das Effekteinstellungen-Fenster ziemlich schnell. Daher können Sie die Parameter eines Effekts durch das kleine Dreieck neben dem Effektnamen ein- und ausklappen. Einige Effekte haben Parametergruppen, die sich ebenfalls nach Bedarf minimieren und wieder maximieren lassen.

Es ist ebenso hilfreich, Ihren Effekten konkrete Namen zu geben, um die Übersicht zu wahren. Markieren Sie hierzu den Effekt, drücken Sie die ⏎-Taste und vergeben Sie die Bezeichnung.

Achten Sie auf die korrekte beziehungsweise sinnvolle Reihenfolge der Effekte. Hierbei arbeitet sich Adobe After Effects von oben nach unten durch das Effekt-einstellungen-Fenster.

Abbildung 10.3
Die Reihenfolge entscheidet – gleiche Effekte, unterschiedliche Ergebnisse.

Oft hilft es, zur Beurteilung eines Effekts einen Vorher-Nachher-Vergleich zurate zu ziehen. Dazu können Sie entweder einzelne Effekte über das Augen-Icon im Effekteinstellungsfenster ein- und ausschalten. Sollen alle Effekte gleichzeitig

Kapitel 10 EFFEKTE

deaktiviert werden, so genügt ein Klick auf den FX-Ebenenschalter *fx* in der Ebenenübersicht. Dann wird die Ebene im Ausgangszustand gezeigt (mit der Ausnahme der Transformieren-Eigenschaften, sofern diese geändert wurden).

10.2 Effekt-Kategorien

After Effects strukturiert die enthaltenen Effekte anhand diverser Kategorien, die auf den Anwendungsfall eingrenzen, aber eine Zweckentfremdung natürlich nicht ausschließen.

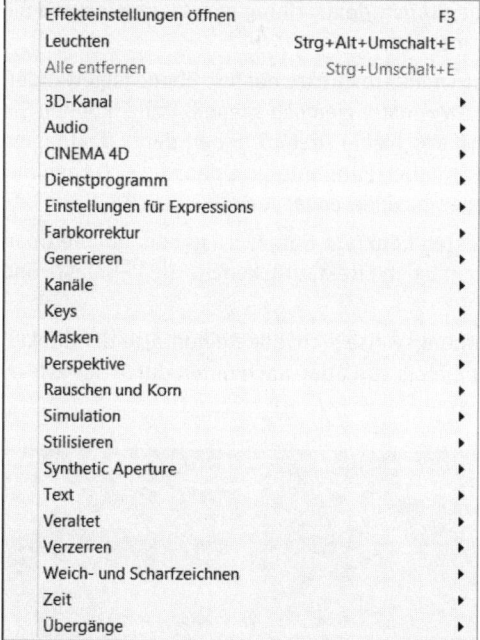

Abbildung 10.4
Alle Effekt-Kategorien im Überblick

Kommen wir zunächst zu den Kategorien, die bereits durch andere Kapitel abgedeckt werden. Eine Übersicht zu den Effekten aus der Kategorie FARBKORREKTUR und SYNTHETIC APERTURE gibt es in Kapitel 11 zur Arbeit mit Farben. EINSTELLUNGEN FÜR EXPRESSIONS finden Sie in Kapitel 15. Einige der Effekte aus den Rubriken KEYS und MASKEN werden in Kapitel 7 betrachtet, wo Sie sich genauer mit dem Umgang von Alpha-Informationen beschäftigen. CINEMA 4D lernen Sie in Kapitel 13 zur dreidimensionalen Arbeit kennen.

Generieren

Download-Material

Begleitend zu dieser Sektion öffnen Sie die Komposition Generieren aus der Datei Generieren.AEP im Download-Ordner 10.

10.2 Effekt-Kategorien

Einige der einfachsten Effekte finden Sie in dieser Kategorie. Prinzipiell werden hier zusätzliche Bildinformationen generiert. Manche Effekte greifen dabei auf den bestehenden Bildinhalt der Ebene zurück, weitere orientieren sich an Masken, andere überdecken den Ebeneninhalt gänzlich neu. Beginnen wir mit der Übersicht:

Der VERLAUF-Effekt erzeugt einen einfachen Farbübergang zwischen zwei definierbaren Punkten und Farben. Von einfachen grafischen Anwendungen bis hin zur Farbkorrektur ist dieser Effekt vielfältig nutzbar.

Abbildung 10.5
Der VERLAUF-Effekt erzeugt nicht nur grafische Hintergründe …

Mittels der zwei Fadenkreuze unter den Effektparametern legen Sie Start- und Endpunkt des Farbverlaufs fest, diese können auch außerhalb der Komposition liegen. Unter der Verlaufsform wählen Sie zwischen LINEAR und KREISFÖRMIG. Lohnenswert ist es auch, mit dem Effekt ein Bild oder Video zu beeinflussen. Dazu wenden Sie den Effekt auf eine übergeordnete Farbfläche an und ändern dann den Füllmodus. Jetzt wird der Verlauf mit der Zielebene verrechnet und erzeugt so spannende Farbstimmungen.

Abbildung 10.6
… sondern auch starke Bildeffekte.

Wem zwei Farben nicht reichen, der findet Abhilfe mittels des 4-FARBEN-VERLAUF. Die Verläufe ordnen sich dabei radial um die 4 Farbpunkte, die sich ebenfalls mit dem Fadenkreuz verschieben lassen. Über den MISCHEN-Parameter können Sie die Weitläufigkeit des Effekts regulieren, wodurch sich weichere Übergänge realisieren lassen. Ein großer Vorteil dieses Effekts ist, dass der Füllmodus im Effekt selbst geändert werden kann und somit direkt auf Bild- oder Videoebenen zur Anwendung kommt.

Abbildung 10.7
4-FARBEN-VERLAUF

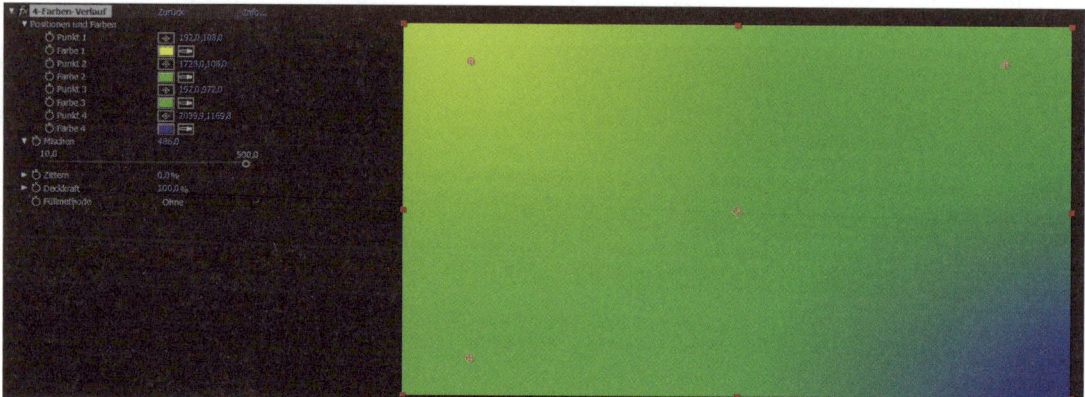

Abbildung 10.8
Zeichnen Sie einen Maskenpfad auf eine Bildebene …

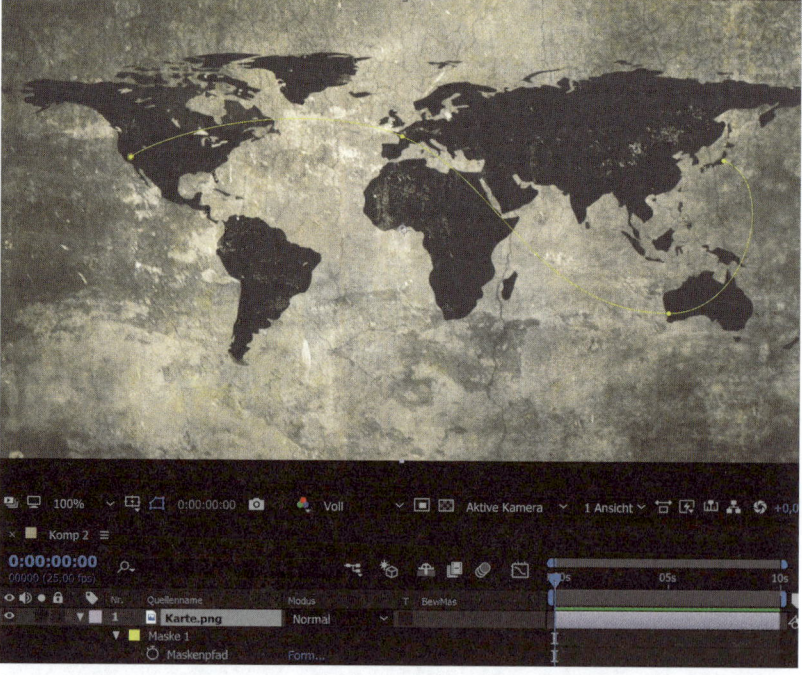

Der KONTUR-Effekt generiert Striche oder Umrisse auf Ebenen aller Art. Eine der meistgenutzten Anwendungen ist das Nachskizzieren und Animieren eines Bewegungspfads. Mit dem Zeichenstift-Werkzeug erstellen Sie zunächst einen Maskenpfad auf einer Ebene, den Sie anschließend in den Einstellungen des Kontur-Effekts zuweisen. Nachdem Sie das Aussehen des Strichs definiert haben, können Sie ihn über die Parameter ANFANG oder ENDE mit ein paar wenigen Keyframes animieren. Wichtig ist, die korrekte Einstellung unter MALSTIL zu beachten. Soll der Effekt und die Ebene gleichzeitig zu sehen sein, sollte die Einstellung AUF ORIGINALBILD gewählt werden.

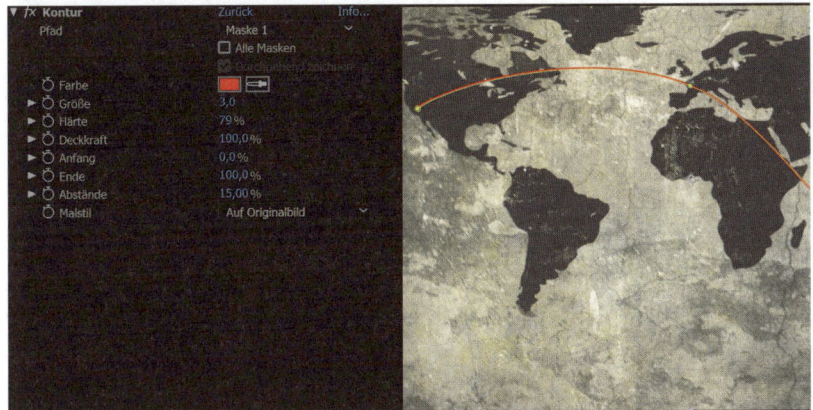

Abbildung 10.9
... und wenden Sie den KONTUR-Effekt an.

BLENDENFLECKE, auch bekannt als **Lens-Flares**, sind Imitationen eines starken seitlichen Lichteinfalls in ein Kameraobjektiv, der sich in den vielen Linsen bricht und spiegelt. Der After-Effects-eigene Effekt verfügt über drei Objektiv-Modelle.

Blendenflecke werden am besten auf einer schwarzen Farbfläche angewendet, da sie sich so vom Untergrund absetzen. Anschließend empfiehlt sich beim Compositing ein aufhellender Füllmodus, wie beispielsweise NEGATIV MULTIPLIZIEREN. Animieren Sie im Anschluss den Mittelpunkt der Lichtbrechung, wandern die Lichtkegel in Blockbuster-Manier durch das Bild.

Abbildung 10.10
BLENDENFLECKE auf schwarzen Farbflächen ...

Abbildung 10.11
… eignen sich für Compositings.

Abbildung 10.12 zeigt gleich mehrere Effekte der Rubrik: VEGAS ähnelt dem KONTUR-Effekt und orientiert sich an den Bildkanten beziehungsweise Form- oder Maskenpfaden, um Lichteffekte ähnlich alter Leuchtreklame zu erzeugen. Inbegriffen sind auch einige Features, die die Licht-Elemente ähnlich eines LED-Panels oder einer Lichterkette automatisch animieren.

STRAHL ähnelt ebenfalls dem KONTUR-Effekt und stellt im Ausgangszustand einen leuchtenden Strahl dar, der entlang seiner separat einstellbaren Positions-Achse animiert werden kann. Dieser Effekt eignet sich hervorragend für Science-Fiction-Shots, um beispielsweise Laser-Geschosse oder Lichtschwerter zu imitieren.

RADIOWELLEN erzeugen konzentrische Kreiswellen in steuerbaren Impulsen. Auch dieser Effekt ist dynamisch steuerbar und kann der Ausgangspunkt für weitere VFX sein, indem Sie die erzeugten Wellen verzerren, kolorieren oder als Überlagerung anderer Ebenen nutzen.

Abbildung 10.12
VEGAS, STRAHL und RADIOWELLEN

Der GEWITTER-Effekt ist einer der ältesten, die After Effects zu bieten hat, und wird direkt am besten auf eine separate schwarze Farbfläche angewendet, die dann wieder per Füllmethode in die Komposition geblendet wird. Mit diesem Werkzeug können Blitze, elektrische Spannungen zwischen Leitungen und andere Lichteffekte oder Entladungen dargestellt werden.

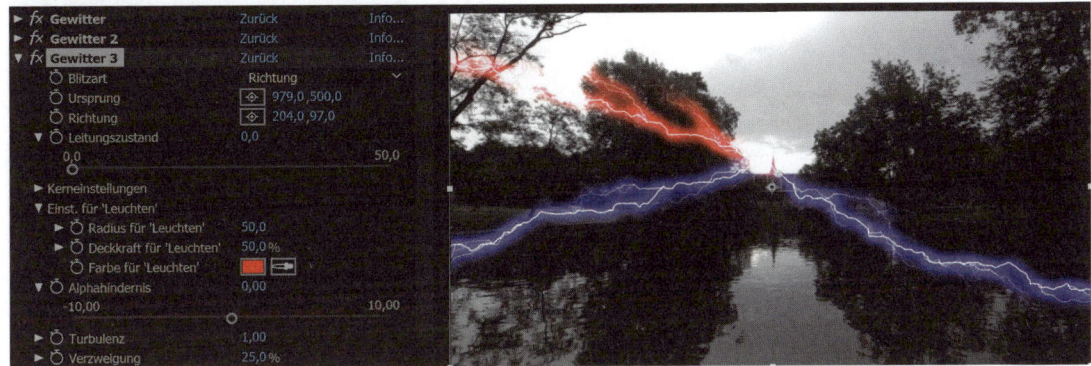

Abbildung 10.13
GEWITTER-Effekt

SCHACHBRETT oder ZELLMUSTER sind Beispiele für die vielen linearen und organischen Oberflächen-Strukturen, die Sie mit Effekten erzeugen können. So können Sie auch Abwechslung in Ihre Kompositionshintergründe bringen, indem Sie solche generierten Strukturen mit reduzierter Deckkraft über Farbflächen oder anderen Hintergründen platzieren.

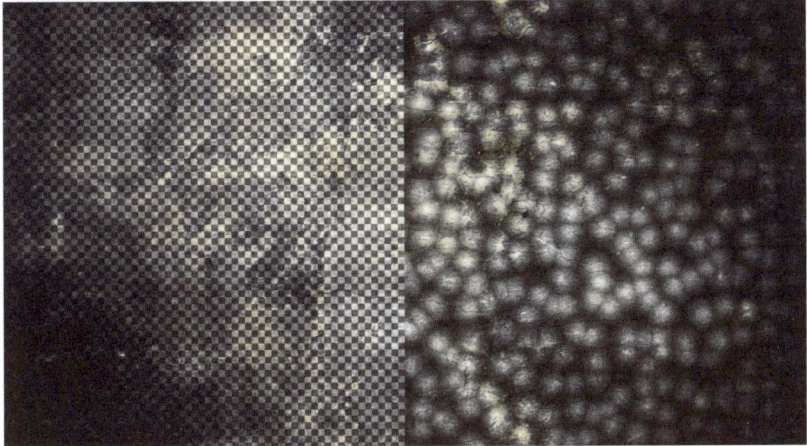

Abbildung 10.14
Generative Struktur-Effekte

Kanäle

Die Effekte aus der Kategorie KANÄLE verwenden die Helligkeits- und Farbwerte der einzelnen Kanäle. Da einige davon etwas komplexere Verfahren anwenden, genügt an dieser Stelle ein einfaches Beispiel, um diese Kategorie etwas kennenzulernen. Der Effekt UMKEHREN invertiert alle Kanalinformationen, macht also aus Farbpositiven Farbnegative. Ebenso können Sie so die Helligkeit von monochromen Bildern umkehren, falls Sie damit beispielsweise schnell mit Matten oder mit Füllmethoden arbeiten.

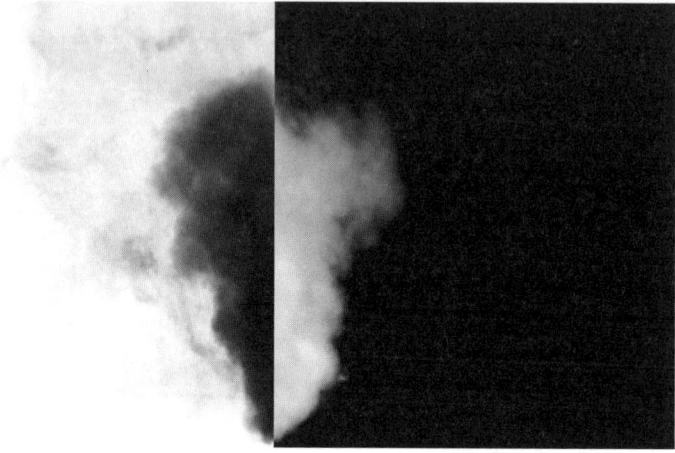

Abbildung 10.15
Links original, rechts invertiert

Perspektive

Download-Material
Begleitend zu dieser Sektion öffnen Sie die Komposition Perspektive aus der Datei Perspektive.AEP im Download-Ordner 10.

Die Effekte aus diesem Bereich kümmern sich um die Erschaffung einer räumlichen Tiefe oder eben Perspektive. Die meisten Effekte setzen dabei auf eine künstlich erzeugte Belichtungssituation, die durch Licht und Schatten zu dieser Illusion verhelfen. Und wenn auch nur begrenzt, so können sie trotzdem manchen Workflow abkürzen oder gute Effekte unterstützen.

Der KANTEN ABSCHRÄGEN-Effekt verleiht einer Bildebene etwas Plastizität, indem die Randbereiche eine Art Kante erhalten und im Anschluss unterschiedlich beleuchtet werden.

Ein RADIALER SCHATTEN erzeugt unabhängig von seinem Ursprungsobjekt einen kreisrunden Schatten mit variabler Größe und Beleuchtungsursprung. Beide Effekte eignen sich eher für 2D-Animationen als für die Anwendung im Realbildbereich.

10.2 Effekt-Kategorien

Abbildung 10.16
ABGESCHRÄGTE KANTEN und RADIALER SCHATTEN anhand zweier Ebenen

CC SPHERE ist da schon aus anderem Holz. Ganz gleich, auf welche Art von Bildebene er angewendet wird, erstellt der Effekt ein einfaches dreidimensionales Set-up, mit Vorder- und Rückseite sowie Beleuchtungs- und Schatten-Optionen. Die Bildebene wird dabei zu einer Kugel geformt, mit deren RADIUS und OFFSET Sie den gezeigten Bildausschnitt der Quellebene bestimmen.

SCHLAGSCHATTEN ist ähnlich wie der Ebenenstil. Der künstliche Schatten lässt sich aber als Effekt über das EFFEKTEINSTELLUNGEN-Fenster viel leichter steuern und mit anderen Effekten kombinieren, auch wenn die Optionen hier etwas reduzierter sind.

Abbildung 10.17
CC SPHERE und ein SCHLAGSCHATTEN

Rauschen

Effekte aus dieser Kategorie befassen sich mit Bildrauschen und Störungen. Kapitel 11 befasst sich genauer mit dem Hinzufügen von leichter Körnung oder der Reduzierung solcher Störungen in Bild und Video. Daher werden Sie in dieser

Sektion eine andere Art von Rauschen kennenlernen, die generativen Rausch-Verfahren FRAKTALES RAUSCHEN und TURBULENTES RAUSCHEN. Beide leisten weitaus mehr, als nur ein wenig Körnung in Ihre Videoaufnahmen zu zaubern, wie Sie anhand eines kleinen Workshops gleich feststellen werden.

Workshop: Nebel mit fraktalem Rauschen

FRAKTALES RAUSCHEN ist einer der vielseitigsten Effekte innerhalb von After Effects. In diesem kleinen Workshop werden Sie lernen, wie Sie damit Nebel generieren können. Wenden Sie zunächst den Effekt auf eine Farbfläche an.

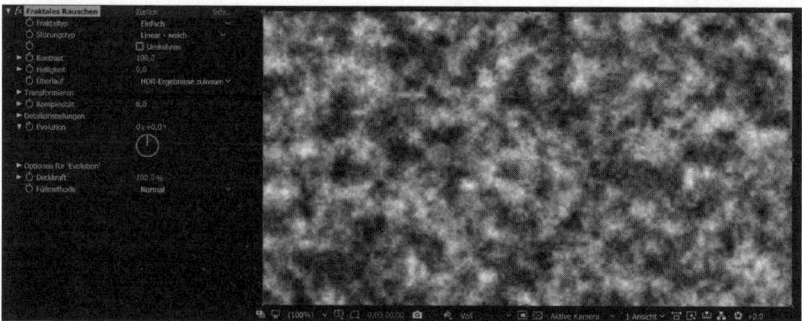

Abbildung 10.18
FRAKTALES RAUSCHEN

Daher ändern Sie zunächst den FRAKTALTYP auf WOLKIG, den STÖRUNGSTYP auf KURVE. Diese kommen den Nebelschwaden gleich viel näher. Sollten Sie sich später an anderen Spezialeffekten mit dem fraktalen Rauschen versuchen, so sind diese zwei Parameter immer ein guter Startpunkt, da hier das grundlegende Rauschverhalten festgelegt wird.

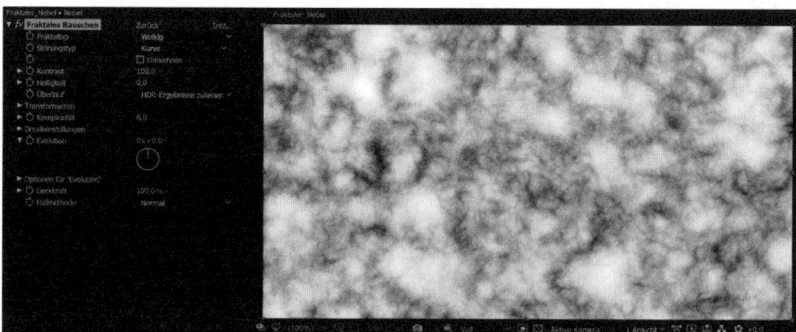

Abbildung 10.19
FRAKTAL- und STRÖRUNGSTYP legen den Grundstein für den Nebel

Versuchen Sie nun, die Änderung innerhalb des Nebels zu imitieren. Das kann langsam vonstattengehen, wie Nebelschwaden an einem kühlen Frühlingsmorgen, oder sehr schnell, beispielsweise nach einer Explosion. Dafür wird das EVOLUTION-Attribut mit zwei Keyframes versehen, zu Beginn und am Ende der Komposition. Die Evolution wird in Grad angegeben. In diesem Fall genügen 360°, also ein ganzer Durchlauf.

Abbildung 10.20
EVOLUTION sorgt für die Ausbreitung des Nebels.

Der Effekt ist noch zu fein und kontrastreich, um einen nebelartigen Look zu haben. Senken Sie zunächst den Kontrast und heben Sie gleichzeitig die Helligkeit etwas an, denn allzu dunkle Nebelbereiche würden eher an Ruß erinnern.

Abbildung 10.21
Weniger Kontrast im Nebel

Als Nächstes entfernen Sie den Haken unter GLEICHMÄSSIGES SKALIEREN, um die Nebelschwaden zu vergrößern und zu dehnen. Skalierungsbreite und -höhe können nun unabhängig voneinander eingestellt werden. Um noch etwas »Detail« in den Nebel zurückzuholen, erhöhen Sie die KOMPLEXITÄT, die noch kleinere Störungen hinzufügt.

Abbildung 10.22
Durch die SKALIERUNG des Nebels werden die Schwaden lang gezogen.

Der letzte Parameter verfeinert die Nebel-Simulation durch die Animation der TURBULENZ VERSCHIEBEN-Position, mit deren Hilfe der Nebel durch einen leichten Seitenwind von der rechten zur linken Seite wandert. Dazu setzen Sie zu Beginn der Animation einen Keyframe, belassen Sie dazu den Ausgangswert. Gehen Sie jetzt an das Ende der Komposition und verschieben Sie die Position entweder per Eingabe oder mittels des Fadenkreuz-Icons auf einen Punkt außerhalb der Komposition.

Abbildung 10.23
Die TURBULENZ VERSCHIEBEN – der Nebel zieht durch das Bild.

Möchten Sie den Nebel in einem Compositing verwenden und über eine Videosequenz legen, ist natürlich eine geeignete Füllmethode wichtig. Da das fraktale Rauschen auf eine schwarze Farbfläche angewendet wurde, müssen Sie in der Ebenenübersicht den MODUS der Ebene ändern. In diesem Fall eignet sich die Füllmethode NEGATIV MULTIPLIZIEREN, die nur die hellen Nebelbereiche zum Vorschein kommen lässt. Natürlich können Sie auch andere Methoden testen. Nebel ist in Bodennähe häufig dichter als in der Höhe, daher bietet sich eine Maske mit weicher Maskenkante an, um den Nebel im oberen Bildbereich allmählich abzuschwächen.

Abbildung 10.24
Nebel im Compositing

10.2 Effekt-Kategorien

Simulation

Download-Material

Begleitend zu dieser Sektion öffnen Sie die Komposition Simulation aus der Datei Simulation.AEP im Download-Ordner 10.

Abbildung 10.25
Sternenhimmel mit CC BALL ACTION

Unter dieser Rubrik finden Sie Effekte, die unterschiedlichste Phänomene und natürliche Erscheinungen kreieren. Sie können mit diesen Hilfsmitteln einfachen Schneefall erzeugen, eine Ebene explodieren lassen oder physikalische Gegebenheiten wie Wasserbrechungen erzeugen.

CC BALL ACTION zerlegt eine Ebene, auf die der Effekt angewendet wird, in Kugel-Partikel. Je nach Größe des Rasters und der Kugelgröße können Sie vom Sternenfirmament bis zum DNS-Strang eine Vielzahl von dreidimensionalen Imitationen erzeugen. Die Farben der Kugeln werden dabei von der Quellebene bestimmt, was Sie für animierte Farbwechsel, aber auch Videotexturen verwenden können.

Abbildung 10.26
CC BALL ACTION ist vielseitig einsetzbar.

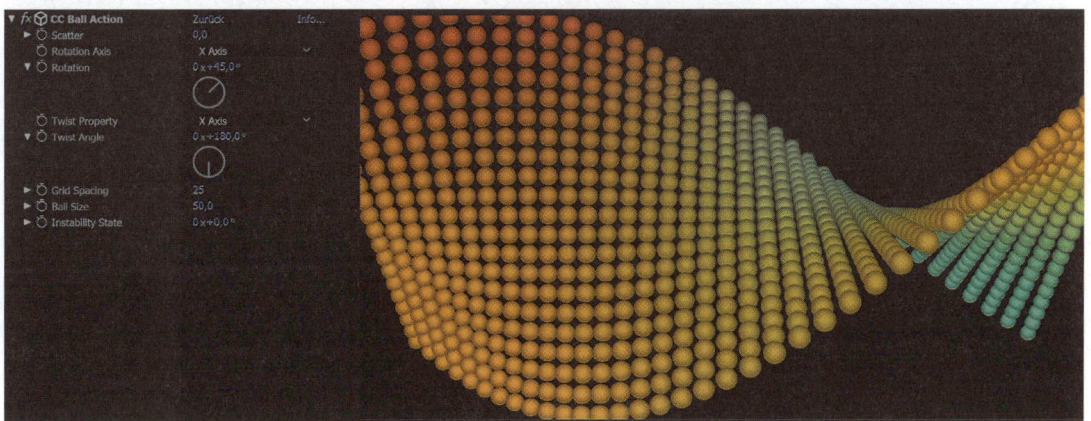

Kapitel 10 — EFFEKTE

CC RAINFALL ist eher in der VFX-Sparte verortet und geniert leicht anpassbare Regenpartikel in Form von weichgezeichneten Wasserstrangen. Neben Zufallsvariationen in Deckkraft und Farbe können Sie durch eine Wind-Option noch andere Naturkräfte auf ein Bild wirken lassen. In Kombination mit anderen Partikeln und ein wenig Anpassungen können Sie den Look einer Videoaufnahme schnell in eine gänzlich andere Richtung bringen.

Abbildung 10.27
Künstlicher Regen mit CC RAINFALL

CC MR. MERCURY basiert auf einer Art Flüssigkeitssystem, das stetig in zusammenhängenden Tropfenformen erzeugt wird. Das Spektrum reicht vom Strahl über einen Tintenfleck auf Papier bis zu schmelzendem Metall oder Plastik. Die Tropfen können explosionsartig, gleichmäßig und stetig oder ähnlich wie Feuerflammen in einer pendelnden Bewegung erzeugt werden. Die Plastizität der Teilchen wird mittels einer einfachen Beleuchtung simuliert und deckt dabei vom pseudo-dreidimensionalen Eindruck bis zum flachen 2D-Design ein breites Spektrum an Flüssigkeiten und Oberflächen ab.

Abbildung 10.28
CC MR. MERCURY

Der ZERTRÜMMERN-Effekt zerlegt eine Ebene anhand vorher definierter Formen, von Quadern über Kugeln bis Puzzle-Teilen. Diesen Teilchen können Sie durch eine Extrusion räumliche Tiefe hinzufügen. Sie können den Teilbereich der Ebene, der explodieren soll, genauestens festlegen. So lassen sich auch Logo-Animationen erstellen, indem Sie den Effekt umkehren und sich die Logo-Ebene aus einzelnen gesprengten Teilen nach und nach zusammensetzt.

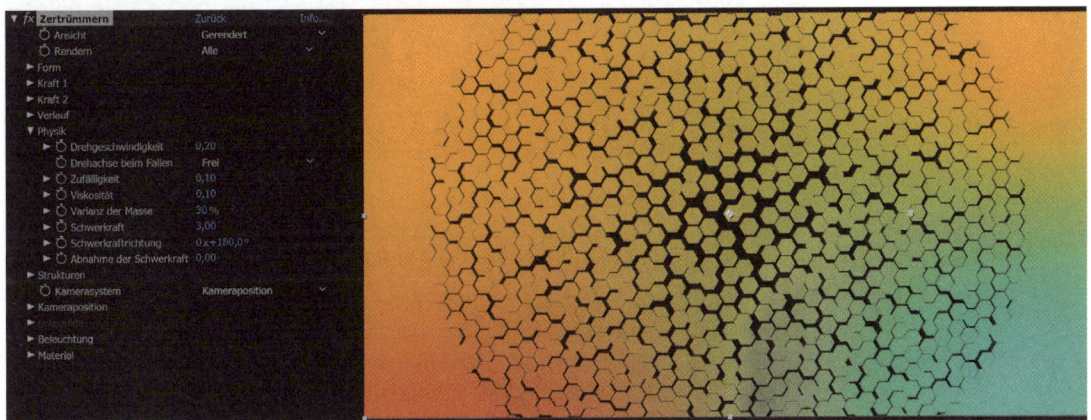

Abbildung 10.29
ZERTRÜMMERN-Effekt

Die sogenannten **Partikelsysteme** gehen noch einen Schritt weiter: Ihre Welt ist bunt, aber umfangreich, denn es tummeln sich viele physikalische Faktoren, Herangehensweisen und unterschiedliche Menüstrukturen darin. Denn die Funktionsweise von Partikelsystemen ist im Prinzip oftmals dieselbe. Ein Emitter generiert Partikel, die durch einen dreidimensionalen Raum geschickt werden und dabei von physikalischen und anderen Methoden innerhalb des Partikelsystems beeinflusst werden, dessen Render-Verhalten Sie oftmals noch an Ihre Bedürfnisse anpassen können. Mit diesen Ergänzungen können Sie Zusatz-VFX wie Regen, Schnee oder Laubblätter noch genauer beeinflussen als mit den bisherigen Effekten aus dieser Kategorie.

Workshop: Partikel Welt

Footage

Das Footage zum Workshop finden Sie im Download-Ordner 10.

Anhand des Effekts CC PARTICLE WORLD werden Sie auf den nächsten Seiten lernen, wie ein Partikelsystem aufgebaut ist, wie Sie es modifizieren und in Ihre VFX-Shots einbauen können. Ziel der Animation ist es, künstlich fallendes Herbstlaub zu animieren, wie es im Wechsel der Jahreszeiten von den Bäumen auf den Boden fällt. Erstellen Sie also wieder eine neue Komposition und erstellen Sie dort zunächst eine schwarze Farbfläche, die Sie gleich in `Partikelsystem` umbenennen. Wenden Sie den Effekt CC PARTICLE WORLD an.

Kapitel 10 — EFFEKTE

Abbildung 10.30
Der Ausgangszustand von
CC Particle World

Gehen Sie mit dem Zeitanzeiger ein paar Frames vor und Sie sehen, dass der Emitter bereits viele Partikel aus dem Zentrum der Komposition heraus ausspuckt. Sie sehen bereits im Default-Modus, was mit diesem Effekt alles möglich ist.

Für das gewählte Beispiel beginnt die Arbeit mit dem Partikel. Sie können gerne ein wenig mit den systemeigenen Partikeln unter dem Eintrag Particle Type experimentieren. Diese eignen sich für Effekte von fliegenden Funken über Regentropfen bis zu Seifenblasen. Im konkreten Fall aber nutzen Sie die Möglichkeit, den Teilchen eine fotorealistische Textur zu geben. Laden Sie dazu Blatt.PSD in die Komposition und schalten Sie diese Ebene auf unsichtbar.

Abbildung 10.31
Vorbereitung in der
Ebenenübersicht

Wechseln Sie jetzt zu den Einstellungen unter Particle in den Eintrag Particly Type und laden Sie dort das Textured TriPolygon. Darunter wählen Sie unter Texture jetzt die Ebene Blatt.PSD aus. Schon ändern sich die Partikel, statt der Funken sind jetzt nur Partikel in Form der Ausgangsebene zu sehen.

Abbildung 10.32
Texturierte Partikel

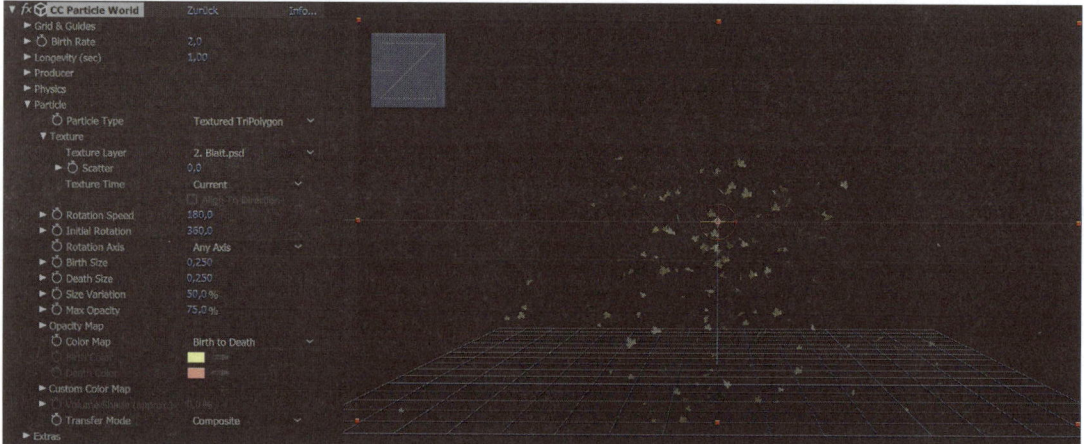

Allerdings sind die Partikel noch nicht ganz so gestaltet, wie sie gebraucht werden. Zunächst erhöhen Sie sowohl BIRTH SIZE als auch DEATH SIZE, denn die Blätter sollen während der Animation nicht schrumpfen oder wachsen. Setzen Sie die SIZE VARIATION auf 100%, um etwas Abwechslung in die Partikelgröße zu bringen, damit die Blattgröße nicht bei allen Partikeln identisch ist. Ebenso setzen Sie die MAX OPACITY auf 100%, um blickdichte Partikel zu erzeugen.

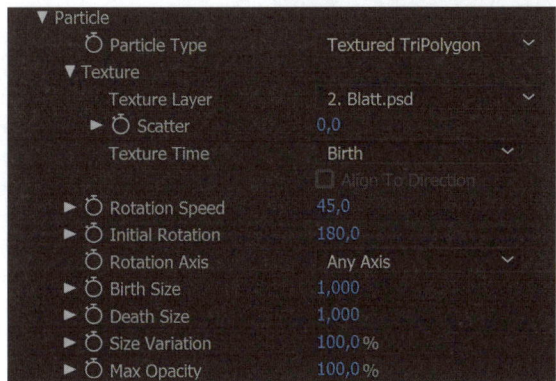

Abbildung 10.33
Feineinstellungen am Aussehen der Partikel

Als Nächstes kümmern Sie sich um den Partikel-Emitter, in diesem Fall unter PRODUCER zu finden. Zunächst positionieren Sie den Emitter in seiner POSITION Y, sodass er knapp über dem oberen Bildrand steht. Anschließend verbreitern Sie den RADIUS X (die Bildschirmbreite) und den RADIUS Z, um dem Effekt etwas Tiefe zu verleihen.

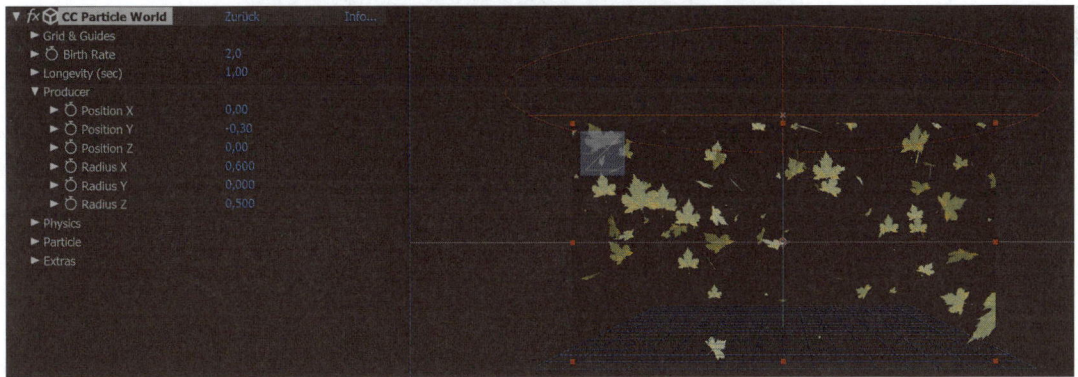

Danach ist die Physik des Partikelsystems an der Reihe. Zunächst setzen Sie die ANIMATION auf TWIRL, diese Einstellung kommt einem Herbstwind am nächsten. Reduzieren Sie jetzt die VELOCITY, damit die Blätter nicht mehr wie geschossartig ins Bild geschleudert werden. Auch die Schwerkraft (GRAVITY) sollte ein wenig herabgesetzt werden, um die Blätter seichter zu Boden fallen zu lassen. Sie können auch mit den weiteren Settings noch experimentieren, ein wenig Aufwind durch RESISTANCE oder kleinere Turbulenzen durch EXTRA erzeugen unangenehme Herbststürme.

Abbildung 10.34
Der Emitter »spuckt« die Partikel aus.

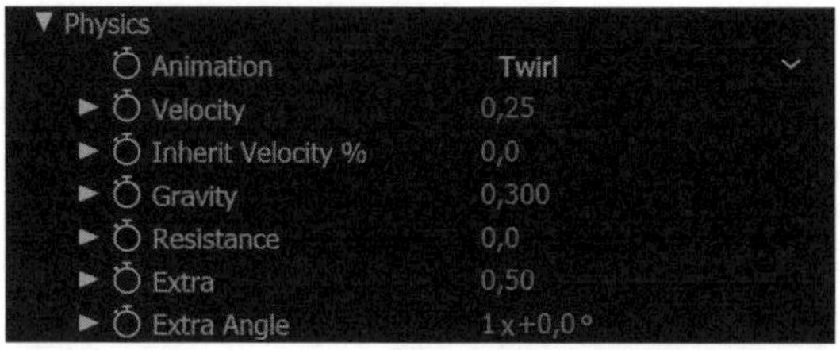

Abbildung 10.35
Physikalische Vorgänge machen ein Partikelsystem realistischer.

Zuletzt noch zu zwei der wichtigsten Eigenschaften eines Partikelsystems, der Emissionsrate und der Partikellebensdauer. Setzen Sie in diesem Beispiel die Birth Rate auf 1 herab, einige Partikeleffekte verwenden hier die Einheit Partikel/Sekunde, andere Partikel/Frame und wieder andere sehen diesen Wert als grobe Richtlinie. Verwenden Sie also eine Zahl, die nach einer Vorschau gut aussieht.

Die Lebensdauer (LONGEVITY) bestimmt, wann ein Partikel stirbt. Das ist nicht ganz unerheblich, denn jedes Partikel kostet Rechenleistung. Hat ein Partikel seinen Dienst getan und ist durch das Sichtfeld gewandert, sollte es aus dem Partikelsystem wieder herausgenommen werden. Sie müssen jetzt nicht jede Simulation darauf ausrichten, dass das Partikel sofort gelöscht wird, sobald es die untere Bildschirmkante erreicht hat. Sie sollten lediglich auf ein ausgewogenes Verhältnis zwischen Lebensdauer und Partikelmenge achten, spätestens Ihr System wird Ihnen aber klar machen, wo die Grenzen liegen. Die Lebensdauer daher immer noch so lang wie nötig wählen.

Abbildung 10.36
Emissionsrate und Lebensdauer der Partikel

Der nächste Schritt ist das Aussehen, die Darstellungsweise der Partikel und weitere Kameraeinstellungen, die Sie variieren können. Ebenso ist es jetzt wieder an der Zeit, ein paar Tricks aus der Compositing-Kiste zu holen, um das Partikelsystem besser in die Hintergrundebene zu integrieren.

Abbildung 10.37
Partikel und Compositing

Stilisieren

> **Download-Material**
>
> Begleitend zu dieser Sektion öffnen Sie die Komposition Stilisieren aus der Datei Stilisieren.AEP im Download-Ordner 10.

In der Rubrik STILISIEREN finden Sie Bildeffekte, die keine neuen Effekte generieren, sondern eher den bestehenden Bildern einen gewissen Look verleihen. Die Palette reicht dabei von einfachen Pinselstrichen über Zeichentrick-Stilisierung bis hin zur Simulation von Oberflächen-Strukturen wie beispielsweise Glas oder Plastik. Wieder werden Photoshop-Kenner die eine oder andere Parallele in den Effekten und deren Wirkung erkennen, daneben sind andere auch spezielle After-Effects-Stilisierungen.

Abbildung 10.38
CC BURN FILM simuliert das Verbrennen eines alten Filmstreifens.

MOSAIK ist eine Art Verpixelungsoption, die die Blockfarbe aufgrund des darunter befindlichen Bildinhalts erzeugt. Diese Option ist also hervorragend geeignet, Bildinhalte unkenntlich zu machen und dennoch grundlegende Konturen und Farben im Bild zu behalten.

Abbildung 10.39
Pixelblöcke mit MOSAIK – unten das Original

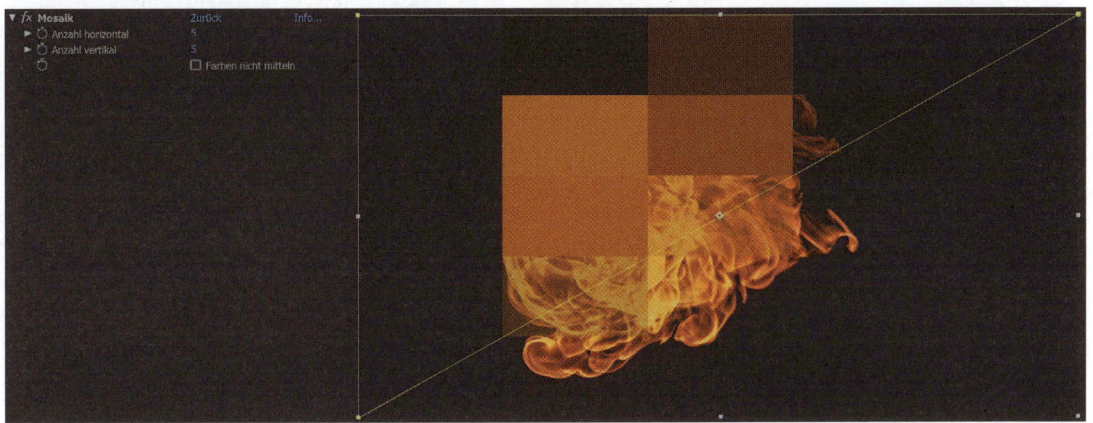

LEUCHTEN ist schon etwas komplexer, hilft aber vor allem, Ihren Compositings etwas mehr Brillanz zu erlangen. Der Effekt betrachtet vorrangig die Lichter- und Weiß-Punkte eines Bildes und erzeugt ein zusätzliches Leuchten. Anhand des Parameters SCHWELLENWERT legen Sie fest, ab welchem Helligkeitswert der Effekt einsetzt, der RADIUS und die INTENSITÄT regelt die Größe und Lichtstärke des leuchtenden Bereichs. Subtil eingesetzt können Sie dadurch gezielt Lichtquellen, reflektierende Kanten oder spiegelnde Bereiche aus dem Bild hervorstechen lassen.

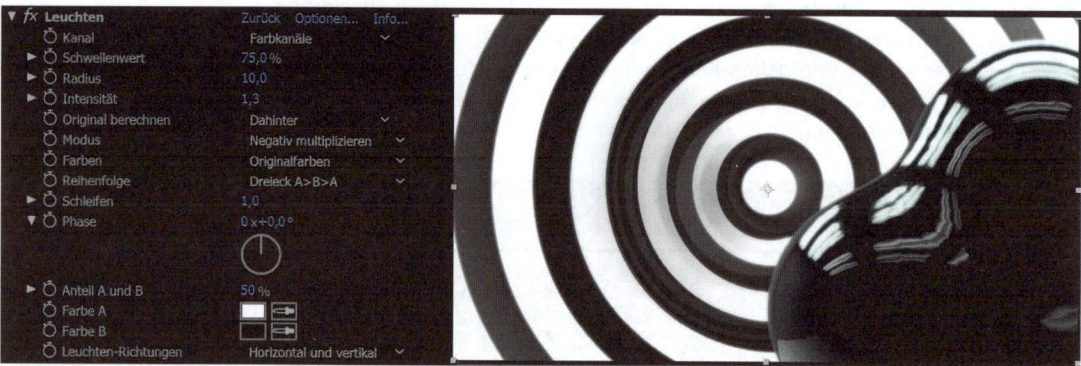

Abbildung 10.40
LEUCHTEN

Neben KONTUREN FINDEN ist vor allem der RELIEF-Effekt auf den ersten Blick wieder etwas für VFX aus der anderen Dimension. Verwendet man diesen Effekt jedoch mit gemäßigter STÄRKE und höherem KONTRAST auf einem Duplikat einer Bildebene und verblendet diese mittels der Füllmethode ÜBERLAGERN mit dem Original, entsteht eine Art Weichzeichner, allerdings mit mehr kreativen Optionen als bei anderen Effekten der gleichnamigen Kategorie.

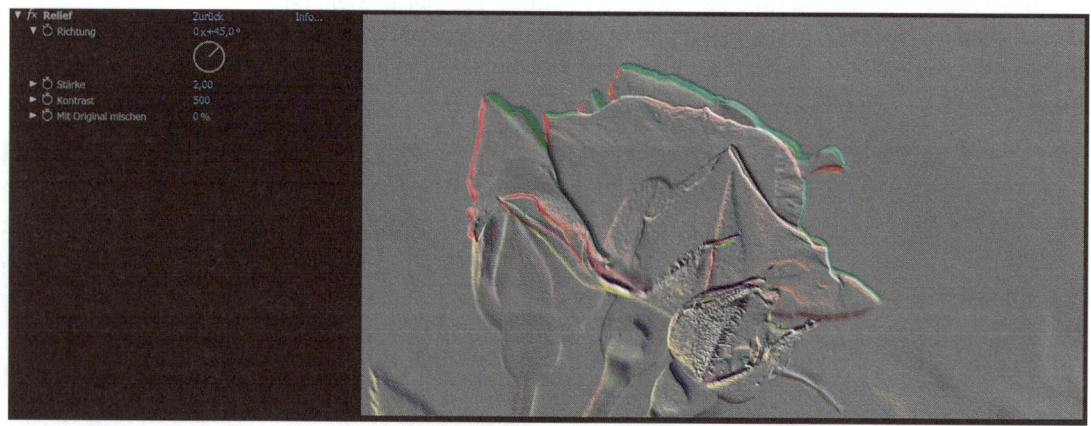

Abbildung 10.41
RELIEF-Effekt

Interessant ist auch der STROBOSKOP-Effekt, der Video- und Farbebenen in stetigen Intervallen ein- und ausblendet. Mittels der ZUFALLSVERTEILUNG können aber auch andere Effekte jenseits des simplen An-Aus-Prinzips umgesetzt werden.

10.2 Effekt-Kategorien

Verzerren

> **Download-Material**
>
> Begleitend zu dieser Sektion öffnen Sie die Komposition `Verzerren` aus der Datei `Verzerren.AEP` im Download-Ordner 10.

Diese Kategorie befasst sich mit der Neupositionierung von Bildpunkten. Egal ob Drehen, Beugen oder Skalieren, alle Effekte verzerren die Bildpunkte Ihrer Ebenen auf verschiedenste Art und Weise.

Der einfachste dieser Art ist der SPIEGEL-Effekt. Er besitzt lediglich zwei Parameter: MITTELPUNKT und WINKEL der Spiegelung und ist einfach zu beherrschen, aber groß in der Wirkung. Er kann auch mehrfach angewendet werden oder aber in seinen überschaubaren Features mit Keyframes animiert werden.

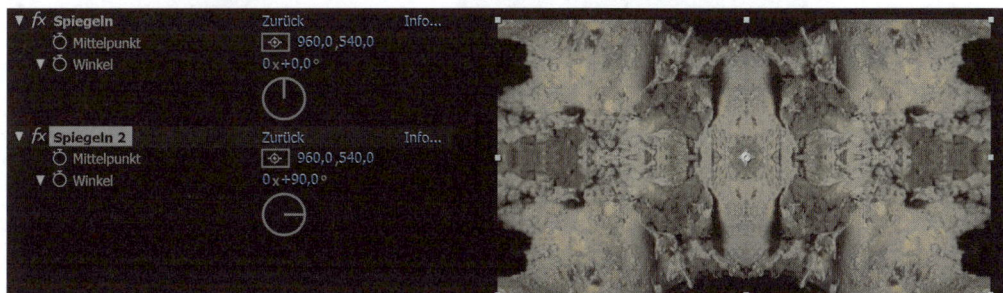

Abbildung 10.42
Doppel-SPIEGELN

Der Effekt TURBULENTES VERSETZEN erzeugt eine Verwirbelung, deren Feinheit anhand der Parameter GRÖSSE und STÄRKE eingestellt werden kann. So können Sie kleine, fast vergrieselte Verwirbelungen bis hin zu großflächigen, psychedelisch wabernden Bildflächen erzeugen. Ein großer Pluspunkt, dass dieser Effekt ebenfalls über EVOLUTION in der Zeit animiert werden kann. Er ähnelt dem fraktalen Rauschen, da auch hier ein Regler zu KOMPLEXITÄT zu finden ist, um innerhalb von großen Verformungen noch feine Details hinzuzufügen.

Abbildung 10.43
TURBULENTES VERSETZEN

Kapitel 10

EFFEKTE

Die GITTERVERKRÜMMUNG ist wieder ein kleines Werkzeug, das Photoshop-Nutzern vielleicht bekannt sein wird. Dieser Effekt legt ein Gitter über die ausgewählte Bild- oder Videoebene, je feiner die Auflösung des Gitters, desto mehr Punkte stehen zur Verfügung. Anschließend können Sie die Felder beziehungsweise die Eckpunkte des Rasters verschieben. Setzen Sie in der Ebenenübersicht einen Keyframe unter Verzerrungsgitter, wird die aktuelle Anordnung gespeichert und kann nun zeitabhängig weiter geändert werden. So können Sie gezielte Bildbereiche im Gitter vergrößern, während andere Teile unberührt bleiben.

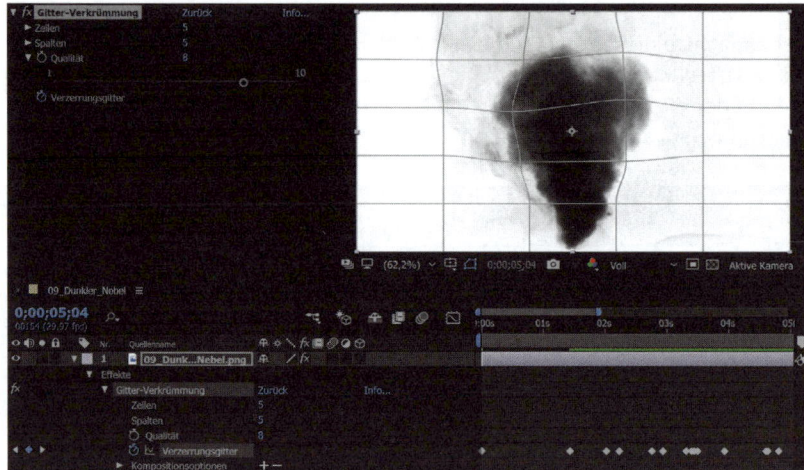

Abbildung 10.44
GITTERVERKRÜMMUNG

Gerade Weitwinkellinsen verzeichnen oft Bild- und Videoaufnahmen, in der Bildmitte ist die Linie des Horizonts noch gerade, wird aber zu den Bildrändern hin gewölbt. Zu diesem Zweck können Sie die OPTIKKOMPENSATION verwenden. Das eignet sich beispielsweise zur Korrektur von Material aus Action-Kameras, die häufig mit kleinen Brennweiten, also im starken Weitwinkelbereich arbeiten. Gleichzeitig lässt sich damit natürlich der Effekt umkehren, um diese tonnenförmige Verzeichnung zu imitieren.

Abbildung 10.45
Vor und nach der OPTIKKOMPENSATION

Ein weiterer Effekt, der die Unzulänglichkeiten von Aufnahmegeräten kompensiert, ist die ROLLING-SHUTTER-REPARATUR. Aufgrund der verzögerten Aufnahme und Speicherung der einzelnen Bildzeilen (nicht zu verwechseln mit Halbbildern oder Zeilensprung) werden schnelle Objekte auf dem Sensor zu unterschiedlichen Zeitpunkten aufgezeichnet. Dadurch ergeben sich perspektivische Verzerrungen, die nur schwer über eine feine Skalierung per Hand auszumerzen sind. Gute Ergebnisse liefert da das Reparatur-Programm in After Effects, am besten mit der METHODE auf PIXELBEWEGUNG gestellt. Falls Sie nicht wissen, welche SCANRICHTUNG das Gerät verwendet hat, sollte ein einfacher Test Abhilfe verschaffen.

Daneben gibt es noch speziellere Effekte, wie beispielsweise den CC PAGE TURN-Effekt. Dieser simuliert eine geblätterte Seite und rendert anhand des Bilduntergrunds eine künstliche Unterseite über die Ursprungsebene. Animieren Sie diesen Effekt im Schnelldurchlauf, lassen sich interessante Stopptrick- oder Flipbook-Animationen erstellen.

Abbildung 10.46
Rolling-Shutter reparieren

Abbildung 10.47
CC PAGE TURN

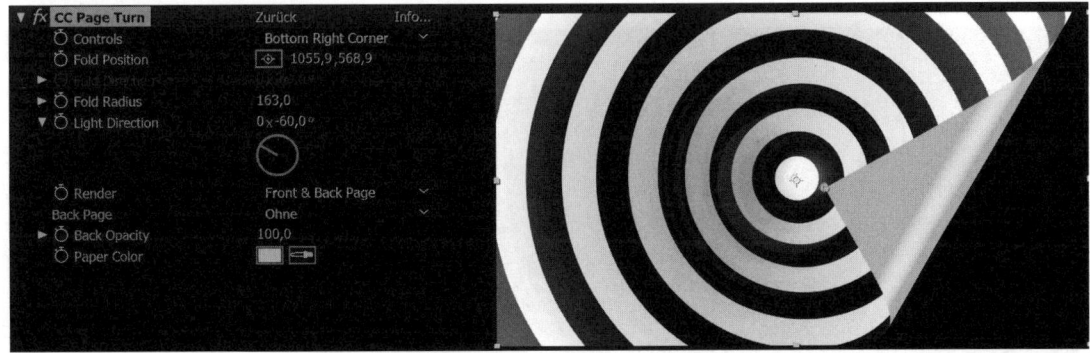

Weich- und Scharfzeichner

Download-Material

Begleitend zu dieser Sektion öffnen Sie die Komposition Weichzeichner aus der Datei Weichzeichner.AEP im Download-Ordner 10.

Den Anwendungsbereich eines Scharfzeichners erklärt sich von selbst. Die beiden Werkzeuge SELEKTIVER SCHARFZEICHNER und UNSCHARF MASKIEREN werden in Kapitel 11 zur Farbkorrektur genauer beleuchtet, deshalb kommen wir gleich zu den Weichzeichnern und der Unschärfe.

Oft ist es bei der Bildbearbeitung notwendig, Teilbereiche oder Ausschnitte weich zu zeichnen. Das kann sowohl für bewegte Objekte der Fall sein, ebenso

Kapitel 10 — EFFEKTE

für Objekte, die außerhalb des Aufnahmefokus liegen. Manchmal müssen auch stark verrauschte Elemente mit einem Weichzeichner geglättet werden, daher werden Sie die einen oder anderen Weichzeichner-Effekte mit einer Maske oder Matte auf isolierte Bildpartien anwenden.

Der GAUSSSCHER WEICHZEICHNER kommt dann zur Anwendung, wenn alle Bereiche eines Bildes mit einer gleichmäßigen Weichzeichnung überzogen werden sollen.

Abbildung 10.48
Links ist der gaußsche Weichzeichner

Abbildung 10.49
Angedeutete Geschwindigkeit durch radiales Weichzeichnen

Ein RADIALER WEICHZEICHNER ist ein schnelles Werkzeug, um Ihren Clips etwas Geschwindigkeit zu verleihen. Setzen Sie die Methode auf STRAHLENFÖRMIG, legen Sie den Mittelpunkt des Effekts auf den Ursprung der Geschwindigkeit und erhöhen Sie die Stärke. Es entsteht der Eindruck einer Bewegungsunschärfe, die auf das Bewegungsziel scharf gestellt wurde. Ändern Sie die Methode auf KREISFÖRMIG, werden rotierende Bewegungen mit demselben Effekt erzielt.

10.2 Effekt-Kategorien

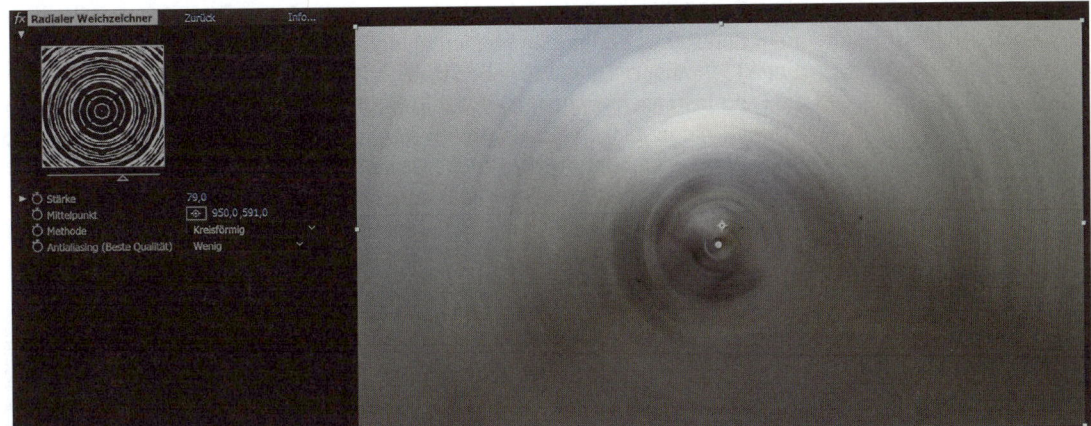

Abbildung 10.50
Rotationsunschärfe

Die RICHTUNGSUNSCHÄRFE kommt dann zum Einsatz, wenn die interne Bewegungsunschärfe (siehe Kapitel 5) nicht infrage kommt beziehungsweise nur partielle Bildbereiche beeinflusst werden sollen. Die zwei Parameter RICHTUNG und LÄNGE machen diese Weichzeichner ebenfalls zu einem einfachen Werkzeug mit großer Wirkung.

Abbildung 10.51
RICHTUNGSUNSCHÄRFE lässt sich genau anwenden.

Zeit

Download-Material

Begleitend zu dieser Sektion öffnen Sie die Komposition `Zeit` aus der Datei `Zeit.AEP` im Download-Ordner `10`.

Effekte dieser Rubrik zielen auf alle Arten von Bewegungen ab. Das können Videos, aber auch Kompositionen mit einer Handvoll Keyframes sein. Die Hauptsache ist, dass es eine zeitliche Komponente gibt, die es zu beeinflussen gilt.

Der ECHO-Effekt ist eine kreative Abwandelung des Frame-Blendings mit deutlich mehr Kontroll-Optionen. Sie können entscheiden, wie viele zeitliche Wiederholungen (ANZAHL DER ECHOS) zu sehen sind und wie sie ineinander überblenden. Ob die Echo-Instanzen vor oder nach der Bewegung zu sehen sind beziehungsweise wie weit die Instanzen auseinanderliegen, entscheiden Sie über den ABSTAND. Die DÄMPFUNG blendet die Kopien stufenweise aus. Entscheidend ist der OPERATOR, denn er legt fest, wie das Bildmaterial miteinander verrechnet wird. Dieser Effekt funktioniert vor allem bei 2D-Animationen sehr gut, als Videoeffekt ist er stark davon abhängig, ob sich Vorder- und Hintergrund gut voneinander trennen lassen, sonst wirkt das Bild-Echo eher psychedelisch.

Abbildung 10.52
ECHO-Effekt auf animierter Komposition

Ebenfalls für interessante Zeitspiele sorgt der ZEITLICH ABSTUFEN-Effekt. Hier verordnen Sie einer Komposition oder einer Ebene eine (vermeintlich) geänderte Framerate. Wählen Sie einen Wert, der höher als die Framerate des Ausgangsmaterials ist, so lässt sich kein Effekt feststellen. Wählen Sie jedoch einen Wert, der niedriger ist, errechnet After Effects die neuen Bilder so, als wäre das Material in der eingegebenen Framerate gedreht worden, ohne dass das Video dabei langsamer abgespielt wird. Zur Vereinfachung ein Beispiel: Sie haben eine Bewegung mit 25 fps gedreht und geben jetzt im Effekt-Fenster die Hälfte des Wertes, also 12,5 ein. After Effects sorgt dafür, dass der erste Frame doppelt so lange gezeigt wird, der zweite Frame wird dagegen nicht mehr angezeigt. Das Video erhält also eine Art Stop-Motion-Look.

Abbildung 10.53
ZEITLICH ABSTUFEN für Stopptrick-Look

Gehen Sie auf einen Wert von 2 bis 6, so entsteht aus Ihrem Projekt der Eindruck, dass Sie kein einzelnes Video, sondern eher viele einzelne Fotoaufnahmen für die Einstellung benutzt haben.

10.2 Effekt-Kategorien

> **Framerate und ihre Vielfachen**
>
> Versuchen Sie, wo immer es möglich ist, mit ganzzahligen Vielfachen oder Bruchteilen der Framerate zu arbeiten, wenn es um Zeiteffekte geht. Dadurch lassen sich oft Bildfehler vermeiden, falls After Effects Zwischenbilder oder Ähnliches errechnen muss.

Noch mächtiger ist der Effekt Zeitverkrümmung. Nachdem der Ruf nach einem effektiveren Werkzeug zum Erstellen lauter wurde, hat Adobe mit diesem Werkzeug deutlich nachgelegt. Falls Sie an dieser Stelle bereits einmal ein Video beispielsweise mit der Hälfte oder weniger der eigentlichen Aufnahmegeschwindigkeit abgespielt haben, so haben Sie vielleicht feststellen können, dass auch die Frame-Überblendung-Option irgendwann keine brauchbaren Zwischenframes mehr erzeugen kann und Zeitlupen oft unbrauchbar werden. Mit der neuen Zeitverkrümmung ist es jetzt deutlich leichter, Clips auf einen Bruchteil der Originalgeschwindigkeit zu bringen, da die resultierenden Zeitlupen durch überaus flüssige Bilder bestechen können.

Abbildung 10.54
Zeitverkrümmung erzeugt extreme Slow-Motion-Effekte.

Übergänge

> **Download-Material**
>
> Begleitend zu dieser Sektion öffnen Sie die Komposition Übergänge aus der Datei Übergänge.AEP im Download-Ordner 10.

Die Kategorie Übergänge beschäftigt sich mit der Interaktion zweier Clips beziehungsweise dem Ausblenden einer Ebene. Diese Art von Effekten ist vor allem im

275

Kapitel 10 — EFFEKTE

Videoschnitt zu finden, denn neben dem harten Schnitt und der Überblendung durch Reduktion der Deckkraft gibt es noch weitere gestalterische Optionen, um von einer Kameraeinstellung zur nächsten zu kommen. Daher ist diese Kategorie vor allem für Filmschaffende interessant.

Abbildung 10.55
Die LINEARE BLENDE

Eine der einfachsten Übergänge ist die LINEARE BLENDE. Hier wird der Bildinhalt mittels eines vorgegebenen Winkels und einer formatfüllenden Maske ausgeblendet. Eine WEICHE KANTE erzeugt einen graduellen Übergang zwischen alter und neuer Bildebene. Das RADIALE WISCHEN (Kreisblende) funktioniert ähnlich, arbeitet aber aus der Bildmitte heraus.

Abbildung 10.56
RADIALES WISCHEN

Manche Übergangseffekte müssen auch nicht als Übergang verwendet werden, sondern geben auch als Effekte eine gute Figur ab. Mit der BLOCKAUFLÖSUNG lassen sich beispielsweise digitale Störungen kreieren, indem Sie den Effekt auf mehrere Farbflächen anwenden und dabei immer wieder mit der Block-Größe spielen.

10.3 Malwerkzeuge

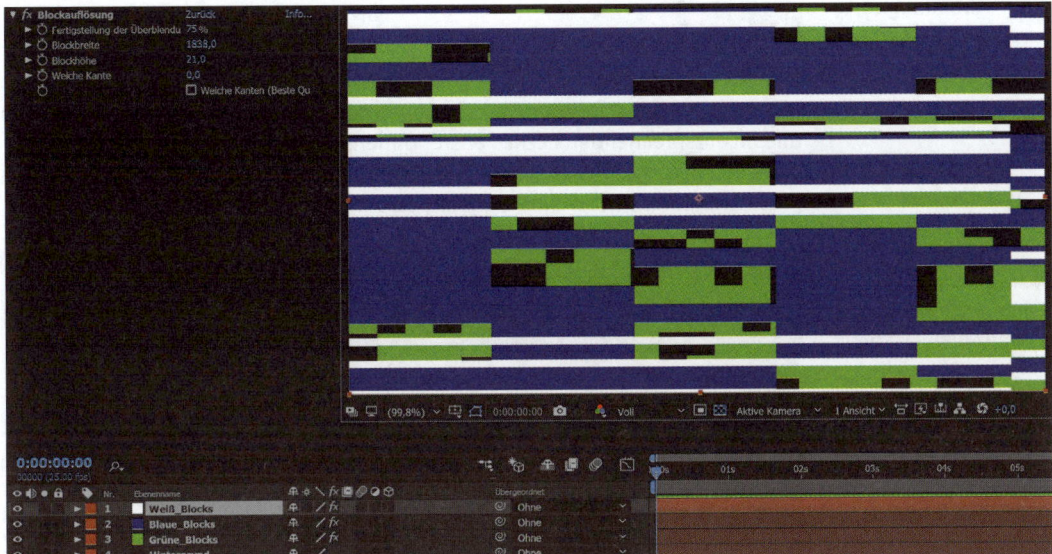

Die Jalousien-Blende zerlegt das Bild in einzelne Streifen und blendet sozusagen innerhalb eines jeden Streifens linear zu transparent über. Sie können die Jalousien aber auch für andere Effekte nutzen, beispielsweise für die Kreation eines Halbbild-Looks.

Abbildung 10.57
Blockauflösung

Abbildung 10.58
Jalousien

10.3 Malwerkzeuge

Die Malwerkzeuge in After Effects sind eine weitere Gemeinsamkeit mit der großen Schwester Photoshop. Die regulären Pinsel-Werkzeuge sehen Sie in der Werkzeugleiste: der Pinsel, der Kopierstempel und der Radiergummi können auch per [Strg]+[B] (Mac: [⌘]+[B]) angewählt werden.

277

Kapitel 10 — EFFEKTE

Abbildung 10.59
Malwerkzeuge

Obwohl sich alle drei in der Funktionsweise unterscheiden, ist der Arbeitsablauf identisch. Zunächst müssen Sie die Ebene, auf der gemalt werden soll, auswählen und im entsprechenden EBENE-Fenster öffnen, da auch Malwerkzeuge nicht interaktiv im Kompositionsfenster benutzt werden können, und schließlich möchten Sie ja sehen, wo Sie die Pinselstriche setzen.

Abbildung 10.60
Malwerkzeuge können nur im EBENE-Fenster angewendet werden.

Zusätzlich öffnen sich noch die MALEN-Palette und die PINSEL-Palette. Im ersten Fenster stellen Sie unter anderem die FARBE und die DECKKRAFT des Pinsels ein. Die METHODE beschreibt, ähnlich wie in Photoshop, die Füllmethode, mit der gemalt wird. Der Modus NORMAL erzeugt deckende Pinselstriche, Sie können aber auch Bildbereiche nachfärben, nachbelichten oder abwedeln und gezielt Bildbereiche ähnlich einer Fotoretusche ausbessern. Für genauere Erläuterungen schlagen Sie am besten in Kapitel 7 den Abschnitt zum Thema Füllmethoden nach.

Abbildung 10.61
Im MALEN-Fenster stellen Sie die Funktionsweise des Pinsels ein.

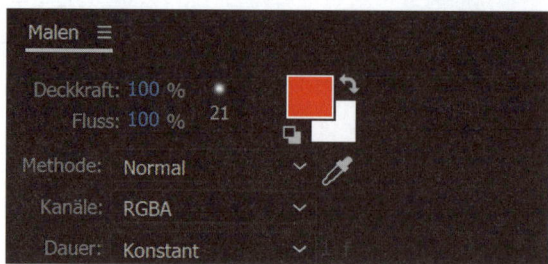

Neben der Funktionsweise ist natürlich auch die Pinselspitze von großer Bedeutung, die im PINSEL-Fenster eingestellt wird. Im oberen Bereich der Palette finden Sie einige vorgefertigte Pinsel-Vorgaben. Darunter sind die Feinabstimmungen für individuelle Pinsel.

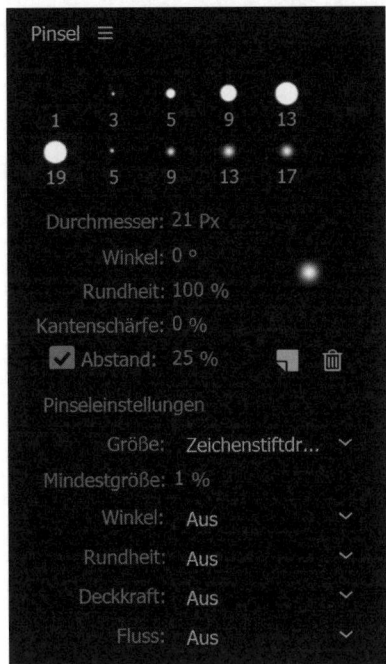

Abbildung 10.62
Die Pinsel-Spitze wird in der PINSEL-Palette feinjustiert.

Neben dem DURCHMESSER sind vor allem die KANTENSCHÄRFE und der ABSTAND für das Erscheinungsbild eines Pinselstrichs sehr wichtig. Arbeiten Sie mit einem Zeichentablett, können Sie hier auch festlegen, wie auf die Neigung und den Druck des Stiftes reagiert werden soll.

Sobald ein Pinselstrich gemalt wird, wendet After Effects den MALEN-Effekt an, den Sie über das EFFEKTEINSTELLUNGEN-Fenster anwählen können.

Abbildung 10.63
MALEN-Effekt

After Effects legt für jeden Strich, ganz gleich ob mit Pinsel-, Radiergummi- oder Stempel-Werkzeug erstellt, einen Eintrag in der Zeitleiste beziehungsweise der Ebenenübersicht an. Die Länge des Blocks beschreibt dabei die Gültigkeit eines Pinselstrichs und ist mit dem In- und Out-Point anderer Ebenen in der Zeitleiste vergleichbar.

Kapitel 10 — EFFEKTE

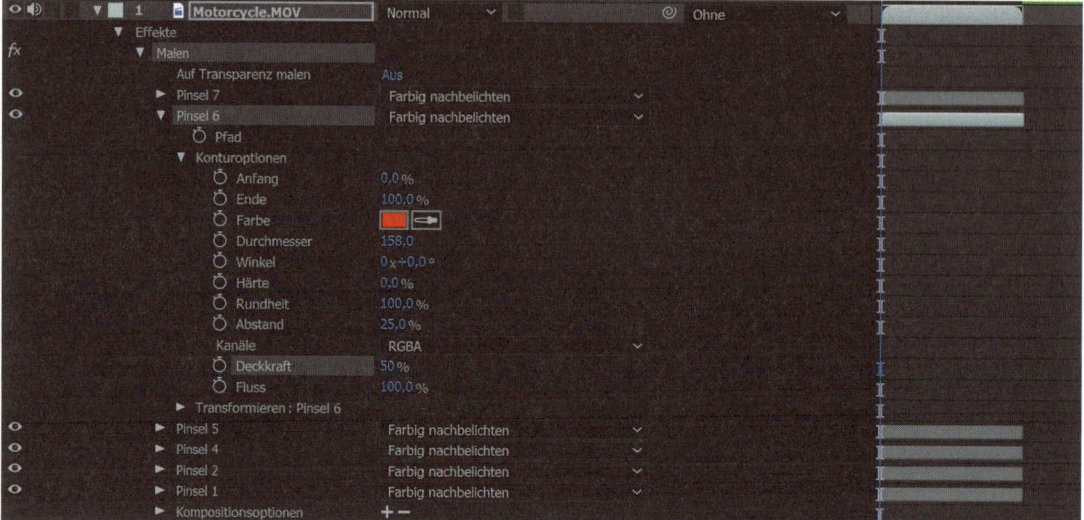

Abbildung 10.64
Jeder Strich kann in der Zeitleiste nachträglich korrigiert werden.

Jeder dieser Pinselstriche hat wiederum eine Vielzahl an animierbaren Parametern. Viele Einstellungen der Pinselspitze können hier korrigiert werden, aber auch die verwendete Füllmethode.

Abbildung 10.65
Nachbelichten mit dem Pinsel-Werkzeug

Kommen wir zum zweiten Werkzeug, dem KOPIERSTEMPEL. Falls Sie diese Funktion noch nicht aus Photoshop kennen, ist das Prinzip dahinter schnell erklärt: Der Stempel kopiert Bildbereiche von Punkt A nach Punkt B. Nachdem Sie das Werkzeug ausgewählt haben, müssen Sie zunächst eine Kopierquelle angeben, denn der Stempel muss wissen, welchen Bildbereich er übertragen soll. Dazu halten Sie bei der Auswahl die [Alt]-Taste (Mac: [⌥]) gedrückt und klicken auf den Bereich, den es zu kopieren gilt. Lassen Sie jetzt die [Alt]-Taste (Mac: [⌥]) wieder los, können Sie an der gewünschten Stelle den Bildinhalt einfügen. Je nachdem wie groß Sie den Kopierbereich malen beziehungsweise wie groß und weichgezeichnet die Pinsel-Spitze ist, wird nun der Quellbereich in den Zielbereich kopiert.

Abbildung 10.66
KOPIERSTEMPEL in der Anwendung

Mehr noch als beim Pinsel fällt bei der Verwendung des Kopierstempels natürlich eine Beschränkung dieser Werkzeuge auf: Werden Pinsel-Werkzeuge auf Bildebenen mit statischem Bildinhalt angewendet, so erscheint es zunächst auch nicht als Problem, dass alle Pinselstriche fest mit der Position verbunden sind, mit der sie erstellt wurden.

Ist dagegen wie im zweiten Fall die Quellebene des Kopierstempels eine Videoebene, so können sich Bildinhalt und somit auch die Position der Kopierquelle ändern. Was also im Standbild gut funktioniert, wird in den meisten Fällen beim Abspielen hinfällig. In den KONTUROPTIONEN des Kopierstempels in der Ebenenübersicht finden Sie zu diesem Zweck die KOPIERPOSITION und das KOPIERINTERVALL, die Sie mit Keyframes an den Verlauf des Videos anpassen können.

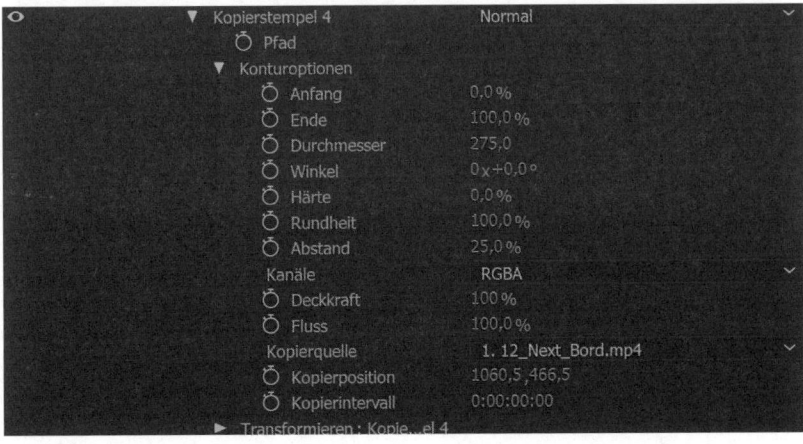

Abbildung 10.67
Die KONTUROPTIONEN legen auch das Kopierergebnis fest.

Kapitel 10

EFFEKTE

> **Malen und Tracking**
>
> Kapitel 12 beschäftigt sich ausführlich mit dem Tracking und dem Nachverfolgen von Bewegungen innerhalb von Video-Ebenen. Die Ergebnisse lassen sich hervorragend mit den Positionseigenschaften der Pinsel-Werkzeuge kombinieren und punktgenau verknüpfen. Checken Sie ebenfalls Kapitel 15 zu den Expressions, wie Sie Werte und Parameter miteinander verknüpfen können.

Das letzte Werkzeug in der Reihe ist der RADIERGUMMI. Er greift ebenfalls auf die Pinselstriche zurück, löscht aber die bedeckten Bildbereiche heraus beziehungsweise reduziert deren Deckkraft. Im Prinzip malen Sie also Alpha-Informationen auf die Bildebene, mit allen Feinheiten und Einstellungen, die Sie schon bei den anderen Pinsel-Werkzeugen kennengelernt haben.

Abbildung 10.68
Der RADIERGUMMI stellt das Bild frei.

Kapitel 11

Farbkorrektur

Farben sind ein zentrales Gestaltungselement in der Animation. Sie erzeugen Stimmungen in Film und Video, sie verleihen künstlichen, computergenerierten Effekten die Illusion der Realität oder sorgen in grafischen Animationen für knallige Kontraste. Eine Auseinandersetzung mit der Thematik lohnt sich, denn mit ein bisschen Know-how und wenigen Handgriffen werden Sie eine Menge aus Ihren Bildern herausholen.

11.1 Grundlegende Bemerkungen zur Farbkorrektur

Es obliegt letzten Endes Ihnen selbst, welchen Stellenwert dieser Punkt in Ihrer Arbeit hat und ob Ihnen eine solide Farbgebung wichtig ist oder auch nicht. In manchen Fällen muss es gar nicht so sehr vonnöten sein, sich darüber Gedanken zu machen. Andere Projekte stehen und fallen mit korrektem Farbhandling. Neben dem technischen Hintergrundwissen und dem Beherrschen der Software gibt es grundsätzlich ein paar Dinge zur Arbeit mit Farben zu erwähnen.

Kalibrieren des Monitors

Mittlerweile wissen Sie um die Existenz der Farbprofile und -räume, die die Abstimmung der Farben in Ihrer Darstellung auf dem Weg von der Aufnahme bis zum Betrachter so wahrheitsgemäß wie möglich gestalten. Ebenso ist es kein Geheimnis, dass von Monitor zu Monitor die Darstellungsverhalten mitunter stark variieren und nicht jeder Hersteller Farbprofile in den Geräten für den Consumer-Bereich anbietet. Oftmals sind eher wahllos definierte Bildschirmmodi verfügbar, sodass es trotz gewähltem Farbprofil zu ungewünschten Ergebnissen kommt.

Abhilfe verschafft hierbei das **Kalibrieren** Ihres Monitors mittels kleiner Helferlein. Das können zunächst Hilfsprogramme auf Ihrem Computer sein. Auf dem Mac finden Sie ein solches Tool unter SYSTEMEINSTELLUNGEN|ANZEIGE|FARBE|KALIBRIEREN. Auf einem Windows-Rechner geben Sie am einfachsten `dccw.exe` ein und Sie gelangen zum Farbkalibrierungstool des Betriebssystems. Sie können auch in den mitgelieferten Programmen Ihrer Grafikkarte suchen. Wo wir gerade dabei sind, diese sollten Sie ebenfalls immer auf dem laufenden Stand halten, vor allem, was die installierten Treiber angeht.

Sind Sie mit den Ergebnissen dieser Möglichkeiten nicht zufrieden, gibt es weiterreichende Lösungen für Fortgeschrittene, wie beispielsweise die *Spyder*-Reihe

von Datacolor. Solche Geräte werden auf den Monitor gelegt und bestimmen die Wiedergabecharakteristik Ihres Geräts. Danach errechnen sie daraus ein eigenes Farbprofil, mit dem Sie dann weiterarbeiten können. Eine etwas kostspielige Variante, natürlich aber mit entsprechend professionelleren Ergebnissen.

Ihre Arbeitsumgebung

Nicht so teuer, dafür mindestens genauso wichtig ist die Berücksichtigung eines anderen entscheidenden Punktes. Es gibt unumstößliche Fakten bei der Arbeit mit Farben, wie beispielsweise die Tonwertbestimmung über das Histogramm oder eine Über- oder Unterbelichtung. Andere Arbeiten wie das Einfärben, partielle Farbkorrekturen oder die Kreation von Looks sind da nicht ganz so systematisch möglich. Die Wahrnehmung von Farben ist in vielen Fällen subjektiv. Doch Sie werden merken, dass es nicht nur von Betrachter zu Betrachter Unterschiede gibt. Sie selbst werden immer wieder darauf stoßen, dass die Beurteilung von Farben von vielen Faktoren abhängt.

Saßen Sie bereits den ganzen Tag am Computer und haben sich wenig Auszeit gegönnt? Ihre Augen werden durch langes Arbeiten am Monitor stark belastet. Ebenso wie Ihre Wahrnehmung, die durch Ermüdung oder Stress ebenfalls beeinträchtigt wird. Die Tageszeit spielt also ebenso eine gewichtige Rolle. Gehen Sie folglich ausgeruht und unverbraucht ans Werk. Machen Sie ruhig den Test und spielen Sie nach einer langen Einheit am Computer mit den Farben. Wenn Sie am nächsten Morgen die Arbeit erneut aufnehmen, werden Sie feststellen, dass Sie Ihr Projekt jetzt anders bewerten. Daher sollte eine profunde Farbkorrektur durchaus zu verschiedenen Zeitpunkten überprüft werden.

Ausgeruhte Augen

Neben technischem Know-how spielt sowohl Ihre Umgebung als auch Ihre Wahrnehmung eine wichtige Rolle bei der Farbkorrektur. Halten Sie Ihren Arbeitsplatz neutral und gehen Sie ausgeruht an die Arbeit.

Auch die unmittelbare Umgebung ist ein gewichtiger Faktor und kann entscheidenden Einfluss auf Ihre Beurteilung nehmen. Denn obwohl Sie Ihre Augen primär auf den Monitor richten, werden sie von vielen Faktoren um Sie herum beeinflusst. Das sind solche simplen Dinge wie die Wandfarbe oder die Helligkeit in Ihrer Arbeitsumgebung. Wählen Sie also eine neutrale Umgebung, ideal wäre hier ein Grau oder noch dunkler bis Schwarz in der Umgebung Ihres Monitors. Stellen Sie sicher, dass kein Sonnenlicht oder sonstige Reflexionen auf Ihren Monitor fallen, die bei der Arbeit stören können. Generell wäre ohnehin ein Raum ohne natürliches Licht optimal, wenn es um das Abwägen der korrekten Farben geht. Genauso sollte der Hintergrund nicht zu unruhig sein, vermeiden Sie also einen Arbeitsplatz vor dem Bücherregal.

Projektfarbtiefe

In der digitalen Welt werden Farben anhand von Bitwerten bestimmt. Jede Farbe setzt sich dabei gemäß dem additiven Farbmodell aus den Anteilen von Rot,

11.1 Grundlegende Bemerkungen zur Farbkorrektur

Grün und Blau zusammen. Die Bittiefe legt dabei fest, wie viele Informationsbits jeder der RGB-Kanäle zur Verfügung hat. Aus den 255 Abstufungen eines Kanals bei 8 Bit ergeben sich 16,7 Millionen mögliche Farben. Bei einem 16-Bit Projekt zu je 65536 Abstufungen pro Kanal werden daraus schon 281 Billionen Farben.

Dem 32-Bit-Modell liegt eine andere Berechnung der Farbkanäle zugrunde, das sogenannte Gleitkomma, bei dessen Verwendung ein immens großer Farbraum zur Verfügung steht, bei dem Farbwerte auch noch oberhalb des reinen Weiß beziehungsweise Schwarz entnommen werden können.

Die Farbtiefe betrifft dabei die drei Arbeitsschritte gleichermaßen. Ihr Rohmaterial besitzt meist eine konkrete Bittiefe. Das kann von einfachen JPG-Dateien mit 8 Bit über PNG-Dateien mit 16 Bit bis zu HDR-Bildmaterial reichen. Auch werden diverse native (Video-)Aufnahmeformate bereits mit 10- oder 12-Bit-Farbtiefen geliefert.

Anschließend legen Sie in der Projektbittiefe den Umgang mit der Farbberechnung innerhalb des Programms fest. Je größer der Farbraum, umso mehr Feinheiten werden in den Bildinformationen erhalten bleiben. Das ist vor allem bei der Farbkorrektur wichtig, genauso aber auch während der Arbeit mit Farbverläufen bei grafischen Arbeiten. Dabei ist es übrigens auch von Vorteil, eine höhere Bittiefe als die des Ausgangsmaterials zu wählen, denn auch in diesem Fall können durchaus Details erhalten oder erzeugt werden, die dem Gesamtergebnis zugutekommen.

Zur Erinnerung: Die Farbtiefe Ihres Projekts legen Sie unter den PROJEKTEINSTELLUNGEN ([Strg]+[Alt]+[⇧]+[K]) (Mac: [⌘]+[⌥]+[⇧]+[K]) fest. Oder Sie klicken mit gedrückter [Alt]-Taste (Mac: [⌥]) auf das Bitsymbol im Projektfenster.

Denken Sie jedoch daran, dass mehr Informationen auch längere Berechnungszeiten nach sich ziehen. Ebenso sind nicht alle Effekte und Plug-ins für alle Bittiefen geeignet. In der EFFEKTE UND VORGABEN-Palette sehen Sie neben jedem Bildeffekt ein kleines Icon, das Ihnen verrät, bis zu welcher Bittiefe der Effekt verfügbar ist.

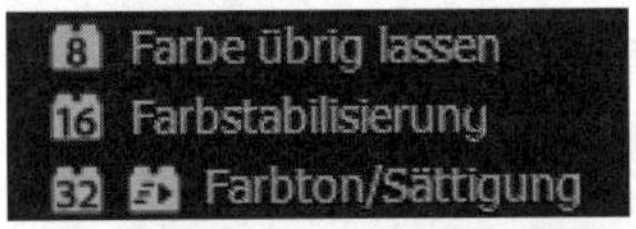

Abbildung 11.1
Nicht jeder Effekt ist für große Projektfarbtiefen geeignet.

Prinzipiell gilt bei der Wahl der (Arbeits-)Bittiefe, so viel wie nötig und so wenig wie möglich. Qualität sollte sich nur im äußersten Notfall zu großem Zeitdruck unterordnen müssen.

Last, but not least werden Sie ebenso bei der Ausgabe Ihres Projekts erneut eine Bittiefe einstellen. Dabei orientieren Sie sich am gewünschten Ausgabeziel. Für den finalen Export, sozusagen unmittelbar für den Betrachter, verlangen nur wenige Formate nach hohen Bitraten. Die meisten Web- und TV-Formate begnügen sich mit 8-Bit-Kanälen. Produzieren Sie für Kino oder Ähnliches, können schon anspruchsvollere Formate zum Einsatz kommen.

Werden Ihre Daten stattdessen innerhalb der Postproduktionskette weitergereicht, sollten Sie je nach Anforderung durchaus höhere Raten anstreben, sodass nur wenig Verlust entsteht und die maximale Qualität gewährleistet wird. 16- oder 32-Bit-Bildersequenzen in Form von TIF- oder PNG-Files sind hier angebracht.

Kapitel 11 — FARBKORREKTUR

Farbmanagement und Farbräume

Sprechen wir von Farbe, so ist deren Wahrnehmung für das menschliche Auge beziehungsweise den Verstand relativ und subjektiv. Daher wird schon seit Beginn der Arbeit mit Bildschirm- und Monitorsystemen auf diverse Messverfahren und Farbmodelle zurückgegriffen, denn Farben sind mathematisch bestimmbar. Was jetzt allzu wissenschaftlich und theoretisch klingt, hat aber einen entscheidenden Vorteil.

Solche Methoden sorgen für eine gewisse Gewährleistung und Sicherheit bei der Darstellung von Farben, auf die man sich stützen kann. Denn Aufnahme- und auch Wiedergabegeräte können auf unterschiedliche Weise Bildinhalte verarbeiten. Optische Informationen werden in digitale Signale verwandelt und umgekehrt, wobei bei dieser Umwandlung Verschiebungen entstehen können. Ganz gleich ob physikalisch oder mathematisch bedingt, das Resultat sind mitunter gravierende Abweichungen, bei denen die gewünschte Farbe mit der dargestellten Farbe nur noch wenig zu tun hat.

Eine Methode, auf die man zurückgreifen kann, ist die Verwendung von sogenannten Farbräumen oder Farbprofilen. Dabei werden unter der Berücksichtigung der technischen und optischen Gegebenheiten die darstellbaren Farben innerhalb eines Farbraums definiert, in einem Farbprofil abgespeichert und dadurch universell abrufbar gemacht.

So wird dafür Sorge getragen, dass ein Rot auf zwei Monitoren gleich aussieht und beim Betrachter so ankommt, wie der Bearbeiter es beabsichtigt hat. Bekannte Farbräume sind beispielsweise der **sRGB**- oder der **AdobeRGB**-Farbraum.

In After Effects erfolgt die Kontrolle der Farbprofile mithilfe des FARBMANAGEMENTS unter den PROJEKTEINSTELLUNGEN.

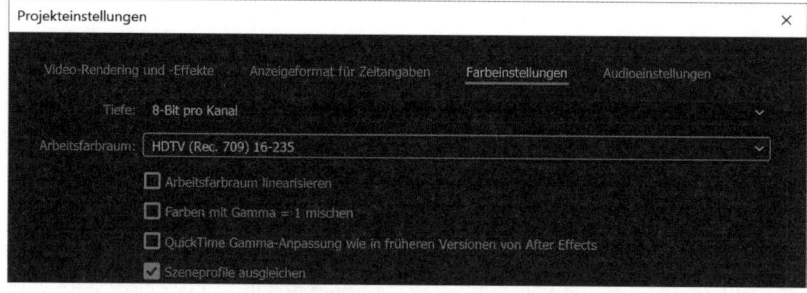

Abbildung 11.2
Der Arbeitsfarbraum legt den Grundstein für professionelle Arbeit mit Farben.

Der ARBEITSFARBRAUM legt fest, auf welches Farbprofil sich After Effects während des Projekts bezieht. Wie Sie sehen können, sind bereits einige dieser Farbprofile vorinstalliert, weitere lassen sich bei Bedarf ergänzen. Die Option ARBEITSFARBRAUM LINEARISIEREN sollten Sie dann wählen, wenn Sie 16- oder 32-Bit-Projekte bearbeiten und beispielsweise Farbverläufe, Bewegungsunschärfe oder Füllmethoden anwenden, kurz, wenn es um besonders detaillierte und feinfühlige Farbkontraste und -übergänge geht.

Nun lässt sich importiertes Footage, insofern es ein eigenes Farbprofil besitzt, korrekt interpretieren und verwenden.

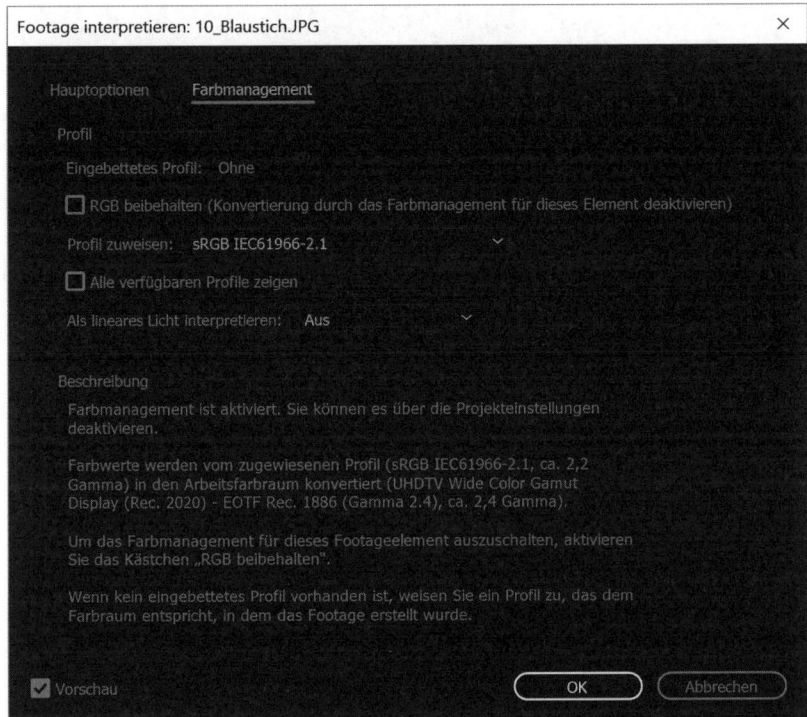

Abbildung 11.3
Footage lässt sich auch hinsichtlich des verwendeten Farbprofils interpretieren.

Ebenso, und analog zur Bittiefe, nimmt auch das Farbmanagement auf die Ausgabe Einfluss. Konsumenten-Farbräume sind oft weitaus beschränkter als professionelle Studio-Umgebungen und sollten daher vorher auch entsprechend angepasst und getestet werden. Ausgabedateien können ebenfalls eingebettete Farbprofile enthalten und dadurch sicherstellen, dass bei der (Weiter-)Verwendung die Farben auch korrekt ausgegeben werden.

11.2 Farbkorrektur

Kommen wir jetzt zur **Farbkorrektur** selbst. Diese ist eine Disziplin mit vielen Facetten. Vielerorts fallen dabei auch Begriffe wie »Color Correction« und »Color Grading«, primäre und sekundäre Farbkorrektur. Nun, bringen wir dazu einmal Licht ins Dunkel.

Die Farbkorrektur ist vielerorts der Dachbegriff bei der Arbeit mit Farben. Ihre Aufgabe ist dabei, (Video-)Aufnahmen so aufzubereiten, dass dem Betrachter ein in puncto Belichtung, Kontrast und Farbe ausgewogenes Bild präsentiert wird. Je nach Rohmaterial können das minimale Anpassungen sein, aber auch »Rettungsaktionen« bei fehlgeschlagenen Dreharbeiten oder Bildmaterial mit falschen Einstellungen und verzerrten Farbinformationen.

Kapitel 11 — FARBKORREKTUR

Abbildung 11.4
Falsche Belichtungseinstellungen sind ein Fall für die Farbkorrektur.

Das alles passiert in der sogenannten **primären Farbkorrektur**. Hierbei wird das Bild als gesamte Einheit betrachtet, analysiert und angepasst. Die angewendeten Änderungen beziehen sich auf alle Kanäle und somit das komplette Bild.

Abbildung 11.5
Links das Ausgangsbild, rechts das kontrastreichere Resultat

Die **sekundäre Farbkorrektur** bezieht sich hingegen auf spezielle (oft problematische) Teilbereiche des Bildes. Das geschieht zum einen über Masken, die Sie bereits in Kapitel 7 kennengelernt haben.

Eine andere Art ist die Selektion über konkrete Farbbereiche. Hier werden gezielt Bildpunkte über ihren Farbwert angesprochen und gesondert nachgebessert. Wie Sie wissen, sind das dann die sogenannten Matten, die auf Basis der Kanalinformationen gebildet werden. So lassen sich beispielsweise Blumen ent- oder umfärben oder das Himmelsblau einer Aufnahme intensivieren.

Da eine solche Nachbesserung einzelner Farben schnell künstlich wirkt, die homogene Farbgebung in den Hintergrund tritt und in einem gewissen Look resultiert, kann diese Herangehensweise eher als Teil der nächsten Disziplin verstanden werden.

Das **Color Grading** (wohl am ehesten mit Farbgebung zu übersetzen) ist eine eigene Disziplin, da hier ein (vorher meist schon farbkorrigiertes) Bild genommen wird und durch Verwendung von Farbstichen, Über- oder Unterbelichtungen oder anderen Farbeffekten eine Stimmung verliehen wird, die keiner naturgetreuen Wiedergabe entspricht, wohl aber als filmisches Mittel überaus von Bedeutung sein kann.

Abbildung 11.6
Das Color Grading verschafft dem Bild einen unnatürlich kühlen, aber stimmungsgeladenen Look.

Primäre Farbkorrektur

Die Herangehensweise an das Korrigieren eines Bildes erstreckt sich auf folgende Bereiche:

- Helligkeit
- Farbton
- Kontrast

Farben und Helligkeiten

Bei der Änderung von Farbwerten werden Helligkeitswerte beeinflusst und umgekehrt. Ebenso verhält es sich mit dem Kontrast. Eine isolierte Bewertung und Veränderung ist dabei kaum möglich.

Die Reihenfolge variiert abhängig von den Vorlieben und Erfahrungswerten, prinzipiell empfiehlt es sich, zunächst mit dem Einstellen der Helligkeit zu beginnen. Auf den folgenden Seiten werden Sie mit Werkzeugen arbeiten, die solide Ergebnisse erzeugen und dabei sehr schnell und effektiv in Ihre Bilder eingreifen. Später werden Sie in Abschnitt 11.3 mit dem Color-Finesse-Plug-In zusätzlich zur subjektiven Einschätzung noch ein paar Messinstrumente zur Analyse Ihrer Bilder kennenlernen.

Auto-Werkzeuge

Wer sich unsicher ist oder weniger in die Materie eintauchen möchte, dem seien die drei automatischen Effekte AUTO-FARBE, AUTO-KONTRAST und AUTO-TONWERTKORREKTUR aus dem EFFEKT-Fenster nahegelegt, die bei der Korrektur von Videomaterial gute Dienste leisten.

Tonwertkorrektur

> **Download-Material**
>
> Begleitend zu dieser Sektion öffnen Sie die Komposition Tonwertkorrektur aus der Datei Farbkorrektur.AEP im Download-Ordner 11.

Die TONWERTKORREKTUR ist das erste Werkzeug, das Sie für die Regulierung der Helligkeit, auch **Luminanz** genannt, unter EFFEKTE|FARBKORREKTUR finden. Wurde es angewendet, sehen Sie im EFFEKTEINSTELLUNG-Fenster jetzt die zugehörige Bedienoberfläche.

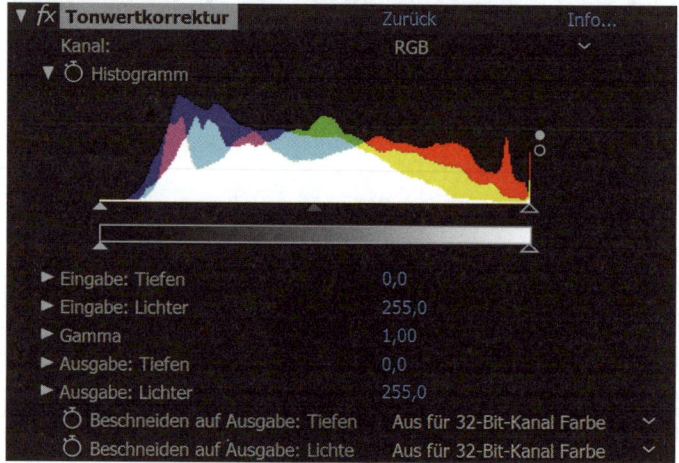

Abbildung 11.7
Die Tonwertkorrektur samt Histogramm

Ganz oben sehen Sie das sogenannte **Histogramm**. Diese grafische Übersicht zeigt die Verteilung der Helligkeitswerte im Bild. Über die gesamte Ausdehnung von reinem Schwarz bis zu reinem Weiß wird die Verteilung der Farbtöne sowohl allgemein als auch per Kanal angezeigt. Dazu müssen Sie lediglich den kleinen Button auf der rechten Seite des Diagramms aktivieren, und schon wird Ihnen auch die Helligkeitsverteilung in den einzelnen Kanälen im Diagramm dargestellt.

Unterhalb des Diagramms befinden sich drei Dreiecke. Der linke Regler legt dabei den Punkt für das absolute Schwarz fest, auch als Schwarzpunkt bezeichnet. Analog legt der Regler auf der rechten Seite das reine Weiß fest. Diesen Wert nennt man den Weißpunkt. Dazwischen wird der Graupunkt festgelegt, auch als Gammawert bekannt. Dieser verschiebt die Helligkeit der mittleren Farbwerte. Unter diesem drängen sich alle zwischen Schwarz und Weiß befindlichen Mittentöne in eine hellere oder dunklere Richtung.

Verändern Sie dabei einen Regler im Histogramm, werden Sie sehen, dass sich entsprechend der Wert unter EINGABE: TIEFEN, EINGABE: LICHTER und GAMMA ebenfalls ändern. Diese Regler sind die numerischen Pendants der oben genannten Dreiecke.

Unter dem Histogramm befindet sich ein weiteres Diagramm, das von Schwarz bis Weiß reicht. Hier gibt es lediglich zwei Regler. Diese legen die Ausgabe Ihrer

Helligkeitswerte fest. Verschieben Sie den Regler des Ausgabeverlaufs Richtung Mitte, sorgt er letzten Endes dafür, dass reines Schwarz heller, reines Weiß hingegen dunkler dargestellt wird.

Übrigens können Sie getroffene Einstellungen, wie bei nahezu jedem Effekt, im EFFEKTEINSTELLUNGEN-Fenster unter ZURÜCKSETZEN annullieren.

Kurven

> **Download-Material**
> Begleitend zu dieser Sektion öffnen Sie die Komposition Kurven aus der Datei Farbkorrektur.AEP im Download-Ordner 11.

Ebenso häufig werden Sie zum nächsten Effekt der Farbkorrektur greifen, den KURVEN. Photoshop-Benutzer und Anwender anderer Grafikprogramme kennen vielleicht auch schon diese Funktionsweise. Hier wird eine Kombination aus dem Histogramm und dem Ausgabeverlauf der Tonwertkorrektur angezeigt. Dabei verläuft der Graph zwischen Schwarz- und Weißpunkt als Diagonale durch das Bild.

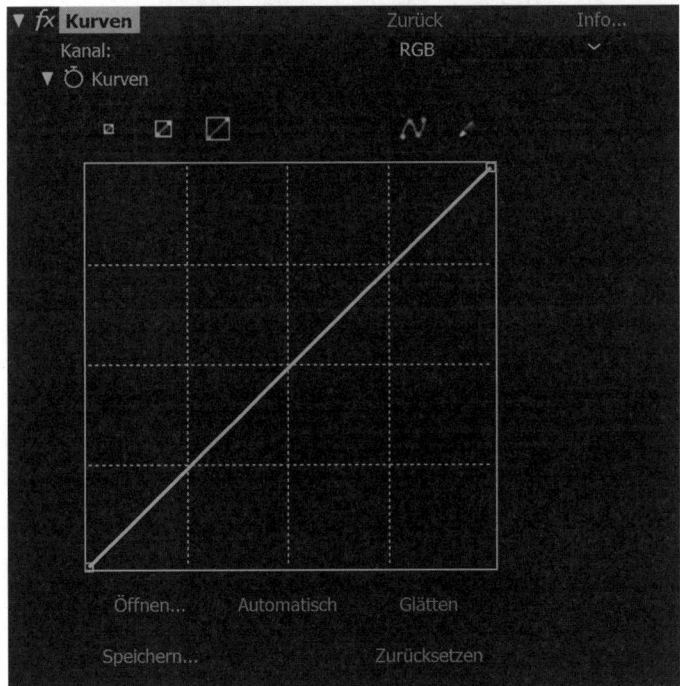

Abbildung 11.8
Der KURVEN-Effekt

Unten links befindet sich der Regler für den Schwarzpunkt, oben rechts das Pendant für den Weißpunkt. Verschiebungen auf der horizontalen Achse bewirken eine Kontrastverstärkung (wie entlang des Histogramms), Verschiebungen auf der vertikalen eine Kontrastverringerung (wie des Ausgabeverlaufs). Nun trägt dieser Effekt nicht umsonst seinen Namen. Die Diagonale durch das Diagramm lässt sich nicht nur anhand ihrer Endpunkte regulieren. Bewegen Sie den Mauszeiger in das Diagramm, verwandelt er sich in ein Fadenkreuz und ist jetzt bereit, Bézier-Punkte zu Ihrer Helligkeitskurve hinzuzufügen und sie entlang ihrer Ausdehnung zu verschieben.

Dies kann wiederum für jeden KANAL (inklusive Alphakanal) individuell geregelt werden. Dadurch ergeben sich allerdings schnell Farbstimmungen, daher verwenden Sie diesen Effekt mit Bedacht. Alle Settings werden unter dem ZURÜCKSETZEN-Button unter dem Diagramm für jeden Kanal einzeln wieder zurückgesetzt.

Tipp
Die Schaltfläche AUTOMATISCH erzeugt in vielen Fällen eine passende Kurve.

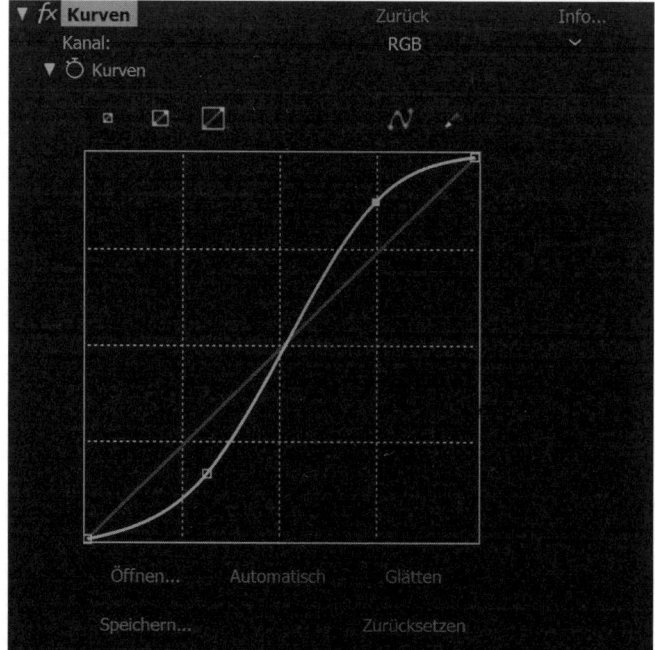

Abbildung 11.9
Die S-Kurve sorgt oft für guten Kontrast.

Eine prominente Einstellung ist die **S-Kurve**. Sie sorgt für kräftige Tiefen und starke Lichter und macht kontrastarme Bilder lebendig und sehenswerter. Diese Kurve lässt die dunklen Schatten und die hellen Glanzlichter näher zusammenrücken, wobei die Mitteltöne relativ weit aufgezogen werden. Daraus resultiert ein erhöhter Kontrast.

Viele Filmemacher drehen bevorzugt mit flachen Farbprofilen, das heißt viel Informationen in den Mitteltönen, um dann in der Postproduktion mit genau solchen Kurven den Kontrast flexibel zu erhöhen, ohne dabei schon beim Dreh wichtige Zeichnung in den Schwarz- und Weißbereichen zu verlieren. Gerade wenn Sie die 16- oder gar 32-Bit-Projektfarbtiefe verwenden, laufen Sie nicht so schnell Gefahr, in diesen Regionen einheitlich verwaschene und unkenntliche Farbflächen zu erhalten.

Helligkeit und Kontrast

Ein weitaus einfacher gehaltenes Werkzeug ist der HELLIGKEIT UND KONTRAST-Effekt. Die zwei Regler greifen selbsterklärend in das Bild ein und sollten zurückhaltend eingesetzt werden, erzeugen jedoch schnelle Ergebnisse. Der Kontrast funktioniert hier ähnlich der S-Kurve von weiter oben, bei dem die Tiefen und die Höhen stärker auseinander gespreizt werden, während die Mitten, je nach Stärke des Effekts, relativ unberührt bleiben.

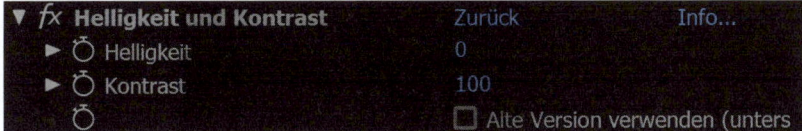

Abbildung 11.10
Simpel, aber effektiv, das HELLIGKEIT UND KONTRAST-Werkzeug

Belichtung

Eine andere Art, die Helligkeit zu beeinflussen, ist der BELICHTUNG-Effekt. Statt einer gleichmäßigen Anhebung aller Bereiche wird hier die Arbeitsweise einer Kamera simuliert und die Helligkeit in Blendenstufen (auch als F-Stopps bekannt) reguliert. Diese Veränderungen geschehen linear, was sich durch unser nichtlineares Sehverhalten jedoch in vergleichsweise stärkerem Einfluss auf die Tiefen und Mitten auswirkt als auf die Höhen.

Weißabgleich und Lichttemperatur

Bisher wurden die Luminanzwerte unter die Lupe genommen. Widmen wir uns nun den Farben, in der Fachsprache auch unter der **Chrominanz** bekannt. Zunächst geht es ganz im Sinne der Farbkorrektur darum, das Ausgangsmaterial zu sichten und festzustellen, ob die Farbwerte von einem natürlichen Verhalten abweichen und einer Nachbesserung bedürfen.

Abbildung 11.11
Durch einen falschen Weißabgleich wirkt der warme Frühjahrstag unnatürlich kalt.

Kapitel 11 — FARBKORREKTUR

Einer der häufigsten Gründe für einen Farbstich ist ein falsch gewählter **Weißabgleich**. Fotografie-interessierten Lesern dürfte der Begriff bereits geläufig sein. Der Weißabgleich sorgt dafür, dass Weißtöne in einer Aufnahme auch tatsächlich weiß sind. Dies ist von der Aufnahmesituation abhängig, von vorhandenen Lichtquellen, der Tageszeit und weiteren Faktoren.

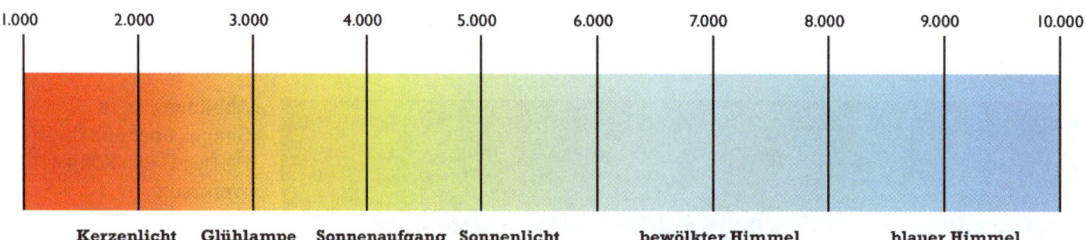

Abbildung 11.12
Die Farbtemperatur-Skala

Licht setzt sich, ganz gleich ob Sonnenlicht oder Neonröhre, aus unterschiedlichen Wellenlängen-Anteilen zusammen. Das sorgt für die farbliche Charakteristik einer Lichtquelle, seiner sogenannten **Farbtemperatur**. Um diesem optischen Vorgang entgegenzuwirken, ist es wichtig, vor einer Aufnahme den korrekten Weißabgleich einzustellen.

Abbildung 11.13
Verschiedene Farbtemperaturen derselben Aufnahmesituation

Dazu haben viele Bildsensoren eine Automatik an Bord, um dies zu regulieren. Manchmal liegen diese Sensoren beziehungsweise die Berechnungen einfach falsch. Häufiger ist es jedoch die Person hinter der Kamera, die leider das falsche Preset gewählt hat. Egal wie, im Kasten ist im Kasten. *We'll fix it in Post.*

Korrektur eines Farbstichs

> **Download-Material**
>
> Begleitend zu dieser Sektion öffnen Sie die Komposition Farbstich aus der Datei Farbkorrektur.AEP im Download-Ordner 11.

Nachdem Sie jetzt ein häufig auftretendes Beispiel für die Entstehung unangenehmer Farbstiche in Ihrem oder fremden Material kennen, wenden wir uns der Korrektur der Farbwerte zu. Im Übrigen setzen einige professionelle Coloristen darauf, diesen Schritt vor der Bestimmung der Helligkeitswerte zu erledigen. Da Sie aber bereits wissen, dass jegliche Anpassung der Farbe auch die Helligkeit beeinflussen kann und umgekehrt, können Sie auch immer zwischen den Schritten hin- und herspringen.

Ein einfaches Mittel ist die Entfärbung über den bereits bekannten TONWERTKOR-REKTUR-Effekt. Obwohl Sie ihn vorher für die Einstellung der Helligkeitswerte benutzt haben, lässt er sich durch die separate Einstellung für jeden Kanal auch zur Farbanpassung nutzen.

Öffnen Sie das Ausgangsmaterial und wenden Sie die Tonwertkorrektur über das EFFEKT-Fenster an. Schalten Sie neben dem Histogramm die Anzeige auf die Einzelkanal-Ansicht um.

Abbildung 11.14
Das Ausgangsbild muss dringend bearbeitet werden.

Anschließend wählen Sie die einzelnen Kanäle an und verschieben die Eingabe-Parameter an diejenigen Stellen im Histogramm, an denen Ausschläge zu sehen sind, sowohl links als auch rechts. Dadurch bringen Sie die Schwarz- und die Weißpunkte an die Stellen, an denen in den Kanälen die erste ausschlaggebende Zeichnung zu sehen ist. Das wiederholen Sie für jeden Kanal, und Sie können eine bemerkbare Verbesserung des Bildes ausmachen. Übrigens sehen Sie im Ausgangsbild und dem dazugehörigen Histogramm sehr deutlich die Farbverschiebung zu den Höhen im Blau-Kanal.

Abbildung 11.15
Bestimmen Sie die Schwarz- und Weißpunkte für jeden Kanal einzeln.

Abbildung 11.16
Zu guter Letzt noch die allgemeinen Helligkeitswerte nachkorrigieren, fertig.

Versuchen Sie sich auch an der Verschiebung der Gamma-Werte in den einzelnen Kanälen. Ebenso lohnt sich ein erneuter Blick auf das gesamte RGB-Histogramm, um gegebenenfalls noch etwas Kontrast herauszuholen, da das Bild tendenziell etwas zu wenig Tiefen hat. Am Ende sollte das Bild den Blaustich verloren haben und eine natürlich wirkende Farbgebung besitzen.

Farbbalance

Ein weiterer möglicher Schritt zur Farbstichkorrektur ist die Regulierung über die FARBBALANCE. Hier werden ähnlich der Tonwertkorrektur die Rot-, Grün- und Blauanteile in den Tiefen, den Mitten und den Glanzlichtern reguliert. Die aktivierte LUMINANZ ERHALTEN-Option verrechnet die getroffenen Einstellungen mit den Ausgangswerten Ihres Bildes, um einer Über- oder Unterbelichtung entgegenzuwirken.

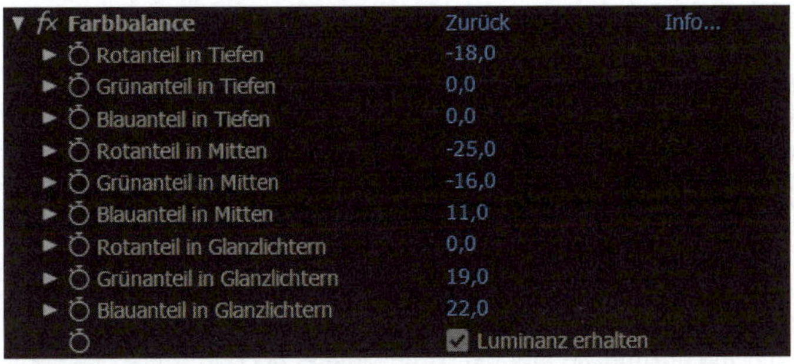

11.2 Farbkorrektur

▼ fx Farbbalance	Zurück	Info...
► Ö Rotanteil in Tiefen	-18,0	
► Ö Grünanteil in Tiefen	0,0	
► Ö Blauanteil in Tiefen	0,0	
► Ö Rotanteil in Mitten	-25,0	
► Ö Grünanteil in Mitten	-16,0	
► Ö Blauanteil in Mitten	11,0	
► Ö Rotanteil in Glanzlichtern	0,0	
► Ö Grünanteil in Glanzlichtern	19,0	
► Ö Blauanteil in Glanzlichtern	22,0	
Ö	☑ Luminanz erhalten	

Abbildung 11.17
Die FARBBALANCE regelt die Schatten, Mitten und Glanzlicht per Kanal.

Sättigung und Dynamik

Ist Ihr Bild noch etwas flau, lohnt sich das Zurückbringen der Farben durch die Erhöhung der SÄTTIGUNG. Das kann mitunter auch nach der Bearbeitung der Tonwerte der Fall sein. Zu diesem Zweck verstecken sich diverse Optionen in der EFFEKT-Palette. Neben dem Farbton/Sättigung-Werkzeug, das an anderer Stelle näher vorgestellt wird, ist die Anwendung des DYNAMIK-Effekts ratsam.

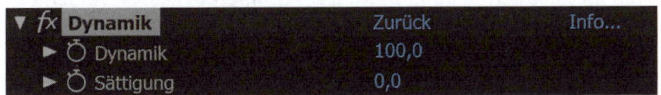

Abbildung 11.18
Das Dynamik-Werkzeug

Ein Eingreifen über die SÄTTIGUNG hebt die Farbwerte aller Bildpunkte gleichmäßig stark an, was vor allem bei flachen Bildern schnell zum gewünschten Ergebnis führt. Ist das Bild aber bereits an manchen Stellen mit satten Farben versehen, werden diese ebenfalls mit angehoben und es entstehen unschöne, ausgefressene Farbflächen mit Bildfehlern. Dieser Effekt hat seine Grenzen und sollte daher eher sparsam eingesetzt werden.

Abbildung 11.19
Zu hohe Sättigungswerte erzeugen oft Bildfehler.

Sättigung -100 | Ausgangsbild | Sättigung +100

Viel effizienter arbeitet die DYNAMIK-Regelung in den Sättigungsbereichen. Hier werden die Bereiche sensibler und nicht linear angehoben. So werden beispielsweise farblose Bildpunkte stärker angehoben als bereits farbintensive.

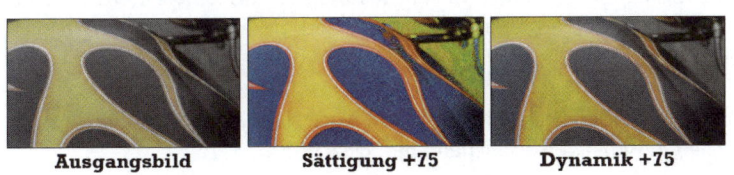

Ausgangsbild | Sättigung +75 | Dynamik +75

Abbildung 11.20
Das Dynamik-Werkzeug greift bedachter in die Farbgebung ein.

Sekundäre Farbkorrektur

> **Download-Material**
>
> Begleitend zu dieser Sektion öffnen Sie die Komposition Sekundäre_Farbkorrektur aus der Datei Farbkorrektur.AEP im Download-Ordner 11.

Die sekundäre Farbkorrektur greift auf partielle Bereiche oder spezielle Farben des Bildes zurück. Das ist vor allem dann erforderlich, wenn die primäre Farbkorrektur das eigentliche Bild ausreichend korrigiert hat, ein Teilbereich aber beispielsweise aufgrund unzureichender Belichtung immer noch zu wünschen übrig lässt. Oft ist dies bei Mischlichtsituationen der Fall, wo verschieden starke Lichtquellen aufeinandertreffen. Es kann ebenso der Fall auftreten, dass nur gewisse Farben bei der Aufbereitung an Sättigung verloren haben und nun explizit angesteuert werden müssen, um sich wieder homogen in das Bild einzufügen. Die selektive Farbsteuerung ist aber auch ein probates Mittel zur Farbgebung.

Eines der stärksten Tools dazu ist der FARBTON/SÄTTIGUNG-Effekt. Haben Sie unter KANALBEREICH die Auswahl auf STANDARD gewählt, greift das Werkzeug auf alle Farben gleichzeitig zu. In SÄTTIGUNG und HELLIGKEIT lassen sich jetzt analog zu den oben geschilderten Möglichkeiten eingreifen. Der Parameter FARBTON verschiebt die Farben entlang des Farbenkreises und wird deshalb auch in Grad angegeben.

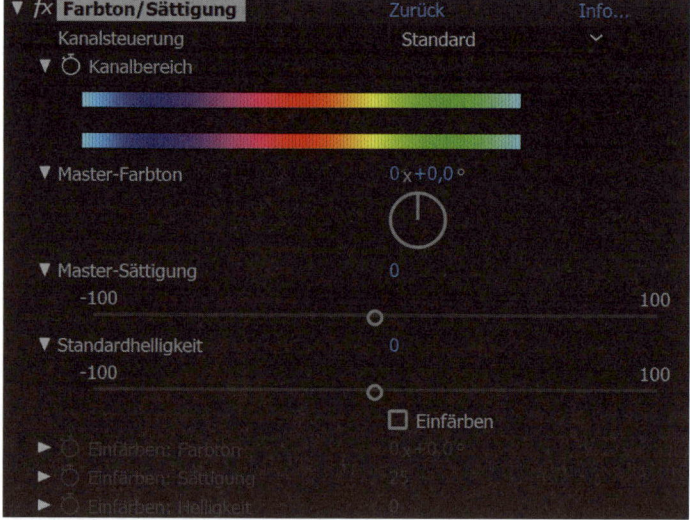

Abbildung 11.21
Der FARBTON/SÄTTIGUNG-Effekt unterstützt die sekundäre Farbkorrektur.

Die wahre Stärke spielt der Effekt dann aus, wenn Sie den Kanalbereich auf einen der primären beziehungsweise sekundären Farbkanäle stellen. Dadurch lassen sich gezielte Farbtöne ansprechen, korrigieren oder hervorheben. Der entsprechende Farbbereich wird über die Blöcke angewählt, alle darin befindlichen Töne werden hundertprozentig beeinflusst. Alle Töne, die sich zwischen den Blöcken und den Dreiecken befinden, liegen im Übergangsbereich und werden zu den Außenseiten abflachend berücksichtigt.

11.2 Farbkorrektur

Abbildung 11.22
So ordnen Sie den Auswahlbereich des Werkzeugs zu.

Nehmen Sie dazu das Beispielbild der Blume und wenden Sie den Effekt an. Zunächst sehen Sie, dass das Bild etwas flach ist, obwohl sich die Rottöne bereits gut vom Hintergrund absetzen. Verstärken Sie im Grün-Kanal die Sättigung und setzen Sie die Helligkeit ein wenig hinab. Nicht zu stark, denn die Steigerung der Sättigung erzeugt schnell kaum brauchbares Farbrauschen.

Abbildung 11.23
Das Ausgangsbild ist noch etwas flach.

Im Cyan- und Gelb-Kanal verschieben Sie die Farbwerte mittels des Farbtons etwas in Richtung Grün. Dadurch bekommt der Hintergrund insgesamt einen stärkeren, an einen Garten erinnernden Farbton und wirkt somit homogener.

Abbildung 11.24
Zur Kreation eines homogenen Looks verdichten sich die Grüntöne auch in den anderen Kanälen.

Jetzt ist das Motiv an der Reihe. Sowohl in den Rot- als auch in den Magenta-Tönen werden jetzt die Sättigung und die Helligkeit erhöht, um die Blume richtig zum Leuchten zu bringen.

Abbildung 11.25
Leuchtende Rottöne setzen das Motiv noch stärker ab.

Als kleines Gimmick wechseln Sie jetzt erneut zum Rot-Kanal und verschieben den Farbton mithilfe des Farbrads. Es bleibt Ihnen überlassen, ob die neue Farbe des Pflänzleins nun Blau oder Gelb sein soll. Wiederholen Sie den Arbeitsschritt auch für den Magenta-Bereich und färben Sie nach Belieben um. Achten Sie jedoch darauf, dass die Glaubwürdigkeit Ihres Bildes immer noch gewährleistet ist.

Abbildung 11.26
Durch das partielle Eingreifen wird das Umfärben zum Kinderspiel.

11.3 Color-Finesse

Farbe lässt sich auf viele Weisen korrigieren. Die bisher vorgestellten Werkzeuge orientieren sich an einer schnellen, subjektiven Herangehensweise. Fundiertes und professionelles Arbeiten innerhalb von After Effects ist dagegen mit dem standardmäßig integrierten Plug-in COLOR FINESSE aus dem Hause *Synthetic Aperture* möglich. Hier finden Sie in der einfachen oder in der separaten, ausführlichen Bedienoberfläche viele Parameter zur gezielten Steuerung von Farbwerten innerhalb Ihres Projekts.

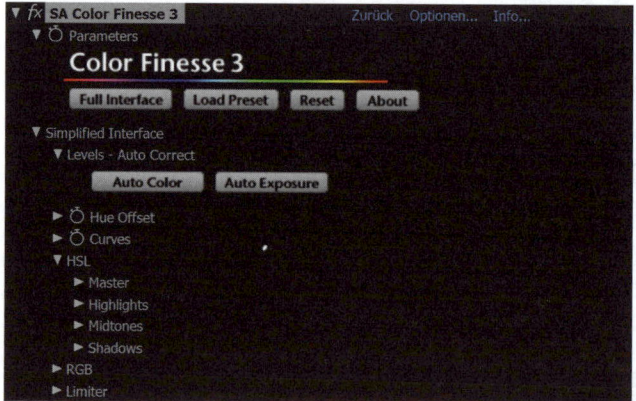

Abbildung 11.27
Color Finesse lässt sich sowohl in den Effekteinstellungen bedienen ...

Und obwohl die grundlegenden Prinzipien sowie manche Werkzeuge sich von den weiter oben kennengelernten kaum unterscheiden, verfügt das Programm über einen entscheidenden Vorteil: Die zahlreichen Analyse-Tools, die über das Histogramm und den Kurvengraphen hinausgehen, ermöglichen eine präzise Beurteilung des Ausgangsmaterials und genaue Kontrolle der Arbeitsergebnisse. Diese sind jedoch nur über das FULL INTERFACE aufrufbar, daher werden wir jetzt einen Blick in die umfangreiche Benutzeroberfläche von Color Finesse werfen.

11.3 Color-Finesse

Abbildung 11.28
... als auch im ausführlichen und eigenständigen Interface.

Messwerkzeuge

Ähnliche Scopes und Kontrollmonitore finden Sie auch bei weiteren ebenso empfehlenswerten Plug-ins, wie beispielsweise Red Giants Magic Bullet Looks, aber auch in Adobe Premiere Pro. Daher wird anhand von Color Finesse auch die Funktionsweise dieser Hilfsmittel erklärt. Die daraus resultierende Arbeitsweise lässt sich auf alle anderen Programme übertragen.

Die Programmoberfläche teilt sich in drei Bereiche auf:

- Einem Analyse-Teil oben links, wo sich die Scopes und Monitore über die verschiedenen Reiter gesammelt oder vereinzelt aufrufen lassen. Doch dazu gleich mehr.
- Daneben befindet sich ein Bildmonitor, wo sich Ausgangsbild und Endresultat sowie Referenzbilder miteinander vergleichen lassen. Eine Split-View-Funktion erlaubt den Direktvergleich.
- Darunter befinden sich die Eingabe- und Kontrollpanels. Über die Reiter wählen Sie beispielsweise, ob Sie die Farben anhand des RGB- oder des HSL-Modells beeinflussen möchten. Ebenso finden Sie hier alte Bekannte, wie die Tonwertkurven oder auch eine eigene Palette zur sekundären Farbkorrektur.

Bevor wir uns jetzt an die Möglichkeiten, die Ihnen Color Finesse bieten, setzen, komme ich noch einmal zur Arbeit mit den sogenannten **Scopes** und **Monitoren**. Diese Tools erleichtern die Farbkorrektur, denn das Footage wird auf Farb- und Helligkeitswerte analysiert, die dann in den Diagrammen Aufschluss über die Beschaffenheit eines Bildes geben. Die dargestellten Messwerte ermöglichen eine objektive Beurteilung des Ausgangsmaterials und letzten Endes auch einen gezielteren Einsatz aller Korrekturwerkzeuge.

Waveformmonitor

Der Waveformmonitor stellt die Helligkeit, also die Luminanzwerte oder auch Luma-Werte Ihres Bildes dar. Analog zu Ihrem Bild liest er von links nach rechts die Helligkeitswerte aus und trägt diese auf einer vertikalen Skala auf, die Tiefen finden Sie am unteren, die Höhen am oberen Ende des Diagramms. Diese Funk-

Abbildung 11.29
Der Waveformmonitor zeigt genau, an welcher Stelle die Zeichnung durch das grelle Sonnenlicht verloren geht.

tionsweise ist in allen Waveformmonitoren gleich. Meist wird die Messeinheit von 0 bis 100 angegeben. Tummeln sich viele Punkte an den jeweiligen Grenzbereichen, ist der Kontrast bereits ausreichend vorhanden. Sehen Sie oberhalb der 100-Marke beziehungsweise unterhalb der 0-Marke eine klare, scharfe Kante, so ist das Videomaterial bereits im reinen Weiß- sowie Schwarz-Bereich, in dem jegliche Zeichnung verloren gegangen ist.

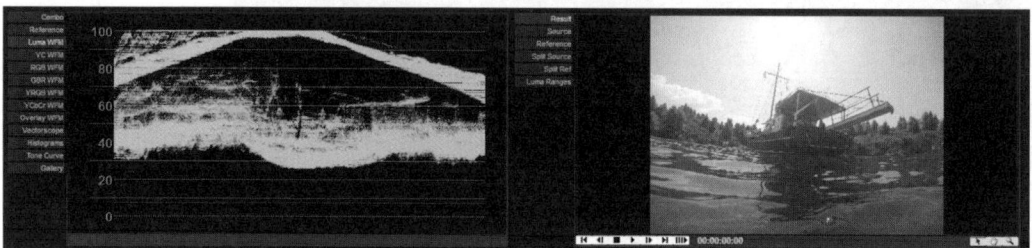

Anhand der beiden Beispiele sehen Sie bereits, wie schnell und objektiv sich anhand des Waveformmonitors Aussagen über die Belichtung eines Bildes treffen lassen. Beide Bilder sind von vornherein unzureichend ausgeleuchtet, doch während bei der Unterbelichtung noch Potenzial zur Aufwertung besteht, ist der Überbelichtung durch die Sonne wohl nur sehr schwer beizukommen.

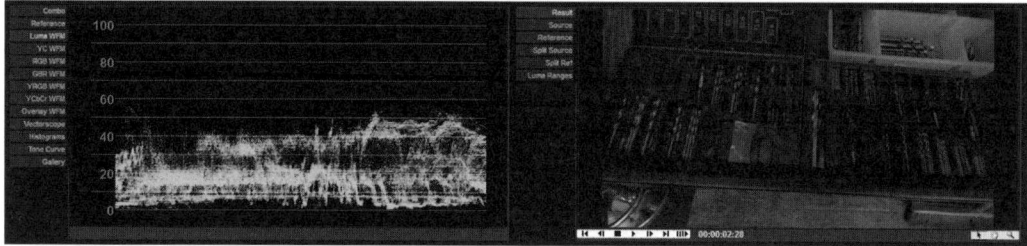

Abbildung 11.30
Kaum Werte über 50 zeigen ein deutlich zu dunkles Bild.

Zum einfach Luma-Waveformmonitor gesellen sich in Color Finesse noch weitere Sonderformen dieser Anzeigeart. Für unsere Zwecke am ehesten brauchbar ist der RGB-Waveformmonitor, der die Helligkeit pro Kanal anzeigt. Alle anderen Varianten sollen an dieser Stelle nicht weiter beachtet werden, dürften aber für fortgeschrittene Anwender unter Umständen bei besonders anspruchsvollen Farbkorrekturen, beispielsweise für Sendeanstalten, wieder interessant werden.

Vectorscope

Das Vectorscope misst den Farbton und die zugehörige Sättigung eines Bildes, kurzum die Chrominanz oder auch Chroma-Werte. Diese werden auf dem Ihnen bereits bekannten Farbkreis aufgetragen. Hier lässt sich schön erkennen, wie die primären Farben Rot, Grün und Blau den sekundären Farben Cyan, Magenta und Gelb gegenüberstehen.

Die Sättigung der Farben nimmt nach außen hin zu, in Richtung Kreismitte ab. Ein Schwarz-Weiß-Bild würde also nur einen hellen Fleck voller Messpunkte in der Diagramm-Mitte ergeben.

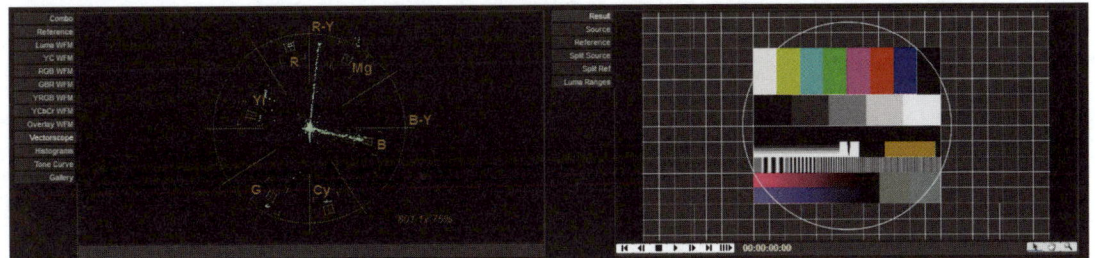

Die verbleibenden Diagramme HISTOGRAMS und TONE CURVE kennen Sie bereits aus der Farbkorrektur-Palette, mit dem Unterschied, dass hier nur gemessen und dargestellt, nicht aber angepasst und korrigiert werden kann.

Abbildung 11.31
Mit dem Testbild und dem Vectorscope lassen sich Monitore kalibrieren und Farbprofile erstellen.

11.4 Farbgebung

Nachdem man in der Farbkorrektur alles daransetzt, Video- und Filmaufnahmen so ausgewogen und natürlich wie möglich zu gestalten, geht es in der Farbgebung um die gezielte Manipulation von Farben, die Erzeugung gewisser Stimmungen oder das gezielte Lenken des Auges des Betrachters.

Download-Material
Begleitend zu dieser Sektion öffnen Sie die Komposition Farbgebung aus der Datei Farbgebung.AEP im Download-Ordner 11.

Die Palette an Einflussmöglichkeiten reicht dabei sehr weit. Partielle Abdunklung unwichtiger Bildbereiche, die gezielte Übersättigung von Bildelementen oder das bewusste Einfärben ganzer Bilder sind einige dieser Kunstgriffe, die, wenn richtig angewendet, gar nicht als störend empfunden werden, solange sie in den richtigen Kontext gesetzt werden.

Daneben verfügen Sie in After Effects über weitere Werkzeuge, die Ihnen bei der Realisierung eines bestimmten Looks unter die Arme greifen. Und obwohl das Hinzufügen von Rauschen, Schärfe oder einer Vignette genau genommen eher Effekte sind, als dass sie wirklich die Farbgebung beeinflussen, so tragen auch diese Feinheiten eine tragende Rolle bei der Bildgestaltung.

Lookup Tables

Lookup Tables, oder kurz LUTs, sind Presets, die im übertragenen Sinne genau das machen, was Sie in den vorherigen Schritten händisch gemacht haben. LUTs interpretieren und korrigieren Farbe. Sie können als Hilfestellung zur Monitor-Kalibrierung dienen. Oder aber sie transferieren Farben automatisch von einem Farbraum zum nächsten beziehungsweise korrigieren Aufnahmen anhand von Kameraprofilen zur richtigen Weiterverwendung. Mancherorts werden LUTs aber auch zur Generierung eines bestimmten Looks verwendet. Ob diese Zweckentfremdung nun sinnvoll ist oder nicht, bleibt den Benutzern überlassen.

Abbildung 11.32
Ein LUT als schnelle
Farbkorrektur

Vereinfacht ausgedrückt, nimmt LUT die Farben einer Quelle und verrechnet diese mit den Informationen seiner Tabelle, um eine gewünschte Ausgabenfarbe zu erzielen. LUTs funktionieren im Übrigen programmübergreifend, innerhalb der Creative Cloud in Adobe Premiere Pro, Adobe Speedgrade und sogar Adobe Photoshop, aber auch in Programmen anderer Hersteller, wie beispielsweise DaVinci Resolve oder Apple Final Cut.

LUTs im Internet
Mittlerweile tummeln sich unzählige LUTs in den Weiten des Internets und durch ein wenig Recherche finden Sie unter Umständen das passende Preset für Ihre Bedürfnisse. Beispielsweise für den Transfer eines Kamera-Profils in den HDTV-Rec.709-Standard.

Sie können die LUTs über verschiedene Wege in das Programm laden, über das LUMETRI COLOR-Werkzeug, das COLOR FINESSE-Plug-in oder über EFFEKTE|FARB-LUT ANWENDEN.

Rauschen

Das Thema Bildrauschen ist bei der Nachbearbeitung digitaler Video-Erzeugnisse ein gewichtiger Knackpunkt. Haben Sie schon einmal Fotos in schlechtem Licht gemacht, kennen Sie das Problem. Ihre Kamera oder Ihr Camcorder ist gezwungen, eine höhere Lichtempfindlichkeit einzustellen, um genügend Farb- und Helligkeitsinformationen zu sammeln und ein halbwegs vernünftiges Bild noch aufnehmen zu können. Mit der Erhöhung der ISO-Zahl (stellvertretend für die Lichtempfindlichkeit des Aufnahmemediums) wächst, je nach Modell unterschiedlich stark ausgeprägt, ebenso das Bildrauschen, das aufgrund seiner digitalen Natur bei Weitem nicht den gleichen Charme hat wie das analoge Bildrau-

11.4 Farbgebung

schen. Farbverschiebungen und unansehnliche Pixelpunkte können ein Bild durchaus unbrauchbar machen.

After Effects hat für diesen Fall einen Effekt, den Sie wie gewohnt über EFFEKTE|RAUSCHEN UND KORN ausfindig machen. Die Einstellungen von KORN REDUZIEREN sind umfangreich, daher ist oftmals ein gewisses Maß an Experimentierfreude gefragt. Vergrößern Sie deshalb zunächst die Stärke des Eingreifens unter STÖRUNG REDUZIEREN.

Oftmals ist das Rauschen in einigen Farbkanälen stärker als in anderen, daher lohnt es unter Umständen, vor allem den Rot-Kanal eingehend zu prüfen. Ebenso wichtig ist die temporale Eingreifen-Option, die für die Angleichung über die Zeit sorgt.

Überprüfen Sie das Ergebnis. Sie können den Vorschau-Bereich erweitern und so eine Art Split-Screen erzeugen. Damit lässt sich das Resultat besser beurteilen als auf einem kleinen Vorschau-Kistchen in der Bildmitte. Gehen Sie auch genauer auf Problemstellen ein, also entweder Stellen, an denen kaum noch Licht oder aber viel Zeichnung und relativ viel Licht vorhanden ist. Wenn Sie Rauschen entfernen, sehen Sie sich das Ergebnis vor allem in der bewegten Vorschau an und stellen Sie dazu auf ENDAUSGABE um.

Abbildung 11.33
Aufnahmen in schlechten Lichtsituationen tendieren zu übermäßigem Rauschen.

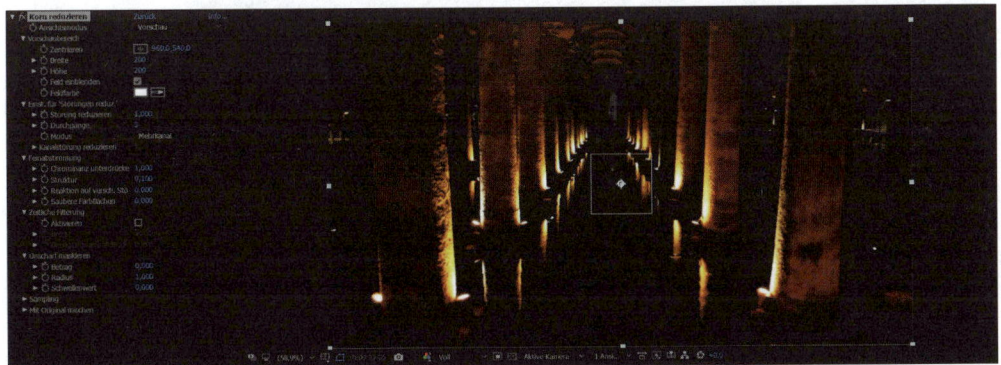

Das Korn-reduzieren-Werkzeug lässt sich nicht nur bei starkem Rauschen einsetzen, sondern entfernt auch anderweitige Unreinheiten im Bild. So sind zum Beispiel Unregelmäßigkeiten der Haut beizukommen, falls sie in einer Nahaufnahme etwas zu stark auffallen. Natürlich muss hier selektiv, beispielsweise mittels Masken vorgegangen werden.

Abbildung 11.34
KORN REDUZIEREN mildert auch Hautunreinheiten.

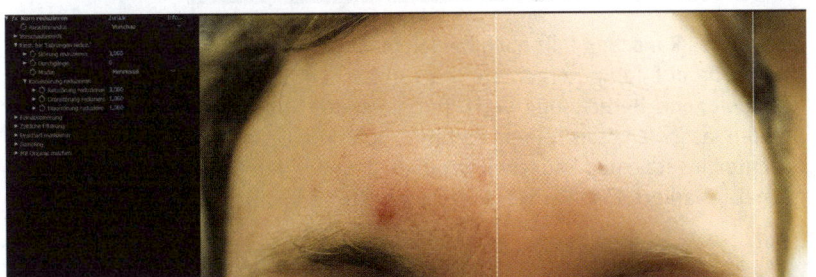

Ist das Rauschen einmal aus dem Bild, ist doch alles gut, oder? Nun ja. Es gibt Momente, in denen der unliebsame Störenfried ganz nützliche Dienste erweist. Manche Bilder wirken mit dem Einsatz von (nachträglich ergänztem) Rauschen gleich viel natürlicher als ohne. Das kommt daher, dass Rauschen im Allgemeinen eine Imperfektion ist. Und unsere Natur ist genauso wenig perfekt, Farbflächen sind im wahren Leben nie so homogen wie auf einem CGI-Bild. Ein probates Mittel vieler Filmemacher ist das nachträgliche Hinzufügen von analog anmutendem Rauschen zu ihrem Look, um der digitalen Sterilität wieder etwas »Wärme« und Lebendigkeit zu verleihen.

Unter EFFEKTE|RAUSCHEN UND KORN stehen wieder gleich mehrere verschiedene Effekte zu Ihrer Verfügung. Der effektivste, weil subtilere und feiner justierbare ist KORN HINZUFÜGEN. Ist Ihr System leistungsstark genug, können Sie auf ENDAUSGABE umstellen und eine VORGABE wählen. Diese sind geschmacksabhängig, manche greifen subtiler, manche heftiger in die Bildqualität ein. Haben Sie sich für eine entschieden und sie angewendet, sehen Sie sofort, dass der Effekt viel zu stark einsetzt. Setzen Sie die INTENSITÄT herab, erhöhen Sie dafür aber Korn-GRÖSSE und GLÄTTUNG, um ein wenig gröberes Korn zu erhalten. Ebenso sollten Sie entweder die Sättigung stark reduzieren oder gar gleich auf MONOCHROMATISCH stellen.

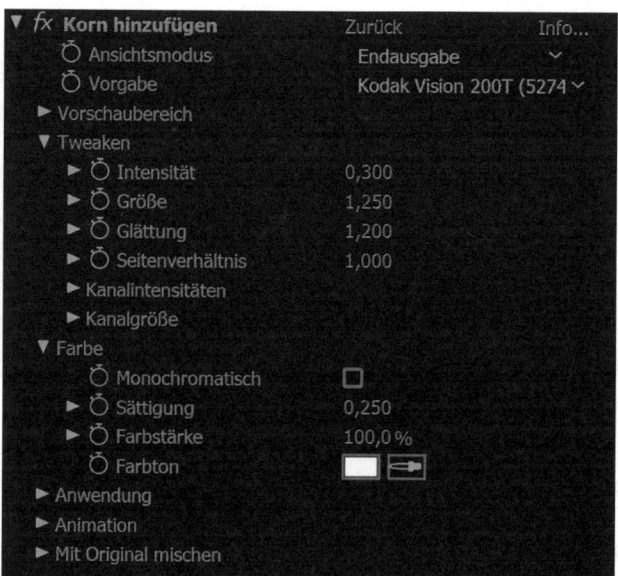

Abbildung 11.35
Ein Beispiel für mittelkräftiges Rauschen

Ein subtiles Rauschen hilft auch bei leichtem bis mittelschwerem **Bending**. Das tritt häufig auf computergenerierten Farbflächen und -übergängen auf. Durch die homogene Berechnung verlaufen sichtbare Streifen über das Bild, jeder Streifen lässt sich meist einem Farbton zuordnen. Oftmals hilft hier bereits der dezente Einsatz eines Rauschens, und die homogenen Farbwerte werden unregelmäßig variiert. Eine Farbveränderung sollte kaum auszumachen sein.

11.4 Farbgebung

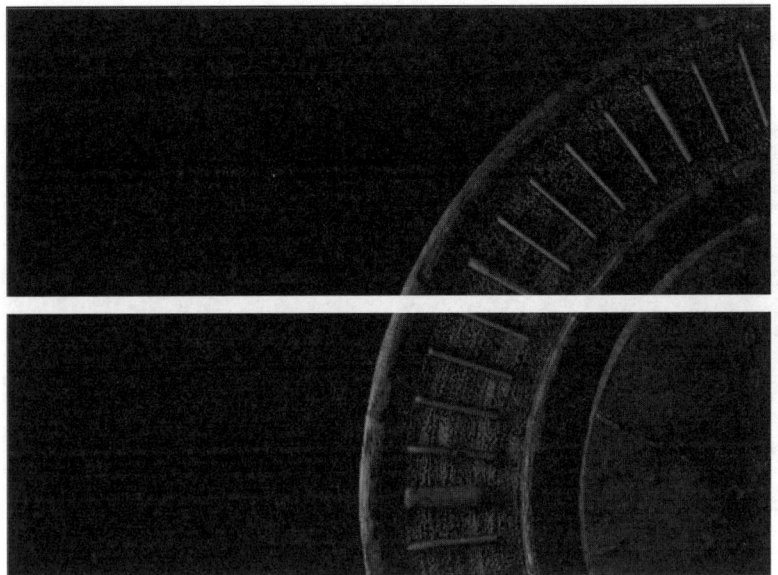

Abbildung 11.36
Oben mit, unten ohne Korn

Vignette

Ebenso als Kunstgriff sei hier die Vignette erwähnt. Ihren Ursprung hat die Vignette in der Bauart-bedingten Randabdunklung von Objektiven. Gerade bei Weitwinkellinsen oder minderwertigen Objektiven wird die Belichtung im Außenbereich sichtbar reduziert. Es handelt sich also im eigentlichen Sinne um einen Fehler bei der optischen Aufzeichnung.

Abbildung 11.37
Mit Vignette zentriert sich der Blick auf die Bildmitte.

Über die Zeit bemerkt man aber den angenehmen Nebeneffekt einer Vignettierung. Ein dunkler Rand leitet unweigerlich den Fokus auf die Bildmitte. Selbst nur leicht abgedunkelte Bereiche werden schnell als unwichtig wahrgenommen, was den Blick für das Wesentliche befreit.

Eine Vignette lässt sich schnell kreieren, indem Sie eine schwarze Farbfläche erstellen und dann eine ovale Maske anwenden. Invertieren Sie die Maske und Sie sehen, dass lediglich die Ränder Ihres Bildes schwarz sind.

Abbildung 11.38
Vignette schnell erstellt

Setzen Sie eine weiche Maskenkante von 50 bis 150 Pixeln (bei 1920 x 1080) und senken Sie die Transparenz der Ebene, bis Sie den gewünschten Effekt erhalten. Eine Vignette wirkt subtil und sollte daher auch nicht ins Auge springen.

Noch eleganter ist die Lösung per Einstellungsebene, die Sie über Ihr Bild in der Zeitleiste positionieren und auf die Sie dann den BELICHTUNG-Effekt anwenden. Hier können Sie ruhig um ein bis zwei Blendenstufen nach unten gehen. Damit dieser Effekt nur an den Randbereichen wirkt, setzen Sie hier wieder eine ovale, invertierte Maske mit weicher Kante ein. Vorteil dieser Herangehensweise ist eine vergleichsweise natürlichere Randabdunklung als bei der Verwendung einer Farbfläche. Eine weitere Alternative ist die Verwendung des CC VIGNETTE-Effekts aus der STILISIEREN-Kategorie, der allerdings im 8-Bit-Modus unschöne Bending-Effekte an den Kanten bewirkt und deswegen eher bei 16- oder 32-Bit-Projekten gute Resultate liefert.

Schärfe

Der findige Leser wird sich jetzt fragen, wie das Schärfen von Bildern mit der Farbe zusammenhängt. Nun, das Auge empfindet etwas als gestochen scharf, wenn die Kontraste an den Kanten der dargestellten Objekte besonders groß sind. Dieser Kontrast leitet sich meist von starken Unterschieden in den Helligkeitswerten ab.

Schnell und einfach arbeitet der SCHARFZEICHNER, bei dem nur der Grad des künstlichen Nachschärfens eingestellt werden muss. Etwas ausführlicher arbeitet dagegen das UNSCHARF MASKIEREN-Werkzeug. Die STÄRKE regelt die Kontraststeigerung an den Objektkanten, der RADIUS die Ausdehnung des Effekts an eben jenen. Der SCHWELLENWERT reguliert, ab welcher Kantenhelligkeit der Effekt einsetzt.

Abbildung 11.39
Die linke Bildseite wurde nachgeschärft.

Weitere Farbeffekte

Download-Material

Begleitend zu dieser Sektion öffnen Sie die Komposition Farbeffekte aus der Datei Farbgebung.AEP im Download-Ordner 11.

An dieser Stelle sollen weitere Werkzeuge zur primären Farbkorrektur vorgestellt werden:

Abbildung 11.40
Das Ausgangsbild für weitere Effekte

- Mit dem SCHATTEN UND GLANZLICHTER-Werkzeug korrigieren Sie zu dunkle Schatten beziehungsweise begrenzen Sie zu helle Glanzlichter. Das Tool verfügt über eine automatische (und justierbare) Analysefunktion, kann aber auch manuell eingestellt werden. Dabei können Sie entscheiden, ob die Mitteltöne unberührt bleiben oder die Tiefen und Höhen ebenfalls beeinflussen.
- Ist in Ihrem Footage starkes Flimmern zu sehen, lohnt sich die Verwendung des FARBSTABILISIERUNG-Effekts. Anhand eines Referenzframes wird die Tonwertkurve des Materials ausgelesen und anschließend nach den gewünschten Einstellungen in den Tiefen-, in den Höhen oder den Mitten, wahlweise aber auch in allen Bereichen beruhigt.

Zur sekundären Farbkorrektur beziehungsweise Farbgebung eignen sich des Weiteren folgende Effekte:

- Der PHOTO-FILTER-Effekt simuliert wärmende oder kühle Filteraufsätze und färbt Ihr Bild dementsprechend ein. Die verwendeten Presets sind analogen Vorbildern nachempfunden.
- SCHWARZ&WEISS wandelt Ihr Farbbild in ein monochromes Bild um. Interessant ist dabei die gezielte Steuerung der primären und sekundären Farbkanäle, um gezielte Kontraste und Helligkeiten zu setzen. Das Resultat sind sehr unterschiedliche Schwarz-Weiß-Varianten ein und desselben Farbbildes.

Abbildung 11.41
Schwarz-weiß ist nicht gleich schwarz-weiß.

- Der EINFÄRBEN-Effekt verwandelt Ihr Material ebenfalls in ein Schwarz-Weiß-Bild, wobei Sie Ausgabefarben mit der Pipette bestimmen können. Das ähnliche TRITONE-Werkzeug fügt noch eine Auswahl für die Mitteltöne hinzu, wodurch Sie monochrome Bilder, beispielsweise angenehm warme Sepia-Töne, erzeugen können.
- Mit FARBE ÄNDERN, besser aber noch mit IN FARBE ÄNDERN können Farben selektiv ausgetauscht werden. Achten Sie hier aber vor allem auf die Randbereiche der neuen Farben, da sie schnell ausfressen und grobe Farbkanten entstehen. Daher ist ein Nachjustieren unter GLÄTTUNG oft schon sehr hilfreich.

Abbildung 11.42
In Farbe ändern

- Der Effekt FARBE ÜBRIG LASSEN ist eine besondere Form der selektiven Farbkorrektur. Das gesamte Bild wird entsättigt, lediglich die Schlüssel-Farbe wird dabei im vollen Farbton erhalten bleiben. Etwas später sehen Sie einen fortgeschrittenen Workflow, um solche Bilder mit mehr Optionen zu erstellen.

Abbildung 11.43
Farbe übrig lassen

11.5 Lumetri Color

Relativ neu an Bord ist das LUMETRI COLOR-Werkzeug, das mehr oder weniger Adobe Speedgrade entliehen wurde und ebenso wie Color Finesse die meisten Farbwerkzeuge in einem Tool vereint. Leider sind die Scopes und Monitore nicht mit integriert worden, ein Blick auf die Oberfläche lohnt sich dennoch und wir sehen uns jetzt an, wie der Ablauf einer Farbkorrektur mit diesem Werkzeug erfolgt.

Abbildung 11.44
LUMETRI COLOR versammelt viele Tools in einer Palette.

Abbildung 11.45
Das unbearbeitete Bild

Zur ersten Anpassung Ihres Bildes öffnen Sie den Reiter EINFACHE KORREKTUR. Zunächst können Sie, insofern Sie bereits wissen, mit welchem Farbprofil Ihr Aufnahmegerät gearbeitet hat, mittels EINGABE-LUTs die Konversion Ihres Profils in Ihren Arbeitsfarbraum einstellen. Den Weißabgleich korrigieren Sie dann wahlweise mit der Farbpipette, feinere Einstellungen sind in den numerischen Eingabefenstern möglich. Die Tonwertkorrektur wird hier mittels GLANZLICHTER und SCHATTEN, WEISS und SCHWARZ definiert. Das Gamma regelt sich in diesem Fall über den KONTRAST.

Abbildung 11.46
In der einfachen Korrektur können Sie Farbstiche entfernen.

Als Nächstes finden Sie im Punkt KREATIV alles, was Sie zur Look-Kreation benötigen. Unter LOOKS sind bereits diverse Farbinterpretationen geladen, von kräftigen Farbkontrasten, -tönungen bis zu Schwarz-Weiß-Film-Simulationen. Ebenso können auch hier eigene Looks geladen werden.

Abbildung 11.47
Die Kreativ-Palette kümmert sich um die Farbgebung.

Neben den normalen RGB-KURVEN finden Sie auch die FARBTON-/SÄTTIGUNGSKURVEN im Eintrag KURVEN. Eigentlich handelt es sich hier eher um ein Farbrad als um eine Kurve, das jedoch eine sehr intuitive Steuerung zur gezielten Beeinflussung ausgewählter Farben und deren Sättigungen ermöglicht und dieses Tool zu einem klaren Favoriten für die Anwendung bei der selektiven Farbkorrektur macht.

Abbildung 11.48
Das Farbrad

HSL SEKUNDÄR richtet sich ebenso an die Ansprüche der selektiven Farbbearbeitung mit Farbpipette und Auswahlwerkzeug, um spezifische Töne anhand von

Sättigung, Helligkeit oder auch Schärfe zu betonen oder abzuschwächen. Schlussendlich rundet eine VIGNETTE-Option das Werkzeug ab.

11.6 Adobe-Color-Themen

Programmübergreifend begleiten die Adobe-Color-Themen seit geraumer Zeit die Adobe-Produktwelt. Das designorientierte Miniatur-Programm hilft Ihnen, Farbvarianten und Farbschemen ausgehend von einer bestimmten Grundfarbe zu kreieren, und lässt sich zu Gestaltungszwecken über Adobe Photoshop und Adobe Illustrator aufrufen.

In After Effects lässt sich die nützliche Zusatzfunktion unter FENSTER|ERWEITERUNGEN aufrufen. Im erscheinenden Dialog sehen Sie unter ERSTELLEN ein Farbrad, in dem Sie zunächst die Grundfarbe auswählen und von dem aus Sie die verschiedenen Kombinationsmodi anwählen können. KOMPLEMENTÄR sorgt für Farbkontraste, ÄHNLICH hingegen für harmonische und nah beieinander liegende Farben. Mit der Maus verschieben Sie die Farbtöne im Farbrad und erzeugen verschiedene Tonspreizungen oder Schattierungen. Unter ENTDECKEN werden Ihnen weitere Vorschläge gemacht, während MEINE THEMEN Ihre gespeicherten Themen-Presets beinhaltet.

Abbildung 11.49
Die ADOBE COLOR-THEMEN setzen Farben in verschiedenen Farbschemen in Verbindung

Unter *https://color.adobe.com/de/* können Sie auch online auf das Tool zugreifen. Probieren Sie auch unbedingt die Option AUS BILD ERSTELLEN im unteren

Bereich der Webseite aus. Dadurch lassen sich aus jedem Bild fünf Farbwerte ziehen. Sind Sie auf der Adobe-Webseite mit Ihrem Konto eingeloggt, können Sie das Farbschema über die Creative Cloud in Ihrer Bibliothek abspeichern.

Einmal ausgewählt können Sie mit dem Text-, dem Pinsel-Werkzeug oder allen anderen Effekten, die eine entsprechende Farbpipette besitzen, auf die Farbschemen zugreifen und die passenden Farben zuweisen. Für Design-orientierte Benutzer ist das Werkzeug eine echte Arbeitserleichterung bei gleichzeitiger Zeitersparnis.

Abbildung 11.50
Die Farbschemen geben gute Gestaltungslösungen vor.

11.7 Workshops
Farbkorrektur mit Color Finesse

Footage
Das Footage zum Workshop finden Sie im Download-Ordner 11.

In diesem Workshop lernen Sie einen der vielen Wege kennen, mit denen Sie Ihr Videomaterial grundlegend korrigieren können. Sie werden auf den folgenden Seiten den Schwarz- und Weißpunkt mithilfe von COLOR FINESSE 3 bestimmen und anschließend die Farbigkeit des Bildes genauer unter die Lupe nehmen. Laden Sie das Video `Fensterblick.MXF` in eine neue Komposition und weisen Sie der Videoebene COLOR FINESSE zu.

Abbildung 11.51
Color Finesse und das unbearbeitete Material

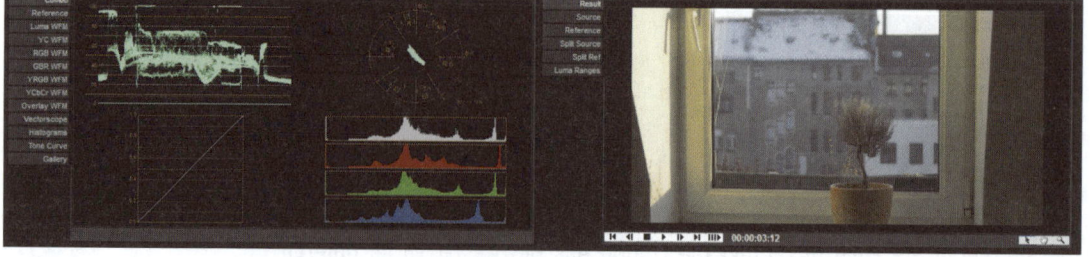

Starten Sie mit der Analyse des Bildes mithilfe des Waveformmonitors. Wie Sie sehen, sind sowohl die Glanzlichter als auch die Schatten noch ausbaufähig, ebenso tummeln sich viele Farbtöne in den Mitten, die ebenfalls noch etwas gespreizt werden können. In diesem Workshop arbeiten Sie mit der HSL-PALETTE, in der Sie Hue, Saturation und Lightness einstellen können. Vorrangig wird es um die Helligkeit gehen. Starten Sie dazu im MASTER-Panel der CONTROLS.

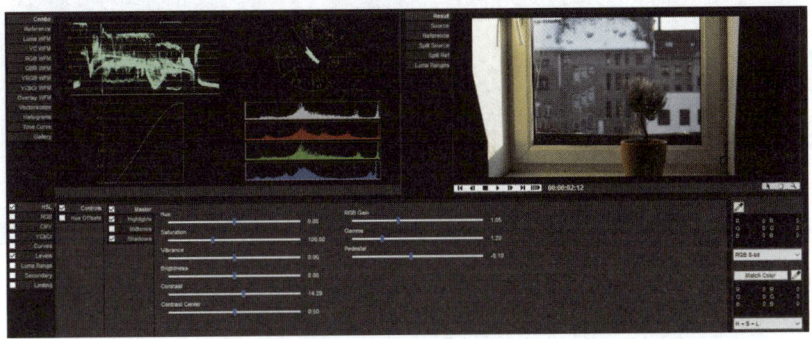

Abbildung 11.52
HSL-CONTROLS-MASTER

Ein ausgewogenes Bild versammelt sowohl Bildpunkte am unteren als auch am oberen Ende des Diagramms, allerdings ohne eine harte Kante zu zeigen. Dies würde ein »Ausfressen« in den Schatten- oder Glanzlichterbereichen bedeuten, den kompletten Verlust jeglicher Zeichnung. Zunächst erhöhen Sie also das RGB-GAIN, was in einer gesamten Anhebung der Farbtöne resultiert. Anschließend reduzieren Sie das PEDESTAL, wodurch die Schatten wiederum etwas kräftiger werden. Wichtig ist, dass die Glanzlichter am oberen Bereich des Waveformmonitors nicht über 100 ansteigen und keine glatte Kante bilden. Das würde bedeuten, dass Sie rein weiße Bereiche ohne Zeichnung erzeugen. Gleiches gilt für die Bereiche nahe der 0-Schwelle. Anschließend heben Sie das GAMMA noch etwas an, das sorgt für eine Aufspreizung der Mitteltöne.

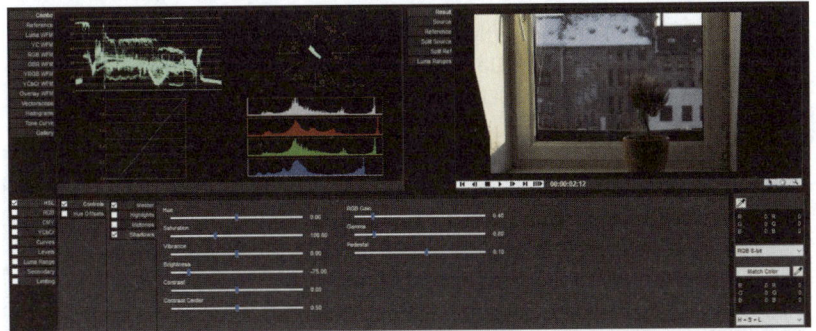

Abbildung 11.53
Schattenkorrektur

Jetzt geht es an die Feinabstimmung, die Sie in den separaten Reitern für Glanzlichter (HIGHLIGHTS), Mitteltöne (MIDTONES) und Schatten (SHADOWS) anhand der gleichen Regler wie auch schon in der MASTER-Sektion vornehmen. Beachten Sie dabei, dass sich die Werte gegenseitig beeinflussen, da diese Steuerungswerkzeuge auch für Grenzbereiche in der Helligkeit greifen. Beginnen Sie mit den

Kapitel 11 — FARBKORREKTUR

Schatten. Diese werden sowohl in der Helligkeit (BRIGHTNESS) reduziert als auch in ihren RGB-GAIN und GAMMA. Dadurch rücken die Schattentöne des Bildes zusammen und ergeben kräftige dunkle Bereiche.

Abbildung 11.54
Verstärken der hellen Bereiche

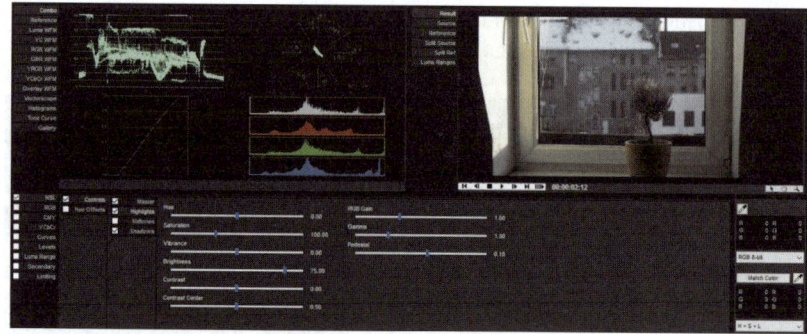

Anschließend sorgen die gepushten Glanzlichter für den Ausgleich und guten Kontrast. Das ist das Ergebnis einer Anhebung der BRIGHTNESS und des GAMMAS sowie einer leichten Korrektur des PEDESTALS nach oben.

Abbildung 11.55
Satte Mitteltöne

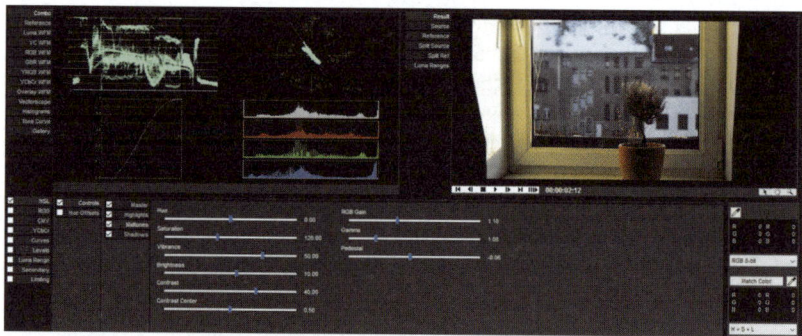

Damit das Bild noch etwas kräftiger wirkt, werden für die Mitten nochmals RGB-GAIN und GAMMA angehoben. Darüber hinaus setzen Sie die Sättigung (SATURATION) und die Dynamik (VIBRANCE) nach oben, um die Farben etwas hervorzuholen.

Abbildung 11.56
Mit den Farbrädern gegen die Abendsonne

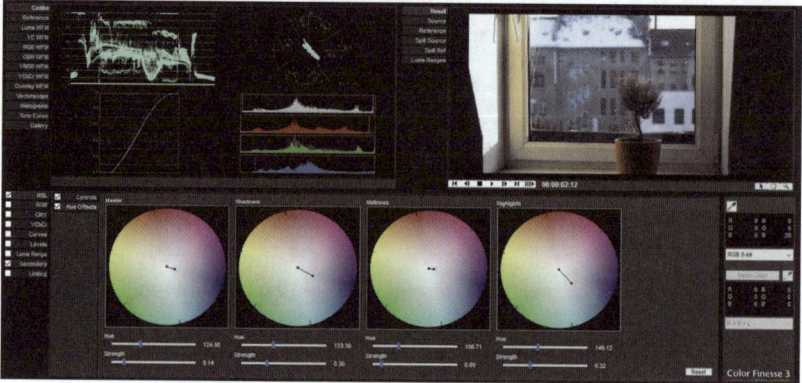

11.7 Workshops

Als Abrundung müssen Sie nun lediglich den minimalen Farbstich entfernen, der durch die Anhebung der Chrominanz in den Mitteltönen entstanden ist. Dazu wechseln Sie zu den HUE OFFSETS und geben überall ein wenig Blau hinzu, um der warmen Spätabendsonne ein wenig entgegenzuwirken.

Selektive Farbentsättigung

Footage

Das Footage zum Workshop finden Sie im Download-Ordner 11.

Nicht erst seit dem Kassenschlager *Sin City* ist eine besondere Form der selektiven Farbkorrektur stark gefragt: die Verwendung eines Colorkeys, also einer Schlüsselfarbe, die selektiv aus einem sonst schwarz-weiß gehaltenen Bild heraussticht und die Szenerie dominiert. Auf den nächsten Seiten werden Sie lernen, wie mittels des Lumetri-Color-Werkzeugs ein solches Bild anhand von Schlüsselfarben erzeugt und optimiert werden kann.

Laden Sie also das Bild Blaue_Oase.PNG in eine neue Komposition und wenden Sie das Lumetri-Color-Werkzeug an.

Abbildung 11.57
Das Ausgangsbild

Zunächst folgt eine schnelle Bildkorrektur, bei der Sie den WEISSABGLEICH mit der Pipette durch einen Farbton nahe der Lichtfläche etwas kühler machen. Daneben verhelfen Sie den Farbtönen zu etwas mehr Kontrast, indem Sie GLANZLICHTER und WEISS etwas anheben und die SCHATTEN absenken. Das SCHWARZ bleibt unberührt. Im Anschluss erhöhen Sie die SÄTTIGUNG minimal, um die sonst etwas flache Szenerie auch über die Farbkontraste zu definieren.

Wechseln Sie jetzt in die Palette HSL SEKUNDÄR und wählen Sie die Key-Farben Blau und Lila mittels der Farbpipette. Es ist durchaus möglich, dass Sie ein paar Anläufe benötigen, um den korrekten Farbton zu treffen. Da Sie diese beiden aber nun behalten möchten (sie sollen als Keyfarben zu sehen bleiben) und alle weiteren bearbeiten, genauer ausgedrückt entsättigen wollen, müssen Sie die MASKE UMKEHREN. Jetzt befinden sich alle anderen Farben in der Auswahl, nur die Schlüsselfarben bleiben unberührt.

Abbildung 11.58
Ein paar grundlegende Korrekturen

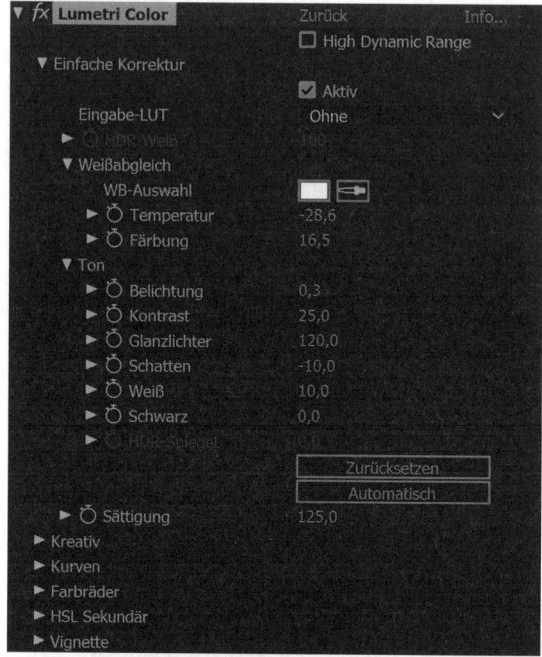

Abbildung 11.59
In der sekundären Farbkorrektur arbeiten Sie mit Keyfarben.

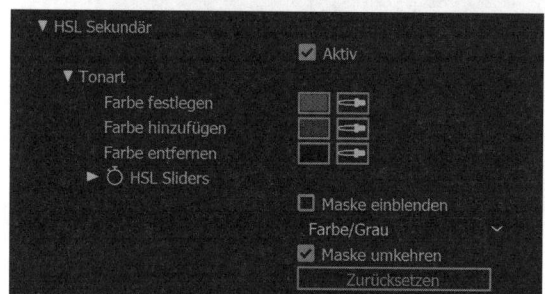

Setzen Sie also im Anschluss die SÄTTIGUNG der Auswahl auf 0 herunter. Der Farbbereich ist allerdings zu eng gefasst, nicht alle Töne werden bei der Auswahl getroffen und einige Blau- und Violett-Töne erscheinen ebenfalls entsättigt.

Abbildung 11.60
Die Entsättigung zeigt noch Defizite in der Farbauswahl.

Daher öffnen Sie die HSL Sliders und definieren den Auswahlbereich genauer. Zunächst isolieren Sie den gewünschten Bildbereich mit der Bildregion-Ansicht, um ein wenig schneller arbeiten zu können. Verbreitern Sie dann den Farbbereich (**H**ue), um flächendeckende Blau- und Violett-Töne in die Auswahl einzubeziehen. Dann versetzen Sie den Offset der Sättigung (**T**). Sobald der Farbbereich ausreichend feinjustiert wurde, gehen Sie zum nächsten Schritt über.

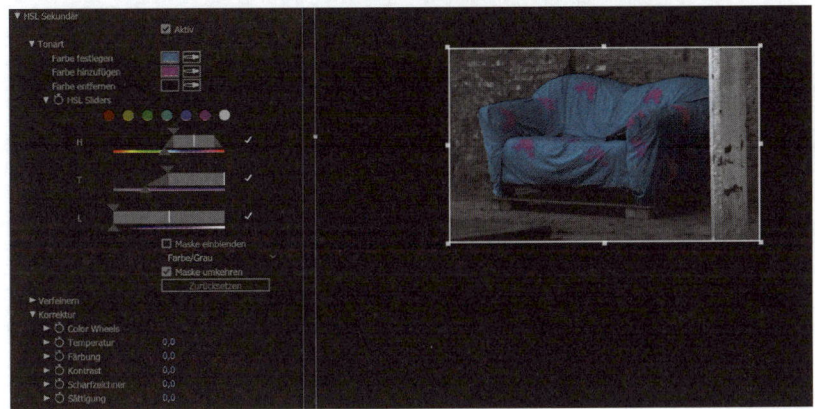

Abbildung 11.61
Die Bildregion-Option beschleunigt die Feinjustierung der Farbbereiche.

In der Korrektur erhöhen Sie anschließend den Kontrast erneut, indem Sie die Schatten und Mitteltöne absenken und gleichzeitig die Glanzlichter anheben.

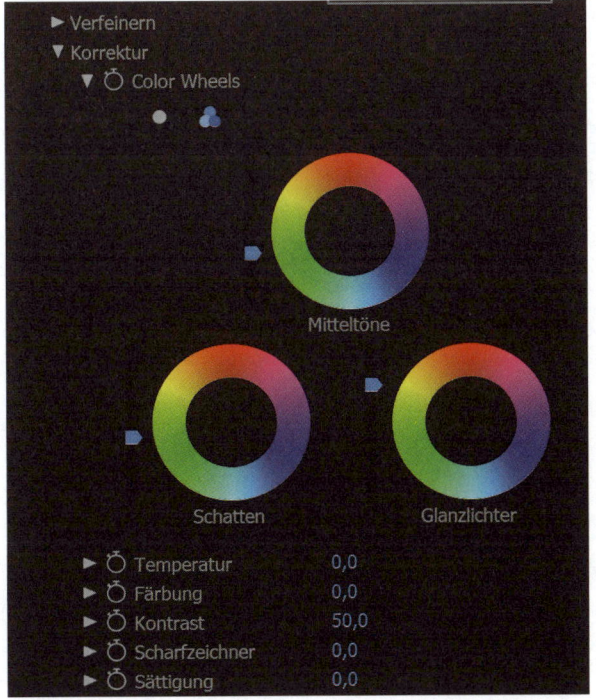

Abbildung 11.62
Die Color Wheels der Korrektur umfassen nur die Töne der vorherigen Farbauswahl.

Abbildung 11.63 Das finale Resultat wird noch um eine Vignette ergänzt, dann ist das ausdrucksstarke Bild auch schon fertig.
Das finale Bild

Kapitel 12

Tracking und Stabilisierung

In diesem Kapitel geht es um weitere Kassenschlager aus der Rubrik *we'll fix it in post*. Denn neben der Korrektur von Ausleuchtungs- und Farbfehlern gehört das Stabilisieren von verwackeltem Kameramaterial zu den Standardaufgaben in der Postproduktion.

Alle Werkzeuge und Arbeitsweisen, die Sie jetzt kennenlernen, werden dazu verwendet, gedrehtes Video- oder Filmmaterial zunächst zu vermessen und anschließend zu korrigieren. After Effects macht auch in diesem Bereich der Postproduktion eine gute Figur, denn mit dem eingebauten Tracking-Werkzeug, dem 3D-Kameratracker und der Verkrümmungsstabilisation sind gleich mehrere starke Lösungsansätze für vielfältige Anwendungsfälle parat.

Das Material wird im ersten Schritt anhand verschiedener Methoden analysiert. Aus diesen Ergebnissen können verschiedene Informationen gewonnen werden. So lassen sich beispielsweise Rückschlüsse auf Kameraposition, -neigung, aber auch optische Veränderungen finden, wenn beispielsweise während der Aufnahme gezoomt wurde. Gleichermaßen lassen sich Objekte über den Bildschirm verfolgen, bei Bedarf auch inklusive Berücksichtigung von Drehung oder Skalierung.

Nach dem erfolgten Tracking stehen die Ergebnisse für jeden einzelnen Frame zur Verfügung, bewirken aber zunächst keinerlei Veränderung an Videomaterial oder Effekten. Auf das Tracking folgt also immer ein weiterer Schritt, bei dem die Analyse-Daten angewendet werden müssen. Das können einfache Verknüpfungen an Textebenen (sogenannte Callouts), aber auch komplexere dreidimensionale Objekte oder Ähnliches sein.

Ausgangspunkt für nahezu alle Tracking-Angelegenheiten ist das TRACKER-Fenster, in dem Sie bereits die verschiedenen Anwendungsbereiche sehen:

- Kamera verfolgen
- Bewegung verfolgen
- Verkrümmung stabilisieren
- Bewegung stabilisieren

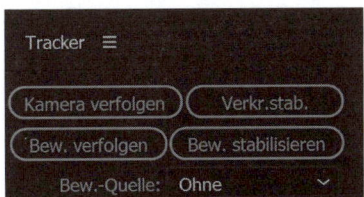

Abbildung 12.1
Das TRACKER-Fenster

12.1 Bewegung verfolgen

In After Effects gewinnen Sie die Positionsdaten eines Objekts, indem Sie seine BEWEGUNG VERFOLGEN. Auf den nächsten Seiten werden Sie sehen, dass es auch hier für unterschiedliche Aufgaben Tracking-Workflows gibt, die aber alle auf dem gleichen Prinzip basieren, dem sogenannten **Punkt-Tracking**. Im Programm selbst gibt es das Ein-Punkt-, Zwei-Punkt- sowie das Vier-Punkt-Tracking. Doch ganz gleich, wie viele Punkte Sie haben, die Funktionsweise des Track-Punkts bleibt immer gleich.

Ein-Punkt-Tracking-Methode

Sehen wir uns zunächst einmal die einfache Ein-Punkt-Tracking-Methode an. Sie eignet sich vor allem für einfache Bewegungen über den Bildschirm, von links nach rechts oder diagonal.

Download-Material
Begleitend zu dieser Sektion öffnen Sie die Komposition Ein-Punkt-Tracking aus der Datei Tracking.AEP im Download-Ordner 12.

Mit angewählter Ebene wählen Sie per Rechtsklick BEWEGUNG VERFOLGEN. Es öffnet sich das TRACKER-Fenster und der Videoclip wird jetzt in einem EBENEN-Fenster sichtbar. Wundern Sie sich nicht, ein Punkt-Tracking findet nie im Kompositionsfenster statt. Überprüfen Sie also, ob Sie nach dem Tracking auch im richtigen Fenster sind, falls nicht gleich die gewünschten Veränderungen zu sehen sind.

Im TRACKER-Panel sehen Sie zunächst, dass unter der Bewegungsquelle der aktuelle Clip angezeigt wird. Darunter sehen Sie unter AKTUELLER TRACKER, in welcher Tracker-Gruppe Sie sich befinden, denn Sie können mehrere Bereich des Bildes tracken. Ebenso auch in unterschiedliche Varianten. Achten Sie also hier ebenfalls darauf, immer in der korrekten Gruppe zu arbeiten.

Abbildung 12.2
Das TRACKER-Fenster bei der einfachen Bewegungsverfolgung

Wiederum darunter sehen Sie die TRACK-ART. Für das einfache Ein-Punkt-Tracking verwenden Sie TRANSFORMIEREN, weitere Optionen lernen Sie im späteren Verlauf des Kapitels kennen.

- Stabilisieren
- **Transformieren**
- Paralleler Eckpunkt
- Perspektivischer Eckpunkt
- Roh

Abbildung 12.3
Die Track-Arten

Belassen Sie ebenfalls den Haken in der Position-Checkbox. Wenden Sie sich dem Kompositionsfenster zu, sehen Sie im Bildzentrum den Track-Punkt.

Ein Track-Punkt wird anhand des sogenannten **Features** gesucht. Das sind besonders markante Bildpunkte, die sich deutlich von Bildpunkten in ihrer Umgebung abheben. Sie erzielen die besten Ergebnisse, wenn Sie das Feature in jene Bereiche legen, in denen Farb- oder Helligkeitskontraste sehr stark sind und das Tracking-Werkzeug mit klaren Kanten arbeiten kann. Des Weiteren sollte das Feature im gesamten Verlauf Ihres Clips zu sehen sein und nicht aus dem Bildrand verschwinden.

Abbildung 12.4
Ein-Punkt-Tracking

Alle dieser Punkte sind gleich aufgebaut: In der Mitte befindet sich das FEATURE-ZENTRUM, das festlegt, an welcher Position der Track-Punkt genau liegt. Auf diesen Punkt werden später beispielsweise Effekte oder auch Stabilisierungswerkzeuge zugreifen.

Das Zentrum wird von der FEATURE-REGION umgeben. Hier legen Sie das Element fest, das getrackt werden soll. Ist die Einstellung zu groß, wird der Track sehr flüssig, aber unter Umständen zu ungenau. Ist der Bereich wiederum zu klein, können Störungen durch Rauschen oder andere Dinge dazu führen, dass Ihre Einstellungen zwar präzise Ergebnisse liefern, diese aber sehr zittrig sind.

Danach legen Sie die SUCHGRÖSSE fest. Dieser Rahmen definiert, wo der Tracker nach dem zu trackenden Element suchen soll. Ist die Suchgröße zu klein, kann der Track-Punkt bei großen Bewegungen abhandenkommen, wenn das Element sich außerhalb des Rahmens befindet. Allerdings bedeutet ein größerer Rahmen auch einen größeren Rechenaufwand, da mehr Bildpunkte untersucht werden müssen. Das resultiert natürlich auch in einem länger dauernden Tracking-Vorgang.

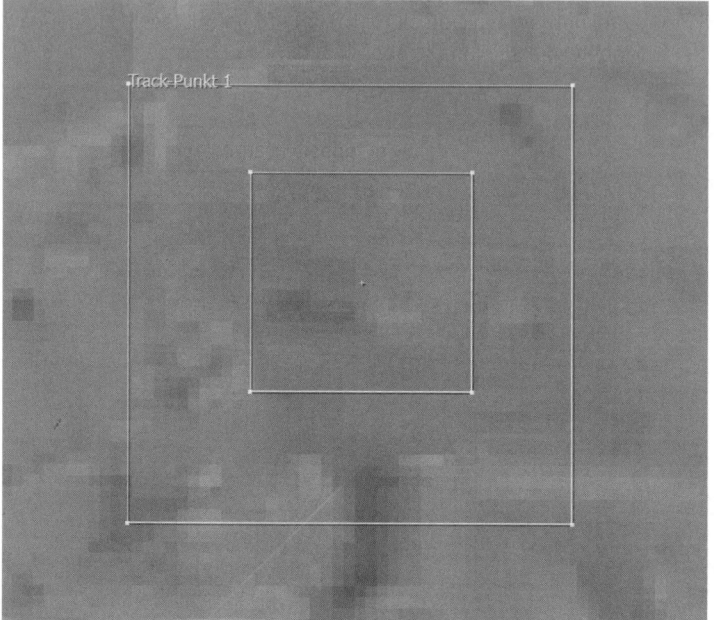

Abbildung 12.5
Ein Track-Punkt

Ebenso zu erwähnen ist der ANFÜGEPUNKT. Dieser ist standardmäßig mit dem Feature-Zentrum identisch, lässt sich aber verschieben. Das ist dann nützlich, wenn Sie zu einem späteren Zeitpunkt etwas mit dem Tracking-Ergebnis verbinden wollen, der Ort, an dem die Verknüpfung stattfinden soll, aber nicht zum Tracken geeignet ist, beispielsweise zu wenig Kontrast besitzt, um vernünftige Ergebnisse zu erzielen. In diesem Fall suchen Sie einen günstigen Track-Punkt und versetzen dann den Anfügepunkt.

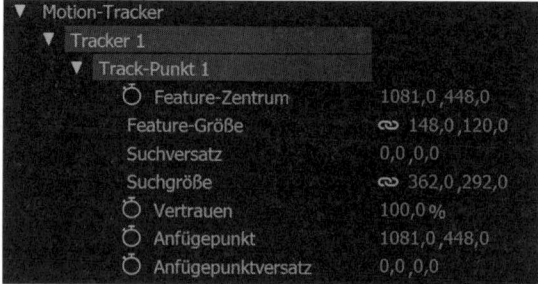

Abbildung 12.6
Track-Punkte sind mehr als nur eine Koordinate.

Um einen Track-Punkt zu verschieben, müssen Sie ihn nur mit der gedrückten Maustaste verschieben. Während des Verschiebens sehen Sie eine gezoomte

Ansicht der Feature-Größe, um das Feature-Zentrum leichter festlegen zu können.

Abbildung 12.7
Eine Lupe erleichtert die Ausrichtung des Features.

Lassen Sie die Maustaste los und wechseln Sie wieder ins TRACK-Fenster. Hier klicken Sie in der Analyse auf den Play-Button, um den Schnellvorlauf zu aktivieren. Jetzt startet das Werkzeug den Clip und sucht Frame für Frame nach dem Track-Element, um die Punkt-Information zu finden. Sie können Tracks auch rückwärts analysieren beziehungsweise die Analyse frameweise vor- oder zurücklaufen lassen.

Tracking-Analyse

Auch wenn der Tracker das Footage automatisch von Anfang bis Ende in einem Stück analysiert, sollten Sie den Vorgang ab und an unterbrechen und die korrekte Position des Features kontrollieren.

Abbildung 12.8
Ein gutes Feature hebt sich klar vom Hintergrund ab.

Ist das Tracking beendet, können Sie im Ebenen-Fenster einen Bewegungspfad des Track-Punkts erkennen. Überprüfen Sie an dieser Stelle erneut, ob das Feature über die gesamte Dauer des Clips korrekt verfolgt wurde. Jeder Track-Punkt lässt sich im Nachhinein auch manuell verschieben, sodass besonders gravierende Abweichungen behoben werden können.

Abbildung 12.9
Der Pfad des Track-Punkts

In der Zeitleiste sehen Sie die zugehörigen Keyframes sowohl für das Feature-Zentrum als auch für das VERTRAUEN (die Genauigkeit der Tracking-Vorhersage) und den ANFÜGEPUNKT.

Abbildung 12.10
Die Tracking-Ergebnisse in der Zeitleiste

Die Informationen des Track-Punkts müssen nun angewendet werden, denn sie bewirken immer noch gar nichts. Möchten Sie beispielsweise ein Objekt mit dem getrackten Element verbinden, können Sie das unter BEWEGUNGSZIEL anwählen. Ich empfehle Ihnen aber, einen kleinen Umweg zu machen. Weisen Sie die Ergebnisse Ihres Trackers zunächst einem Null-Objekt zu. Später können Sie das gewünschte Element oder gleich mehrere Elemente wiederum mit dem Null-Objekt verbinden. Einer der Vorteile ist, dass die Tracking-Informationen in diesem Element gespeichert bleiben, wenn Sie eine Ebene austauschen oder gar verschieben möchten. Zusätzlich gibt Ihnen das Null-Objekt in der Komposition ein visuelles Feedback, denn Sie erinnern sich, dass Track-Punkte nur im EBENE-Fenster angezeigt werden. Darüber hinaus wird es bei der finalen Ausgabe nicht mitgerendert.

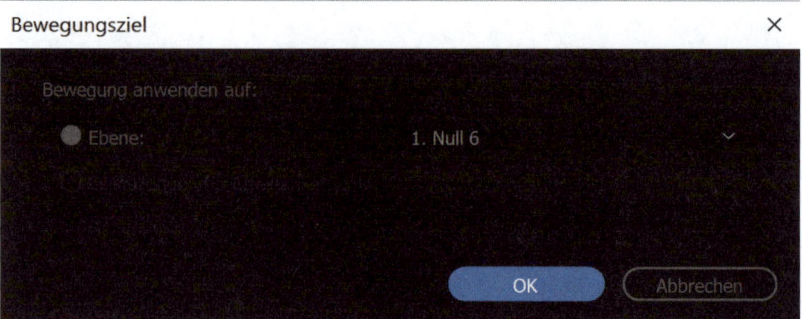

Abbildung 12.11
Ein Null-Objekt speichert Tracking-Daten.

Weisen Sie also die Koordinaten des Track-Punkts dem Null-Objekt als BEWE-GUNGSZIEL zu. Im anschließenden Dialog belassen Sie die Einstellungen auf X UND Y und bestätigen. Zurück im Kompositionsfenster sehen Sie nach der erfolgreichen Zuweisung der Positionsdaten den Bewegungspfad des Null-Objekts. Nun können Sie weitere Ebenen darauf mittels eines Parentings verweisen.

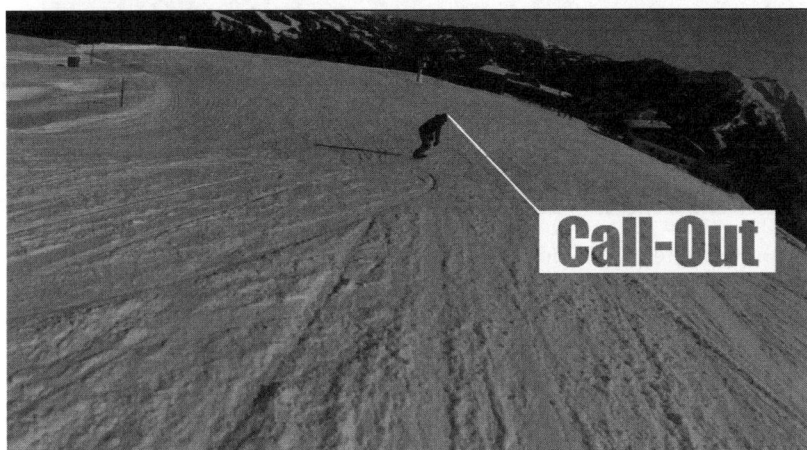

Abbildung 12.12
Das Callout wird an das Null-Objekt verwiesen.

Zwei-Punkt-Tracking-Methode

Download-Material

Begleitend zu dieser Sektion öffnen Sie die Komposition Zwei-Punkt-Tracking aus der Datei Tracking.AEP im Download-Ordner 12.

Das Ein-Punkt-Tracking löst die Bewegung eines Objekts anhand der X- und Y-Koordinate auf, daher kann anhand der gewonnenen Punkte nur die Position abgeleitet werden.

Abbildung 12.13
Zwei-Punkt-Tracking

Das Zwei-Punkt-Tracking ermöglicht da schon komplexere Vorhaben. Da sich nun ein zweiter Track-Punkt dazugesellt, kann aus dem Verhältnis der beiden Punkte zueinander zusätzlich noch die Skalierung oder Rotation des getrackten Objekts nachvollzogen werden. Möchten Sie also diese Transformationseigenschaften zusätzlich in Erfahrung bringen, werden zwei Track-Punkte im Ebenenfenster nötig.

Abbildung 12.14
Zwei Track-Punkte

Auch hier achten Sie wieder auf die Auswahl besonders markanter Punkte, dabei bleibt es jedoch gleich, in welchem Ausgangsverhältnis diese beiden stehen.

Abbildung 12.15
Die Position der Features gibt auch Rückschluss auf Skalierung und Rotation.

Anschließend weisen Sie wieder die gewonnenen Informationen einem Null-Objekt zu. Ein Blick in das Kompositionsfenster zeigt, dass nicht nur die Position, sondern auch die Skalierung und Drehung angepasst worden ist.

Abbildung 12.16
Das positionierte und gedrehte Null-Objekt

Auch in der Zeitleiste sehen Sie Keyframes für diese Eigenschaften. Per Parenting lassen sich diese Keyframe-Daten wieder an andere Ebenen weitergeben.

Abbildung 12.17
Verweisen Sie eine 3D-Ebene an ein 2D-Null-Objekt ...

Obwohl die gewonnenen Tracking-Daten auf dem Null-Objekt zweidimensional sind, können Sie perspektivische Änderungen der Zielebene »aufzwingen«. Wandeln Sie diese einfach zu einer dreidimensionalen Ebene um und korrigieren Sie die Ausrichtung und Skalierung entsprechend der Videoszene. Wenn Sie jetzt den Clip abspielen, werden Sie feststellen, dass das Null-Objekt die korrekten Informationen liefert, um die 3D-Ebene räumlich dem Bildinhalt anzugleichen.

Abbildung 12.18
... und die Perspektive stimmt.

Vier-Punkt-Tracking-Methode

Das Vier-Punkt-Tracking verfolgt eine etwas andere Strategie. Wie der Name verrät, kommen in diesem Fall vier Track-Punkte zum Einsatz.

Download-Material
Begleitend zu dieser Sektion öffnen Sie die Komposition Vier-Punkt-Tracking aus der Datei Tracking.AEP im Download-Ordner 12.

Diese ermöglichen durch die noch genauere Bestimmung der Punktverhältnisse eine perspektivische Verzerrung von viereckigen Zielebenen wie beispielsweise Leinwänden oder Smartphone-Bildschirmen, aber auch Türen oder Wänden.

Wählen Sie dazu vor dem Tracking unter der TRACK-ART den Eintrag PERSPEKTIVISCHER ECKPUNKT. Im Ebenenfenster sehen Sie die vier Track-Punkte, die Sie diesmal über die viereckige Fläche aufspannen, die ersetzt werden soll.

Abbildung 12.19
Die Schlosswand soll ersetzt werden.

Nach Abschluss der Track-Punkt-Analyse verweisen Sie beim Anwenden nicht mehr auf ein Null-Objekt, sondern auf ein Ebenenelement wie beispielsweise eine Farbfläche.

Abbildung 12.20
Die Zielebene darf kein Null-Objekt sein.

Haben Sie die Auswahl bestätigt, wird auf die Zielebene der ECKPUNKTE VERSCHIEBEN-Effekt angewendet. Dieser sorgt für die perspektivische Verformung anhand der Tracking-Daten.

Abbildung 12.21
Die Farbfläche wurde korrekt verzerrt.

Ein Blick in das EFFEKTEINSTELLUNGEN-Fenster zeigt die Positionsdaten der Eckpunkte. Sie können die Zielebene zusätzlich noch skalieren oder zu einer 3D-Ebene umwandeln, um weitere perspektivische Korrekturen anzuwenden.

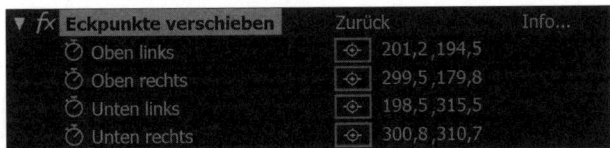

Abbildung 12.22
Der ECKPUNKTE VERSCHIEBEN-Effekt

Zusätzlich zu den Eckpunkten wird auch die Position der Zielebene mit Keyframes versehen, daher sind räumliche Verzerrung und Bewegung der Zielebene separiert.

Track-Punkte

Möchten Sie selber »trackbares« Footage erstellen, empfiehlt sich die Verwendung von Tracking-Markern. Das können bereits einfache Klebebandstreifen sein, wichtig ist nur, dass die Marker leicht ersetzt oder mit Masken entfernt werden können.

12.2 Bewegung stabilisieren

Download-Material

Begleitend zu dieser Sektion öffnen Sie die Komposition Bewegung_Stabilisieren aus der Datei Bewegung.AEP im Download-Ordner 12.

Einfache Kamerabewegungen, beziehungsweise -wackler können Sie mittels des BEWEGUNG STABILISIEREN-Features korrigieren. Die Bewegungsquelle wird dann gleichzeitig zum Bewegungsziel.

Abbildung 12.23
BEWEGUNG STABILISIEREN wird auf sich selbst angewendet.

Die einfache Bewegungsstabilisierung verwendet wieder das Ein- oder Zwei-Punkt-Tracking. Hier ist die Wahl des Features ebenfalls von großer Bedeutung. Suchen Sie einen weit entfernten Punkt am Horizont, wird das Tracking im Vordergrund mitunter sehr unruhig, was allerdings angenehmer für das Auge ist als der umgekehrte Fall. Im Zweifelsfall sollten Sie beide Versionen tracken und vergleichen.

Abbildung 12.24
Die Stabilisierung wird am Hintergrund ausgerichtet.

Hier lohnt sich auch ein Blick in den Diagrammeditor, da Sie so die Bewegungen und vor allem die Auslenkung des Kamerawackelns auch anhand des Graphen erkennen können und so besonders unruhige Passagen schnell ausfindig machen und isolieren können.

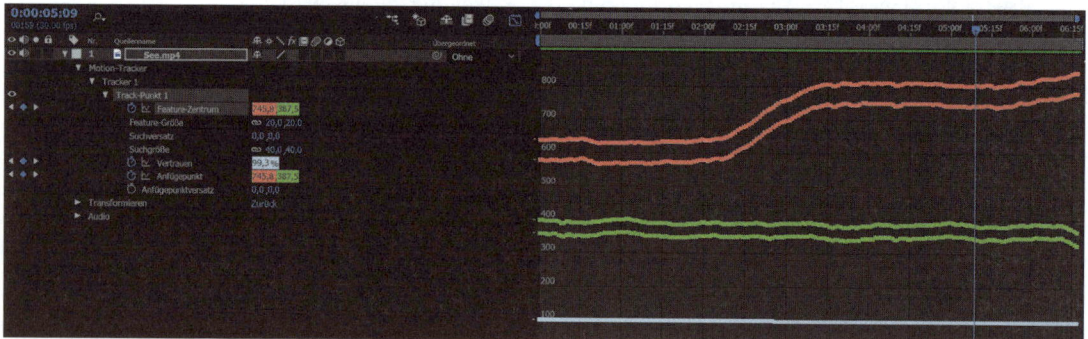

Abbildung 12.25
Die Kamerabewegung im Diagrammeditor

Der Nachteil dieses Werkzeugs liegt auf der Hand. Da die Stabilisierung auf sich selbst angewendet wird, »rutscht« das Video in der Komposition aus dem Bild. Entspricht die Auflösung des Videomaterials der Kompositionsgröße, können kleinere Bewegungen mittels einer minimalen Skalierung noch kaschiert werden. Jedoch ist dies nur begrenzt möglich, daher sind bei besonders starken Wacklern oder größeren Bewegungen dann doch andere Mittel gefragt.

12.3 Verkrümmungsstabilisierung VFX

Abbildung 12.26
Angewendete Stabilisierung bei besonders starken Wacklern

Download-Material
Begleitend zu dieser Sektion öffnen Sie die Komposition Verkrümmungsstabilisierung aus der Datei Bewegung.AEP im Download-Ordner 12.

Eine der wirksamsten Neuerungen der letzten After-Effects-Versionen ist die Integration des Effekts VERKRÜMMUNGSSTABILISIERUNG VFX. Die Adobe-Entwickler haben hier ein powervolles Analysetool mit hinreichenden Transformationseinstellungen gepaart und damit ein schnelles Korrekturwerkzeug geschaffen, das gute Stabilisierungsergebnisse liefert, ohne auch nur einen Tracking-Point setzen zu müssen.

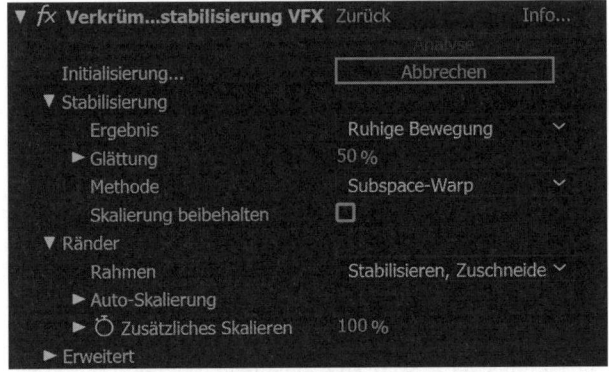

Abbildung 12.27
VERKRÜMMUNGSSTABILISIERUNG VFX

Zu Beginn jeder Anwendung wird das vorhandene Videomaterial auf die Kamerabewegung hin analysiert. Ist dieser Vorgang durchgelaufen, stehen einige Optionen zur Anwendung der gewonnenen Tracking-Daten bereit. Gehen Sie zunächst sicher, dass Sie auch nur den Part Ihres Videos analysieren, den Sie wirklich brauchen. Das Werkzeug berücksichtigt bei der Korrektur die gesamte Clipdauer, die analysiert wurde.

Unter Ergebnis legen Sie fest, ob dem Clip eine RUHIGE BEWEGUNG aufgezwungen werden soll. Mit dieser Option erlauben Sie dem Effekt, eine weiche Stabilisierung vorzunehmen, bei der leichte Kamerabewegungen erlaubt sind. Die Option KEINE BEWEGUNG schafft ein sehr hartes Tracking, bei dem die Kamerabewegung auf ein absolut Null reduziert wird.

Abbildung 12.28
Links RUHIGE BEWEGUNG, rechts KEINE BEWEGUNG

Die METHODE entscheidet, wie das Video zu diesem Zweck bearbeitet werden soll. Sie erkennen einige Parallelen des Punkt-Tracking-Werkzeugs. Die Methode POSITION als auch POSITION, SKALIEREN, DREHUNG und PERSPEKTIVE geht von fixierten Eckpunkten der Videoebene aus, während der SUBSPACE-WARP versucht, durch gezielte Verkrümmung von Teilbereichen eine durchweg annehmbare Stabilisierung zu erreichen.

Abbildung 12.29
Die Stabilisierungsmethoden

Position
Position, Skalieren, Drehung
Perspektive
• Subspace-Warp

Das klingt zunächst sehr hilfreich, sollte aber dennoch mit Vorsicht angewendet werden, denn diese Methoden greifen teilweise zu drastischen Verzerrungen, sodass vor allem bei starkem Wackeln große Bildbereiche »gemorpht« werden und es zu einem starken »Wabbern« der Bilder kommt.

Abbildung 12.30
Links POSITION, rechts PERSPEKTIVE

Ebenso wird der Umgang der Videoränder durch die RAHMEN-Eigenschaft sowie der AUTO-SKALIERUNG beziehungsweise SKALIERUNG bestimmt. Während NUR STABI-

12.3 Verkrümmungsstabilisierung VFX

LISIEREN und STABILISIEREN, ZUSCHNEIDEN dem Bild sozusagen Beschnitt geben, wird über die AUTO-SKALIERUNG das Videomaterial vergrößert.

Nur stabilisieren
Stabilisieren, Zuschneiden
● Stabilisieren, Zuschneiden, Auto-Skalierung
Stabilisieren, Kanten synthetisieren

Abbildung 12.31
Die RAHMEN-Optionen

Die Stärke der Skalierung regeln Sie dementsprechend über den AUTO-SKALIERUNG-Regler. Wenn Sie hingegen die KANTEN SYNTHETISIEREN, versucht das Programm, durch Verzerrungen und Spiegelungen die Kanten selbst so unauffällig wie möglich künstlich anzufügen. Durch ZUSÄTZLICHES SKALIEREN können noch bestehende kleine Defizite dieser Funktionen ausgeglichen werden.

Abbildung 12.32
Kanten beschneiden oder synthetisieren

Solange Sie die Ausschnitte geschickt wählen, können auch so manche Wackler noch in verwertbare Clips verwandelt werden. Verlassen Sie sich auf Ihre Augen und beschränken Sie zusätzliche Skalierungen auf ein notwendiges Minimum.

Abbildung 12.33
Die angewendete AUTO-SKALIERUNG (in diesem Fall auf fast 150% der Ausgangsgröße)

Neben der Korrektur der Videoebene, auf die der Effekt angewendet wurde, können Sie unter ERWEITERT noch genauer eingreifen. Unter anderem lässt sich die Balance des Beschnitts und der zeitlichen Glättung, also auch die Kanten-Synthese feinjustieren. Das Verhältnis zwischen Beschnitt und zeitlicher Glättung finden Sie ebenfalls hier, eine Einstellung, die sich gegebenenfalls zu überprüfen lohnt, falls der Effekt Ihr Material zu stark beschneiden sollte.

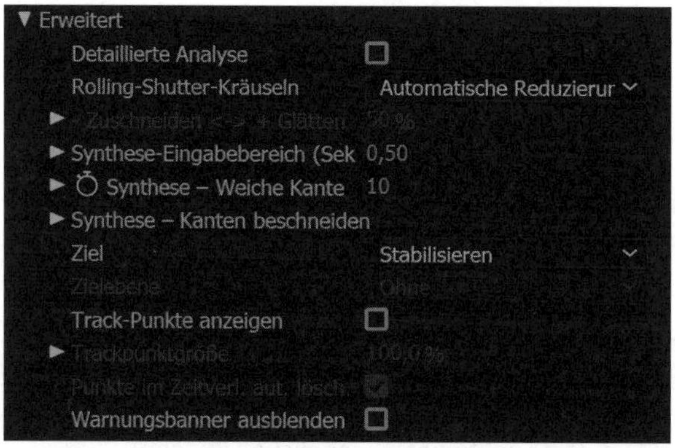

Abbildung 12.34
Erweiterte Optionen für die Bildstabilisation

Ähnlich der Tracking-Palette können Sie die Analyseergebnisse ebenfalls auf weitere Zielebenen anwenden, denn während des Analysevorgangs wurde das Bildmaterial mittels internen und unsichtbaren Track-Punkten untersucht. Unter ZIEL legen Sie folglich eine weitere Zielebene fest.

12.4 Kamera verfolgen

> **Download-Material**
>
> Begleitend zu dieser Sektion öffnen Sie die Komposition 3D_Kamera aus der Datei Tracking.AEP im Download-Ordner 12.

Ein Klick auf KAMERA VERFOLGEN fügt der angewählten Ebene den 3D-KAMERATRACKER als Effekt hinzu. Sie können ihn über die Effekteinstellungen immer wieder aufrufen, der Tracking-Vorgang wird im Kompositionsfenster angezeigt. Anders als die bisher erwähnten Tracking-Varianten, die mehr oder weniger nur zweidimensionale Ergebnisse liefern, wandelt der 3D-Kameratracker seinem Namen entsprechend Informationen aus zweidimensionalen Videoebenen in dreidimensionale Koordinaten um. In Kapitel 13 erfahren Sie mehr über die Anwendung von 3D-Ebenen und -Objekten, dennoch soll an dieser Stelle auf die Interaktion des 3D-Kameratrackers und weiterer Ebenen im dreidimensionalen Raum eingegangen werden.

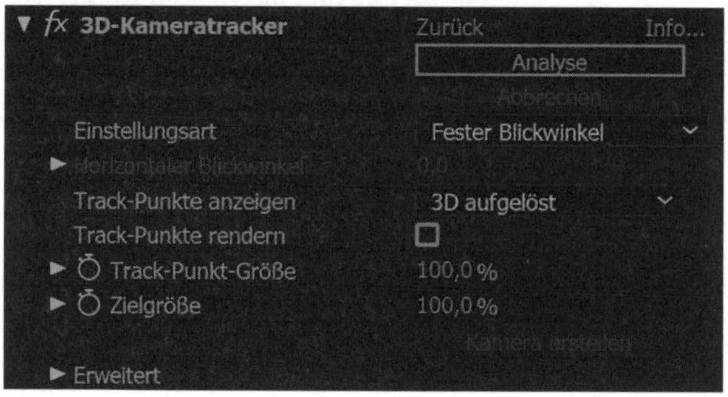

Abbildung 12.35
Der 3D-KAMERATRACKER

12.4 Kamera verfolgen

Wird der Tracker auf eine Videoebene gelegt, beginnt automatisch der Analyse-Vorgang. Die Track-Punkte werden vom Werkzeug selbst festgelegt, daher müssen Sie nur abwarten, bis die Untersuchung abgeschlossen und im Anschluss die sogenannte Auflösung der Kamera beendet wurde.

Abbildung 12.36
Die automatische Analyse

Vor der Analyse können Sie bereits gewisse Voreinstellungen treffen, die das Tracking noch effizienter gestalten. Zunächst wäre da der BLICKWINKEL, der bestimmt, ob während der Aufnahme gezoomt wurde oder nicht, da dies einen entscheidenden Einfluss auf die Track-Punkte und deren Verhältnis untereinander nimmt. Kennen Sie den genauen HORIZONTALEN BLICKWINKEL, umso besser und genauer kann die Kameraposition nachvollzogen werden.

Abbildung 12.37
Der 3D-Kameratracker erzeugt eine Vielzahl von Punkten.

- Fester Blickwinkel
  Variabler Zoom
  Blickwinkel angeben

Abbildung 12.38
Blickwinkel-Setting der verwendeten Kamera

337

Nach einer kurzen Sichtung des Footages können Sie ebenfalls sagen, um welche Art von Kamerabewegung es sich handelt. Das wird dann in der AUFLÖSUNGSMETHODE im Untermenü ERWEITERT berücksichtigt. Ein STATIVSCHWENK rotiert um die eigene Achse, während sich eine GRÖSSTENTEILS FLACHE SZENE durch wenig Seitenbewegung, wohl aber Bewegung in der räumlichen Tiefe erkennbar macht, also entweder ein Zoom oder eine Vorwärts- oder Rückwärtsbewegung des Aufnahmegeräts. Die Option TYPISCH berücksichtigt beide Optionen, tendiert aber eher zur Auflösung anhand von flachen Kamerabewegungen.

Abbildung 12.39
Kameraschwenk oder Kamerafahrt

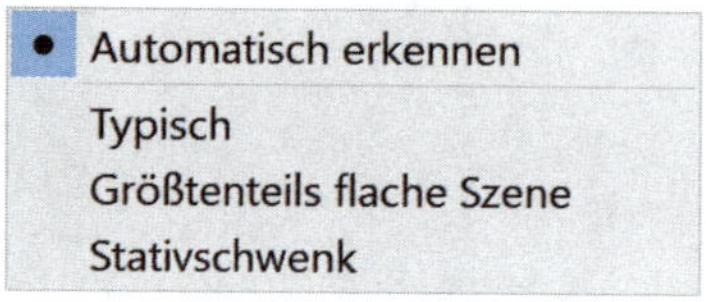

- Automatisch erkennen
- Typisch
- Größtenteils flache Szene
- Stativschwenk

Ein Klick auf KAMERA ERSTELLEN im EFFEKTEINSTELLUNGEN-Fenster erzeugt eine neue 3D-Kamera und dazugehörige Keyframe-Daten für deren POSITION und AUSRICHTUNG. Noch interessanter sind da die Optionen, die sich Ihnen im Kompositionsfenster bieten.

Klicken Sie mit der rechten Maustaste auf einen Track-Punkt, erscheint ein Kontextmenü, in dem Sie an genau der Position verschiedene, dreidimensionale Objekte erstellen können.

Abbildung 12.40
Schnellauswahl zur Erstellung von 3D-Ebenen

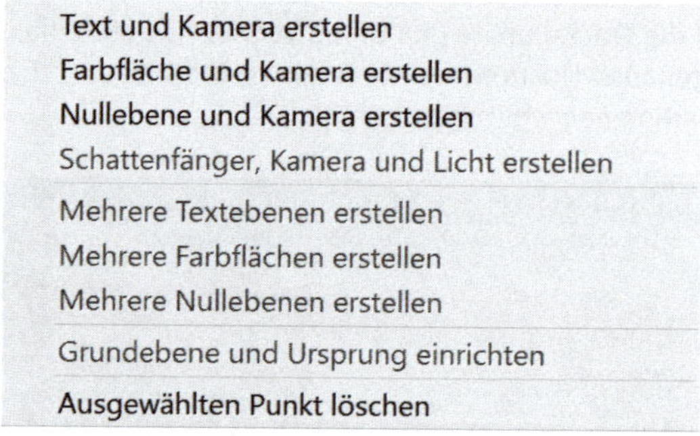

- Text und Kamera erstellen
- Farbfläche und Kamera erstellen
- Nullebene und Kamera erstellen
- Schattenfänger, Kamera und Licht erstellen
- Mehrere Textebenen erstellen
- Mehrere Farbflächen erstellen
- Mehrere Nullebenen erstellen
- Grundebene und Ursprung einrichten
- Ausgewählten Punkt löschen

Die einfachen Funktionen erzeugen sowohl eine Kamera als auch ein 3D-Objekt. Die Kameradaten, inklusive Position und Ausrichtung, werden um korrekt adressierte 3D-Koordinaten für das jeweilige Element ergänzt. Damit sind die Grundvoraussetzungen für eine dreidimensionale Szene geschaffen. TEXT und FARBFLÄCHE erzeugen entsprechende, perspektivisch angepasste Ebenen, ein Null-Objekt (hier als NULLEBENE bezeichnet) kann seine Eigenschaften wiederum an weitere Child-Objekte weitergeben. Spielen Sie nun die Vorschau ab, bleibt das 3D-Objekt mit dem Track-Punkt verknüpft, die Kamera bewegt sich der getrackten Bewegung entsprechend durch den errechneten Raum.

12.4 Kamera verfolgen

Abbildung 12.41
Einfache Interaktion von Text und 3D-Kamera

Fahren Sie mit der Maus im Kompositionsfenster über die Flächen zwischen mehreren Track-Punkten, wird eine große Zielfläche eingeblendet. Sie verdeutlicht, dass After Effects an dieser Stelle eine aufgespannte Ebene erkannt hat und jetzt weitere Optionen zur Verfügung stehen.

Abbildung 12.42
Vorschau einer Zielebene

Alternativ können Sie auch mit der gedrückten [Strg]-Taste (Mac: [⌘]) mehrere Punkte anwählen und selbst eine solche Fläche aufziehen, falls das Werkzeug

339

keine Zielebene liefert, die Ihren Ansprüchen genügt. An dieser Stelle möchte ich ein Feature erwähnen und dabei dem dreidimensionalen Kapitel etwas vorgreifen, denn durch die Verwendung einer dieser Zielebenen können Sie nun auch zusätzlich ein Licht und einen Schattenfänger in die Szene bringen. Diese beiden Objekte sind per se 3D-Elemente, besitzen also eigene dreidimensionale Koordinaten. Dadurch können Sie jetzt zusätzliche Elemente ebenfalls beleuchten, damit diese sich noch realistischer in das Videomaterial einfügen.

Wichtig ist, dass das beleuchtete Objekt, also beispielsweise eine Textebene und der Schattenfänger in etwa an der gleichen Position im dreidimensionalen Raum stehen. Im nächsten Schritt müssen Sie dann die Lichtquelle entsprechend dem Bildinhalt positionieren, damit die künstliche Belichtungssituation mit der im Videobild befindlichen übereinstimmt. Für weitere Feineinstellungen des Schattenfängers und des Lichts schlagen Sie in Kapitel 13 nach.

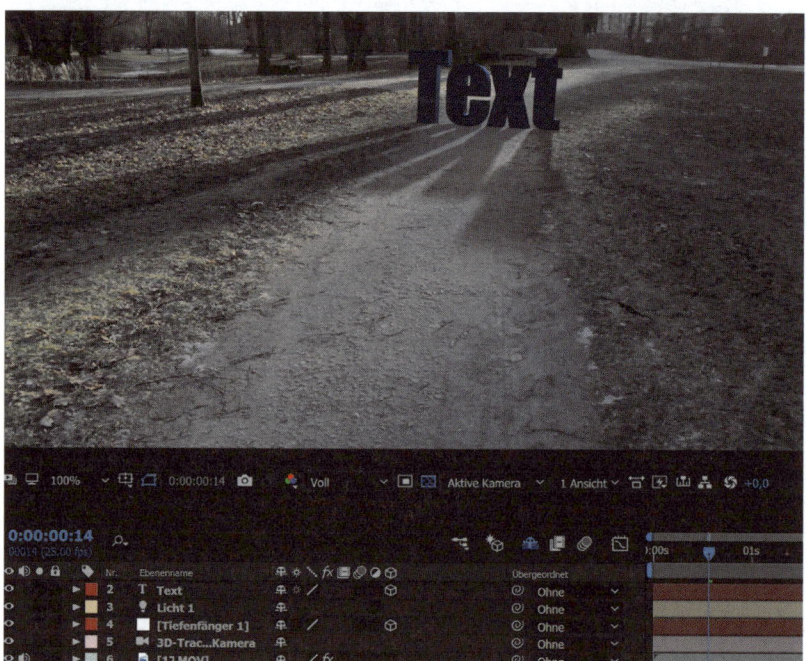

Abbildung 12.43
Realistische Ergebnisse erzielen Sie mit Licht und Schattenfänger.

Im Übrigen sind Sie nicht an die bestehenden Track-Punkte des Werkzeugs gebunden, sondern können nach der Erstellung des 3D-Kamera-Objekts weitere Elemente in die räumliche Tiefe bringen. Ist das Videomaterial hauptsächlich anhand von Track-Punkten im Vordergrund berechnet worden, werden Objekte in weiter Entfernung immer weniger durch das Kamerawackeln beeinflusst. So verstärkt sich der Eindruck, dass sich das vergleichsweise ruhige Objekt in großer Distanz im Hintergrund befinden muss.

Abbildung 12.44
Räumliche Tiefe entscheidet über die Wirksamkeit eines Trackings.

12.5 Workshops

Himmel ersetzen

Wolkenloser Himmel über sonst eindrucksvollen Kulissen. Kamerasensoren, die in besonders hellen Aufnahmesituationen keine ausgewogene Belichtung für Landschaft einerseits und Himmel andererseits erzielen. In vielen Situationen fehlt in einigen Teilen des Bildes das gewisse Etwas. Mit dem nächsten Beispiel lernen Sie, mithilfe eines einfachen Trackings und Compositings einen Objekthintergrund zu ersetzen. Laden Sie das Footage `Himmel_und_Schloss.MOV` in eine neue Komposition und öffnen Sie die Tracker-Palette.

Abbildung 12.45
Kontrastloser Himmel

Verwenden Sie das Zwei-Punkt-Tracking und untersuchen Sie den Clip neben der Position auch auf die Skalierung und Drehung. Anschließend wenden Sie das Tracking-Ergebnis auf ein Null-Objekt an.

Abbildung 12.46
Zwei-Punkt-Tracking

An dieser Stelle greifen Sie auf ein Key-Werkzeug aus dem Compositing zurück, um den Vordergrund vom zeichnungslosen Himmel freizustellen. Der EXTRAHIEREN-Effekt zieht dazu die Helligkeitsinformationen der Bildpunkte heran und eliminiert in diesem Fall die hellen Bereiche im Himmel, ohne die Szenerie darunter zu beeinträchtigen.

Abbildung 12.47
Luminanz-Keying mit dem EXTRAHIEREN-Effekt

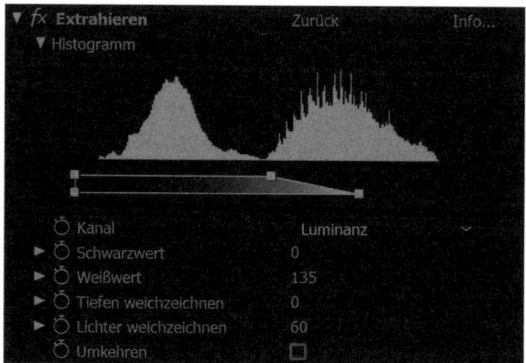

Zusätzlich könnten Sie auf weitere Hilfsmittel wie beispielsweise Masken zurückgreifen, um sicherzustellen, dass auch etwaige hellere Bildbereiche im Vordergrund vom Luminanz-Key-Verfahren verschont und nicht ausgeblendet werden.

Abbildung 12.48
Der freigestellte Himmel

Bringen Sie das Footage Ersatzhintergrund.JPG in die Komposition und passen Sie die SKALIERUNG und die POSITION entsprechend an, sodass sich alter und neuer Horizont in etwa decken und die Ebene das Ausgangsmaterial ein wenig überragt, um etwaige Kamerabewegungen ausgleichen zu können.

Abbildung 12.49
Die Ersatz-Ebene

Jetzt verweisen Sie den Ersatzhintergrund an das Null-Objekt und bringen ihn in der Ebenenübersicht hinter das Ausgangsmaterial.

Abbildung 12.50
Hintergrund-Child und Parent-Null-Objekt

Zum Schluss erfolgen noch ein paar farbliche Anpassungen mittels TONWERTKORREKTUR- und KURVEN-Effekt, sodass sich Vorder- und Hintergrund besser ineinander einfügen.

Abbildung 12.51
Ein neuer Himmel

Kapitel 12

TRACKING UND STABILISIERUNG

Smartphone-Bildschirm

In diesem Workshop lernen Sie, wie Sie die Daten des TRACK-Fensters auf einen Smartphone-Bildschirm anwenden und ihn anschließend durch einen anderen Bildschirm ersetzen. Ebenso werden Sie zusätzlich mit dem 3D-KAMERATRACKER ein Objekt in die Szene integrieren. Laden Sie zunächst `Smartphone_Track.MOV` und packen Sie sie in eine neue Komposition. Wenden Sie aus dem TRACKER-Fenster die BEWEGUNG VERFOLGEN an und ändern Sie die TRACK-ART zu PERSPEKTIVISCHER ECKPUNKT.

Abbildung 12.52
Tracking des Smartphone-Bildschirms

Bringen Sie jetzt die PNG-Sequenz aus dem Unterordner `Ersatzschirm` in die Komposition und weisen Sie das Tracking-Ergebnis auf die neue Ebene zu. Gehen Sie dazu auf ZIEL BEARBEITEN, wählen Sie die Ersatz-Ebene aus und klicken Sie im TRACKER-Fenster auf ANWENDEN.

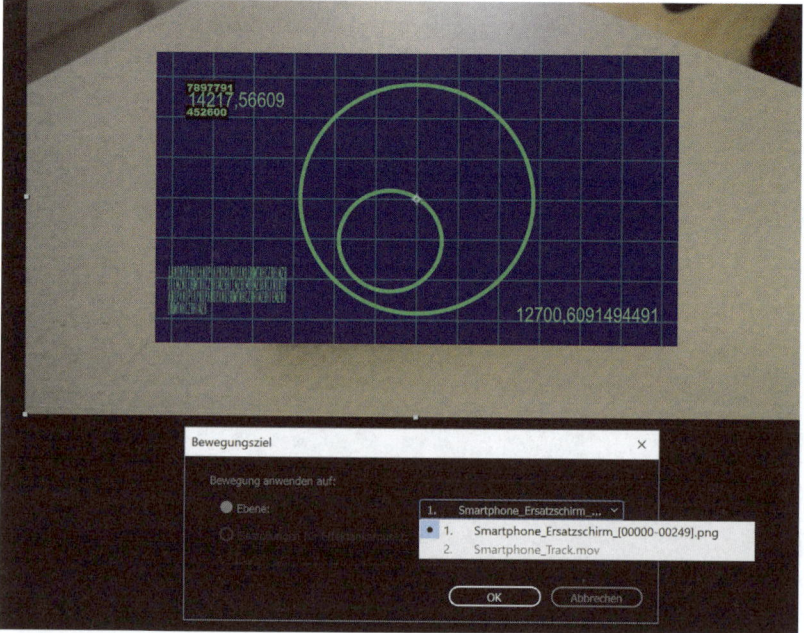

Abbildung 12.53
Weisen Sie das Tracking-Ergebnis der Ersatzebene zu.

344

12.5 Workshops

Der Bildschirm wurde ersetzt, durch sein »Überleuchten« sind noch grüne Streifen unter dem neuen Bildschirm zu erkennen. Das lösen Sie, indem Sie die SKALIERUNG des Ersatz-Bildschirms minimal erhöhen.

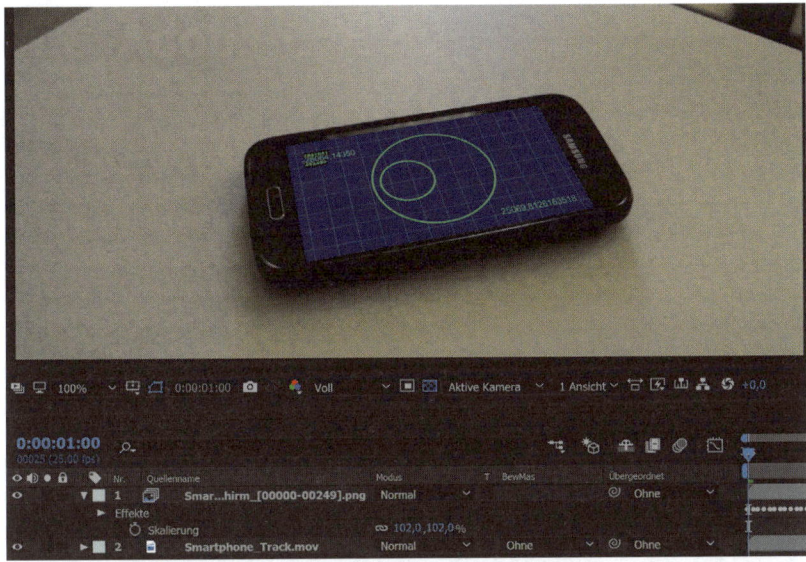

Abbildung 12.54
Der eingepasste Ersatz-Bildschirm

Wenden Sie jetzt den 3D-KAMERATRACKER auf das Videomaterial an und tracken Sie die Umgebung.

Abbildung 12.55
3D-Kameratracker

Im Anschluss erstellen Sie anhand eines beliebigen Punktes ein Null-Objekt und eine Kamera. Verwenden Sie einen Punkt auf dem Bildschirm.

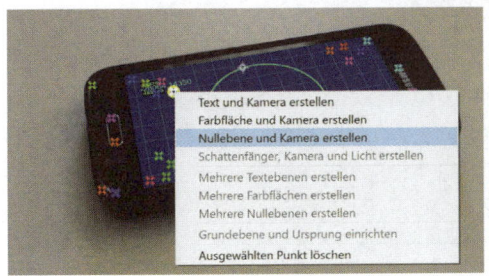

Abbildung 12.56
Suchen Sie einen geeigneten Referenz-Punkt.

Laden Sie jetzt die zweite PNG-Sequenz aus dem Ordner 3D_Objekt in die Komposition, wandeln Sie diese in eine 3D-Ebene um und machen Sie die Ebene zu einem Child-Objekt des erstellten Null-Objekts. Schauen Sie sich das Tracking-Ergebnis und die Interaktion in einer Vorschau an.

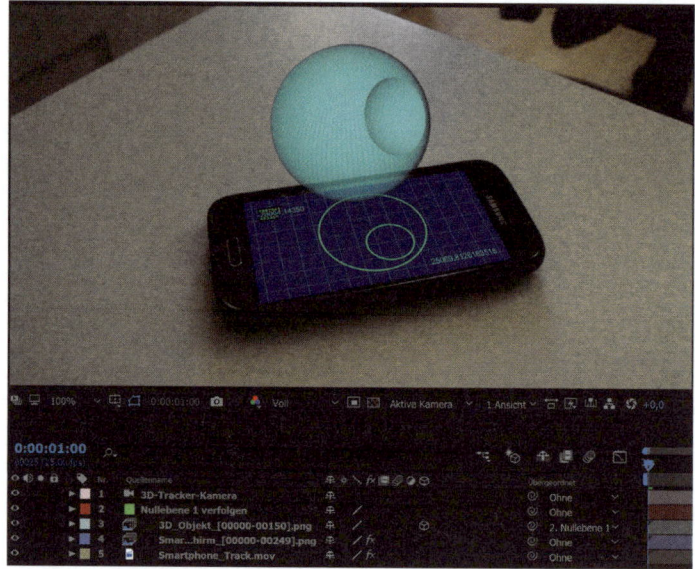

Abbildung 12.57
Parenting zwischen 3D- und Null-Objekt

Sie werden feststellen, dass das Tracking zwar sehr genau, dadurch aber auch sehr unruhig ausfällt. Die verknüpfte 3D-Sequenz hüpft sehr ausladend hin und her. Daher bedienen Sie sich des vorher bereits erwähnten Tricks und bringen das unruhige 3D-Objekt in den tiefen Raum. Anschließend müssen Sie natürlich das Objekt wieder entsprechend hochskalieren.

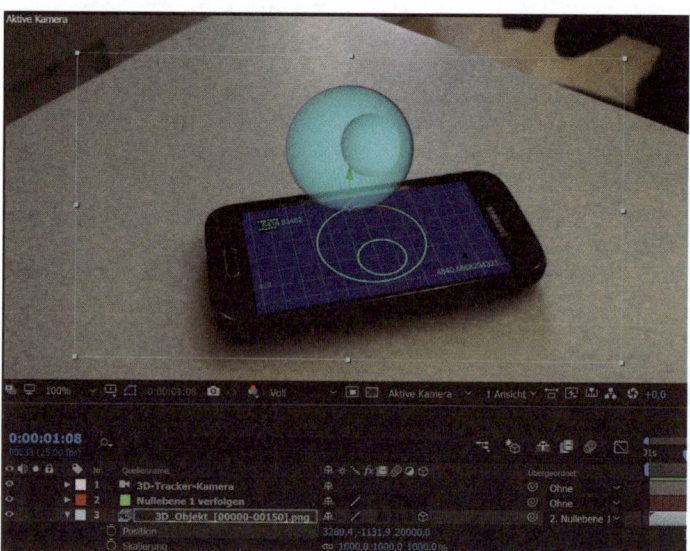

Abbildung 12.58
Unsichtbares Workaround zur Beruhigung der Szene

Kapitel 13

3D

In diesem Kapitel betreten Sie die dritte Dimension. Haben Sie sich bisher ausschließlich im zweidimensionalen Raum des Kompositionsfensters bewegt, ist es nun an der Zeit, dem X und Y ein wenig Tiefe hinzufügen: Die Räumlichkeit kommt mit der Z-Achse.

Abbildung 13.1
Kamera, Licht und Räumlichkeit

In diesem Kapitel werden Sie lernen, wie Sie innerhalb von After Effects mit dreidimensionalen Ebenen umgehen, Kameras verwenden und Lichter einsetzen, um spannende Filme zu erstellen.

Ebenso werden Sie die Grundlagen lernen, um die leistungsstarke Integration von Cinema 4D Lite zu nutzen, denn auch hier liegen weitreichende Gestaltungsmöglichkeiten, die darauf warten, in Ihr Repertoire aufgenommen zu werden.

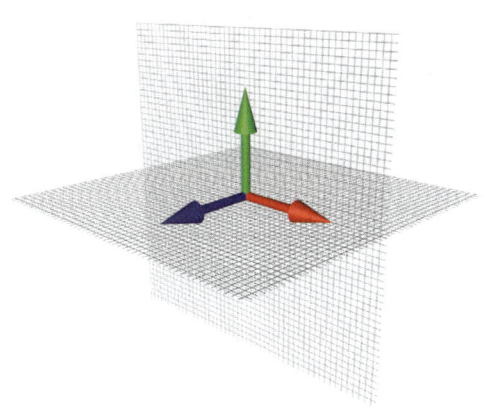

Abbildung 13.2
Das 3D-Koordinatensystem

Kapitel 13 — 3D

Sowohl in Cinema 4D als auch After Effects helfen Farbcodes bei der Orientierung im dreidimensionalen Raum. Die x-Richtung wird rot hinterlegt, die y-Richtung grün und die z-Richtung blau.

13.1 3D in After Effects

After Effects bietet die Möglichkeit, in gewöhnlichen Kompositionen dreidimensionale Inhalte zu positionieren. Es bedarf also keinerlei Voreinstellung oder sonstiger Besonderheiten, um loslegen zu können. Beachten Sie, dass Sie zunächst unter den KOMPOSITIONSEINSTELLUNGEN den Renderer auf KLASSISCH 3D einstellen. An späterer Stelle werden Sie auch die anderen beiden Renderer kennenlernen.

Umwandeln in 3D

Um räumliche Tiefe hinzuzufügen, müssen Elemente innerhalb einer Komposition in den dreidimensionalen Raum überführt werden. Das geschieht mittels der Ebenenschalter in der Ebenenübersicht. Wählen Sie ein Objekt aus und aktivieren Sie das 3D-Icon. Sofort ändert sich die Ansicht des Ankerpunkts, dazu kommen Sie später.

Abbildung 13.3 Der 3D-Ebenenschalter

Da sich sonst aber augenscheinlich nichts verändert hat, kommt die Frage auf, was denn eigentlich den Unterschied ausmacht. Öffnen Sie die Ebenen-Eigenschaften in der Ebenenübersicht. Wie Sie sehen können, wurden die bisherigen Eintragungen um zwei weitere Reiter ergänzt, die GEOMETRIEOPTIONEN und die MATERIALOPTIONEN. Wann und wie Sie diese Optionen nutzen, ebenso was Sie tun, falls eine davon ausgegraut ist, erfahren Sie im späteren Verlauf dieses Kapitels. Erst einmal der Reihe nach.

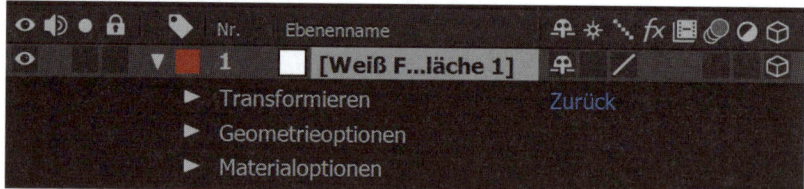

Abbildung 13.4 Erweiterte Optionen in der Ebenenübersicht

Auch die TRANSFORMIEREN-Eigenschaften haben eine kleine Änderung durchlaufen, ANKERPUNKT und POSITION haben jetzt einen zusätzlichen z-Wert. Die SKALIERUNG hat ebenfalls drei Wertangaben und die DREHUNG wurde in AUSRICHTUNG und DREHUNG für jede Dimension aufgeteilt. Lediglich die DECKKRAFT bleibt über den gesamten dreidimensionalen Raum gleich.

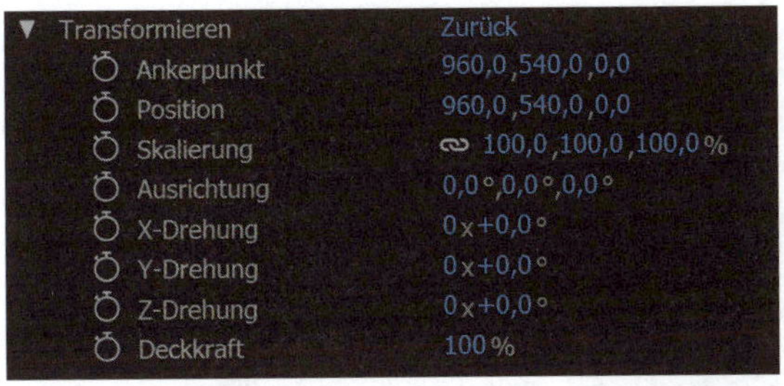

13.1 3D in After Effects

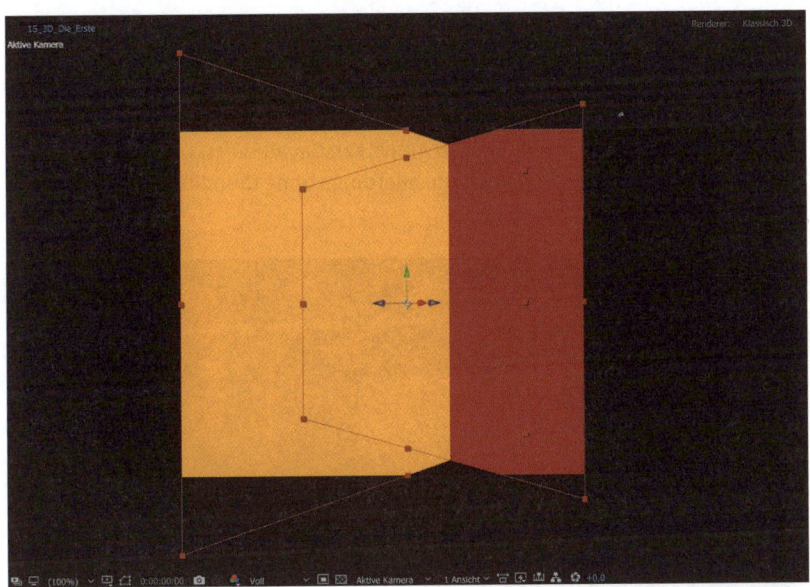

Abbildung 13.5
Die Eigenschaften einer 3D-Ebene

Da das Navigieren und Positionieren in 3D durchaus ein wenig unübersichtlich werden kann, gibt es zur Unterstützung erweiterte Anzeigeoptionen, mit denen Sie nach wie vor die Kontrolle erhalten.

Abbildung 13.6
Die perspektivische Ansicht der aktiven Kamera

Wird eine Ebene zu einer 3D-Ebene umgewandelt, ergibt sich eine subtile Änderung in der Komposition. In Ihrem Kompositionsfenster sehen Sie jetzt AKTIVE KAMERA in der oberen linken Ecke angezeigt. Im Prinzip signalisiert After Effects nun, dass mehr Ansichten als die bisherige Frontale zur Verfügung stehen.

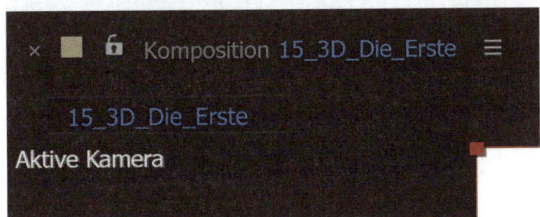

Abbildung 13.7
Der Ansichtsmodus

Abbildung 13.8
Die Ansichtsoptionen

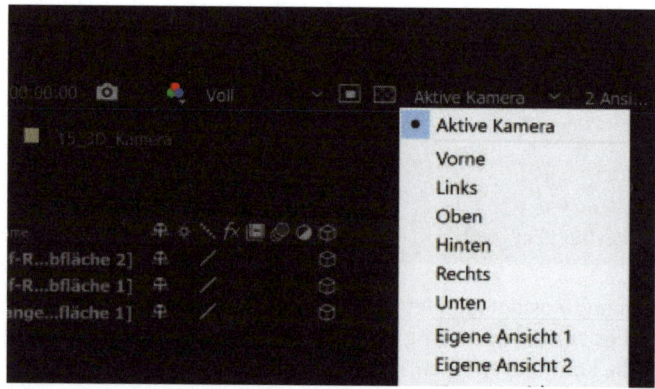

Zum Thema Kamera geht es gleich, vorerst begnügen wir uns mit den Ansichtsoptionen des Kompositionsfensters. Diese finden Sie am unteren Rand des Kompositionsfensters. Stellen Sie sich den 3D-Raum der Komposition wie einen Schaukasten vor, auf den Sie jetzt von allen Seiten blicken können. Zur Veranschaulichung wechseln Sie von AKTIVE KAMERA auf VORN. Jetzt sehen Sie die Ebene wieder in der gleichen Position, allerdings ohne räumliche Verzerrung wie bei der Ansicht zuvor.

Abbildung 13.9
Von vorn

Wechseln Sie jetzt auf die Option OBEN, können Sie die Änderungen in der z-Achse ausmachen. Diese Ansicht eignet sich also hervorragend, um mit räumlicher Tiefe zu arbeiten.

Abbildung 13.10
Von oben

Da Sie im 3D-Workflow häufiger Elemente in allen Dimensionen verschieben und anordnen, ist das Hin- und Herschalten der Ansichten durchaus etwas anstrengend, daher nutzen Sie die Mehransichten und ändern die Ansichtsanzeige von 1 ANSICHT auf 2 ANSICHTEN. In die erste Ansicht legen Sie beispielsweise die AKTIVE KAMERA, in die zweite Ansicht kommt die Option OBEN.

Abbildung 13.11
Doppelfenster

Sie können sich auch vier verschiedene Ansichten gleichzeitig darstellen lassen, allerdings leidet hier die Übersicht auf kleinen Bildschirmen erheblich. In den meisten Fällen werden also eine Kamera-Ansicht sowie eine Darstellung von oben zur Kontrolle der Z-Achse allen Ansprüchen genügen. Jetzt geht es weiter mit dem Handling von 3D-Ebenen.

Wie Sie erkennen können, hat die 3D-Ebene am Ankerpunkt im Kompositionsfenster nun statt des zweidimensionalen Icons ein dreidimensionales Objektachsen-Icon erhalten.

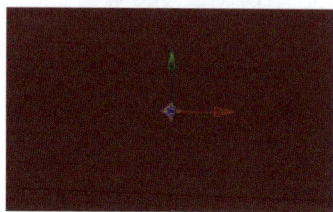

Abbildung 13.12
Der neue und dreidimensionale Ankerpunkt

Verschieben Sie jetzt die Ebene, wird die Steuerung sehr kompliziert, da sich die Ebene nun frei im dreidimensionalen Raum bewegt und in alle Richtungen zugleich verschoben wird.

Halten Sie den Mauszeiger über eine der drei Objektachsen, wird Ihnen mit einem kleinen Buchstaben am Mauszeiger die Achse angezeigt. Klicken Sie jetzt auf die betreffende Achse und ziehen mit der gedrückten Maustaste daran, wird die Ebene nur in dieser Richtung verschoben. Das erleichtert die Steuerung ungemein. Nehmen Sie jetzt noch die ⇧-Taste hinzu, werden die Schritte während der Positionierung wieder mit dem Faktor zehn verschoben. Wie Sie sehen, werden Objekte mit zunehmender Entfernung kleiner.

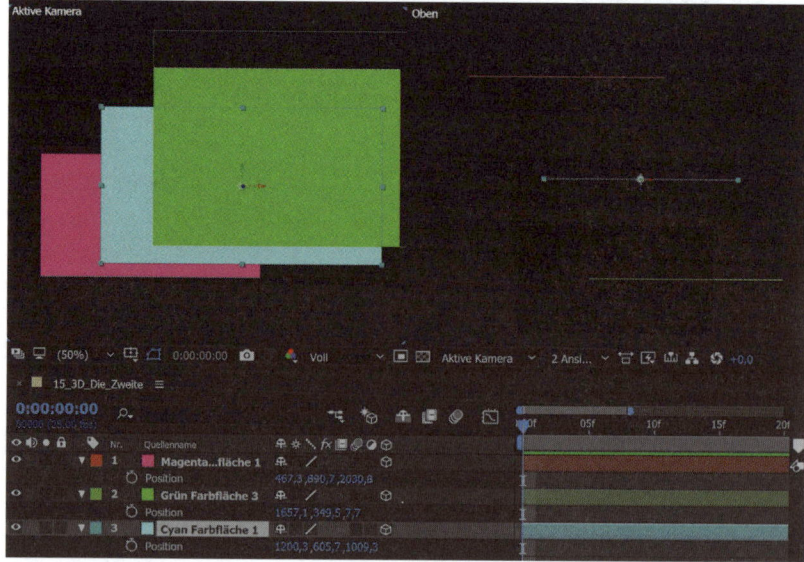

Abbildung 13.13
Die Z-Achse sorgt für die Räumlichkeit.

Die gleiche Herangehensweise gilt für das ANKERPUNKT-VERSCHIEBEN-WERKZEUG. Hier können Sie den Ankerpunkt durch das Anfassen der Objektachsen neu ausrichten, und auch im dreidimensionalen Raum ist der Ankerpunkt der Bezug für Positionierung, Drehung und Skalierungen.

Ähnlich gehen Sie auch mit dem DREHEN-WERKZEUG an die Arbeit. Sobald Sie es aktivieren und in der Komposition die Ebene drehen, wird um alle Achsen gleichzeitig gedreht, die Steuerung ist also ebenfalls alles andere als feinfühlig. Bringen Sie das Werkzeug über den Objektachsen in Position, ändert sich der Mauszeiger erneut und Ihnen wird mittels eines kleinen Buchstabens die Achse angezeigt, um die sich die Ebene isoliert drehen soll. Die beiden anderen Achsen bleiben unberücksichtigt.

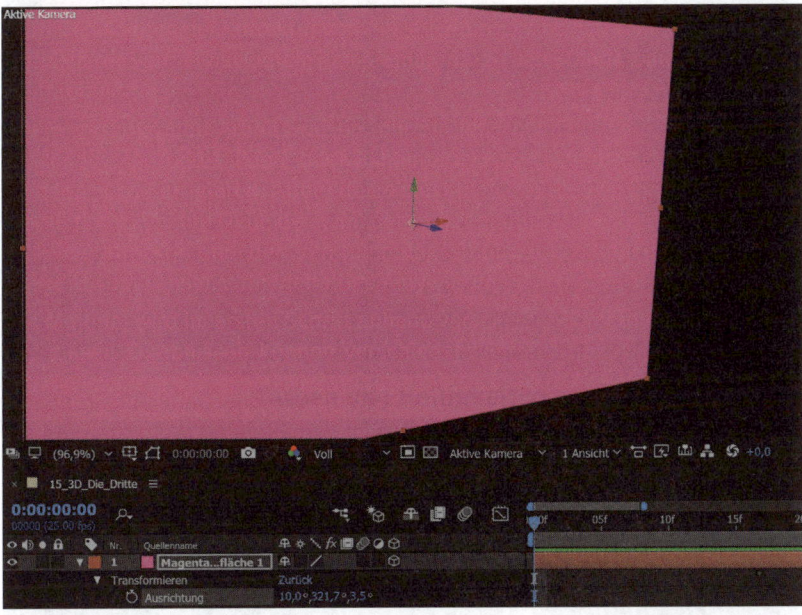

Abbildung 13.14
Das Drehen-Werkzeug und die AUSRICHTUNG-Eigenschaft

Beachten Sie beim Drehen und Verschieben von dreidimensionalen Ebenen unbedingt den Achsenmodus oberhalb des Kompositionsfensters, der Ihnen die Arbeit erheblich erleichtert.

Abbildung 13.15
Die Achsenmodi

Standardmäßig ist der OBJEKTACHSENMODUS eingestellt, das heißt, wird die Ebene gedreht, drehen sich die Achsen und der Ankerpunkt mit. Würden Sie die gedrehte Ebene jetzt über den Z-Anfasser Ihrer Ebene verschieben, so würde die Bewegung entlang der neuen, gedrehten Achse erfolgen. Möchten Sie nun diese Ebene aber im Koordinatensystem Ihrer Komposition in die räumliche Tiefe verschieben, wäre das nicht ohne Weiteres mit der gedrehten Objektachse möglich.

Schalten Sie in diesem Fall auf den WELTACHSENMODUS um, ändert sich der Anzeiger des Ankerpunkts und Sie sehen, dass Sie ungedrehte, absolute Achsen haben, die der Default-Ausrichtung entsprechen. Jetzt können Sie die gedrehte Ebene wie gewohnt über den Z-Anfasser in die Z-Richtung verschieben.

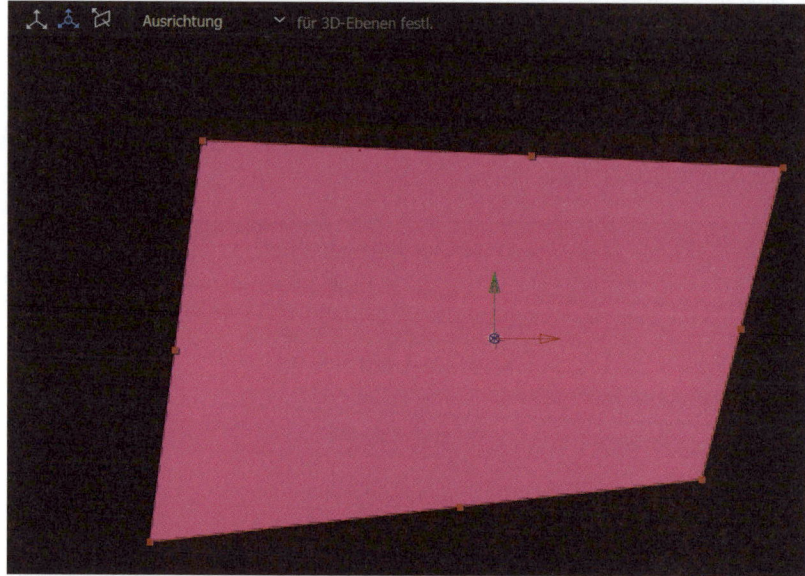

Abbildung 13.16
Verdrehte Ebene mit Weltachsenorientierung

Daneben gibt es auch noch den dritten SICHTACHSENMODUS. Der greift ein, sobald Sie eine Kamera verwenden, die ebenfalls im Verhältnis zur Weltachse gedreht wurde. Ist dieser Modus aktiv, verschieben Sie die Ebenen relativ zur Ausrichtung Ihrer (aktiven) Kamera.

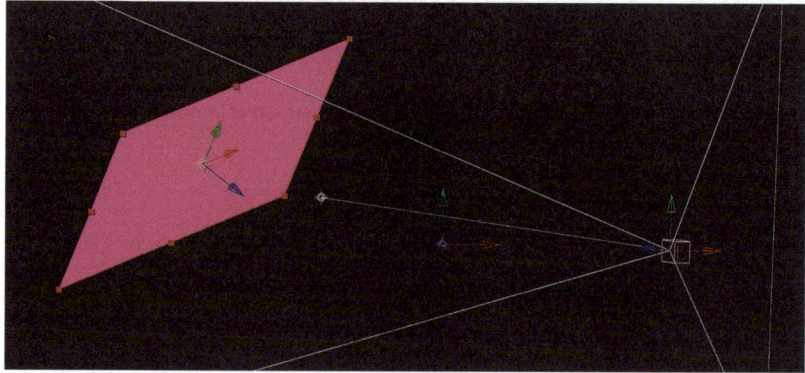

Abbildung 13.17
Links die Objektachse, in der Mitte die Weltachse, rechts die Sichtachse

Die Bedienung und Positionierung mittels der Werkzeuge im Kompositionsfenster bedarf etwas Übung. Einfacher und vor allem genauer ist die Steuerung über die Ebenenübersicht, wo genaue Werte eingegeben werden können.

Kamera

> **Download-Material**
>
> Begleitend zu dieser Sektion öffnen Sie die Komposition Kamera aus der Datei 3D.AEP im Download-Ordner 13.

After Effects verwendet eine Default-Kamera, sobald die 3D-Optionen für ein Element in der Komposition aktiviert werden. Diese Kamera wird im Projekt nicht angezeigt und dient dazu, Änderungen in den 3D-Eigenschaften Ihrer Ebenen darzustellen, falls Sie also verschiedene Ebenentiefen verwenden oder Ebenen im Raum rotieren.

Weitaus mehr Kontrolle bietet der Einsatz einer Kamera. Um eine Kamera anzulegen, klicken Sie mit der rechten Maustaste in die Ebenenübersicht und wählen im erscheinenden Kontextmenü Neu|Kamera ([Strg]+[Alt]+[⇧]+[C], Mac: [⌘]+[⌥]+[⇧]+[C]).

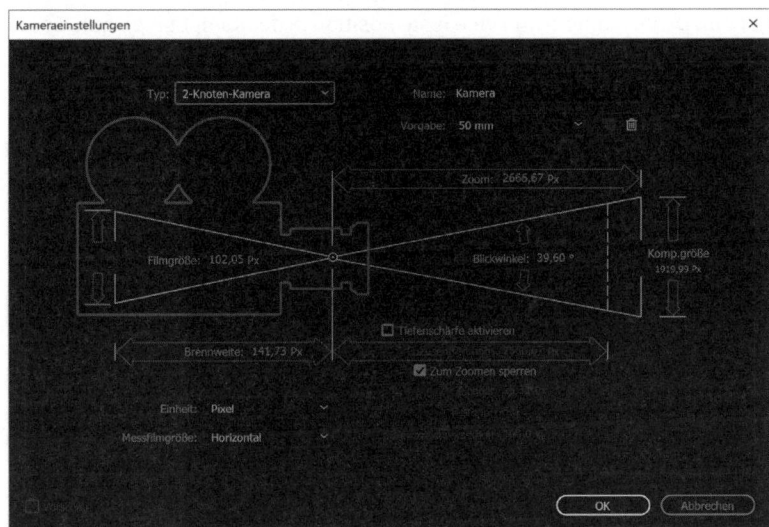

Abbildung 13.18
Die Kameraeinstellungen

Der Kameraeinstellungen-Dialog gibt Auskunft über die möglichen Settings. Die After-Effects-Entwickler haben das Menü zum leichteren Verständnis grafisch aufbereitet, sodass erfahrene Benutzer, aber auch Kamera-unerfahrene Neulinge ein Gefühl dafür erhalten, welcher Parameter welche Entsprechung bei einer realen Kamera hat.

Wird eine Kamera erstellt, werden Blickwinkel, Zoom und Kameraposition an die Kompositionseinstellungen beziehungsweise an die aktuelle Ansicht angepasst. Prinzipiell nimmt Ihnen das Arbeit ab, ist aber in diesem Fall hinderlich, da Sie die Funktionsweise der Parameter erst einmal kennenlernen wollen. Unter Vorgabe finden Sie diverse Kameras, genauer ausgedrückt Kameralinsen, vom 15-mm-Weitwinkel- bis hin zum 200-mm-Teleobjektiv. Entscheiden Sie sich an dieser Stelle für das 50-mm-Normalobjektiv und erstellen eine Kameraebene.

Abbildung 13.19
Die Ausgangsansicht ...

Jetzt rufen Sie die Kameraeinstellungen unter [Strg]+[⇧]+[Y] (Mac: [⌘]+[⇧]+[Y]) wieder auf. Da die Kamera nun eine feste Position in der Komposition hat, lassen sich die Einstellungen leichter nachvollziehen.

Wählen Sie in den Kameraeinstellungen die VORGABE 28MM und stellen Sie sicher, dass in der linken unteren Ecke des Menüs die Vorschau aktiviert ist. Die Kamera simuliert nun eine kleine Brennweite mit, den Grundsätzen der Optik entsprechend, einem großen Blickwinkel. Da die Kamera aber bereits einen festen Punkt in der Komposition hat, wirken die 3D-Objekte weit entfernt.

Abbildung 13.20
... hier mit 24 mm Brennweite ...

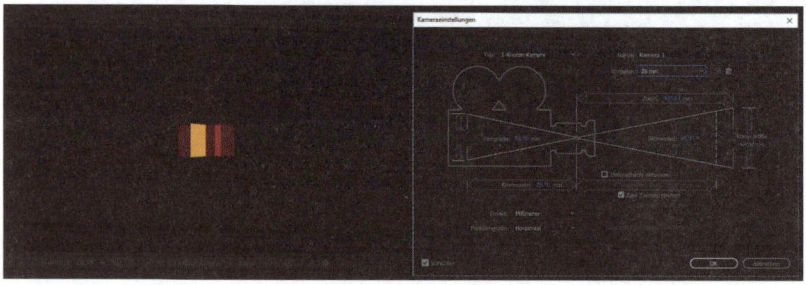

Wählen Sie stattdessen das 200MM-Teleobjektiv, verengt sich infolge der großen Brennweite der Blickwinkel drastisch.

Abbildung 13.21
... und mit 200 mm Brennweite

Dabei ist der Blickwinkel entscheidend bei der räumlichen Darstellung von Objekten und vor allem deren Relationen in der räumlichen Tiefe. Das Phänomen kennen Sie wahrscheinlich von den sogenannten **Fischaugen**-Objektiven.

Abbildung 13.22
Eine kurze Brennweite sorgt für große Proportionsunterschiede.

Um vor allem kleinere Objekte formatfüllend einzufangen, müssen Sie den Abstand zum Motiv sehr gering halten. Gleichzeitig ergeben sich dadurch optische Verzerrungen, Bereiche nahe an der Linse wirken im Vergleich zu entfernten Objekten übermäßig groß. Diese Verschiebung in den Abbildungsmaßstäben sieht für unsere Sehgewohnheiten oft sonderbar aus, ist aber gerade deshalb auch gern genutztes Gestaltungsmittel.

Abbildung 13.23
Bildwinkel und Kameraposition bei 15MM, 50MM und 100MM

Der Abstand einer Kamera zum Objekt ist also für Ihre Komposition ebenfalls von entscheidender Wichtigkeit. Je größer der Winkel, desto kleiner muss die Distanz zwischen Objekt und Kamera gewählt werden.

Hierarchie und Kameras
Falls Sie mehrere Kamera-Objekte in einer Komposition haben, wird die oberste und auch sichtbare Kamera als aktive Kompositionskamera genommen. Jede erstellte Kamera hat aber auch einen eigenen Eintrag unter den Anzeigeoptionen.

So weit, so gut, doch ist bei der Kamera neben der Position auch noch deren Ausrichtung wichtig, um den Bildausschnitt zu bestimmen. Wechseln Sie dazu erneut in die Kameraeinstellungen und gehen Sie auf die Eigenschaft TYP. Sie finden hier eine 1-KNOTEN-KAMERA und 2-KNOTEN-KAMERA.

Darunter versteht After Effects zwei verschiedene Modelle, wie Sie Ihre Kamera steuern möchten. Verwenden Sie die erste Option, wird die POSITION der Kamera und danach die AUSRICHTUNG über den Winkel definiert. Dies ist eine einfache Methode zur Kamera-Steuerung.

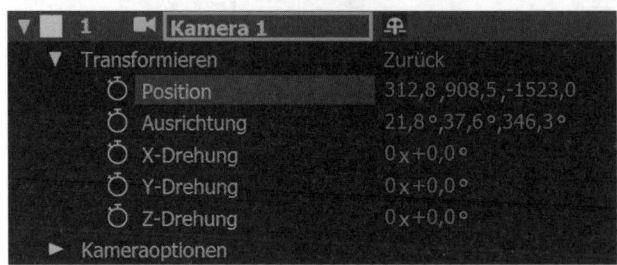

Abbildung 13.24
1-Knoten-Kamera

Die 2-KNOTEN-KAMERA ist dagegen schon etwas komplexer. Bei diesem Kameratyp werden zwei Koordinaten verwendet, erneut die Kameraposition und ein ZIELPUNKT. Die AUSRICHTUNG-Eigenschaft ist ebenfalls zu sehen, soll aber in diesem Fall außer Acht gelassen und wenn möglich nicht verwendet werden, für den Fall, dass Sie sich für diese Variante entscheiden.

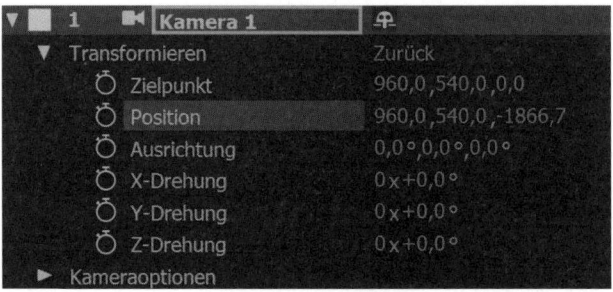

Abbildung 13.25
2-Knoten-Kamera

Bei diesem Modell zentriert sich die Kamera-Ansicht immer über eine gerade Verbindung von Position und Zielpunkt, die sogenannte **optische Achse** (oder auch) **Sichtachse**. Wählen Sie in der Ebenenübersicht ZIELPUNKT an, wird die optische Achse zusammen mit dem Zielpunkt auch im Kompositionsfenster angezeigt. Der Zielpunkt gleicht in seiner Darstellung etwas irreführend dem zweidimensionalen Ankerpunkt.

Falls Sie sich jetzt fragen, warum dem zweiten Modell überhaupt Beachtung geschenkt werden soll, werden Sie jetzt erfahren, warum es sich durchaus lohnt, die etwas kompliziertere Methode anzuwenden.

13.1 3D in After Effects

Abbildung 13.26
Kameraposition, Zielpunkt und dazwischen die optische Achse

Zurücksetzen der Kameraeigenschaften

Sollten Sie einmal die Eigenschaften einer Kamera zurücksetzen, wird ebenfalls der Kameratyp von der 1-Knoten-Kamera auf die 2-Knoten-Kamera zurückgesetzt.

After Effects hat sich seit Anbeginn stark um haptische Kontrollmöglichkeiten bemüht und so ist natürlich auch für die Steuerung der Kameraperspektive das Kamerawerkzeug integriert. Das kommt gleich in vierfacher Ausführung. Benutzen Sie das kombinierte Kamerawerkzeug, werden Sie verstellen, dass Sie, ähnlich der Positionierung und Drehung von 3D-Ebenen, schnell durch den Raum navigieren, aber kaum genau vorgehen können. Vielmehr dreht sich die Kamera frei durch die Szene und dient wohl eher der groben Orientierung.

Und hier sehen Sie auch den Unterschied zwischen der 1- und 2-Knoten-Kamera. Während die 1-Knoten-Kamera von der festen Position aus frei um diesen Fixpunkt rotiert, rotiert die 2-Knoten-Kamera um den Zielpunkt. Dabei verändern sich die Position und der Zielpunkt der Kamera zugleich.

Kamera Automatische Orientierung

Überprüfen Sie beim Erstellen von Kamerafahrten über den AUTOMATISCHE AUSRICHTUNG-Dialog ([Strg]+[Alt]+[O], Mac: [⌘]+[⌥]+[O]), ob die Kamera frei, entlang des Pfads oder in Richtung des Zielpunkts orientiert werden soll.

Ganz gleich, welchen Kamera-Typ Sie verwenden, das kombinierte Kamerawerkzeug ist im Allgemeinen wenig brauchbar, sodass den drei weiteren, feiner getrennten Werkzeugen der Vorzug zu geben ist. Behalten Sie wieder die Eigenschaften in der Zeitleiste im Überblick. Auch eine Doppelansicht für die aktive Kamera und der Blick von oben helfen, die Abläufe besser zu verstehen.

Abbildung 13.27
Die Kamerawerkzeuge

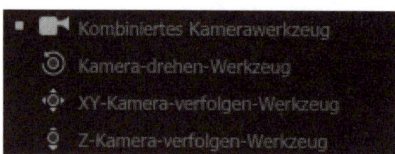

Kommen wir zunächst zum Kamera-drehen-Werkzeug. Im Kompositionsfenster können Sie damit die Kamera-Ansicht rotieren lassen. Diese dreht die Kamera entweder um die Kameraposition (1-Knoten-Kamera) oder um den Zielpunkt (2-Knoten-Kamera). Das XY-Kamera-verfolgen-Werkzeug verschiebt die Kamera entlang der Ansichtsfläche: Ist ein Zielpunkt gegeben, wird die Kamera dazu gedreht, da sie weiterhin die optische Achse aufrechterhält. Mit dem Z-Kamera-verfolgen-Werkzeug gehen Sie aus der räumlichen Tiefe heraus oder in sie hinein.

Zoom und z-Position
Unterscheiden Sie bei 3D-Kameras das Zoomen von Kamerabewegungen in die Tiefe. Während beim Ersten die Brennweite und der Blickwinkel verändert werden, wird bei der Kamerabewegung in die Tiefe nur die Position geändert.

Tiefenschärfe

Download-Material
Begleitend zu dieser Sektion öffnen Sie die Komposition Tiefenschärfe aus der Datei 3D.AEP im Download-Ordner 13.

Die Tiefenschärfe ist ein weiteres optisches Phänomen, das foto- und videografie-begeisterten Nutzerinnen und Nutzern bereits bekannt sein wird. Wieder einmal leitet sich das zugrunde liegende Prinzip aus dem Sehverhalten des Menschen ab. Der Verstand konzentriert sich auf ein Objekt, das Auge fokussiert den Gegenstand und stellt sozusagen auf »scharf«. Gegenstände in der Nähe des fokussierten Objekts bleiben weitgehend ebenfalls scharf, Objekte außerhalb des Blickfelds werden zunehmend unschärfer. Es kommt den menschlichen Sehgewohnheiten also entgegen, wenn durch die räumliche Schärfe gewisse Fokuspunkte gelegt werden.

Abbildung 13.28
Ohne Tiefenschärfe wirkt das Bild flach.

13.1 3D in After Effects

Dieses Abbildungsphänomen findet sich auch in der Fotografie wieder. Vor einer Aufnahme wird die Schärfentiefe bestimmt und sorgt dafür, dass das Motiv oder zu porträtierende Objekte scharf sind. An dieser Stelle kommen jedoch noch die Faktoren der Blende und der Brennweite ins Spiel, mit denen weiterer Einfluss auf die Gestaltung der Objekt- und Umgebungsschärfe genommen werden kann. Je größer die Blende, desto enger ist der Schärfebereich beziehungsweise größer ist die Tiefenunschärfe. Beachten Sie hierbei, dass eine Blende in f-Stopps angegeben wird und sich aus dem Verhältnis zwischen vollkommen offener und aktueller Blende errechnet. Dadurch ergeben sich kleine Blendenzahlen für große Blendenöffnungen und große Blendenzahlen für kleine Öffnungen.

Die Tiefenschärfe kann auch in After-Effects-Kameras simuliert werden und kann Ihrer Animation eine große Portion Realismus verleihen.

Abbildung 13.29
Mit Tiefenschärfe kommt Räumlichkeit hinzu.

Sie aktivieren die TIEFENSCHÄRFE-Option in den Kamera-Optionen, zu finden in der Ebenenübersicht oder aber durch das erneute Aufrufen der Kameraeinstellungen mittels [Strg]+[⇧]+[Y] (Mac: [⌘]+[⇧]+[Y]) (bei angewähltem Kamera-Objekt).

Abbildung 13.30
Tiefenschärfe in den Kameraeinstellungen …

Die Tiefenschärfe setzt sich vorrangig aus zwei Parametern zusammen, der FOKUSENTFERNUNG und der BLENDE.

Abbildung 13.31
… und in den KAMERA-Optionen in der Ebenenübersicht

Die FOKUSENTFERNUNG stellt fest, an welcher Stelle der Komposition die Kamera scharfstellt. Sie errechnet sich immer aus der Distanz zwischen der Kameraposition und der Position des Ziels. Ist die Kamera bei Z-Wert -1500, das gewünschte Objekt beim Z-Wert 1500, ergibt sich eine Fokusentfernung von 3000 Pixeln. Die BLENDE wird ebenfalls in Pixel angegeben, je höher der Wert, desto stärker ist die Weichzeichnung.

Abbildung 13.32
Links BLENDE 100Px, rechts BLENDE 500Px

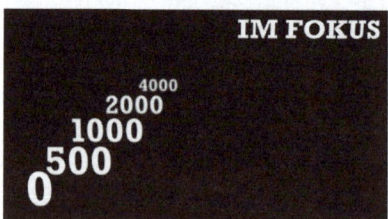 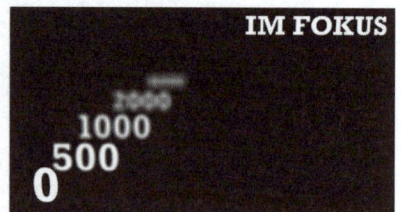

Tipp
Arbeiten Sie mit 3D-Ebenen, Kameras und Lichtern, so verwenden Sie die Tastenkombination [A]+[A], um zu den jeweiligen Sonder-Optionen in der Ebenenübersicht zu gelangen.

Licht

Download-Material

Begleitend zu dieser Sektion öffnen Sie die Komposition Licht aus der Datei 3D.AEP im Download-Ordner 13.

Wenn Sie in After Effects Ihre Arbeit mit dreidimensionalen Elementen beginnen, benötigen Sie nicht sofort ein gesondertes Arrangement von Lichtquellen. Das Programm erstellt ein Default-Setting, das als globales Licht alle Ebenen beleuchtet und auch keine Schatten wirft.

Abbildung 13.33
Ein einfaches Spotlicht verleiht bereits einen Hauch Plastizität.

In vielen Fällen ist es aber genau dieses Wechselspiel zwischen Helligkeit und Dunkelheit, das einem Bild beziehungsweise Video einen interessanten und glaubwürdigen Look verleiht.

Erstellen Sie ein Licht unter EBENE|NEU|LICHT oder im Kontextmenü der Ebenenübersicht. Auch hier gibt es wieder einige Attribute, die den Lichtquellen der realen Welt nachempfunden wurden.

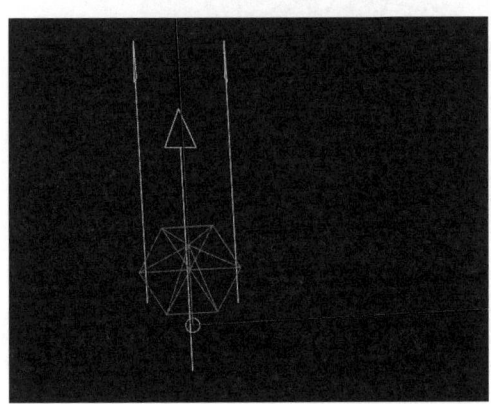

Abbildung 13.34
Der Parallel-Spot

Zunächst die LICHTART. Das voreingestellte SPOTLICHT ähnelt der Funktionsweise eines gewöhnlichen Strahlers, dessen punktuelle Lichtquelle kegelförmig ausgestrahltes Licht erzeugt. Die Option PARALLEL geht anstelle eines Strahlers von einer größer dimensionierten Lichtanlage aus, die statt eines Kegels gleichmäßiges und flächiges Licht wirft. Ein PUNKTLICHT ist ähnlich einer Glühbirne eine zentrale Lichtquelle, die homogen in alle Richtung Licht zu gleichen Teilen aussendet. UMGEBUNGSLICHT hat keinen Ursprungspunkt. Unter FARBE geben Sie der Lichtquelle einen Farbton, der dann die Objekte erhellt. Sonnen- oder Kerzenlicht verwenden haben einen warmen orangenen oder rötlichen Farbstich, während Neonröhren eher blaues kaltes Licht erzeugen. Verwenden Sie mehrere Lichtquellen mit unterschiedlichen Farben, können Sie auch realistische Mischlicht-Situationen erzeugen.

Lichtfarbe

Geben Sie Lichtquellen in 3D-Kompositionen wenn möglich kein reines Weiß. Natürliches Licht lässt sich mit einem leichten Farbstich imitieren.

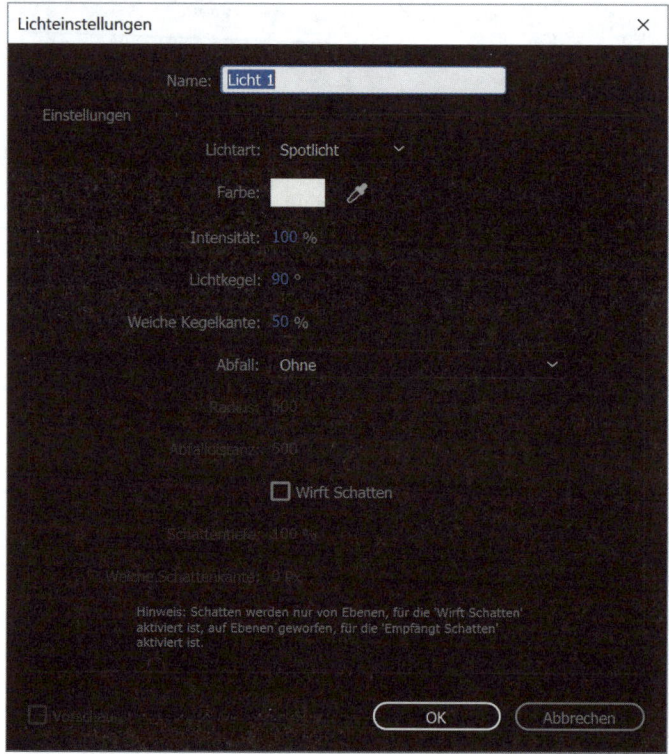

Abbildung 13.35
Die Lichtoptionen

Die INTENSITÄT reguliert die Stärke des Lichts, der ABFALL den Helligkeitsverlust über die Distanz. Die Lichtoptionen variieren je nach Lichtquelle, so hat das Umgebungslicht beispielsweise weder einen Lichtabfall noch kann es mangels einer Lichtquelle Schatten werfen. Diese Option ist besonders wichtig, da Schattierungen für die Plastizität in Ihren 3D-Kompositionen sorgen.

13.1 3D in After Effects

Abbildung 13.36
Licht-INTENSITÄT

Wenn die Option WIRFT SCHATTEN aktiviert wird, haben Sie die Voraussetzungen für Licht- und Schatten-Effekte gesetzt. In After Effects müssen Sie die Ebenen aber noch anweisen, dass sie mit diesem Licht interagieren sollen. Dazu gleich mehr.

Neben all diesen Lichteinstellungen ist natürlich vor allem die Positionierung des Lichts ein ebenso gewichtiger Faktor zur Räumlichkeit Ihres Bildes (bis auf das Umgebungslicht, das ortsunabhängig ist). Sie können interessante Lichteffekte kreieren, wenn Sie Ihre Lichtquellen auf Bewegungspfaden durch die Komposition schicken. So lassen sich schicke Lichtreflexe auf Texte oder Formebenen werfen.

Abbildung 13.37
Bewegungspfade erzeugen Lichtreflexe.

Materialoptionen

> **Download-Material**
>
> Begleitend zu dieser Sektion öffnen Sie die Komposition Materialoptionen aus der Datei 3D.AEP im Download-Ordner 13.

Soeben haben Sie gelernt, wie es sich mit der Lichtsetzung in After Effects verhält. Wo Licht ist, ist auch Schatten. Oder um korrekt zu bleiben, Schatten ist dort, wo Licht zuvor auf ein Objekt trifft und am Durchscheinen gehindert wurde. Diesen natürlichen Vorgang der Physik müssen Sie in After Effects erst erstellen.

Zunächst müssen Sie natürlich vor allem sicherstellen, dass eine räumliche Distanz zwischen der Ebene, die den Schatten wirft, zu der Ebene, die den Schatten empfängt, bestehen muss. Die einfachste Methode ist, die Hintergrundebene auf der Z-Achse zu verschieben.

Abbildung 13.38
Standardmäßig wirft keine Ebene Schatten.

Im Programm nehmen alle Objekte standardmäßig Licht auf, werfen aber nicht gleichzeitig auch einen Schatten auf dahinter liegende Ebenen. Das muss für den »Schattenwerfer« unter den Materialoptionen in der Ebenenübersicht eingestellt werden. Um schnell dorthin zu gelangen, drücken Sie [A]+[A].

Abbildung 13.39
Die Materialoptionen legen den Umgang mit Lichtern fest.

Wie Sie sehen, ist per Voreinstellung die Wirft Schatten-Option deaktiviert. Stellen Sie sie jetzt auf Ein um, wird auf der Ebene darunter der Schatten sichtbar.

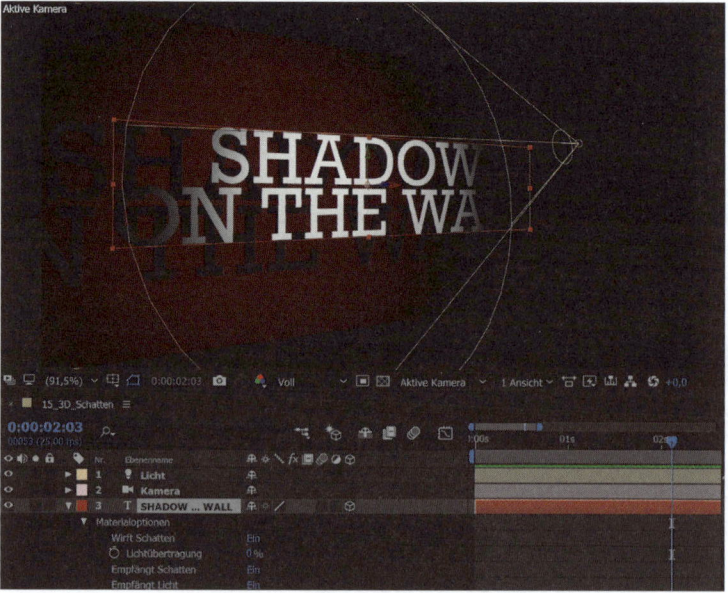

Abbildung 13.40
Die Schatten-Option muss nachträglich aktiviert werden.

Daneben gibt es noch die Option NUR, die die Ebene ausblendet und lediglich den Schatten projiziert. Genauso kann eine Ebene auch »beleuchtet« werden und dabei gleichzeitig etwaige Schatten ignorieren. Dazu müssen Sie in den Materialoptionen die EMPFÄNGT SCHATTEN-Option deaktivieren. Die EMPFÄNGT LICHT-Einstellung entfernt jeglichen Lichteinfluss auf 3D-Ebenen, wenn sie deaktiviert wurde. Das ist zum Beispiel bei der Verbindung von 3D-Szenen und Textebenen sehr hilfreich. Ist der Text kein Gestaltungs-, sondern Informationsmittel, sollte er von der Lichtsetzung ausgeschlossen werden, damit seine Lesbarkeit gewährleistet ist.

Abbildung 13.41
Die Textebene wirft NUR Schatten und wird dabei unsichtbar.

13.2 Ray-traced 3D-Renderer

Download-Material
Begleitend zu dieser Sektion öffnen Sie die Komposition Ray_traced-3D aus der Datei 3D.AEP im Download-Ordner 13.

Der Ray-traced 3D-Renderer ist neben der Integration von Cinema 4D eine neuere Render-Engine, die 3D-Effekte anhand eines anderen Berechnungsmodells als der klassische 3D-Renderer in After Effects erzeugt. Licht und Formen werden anhand von Vektoren berechnet, dabei werden aber gewisse Bildinformationen ausgeklammert. Wechseln Sie dazu in die Kompositionseinstellungen ([Strg]+[⇧]+[K], Mac: [⌘]+[⇧]+[K]). Unterhalb der Auswahl sehen Sie die verschiedenen Effekte, die unter Verwendung der jeweiligen Renderer nicht mehr zur Verfügung stehen.

Geometrieoptionen

Eines der stärksten Features ist der Umgang des Renderers mit vektorbasierten Objekten. Sie haben es vielleicht schon vermutet, das beinhaltet Form- und Textebenen. Am Anfang des Kapitels haben Sie bereits gesehen, dass eine 3D-Ebene neue Optionen in der Ebenenübersicht erhält. Neben den Materialoptionen sind das unter Verwendung des Ray-traced 3D-Renderers die GEOMETRIEOPTIONEN.

Abbildung 13.42
Die GEOMETRIEOPTIONEN

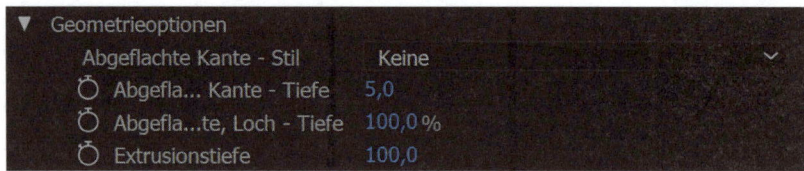

Ab sofort ist es im Handumdrehen möglich, aus einer vektorbasierten Ebene eine **Extrusion** zu erstellen. Darunter versteht man eine Dimensionserhöhung durch eine Parallelverschiebung im Raum, einfacher ausgedrückt, die Formfläche wird zu einem Körper durch das Hinzufügen einer räumlichen Tiefe umgewandelt. Die EXTRUSIONSTIEFE regelt also den Grad der Extrusion.

Abbildung 13.43
Die Kantenoptionen

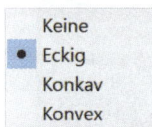

Darüber legen Sie mittels ABGEFLACHTE KANTE – STIL fest, welche Kantenart der neue Körper besitzt, ob nun hart, schräg oder rund. Die Stärke lässt sich anschließend unter ABGEFLACHTE KANTE – TIEFE reduzieren oder verstärken. Die Extrusionstiefe bleibt von der Kantenwahl unbehelligt.

Illustrator Vektoren
Obwohl Illustrator-Dateien ebenfalls auf Vektoren basieren, werden sie vom Ray-traced 3D-Renderer jedoch weiterhin wie gerasterte Footage-Ebenen behandelt. Wollen Sie dennoch Illustrator-Material extrudieren, müssen Sie es vorher in Formpfade umwandeln.

Abbildung 13.44
Die vier Kantentypen in der Übersicht

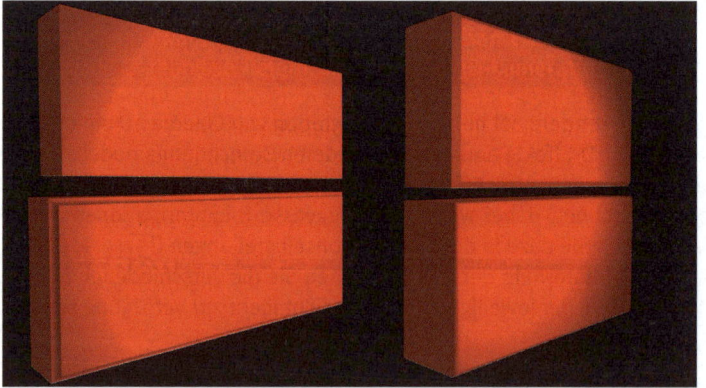

Klicken Sie jetzt den Inhalt der Formebene an, sind hier ebenso neue Auswahlmöglichkeiten hinzugekommen. Hinter den Auswahl-Optionen VORNE, SCHRÄGE, SEITE und HINTEN können Sie dem neuen Körper für jede dieser Flächen eine eigene Oberfläche geben. Die Herangehensweise ähnelt dabei sehr stark einem herkömmlichen 3D-Programm, das Oberflächen anhand verschiedener Kanäle erstellt.

13.2 Ray-traced 3D-Renderer

> **Material und Materialoptionen**
>
> Lassen Sie sich nicht verwirren, dass Sie die neuen Einstellungen zum Material der Form- und Textebenen jetzt unter INHALT statt unter den MATERIALOPTIONEN finden.

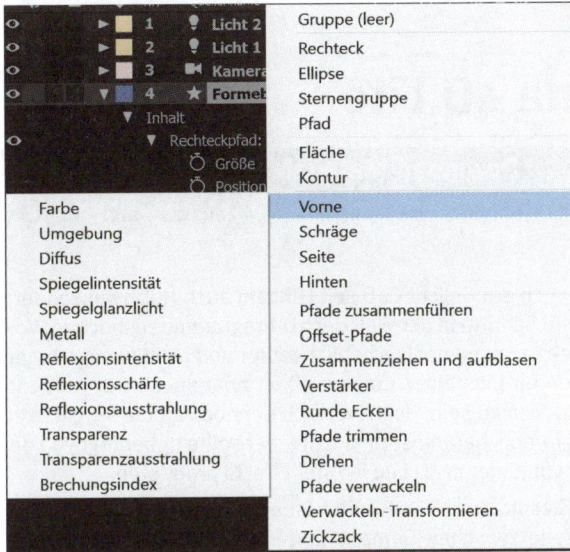

Abbildung 13.45
Separate Materialkanäle für alle Körperflächen

Die einfachste Option FARBE erzeugt die gleichen Ergebnisse wie auch die Formebenen-Flächenfarbe zuvor. Alle weiteren Optionen sorgen für komplexere Materialien, so generieren die REFLEXIONS-Optionen etwa spiegelnde Oberflächen. TRANSPARENZ und BRECHUNGSINDEX hingegen sorgen für gläserne Oberflächen. Die Option DIFFUS nimmt Einfluss auf die sogenannte Lichtdiffusion, bei der raue Oberflächen das einfallende Licht streuen. Sie werden feststellen, dass sich viele der Kanäle anhand von physikalischen Grundprinzipien herleiten lassen und der Ray-traced 3D-Renderer Adobes Schritt in die Integration einer physikalisch korrekten 3D-Render-Engine ist.

Abbildung 13.46
Materialien im Ray-traced 3D-Renderer

Ein Nachteil dieses Renderers ist die Inkompatibilität mit Rasterbildinformationen oder Farbverläufen. Auf organische Oberflächen und Texturen müssen Sie daher leider verzichten und sich auf glatte, strukturlose Materialien beschränken. Ebenso finden weder Effekte, Masken noch Matten bei der neuen Render-Engine Berücksichtigung.

13.3 Cinema 4D Lite

> **Download-Material**
>
> Begleitend zu dieser Sektion öffnen Sie die Komposition C4D aus der Datei C4D.AEP im Download-Ordner 13.

Genau wie After Effects auch ermöglicht C4D seit Langem auch Hobbyanwendern und Teilzeitgrafikern, erste Schritte in der Welt der 3D-Programme zu machen. Vorher waren viele Software-Lösungen noch erheblich teurer und nicht wenige boten hohe Schwierigkeitsgrade für Einsteiger. Cinema 4D ist zwar auch noch weit entfernt davon, ein Schnäppchen zu sein, doch wer sich dennoch an die Möglichkeiten eines reinen 3D-Programms herantasten möchte, der sollte unbedingt von der kostenlosen Integration von Cinema 4D Lite in After Effects profitieren.

Für Kreative im Motion-Design- und VFX-Bereich ist es von großem Vorteil, über eine nahtlose Schnittstelle zwischen Compositing-Programm und 3D-Applikation zu verfügen, die eine Integration von 3D-Objekten und After Effects zum Zusammensetzen von computergenerierten 3D-Bildern zu einem Kinderspiel macht. Zwar war es vorher bereits möglich, Kameras und 3D-Referenzdaten aus anderen Programmen zu integrieren. Doch nicht selten waren diese Arbeitsschritte langwierig und fehleranfällig.

Schauen wir uns also einmal die Interaktion von After Effects, dem CINEWARE-Plug-in und Cinema 4D Lite an. Denn obwohl es in diesem Buch nicht vorrangig um die 3D-Software aus dem Hause Maxon geht, werde ich auf die immensen Möglichkeiten anhand eines Beispiel-Workflows eingehen und ebenso die Bedienung kurz und in groben Zügen erläutern.

Cinema 4D Lite lässt sich nur aus einer laufenden Version von After Effects heraus starten. Daher muss zunächst über DATEI|NEU|MAXON CINEMA 4D-DATEI ein neues 3D-Projekt angelegt werden. Im Anschluss öffnet sich Cinema 4D mit einem leeren Projekt.

Oberfläche

Ähnlich wie After Effects bietet auch Cinema 4D nach dem ersten Öffnen eine recht üppige Programmoberfläche, die durchaus etwas einschüchternd wirkt. An dieser Stelle verweise ich an meinen Kollegen Maik Eckardt, der Ihnen mit dem Buch *Cinema 4D R18: Praxiseinstieg* ein tieferes Eintauchen in der Welt von Cinema 4D ermöglicht. Natürlich wurde die Lite-Version um nicht wenige Funktionen abgespeckt, doch viele grundlegende Arbeitsabläufe sind in beiden Ausgaben nahezu identisch. Um Ihnen einen Vorgeschmack zu geben, werde ich in groben Zügen auf die Programmoberfläche eingehen.

13.3 Cinema 4D Lite

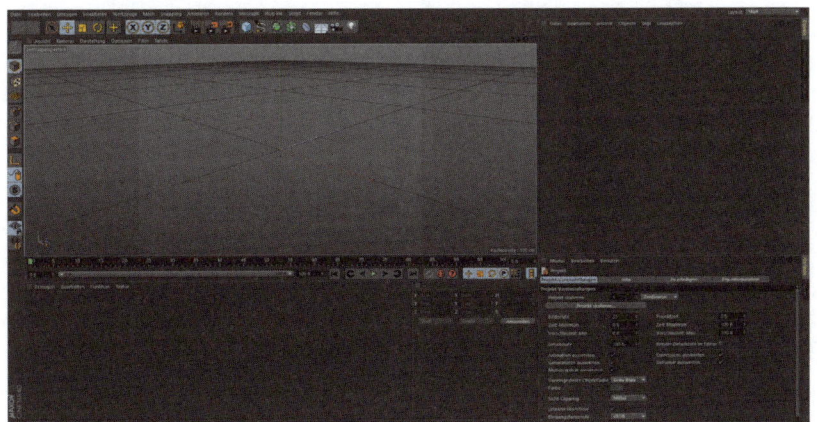

Abbildung 13.47
Die Oberfläche

Die Arbeitsoberfläche teilt sich grob in vier Teilbereiche auf:

Im VORSCHAU-Fenster sehen Sie Ihre 3D-Szene, in der Sie später alle Modelle, Kameras und Lichter bearbeiten und aufeinander abstimmen. Darunter sehen Sie den MATERIAL-MANAGER, in dem Sie Texturen für Ihre 3D-Geometrien anlegen und bearbeiten. Oben rechts befindet sich der OBJEKTE-MANAGER, der alle Elemente eines Projekts beinhaltet und organisiert. In der unteren rechten Ecke ist der ATTRIBUTE-MANAGER, der kontextabhängig Objekteigenschaften und Informationen bereithält. Zu Beginn finden Sie hier die PROJEKTEINSTELLUNGEN. Die sind vor allem für die Einstellung der BILDERRATE und der Dauer wichtig, die in Cinema 4D unter ZEIT: MAXIMUM zu finden ist. Sollte sich einmal ein anderes Fenster im Attribute-Manager öffnen, wechseln Sie an der oberen Menüleiste im selben Fenster einfach unter MODUS|PROJEKT.

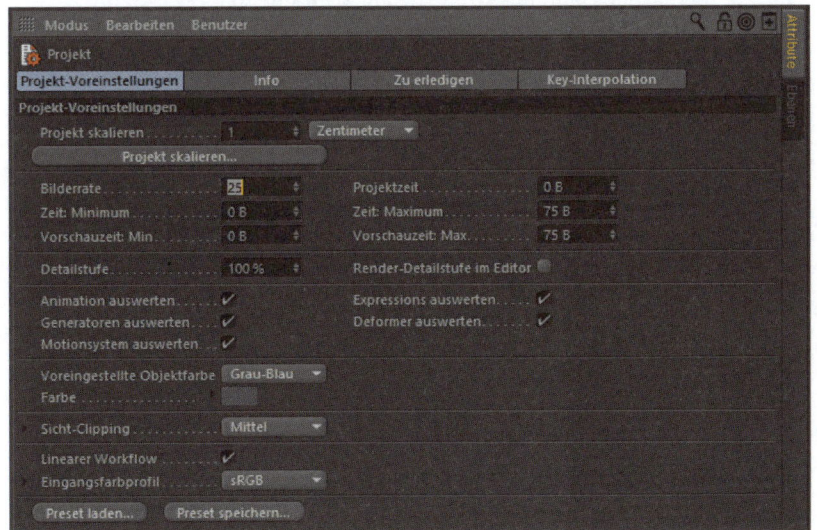

Abbildung 13.48
Die Projekt-Voreinstellungen

Der Arbeitsablauf ist in den meisten 3D-Programm sehr ähnlich aufgebaut, und so unterscheidet sich auch Cinema 4D nicht von den gängigen Methoden:

- Modelling
- Texturing
- Beleuchtung
- Kameraeinstellung

Orientierung im Programm

Zunächst noch ein paar kurze Worte zur Orientierung im Vorschau-Fenster, denn die hat es in sich. Um sich durch den Raum zu bewegen, helfen drei kleine unscheinbare Icons in der rechten oberen Ecke des Fensters. Die Funktionsweise ähnelt dem Kamerawerkzeug aus After Effects.

Abbildung 13.49
Die Orientierungsicons

Klicken Sie auf das Fadenkreuz und ziehen die Maus mit der gedrückten Maustaste, verschieben Sie die aktuelle Ansicht in der X- und Y-Achse. Alternativ können Sie auch die [1]-Taste gedrückt halten und ebenso den Ausschnitt verändern. Das nächste Icon geht in die räumliche Tiefe oder heraus. Der Shortcut hierfür ist die gehaltene Taste [2], dann kann die Arbeitskamera wieder mit gedrückter Maustaste verändert werden. Das letzte Werkzeug sorgt für die Rotation und wird über den Shortcut [3]+Maustaste aufgerufen.

Auch diese Steuerung wird zunächst nicht ganz so leicht von der Hand gehen. Einfacher wird es, wenn Sie die dreidimensionale Ansicht verlassen und in den Seitenansichten navigieren. [F2] geht in die Ansicht von OBEN, [F3] in die Seitenansicht von RECHTS, [F4] von VORNE. [F5] ruft alle vier Ansichten zugleich auf den Plan. Zur räumlichen Hauptansicht wechseln Sie wieder mit [F1].

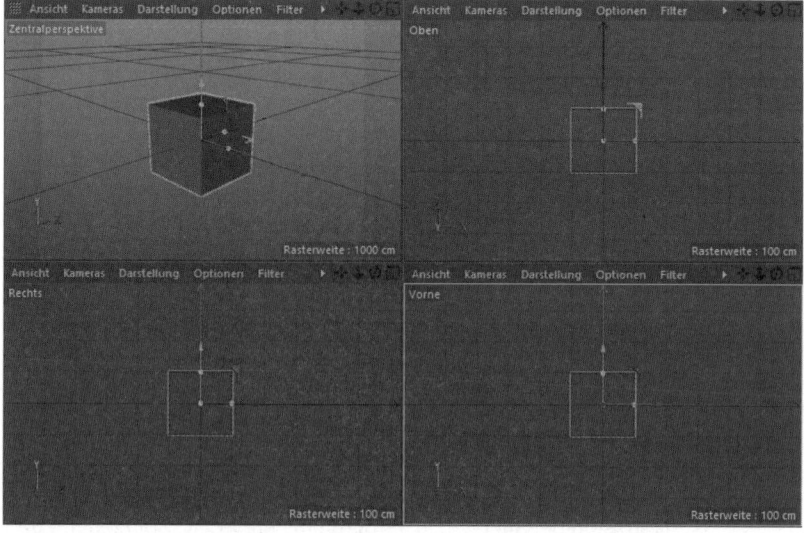

Abbildung 13.50
Alle Ansichten vereint – für weniger Übersicht, dafür mehr Kontrolle

Modelling

Das Modelling ist meist der erste Schritt zu einer 3D-Animation. Und wie der Name es vermuten lässt, geht es hier um die Erstellung von Modellen und Grundkörpern bis hin zu komplexen Szenerien und 3D-Welten. Jedes Programm bietet dazu meist einfache Körper, wie Kuben, Kugeln und Flächen an.

Alle Objekte werden durch Polygone, also Dreiecks- und Vierecksflächen gebildet. Je mehr Polygone ein Objekt hat, umso komplexer kann es geformt werden.

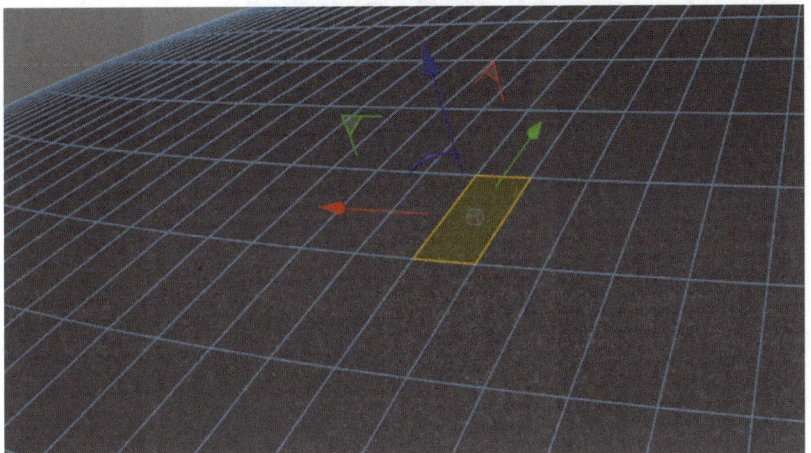

Abbildung 13.51
Eine Kugel aus vielen Polygonen

Die Arbeit mit 3D-Objekten ist sehr komplex, daher empfehle ich Ihnen zunächst mit den **Primitives**, also einfachen geometrischen Grundformen zu beginnen. Diese finden Sie über das VORSCHAU-Fenster, wenn Sie mit der Maustaste länger auf das Würfel-Icon klicken. Alternativ gehen Sie auf ERZEUGEN|OBJEKT und finden die gleiche Auswahl dort.

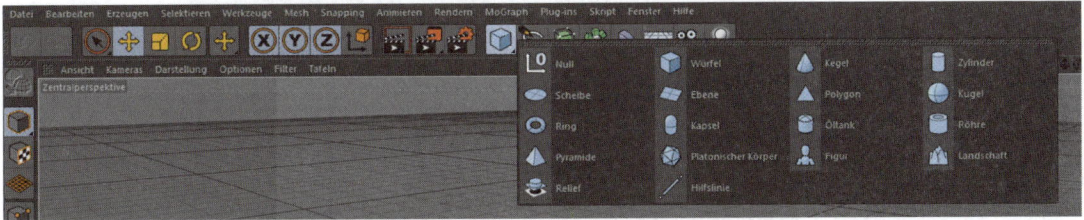

Haben Sie ein Objekt ausgewählt, wird der Körper am Zentrumspunkt des Projekts erstellt und erscheint sowohl im VORSCHAU-Fenster als auch im Objekt-Manager. Unter diesem lassen sich gleich im Anschluss die Objekteigenschaften im ATTRIBUTE-MANAGER festlegen. Das reicht von Objektkantenlängen über Polygonanzahl und Rundungen bis hin zu komplexeren Form-Optionen wie Hexagonen. Das hängt ganz davon ab, welchen Grundkörper Sie als Basis nehmen. Daneben können Sie die Positions- oder Rotationswerte vergeben.

Abbildung 13.52
Die Grundkörper und -objekte

Abbildung 13.53
Der Attribute-Manager

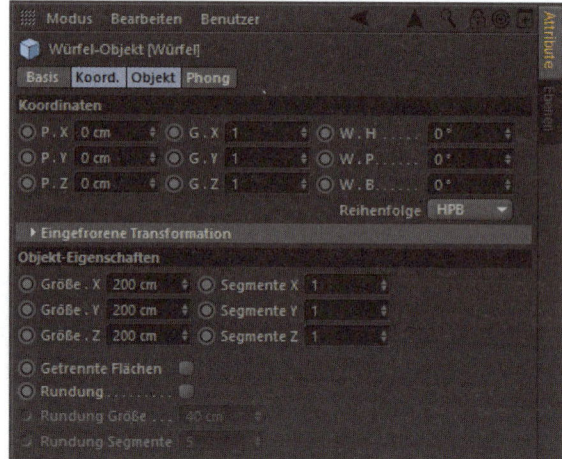

3D-Objekte in Cinema 4D lassen sich übrigens genauso frei bewegen wie 3D-Objekte in After Effects. Klicken Sie in den Raum, wird das angewählte Objekt frei verschoben, gehen Sie mit der Maus über eine der Objektachsen, färbt sich diese weiß und nun können Sie das Objekt einer isolierten Achse verschieben. Halten Sie während des Verschiebens übrigens die ⇧-Taste gedrückt, wird in genauen Schritten gearbeitet, beispielsweise in 10-cm-Schritten beim Verschieben oder in 10°-Schritten bei der Rotation.

Abbildung 13.54
Verschieben entlang der Objektachsen

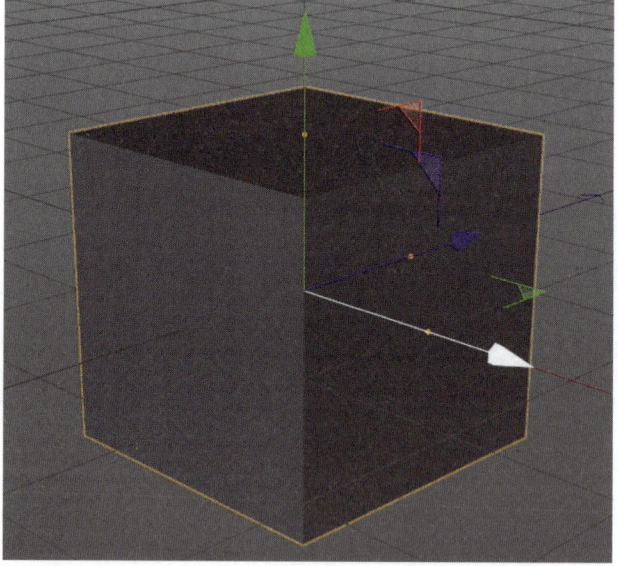

Möchten Sie ein Objekt drehen, rufen Sie das Rotationswerkzeug über R auf. Jetzt können Sie das Objekt entlang des Orbits drehen. Wenn Sie die farbigen Ringe benutzen, rotiert der Körper ausschließlich um die jeweilige Achse. Im

Attribute-Manager können Sie alle Änderungen nachverfolgen, da sich einige Parameter einfacher mit der Zahleneingabe in die Wertefelder der einzelnen Parameter erledigen lassen.

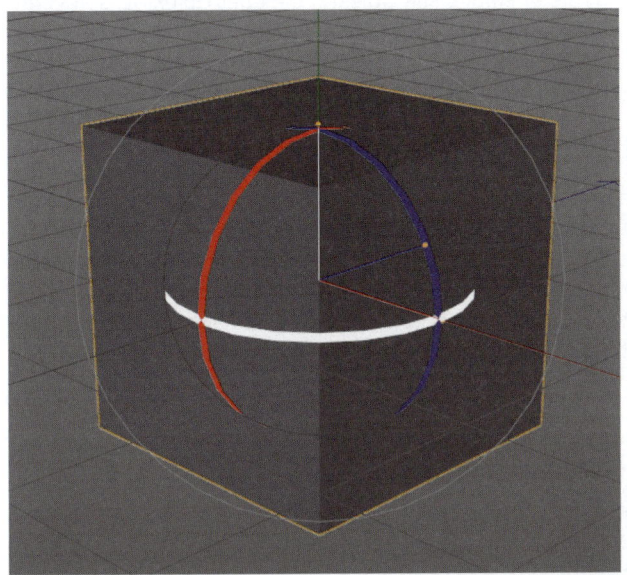

Abbildung 13.55
Die Rotationsringe

Das Transformationswerkzeug rufen Sie mit ⊤ auf. Hier können Sie das gesamte Objekt symmetrisch skalieren oder lediglich über eine Achse dehnen. Möchten Sie zurück zum Verschieben-Werkzeug, drücken Sie E.

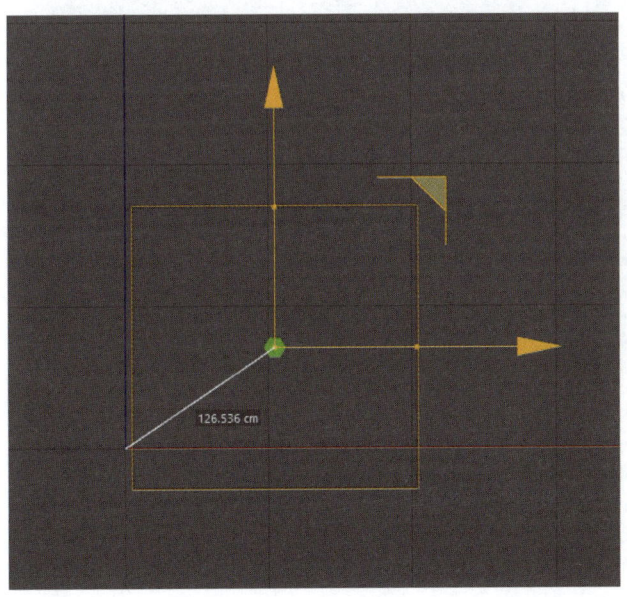

Abbildung 13.56
Verschieben entlang einer Ebene

Das Verschieben-Werkzeug ist auch in den Seitenansichten sehr effektiv. Sie können hier noch genauer sowohl mit den zwei dargestellten Objektachsen als auch dem Eck-Anfasser entlang einer aufgespannten Ebene arbeiten.

In Cinema 4D können Sie ebenfalls alle Objekte, die über Objektachsen verfügen, auch mit deren Hilfe ausrichten oder positionieren. Darunter fallen natürlich auch Lichter oder Kameras.

Texturierung

Nachdem nun eine dreidimensionale Geometrie vorhanden ist, muss diese mit Texturen belegt werden, um Oberflächenstrukturen zu simulieren. Dazu verwenden Sie in Cinema 4D den Material-Editor. Zunächst muss ein neues Material erstellt werden. Doppelklicken Sie auf das kleine Materialsymbol und schon sehen Sie den Material-Editor. In der linken oberen Ecke sehen Sie eine Materialvorschau, darunter befinden sich die einzelnen Kanäle.

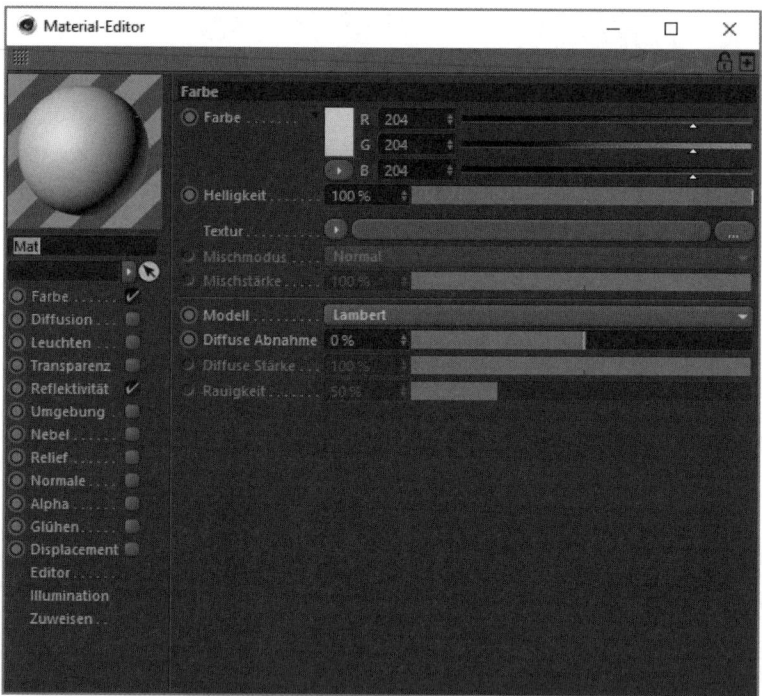

Abbildung 13.57
Der Material-Editor

Nun ist die Berechnung von Texturen in Cinema 4D etwas komplexer als beispielsweise in After Effects, denn die Einberechnung von Diffusionsverhalten, Reflektivität oder Normalen-Texturen sind zwar nötig, um Ihre 3D-Renderings gut aussehen zu lassen, würden aber an dieser Stelle ebenfalls den Rahmen sprengen, weshalb es zunächst reicht, im obersten Kanal FARBE entweder eine solche in den Eigenschaften auf der rechten Seite einzustellen oder eine TEXTUR zu laden. Klicken Sie im erscheinenden Dialog auf DATEI AUSWÄHLEN und laden Sie jede beliebige Bild- oder auch Videodatei in den Farbkanal.

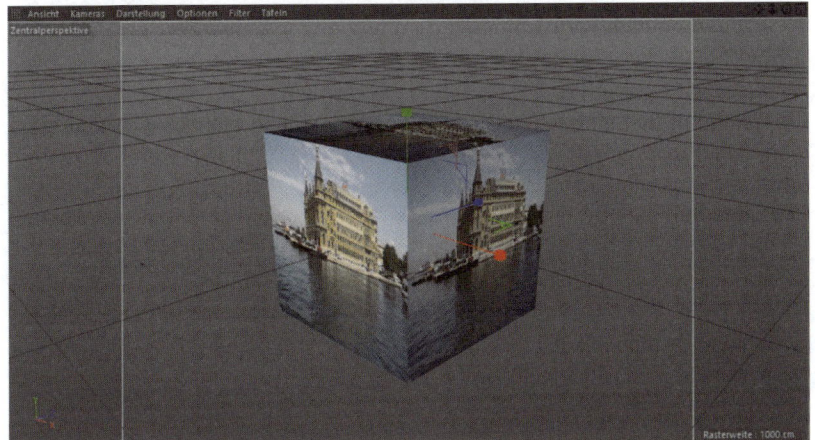

Abbildung 13.58
Auch Videos halten als Texturen her.

Ein Material wird aus dem Material-Manager per Drag&Drop auf das Objekt gezogen, wahlweise im VORSCHAU-Fenster, oder wenn es etwas genauer sein muss, im Objekt-Manager. Die Textur wird dann auf den ganzen Körper angewendet, bei einem Würfel beispielsweise auf jede seiner Seiten gelegt.

Beleuchtung

Dunkelheit ist die Abwesenheit von Licht. Und so müssen 3D-Anwender nach der Erstellung von Modell und Oberfläche noch für die gewünschte und korrekte Ausleuchtung der Szene sorgen, um die dreidimensionalen Objekte realistisch im Raum zu integrieren. Dies geschieht während der Beleuchtung, oder auch Lighting genannt.

Abbildung 13.59
Lichtquellen

Zugegeben, wenn dieser Schritt aktiv ausgelassen wird, sorgt eine programminterne Standardausleuchtung dafür, dass dennoch etwas zu sehen ist. Wie gewohnt führen solche Automatismen selten zu den für den Einzelfall erforderlichen Ergebnissen. Aus dem Lichtquellenmenü oberhalb des VORSCHAU-Fensters wählen Sie Ihre Lichtart. Ist ein Lichtobjekt erstellt, werden auch in diesem Fall im Attribute-Manager weitere Anpassungen zu Lichtfarbe oder Schattenform vorgenommen.

Abbildung 13.60
Vertraute Einstellungen

Sie werden schnell feststellen, dass die Lichtsetzung in Cinema 4D ähnlichen Regeln unterworfen ist wie in After Effects. Abstand und Randabfall von Lichtquellen sorgen für Plastizität und nehmen auch hier großen Einfluss auf die räumliche Gestaltung.

Abbildung 13.61
Licht setzen in C4D

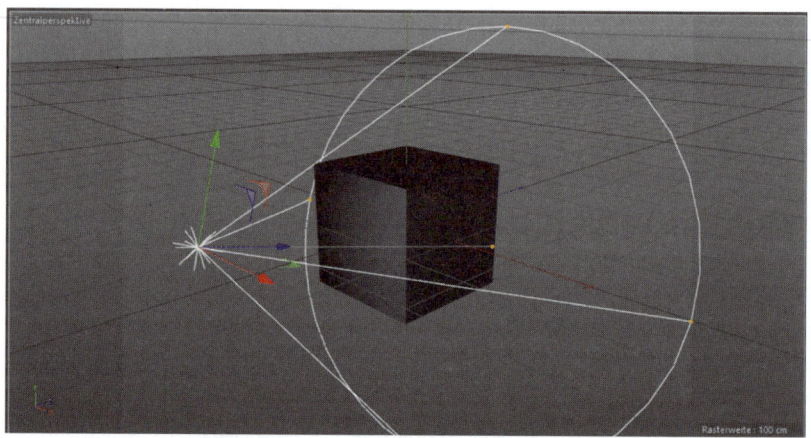

Kamera

Die Kamera-Einstellungen sind wiederum universell verständlich und ähneln deshalb auch den Optionen, die Sie bereits von der After-Effects-internen Kamera kennen.

Abbildung 13.62
Kamera-Typen in Cinema 4D Lite

Cinema 4D startet mit einer (unsichtbaren) projektinternen Default-Kamera, mit deren Hilfe Sie sich bewegen können. Auch hier muss also ein Kamera-Objekt erzeugt werden, um Zugang zu Optionen wie Brennweite und Handeingabe der Positionswerte oder gar Kamerafahrten zu haben. Im Kameramenü oberhalb des VORSCHAU-Fensters können Sie eine einfache Kamera erstellen, wobei auch Cinema 4D die aktuelle Ansicht als Referenz für die neue Kamera heranzieht.

Im Attribute-Manager sehen Sie wieder vielfältige Auswahlmöglichkeiten zur Feinjustierung Ihrer Kamera, von denen Ihnen bereits einige vertraut sein müssten.

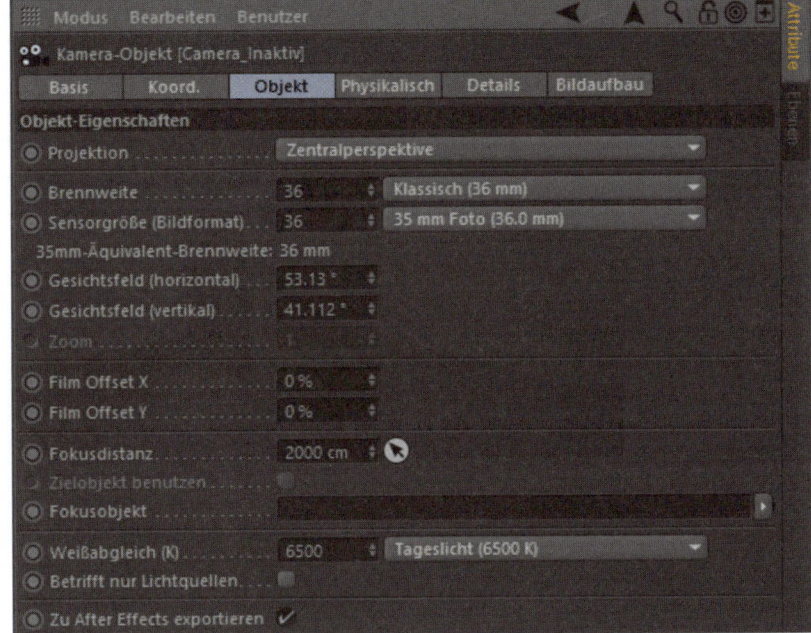

Abbildung 13.63
Die Kamera-Optionen

Wichtig vor allem auch für das Zusammenspiel mit After Effects ist das eindeutige Kamera-Management innerhalb des Objekt-Managers. Haben Sie mehrere Kameras, sollten Sie eindeutige Namen vergeben. Ferner legen Sie im Objekt-Manager ebenfalls die verwendete, aktive Kamera fest. Sehen Sie neben einer Kamera ein weißes Fadenkreuz, ist die Kamera aktiv, ein erneuter Klick deaktiviert sie. Ist gar keine Kamera gewählt, wird wieder auf die programminterne Default-Kamera zurückgegriffen.

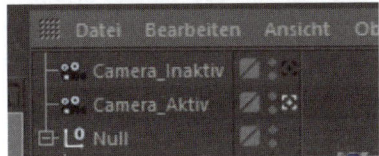

Abbildung 13.64
Das Fadenkreuz (de-)aktiviert eine Kamera.

Cineware-Plug-in

Haben Sie die Arbeit in Cinema 4D abgeschlossen, geht es noch einmal zurück zu After Effects. Zu Beginn wurde eine Verbindung zwischen den Programmen durch das CINEWARE-Plug-in hergestellt. Bringen Sie jetzt eine C4D-Datei in eine Komposition, so wird das Plug-in automatisch in das EFFEKTEINSTELLUNGEN-Fenster geladen und sorgt für die Verbindung der beiden Programme. Schauen Sie sich jetzt dessen Settings genauer an.

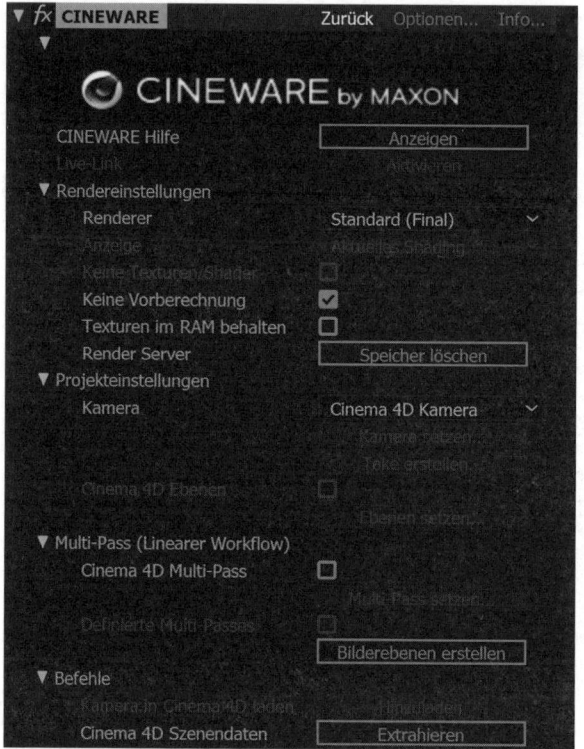

Abbildung 13.65
CINEWARE ist die Schnittstelle für C4D-Dateien und Kompositionen.

Wichtig ist hier vor allem, vor der Ausgabe den RENDERER auf STANDARD (FINAL) zu stellen. Zu Arbeitszwecken empfiehlt sich meist STANDARD (ENTWURF), wenn das System gar überfordert ist, auch SOFTWARE.

Stellen Sie ebenso sicher, dass die KAMERA korrekt gewählt ist. Haben Sie in C4D Lichter oder Null-Objekte erstellt, klicken Sie auf EXTRAHIEREN. Diese 3D-Objekte werden jetzt in After Effects überführt. So können beispielsweise Text- oder Video-Ebenen innerhalb von After Effects mit den gleichen Lichtsettings beleuchtet werden wie die Objekte in Cinema 4D.

13.4 Workshops
2½D

Sie haben jetzt allerhand zur Erstellung von dreidimensionalen Szenen gelernt und werden nun mit einfachen Methoden eine solche erstellen. In diesem Workshop geht es vorrangig um räumliche Tiefe und einfache Arbeiten mit der Kamera. Dabei werden Sie ähnlich dem Prinzip eines Schaukastens zuerst die 3D-Szene einrichten, dann eine Kamerafahrt erstellen und zum Schluss noch Tiefenschärfe animieren.

> **Footage**
>
> Das Footage zum Workshop finden Sie im Download-Ordner 13.

Bringen Sie das Footage `Zweieinhalb_Szene.PSD` in ein neues Projekt. Stellen Sie den Import-Vorgang auf KOMPOSITION, denn die Photoshop-Datei ist bereits so angelegt, dass Sie die verschiedenen Ebenen bereits für eine geschichtete Tiefenstaffelung verwenden können. Öffnen Sie gleich die neue Komposition und aktivieren Sie für alle Ebenen die 3D-Option. Um einfacher mit den unterschiedlichen Tiefen arbeiten zu können, wechseln Sie wieder auf eine 2-Fenster-Ansicht.

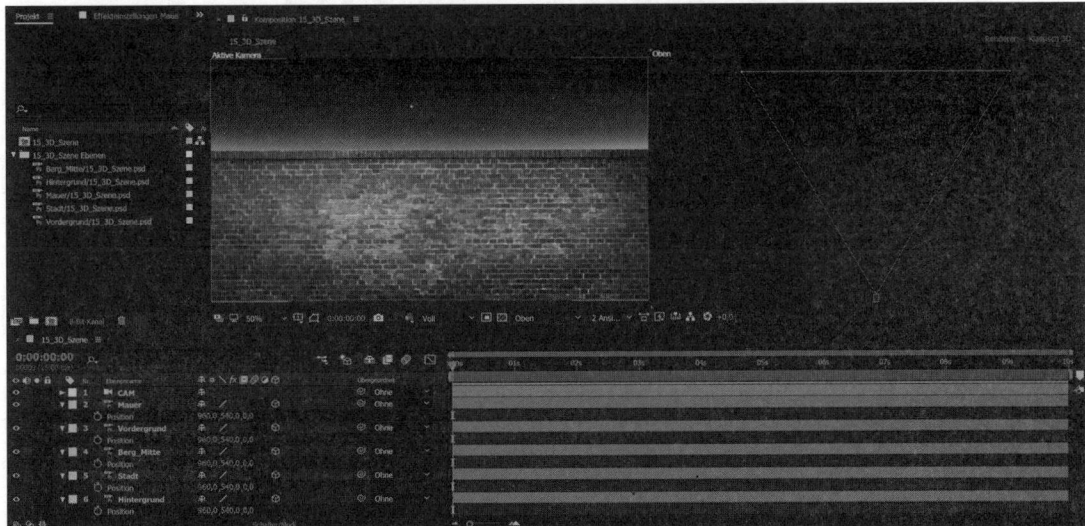

Erstellen Sie zunächst eine neue Kamera mit [Strg]+[Alt]+[C] (Mac: [⌘]+[⌥]+[C]). Belassen Sie die Standardeinstellungen vorerst so, wie sie sind. Um die Animation und die Parameter kümmern Sie sich, wenn Sie die Szene vollständig angelegt haben. Beginnen Sie nun, die Ebenen sinngemäß zu verschieben. Die unterste Ebene in der Ebenenübersicht bildet Ihren Hintergrund und soll am weitesten von Ihrer Kamera entfernt sein. Daher bringen Sie sie bei 5000 auf der z-Achse in Position.

Abbildung 13.66
Das Ausgangssetup

Abbildung 13.67
Bringen Sie die Ebenen in die Tiefe.

Jetzt offenbart sich das bereits erwähnte Phänomen, dass Ebenen unter Verwendung einer 3D-Kamera kleiner werden, wenn sie in der Z-Richtung verschoben werden. Das muss jetzt wieder ausgeglichen werden. Hier können Sie beruhigt auf die SKALIERUNG zugreifen, denn auch wenn Sie eine Ebene über 100 % skalieren müssen, greift hier nicht das Verpixelungsproblem, das Sie von 2D-Ebenen kennen. Ziehen Sie den Wert gerade so hoch, dass die Ebene den Sichtbereich ausfüllt, und geben Sie etwas mehr »Beschnitt«.

Abbildung 13.68
Hochskalierung der entfernten Ebenen

Nun kommen die anderen Ebenen an die Reihe. Die Vordergrundebene sollte nahe an der Kamera liegen und nicht in der Z-Achse verschoben werden, die Ebenen dazwischen sollten sinnvoll in der Tiefe verteilt werden. Sie können mit dem Kamerawerkzeug immer wieder probeweise den Sichtbereich verschieben und so bereits feststellen, in welchem Abstand die Ebenen zueinander gestaffelt stehen.

Abbildung 13.69
Alle Ebenen liegen wieder korrekt übereinander.

Ist die Positionierung der Ebenen abgeschlossen, geht es an die Animation der Kamerafahrt. Zunächst ändern Sie den Zielpunkt, den Sie auf die Position der am weitesten entfernten Ebene legen.

Zu Beginn der Animation soll lediglich die Vordergrundebene zu sehen sein, dann startet die Kamerafahrt in die Höhe und offenbart die dahinter liegende Szenerie. Setzen Sie also entsprechend einen Keyframe für die Kameraposition. Springen Sie einige Frames weiter, nutzen Sie das XY-VERSCHIEBEN-WERKZEUG aus den Kamerawerkzeugen und setzen Sie einen weiteren Keyframe. Die Kamerafahrt startet linear, wird jedoch mit einem Easy Ease-In weich beendet. Ziehen Sie den Keyframe jetzt an eine gewünschte Stelle, um die Dauer der Kamerafahrt zu bestimmen.

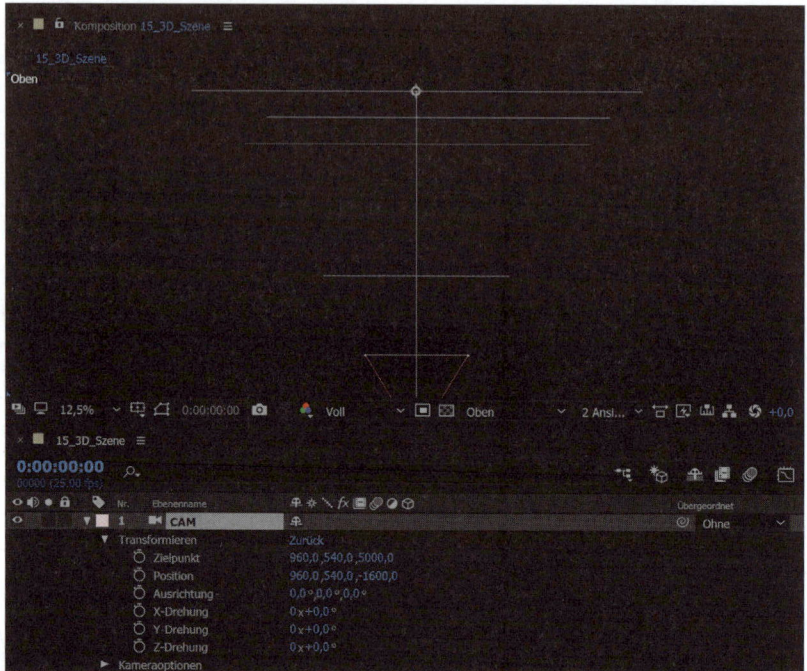

Abbildung 13.70
Verschieben Sie den Zielpunkt auf den Hintergrund.

Abbildung 13.71
Keyframes für die Kamerafahrt

Um das Ganze noch etwas spannender zu gestalten, werden Sie jetzt zusätzlich noch die Schärfentiefe animieren. Zuerst soll dabei der Vordergrund scharf abgebildet werden, gegen Ende der Bewegung stellt die Kamera auf »unendlich«.

Dazu wechseln Sie erneut in die Ebenenübersicht. Mit [A]+[A] rufen Sie dort die Kamera-Optionen auf. Sie können alternativ auch in die grafische Ansicht KAMERAEINSTELLUNGEN wechseln. Zunächst erhöhen Sie den Wert der BLENDE auf 250 Pixel. Damit die vorderste Ebene scharf dargestellt wird, müssen Sie die FOKUSENTFERNUNG ebenfalls justieren. Diese wird ja ohnehin noch animiert. Dazu lesen Sie den Positionswert der Kamera aus, hier reicht die Berücksichtigung der Z-Position. Die Kamera ist bei -1500, die Zielebene bei Z-Position 0, was zu einer Fokusentfernung von 1500 Pixeln führt.

13.4 Workshops

Abbildung 13.72
Scharfer Vordergrund

Abbildung 13.73
Der Vordergrund ist jetzt unscharf und verschwindet aus dem Bild.

Jetzt springen Sie zum Ende der Kamerafahrt. Die Vordergrundebene ist nicht mehr zu sehen, dafür ist der Hintergrund weiterhin unscharf. Da die hinterste Ebene bei Z-Wert 5000 ist und Sie ja auf diese Ebene scharfstellen möchten, ergibt sich eine neue Fokusentfernung von 6500 Pixeln. Ist auch dieser Keyframe gesetzt, drücken Sie die [Leertaste] und genießen die Kamerafahrt.

Rubik's Cube

Im ersten Workshop haben Sie sich noch an der Erstellung einer Szenerie anhand von Unterschieden in der räumlichen Tiefe gemacht. Jetzt wird es Zeit, einen dreidimensionalen Körper umzusetzen. Die Wahl fällt in diesem Fall auf einen der berühmtesten Würfel und eine der beliebtesten Modeerscheinung der 1980er Jahre, den Rubik's Cube.

Erstellen Sie eine neue Komposition und erstellen Sie eine quadratische Farbfläche. Der rechnerischen Einfachheit halber beträgt in diesem Fall die Seitenlänge 900 Pixel.

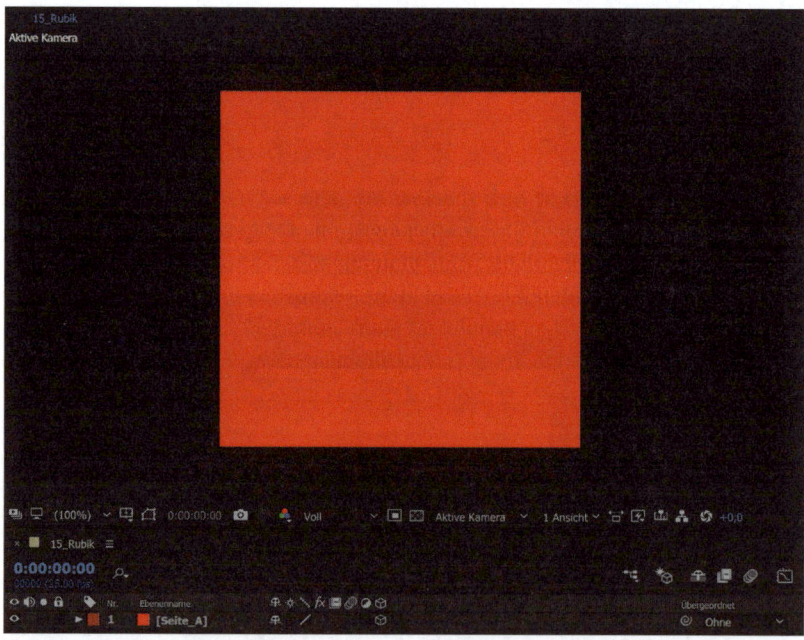

Abbildung 13.74
Eine Farbfläche bildet den Ausgangspunkt.

Kümmern Sie sich zunächst um die Struktur einer Würfelseite. Diese wird nochmals in neun kleinere Würfel unterteilt. In After Effects simulieren Sie dies mit dem Raster-Effekt aus der Effekt-Kategorie GENERIEREN. Stellen Sie den Effekt in der Breite und Höhe auf 310 und vergeben Sie eine Kantenbreite von 20. Setzen Sie den Nullpunkt auf -10/-10. Dieser kleine »Workaround« sorgt dafür, dass die Außenkanten keine schwarzen Konturen haben.

13.4 Workshops

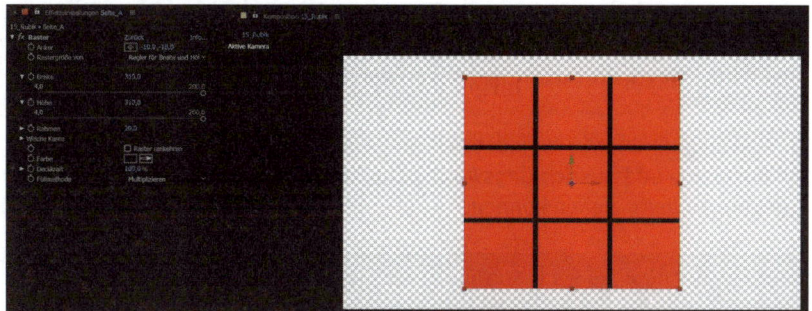

Abbildung 13.75
Der RASTER-Effekt erzeugt die künstlichen Kanten.

Aktivieren Sie jetzt die 3D-Option für die Farbebene und duplizieren Sie sie. Anschließend rotieren Sie die Kopie um 90° und nutzen das Drehen-und-Verschieben-Werkzeug, um die Ebene so auszurichten. Die Kanten müssen bündig anliegen.

Erstellen Sie zunächst eine Kamera, um deren Fein-Einstellung Sie sich später kümmern, zunächst nutzen Sie sie nur zu Vorschauzwecken. Wechseln Sie also zur Doppelansicht unter den Ansichtsoptionen im Kompositionsfenster. Eine Ansicht für die Draufsicht und eine für die Kameravorschau sollte genügen.

Abbildung 13.76
Bringen Sie mehr Seiten ins Spiel.

Da Rubik's Cubes sechs verschiedenfarbige Seiten besitzen, ändern Sie die Farbe der Farbfläche. Drücken Sie dazu [Strg]+[Alt]+[Y] (Mac: [⌘]+[⌥]+[Y]) und ändern im Dialog entsprechend den Farbwert auf einen Blauton.

Um es Ihnen einfacher zu machen, gehen Sie doch dazu über, die Position und Drehung in der Ebenenübersicht zu vergeben. Da jede Seite die Länge von 900 Pixeln hat, ist es ein Leichtes, die korrekten Positionswerte zu ermitteln. Die Front-Seite hat die Position mit (960, 540, 0) und keinerlei Drehung. Die blaue Seite hat die x-Position 960 plus die Hälfte einer Seitenlänge, also insgesamt 1410. Da die Y-Postion unverändert bleibt, gehen Sie gleich zur Z-Position über. Wieder gehen Sie von der roten Ebene als Referenzpunkt aus, die genau auf dem Nullpunkt der Z-Achse liegt. Die blaue Ebene wurde über den Ankerpunkt um 90° gedreht. Also muss die Ebene jetzt um 450 Pixel in z-Richtung verschoben werden, sodass die Kanten der roten und der blauen Ebene bündig abschließen.

Wiederholen Sie diese Schritte für alle weiteren Seiten des Würfels. Hier ist ein wenig dreidimensionales Vorstellungsvermögen gefragt, aber denken Sie dran, dass After Effects für Sie die genauen Positionswerte in der Ebenenübersicht kalkuliert.

Im Workshop-Ordner 13 befindet sich auch eine Textdatei, in der sich die korrekten Positions- und Ausrichtungswerte befinden, die Sie zum Vergleich mit Ihren Ergebnissen heranziehen können.

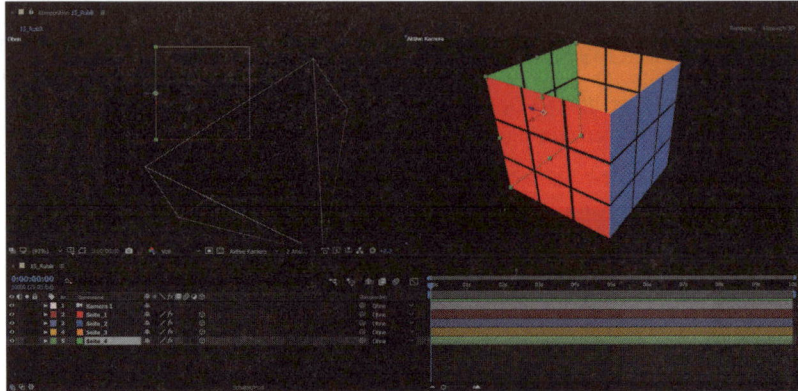

Abbildung 13.77
Der Würfel »füllt« sich langsam.

Obwohl Sie am besten weiterhin die Ebenen in der Ebenenübersicht positionieren, verwenden Sie doch die Kamerawerkzeuge, um schon einmal einen Vorgeschmack zu erhalten.

Abbildung 13.78
Der Rubik' Cube

An dieser Stelle ergeben immer noch sechs einzelne Ebenen den Würfel. Wollten Sie ihn jetzt bewegen, so müssten Sie jede einzelne Ebene keyframen, und damit die Kanten weiterhin bündig liegen, wäre eine Anpassung eines jeden Ankerpunkts nötig. Wie gut, dass es für solche Fälle das Null-Objekt gibt. Unter EBENE|NEU|NULL-OBJEKT oder über die Tastenkombination [Strg]+[Alt]+[⇧]+[Y] (Mac: [⌘]+[⌥]+[⇧]+[Y]) holen Sie das Objekt in die Komposition, und stellen es in der Ebenenübersicht auf dreidimensional um. Anschließend markieren Sie alle Seiten des Würfels und weisen sie mittels des Gummibands aus der ÜBERGE-

ORDNET-Spalte dem Null-Objekt zu. Jetzt sind alle Seiten Child-Objekte des Null-Objekts. Wenn Sie dieses jetzt bewegen oder rotieren, ziehen alle Ebenen mit und verbleiben dabei in der relativen Anordnung zum Parent-Objekt.

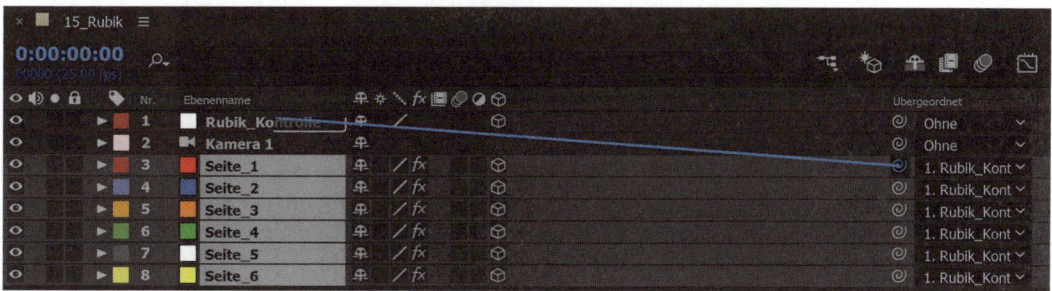

Abbildung 13.79
Mit einem Null-Objekt lassen sich alle Seiten auf einmal regeln.

Nun ist die Kamera an der Reihe. In diesem Fall wählen Sie den Typ 1-KNOTEN-KAMERA und geben eine kurze Brennweite von 20MM ein. Im Anschluss nutzen Sie die Kamerawerkzeuge, um den Fokus der Kamera auf eine der Würfelecken zu legen. Zusammen mit der Weitwinkeloptik sorgt das für eine angenehme Plastizität, die jetzt allerdings noch ein wenig Räumlichkeit durch ein paar wenige Lichtquellen in Ihrem Projekt vertragen kann.

Abbildung 13.80
Etwas dramatischerer Blickwinkel

Setzen Sie zunächst ein Spotlicht mit einer hellgelben Farbe in die Szene und verschieben Sie es so, dass die rote Fläche bestrahlt wird. Wie Sie sehen, können Sie das Spotlicht sowohl in seinem Ausgangs- als auch in seinem Zielpunkt im Kompositionsfenster verschieben.

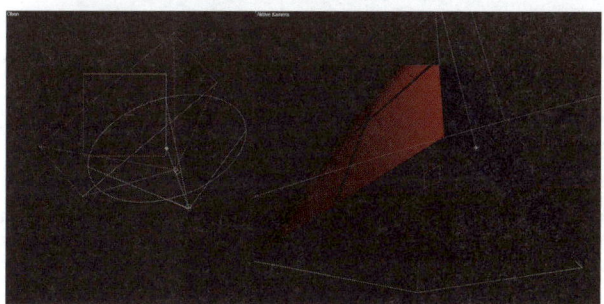

Abbildung 13.81
Ein Spotlight legt den Fokus auf die Würfelecke.

Damit der Rest der Komposition nicht im Dunklen versinkt, erstellen Sie noch ein schwaches Umgebungslicht dazu, mit einem ganz leichten Blaustich und reduzierter Helligkeit, um die Szene wieder allgemein etwas aufzuhellen.

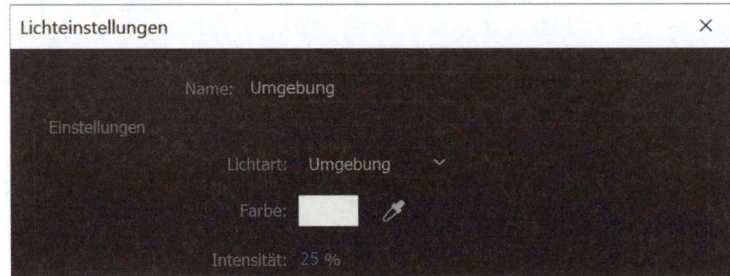

Abbildung 13.82
Das Umgebungslicht zur dezenten Aufhellung

Noch ein letzter Spot, der den Würfel von unten anleuchtet, und dann ist das Licht-Setup auch schon fertig. Hier geht es nicht um genaue Positionierung, sondern es gilt, was gut aussieht.

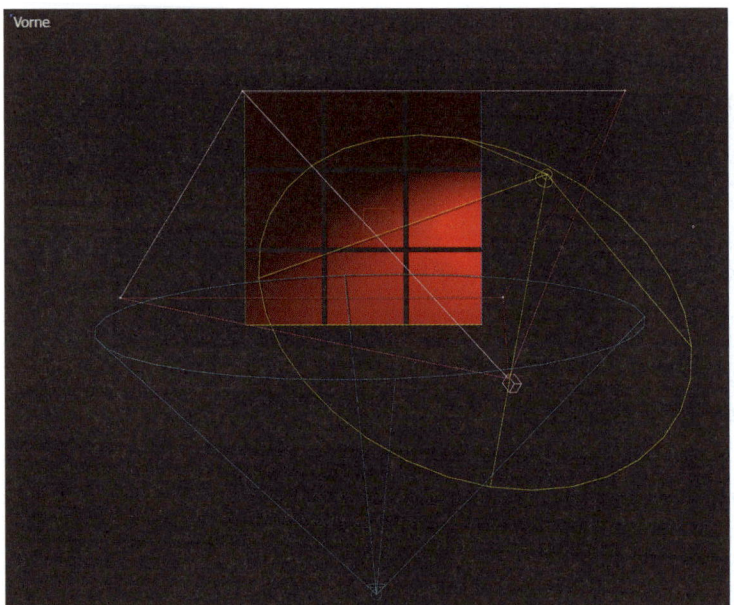

Abbildung 13.83
Ein zweiter Spot für die vorher viel zu dunkle Unterseite

Anschließend animieren Sie noch das Null-Objekt mit einer schnellen Drehbewegung um die Y-Achse. Der Würfel soll sich fünfmal um die eigene Achse drehen, bevor er wieder weich in die Ausgangsposition zurückrotiert. Zu Beginn der Komposition legen Sie also die Y-Drehung auf 5×360° fest. Anschließend gehen Sie an den Zeitpunkt, an dem die Drehbewegung ihr Ende finden soll, und geben dort einen Keyframe mit dem Wert 0 ein. Wenden Sie einen Easy-Ease-In-Keyframe an oder sorgen Sie selbst im Diagrammeditor für eine geschmeidige Annäherung an die Ausgangsposition.

13.4 Workshops

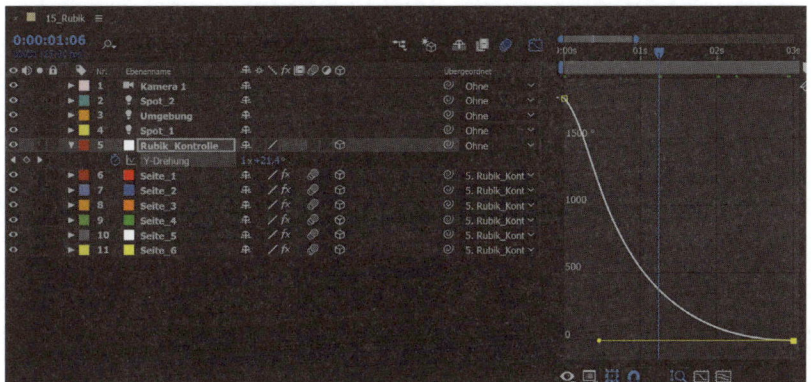

Abbildung 13.84
Die Drehbewegung de Würfels flacht zum Ende der Animation ab.

Aktivieren Sie noch für alle Ebenen sowie für die Komposition in der Ebenenübersicht die Bewegungsunschärfe. Diese fügt der schnellen Bewegung einen realistischen Weichzeichner hinzu, der mit langsam werdender Drehung ebenfalls abnimmt.

Abbildung 13.85
Und noch etwas Bewegungsunschärfe – fertig

Set-Extension

Die Integration von computergenerierten 3D-Objekten in reales Film- oder Videomaterial ist eine der Hauptaufgaben eines jeden VFX-Artisten. Da kommt die vereinfachte Interaktion von After Effects und Cinema 4D gerade recht. In diesem Workshop sehen Sie deshalb den Ablauf bei der Erstellung der sogenannten **Set-Extensions**. Zunächst werden Sie das Footage analysieren und mittels After Effects die Kameraposition tracken. Im Anschluss werden die gewonnenen Daten in Cinema 4D importiert, wo Sie ein einfaches 3D-Modell bauen, einfache Texturen und Beleuchtung erstellen und im Anschluss für eine korrekte Positionierung des Modells in der Aufnahme sorgen. Ist der 3D-Part erledigt, geht es wieder zurück zu After Effects, wo noch minimale Anpassungen auf Sie warten, um das Projekt abzuschließen.

> **Footage**
>
> Das Footage zum Workshop finden Sie im Download-Ordner 13.

Erstellen Sie eine neue Komposition und importieren Sie das Footage Set_Extension_Video.MOV. Sie sehen einen Stausee, vor dem ein »Betretenverboten«-Schild platziert werden soll. Wenden Sie den 3D-KAMERATRACKER auf die Videoebene an. Da während der Aufnahme nicht gezoomt wurde, verbleibt die EINSTELLUNGSART auf FESTER BLICKWINKEL. Klicken Sie auf ANALYSE und warten Sie das Ergebnis ab.

Abbildung 13.86
Die Track-Punkte des 3D-Kameratrackers ...

Ist die Analyse fertig, klicken Sie auf KAMERA ERSTELLEN. Dem neu erstellten Kamera-Objekt wird Frame für Frame ein Keyframe für die Position gegeben. Das ist wichtig, denn zur korrekten Integration der 3D-Objekte muss Cinema 4D auf diese Keyframes zurückgreifen.

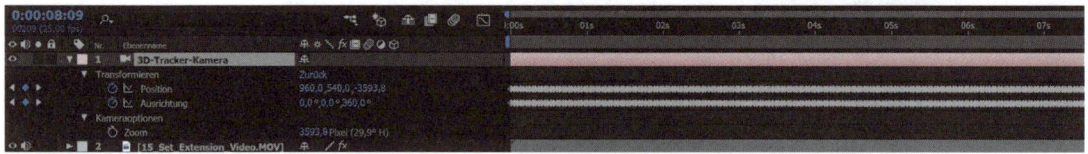

Abbildung 13.87
... und die daraus erstellte Kamera

Deshalb exportieren Sie anschließend unter DATEI|EXPORTIEREN die gesammelten Daten mit dem CINEMA 4D-EXPORTER. Das After-Effects-Projekt muss davor gespeichert werden, im Anschluss bestimmen Sie, an welcher Stelle das Cinema-4D-Projekt gespeichert wird. Ignorieren Sie den Warnhinweis, dass zweidimensionale Objekte nicht importiert werden. Alles, was Sie benötigen, sind die Kamera-Daten, sonst nichts.

Nun wird es etwas kompliziert, da Cinema 4D Lite nur innerhalb von After Effects gestartet werden kann. Daher importieren Sie die eben gespeicherte C4D-Datei wiederum in After Effects. Aus dem Projektfenster legen Sie sie in die gleiche Komposition, in der sich auch das eben analysierte Videomaterial befindet.

13.4 Workshops

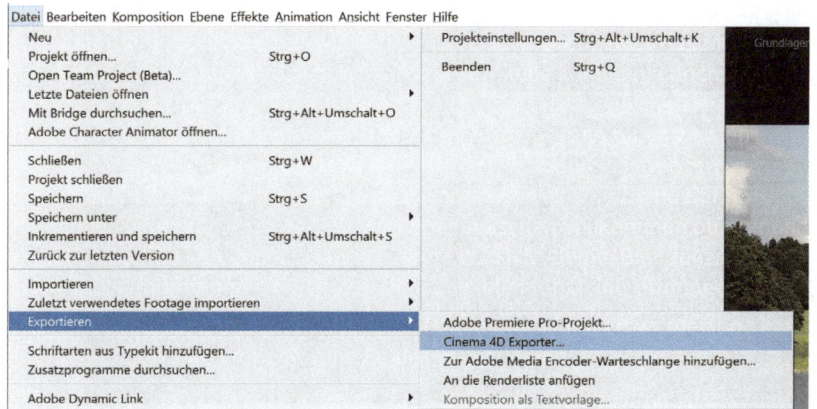

Abbildung 13.88
After-Effects-Projekte können in C4D-Dateien verwandelt werden.

Drücken Sie jetzt mit der angewählten 3D-Ebene [Strg]+[E] (Mac: [⌘]+[E]), schon öffnet sich das 3D-Programm zur Bearbeitung der 3D-Datei. Sie werden feststellen, dass lediglich die Kamera in das neue Projekt importiert wurde, denn After Effects exportiert wie bereits erwähnt nur 3D-Ebenen und Kamera-Informationen nach Cinema 4D.

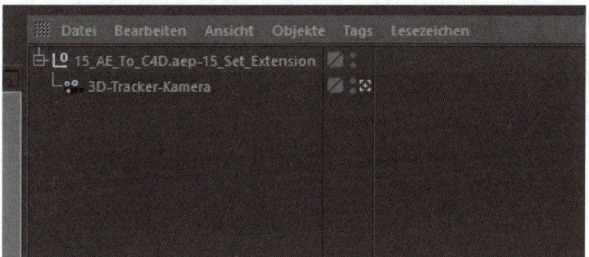

Abbildung 13.89
Die Tracking-Kamera

Die Kamera aus After Effects wurde samt Keyframes nach Cinema 4D importiert. Damit diese nicht versehentlich verstellt werden und Sie sich trotzdem frei im 3D-Programm bewegen, wählen Sie das weiße Fadenkreuz im OBJEKTE-MANAGER ab. Das bedeutet, dass die Kamera jetzt deaktiviert wurde und Sie wieder mit der Default-Kamera in Cinema 4D arbeiten und sich nun wieder frei bewegen können. Achten Sie aber darauf, zum späteren Zeitpunkt die korrekte Kamera anzuwählen.

Sie starten de facto in einem leeren Projekt, ohne Geometrien und Licht. Beginnen Sie also mit der Erstellung des Schildes, das Sie aus einfachen Grundkörpern bauen werden.

Abbildung 13.90
Alle Keyframes wurden übernommen.

393

Kapitel 13 — 3D

Abbildung 13.91
Der erste Pfosten

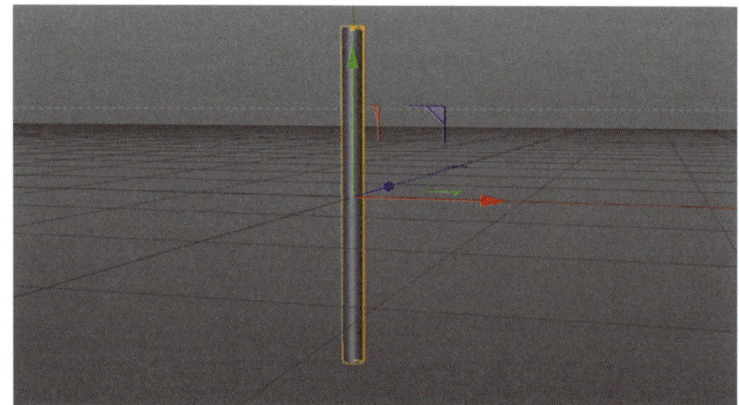

Beginnen Sie zunächst mit den Pfosten. Diese werden aus einem normalen Zylinder-Objekt geformt, das Sie im Objektmenü über dem VORSCHAU-Fenster finden. Reduzieren Sie lediglich den Radius, die restlichen Attribute belassen Sie so, wie sie sind.

Abbildung 13.92
Reduzieren Sie den Radius des Grundkörpers.

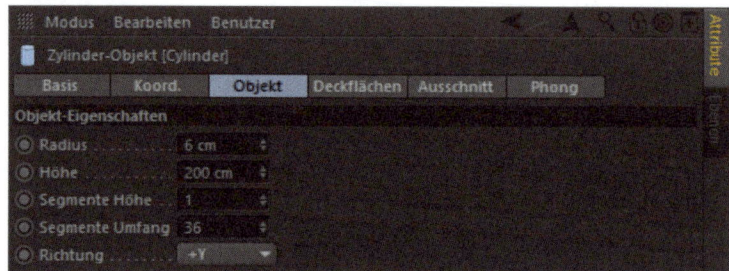

Duplizieren Sie den Pfosten mittels [Strg]+[C] (Mac: [⌘]+[C]) und [Strg]+[V] (Mac: [⌘]+[V]) und bringen Sie beide in Position. Den linken Pfosten verschieben Sie im Attribute-Manager um 50 cm in die negative, den rechten Pfosten um 50 cm in die positive X-Richtung.

Abbildung 13.93
Duplizieren Sie den Pfosten.

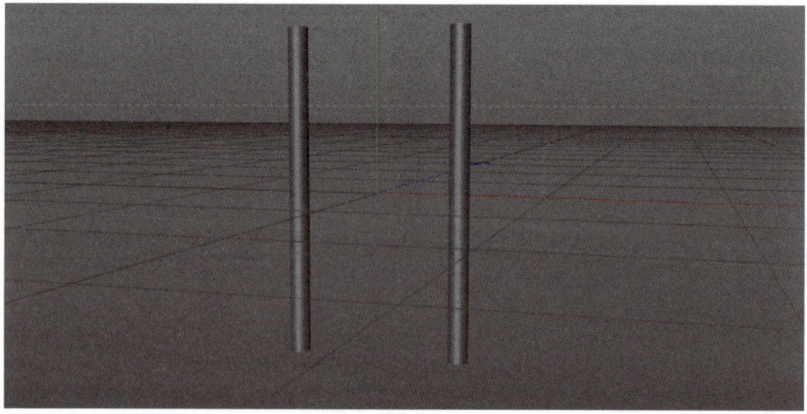

Das Brett, auf dem die Schrift später stehen soll, erstellen Sie aus einem Würfel-Objekt, das Sie in ein schmales Rechteck verwandeln.

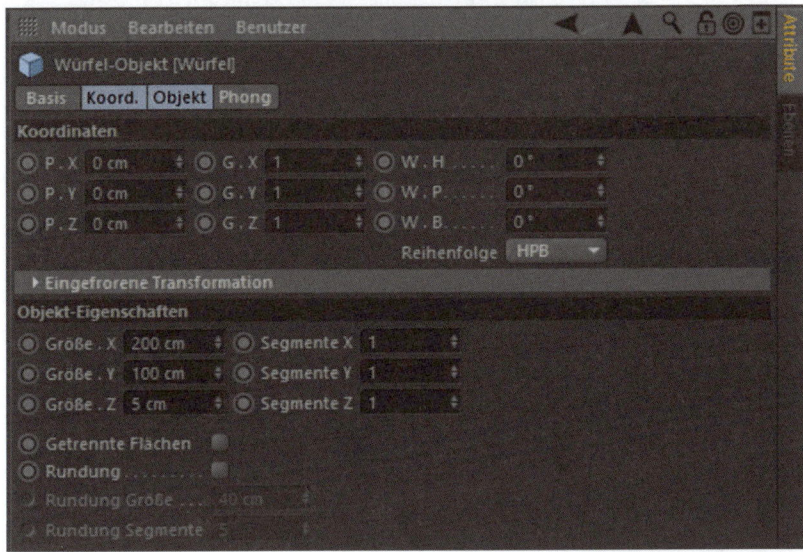

Abbildung 13.94
Die Einstellungen für das Brett

Anschließend bringen Sie das Würfel-Objekt in der Z-Richtung nach vorn.

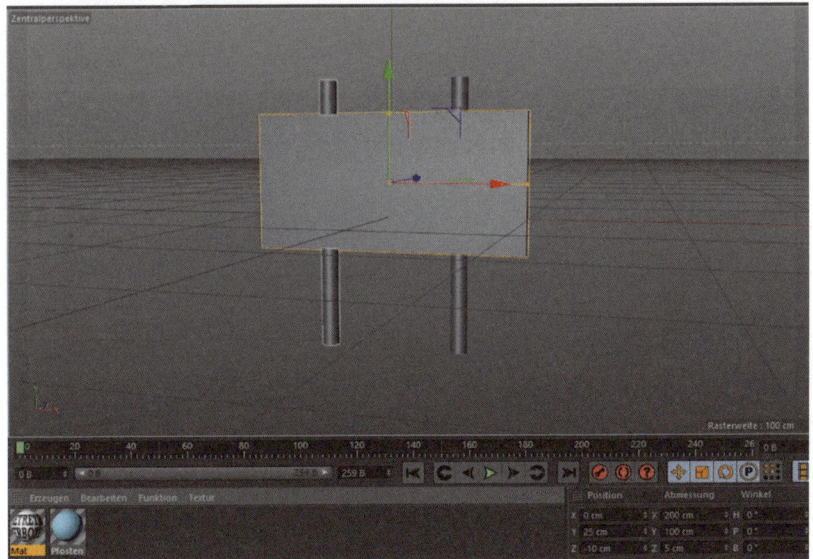

Abbildung 13.95
Alle Körper vereint

Jetzt geht es um die Texturierung. Erstellen Sie durch einen Doppelklick in den leeren MATERIAL-MANAGER ein neues Material. Sogleich öffnet sich der Material-Editor, in dessen erstem Kanal ein hellblauer Farbton für die Metallpfosten ausgewählt wird. Benennen Sie das Material noch um und erstellen Sie dann ein zweites Material für das Schild.

Abbildung 13.96
Das Metallmaterial für den Pfosten wird blau gefärbt.

Diesem weisen Sie jetzt keine Farbe, sondern eine Bilddatei zu. Suchen Sie im Farbkanal den Eintrag TEXTUR, klicken Sie dort auf DATEI LADEN und wählen Sie die Datei `SetExtension_Textur.PSD` aus. Ziehen Sie jetzt die zwei Materialien per Drag&Drop aus dem Material-Manager auf die entsprechenden Objekte im VOR-SCHAU-Fenster. Jetzt haben Sie das Schild texturiert.

Abbildung 13.97
Modell und Textur komplett

Das Schild befindet sich auf dem absoluten Nullpunkt der 3D-Szene, wählen Sie jetzt aber die erstellte Kamera an, sehen Sie, dass das Objekt zu weit entfernt ist und noch verschoben werden muss. Speichern Sie übrigens Ihr Cinema-4D-Projekt ab, können Sie die Änderungen auch schon in After Effects mitverfolgen. Da sich dort das Videomaterial befindet, sollten Sie hin und wieder zwischen den Programmen wechseln, um Änderungen zu verfolgen. So werden Sie in diesem Fall sehen, dass das Schild inmitten des Stausees steht. Das muss korrigiert werden.

Damit nicht jedes Objekt einzeln geändert wird, gruppieren Sie die drei Körper in ein Null-Obbjekt. Wählen Sie alle drei Körper aus und drücken Sie [Alt]+[G] (Mac: [⌥]+[G]). Danach wechseln Sie in die Ansicht von OBEN ([F2]) und bringen das gesamte Null-Objekt mit dem Verschieben-Werkzeug ([E]) näher an die Kamera.

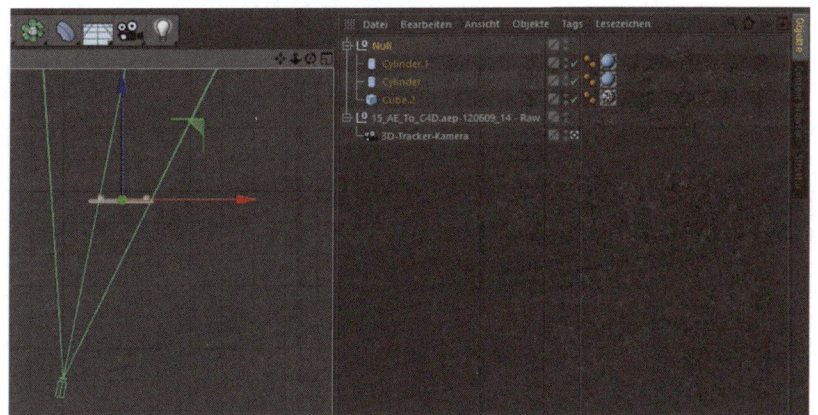

Abbildung 13.98
Die Körper im Null-Objekt werden gesammelt verschoben ...

Nach einigen Anpassungen sollte das Ergebnis realistisch aussehen und das 3D-Objekt an einem »plausiblen« Ort in der Komposition platziert sein. Zur Kontrolle sollten Sie auch ab und an die Vorschau bemühen, um die Integration der Set-Extension auch über den Verlauf des Videos zu kontrollieren.

Abbildung 13.99
... bis der Bildausschnitt passt.

Modellierung und Texturierung sind abgeschlossen, nun geht es an die Lichtsetzung. Bei der Integration von 3D-Elementen in realem Videomaterial ist dieser Abschnitt einer der größten Fallstricke und gleichzeitig einer der wichtigster Faktoren beim Gelingen eines solches Compositings. Die Ausleuchtung der 3D-Szenerie muss sich gut in das vorhandene Videomaterial einfügen. Dazu müssen Sie dieses zunächst einmal »lesen«, um die bestehende Lichtsituation zu verstehen und im Anschluss in Cinema 4D nachzuempfinden. Ein gut gewählter Anhaltspunkt ist die Suche nach Schatten im Bild. Den deutlichsten sehen Sie in der Einstellung hinter dem großen Strompfeiler. Jetzt haben Sie ein Gespür, aus welcher Richtung die Sonne scheint, und können in Cinema 4D loslegen.

Erstellen Sie aus der Licht-Palette über dem VORSCHAU-Fenster eine UNENDLICHE LICHTQUELLE, da diese schon einmal gute Voraussetzungen für das Nachempfinden eines Sonnenlichts bietet. Die nächsten Schritte erfolgen eher intuitiv, da Sie für die Einstellung des Lichts fortwährend zwischen Cinema 4D und After Effects wechseln, um zu prüfen, wie die Änderungen der 3D-Szenerie sich in der After-Effects-Komposition auswirken. Dem richtigen Setting müssen Sie sich also per Trial&Error annähern.

Abbildung 13.100
Das (unendliche) Sonnenlicht

Die finalen Lichtsettings für das verwendete Beispiel wurden vor allem anhand der Schattenposition im Ausgangsmaterial gefunden. Daraufhin wurden die Rotationswerte des Sonnenlichts angepasst. Ebenso wurde ein warmer Lachs-Ton als FARBE gewählt und die INTENSITÄT ein wenig erhöht.

Abbildung 13.101
Der OBJEKTE-MANAGER hat alles, was für eine gute 3D-Szene gebraucht wird.

Der OBJEKTE-MANAGER beinhaltet nun Kamera, Objekte, Texturen und Licht. Das Cinema-4D-Projekt ist abgeschlossen und Sie können wieder zu After Effects zurückkehren. Nehmen Sie jetzt noch einmal die Einstellungen im Cineware-Plug-in unter die Lupe und stellen dort die Ausgabe auf STANDARD (FINAL). Da sich

3D-Objekt und Hintergrund noch immer voneinander abheben, reduzieren Sie den Kontrast, heben die Tiefen ein wenig an, da diese etwas zu »perfekt« und satt aus dem 3D-Programm kommen. Ebenso setzt ein dezenter Weichzeichner die allzu glatte Kantenschärfe herunter.

Abbildung 13.102
Das finale Bild

Kapitel 14

Creative Cloud

Adobe After Effects ist Bestandteil der Creative Cloud, und wenn Sie nicht ein Einzelprogramm-Abonnement besitzen, lässt sich eine der größten Stärken der Software ausspielen. Wenige Produktionsumgebungen sind so vielseitig und ermöglichen einen nahezu nahtlosen Austausch zwischen den Produkten wie die Creative Cloud. Wer jetzt denkt, dass dies eine geschickte Werbeplatzierung sei, der sollte weiterlesen und sich eines Besseren belehren lassen.

Natürlich gibt es noch hochwertigere Compositing-Programme, Color-Correction-Tools oder 3D-Applikationen. Doch in kaum einer anderen Peripherie können Sie so leicht von Skizze über Layout zu Umsetzung und Ausgabe gelangen, wie das mit Adobe-Produkten möglich ist. Daher werfen wir jetzt einen Blick in den großen Software-Pool von Adobe CC und nehmen die Interaktion von Adobe After Effects mit den anderen Hausprodukten unter die Lupe.

14.1 Premiere Pro

In der Vergangenheit hat sich Premiere Pro zu einer veritablen Größe neben großen Schnittprogrammen wie Avid gemausert, dem Leistungsumfang von Final Cut Pro und anderen Editing-Suites hat man schon lange die Stirn geboten. Und so wird auch im professionellen Bereich immer häufiger auf die Schnittsoftware aus dem Hause Adobe gesetzt. Das Zusammenspiel von Schnitt und weiteren Schritten der Postproduktion, wie Effekt- oder Textgestaltung, ist ein nicht zu vernachlässigender Vorteil der Creative Cloud, wenn es um Workflow-Tempo und Kompatibilität geht.

Premiere-Pro-Projekte in After Effects importieren

Die einfachste Form ist der Import von Premiere-Pro-Schnittsequenzen nach After Effects. Es ist zugegebenermaßen um ein Vielfaches leichter, in Premiere Pro zu schneiden. Die Sequenzstruktur mit den Clip-Blöcken und die Nutzung von mehreren Spuren erlauben das Austauschen von Video-Clips in Windeseile. Dank der Editier- und Trimm-Funktionen können schneller und vor allem präzisere Edits erstellt werden als in After Effects. Wenn Sie also wissen, dass vor der Arbeit mit Farbe oder Effekten in After Effects erst einmal noch viel Videomaterial geschnitten werden muss, gehen Sie den Umweg über das Schnittprogramm.

Abbildung 14.1
Das Schnittfenster in Premiere Pro – alle Clips nebeneinander

Ziehen Sie ein Premiere-Pro-Projekt über den regulären Datei-Import in Ihr Projekt, wird es wie gewöhnliches Footage behandelt und auch immer wieder aktualisiert, sobald sich in Ihrer Schnittdatei etwas ändert. Sie haben dann sozusagen eine aktualisierbare Video-Datei in Ihrem Projekt. Um den vollen Zugriff auf alle Schnittsequenzen und das verknüpfte Footage zu erhalten, wird ein Premiere-Pro-Projekt daher besser über DATEI|IMPORTIEREN|PREMIERE PRO-PROJEKT importiert. Im auftauchenden Dialog stellen Sie ein, welche Sequenzen aus dem Projekt übernommen werden sollen. Gerade bei üppigeren Projekten oder Versions-Edits ist es oft nur notwendig, die aktuellste beziehungsweise finale Schnittversion zu laden. Halten Sie also auch das importierte Projekt aus Platz- und Übersichtsgründen so schmal wie möglich.

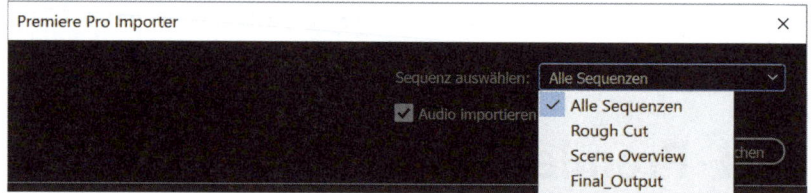

Abbildung 14.2
Wählen Sie die gewünschte Sequenz für den Import aus.

Jede Sequenz wird beim Import in eine Komposition verwandelt. Öffnen Sie die betreffende Sequenz/Komposition, werden Sie feststellen, dass die übersichtliche Blockstruktur der After-Effects-eigenen Ebenenstruktur weichen musste. Der Reihe nach wurde jeder Clip als bereits getrimmte Ebene in das Projekt geladen. Sie sehen auch hier wieder (transparent unterlegt) die komplette Abspiellänge des Originalclips vor und nach dem In- und Out-Point.

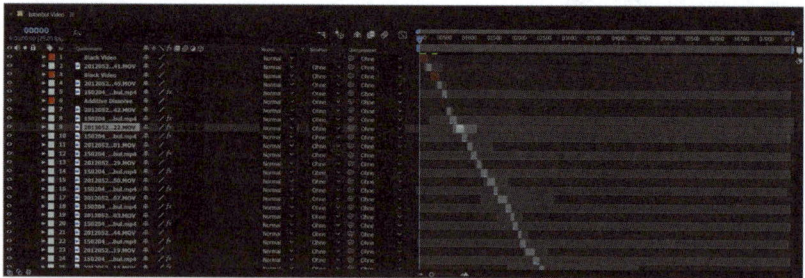

Abbildung 14.3
Ein Schnittprojekt in After Effects

Aus der Schnittsoftware werden noch weitere Feinheiten übernommen, allem voran die Überblendungen. After Effects verwendet dabei die in Premiere Pro gewählten Timings als Deckkraft-Keyframes. Überblenden Sie beispielsweise nicht zwischen zwei Videos, sondern verwenden am Anfang eines Projekts einen Fade-In mittels ÜBERGANG ZU SCHWARZ, wird in After Effects zusätzlich eine schwarze Farbfläche erstellt, deren Deckkraft dann ebenfalls durch Keyframes an die in Premiere Pro gewählten Einstellungen angepasst wird.

Daneben teilen sich After Effects und Premiere Pro einen Großteil der integrierten Effekte, sodass einfache Korrekturen und angewendete Effekte ebenfalls importiert werden.

Abbildung 14.4
Effekte und Überblendung

Haben Sie Ihren Schnitt durch die Verwendung von Marken etwas übersichtlicher gehalten, so werden auch diese samt Beschriftung übernommen, sowohl die Marken für das gesamte Projekt als auch Clip-Marken. Das erleichtert zum Beispiel die Arbeit mit Untertiteln, Video-Kapiteln oder die gezielte Steuerung von Effekten.

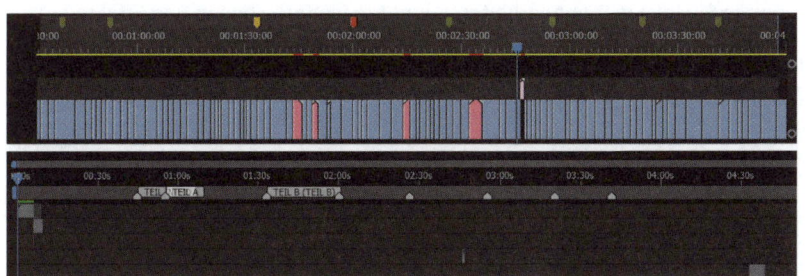

Abbildung 14.5
Oben Marken in Premiere Pro, unten in After Effects

Dynamic Link

Seit geraumer Zeit hat Adobe ein Verbindungsprotokoll integriert, um eine direkte Kommunikation zwischen Adobe-Produkten aufzubauen und damit den Workflow zu vereinfachen. Mit dem Dynamic Link kann eine Live-Verbindung zwischen After Effects und Premiere Pro hergestellt werden. Dadurch ist es jetzt möglich, Clips in Premiere Pro nach After Effects auszulagern, sie dort zu speichern und eine automatische Verknüpfung zu Ihrem Premiere-Pro-Projekt zu erstellen.

Dynamic Link

Die Verwendung des Dynamic Links ist praktisch, jedoch auch rechenintensiver als beispielsweise der reguläre Import von Projektdateien und dadurch etwas störanfälliger, vor allem bei schwächeren Systemen.

Abbildung 14.6
Aus einem Videoclip wird eine After-Effects-Komposition.

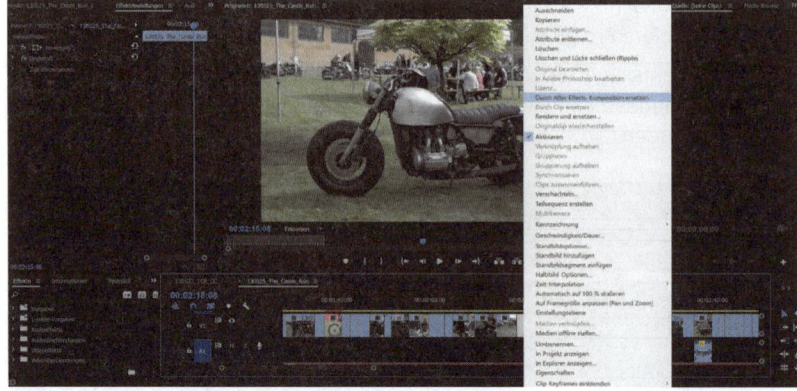

Die Arbeitsweise ist dementsprechend einfach. Haben Sie einen Clip in Ihrem Projekt, den Sie in After Effects bearbeiten möchten, genügt ein Klick mit der rechten Maustaste auf ihn im Schnittfenster Ihres Projekts. Dort klicken Sie auf DURCH AFTER EFFECTS KOMPOSITION ERSETZEN. Anschließend öffnet sich zunächst ein Speicherdialog, in dem Sie den Verbleib der neuen After-Effects-Datei angeben, und dann wird das Projekt auch schon geladen. Wie Sie sehen können, wurde nur der markierte und identisch getrimmte Clip in After Effects eingefügt. Diesen können Sie jetzt weiter bearbeiten oder aber weitere Ebenen und Effekte hinzufügen.

Abbildung 14.7
Das getrimmte Footage in After Effects

Jetzt können Sie direkt Änderungen in After Effects vornehmen und deren Ergebnis (nahezu) simultan in Premiere Pro erkennen. After Effects übernimmt dabei den In- und Out-Point aus der Premiere-Pro-Sequenz. Sie können die Video-Ebene neu bearbeiten, aber auch neue Elemente wie Farbflächen oder Textebenen hinzufügen. Die Ebenenhierarchie bleibt auch in diesem Fall intakt.

Abbildung 14.8
Gestalten Sie den Clip nach Belieben …

Speichern Sie ab, aktualisiert sich der Clip-Inhalt automatisch über die Dynamic-Link-Verbindung und Sie können weiter an Ihrem Schnitt feilen. Ebenso können Sie jederzeit in After Effects die angewendeten Änderungen anpassen. Der letzte gespeicherte Stand wird automatisch angewendet. Daher können Sie auch weiterarbeiten, ohne beide Programme laufen zu lassen.

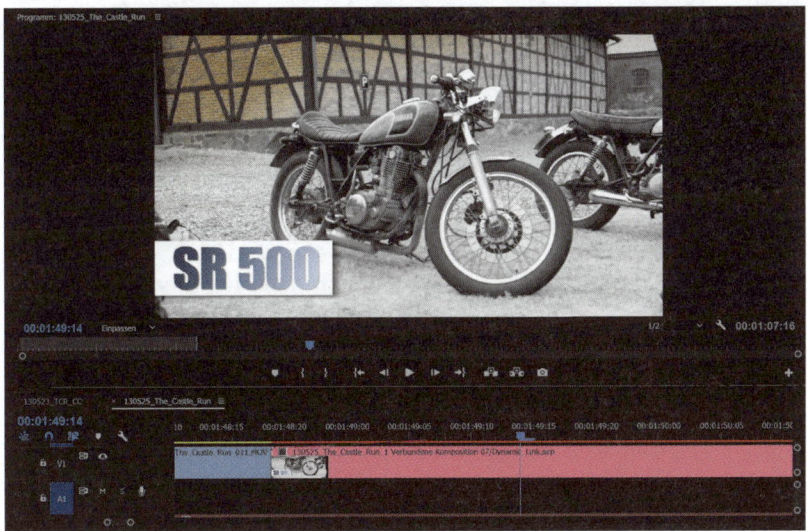

Abbildung 14.9
… wird er nach dem Speichern in Premiere Pro aktualisiert.

Sowohl in Premiere Pro als auch in After Effects sehen Sie, dass die Komposition genau die zeitlichen Vorgaben des getrimmten Clips übernommen hat.

Abbildung 14.10
Der Zuschnitt ist auf die Kompositionslänge limitiert.

Merken Sie jetzt beispielsweise während des Schnitts, dass der betreffende Part einige Frames länger benötigt wird, so können Sie die After-Effects-Komposition jetzt nicht wie bei gewöhnlichen Videoclips durch ein einfaches Ziehen des Out-Points in Premiere Pro verlängern. Zunächst müssen Sie in After Effects die betreffende Komposition unter den Kompositionseinstellungen ([Strg]+[K], Mac: [⌘]+[K]) verlängern. Anschließend lässt sich in Premiere Pro die Abspieldauer wie gewohnt verlängern.

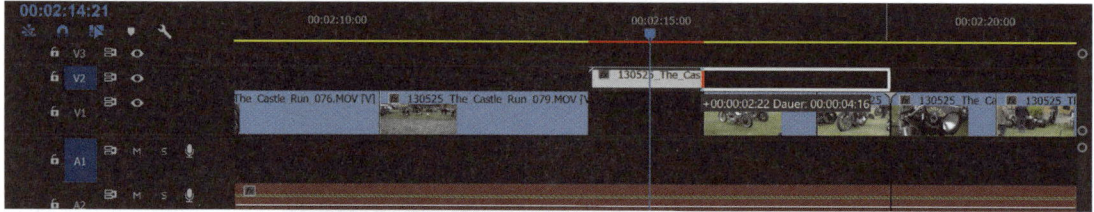

Abbildung 14.11
Nach Verlängerung in After Effects kann neu beschnitten werden.

Premiere Pro und After Effects

Sollten Sie in Ihrem Schnitt-Projekt einen Clip durch eine After-Effects-Komposition ersetzen wollen, empfiehlt sich, vorher den betreffenden Clip zu duplizieren und die Kopie mit After Effects zu bearbeiten. Falls die Dynamic-Link-Verbindung fehlerhaft ist, können Sie immer noch auf den Ursprungsclip zugreifen.

Jeder weitere Clip, den Sie im Premiere-Pro-Projekt mit einer After-Effects-Komposition ersetzen, wird im gleichen After-Effects-Projekt sowohl als Footage-Datei als auch als Komposition abgelegt, sofern Sie dieses nicht zwischenzeitlich schließen und ein anderweitiges Projekt öffnen.

14.1 Premiere Pro

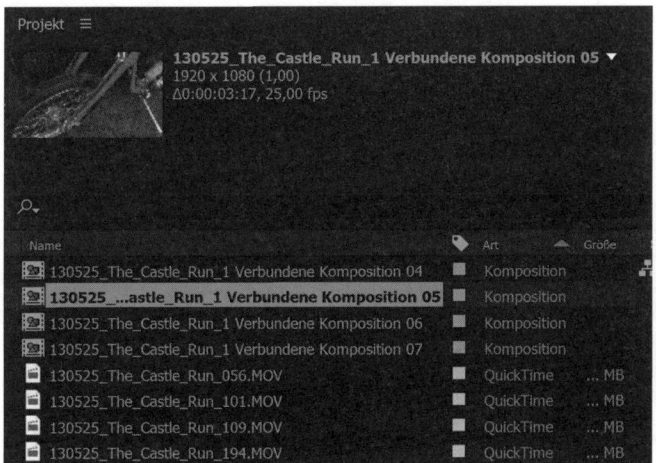

Abbildung 14.12
Alle verbundenen Kompositionen landen im Projektfenster.

Textvorlagen aus After Effects in Premiere Pro

Mithilfe von After Effects sind umfangreiche und aufwendig gestaltete Schriftformen möglich. Diese übersteigen die integrierten Mittel des Premiere-Pro-Titelwerkzeugs um ein Vielfaches. Zu diesem Zweck können After-Effects-Projekte als Textvorlagen in Premiere Pro importiert werden und sie lassen sich in Premiere Pro dynamisch ändern. Dadurch können Sie die Untertitel bequem im Schnittprogramm an Änderungen im Schnitt anpassen, ohne jedes Mal den Umweg über After Effects gehen zu müssen. Es genügt also, einmal eine Master-Textvorlage zu kreieren, auf die Sie dann nach Belieben zugreifen können.

Download-Material
Begleitend zu dieser Sektion öffnen Sie die Dateien aus dem Ordner Textvorlage im Download-Ordner 14.

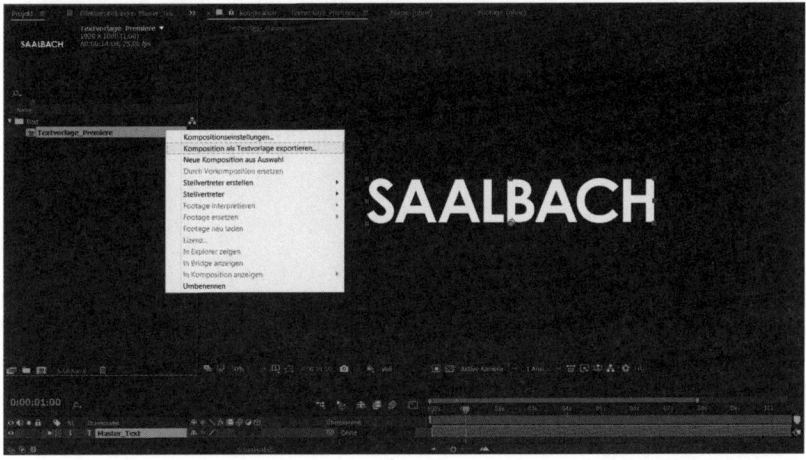

Abbildung 14.13
Erstellen Sie eine Master-Textvorlage.

Wechseln Sie danach zu Premiere Pro und importieren Sie Ihr After-Effects-Projekt.

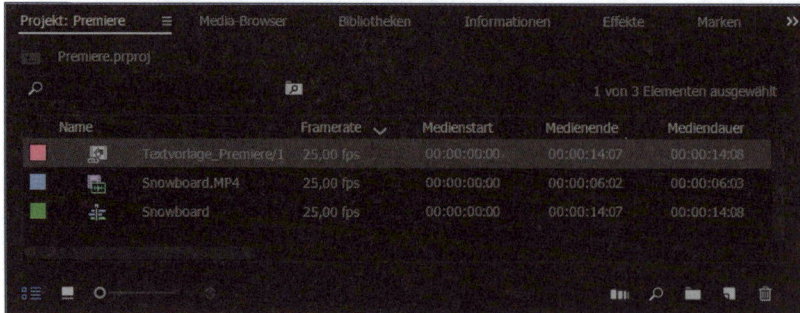

Abbildung 14.14
Die Textvorlage im Projektfenster

Im Projektfenster klicken Sie jetzt doppelt auf den Clip, dadurch öffnet er sich im QUELLMONITOR. Suchen Sie die EFFEKTEINSTELLUNGEN auf und Sie sehen, dass die Textebene editierbar ist. Wenn Sie im Übrigen Änderungen an der Vorlagedatei vornehmen, werden diese automatisch aktualisiert. Sie können zum Beispiel weitere Textebenen hinzufügen, die Formatierung ändern oder auch weitere Elemente hinzufügen.

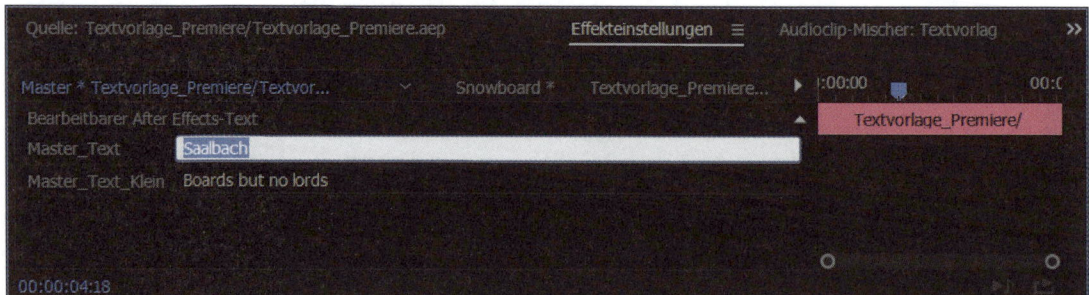

Abbildung 14.15
Die Textebenen sind jetzt editierbar.

Möchten Sie in Ihrem Premiere-Projekt mit mehreren Titeln der gleichen Vorlage arbeiten, so müssen Sie dazu eine Kopie der Vorlage-Datei im Projektfenster von Premiere Pro anlegen, denn eine Änderung über das EFFEKTEINSTELLUNGEN-Fenster hat eine globale Auswirkung in Premiere Pro. Das ist zum Beispiel dann nötig, wenn Sie einen Videoclip untertiteln wollen, bei dem mehrere verschiedene Texteinblendungen notwendig sind.

14.2 Photoshop

An dieser Stelle muss wohl Adobe Photoshop nicht mehr vorgestellt werden, ist doch das »photoshoppen« fast schon umgangssprachliches Sinnbild für jedwede Form von Bildbearbeitung. Adobe Photoshop ist aber auch ein klarer Favorit, wenn es um die Erstellung von Layouts, Prototypen oder Styleframes geht.

Und es ist keine Seltenheit, dass ein ausgearbeiteter Entwurf als PSD-Datei den Grundstock für eine Weiterverarbeitung in After Effects legt. Daher lohnt es sich, Adobe Photoshop zunächst für Gestaltung oder Entwurf-Phase zu nutzen, denn Anpassungen gehen hier schnell und einfach von der Hand. Wenn es dann an Umsetzung und/oder Animation geht, wechseln Sie entspannt zu After Effects.

Photoshop-Import

Download-Material

Begleitend zu dieser Sektion öffnen Sie die Dateien im Ordner Photoshop im Download-Ordner 14.

Wenn Sie eine PSD-Datei in After Effects verwenden möchten, müssen Sie im ersten Dialog festlegen, ob Sie sie als FOOTAGE oder als KOMPOSITION beziehungsweise als KOMPOSITION – EBENENGRÖSSEN BEIBEHALTEN importieren möchten.

Wählen Sie die erste Option, können Sie die Photoshop-Datei auf eine gesamte Ebene reduziert in das Projekt bringen oder Sie wählen eine spezielle Ebene aus dem Dokument aus. Wie Sie sich auch entscheiden, nach dem Import haben Sie ein Footage-Element in Ihr Projektfenster hinzugefügt.

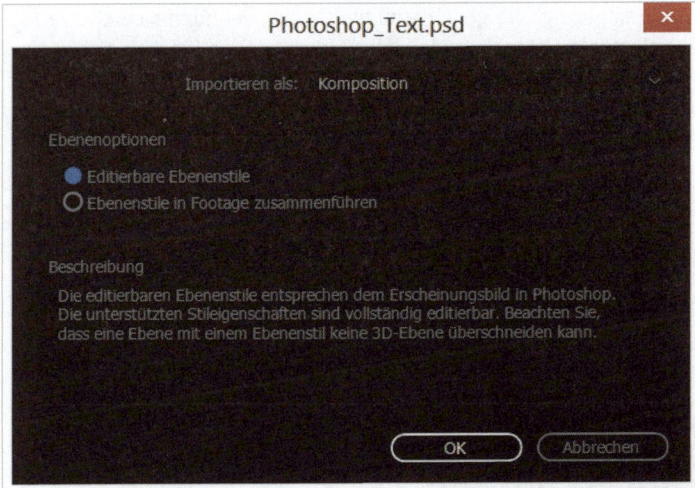

Abbildung 14.16
Der Import-Dialog legt die Verwendung der Ebenenstruktur der PSD-Datei fest.

Die Stärken der Interaktion von Adobe Photoshop und Adobe After Effects offenbaren sich, wenn Sie stattdessen die Option KOMPOSITION wählen. In diesem Fall haben Sie Zugriff auf die gesamte Ebenenstruktur, die Sie in Ihrem Photoshop-Projekt verwendet haben. Daneben haben Sie noch Zugriff auf weitere Elemente, wie beispielsweise Ebenenstile oder angewendete Schnittmasken.

KAPITEL 14 — CREATIVE CLOUD

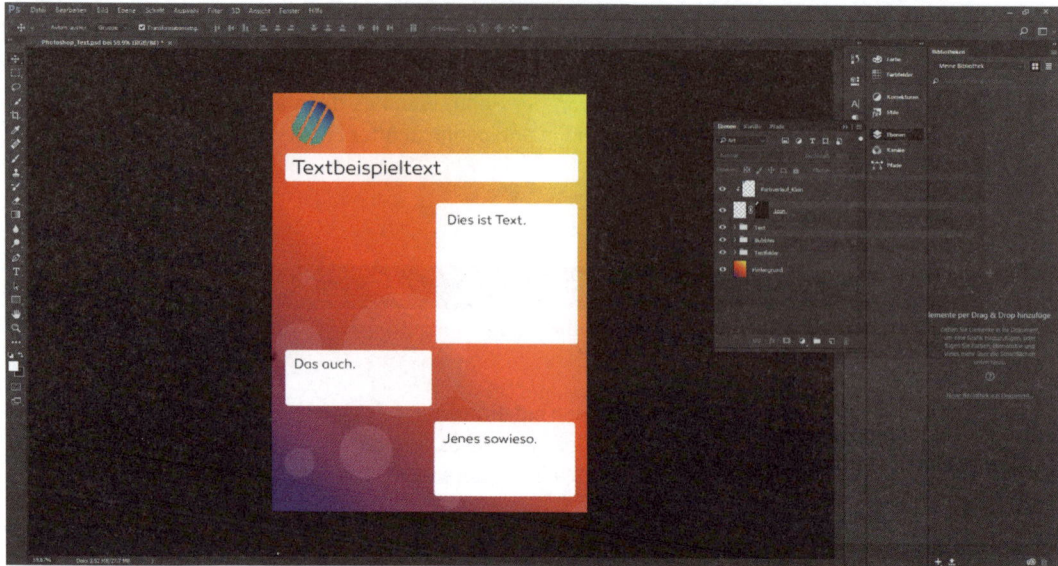

Abbildung 14.17
Das vorbereitete Dokument in Photoshop

Wie Sie sehen können, wurde in Ihrem Projektfenster nicht ein Dokument, sondern die gesamte Ebenenstruktur übernommen. Das Ausgangsdokument wird als Komposition angezeigt, im gleichnamigen Ordner befinden sich alle verfügbaren Ebenenelemente unter dem gleichen Namen. Haben Sie sich also einmal die Mühe gemacht und Ihre Ebenen sinnstiftend benannt, sparen Sie sich zeitaufwendige Suchaktionen, wenn doch einmal eine gewünschte Ebene geändert oder anderweitig herausgefiltert werden muss.

Abbildung 14.18
Nach dem Import von PSD-Ebenen ist das Ebenenfenster schon gut bestückt.

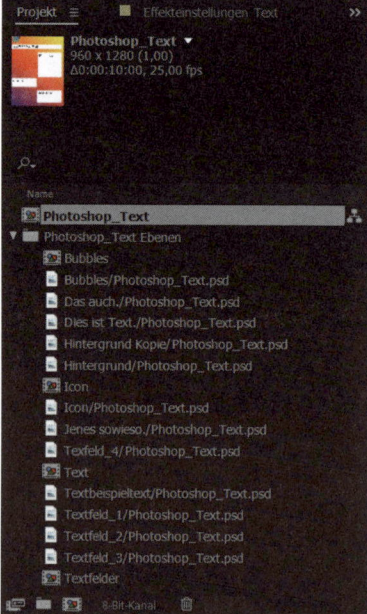

Beim Import werden auch die Gruppeninformationen aus Photoshop berücksichtigt. Jede Gruppe wurde automatisch als Unterkomposition übernommen, in der die Ebenen verpackt wurden.

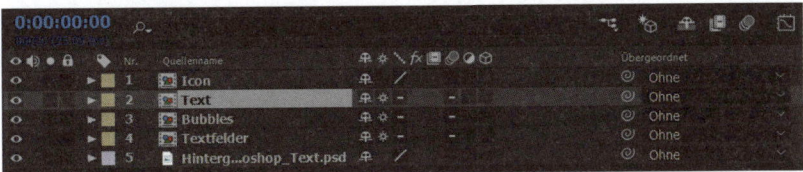

Abbildung 14.19
Aus Gruppen werden Unterkompositionen.

Textebenen werden ebenso aus dem PSD-Dokument übernommen und können editierbar gemacht werden. Dazu gehen Sie auf die betreffende Ebene und öffnen per Rechtsklick das Ebenen-Kontextmenü, in dessen Mitte die Option IN EDITIERBAREN TEXT UMWANDELN zu finden ist. Danach können Sie wie gewohnt die Formatierung der Schrift in After Effects vornehmen.

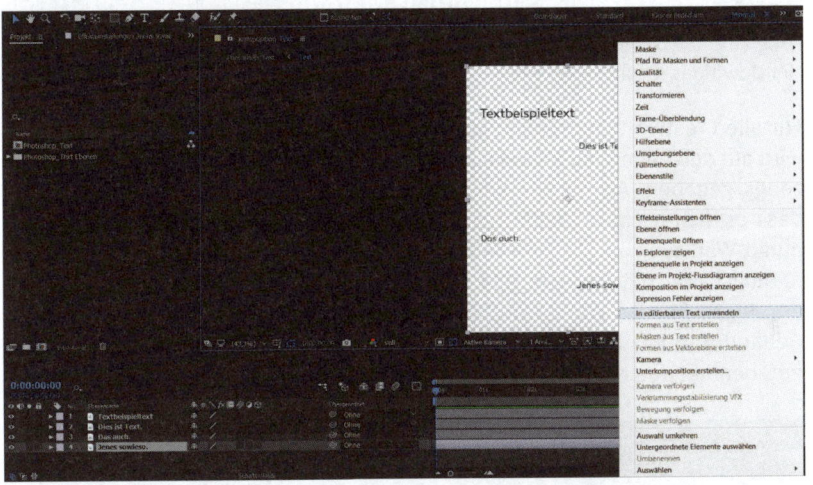

Abbildung 14.20
Photoshop-Textebenen können in After-Effects-Textebenen verwandelt werden.

In Photoshop erstellte Schnittmasken werden in After Effects als übergeordnete Ebenen angelegt, wobei unter den Modi-Schaltern die Option TRANSPARENZ ERHALTEN aktiviert worden ist.

Abbildung 14.21
Schnittmasken werden in After Effects so übersetzt.

Ein kleines Manko bleibt dennoch zu erwähnen. Falls Sie in Ihrem Photoshop-Dokument mit Ebenenmasken gearbeitet haben, werden diese leider nicht mit übernommen beziehungsweise deren Information wird direkt in den Alphakanal der Ebene geschrieben und ist somit nicht mehr editierbar.

VPE-Fluchtpunkt

Photoshop besitzt seit geraumer Zeit die Fähigkeit, mit dreidimensionalen Daten umzugehen. Unter anderem wurde die Programmoberfläche um ein Fluchtpunkt-Werkzeug ergänzt, das es fortan ermöglicht, einer zweidimensionalen Fotografie einen dreidimensionalen Fluchtpunkt zuzuordnen. Jetzt war es möglich, Bildinhalte perspektivisch korrekt an der bestehenden räumlichen Struktur auszurichten. Das beinhaltet im Übrigen nicht nur die Zuweisung eines einzelnen Fluchtpunkts, sondern auch die Zerlegung eines Bildes in räumliche Ebenen. Dadurch können Sie einfache 3D-Strukturen wie Häuserwände und Straßen perspektivisch in Beziehung zueinander setzen. Diese Informationen werden in Form einer VPE-Datei gespeichert. Auch After Effects kann auf die räumlichen Beziehungen dieses Dateityps zugreifen und weiter verarbeiten. Das ermöglicht es Ihnen, die in Kapitel 13 gezeigten Möglichkeiten zur Gestaltung von dreidimensionalen Kompositionen auch auf zweidimensionale Bilder anzuwenden.

Download-Material

Begleitend zu dieser Sektion öffnen Sie die Dateien aus dem Ordner Fluchtpunkt im Download-Ordner 14.

Für alle Creative-Cloud-Benutzer, die noch kein VPE-Dokument erstellt haben, wird auf den folgenden Seiten eine kurze Einführung zur Verwendung des Werkzeugs gegeben. Achten Sie bei der Auswahl eines geeigneten Bildes darauf, dass es sich leicht in Zielflächen zerlegen lässt. Zwar funktioniert das Fluchtpunkt-Werkzeug ungeachtet jedweder Bildinhalte ausschließlich anhand der Räumlichkeit, die Sie dem Bild zuweisen. Jedoch leidet die 3D-Illusion unter unruhigen Ebenen-Kanten und der Effekt verfehlt seine Wirkung. Geradlinige Gebäudekanten, Tunnel und Häuserschluchten eignen sich daher besonders gut, bedingt durch ihre klaren geometrischen Strukturen.

Abbildung 14.22 Das Tunnelbild liefert klare Geraden.

Laden Sie also zunächst das gewünschte Bild in Photoshop und wechseln Sie in der oberen Menüleiste zum Fluchtpunkt-Werkzeug unter dem Menüpunkt Filter.

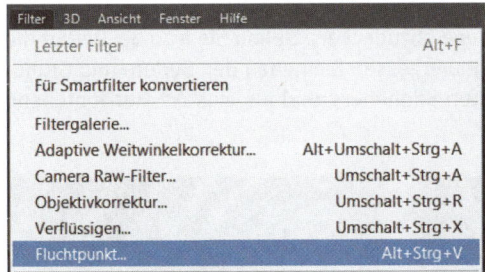

Abbildung 14.23
Das Fluchtpunkt-Werkzeug

Klicken Sie mit dem Ebene-erstellen-Werkzeug ▦ jetzt auf die Eckpunkte der ersten räumlichen Grundebene. Die Eckpunkte müssen dabei so zueinander angeordnet werden, bis sich aus dem blauen Rahmen ein blaues Gitternetz aufspannt. Ist es rot oder gelb hinterlegt, kann Photoshop die betreffende Geometrie nicht korrekt auflösen und so auch keine dreidimensionale Projektion erstellen.

Abbildung 14.24
Die erste Grundebene

Ist die erste Ebene erstellt, gehen Sie dazu über, weitere Flächen anzulegen. Dazu können Sie wieder auf das gleiche Werkzeug zurückgreifen, mit dem Sie erneut die Eckpunkte der Zielebene bestimmen. Handelt es sich beispielsweise um eine Fläche, die senkrecht zur ersten Ebene steht, können Sie per [Strg]+[⇧] (Mac: [⌘]+[⇧]) an einem Kantenpunkt (keinem Eckpunkt!) der ersten Ebene eine perfekt senkrechte Folgeebene aufziehen.

Abbildung 14.25
Senkrechte zur Grundebene

Arbeiten Sie sich so durch das gesamte Bild und versuchen Sie, wenn möglich alle Bildelemente durch eine Ebene abzudecken. Ziehen Sie also bei Bedarf die Ebenen größer als den Bildinhalt. Vergessen Sie neben den Seiten- und Grundflächen nicht, auch den entfernten Bildhintergrund als eine Art Horizontebene ebenfalls mit einzuschließen.

Abbildung 14.26
Die »Rückseite« des Fluchtpunkt-Raums

Am Ende der Fluchtpunkt-Bestimmung sollte Ihr Bild in etwa wie Abbildung 14.27 durchgängig von perspektivischen Ebenen überzogen sein. Dadurch stellen Sie sicher, dass in After Effects keine Flächen unberücksichtigt oder falsch zugeordnet werden.

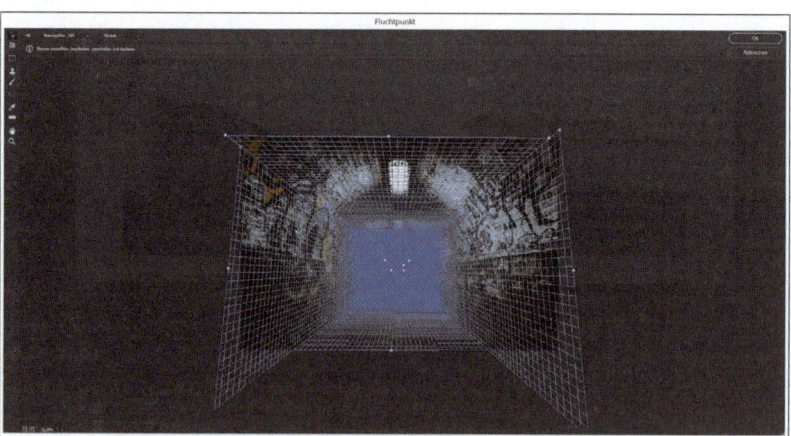

Abbildung 14.27
Das gesamte Bild in Ebenen aufgeteilt

Anschließend öffnen Sie das Einstellungen und Befehle Fluchtpunkt-Menü und exportieren die erstellte 3D-Geometrie als VPE-Datei. Zusätzlich zur Fluchtpunkt-Datei erstellt Photoshop für jede der Ebenen eine PNG-Textur, die entsprechend des Bild-Blickwinkels und der Ebenen-Position beziehungsweise -Rotation verzerrt wird.

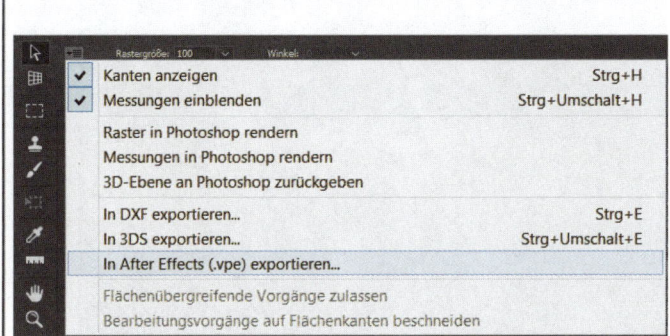

Abbildung 14.28
Export der 3D-Geometrie

Wechseln Sie jetzt zu After Effects und importieren Sie die Fluchtpunkt-Geometrie über DATEI|IMPORTIEREN|FLUCHPUNKT (.VPE). After Effects lädt zunächst die Textur-Ebenen in das Projekt und erstellt eine neue Komposition. Diese enthält bereits eine 3D-Kamera, alle Footage-Ebenen sowie ein Nullobjekt, dem alle Textur-Ebenen der räumlichen Geometrie nach untergeordnet werden.

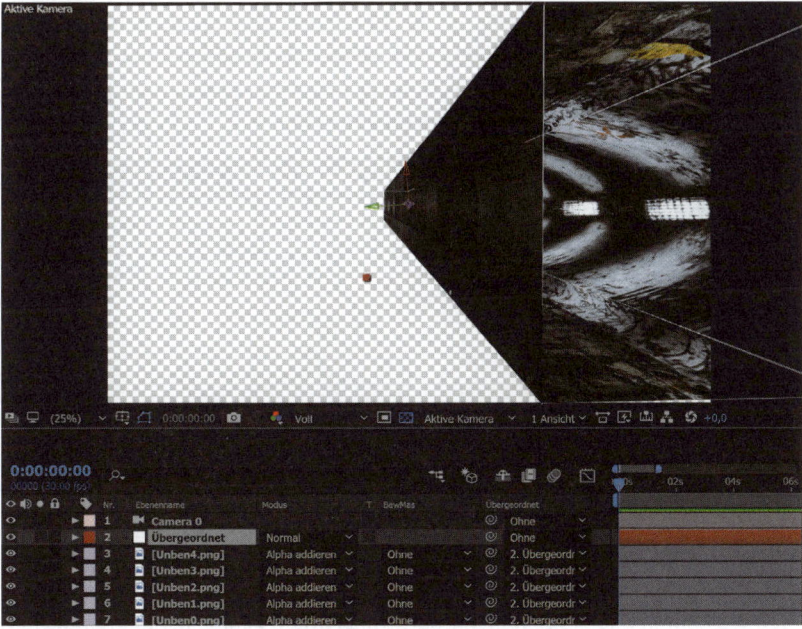

Abbildung 14.29
Die Ausrichtung muss noch angepasst werden.

Von Fall zu Fall kann es vorkommen, dass die automatische Orientierung der Ebenen noch zu wünschen übrig lässt. Glücklicherweise sind alle Ebenen mit dem Nullobjekt verknüpft, daher genügt es, die Ausrichtung des Parent-Elements zu korrigieren.

Abbildung 14.30
Fluchtpunkt-Bild mit
Kamerafahrt und -effekten

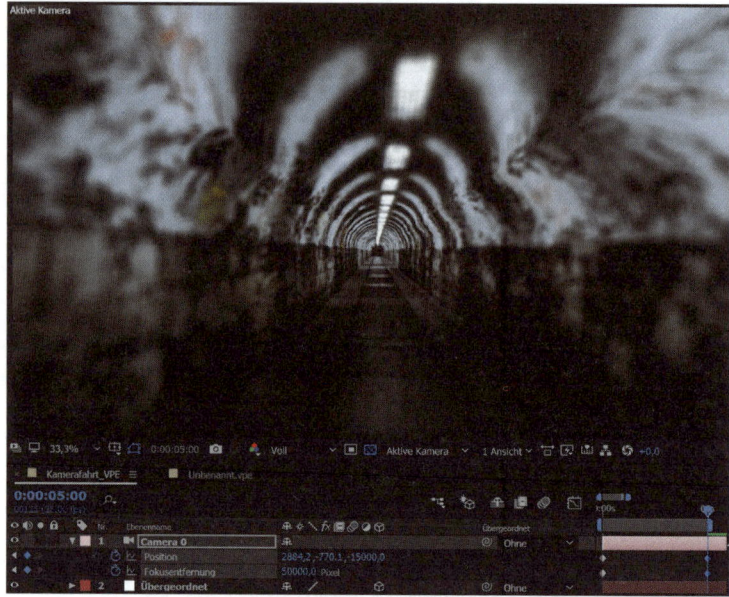

Jetzt können Sie sich mit den Kamerawerkzeugen durch die Szenerie bewegen, eine Kamerafahrt erstellen oder mit der Tiefenunschärfe arbeiten. In Kapitel 13 finden Sie genauere Informationen zur Verwendung von Kamera und 3D-Ebenen.

Beachten Sie, dass sich bei der Erstellung beziehungsweise dem Import des Fluchtpunkts große Koordinatenwerte ergeben können.

Weniger ist manchmal mehr

Oft genügen schon Kamerafahrten und -schwenks um wenige Zentimeter oder Grad, um aus einem Still glaubwürdig zu animieren. Wenn Sie die Kamerabewegung überspitzen, können vor allem Verzerrungen in den Randbereichen die Illusion kaputtmachen.

14.3 Illustrator

Das vektorbasierte Design-Tool Illustrator ist vor allem für seine Stärken in Grafik und Logo bekannt und ein gern genutztes Tool von Motion-Designern und Bewegtbildgestaltern. After Effects unterstützt natürlich auch den Import von AI-Dateien. Ähnlich wie beim Import einer Photoshop-Datei kann auch ein Illustrator-Dokument zunächst wieder auf eine Ebene reduziert als einfaches Footage-Element in das Projektfenster geladen werden. Einmal in der Komposition werden Vektorebenen zunächst wie Rasterbilder behandelt und wie gewohnt mit der Skalierung übernommen, in der sie auch im Illustrator-Dokument vorliegen.

Der Vorteil einer Vektorgrafik ist seine beliebige Skalierbarkeit, da sie keine Bildpunkte, sondern mathematische Vektoren verwendet. Nach dem Prinzip der kontinuierlichen Rasterung werden die Pfade an die Rasterpunktdarstellung des Bildschirms angepasst. Möchten Sie eine Vektorgrafik in After Effects größer als

100 % skalieren, muss in der Ebenenübersicht erst der Schalter für die optimale Rasterung ✸ angeklickt werden.

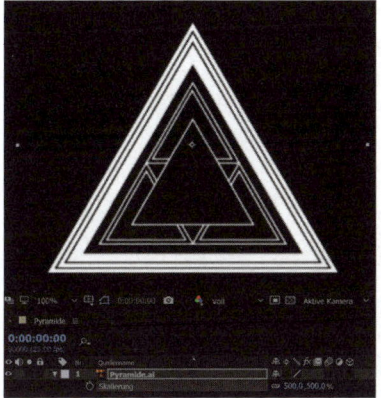
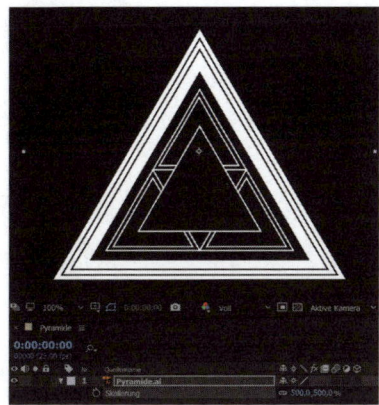

Abbildung 14.31
Links ohne, rechts mit OPTIMIERUNG

Dadurch können Sie Illustrator-Vektoren nahezu beliebig vergrößern, ohne einen Verlust in der Qualität festzustellen.

Abbildung 14.32
Auch Illustrator-Ebenen werden berücksichtigt.

Haben Sie in Ihrer Illustration mit mehreren Ebenen gearbeitet, können Sie diese Struktur ebenso importieren. Wählen Sie dazu während des Imports unter IMPORTIEREN ALS die Einstellung KOMPOSITION. Die Illustrator-Datei wird als neue Komposition in das Projektfenster geladen, jede Illustrator-Ebene wird zu einer eigenen Bild-Ebene umgewandelt. Auch in diesem Fall werden (zunächst) keine Vektoren oder Formen, sondern nur Inhalte übernommen.

Ebenengröße

Achten Sie bei Import von Illustrator-Dateien darauf, dass für alle Ebenen der gleiche Ankerpunkt gesetzt wird. Ebenso werden alle Ebenen auf die Größe des Illustrator-Dokuments gesetzt. Auch kleinere Elemente werden mit den gleichen Abmaßen importiert, die restliche Bildfläche wird für diese Ebenen transparent gemacht.

Abbildung 14.33
Ebene zu Ebene

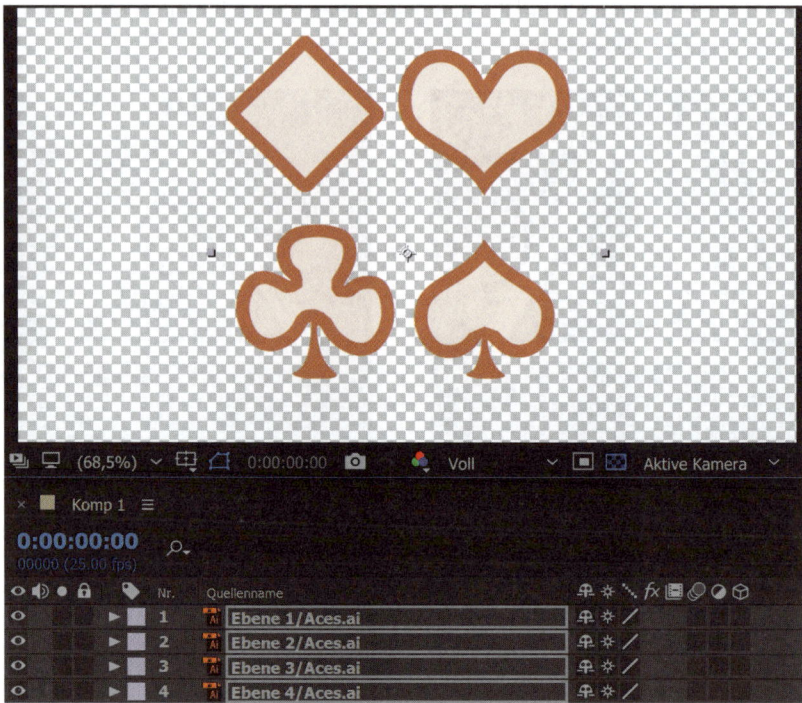

Illustrator-Pfad als Maske

Ein weiteres Feature ist der direkte Austausch zwischen dem Grafikwerkzeug und dem Animationsprogramm über die Zwischenablage. Öffnen Sie Illustrator und erstellen Sie dort mit dem Zeichenstift einen beliebigen Pfad. Anschließend kopieren Sie den markierten Pfad mit [Strg]+[C] (Mac: [⌘]+[C]) in die Zwischenablage.

Abbildung 14.34
Komplexe Vektorgrafiken sind in Illustrator schnell erstellt.

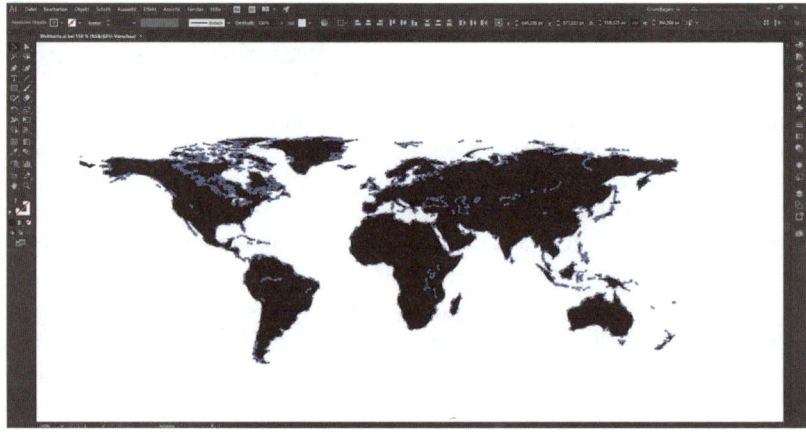

14.3 Illustrator

In After Effects holen Sie diese Daten dann aus der Zwischenablage und können sie mit [Strg]+[V] (Mac: [⌘]+[V]) auf ausgewählte Farbflächen, Bild- oder Videodateien anwenden. Aus Illustrator-Pfaden werden jetzt After-Effects-Masken, die Sie weiter verarbeiten und kombinieren können. Die Pfade lassen sich also genauso leicht skalieren und rotieren wie gewöhnliche Masken, die Sie in After Effects erstellt haben. Natürlich können Sie auch komplexere Pfade oder Formen kopieren. Wichtig ist nur zu wissen, dass lediglich die Pfad- oder Formen-Vektoren übernommen werden. Füllungen und Konturen werden nicht berücksichtigt und müssen ganz gewöhnlich über den oben beschriebenen Import nach After Effects gebracht werden.

Abbildung 14.35
Pfad-Vektoren nach After Effects kopiert

Illustrator-Pfad als Formebene

Download-Material

Begleitend zu dieser Sektion öffnen Sie die Dateien aus dem Ordner Illustrator im Download-Ordner 14.

In Kapitel 9 zu den Formebenen haben Sie die besonderen Features der After-Effects-internen Vektorebenen kennengelernt. Nun ist aber die Gestaltung von Vektoren in After Effects zwar möglich, dennoch empfiehlt sich prinzipiell der Weg über Adobe Illustrator, da dieses Programm nun einmal versiertere Werkzeuge zur Gestaltung von Grafiken besitzt. Viele Features der Formebenen sind über den regulären Import von Illustrator-Dateien nicht mehr möglich. Doch Sie können Illustrator-Ebenen durch einen einfachen Klick über das Ebenen-Kontextmenü auf FORMEN AUS VEKTOREBENE ERSTELLEN in die Welt der Formebenen überführen.

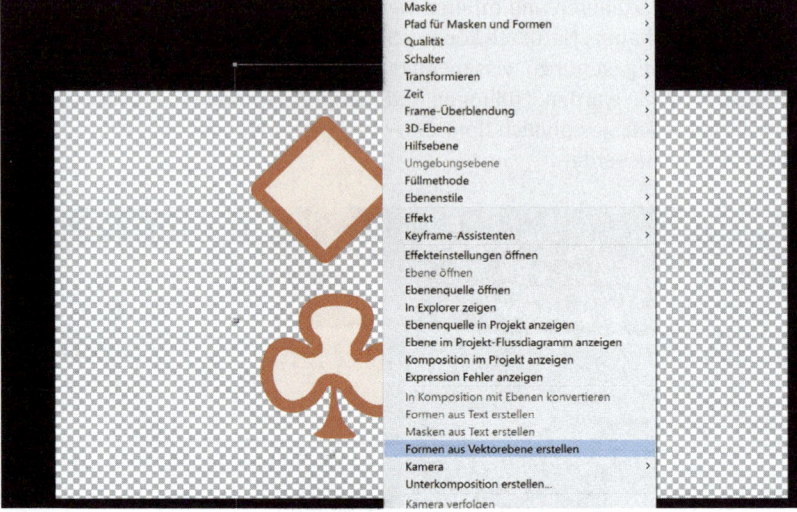

Abbildung 14.36
Im Ebenen-Kontextmenü

Bei der Übersetzung werden sowohl Pfade als auch Konturen und Füllungen berücksichtigt. Jetzt können Sie weitere Formen und Pfade hinzufügen, Pfade ineinander blenden, Pfad-Effekte hinzufügen und die gesamte Gestaltungspalette der Formebenen ausnutzen.

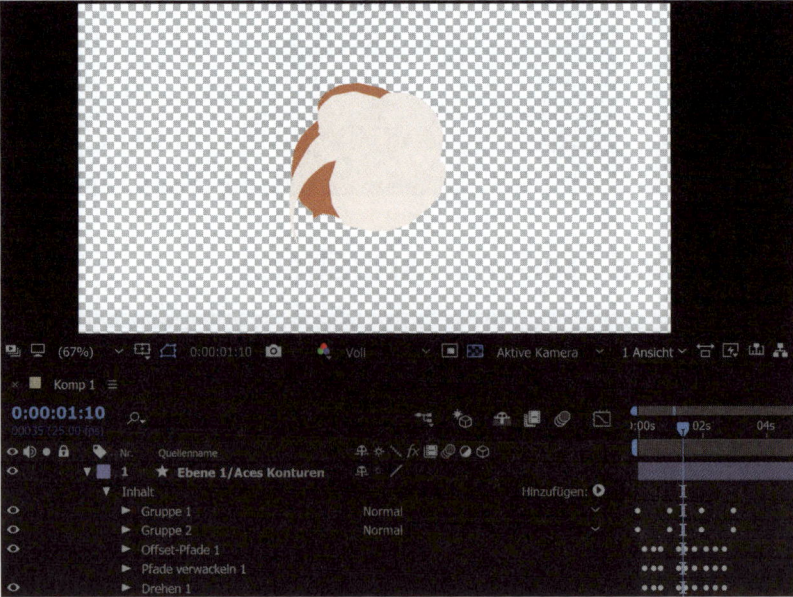

Abbildung 14.37
2D-Animation aus Illustrator-Datei

Kapitel 15

Expressions

Animationen verwenden Bewegungen und Veränderungen. Die wiederum entstehen nur, wenn die entsprechenden Parameter verändert werden. Bisher haben Sie das mit der Hilfe von Keyframes erledigt, bei denen Sie jedem Zeitpunkt einen bestimmten Wert zugeordnet haben.

Expressions dienen auch zur Steuerung von Effekten und Objekteigenschaften, allerdings durch Werte und Funktionen, die einander beeinflussen. Die Expressions-Sprache basiert auf JavaScript, ist also im eigentlichen Sinne keine Programmiersprache. Eher kommen hier Shortcodes zur Anwendung, die mit bereits vordefinierten Eigenschaften und Funktionen kombiniert werden. Es wäre verständlich, wenn Ihnen bei den Worten Code-Sprache oder Skripten ein wenig unbehaglich geworden ist und Sie sich jetzt komplexen und unverständlichen Syntax-Regeln gegenübersehen. Viele Expressions sind einfach gehalten, sehr praktisch in der Anwendung und erfordern nur ein wenig Übung. In diesem Kapitel werden Sie sich also langsam an das Thema mit konkreten Beispielen herantasten.

15.1 Expressions anwenden

Download-Material

Begleitend zu dieser Sektion öffnen Sie die Komposition Expressions aus der Datei Expressions.AEP im Download-Ordner 11.

Expressions können prinzipiell nur dort vergeben werden, wo Eigenschaften in der Ebenenübersicht mit dem Stoppuhr-Icon animiert werden können. Klicken Sie auf das Icon zusammen mit der gedrückten [Alt]-Taste (Mac: [⌥]) und schon können Sie in der Zeitleiste Ihre Expressions in ein Eingabefeld einfügen. Anschließend bestätigen Sie die Eingabe mit der [↵]-Taste. War das numerische Eingabefeld des Parameters blau, so ändert sich die Farbe zu Rot, sobald Expressions angewendet werden.

In der Zeile darunter befindet sich eine kleine Menü-Leiste. Dort können Expressions an- und abgeschaltet werden und es kann zu einer speziellen Kurvenanzeige des Diagrammeditors gewechselt werden, die den Parameterverlauf unter Einbeziehung der angewendeten Expressions visualisiert. Daneben befindet sich das Expressions-Auswahlwerkzeug, das verwendet wird, um Werte mit anderen Eigenschaften oder Ebenen zu verknüpfen. Zu guter Letzt versteckt sich hinter dem rechten Button eine Übersicht aller ansteuerbaren Funktionen und JavaScript-Codes.

Kapitel 15 — EXPRESSIONS

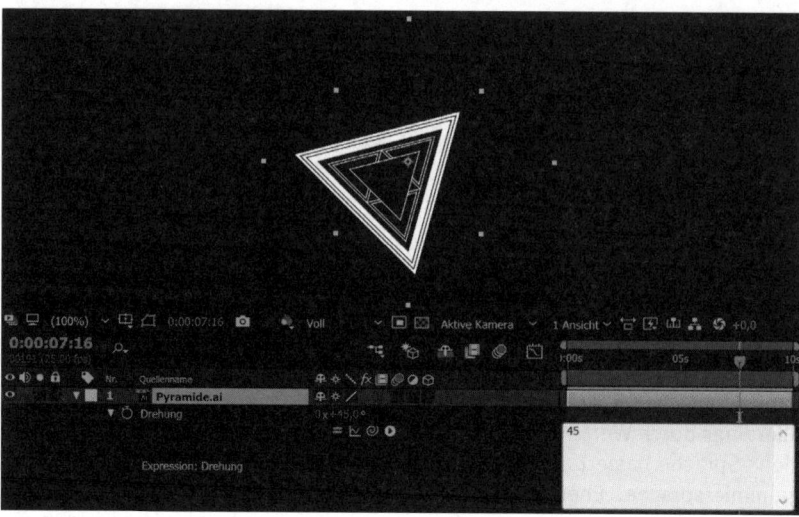

Abbildung 15.1
Einfache Expressions

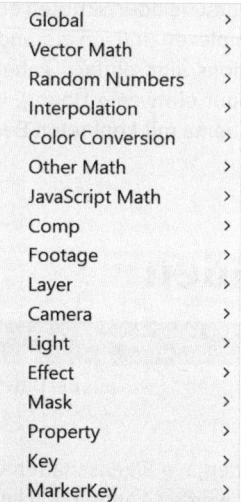

Abbildung 15.2
Übersicht der Expressions

> ### Expressions wurden deaktiviert
> Sobald sich ein Fehler in die Syntax einschleicht, deaktiviert After Effects die Expressions und ein kleines Warndreieck zeigt an, dass die Eingabe unkorrekt war. Ein Doppelklick öffnet ein Report-Fenster, mit dessen Hilfe Sie den Fehler schneller auffinden und korrigieren können. Verzweifeln Sie nicht, wenn dieses Fenster Ihnen zu Beginn öfter begegnet.

Sollen die Expressions wieder gelöscht werden, genügt ein erneuter [Alt]-Mausklick (Mac: [⌘]+Klick) auf das Stoppuhr-Icon und der Parameter lässt sich wieder wie gewohnt über Keyframes steuern. Sie können aber genauso einfach die Expressions aus dem Eingabefeld herauslöschen.

15.1 Expressions anwenden

Werte verknüpfen

Eine der einfachsten Expressions ist die automatische Verknüpfung von einem Zielwert mit einem Ausgangswert. Wird dieser Wert verändert, zieht auch der verknüpfte Parameter nach, ganz von selbst und ohne eigene Keyframes. So lassen sich mehrere Eigenschaften und ganze Effektgruppen sozusagen ferngesteuert antreiben.

Ein einfaches Beispiel hierfür ist die Verbindung der Transparenz mit der Skalierung. Hat eine Ebene die volle Größe, so soll auch die Deckkraft maximal sein. Wird jedoch die Ebene skaliert, soll dementsprechend die Deckkraft abnehmen.

Rufen Sie die beiden Eigenschaften auf. Markieren Sie dazu am einfachsten die gewünschte Ebene und drücken Sie erst S für die Skalierung, dann fügen Sie mit gehaltener ⇧-Taste und T die Deckkraft hinzu. Jetzt aktivieren Sie per Alt+Mausklick (Mac: ⌥+Klick) die Expressions für die DECKKRAFT-Eigenschaft. Klicken Sie dann auf das Expression-Auswahlwerkzeug und halten Sie die Maustaste gedrückt. Ziehen Sie jetzt das »Gummiband« auf die Ausgangseigenschaft, die den Wert steuern soll. In diesem Fall also auf die Eigenschaft SKALIERUNG.

Abbildung 15.3
Das Expressions-Auswahlwerkzeug in Aktion

Im Textfeld sehen Sie jetzt `transform.scale[0]`, was im Prinzip anzeigt, dass der Wert der DECKKRAFT von der Eigenschaft SKALIERUNG transformiert wird. Geben Sie jetzt Keyframes für die Skalierung ein, so beziehen sich auch die Deckkraft-Werte darauf.

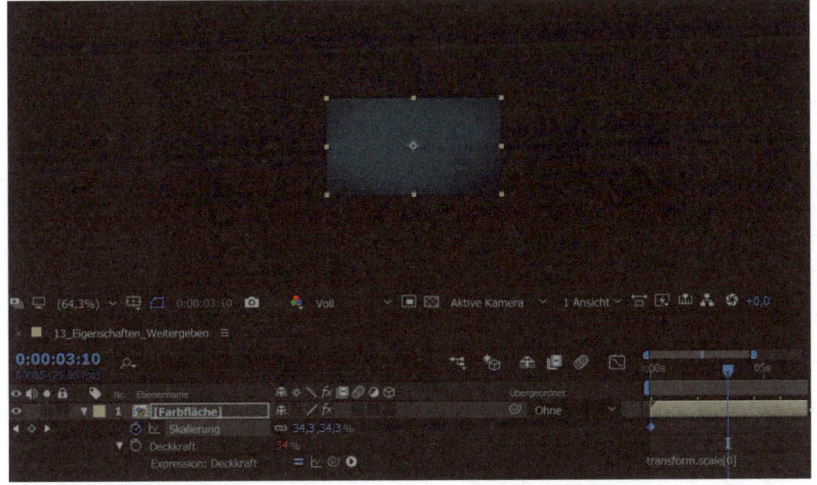

Abbildung 15.4
Skalierung und Deckkraft sind miteinander verknüpft.

423

Werte ansprechen

Wichtig bei der Arbeit mit den Expressions ist die Verwendung der korrekten Syntax. Greifen die Werte innerhalb einer Ebene aufeinander zu, so bleibt die Ansprache dieser Parameter sehr einfach. Möchten Sie dagegen die Werte einer Ausgangsebene auf eine Zielebene übertragen, können Sie zwar wieder auf das Expression-Auswahlwerkzeug zurückgreifen, allerdings ändert sich die Adressierung der Expressions, wie Sie im Eingabe-Fenster sehen können. Die Code-Bausteine sind jedoch sehr übersichtlich und leicht verständlich.

Abbildung 15.5
Eigenschaften einer anderen Ebene zuordnen

Wird die Zielebene von einer Ausgangsebene aus der gleichen Komposition gesteuert, so beginnt die korrekte Zielvergabe mit dem Code-Block `thisComp`. Danach folgt die Adressierung der Ausgangsebene innerhalb der Komposition, die über das Attribut `layer("Name der Ebene")` angesprochen wird. Das Ende der Adressierung bildet die abgerufene Eigenschaft, also beispielsweise `transform.rotation`.

Möchten Sie den Wert eines hinzugefügten Effekts auslesen, so muss vor dem Wert noch der Effektname genannt werden, beispielsweise `linearwipe.completion`, um bei einer linearen Blende die Vervollständigung abzurufen. Soll bei verschachtelten Projekten die Ausgangsinformation in einer anderen Komposition liegen, so muss die Adresszeile hingegen mit `comp("Name der Komposition")` angesprochen werden.

Eigenschaften und Werte

Expressions ermöglichen einfache und komplexe Verrechnungen gleichermaßen. Sie können dazu auf einfache Zahlenwerte und Grundrechenarten zurückgreifen, um Eigenschaften miteinander zu verrechnen. Etwas weiter oben haben Sie bereits gelesen, wie Sie diese über das Expression-Auswahlwerkzeug weitergeben können. Möchten Sie nun in diesem Fall, dass sich das linke Objekt entgegen der Drehrichtung des rechten Ausgangsobjektes bewegt, genügt es, das Vorzeichen der Drehung über die Expressions-Zeile umzukehren:

```
transformation.rotation * -1
```

Genauso leicht verfahren Sie auch mit weiteren Rechenarten. Achten Sie dabei aber auf die Grundregeln der Mathematik, genauer: Punkt vor Strich. Setzen Sie einander zugehörige Eigenschaften und Werte in Klammern.

Neben den Eigenschaften einer Ebene wie deren Rotation oder der Stärke eines Effekts gibt es noch weitere Eigenschaften, die Sie sozusagen global abrufen können. Eine der wichtigsten ist die Eigenschaft `time`. Diese Expression liest den aktuellen Timecode in Sekunden aus und verwandelt ihn in einen rein numerischen Wert. Damit können jetzt Effekte über den Verlauf Ihrer Animation automatisch verändert werden, ohne einen Ausgangswert zu benötigen, das erledigt die »Zeit« für Sie.

Im aktuellen Beispiel wählen Sie diesmal die Rotation für das rechte Objekt und klicken mit der gedrückten [Alt]-Taste (Mac: [⌥]) auf die Keyframe-Stoppuhr. Tippen Sie jetzt `time` ein, bestätigen Sie mit [↵] und rufen Sie mit der [Leertaste] die Vorschau auf. Beide Objekte drehen sich jetzt gleichmäßig gegeneinander, ohne auch nur einen Keyframe zu setzen.

Abbildung 15.6
`time` erlaubt die automatische und zeitbasierte Animation von Effekten.

Möchten Sie die Drehgeschwindigkeit erhöhen, wechseln Sie erneut zur Expressions-Eingabe und multiplizieren Sie die Zeit mit einem beliebigen Faktor. Dieser kann eine konstante Zahl, aber auch weitere Eigenschaften enthalten. Multiplizieren Sie beispielsweise die Zeit-Eigenschaft mit sich selbst, erhalten Sie eine konstante Beschleunigung.

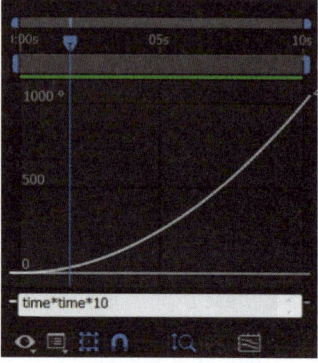

Abbildung 15.7
Beschleunigte Rotation durch `time*time`

Eine weitere hilfreiche Eigenschaft ist der `index`. Wie Sie bereits wissen, arbeitet After Effects im Schichtsystem mit einer Ebenen-Hierarchie. Jede Ebene besitzt eine eigene Index-Nummer, die über die Expression `index` abgerufen wird. Recht anschaulich gestaltet sich die Multiplikation der `index`-Eigenschaft mit der Skalierung.

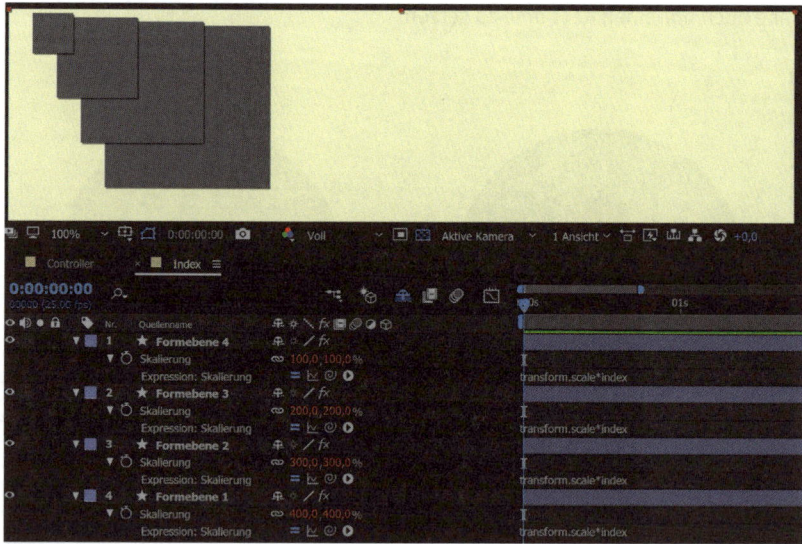

Abbildung 15.8
Die `index`-Eigenschaft einer Ebene

Funktionen

Ein Blick in das Expressions-Sprachmenü offenbart, dass neben den ansprechbaren Eigenschaften und Rechenarten noch weitere Code-Bausteine zu finden

15.1 Expressions anwenden

sind. Viele davon sind kleine Funktionen oder Methoden, die Ihnen bei der Verwendung von Expressions unter die Arme greifen. Anhand zweier nützlicher Beispiele werden Sie auch diesen Teil der Expressions spielerisch kennen- und verstehen lernen.

Da wäre zunächst die Loop-Funktion. Wie der Name es schon erahnen lässt, geht es hier um die automatische Wiederholung eines Clips oder einer Animation. Die LoopOut-Funktion nimmt dabei vorhandene Keyframes und wiederholt die Keyframe-Animation bis an das Kompositionsende in Dauerschleife. So können Sie kontinuierliche Änderungen für eine oder mehrere Eigenschaften mit wenigen Keyframes und der Expression ganz und gar automatisieren.

Vorher müssen Sie allerdings noch hinter der Funktion in Klammern die Art des Loops festlegen. "Pingpong" wirft die Werte der beiden Keyframes dem Namen entsprechend hin und her, "cycle" hingegen wiederholt die Keyframe-Abfolge in Dauerschleife.

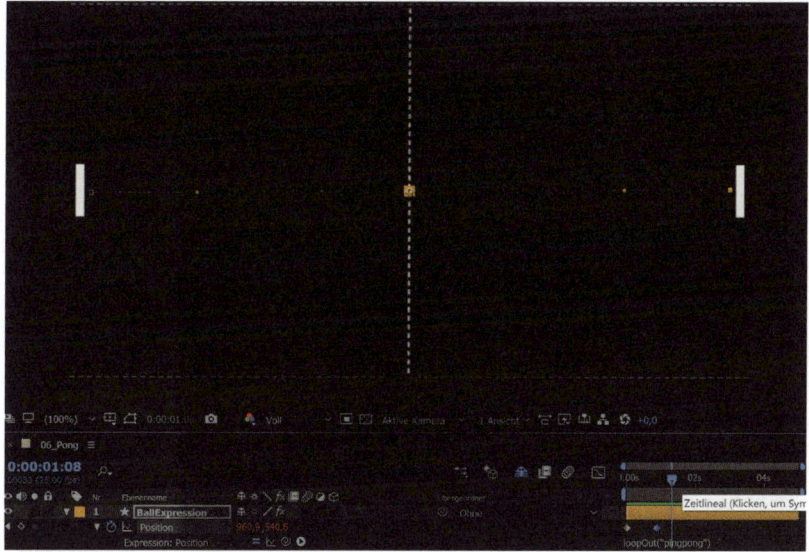

Abbildung 15.9
Die LoopOut-Funktion

Die LoopIn-Funktion erstellt dementsprechend einen Loop vor dem ersten Keyframe, greift aber auf die gleichen Methoden zurück. Eine fortgeschrittene Anwendung dieser Funktion ergibt sich aus der Kombination mit der Zeiteigenschaft einer Bild- oder Videosequenz. Gehen Sie zunächst auf EBENE|ZEIT|ZEITVERZERRUNG und aktivieren Sie hier mit [Alt]+Klick (Mac: [⌥]+Klick) die Expression. Setzen Sie dann an den gewünschten Stellen des Videos einen Keyframe für den In- als auch für den Out-Point. Bei der geloopten Wiedergabe wird dann dieser festgelegte Bereich dazwischen in Dauerschleife wiedergegeben.

Abbildung 15.10
Loop-Funktion und Zeitverzerrung

Ebenso wertvoll ist die Funktion `wiggle`. Man kann sie wörtlich mit Verwackeln übersetzen, obwohl sie nicht nur auf Positionseigenschaften zugreifen kann. Vielmehr lässt sich nahezu jedes Attribut, das eine numerische Entsprechung hat, mit dieser Expression variieren. Die Bandbreite reicht dabei von einer seichten Schwingung bis hin zu großen, zitternden Sprungeffekten. Die Funktion wird mittels zweier einfacher Parameter gesteuert, der Frequenz `freq` und der Ausschlagstärke `amp`. Im Eingabefeld lautet diese Funktion korrekt geschrieben:

```
wiggle(freq, amp)
```

Soll ein Objekt jetzt beispielsweise über den Bildschirm tanzen, so geben Sie der Position die `wiggle`-Funktion. Im ersten Wert legen Sie die Änderungen pro Sekunde fest, also entspricht 1 einem vollen »Ausschlag« in der Sekunde, der zweite Wert legt in diesem Fall die maximale Auslenkung des Ausschlags fest.

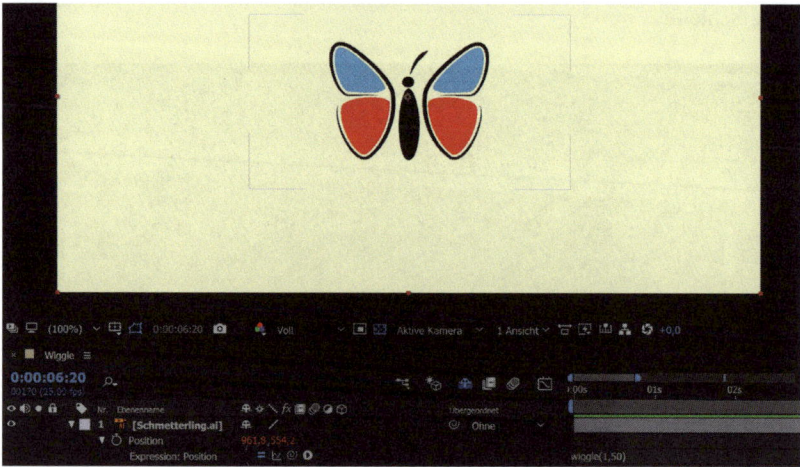

Abbildung 15.11
Verwackeln mit der
`Wiggle`-Funktion

Die `wiggle`-Funktion verwendet eine Zufallsabfolge der Zahlenwerte und bringt dadurch Abwechslung in Ihre Animationen. Kombinieren Sie sie auch mit anderen Expressions oder Keyframes. Haben Sie beispielsweise eine kontinuierliche Rotation einem Objekt per Keyframes zugewiesen, können Sie durch den dezenten Einsatz der Verwackel-Expression eine leichte Unberechenbarkeit zuweisen. Die Rotation bleibt in groben Zügen erhalten, das Pendeln der `wiggle`-Funktion wirkt nur als leichtes Zittern einer sonst stetigen Bewegung.

Controller

Bisher haben wir einfache Expressions in beschaulichen Kompositionen erstellt, bei denen nur wenige Abhängigkeiten verwendet wurden. Doch wenn Sie es mit einer Vielzahl von Ebenen zu tun haben oder auch die Menge der zu steuernden Parameter zunimmt, wird die Arbeit zunehmend unübersichtlich und chaotisch. Sparen Sie sich das lange Scrollen durch die Ebenenübersicht und das lästige Auf- und Zuklappen der gewünschten Effekteigenschaften.

15.1 Expressions anwenden

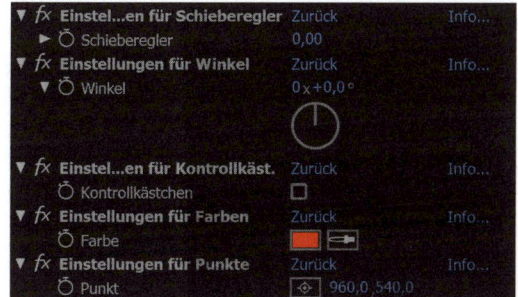

Abbildung 15.12
EINSTELLUNGEN FÜR EXPRESSIONS – Controller

Eine bewährte Herangehensweise beim Handling von vielen Ebenen und Expressions ist die Arbeit mit sogenannten »Controllern«. Das sind gesonderte Ebenen, die alle zur Animation nötigen Keyframes sammeln und gebündelt darstellen. Zu diesem Zweck eignen sich Einstellungsebenen besonders gut, da sie nicht auf die Bildebene der Komposition zugreifen, sofern keine Bildeffekte auf ihnen liegen.

Ist eine solche Kontrollebene erstellt, müssen ihr jetzt natürlich die nötigen Keyframe-Daten zugewiesen werden. Dies geschieht über die Einstellungsregler, die Sie unter EFFEKTE|EINSTELLUNGEN FÜR EXPRESSIONS vorfinden. Mit diesen Reglern können Sie dann global zugängliche Keyframes erstellen, auf die dann andere Effekte oder Expressions zugreifen können.

Abbildung 15.13
Controller-Ebenen füttern Expressions mit Keyframes.

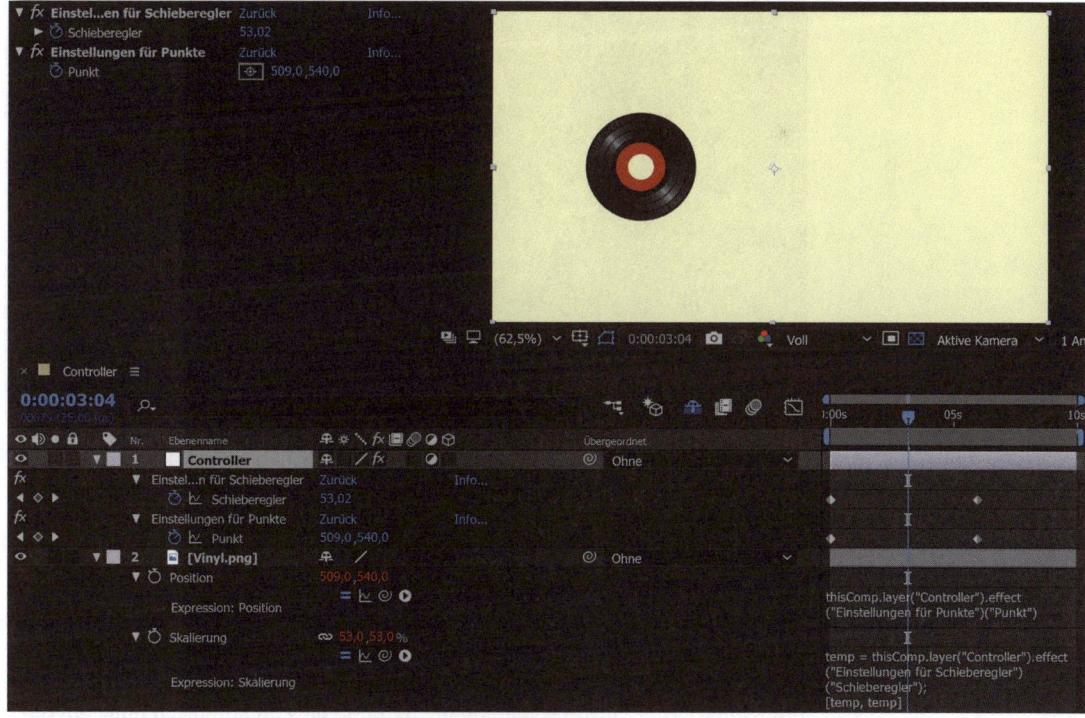

EXPRESSIONS

15.2 Workshop
Countdown mit Expressions

In diesem kurzen Workshop erstellen Sie schnell einen automatischen Countdown, der von Expressions angetrieben wird. Das lässt sich anhand von drei Parametern bewerkstelligen. Erstellen Sie eine Textebene und aktivieren Sie die Expression für den Quelltext-Parameter. Zuerst rufen Sie über `time` wieder die Zeiteigenschaft auf.

Da der Countdown unabhängig von der Kompositionslänge automatisch am Ende der Animation bei »0« sein soll, muss die Gesamtlänge der Komposition ausgelesen werden. Diese Information rufen Sie unter `duration` auf, allerdings muss noch angewiesen werden, welcher Komposition die Information entnommen wird. Daher wird ein `thisComp` vorangesetzt. In Kombination soll natürlich die verstrichene Zeit der Gesamtlänge abgezogen werden. Daher lautet die Zeile `thisComp.duration - time`.

Abbildung 15.14
`time` ruft den aktuellen Zeitpunkt in der Komposition ab.

Das funktioniert so weit ganz gut, nur ist die Nachkommastelle unerwünscht. Jetzt fügen wir noch eine mathematische Aufrunden-Funktion hinzu, um nur ganze Zahlen zu erhalten. `Math.round` bringt uns zum gewünschten Ergebnis, denn diese Funktion rundet alle Nachkommastellen zu vollen Zahlen. Die vollständige Zeile lautet nun:

`Math.round(thisComp.duration-time)`

Diese Herangehensweise hat einen entscheidenden Vorteil. Hätten wir vorher einzelne Keyframes für den Quelltext vergeben, hätten wir beispielsweise, um die Formatierung anzupassen, jeden Keyframe einzeln anpassen müssen. Dank der Automatisierung können wir den Text gestalten, ohne den Arbeitsschritt für alle Schlüsselbilder zu wiederholen.

Kapitel 16

Skripte

Skripte sind dazu da, Ihnen die Arbeit in After Effects zu erleichtern. Auch hier gilt wie bei den zuvor behandelten Expressions: keine Angst nur aufgrund der Tatsache, dass Skripte kleine Miniaturprogramme sind. Sie müssen hier nichts programmieren oder lernen. Vielmehr sparen Sie dank der Helferlein einiges an Zeit.

Skripte treten in unterschiedlichen Formen auf. Es gibt bereits in After Effects ein paar wenige integrierte Skripte, die Sie unter DATEI|SKRIPTE finden. Größer ist natürlich das Angebot im Internet, wo Sie weitere Skripte downloaden oder gar kaufen können.

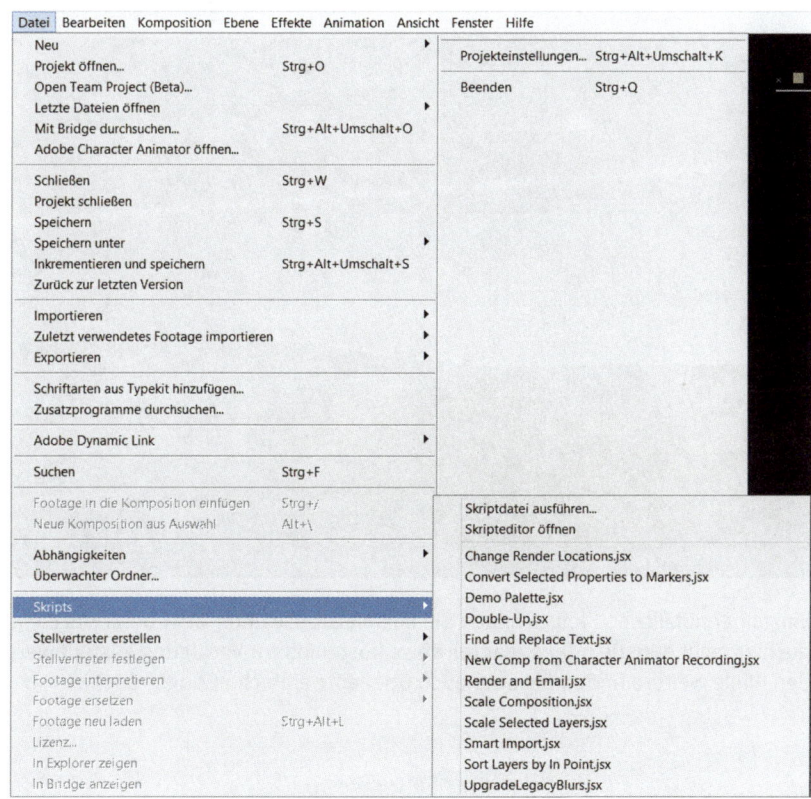

Abbildung 16.1
Einige Skripte sind bereits vorinstalliert.

Kapitel 16

SKRIPTE

Möchten Sie selbst Skripte installieren, müssen diese in das programmeigene Skript-Verzeichnis geladen werden. Das finden Sie unter PROGRAMME|ADOBE|AFTER EFFECTS CC 2017|SUPPORT FILES|SCRIPTS auf Windows, bei Mac PROGRAMME|ADOBE AFTER EFFECTS CC 2017. Manche Skripte sind Einzelaktionen, ähnlich den Animationsvorgaben werden sie aufgerufen, verrichten ihre Arbeit und verschwinden dann wieder. Andere hingegen sind kleine Bedienoberflächen mit Mini-Funktionen.

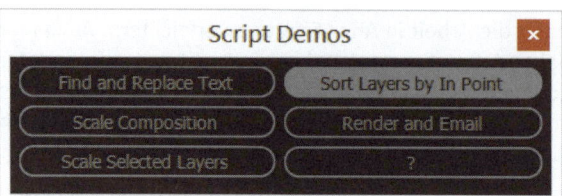

Abbildung 16.2
Im SCRIPT-DEMOS-Panel versammeln sich bereits ein paar nützliche Funktionen.

Eine Sonderform von Skripten sind die sogenannten **UI-Panels**. Hierunter verstecken sich zum Teil nützliche Erweiterungen und Arbeitshilfen, die Sie als zusätzliche Fenster in Ihren After-Effects-Arbeitsbereich integrieren können.

Abbildung 16.3
Grafische Buttons für die Schnellanwendung – die FT-TOOLBAR

Einige der nützlichen Skripte finden Sie beispielsweise unter *www.aescripts.com*, die hier recht günstig oder sogar teilweise kostenlos zur Verfügung gestellt werden. Viele weitere finden Sie aber auch über eine einfache Google-Suche.

Hier sind noch ein paar weitere nützliche Skriptvorschläge, im Download-Ordner finden Sie weitere Links zu einzelnen Skripten:

- Um in umfangreichen Kompositionen die Ebenen-Reihenfolge umzukehren, gibt es ein REVERSE LAYER-ORDER-Skript, das ein mühsames Verschieben aller Ebenen auf eigene Faust erledigt.

- Das SEQUENCE LAYERS-Skript versetzt alle Ebenen um eine feste Sekunden- oder Framezahl, ist also bei gestaffelten Animationen ein sehr dankbares Automatisierungswerkzeug.

Abbildung 16.4
Im Handumdrehen die Reihenfolge umkehren

- Das MASKS TO LAYERS-Skript nimmt alle Maskenpfade einer Ebene und erstellt für jeden eine neue Ebene mit einer einzigen angewendeten Maske. So können die einzeln maskierten Elemente nun separat animiert werden.

Abbildung 16.5
Ebenen staffeln mit zwei Klicks – SEQUENCE LAYERS

Kapitel 16 — SKRIPTE

Abbildung 16.6
Eine Ebene in mehrere verwandeln

- Das AUTOFADE-Skript sorgt für ein selbstständiges Ein- und Ausblenden anhand vorgegebener Parameter, wie Zeit und Deckkraft. Nach der Anwendung erstellt das Skript entsprechend den Vorgaben Expressions, die Sie in der Zeitleiste weiter anpassen können.

Abbildung 16.7
AUTOFADE-Skript

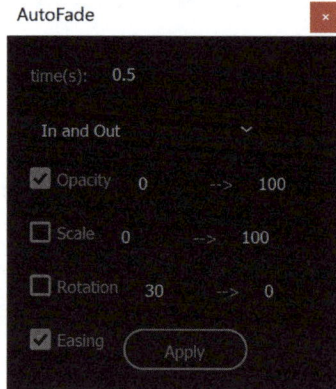

434

Kapitel 17

Export

Die letzte Korrektur der Einstellungsebene ist erfolgt, der letzte Keyframe wurde doch noch minimal um zwei Frames nach vorne gezogen. Jetzt hat das »Tweaken« ein Ende, und nach unzähligen Previews ist es so weit. Ihre Arbeit in After Effects ist getan. Nun wird es Zeit, die finale Version in ein Endformat zu bringen, damit Sie es online stellen oder Ihrem Klienten zusenden können. Ebenso, falls Ihr After-Effects-Projekt Teil einer größeren Pipeline ist, müssen Ihre Daten für die Verarbeitung in weiteren Programmen erst ausgespielt werden. Und hierbei müssen Sie erneut …? Genau, rendern!

Den Rendervorgang nehmen Sie dabei wahlweise in der Programm-eigenen Renderliste oder im Adobe Media Encoder vor. Letzter hat ein paar Vorzüge, wie beispielsweise einen üppigeren Vorlagenkatalog sowie die Auslagerung des Rendervorgangs aus After Effects. Mit dem Vorteil, dass es Ihnen weiterhin möglich ist, in After Effects zu arbeiten. Doch dazu später.

17.1 Render-Basics

In Kapitel 6 haben Sie bereits den Grundbegriff des Renderns kennengelernt. Und natürlich wird nicht nur zum Zwecke der Vorschau, sondern auch zur finalen Ausgabe ein letzter Rendervorgang benötigt. Anders als beim Preview-Rendervorgang wird ein Ausgabe-Rendering als Datei an einem festgelegten Speicherort gesichert. Preview-Render werden natürlich ebenfalls als temporäre Dateien gespeichert, sind aber nicht so schnell zugänglich und handlich wie ausgegebene Render.

Und obwohl Sie sich beim Anlegen des Projekts (hoffentlich) bereits Gedanken gemacht haben, in welcher Form Sie Ihre Animation ausspielen wollen, gibt es neben Auflösung und Framerate noch einige weitere Dinge zu beachten. Wofür wird die Datei ausgegeben? Um auf DVD gebrannt zu werden, wird sie als Preview per E-Mail geteilt oder landet sie als Upload auf Vimeo?

Da wäre zunächst das Dateiformat. Wie in Kapitel 3 bereits angedeutet, gibt es einige davon. Die derzeit geläufigsten zur Video-Ausgabe sind dabei MOV, MP4 oder hier und da auch AVI. Bildersequenzen sind eher für die Weiterverarbeitung gedacht, deswegen sind die Formate PNG oder TIFF eine bessere Wahl als vergleichsweise JPG. Für den Fall, dass eine reine Audio-Ausgabe erforderlich ist, bemühen Sie das WAV- oder das MP3-Format.

Das Rendern von Bildersequenz hat gleich mehrere Vorteile. Gerade die Verwendung schwächerer Systeme, aber auch das Ausgeben auf Netzwerkpartitionen (sollte vermieden werden, ist aber nicht immer auszuschließen) gestaltet sich mitunter als schwierig. Bricht ein Rendervorgang unvorhergesehen ab, ist man bei der Berechnung von Bildsequenzen einen Schritt weiter und muss lediglich ab dem Moment des Abbruchs ansetzen.

Einziger Nachteil: Das Verschieben von Bildsequenzen mit einer hohen Zahl an Einzelbildern braucht vergleichsweise mehr Zeit als das Verschieben einer einzelnen Video-Datei, die alle Bilder in einem Video zusammenfasst. Das wird durch ungenutzten Systemoverhead verursacht und macht sich durch großen Geschwindigkeitsverlust beim Daten-Transfer bemerkbar. Und gerade Ordner mit Hunderten von Frames sind nicht nur beim Erstellen, sondern auch bei der Generierung der Thumbnails ganz schöne Zeit- und Leistungsschlucker.

Die Ausgabe einer Audiospur ist ebenso von Relevanz, denn nicht jeder Arbeitsschritt benötigt gleichzeitig Bild und Ton. So lassen sich inhaltliche Aspekte beispielsweise von Interviews sehr gut ohne Video überprüfen oder Orientierungsspuren für die tiefergreifende Bearbeitung des Soundtracks erstellen.

Dateikompression

Nicht weniger wichtig als das Dateiformat ist die in Kapitel 1 erwähnte Kompression beziehungsweise der zugrunde liegende Kompressor. Gerade Bewegtbildmaterial kann sehr schnell sehr stattliche Dateigrößen erreichen. Daher war und ist es Ziel der Entwickler, so nah wie möglich am Ausgangsmaterial zu bleiben und die Daten dabei gleichzeitig so zu komprimieren, dass nur ein Bruchteil an Datengröße benötigt wird.

Im Bildbereich funktioniert dies hauptsächlich über sogenannte Schlüsselframes. Der Kompressor sucht sich in regelmäßigen Abständen Einzelbilder heraus, die er in vollem Umfang speichert, die Bildinformationen der folgenden Frames werden dabei nur bei Veränderung abgespeichert. Diese vereinfachte Darstellung erklärt auch im Prinzip, wie es zu (Bild-)Artefakten kommen kann. Ebenso nutzen Komprimierungsverfahren die Defizite der menschlichen Wahrnehmung aus. Informationsveränderungen, die das menschliche Auge nur schwach bis garnicht registriert, werden verworfen.

Ähnliches gilt auch für komprimierte Audio-Encodierung. Hier macht man sich die Eigenschaften der Psychoakustik zu eigen und stimmt das ausgegebene Audio-Signal auf die relevanten Frequenzbereiche des Gehörs ab. Zugegebenermaßen wird auch hier schnell der Unterschied zwischen einem vollen Klangspektrum und der verlustreichen Komprimierung hörbar. Doch mithilfe der Bitraten-Einstellungen lässt sich die digitale Natur eines Audio-Streams ansatzweise verbergen, wenn auch nicht kaschieren.

An dieser Stelle sei Ihnen nochmals die unkomprimierte Ausgabe ans Herz gelegt, wenn es um die Weiterverarbeitung oder die Erstellung einer Mastervorlage für die Weitercodierung zum Endprodukt geht. Es kann nicht schaden, für den Fall der Fälle ein »echtes« Original der Ausgabe zu haben, auch wenn es eventuell zu Platzmangel führen kann.

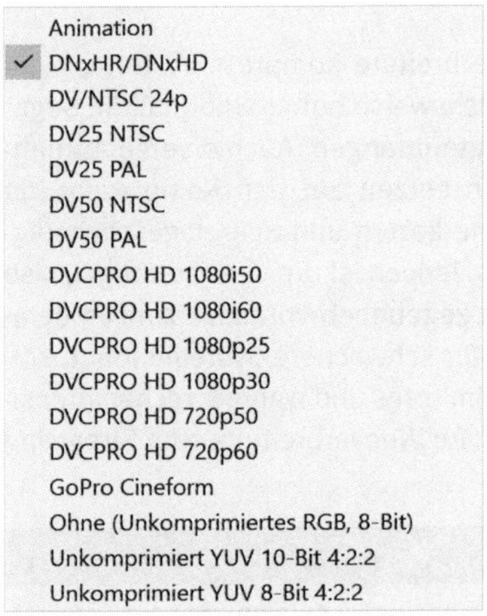

17.1 Render-Basics

Abbildung 17.1
Eine Vorschau der vorinstallierten Codecs

```
Animation
✓ DNxHR/DNxHD
  DV/NTSC 24p
  DV25 NTSC
  DV25 PAL
  DV50 NTSC
  DV50 PAL
  DVCPRO HD 1080i50
  DVCPRO HD 1080i60
  DVCPRO HD 1080p25
  DVCPRO HD 1080p30
  DVCPRO HD 720p50
  DVCPRO HD 720p60
  GoPro Cineform
  Ohne (Unkomprimiertes RGB, 8-Bit)
  Unkomprimiert YUV 10-Bit 4:2:2
  Unkomprimiert YUV 8-Bit 4:2:2
```

Zunächst seien der Vollständigkeit halber ältere Verfahren wie beispielsweise Cinepak, Sorenson oder Indeo genannt. Sie stammen noch aus den frühen Tagen der Videoverarbeitung und erfreuen sich einer hohen Verbreitung, sind jedoch durch mangelhafte Qualität im Vergleich zu neueren Methoden kaum noch relevant.

DV-PAL und DV-NTSC

Der DV-Standard (Digital Video) ist ebenso aus der Epoche, in der Kameras Inhalte noch auf Magnetbänder schrieben. Doch als kleine Ehrerbietung an den in die Jahre geratenen Klassiker soll er nicht unter den Tisch fallen. Immerhin hat der DV-Standard sowohl den Amateur- als auch den Profi-Bereich der Videoproduktion maßgeblich beeinflusst und liberalisiert. Dieses Format, das technisch betrachtet nicht einmal ein echter Codec ist, wird jedoch nur denen nützen, die ihr Endprodukt auf den Systemen MiniDV, DVCam oder DVCPro ausgeben möchten.

MPEG-2

Dieser Standard wird derzeit noch auf DVDs sowie den diversen digitalen Videoübertragungssystemen DVB-S, DVB-T und DVB-C verwendet (per Satellit, terrestrisch und per Kabel). Auch Blu-Ray-Discs lassen sich mit dem MPEG-2-Codec befüttern. Adobe ermöglicht Ihnen diese Ausgabe jedoch nur noch über den Media Encoder und bietet hierfür die spezielleren Codec-Vorlagen MPEG-2-DVD und MPEG-2 Blu an.

MPEG-4

Ebenso wie MPEG-2 wurde auch MPEG-4 auf Grundlage des H.261-Standards entwickelt, jedoch mit dem effektiveren H.263 ausgestattet. Dessen Uraufgabe bestand darin, Videokonferenzen mit hoher Qualität bei niedriger Datenrate zu ermöglichen. Verwechseln Sie den Codec jedoch nicht mit dem MP4-Dateiformat, welches zwar ebenfalls Teil des MPEG-4-Standards ist, dieses jedoch auch auf andere Codizes zurückgreifen kann.

H.264

H.264 ist die derzeit wohl am weitesten verbreitete Kompressionsform, nicht zuletzt wegen seiner Effektivität, der vergleichsweise hohen Bildqualität, sogar über HD-Auflösungen hinaus bei kleinen Datenmengen. Auch diverse Aufnahmegeräte, beispielsweise im DSLR-Bereich setzen auf den Kompressor, da gerade hier die Begrenzungen durch Speicherkarten und Schreibgeschwindigkeiten nach wirksamen Methoden verlangen. Jedoch ist die Verarbeitungs-, also En- und Decodierungsarbeit durch die oben gegebenen Voraussetzungen dementsprechend hoch, sodass es sich gerade für schwächere Systeme lohnt, solche Quelldaten vorher in ein geringer komprimiertes und weniger rechenintensives Format zu bringen. Zur Ausgabe vor allem für Webverbreitung oder Streaming allerdings die Go-to-Lösung.

> **Tipp**
>
> Um Videos aus After Effects mit dem H.264-Codec auszuspielen, müssen Sie erst QuickTime gesondert installieren.

ProRes

Das von Apple herausgebrachte ProRes ist ein gängiges Weiterverarbeitungs- und Aufzeichnungsformat im Profi-Bereich, da es den Spagat zwischen effektiver Komprimierung, hoher Qualität und niedriger Datenrate mit mehr als brauchbaren Ergebnissen meistert. Dabei werden je nach Anspruch unterschiedliche Vorlagen geliefert, von Proxy-Setting bis zur extremen High-Quality-Version. Alle Varianten kommen mit 10-Bit-Farbtiefe daher und sind prinzipiell in QuickTimes MOV-Container gepackt.

> **Hinweis**
>
> Windows-Benutzer benötigen eine Zusatzsoftware, beispielsweise FFmpeg, *www.ffmpeg.org*, da Apple keine Windows-fähige Codec-Version zur Verfügung stellt. Testen Sie, ob Sie mit ProRes kodierte Quicktime-Dateien abspielen können. Wenn nicht, muss extra decodiert werden. Gleiches gilt auch für die Weitergabe, also encodieren falls erforderlich.

DNxHD

DNxHD ist das Pendant von Avid für den HD-Bereich (UHD wird planmäßig von DNxHR abgedeckt), das sich ebenfalls in vielen Studios und Postproduktionshäusern finden lässt. Auch hier gibt es eine Fülle an Vorgaben, die anhand der Auflösung und der Datenrate international als einheitliche und verlässliche Standards verwendet werden.

17.2 Renderliste

Schauen wir uns zunächst die programminterne Arbeit mit der RENDERLISTE an. Wie der Name schon verrät, lässt sich hier nicht nur ein, sondern gleich mehrere

17.2 Renderliste

Render anweisen. Hervorragend geeignet also, um in Pausen oder nach der Arbeit dem Computer noch etwas zu knabbern zu geben.

Wählen Sie eine Komposition aus und schicken Sie diese mit [Strg]+[M] (Mac: [⌘]+[M]) an die Renderliste. Das Kontextfenster öffnet sich, um Ihnen weitere Feinjustierungen zu ermöglichen.

Abbildung 17.2
Die RENDERLISTE sorgt für das Ausspielen Ihrer fertigen Animationen.

Rendereinstellungen

Dieses Kontextmenü gibt Ihnen die Möglichkeit, die Art und Weise der Ausgabe Ihrer Komposition festzulegen. Haben Sie der Renderliste ein Element zugefügt, wird dieses per Voreinstellung auf der Rendereinstellungsvorlage BESTE EINSTELLUNGEN gerendert. Das links daneben befindliche Drop-down-Menü hält weitere Vorgaben bereit. Um die Feinjustierung selbst zu übernehmen, genügt ein Klick auf die Vorlage und es erscheinen die RENDEREINSTELLUNGEN.

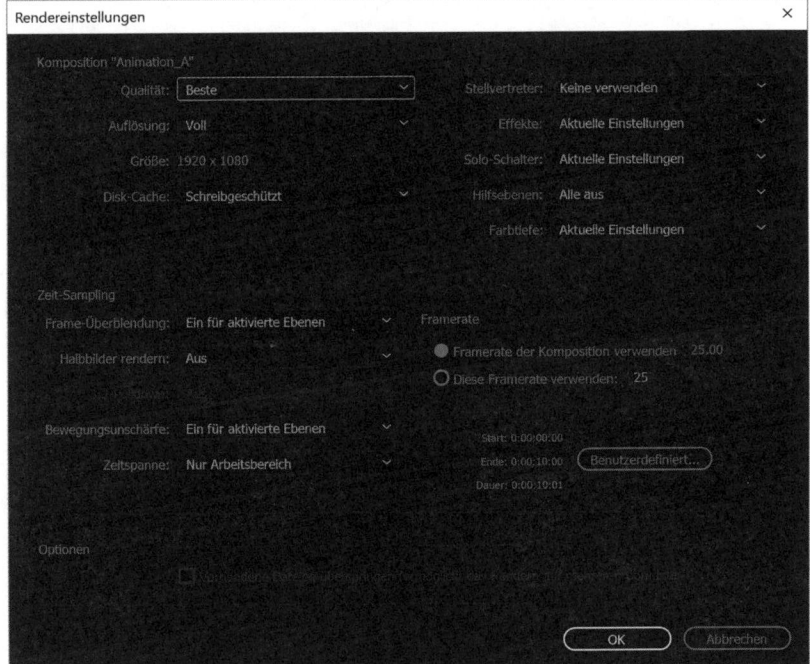

Abbildung 17.3
Die Rendereinstellungen betreffen den Rendervorgang.

QUALITÄT legt selbsterklärend die Ausgabequalität fest, finale Ausgaben sollten mit Stufe BESTE gerendert werden, ENTWURF und DRAHTGITTER geben allenfalls einen groben Vorgeschmack. Unter AUFLÖSUNG lassen sich ebenfalls neben der gewünschten Ausgabegröße reduzierte Vorschauversionen erstellen. DISK-

CACHE legt fest, ob beim Rendern nur aus dem bisher erzeugten Cache gelesen wird oder ob die während des Renderns erzeugten Frames auch im Disk-Cache landen, um dort ebenfalls später wieder zur Verfügung zu stehen.

Haben Sie mit Proxys gearbeitet, können Sie deren Verwendung unter STELLVERTRETER zu- oder abschalten. Wie Sie mit Proxys arbeiten und wann das sinnvoll ist, wird in Kapitel 3 erklärt, das sich mit dem Handling von Rohmaterial befasst. Weiter unten sehen Sie, wie Sie Proxys ebenso mithilfe der Post-Render-Action erstellen.

Geht es Ihnen prinzipiell nur um die Vorschau von den Ebenen-eigenen Eigenschaften wie Position, Skalierung etc., können Sie alle weiteren über die EFFEKT-Palette zugefügten Effekte komplett zu- oder abschalten beziehungsweise den aktuellen Stand berechnen lassen.

Angenommen, Sie möchten speziell eine (oder mehrere spezielle) Ebene(n) ausgeben lassen und haben diese in der Zeitleiste markiert. Die Einstellung unter SOLO-SCHALTER übernimmt entweder diese Einstellungen oder hebt die Solo-Markierung auf und alle Ebenen werden aktiviert und beim Rendern berücksichtigt.

HILFSLINIEN lassen sich ebenfalls zum Render zu- oder abschalten.

Die FARBTIEFE reguliert die zugrunde liegende Bit-Einstellung der Farbkanäle, also schauen Sie hier aufmerksam nach, wenn Ihr Projekt nach einer größeren Bittiefe verlangt und es auf eine saubere Ausgabe ankommt.

Zeit-Sampling

Erfolgt Ihre Ausgabe in einem der älteren PAL- oder NTSC-Standards, sollte auf jeden Fall die Einstellung der FRAME-ÜBERBLENDUNG, der HALBBILDER RENDERN- und der 3:2 PULLDOWN-Option (nur für NTSC relevant) geprüft werden. Auch das Erstellen einer Test-Renderdatei wird Ihnen nicht erspart bleiben. Falsche Halbbildeinstellungen machen sich meist durch starkes Flimmern bemerkbar.

> **Test-Render**
>
> Test-Render helfen Ihnen dabei, finale Ergebnisse einzuschätzen. Vor allem hinsichtlich strenger Deadlines gibt eine Generalprobe einen Vorgeschmack, wie lange dafür benötigt wird und ob es unvorhergesehene Fallstricke gibt.

Haben Sie in Ihrer Komposition mit BEWEGUNGSUNSCHÄRFE gearbeitet, so können Sie diese unter dem gleichnamigen Schalter ab- oder anschalten, um auch hier zur Vorschauzwecken Renderzeit einzusparen.

Unter der ZEITSPANNE legen Sie den zeitlichen Ausschnitt der gewünschten Ausgabe fest, entweder die gesamte Komposition, von In- zu Out-Punkt oder einen manuell festgelegten Zeitraum.

Obwohl die FRAMERATE, in den Kompositionseinstellungen einmal festgelegt, nicht mehr variiert werden sollte, können Sie hier eine andere einstellen.

Zuletzt können Sie das MULTI-MACHINE-RENDERING unter den OPTIONEN aktivieren. Hierbei werden Dateien, die bereits von anderen Computern aus gerendert worden sind, übersprungen.

Ausgabemodul

Nachdem unter den RENDEREINSTELLUNGEN festgelegt wurde, was und wie gerendert wird, legen Sie im AUSGABEMODUL alle Einstellungen zur Erstellung der gewünschten Ausgabedatei sowie deren mögliche Weiterverwendung fest.

Standardmäßig startet VERLUSTFREI. Sie können mit dem Drop-down-Menü daneben aus weiteren Ausgabemodul-Vorlagen auswählen.

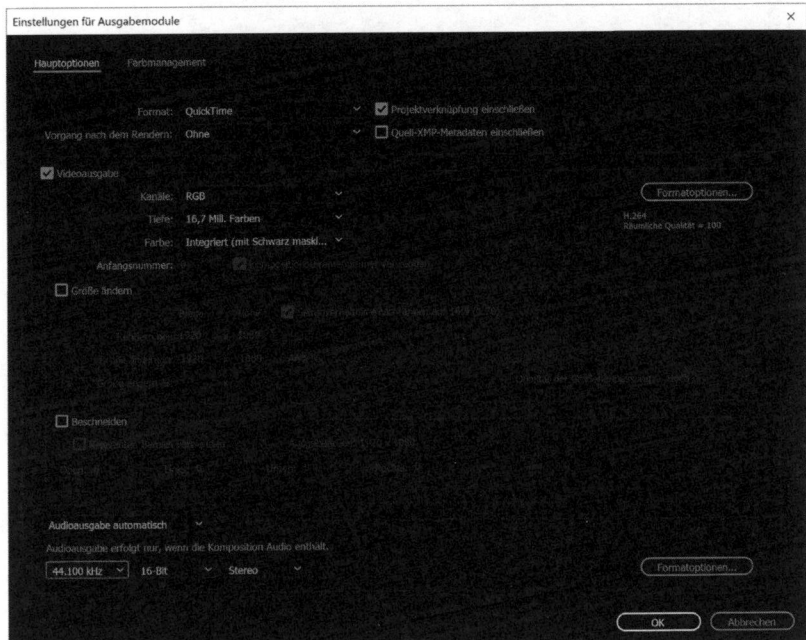

Abbildung 17.4
Das Ausgabemodul legt fest, wie der Render gespeichert wird.

Klicken Sie stattdessen auf die Vorlage, öffnen sich die Ausgabemodul-Einstellungen.

Zuerst werden Ihnen die HAUPTOPTIONEN angezeigt, allen voran das FORMAT, das den Dateityp Ihrer Ausgabe festlegt. Der VORGANG NACH DEM RENDERN bestimmt, wie nach dem Export fortgefahren wird. Dies ist vor allem bei verschachtelten Kompositionen sehr interessant, da sich hier rechenaufwendige Unterkompositionen durch fertig gerenderte Sequenzen ersetzen lassen. Somit sparen Sie wertvolle Zeit bei der Arbeit, beziehungsweise beim erneuten Rendern einer Haupt-Komposition.

Ändern Sie die Einstellung von OHNE auf IMPORTIEREN, werden die fertigen Sequenzen oder Filme einfach nach erfolgtem Abschluss in das Projekt geladen und im Projektfenster angezeigt. Wählen Sie VERWENDUNG IMPORTIEREN UND ERSETZEN, können Sie eine Unterkomposition durch ihr Render-Ergebnis ersetzen lassen. Und unter STELLVERTRETER lassen sich Proxys erstellen, die als temporäre kleine Vorschauen für sehr große Bildinhalte herhalten (vgl. Kapitel 3).

Danach werden die Optionen für den Video-Teil angepasst. Gleich an der rechten Seite des Dialogs sehen Sie den gewählten Codec unter den FORMATOPTIONEN. Je nach Computersystem und den darauf installierten Codecs finden Sie hier weitere Settings für den Video-Stream.

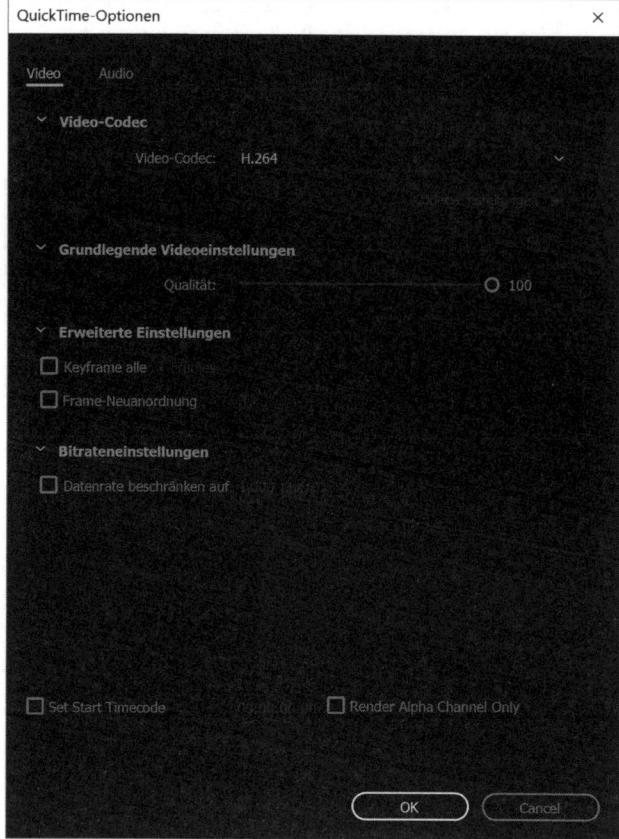

Abbildung 17.5
Viele Optionen – beim Export gibt es einiges zu beachten, gerade bei der Arbeit mit Codecs.

Unter VIDEO-CODEC stellen Sie den verwendeten Kompressor ein. Mancher Codec lässt sich hier noch mal mit einem extra Dialog feinjustieren. Das sind zunächst ziemlich viele Settings und Dialoge, aber mit der Zeit werden Sie schnell merken, welcher Codec Sie unter welcher Einstellung am besten zu Ihrem gewünschten Ergebnis führt.

Unter GRUNDLEGENDE VIDEOEINSTELLUNGEN finden Sie oft einen Qualitätsregler. Darunter lässt sich eher schätzungsweise die Qualität regulieren. Die ERWEITERTEN EINSTELLUNGEN sind für Fortgeschrittene, da hier in das Komprimierungsverhalten eingegriffen wird. Wichtig für manche Ausgabe, die auf Streaming hinausläuft, ist die Limitierung der Datenrate und der BITRATENEINSTELLUNGEN. Vimeo beispielsweise empfiehlt eine Verwendung von 10.000 kbps und sorgt so für einen gesunden Kompromiss zwischen Qualität und Geschwindigkeit.

Unter den KANÄLEN lassen sich RGB, nur Alpha oder alle Kanäle zusammen auswählen. Unter der Bittiefe wird die Ausgabe in 8, 16 oder 32 Bit festgelegt. Halten Sie sich hier an die Vorlagen, die Ihre Ausgabe Ihnen vorgibt. Etwas irreführend ist die Bezeichnung FARBE, da sie die Verrechnung der Alphamaske festlegt.

Diese kommt entweder als Extrakanal (nur bei vorheriger Aktivierung unter KANÄLE) oder wird mit in die einzelnen Kanäle direkt eingerechnet, was mitunter zu Interpretations- und dadurch zu Bildfehlern führen kann. Checken Sie dazu erneut Kapitel 7.

GRÖSSE ÄNDERN und BESCHNEIDEN erstellen kleinere Vorschauversionen beziehungsweise Bildausschnitte. Letzteres ist zum Beispiel dann interessant, wenn sich nur ein konkreter Teil einer Komposition verändert hat und sich das komplette Neuberechnen eines Bildes umgehen lässt.

Zuletzt wird noch die AUDIOAUSGABE festgelegt. Standardmäßig wird die Audiospur automatisch bei Bedarf ausgegeben. Helfen Sie nach und schalten Sie die Tonspur dazu oder ab. Weiterhin können Wiedergabefrequenz, Bittiefe und Mono/Stereo variiert werden, genau wie der zugrunde liegende und unter FORMATOPTIONEN aufrufbare AUDIOCODEC.

Im zweiten Reiter FARBMANAGEMENT haben Sie Zugriff auf sehr spezifische Einstellungen zu Farbraum und -profil. Allerdings unter der Prämisse, dass Sie in den Projekteinstellungen bereits das Farbmanagement ebenfalls aktiviert haben. Ein Haken hinter RGB BEIBEHALTEN erzeugt eine ungenormte Ausgabe. Unaktiviert selektieren Sie Ihren Arbeits- oder alternativ auch einen anderen Zielfarbraum.

Farbmanagement

Monitore und Displays haben unterschiedliches Verhalten bezüglich der Farbwiedergabe. Nutzen Sie die Farbprofile und gehen Sie sicher, dass die Farben Ihrer Ausgabe, und somit beim Betrachter, so nah wie möglich an Ihrer Arbeit bleiben. Machen Sie auch Test-Render und vergleichen Sie das Ergebnis auf verschiedenen Geräten.

Jetzt wird noch der Speicherpfad festgelegt. Bildsequenzen können auch in einem separaten Unterordner gepackt werden. Klicken Sie auf den kleinen Pfeil neben SPEICHERN UNTER, werden Ihnen weitere Vorlagen zur Vergabe Ihrer Dateinamen geboten.

Zu guter Letzt noch mal einen prüfenden Blick über alle Einstellungen werfen, indem Sie die beiden Übersichten neben den Rendereinstellungen und dem Ausgabemodul aufklappen.

Abbildung 17.6
Die Rendervorschau spuckt alle Infos auf einen Blick aus.

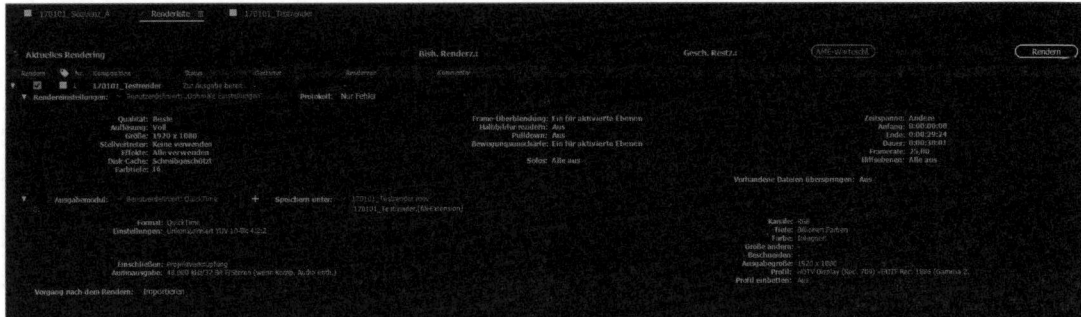

Dann sollte jetzt einem erfolgreichen Render nichts mehr im Wege stehen.

Kapitel 17 — EXPORT

> **Speicherplatz**
>
> Achten Sie bei der Wahl Ihrer Zielpartition darauf, dass diese auch gegebenenfalls größere Dateien speichern kann. FAT32-formatierte Datenträger vertragen beispielsweise nur Dateigrößen bis zu 4 GB.

Rendern mit mehreren Items

Selten besteht ein Projekt aus einer einzigen Komposition. So können Sie wie bereits erwähnt Verschachtelungen vorrendern und diese in einer großen Hauptkomposition zusammenfassen. Oder Sie haben anhand einer Beispiel-Komposition mehrere individuelle Varianten erstellt, die nun in weiteren Arbeitsläufen verwendet werden sollen.

Mit der Renderliste zu arbeiten, gestaltet sich dabei wenig umständlich. Sie können per Drag&Drop die Reihenfolge verändern, Vorgänge deaktivieren, um sie beispielsweise an einem späteren Zeitpunkt erst aufzugreifen. Dazu entfernen Sie den Haken vor dem Kompositionsnamen in der Liste. Ganze Aufträge werden mit [Strg]+[D] (Mac: [⌘]+[D]) dupliziert oder durch [Entf] wieder gelöscht. Auch können Sie hier verschiedene Ausgabemodule zu einer Rendereinstellung zuordnen, sodass ein Rendervorgang für mehrere Varianten in unterschiedlichen Formaten oder Codecs ausreicht.

Abbildung 17.7
Mehrere Kompositionen und Ausgabemodule? Die Renderliste nimmt alle auf.

Während der Rendervorgang läuft ...

Im oberen Bereich der Liste werden Sie während des Rendervorgangs über den Verlauf informiert, bereits gerenderte Frames und die verstrichene wie auch (geschätzt) verbleibende Zeit wird angezeigt.

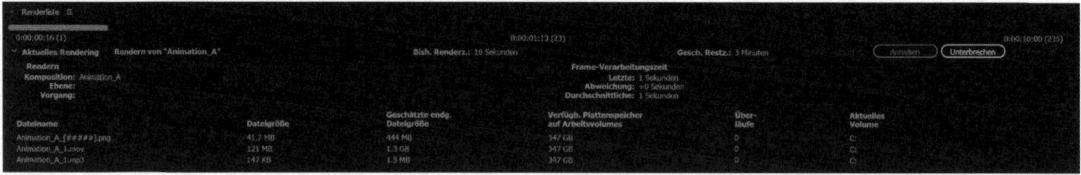

Abbildung 17.8
Während des Rendervorgangs können Sie sehen, wie lange Sie warten müssen oder wie lange das Berechnen eines Frames dauert.

Daneben finden Sie die Buttons zum Start, Anhalten oder Unterbrechen der Render-Prozedur. Wählen Sie Letzteres, wird automatisch ein neues Item in der

Renderliste erzeugt, das ab dem abgebrochenen Frame den Render fortsetzt, allerdings nun in einer neuen Datei.

Unter dem ausgeklappten AKTUELLES RENDERING-Menü verfolgen Sie den laufenden Auftrag hinsichtlich bisheriger und geschätzter Dateigröße(n) sowie weiterer Informationen, wie gesamter Speicherplatz oder der Durchschnittszeit bei der Berechnung eines Einzelframes.

17.3 Rendern mit dem Media Encoder

Lange Zeit war eines der größten Probleme beim Rendern mit After Effects, dass es ausgeschlossen war, während des Renderns weiterarbeiten zu können. Nachdem einige Third-Party-Plug-ins Abhilfe verschafften, nahm sich letztlich auch Adobe dieses Problems an und ermöglichte es mit dem Media Encoder endlich, den Rendervorgang aus den Kern-Programmen auszulagern und separat vorzunehmen.

Abbildung 17.9
Der Adobe Media Encoder lagert den Rendervorgang aus den Kernprogrammen aus.

Auch die Vorgabenauswahl ist um ein Vielfaches größer als im Hauptprogramm und hat für nahezu jeden Anlass das passende Preset.

Um eine Komposition aus After Effects heraus im Adobe Media Composer zu rendern, drücken Sie [Strg]+[Alt]+[M] (Mac: [⌘]+[⌥]+[M]) und alle weiteren Einstellungen lassen sich dort regeln. Alternativ lassen sich auch im bereits geöffneten Media Encoder neben After-Effects-Kompositionen und Premiere-Pro-Sequenzen auch andere Quelldateien hinzufügen, um diese weiter zu codieren. Alle Aufträge sind jetzt in der WARTESCHLANGE zu sehen. Ähnlich der Renderliste legen Sie auch hier zunächst unter dem Projekt das gewünschte Format fest.

EXPORT

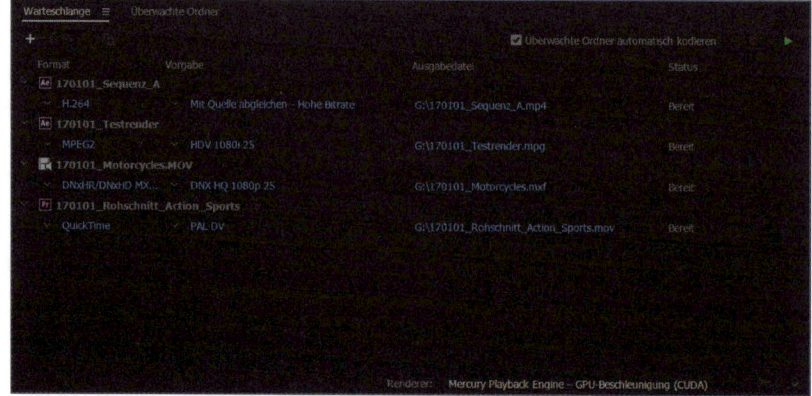

Abbildung 17.10
Die WARTESCHLANGE nimmt nicht nur After-Effects-Kompositionen auf.

Auch hier ist die Vorlagenauswahl üppiger. Neben den Ausgabeformaten für die gewöhnliche Endausgabe sind hochwertige Weitergabe-Formate, wie DCP oder MXF für Film- oder Postproduktion, enthalten.

Im Drop-down-Menü daneben werden zum Format gehörige Presets angeboten und zuletzt der Speicherort festgelegt. Möchten Sie einem Projekt mehrere Ausgabeformate zuordnen, bedienen Sie sich dazu am Preset-Browser auf der rechten Seite und ziehen die gewünschte Vorlage per Drag&Drop auf das bestehende Projekt beziehungsweise über oder unter den bereits bestehenden Ausgabeauftrag. Ziehen Sie das Preset direkt darüber, wird das bisherige Setting durch die neue Vorgabe ersetzt.

Hin und wieder kommt es vor, dass sich kein richtig passendes Preset finden lässt. Ein Klick auf das Format oder das Preset öffnet die Export-Einstellungen, und Sie können die Parameter wieder manuell vergeben.

Abbildung 17.11
Feinjustierung im Media Encoder

Prinzipiell haben Sie ähnliche Optionen, um Format, Preset und Speicherort festzulegen. Des Weiteren lässt sich auch hier unter EXPORTIERE VIDEO und/oder AUDIO die jeweilige Spur (de-)aktivieren. Die Zusammenfassung gibt Aufschluss über die Eckdaten, die in den Reitern darunter ebenso weiter feinjustiert werden

17.3 Rendern mit dem Media Encoder

können. Neben den bekannten Optionen zu Video und Audio sei hier am Rande das EFFEKT-Fenster erwähnt, mit dessen Hilfe LUTs oder Overlay-Effekte in Form von Wasserzeichen auf komplette Projekte angewendet werden können. PUBLISH stellt, unter Voraussetzung einer bestehenden Internetverbindung, Ihre Projekte gleich auf Ihren Vimeo-Account oder auf den FTP-Server Ihres Auftraggebers.

Abbildung 17.12
Die Zusatzoptionen im Media Encoder wie die EFFEKTE oder VERÖFFENT-LICHEN sind praktische Zusatztools.

Sind alle Einstellungen angepasst, halten Sie kurz inne. Brauchen Sie dieses Preset vielleicht öfter? Dann sparen Sie sich doch die mühselige Arbeit und speichern Sie die Vorgabe gleich ab. Im Vorgabenbrowser können Sie die dann gleich auch noch weiter anpassen, in Ordner packen und im- oder exportieren. Auch bestehende lassen sich optimieren, warum also nicht gleich das YouTube-Preset mit dem eigenen Account verknüpfen?

Ein hilfreiches Feature sind die zwei Vorschau-Monitore für Quelle und Ausgabe. Sollten sich doch einmal Unterschiede eingeschlichen haben oder sogar gewünscht sein, lässt sich hier ein Vorher-Nachher-Vergleich aufstellen und unter QUELLENSKALIERUNG werden diverse Optionen zur Anpassung geboten.

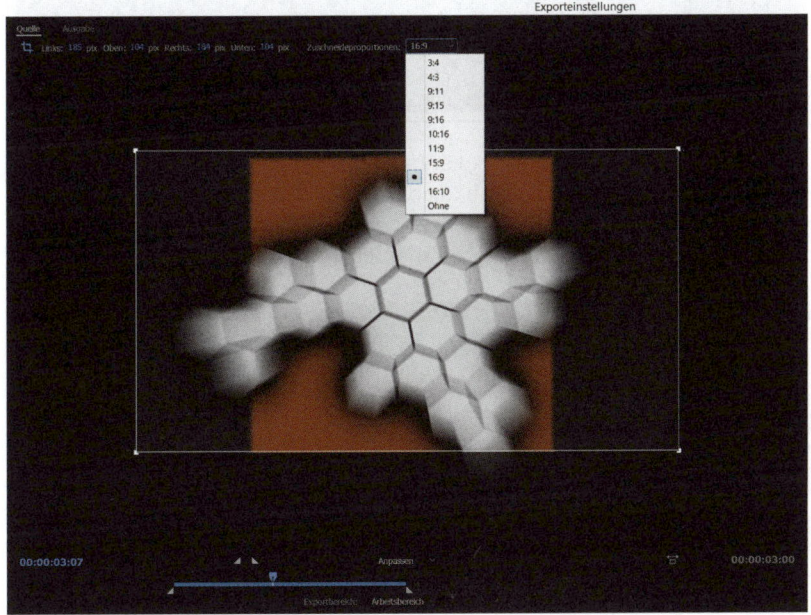

Abbildung 17.13
Vorschau-Monitor des Media Encoders

Unter dem Preview-Schirm gibt es die Möglichkeit, an jeden beliebigen Punkt der Timeline des Auftrags zu springen, den Exportbereich zu ändern, ja sogar einen neuen In- und Out-Point zu setzen.

Ein Blick in die Vergabe von Metadaten lohnt sich ebenfalls, um Urheber, Entstehungsdatum und Revisions-History kenntlich zu machen.

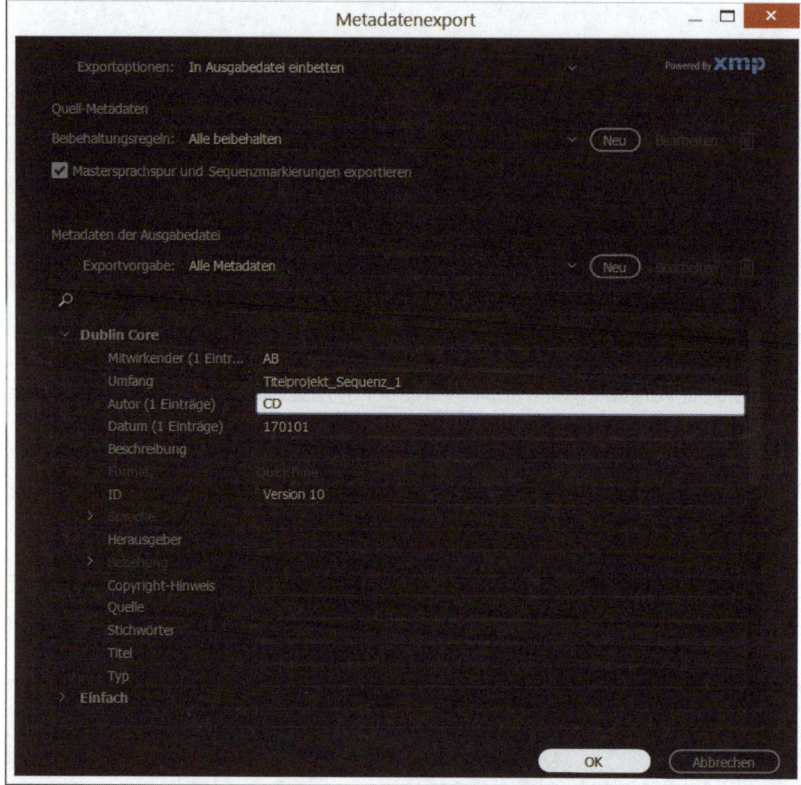

Abbildung 17.14
Metadaten verraten mehr als Dateinamen.

In der Palette ÜBERWACHTE ORDNER können Sie noch mehr Codiervorgänge automatisieren. Eine Ausgabe einer unkomprimierten Masterdatei reicht dabei. Landet diese im überwachten Ordner, greift der Media Encoder automatisch darauf zu und erstellt automatisch weitere Varianten, Proxys oder Stills.

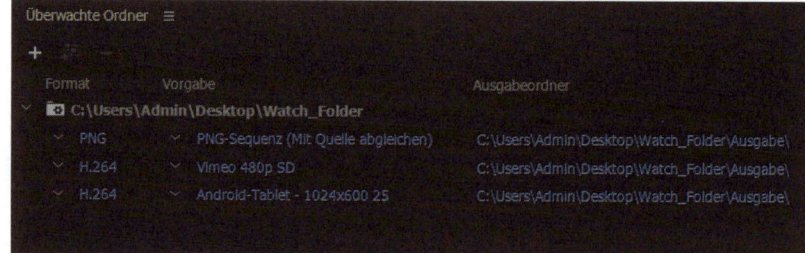

Abbildung 17.15
Automatische Encodierung durch ÜBERWACHTE ORDNER

Index

Numerisch

3D 347
    3D-Ebene umwandeln 348
    Abfall 364
    Achsenmodus 353
    Ankerpunkt 352
    Ankerpunkt verschieben 353
    Cinema 4D Lite 370
    Drehen 353
    Extrusion 368
    Geometrieoptionen 367
    Intensität 364
    Kamera 355
    Kameraeinstellungen 355
    Kante abflachen 368
    Koordinatensystem 348
    Licht 363
    Licht erstellen 363
    Lichtart 364
    Lichtfarbe 364
    Materialoptionen 365
    Objektachsen 352
    Objektachsenmodus 353
    Parallel 364
    Punktlicht 364
    Ray-traced 3D-Renderer 367
    Schatten 365, 366
    Sichtachsenmodus 354
    Spotlicht 364
    Tiefenschärfe 360
    Transformieren 348
    Umgebungslicht 364
    Weltachsenmodus 354

A

Adobe-Color-Themen 313
AdobeRGB 286
Alphakanal 34, 156
    direkter Alphakanal 157
    integrierter Alphakanal 157
    interpretieren 61, 157
Alphaschablone 189
Alphasilhouette 189

Animation
    3D-Animation 18
    Bild für Bild 16
    Brickfilm 17
    Cel-Animation 16
    Stop Motion 17
    Stopp-Trick 17
    Visual Effects 19
Ankerpunkt 133
Ansicht
    3D 349
    Aktive Kamera 349
    Ansichtenlayout 80
    Anzeigeoptionen 77
    Auflösung 79
    Farbmanagement 79
    Fenstergröße 77
    Handwerkzeug 78
    Hilfslinien 79
    Lineale 79
    Oben 350
    Orientierungshilfen 78
    Raster 79
    Relevanter Bereich 79
    Schnappschuss 79
    schnelle Vorschau 81
    Transparenzraster 80
    Vorn 350
    Zoom 77
Arbeitsbereich 84
    ändern 45
    speichern 46
    Trimmen 84
Arbeitsfarbraum 286
Auflösung 20
Ausrichten 89
Auto-Speichern 48

B

Bending 306
Bewegung
    stabilisieren 331
    verfolgen 322

INDEX

Bewegungspfad 126
Bewegungsunschärfe 136
Bild
    Rohmaterial 51
Bild-für-Bild-Animation 16
Bildseitenverhältnis 25
    Standard 25
    Widescreen 26
Bildsynthese 145
Bildwiederholungsrate 21
Bildzeile 20
Bittiefe 31

C

Cache 148
    bereinigen 149
    Disk-Cache 148
    Medien-Cache 149
Callout 321
CGI 18
Chroma-Key 176
Cinema 4D Lite 370
    Ansicht 372
    Attribute-Manager 371
    Beleuchtung 377
    Cineware 380
    Kamera 378
    Lichter 377
    Material-Manager 371
    Modelling 373
    Oberfläche 370
    Objekt erzeugen 373
    Objekte-Manager 371
    Orientierung 372
    Projekteinstellugnen 371
    Texturierung 376
    Vorschau-Fenster 371
CMYK-Farbmodell 29
Codec 35, 53, 436
    DNxHD 438
    DV 437
    H.264 438
    MPEG-2 437
    MPEG-4 437
    ProRes 438
Color Finesse 300
    Oberfläche 300
    Vectorscope 302
    Waveformmonitor 301

Color Grading 288
Compositing 18, 155
Computer Generated Imagery 18
Creative Cloud 401

D

Dateiformat 53
Dateikompression 436

E

Ebene 87
    3D-Ebene 86
    Abspielrichtung ändern 96
    Ankerpunkt 89, 133
    anordnen 96
    ausrichten 89
    bewegte Masken 86
    Bewegungsunschärfe 86, 136
    Deckkraft 91
    Drehung 91
    duplizieren 96
    Ebeneneigenschaften 88
    Ebenenelemente 99
    Ebenenmasken 86
    Ebenenname 85
    Ebenenschalter 85
    Ebenenstil 98
    einfügen 94
    Einstellungsebene 101
    Frame-Überblendung 86, 95
    FX-Schalter 86
    In-Point 92
    Modus 86
    Objektrahmen 88
    Organisation 96
    Out-Point 92
    Position 89
    Schützen 85
    Sichtbar 85
    Skalierung 90
    Solo 85
    teilen 96
    Transformieren 88
    trimmen 93
    Übergeordnet 86
    überlagern 94
    umbenennen 85
    Unterkomposition erstellen 97

INDEX

verbergen 85
Zeitdehung 94
Zeitverzerrung 125
Ebenenschalter
    Kompositionsschalter 83
Effekt 247
    3D-Kameratracker 336
    4-Farben-Verlauf 252
    anwenden 247
    Belichtung 293
    Blendenflecke 253
    Blockauflösung 276
    CC Ball Action 261
    CC Page Turn 271
    CC Particle World 263
    CC Rainfall 262
    CC Sphere 257
    CC Vignette 308
    Cineware 380
    Color Finesse 300
    Dynamik 297
    Echo 274
    Effekteinstellungen 248
    Einfärben 310
    Erweiterte Keyfarbenunterdrückung 177
    Extrahieren 181
    Farbbalance 296
    Farbe ändern 310
    Farbe übrig lassen 311
    Farbstabilisierung 309
    Farbton/Sättigung 298
    Gaußscher Weichzeichner 272
    Generieren 250
    Gewitter 255
    Gitterverkrümmung 270
    Helligkeit/Kontrast 293
    In Farbe ändern 310
    Jalousien 277
    Kanäle 255
    Kanten abschrägen 256
    Keylight 178
    Kontur 252
    Kopierstempel 280
    Korn entfernen 305
    Korn hinzufügen 306
    Kurven 291
    Leuchten 268
    Lineare Blende 276
    Malen 277
    Maske-unterfüllen 177
    Mosaik 267
    Optikkompensation 270
    Partikelsystem 263
    Perspektive 256
    Photo-Filter 310
    Pinsel 277
    Radialer Schatten 256
    Radialer Weichzeichner 272
    Radiales Wischen 276
    Radiergummi 282
    Radiowellen 254
    Rauschen 257, 304
    Relief 268
    Richtungsunschärfe 273
    Rolling-Shutter-Reparatur 270
    Schachbrett 255
    Schärfe 308
    Scharfzeichner 308
    Schatten und Glanzlichter 309
    Schlagschatten 257
    Schwarz&weiß 310
    Simulation 261
    Spiegel 269
    Stilisieren 267
    Strahl 254
    Stroboskop 268
    Tonwertkorrektur 290
    Turbulentes Versetzen 269
    Übergänge 275
    Umkehren 256
    Unscharf maskieren 308
    Vegas 254
    Verkrümmungsstabilisierung VFX 333
    Verlauf 251
    verwalten 249
    Verzerren 269
    Vorgaben anwenden 247
    Vorgaben speichern 247
    Weich- und Scharfzeichner 271
    Zeit 273
    Zeitlich abstufen 274
    Zeitverkrümmung 275
    Zellmuster 255
    Zertrümmern 263
Effekte
    CC Mr. Mercury 262
    Eckpunkte verschieben 330
    Einstellungen für Expressions 429

INDEX

Einstellungsebene 101
Einstieg 15
Export 435
    Audioausgabe 443
    Ausgabemodul 441
    Codec 436
    Farbmanagement 443
    Farbtiefe 440
    Formatoptionen 441
    Media Encoder 445
    Mehrere Items 444
    Rendereinstellungen 439
    Renderliste 438
    Video-Codec 442
    Zeit-Sampling 440
Expressions 421
    anwenden 421
    Controller 428
    Ebenenindex 426
    Eigenschaften 425
    Expression-Auswahlwerkzeug 423
    Funktionen 426
    index 426
    Loop 427
    Math.round 430
    time 425
    Verwackeln 428
    Werte ansprechen 424
    wiggle 428
    Zeit 425
Extrusion 368

F

Farbe
    Farbmanagement 34
    Farbprofile 32
    Farbsampling 30
    Farbunterabtastung 30
Farbfläche 99
Farbgebung 288, 303
    Einfärben 310
    Farbe ändern 310
    Farbe übrig lassen 311
    Farbstabilisierung 309
    Photo-Filter 310
    Rauschen 304
    Schärfe 308
    Schatten und Glanzlichter 309
    Schwarz&weiß 310
    Vignette 307
Farbkorrektur 283, 287
    Arbeitsfarbraum 286
    Arbeitsumgebung 284
    Belichtung 293
    Color Finesse 300
    Dynamik 297
    Farbbalance 296
    Farbmanagement 286
    Farbprofil 286
    Farbraum 286
    Farbstich entfernen 295
    Farbtemperatur 293
    Farbton/Sättigung 298
    Grundlagen 283
    Helligkeit/Kontrast 293
    Kalibrieren des Monitors 283
    Kurven 291
    LUT 303
    Projektfarbtiefe 284
    Sättigung 297
    sekundäre 288, 298
    S-Kurve 292
    Tonwertkorrektur 290
    Weißabgleich 293
Farbmodell
    CMYK 29
    Farbdifferenzmodell 29
    HSB 29
    HSL 29
    RGB 27
    YUV 29
Farborrektur
    Automatisch 289
Fenster
    Tracker 321
Fernsehnormen 23
Flussdiagramm 81
Footage
    Farbprofil 286
Format 34
Formebene 231
    Formen kombinieren 235
    Formen-Werkzeug 231
    Illustrator-Pfad 419
    Offset-Pfade 237
    Optionen 233

Pfad trimmen 237
Pfad verwackeln 237
Pfad-Effekte 236
Runde Ecken 237
Scheitelpunkt-Werkzeug 231
Zeichenstift-Werkzeug 231
Zusammenführen und aufblasen 237
Formebenen
    Pfade zusammenführen 236
    Verstärker 237
Formen-Werkzeug
    Formebene 231
    Maske 158
Frame 15
Framerate 21, 22
Frame-Überblendung 95
Füllmethode 86, 183
    Abdunkeln 185
    Addieren 186
    Ebenenübersicht 184
    Farbe 188
    Hartes Licht 188
    Multiplizieren 185
    Negativ multiplizieren 186
    Normal 184
    Überlagern 187
    Weiches Licht 187

G
Grundlagen 19, 37

H
Halbbild 24
Histogramm 290
HSB-Farbmodell 29
HSL-Farbmodell 29

I
Illustrator
    Formebene 419
    importieren 416
    Maskenpfad 418
Import 58
    Illustrator 416
    Photoshop 409
    Premiere-Pro-Projekt 401
Interlaced Scan 25

K
Kamera 355
    1-Knoten-Kamera 358
    2-Knoten-Kamera 358
    Blende 362
    Blickwinkel 356
    drehen 360
    Einstellungen 355
    erstellen 355
    Fokusentfernung 362
    Kamerawerkzeug 359
    Sichtachse 358
    Tiefenschärfe 360
    Typ 358
    verfolgen 360
    Vorgabe 355
    Zielpunkt 358
Keyframe 17, 107
    Auto-Keyframe 114
    automatische Bézier-Interpolation 118
    Bézier-Interpolation 120
    Diagrammeditor 115
    Dimensionen 112
    Easy Ease 121
    Easy Ease-Out 122
    entfernen 112
    exponentiell 123, 124
    gleichmäßige Bézier-Interpolation 119
    gruppieren 111
    Interpolation 116
    Keyframe-Interpolation 115
    kopieren 112
    lineare Interpolation 116
    Reihenfolge umkehren 124
    stauchen/dehnen 111
    unterdrückte Interpolation 120
Keyframes
    Easy Ease-In 122
Keying 175
    Chroma-Key 176
    Differenz-Matte 181
    Luminanz-Key 180
Komposition 73
    3D-Renderer 76
    Auflösung 75
    Bewegungsunschärfe 76
    erweiterte Kompositionseinstellungen 75
    Framerate 75
    Kompositionseinstellungen 74

Pixel-Seitenverhältnis 75
Unterkomposition 97
Kompositionsfenster 40, 77
Kompression 35
Kompressor 436
Kontinuierliche Rasterung 52

L

Lens-Flares 253
Licht 363
Luminanzschablone 190
Luminanzsilhouette 190
LUT 303

M

Malwerkzeug 277
Maske 157
    bearbeiten 162
    bewegte Masken 172
    erstellen 158
    Formen-Werkzeug 158
    Illustratorpfad 418
    Kanten-Verfeinerungs-Werkzeug 170
    kombinieren 165
    Maskenausweitung 164
    Maskendeckkraft 164
    Maskenpfad 163
    Roto-Pinsel-Werkzeug 167
    Rotoscoping 166
    weiche Maskenkante 163
    Zeichenstift-Werkzeug 159
Matte
    bewegte Masken 172
Media Encoder 445
    Metadaten 448
    überwachte Ordner 448
Menüleiste
    obere 38
Mini-Flussdiagramm 82

N

Nesting 76, 81
Null-objekt 100

O

Obere Menüleiste 38

P

Parenting 86
Performance 149
Pfad 126
    automatische Ausrichtung 132
    automatische Bézier-Punkte 127
    Bewegung skizzieren 130
    Bézier-Punkte 127
    Dimensionen trennen 129
    Glätten 131
    gleichmäßige Bézier-Punkte 127
    Interpolation 126
    lineare Pfadpunkte 127
    Roving-Keyframes 128
    Verwackeln 132
    Zeiltich nicht fixiert 129
Photoshop 408
    Editierbarer Text 411
    Fluchtpunkt 412
    importieren 409
    VPE 412
Pixel 21
Pixelseitenverhältnis 27
Premiere Pro 401
    Dynamic Link 403
    Effekte importieren 403
    importieren 401
    Marken importieren 403
    Textvorlagen 407
    Überblendungen importieren 402
Progressive Scan 25
Projekt
    Auto-Speichern 48
    Dateien sammeln 68
    erstellen 46
    inkrementieren und speichern 47
    öffnen 47
    Projekteinstellungen 49
    Projektvorlage 47
    reduzieren 68
    speichern 47
Projekteinstellungen
    Farbtiefe 285
Projektfenster 39
Proxy 64
Pulldown 62
Punkt-Tracking 322

R

Rastergrafik 51
Rauschen
    Rauschen entfernen 305
Renderliste 438
Rendern 145
RGB-Farbmodell 27
Rohmaterial 51
    bearbeiten 60
    Bilder 51
    ersetzen 63
    importieren 58
    interpretieren 61
    konsolidieren 67
    neu laden 60
    ordnen 66
    ungenutzes entfernen 67
    Vektoren 52
    verwalten 60
    Videos 53
Roto-Pinsel-Werkzeug 167
Rotoscoping 166

S

Scan
    Interlaced 25
    Progressive 25
Schärfe 308
Schlüsselbild 107
Set-Extensions 391
Skript 431
    anwenden 431
    installieren 432
Speichern
    Auto-Speichern 48
Spillage 177
sRGB 286
Stellvertreter 64
    erstellen 65

T

Text 201
    3D-Text 214
    Absatz 205
    Absatztext 203
    Animationsvorlagen 212
    Bereichsauswahl 210

Bewegte Maske 216
    extrudieren 367
    Formatierung 204
    Formen aus Text 218
    horizontaler Text 202
    Maske aus Text 217
    Pfadtext 206
    Punkttext 203
    Quelltext 209
    Text-Animator 209
    Textebene 202
    Textmaske 216
    Textrahmen 203
    Text-Werkzeug 202
    Versatz 211
    vertikaler Text 202
    Zeichenweise 3d aktivieren 215
Titelbereich 78
Tracking 321
    Anfügepunkt 324
    Bewegung stabilisieren 331
    Bewegung verfolgen 322
    Ein-Punkt-Tracking 322
    Feature 323
    Feature-Region 323
    Feature-Zentrum 323
    Null-Objekt zuweisen 326
    Punkt-Tracking 322
    Suchgrösse 323
    Track-art 323
    Verkrümmungsstabilisierung VFX 333
    Vier-Punkt-Tracking 329
    Zwei-Punkt-Tracking 327
Transparenz 34, 156
Trimmen 93
TV-Standard 23
    4K 24
    ATSC 24
    HDTV 24
    HDVC 24
    NTSC 23
    PAL 23
    SD 24
    SECAM 23
    UHDTV 24

U

Unterkomposition 97

V

Vektorgrafik 52
Video
    Rohmaterial 53
Vignette 307
Vorschau 145
    Optionen 146

W

Weißabgleich 294
Werkzeug
    Drehen 91
Werkzeugleiste 41
Workshop
    2 1/2D 381
    3D-Kameratracker 344
    Ankerpunkt 137
    Bauchbinde 225
    Beleuchtung 386
    Bewegte Masken 194
    Bewegung skizzieren 140
    Bewegungspfade 140
    Bewegungsunschärfe 386
    Bildschirm ersetzen 344
    Cinema 4D Lite 391
    Cineware 391
    Color Finesse 314
    Compositing 341
    Countdown mit Expressions 430
    Expressions 430
    Farbgebung 317
    Filmtitel 222
    Footage importieren 102
    Footage interpretieren 102
    Footage laden 68
    Formebenen animieren 240
    Formen kombinieren 238
    Fraktales Rauschen 258
    Füllmethoden 194
    Grafische Animation 240
    Kamerafahrt 381
    Keyframes bearbeiten 137
    Keylight 194
    Lumetri Color 317
    Masken animieren 190

Nebel 258
Primäre Farbkorrektur 314
Punkt-Tracking 341
Selektive Farbkorrektur 317
Set-Extension 391
Text maskieren 190
Text-Animator 225
Text-Werkzeug 219, 222
Tiefenschärfe 381, 386
Tracking 344
Unterkompositionen 102
Untertitel 219

Y

YUV-Modell 29

Z

Zeichenstift-Werkzeug
    Formenpfad 231
    Maske 159
    RotoBézier 161
    Scheitelpunkt-Werkzeug 160
Zeit
    Umkehren 96
    Zeitdehnung 94
Zeitanzeiger 83
Zeitleiste 41, 82
    3D-Ebene 86
    AV-Funktionen 85
    bewegte Masken 86
    Bewegungsunschärfe 86
    Ebenenmasken 86
    Ebenenname 85
    Ebenenschalter 85
    Ebenenübersicht 83, 84
    Frame-Überblendung 86
    FX-Schalter 86
    Modus 86
    Quellenname 85
    Steuerung 83
    Übergeordnet 86
    verbergen 85
    Zeitanzeiger 83
Zeitverzerrung 125